suhrkamp taschenbuch
wissenschaft 2366

Fast alle Theorien darüber, wie der Mensch zu einer so einzigartigen Spezies geworden ist, konzentrieren sich auf die Evolution. Michael Tomasello legt mit seinem faszinierenden Buch eine komplementäre Theorie vor, die sich auf die kindliche Entwicklung konzentriert. Aufbauend auf den bahnbrechenden Ideen von Lev Vygotskij, erklärt sein empiriegesättigtes Modell, wie sich das, was uns menschlich macht, in den ersten Lebensjahren herausbildet. Mit seiner radikalen Neubewertung der Ontogenese zeigt Tomasello, wie die Biologie die Bedingungen schafft, unter denen die Kultur ihre Arbeit verrichtet.

Michael Tomasello ist Professor für Psychologie und Neurowissenschaft an der Duke University. Von 1998 bis 2018 war er Co-Direktor am Max-Planck-Institut für Evolutionäre Anthropologie in Leipzig. Für seine Forschungen wurde er mehrfach ausgezeichnet, unter anderem mit dem Jean-Nicod-Preis, dem Hegel-Preis und dem Max-Planck-Forschungspreis. Im Suhrkamp Verlag sind zuletzt erschienen: *Die Evolution des Handelns. Von den Eidechsen zum Menschen* (2024) und *Eine Naturgeschichte der menschlichen Moral* (stw 2321).

Michael Tomasello
Mensch werden

Eine Theorie der Ontogenese

Aus dem Amerikanischen
von Jürgen Schröder

Suhrkamp

Titel der Originalausgabe:
Becoming Human. A Theory of Ontogeny
Die Originalausgabe in englischer Sprache,
die dieser Übersetzung zugrunde liegt,
erschien erstmals 2019 bei Harvard University Press

Klimaneutral
Druckprodukt
ClimatePartner.com/14438-2110-1001

Erste Auflage 2024
suhrkamp taschenbuch wissenschaft 2366

Umschlag nach Entwürfen
von Willy Fleckhaus und Rolf Staudt
Druck und Bindung: C. H. Beck, Nördlingen
Printed in Germany
ISBN 978-3-518-29966-1

www.suhrkamp.de

Für das Leipziger Team

Inhalt

VORWORT

In diesem Buch schlage ich einen theoretischen Rahmen zur Ordnung und Erklärung der Forschungen vor, die meine Kollegen und ich von 1998 bis 2017 an der Abteilung für vergleichende und Entwicklungspsychologie des Max-Planck-Instituts für evolutionäre Anthropologie in Leipzig durchgeführt haben. Die Forschungsarbeiten werden zwar als eine mehr oder minder kohärente Geschichte dargestellt, aber der rote Faden existierte nicht schon von Anfang an. Er ergab sich erst aus der Arbeit. Der theoretische Rahmen verdankt vieles meinen Kollegen, obwohl sie natürlich nicht alle mit allen Punkten einverstanden sind.

Mein größter Dank richtet sich folglich an das Leipziger Team als ganzes für seine außergewöhnliche Arbeit und sein Engagement für die Wissenschaft. Viele der Studien des Teams werden hier zitiert. Von den zahlreichen Kollegen, mit denen ich im Lauf der Jahre zusammengearbeitet habe, möchte ich meine Seniorpartner hervorheben, die die ganze Zeit über da waren. Elena Lieven war in diesen Jahren meine einzige Altersgenossin, und sie erinnerte mich ständig daran, dass nichts die Einzigartigkeit des Menschen so gut bezeugt wie die Sprache (außerdem fungierte sie häufig noch als mein soziales Gewissen). Josep Call *war* das Affenhaus, angefangen beim Entwurf seiner Untersuchungsräume bis zum Design brillanter Experimente. Die Arbeit mit den Menschenaffen wäre ohne ihn schlicht unmöglich gewesen. Malinda Carpenter war meine wichtigste Komplizin, als wir begannen, fast täglich über mehrere Jahre hinweg beim Mittagessen über die Einzigartigkeit des Menschen im Sinne geteilter Intentionalität nachzudenken (obwohl wir uns über einige Punkte immer noch nicht einig sind). Ebenfalls entscheidend für das Unternehmen waren Katharina Haberl, die unser unvergleichliches Kinderlabor schuf und betreute, und Henriette Zeidler, die den organisatorischen Knotenpunkt darstellte, durch den und weshalb alles funktionierte.

Ich möchte auch meine tiefste Dankbarkeit gegenüber der Max-

Planck-Gesellschaft zum Ausdruck bringen, die zweifellos die beste Wissenschaftsorganisation auf der Welt ist, und gegenüber meinen Kollegen aus den anderen vier Abteilungen des Max-Planck-Instituts für evolutionäre Anthropologie, das zweifellos das beste Institut seiner Art auf der Welt ist. Die Arbeitsatmosphäre während dieser neunzehn Jahre war, mit einem Wort, inspirierend. Es war ein Privileg, in der Gesellschaft und am Institut zu arbeiten.

Im Hinblick auf dieses Buch möchte ich zuerst und vor allem meiner Frau, Rita Svetlova, für zahllose hilfreiche Kommentare und viele Ideen und Formulierungen in unterschiedlichen Teilen des Buches danken. Darüber hinaus danke ich Jan Engelmann, der das gesamte Manuskript las und hilfreiche Rückmeldungen gab, insbesondere mit Bezug auf das zweite Kapitel. Und schließlich danke ich Andrew Kinney von Harvard University Press sowie drei anonymen Gutachtern des Verlags für hilfreiche Rückmeldungen zur vorletzten Textfassung.

Man beachte, dass es zu vielen der Untersuchungen, die in diesem Buch zitiert werden, Videos von den Kindern oder den Menschenaffen gibt, die ihr Verhalten (gewöhnlich) unter einer einzigen Aufgabenbedingung zeigen. Wissenschaftler und Pädagogen können sie (zu wissenschaftlichen und pädagogischen Zwecken) ansehen unter:

www.becoming-human.org
Benutzername: developmental
Passwort: psychology

I
HINTERGRUND

[Es sind die] epigenetischen Regeln [...], welche [...] Gene mit Kultur verknüpfen: Die Suche nach der menschlichen Natur ist gleichsam die Archäologie der epigenetischen Regeln [...].

E. O. Wilson, *Die Einheit des Wissens* (1998)

I

AUF DER SUCHE NACH DER EINZIGARTIGKEIT DES MENSCHEN

In seinem Buch *Die Abstammung des Menschen* von 1871 machte Charles Darwin praktisch den Vorschlag, dass Menschen einfach nur ein weiterer Zweig am Stammbaum der Evolution sind. Die viktorianischen Engländer, von denen viele wissenschaftlich hochgebildet waren, zeigten sich skeptisch. Die engsten lebenden Verwandten der Menschen, die großen Menschenaffen, lebten immer noch »blutrünstig« in Wäldern und Dschungeln, die Menschen jedoch lebten in einer Welt voller Teleskope und Dampfmaschinen, Sinfonieorchestern und dem britischen Parlament sowie morgendlichen Andachten, denen der Nachmittagstee folgte. Es war, gelinde gesagt, ein Rätsel, wie ein bloßer weiterer Zweig des evolutionären Stammbaums ein Leben führen konnte, das so völlig anders war als das Leben anderer Tiere.

Heute ist dieses Rätsel im Wesentlichen gelöst. An einem bestimmten Punkt der Menschheitsgeschichte entstand ein neuer Evolutionsprozess. Ein verräterisches Zeichen für diesen neuen Prozess besteht darin, dass nicht alle Menschen inmitten von Teleskopen, Sinfonieorchestern und dem britischen Parlament leben, sondern stattdessen von ihren eigenen charakteristischen Artefakten, Symbolen und Institutionen umgeben sind. Und da Kinder unabhängig von ihrer genetischen Ausstattung die besonderen Artefakte, Symbole und Institutionen, in die sie hineingeboren werden, annehmen, ist es klar, dass diese gesellschaftliche Variation nicht von den Genen herrühren kann, sondern vielmehr eine gesellschaftliche Schöpfung ist. Das vollständige Rätsel besteht folglich darin, dass Menschen nicht nur eine Spezies mit noch nie dagewesenen kognitiven und sozialen Errungenschaften sind, sondern gleichzeitig auch eine solche, die eine neue Art gesellschaftlich erzeugter Diversität auf der Gruppenebene aufweist.

Die Lösung des Rätsels – der neue Evolutionsprozess – ist natürlich die menschliche Kultur. Aber die traditionelle Vorstellung von Kultur als etwas, das von der Biologie und Evolution getrennt ist, genügt nicht. Die menschliche Kultur ist diejenige Form sozialer Organisation, die auf der menschlichen Entwicklungslinie als Reaktion auf ganz bestimmte Anpassungsherausforderungen entstand. Ihre hervorstechendste Eigenschaft ist ihr hoher Grad (und sind ihre neuen Formen) von Kooperation. Aus synchroner Perspektive betrachtet, koordinieren die Mitglieder einer Kulturgruppe sich miteinander im Kontext selbstgeschaffener kooperativer Strukturen wie beispielsweise Konventionen (einschließlich sprachlicher Konventionen), Normen und Institutionen, und sie pflegen Umgang miteinander anhand kooperativer Motive wie Vertrauen, Verpflichtung und Fairness. Nennen wir das die Koordinationsdimension der Kultur. Diachron gesehen, geben die Mitglieder einer Kulturgruppe Fertigkeiten und Wissen an die folgenden Generationen durch kooperative Prozesse des kulturellen Lernens weiter, wie beispielsweise aktiven Unterricht und auf Konformität abzielendes Lernen, was eine Art von »Wagenhebereffekt« zur Folge hat, bei dem kulturelle Praktiken und Produkte (darunter Konventionen, Normen und Institutionen) sich über geschichtliche Zeitspannen hinweg entwickeln und vielleicht auch »verbessern«. Bezeichnen wir das als die Weitergabedimension der Kultur. Im Ergebnis beruhen so gut wie alle der bemerkenswertesten menschlichen Errungenschaften – von Dampfmaschinen bis zur höheren Mathematik – darauf, wie sich jeder Einzelne auf einzigartige Weise mit anderen kooperativ koordinieren kann, und zwar sowohl bezogen auf den jeweiligen Augenblick als auch auf kulturgeschichtliche Zeitspannen.

Aber diese Erklärung der Einzigartigkeit des Menschen mittels kultureller Prozesse gibt Anlass zu einem weiteren Rätsel, und dieses ist noch nicht gelöst. In diesem Fall liegt das Augenmerk nicht auf der Ebene der Spezies und ihrer Errungenschaften, sondern vielmehr auf der Ebene des Individuums und seiner Psychologie: Wie kommen Menschen zu den für die Spezies einzigartigen kognitiven und gesellschaftlichen Fähigkeiten, die notwendig sind, um sich an kultureller Koordination und Weitergabe zu beteiligen? Um diese Frage zu beantworten, besteht der offensichtliche erste Schritt darin, dass man feststellt, wie genau sich die Psychologie des Menschen von der anderer Primaten unterscheidet – in welchem Sinne genau Menschen als Individuen einzigartig sind. Die Schwierigkeit liegt darin, dass die empirische Forschung im Laufe der letzten Jahrzehnte festgestellt hat, dass die nächsten lebenden Verwandten der Menschen, die großen Menschenaffen, kognitive und soziale Fertigkeiten besitzen, die denen der Menschen sehr ähnlich sind, einschließlich vieler, die anscheinend für Kulturprozesse relevant sind. Beispielsweise gibt es jüngere Forschungen, die nachweisen, dass zumindest manche Menschenaffen 1. Werkzeuge herstellen und gebrauchen, 2. intentional (oder gar »sprachlich«) kommunizieren, 3. eine bestimmte Art von »Theorie des Geistes« haben, 4. manche Verhaltensweisen durch soziales Lernen erwerben (was zur »Kultur« führt), 5. gemeinsam in Gruppen jagen, 6. »Freunde« haben, die sie vorzugsweise lausen und mit denen sie Bündnisse bilden, 7. anderen aktiv helfen und 8. die sozialen Handlungen der anderen bewerten und sich für sie revanchieren.

Aber tun die Menschenaffen diese Dinge genauso wie Menschen? Um dies im Einzelfall zu bestimmen, müssen wir hinter die pauschale Behauptung blicken, dass sowohl Menschenaffen als auch Menschen »*x* haben« oder »*y* tun«, auch wenn solche Behauptungen im Allgemeinen richtig sein mögen. Um durch solche Allgemeinheiten hindurch weiter in die Tiefe vorzudringen, müssen wir feinkörnigere Vergleiche anstellen, indem wir vergleichende Experimente durchführen, in denen Menschen und Menschenaffen (insbesondere Schimpansen und Bonobos als die nächsten lebenden Verwandten des Menschen) unter Umständen beobachtet werden, die so ähnlich wie möglich sind. Solche kontrollierten experimentellen Vergleiche ermöglichen es, subtile Verhaltensunterschiede festzustellen und idealerweise ebenso die kognitiven und motivationalen Prozesse, die diesen Unterschieden zugrunde liegen. Auf diese Weise versuchen wir, die Unterschiede auf der individuellen psychologischen Ebene zu identifizieren, die letztlich zu den einzigartigen Formen der kulturellen Koordination und Weitergabe der

Menschen (und somit auch zu Teleskopen und Parlamenten) führen.

Verfügt man über eine Beschreibung der wichtigsten Unterschiede zwischen Menschen und ihren nächsten Verwandten unter den Menschenaffen, dann besteht die nächste Aufgabe darin, diese Unterschiede zu erklären. In einem evolutionären Rahmen ist die grundsätzliche Erklärung selbstverständlich die natürliche Selektion: Die heute lebenden Menschen sind auf natürliche Weise selektiert worden, um bestimmte für die Spezies einzigartige ökologische oder sozioökologische Herausforderungen zu meistern. Beispielsweise lautet ein Vorschlag, dass Menschen viele ihrer einzigartigen kognitiven und sozialen Fähigkeiten als Reaktion auf ökologische Herausforderungen entwickelten, die sie zuerst zur Zusammenarbeit miteinander bei der Nahrungsbeschaffung zwangen und sie dann später veranlassten, größere Kulturgruppen zu bilden, um ihre Ressourcen gegen andere Gruppen zu verteidigen (Tomasello 2014, 2016). Unter diesen Bedingungen hatten Individuen, die am besten mit anderen kooperieren konnten – Individuen, die sowohl in der Lage als auch motiviert waren, ihre Köpfe mit anderen zusammenzustecken, um zusammenzuarbeiten oder eine Kultur zu bilden –, einen Anpassungsvorteil und vermehrten sich deshalb.

Aber die natürliche Selektion erzeugt nichts. Sie ist nur ein Sieb, das im Nachhinein lebensfähige von nichtlebensfähigen Organismen trennt. Evolutionäre Neuheiten entspringen nicht der natürlichen Selektion, sondern stammen vielmehr aus der anderen Hauptdimension des Evolutionsprozesses: der erblichen Variation. Klassischerweise geht die erbliche Variation in der Evolution aus der genetischen Mutation oder der Rekombination hervor, die durch ontogenetische Prozesse neue Merkmale hervorbringen. Aber jüngere Fortschritte in der evolutionären Entwicklungsbiologie (der so genannten Evo-Devo) deuten darauf hin, dass die konstruktive Rolle dieser ontogenetischen Prozesse nicht vollständig erkannt wurde. Es ist nicht nur so, dass neue Merkmale immer durch ontogenetische Prozesse entstehen – die die Expression von Genen steuern und einschränken –, sondern die bei weitem häufigste Quelle neuer Merkmale besteht in Änderungen der zeitlichen Abstimmung und der Art und Weise, wie bereits existierende Gene exprimiert werden und mit der Umgebung interagieren. Somit können auch relativ geringe Veränderungen der Art und Weise, wie Regulatorgene das ontogenetische Timing und die Plastizität arrangieren, gewaltige, hintereinandergeschaltete phänotypische Effekte haben – die nicht direkt in den Genen kodiert sind –, während die sich entwickelnden Systeme miteinander und mit der Umgebung auf unerwartete Weisen interagieren. Wenn wir erklären wollen, wie die einzigartige menschliche Psychologie entsteht, müssen wir unsere Aufmerksamkeit folglich auf die Ontogenese konzentrieren und insbesondere darauf, wie die Ontogenese der Menschenaffen im Allgemeinen in die Ontogenese des Menschen im Besonderen verwandelt worden ist.

Und genau das ist hier auch mein Ziel. Ich möchte die Ontogenese der einzigartig menschlichen Psychologie beschreiben und erklären, indem ich die Ontogenese der Menschenaffen zum Ausgangspunkt nehme. Menschenaffen weisen elementare Wahrnehmungs-, Gedächtnis- und Kategorisierungsprozesse auf sowie auch komplexere Prozesse intentionaler Kommunikation, prosozialen Verhaltens und sozialen Lernens. Von diesem Ausgangspunkt aus können wir versuchen, die einzigartigen Aspekte der Psychologie des Menschen zu bestimmen, wie sie ontogenetisch im Lauf der ersten Lebensjahre auftreten. Ein natürlicher Schlusspunkt dieser Untersuchung sind sechs- bis siebenjährige Kinder. In den Augen vieler Kulturinstitutionen und Traditionen über viele Jahrhunderte und Gesellschaften hinweg kündigt der sechste oder siebente Geburtstag eines Kindes seinen Eintritt ins »Alter der Vernunft« an. Dem britischen Gewohnheitsrecht zufolge ist es das erste Alter, in dem ein Kind ein Verbrechen begehen kann. In der katholischen Kirche ist es das Alter, in dem ein Kind erstmals zur Kommunion gehen darf. In Kulturen, die eine formale Bildung erfordern, ist es das Alter, in dem ein Kind für einen regelrechten Schreib- und Rechenunterricht bereit ist. Und in traditionellen Gesellschaften ist dies das Alter, in dem einem Kind erstmals wichtige selbständige Aufgaben überlassen werden, wie beispielsweise eine Herde zu hüten,

Brennholz zu sammeln oder eine Botschaft zu überbringen (Rogoff et al., 1975). Insgesamt sind Kinder in diesem Alter in kognitiver Hinsicht zum größten Teil *vernünftig* geworden – Wesen, mit denen man argumentieren und von denen man im Gegenzug eine vernünftige Reaktion erwarten kann –, und in gesellschaftlicher Hinsicht sind sie zum größten Teil *verantwortlich* geworden – Wesen, die man zur Verantwortung ziehen und von denen man erwarten kann, dass sie sich selbst im Hinblick auf ihre Überzeugungen und Handlungen für verantwortlich halten. Das Ergebnis sind werdende »Personen«, die einen gewaltigen ersten Schritt auf die Internalisierung der Rationalitäts- und Moralnormen der Kultur hin gemacht haben, wodurch sie zum ersten Mal die Fähigkeit und tatsächlich auch die Verantwortung dafür erlangen, ihre eigenen Überzeugungen und Handlungen einer normativen Selbstregulierung zu unterziehen.

Unsere Arbeitshypothese zur Erklärung der Ontogenese der einzigartigen Psychologie des Menschen geht auf Vygotskij zurück: Einzigartig menschliche Formen der Kognition und Sozialität entstehen in der menschlichen Ontogenese durch – und nur durch – unsere einzigartigen Formen soziokultureller Tätigkeit. Aber die Theorie, die wir entwickeln, aktualisiert und modifiziert Vygotskij – sie ist *neo*-vygotskijsch –, insofern sie die soziokulturelle Tätigkeit des Menschen in den Rahmen der modernen Evolutionstheorie einbettet. Das bedeutet, dass wir zunächst die Hinsichten zu bestimmen versuchen, in denen Menschen biologisch für die Beteiligung an ihren einzigartigen Formen soziokultureller Tätigkeit vorbereitet sind; tatsächlich können wir geltend machen, dass es genau diese biologische Vorbereitung ist – in Form durch Reifungsprozesse exprimierter Fähigkeiten –, die die einzigartig menschlichen soziokulturellen Tätigkeiten und Erfahrungen überhaupt erst möglich macht. Das widerspricht nicht Vygotskijs Argumentation für die Schlüsselrolle des soziokulturellen Kontexts bei der psychologischen Entwicklung des Menschen. Die moderne Evolutionstheorie betont, dass Organismen ihre Umwelten ebenso erben wie ihre Gene: Ein Fisch erbt nicht nur Flossen, sondern auch das Wasser. Menschenkinder erben einen soziokulturellen Kontext, der voller kultureller Artefakte, Symbole und Institutionen ist, und ihre einzigartigen Reifungsfähigkeiten blieben inaktiv ohne einen soziokulturellen Kontext, in dem sie sich entwickeln könnten (Richerson und Boyd, 2005). Eine normale menschliche Ontogenese erfordert daher *sowohl* die Reifung für die Spezies einzigartiger kognitiver und sozialer Fähigkeiten *als auch* individuelle Erfahrung mit solchen Dingen wie auf Zusammenarbeit bezogene und kommunikative Interaktionen mit anderen, die durch kulturelle Artefakte wie beispielsweise sprachliche Konventionen und soziale Normen strukturiert werden.

Der Erklärungsansatz der Evolution des Menschen, auf den wir uns berufen, stammt von Tomasello et al. (2012; siehe auch Tomasello, 2014, 2016) und konzentriert sich auf die Evolution menschlicher Kooperation und darauf, wie sie für die Spezies einzigartige Prozesse kultureller Koordination und Weitergabe ermöglicht. Genauer übernimmt der Erklärungsansatz theoretische Werkzeuge aus philosophischen Darstellungen geteilter Intentionalität (Bratman, 1992, 2014; Searle, 1995, 2010; Gilbert, 1989, 2014). Dieser Sichtweise zufolge nehmen die Fähigkeiten der Menschen, miteinander zu kooperieren, deshalb einzigartige Formen an, weil die Individuen in der Lage sind, miteinander einen gemeinsamen Akteur, ein »wir«, zu schaffen, der sich geteilter Intentionen, geteilten Wissens und geteilter soziomoralischer Werte bedient. Die These ist, dass diese Fähigkeiten erstmals in der Evolution des Menschen zwischen kooperierenden Partnern auftauchten, die sich auf dyadische Weise an Akten gemeinsamer Intentionalität beteiligten, und dann später unter Individuen als Mitgliedern einer Kulturgruppe bei Akten kollektiver Intentionalität. Im Gegensatz zu Vygotskijs nahezu ausschließlicher Konzentration auf die Dimension der Weitergabe der Kultur – darauf, wie die Praktiken der Kultur mit Bezug auf Symbole und andere Artefakte über Generationen hinweg weitergegeben werden und dadurch die psychologischen Funktionen des Menschen restrukturieren –, konzentrieren wir uns mehr auf die Koordinationsdimension der Kultur – darauf, wie Menschen, Kinder eingeschlossen, in dem Moment zusammenwirken und kommunizieren (wie sie miteinander *ko*-operieren), in dem sie sich mit anderen an soziokulturellen Tätigkeiten beteiligen. Tatsächlich wird die Argumentation darin bestehen, dass es die Koordinationsdimension der einzigartig menschlichen Kognition und Sozialität ist – einschließlich ihrer motivationalen Aspekte und der neuen sozialen Beziehungen, die diese erzeugen –, die die kooperativen Kulturpraktiken des Lehrens und des auf Konformität abzielenden Lernens ermöglicht, die die entscheidenden Rollen bei der einzigartig menschlichen Weitergabe der Kultur spielen.

Im Kontext dieses evolutionären Erklärungsansatzes macht unser ontogenetischer Ansatz drei Mengen von Prozessen namhaft, die zusammen bestimmte Entwicklungspfade aufbauen. Die ersten sind Reifungsprozesse als mehr oder weniger direkte Widerspiegelungen der Evolutionsgeschichte des Menschen. Unser konkreter Vorschlag lautet, dass die Ontogenese der menschlichen kognitiven und sozialen Einzigartigkeiten durch die Reifung der Fähigkeiten des Kindes zu geteilter Intentionalität strukturiert wird. Indem er die phylogenetische Abfolge widerspiegelt, entfaltet sich dieser Reifungsprozess in zwei grundlegenden Schritten: An erster Stelle steht das Auftauchen gemeinsamer Intentionalität im Alter von etwa neun Monaten, und an zweiter Stelle folgt das Auftauchen kollektiver Intentionalität im Alter von ungefähr drei Jahren. Diese beiden Übergänge beeinflussen die kognitive und die Sozialpsychologie der Kinder durch die Bank, obgleich mit unterschiedlichen Details bei verschiedenen Entwicklungspfaden.

Die zweite Menge von Prozessen sind die individuellen Erfahrungen der Kinder, insbesondere ihre soziokulturellen Erfahrungen. Die einzigartige menschliche kognitive und soziale Ontogenese hängt entscheidend von Transaktionen zwischen dem Individuum und einer reichhaltigen kulturellen Ökologie ab, die sowohl für die normale menschliche Entwicklung notwendig als auch für viele kulturelle und individuelle Variationen verantwortlich ist. (Ein Kind, das auf einer einsamen Insel aufwächst, hätte im Erwachsenenalter am Ende keine auch nur vage Ähnlichkeit mit einer kulturell kompetenten »Person«.) Auch hier ist das Alter von drei Jahren ein entscheidender Übergangspunkt. Für den größten Teil der Evolutionsgeschichte des Menschen ist dies das Alter des Abstillens, in dem die Kinder ihre ersten eigenen kleinen Schritte in die weitere Welt unternehmen. In diesem Alter beginnen sie daher, an selbständigen und sinnvollen Interaktionen mit Gleichaltrigen teilzunehmen, und leiten damit das ein, was manche Gelehrte als »die beiden sozialen Welten der Kindheit« bezeichnet haben: 1. Interaktionen mit sachkundigen und maßgeblichen Erwachsenen, die sie mit Schlüsselerfahrungen versorgen, welche für die Weitergabedimension der Kultur relevant sind; und 2. Interaktionen mit ebenbürtigen Altersgenossen, die besonders anspruchsvolle Partner für die soziale und mentale Koordination beim Zusammenwirken und bei der Kommunikation darstellen und somit Schlüsselerfahrungen liefern, die für die Koordinationsdimension der Kultur relevant sind. Die These ist folglich, dass Kinder vor dem Alter von drei Jahren hauptsächlich daran angepasst sind, die Sorge und Aufmerksamkeit von Erwachsenen hervorzurufen, wohingegen sie nach diesem Alter sowohl für das kulturelle Lernen von der Erwachsenenpädagogik als solcher als auch für die Entwicklung neuer Fähigkeiten durch koordinierende Interaktionen mit Gleichaltrigen vorbereitet sind.

Die dritte Menge von Prozessen sind die verschiedenen Formen der exekutiven Selbstregulierung der Menschen. Vygotskij (1930/1978) folgend, lautet der Vorschlag, dass viele Aspekte der kognitiven und sozialen Einzigartigkeit des Menschen sich aus den besonderen Weisen ergeben, wie Kinder versuchen, ihre Gedanken und Handlungen nicht nur individuell einer exekutiven Selbstregulierung zu unterziehen, wie es auch viele Primaten tun, sondern auch sozial, indem sie ständig die Perspektiven und Bewertungen der Sozialpartner mit Bezug auf das Selbst überwachen. Auch hier ist das Alter von drei Jahren wieder entscheidend. Vor diesem Alter ist die exekutive Regulierung der Kinder zum größten Teil individuell wie die anderer Primaten, obwohl sie sich häufig auf einzigartig menschliche kognitive und soziale Inhalte bezieht. Nach dem Alter von drei Jahren fangen die Kinder an, ihre Kommunikationsversuche zum Gegenstand einer sozialen Selbstüberwachung zu machen, um zu sehen, ob sie für andere verständlich und rational sind, und sie fangen an, den Eindruck, den sie auf andere machen, einer sozialen Selbstüberwachung zu unterziehen, um ihre kooperative Identität in der Gruppe aufrechtzuerhalten. Darüber hinaus regulieren Kinder ab drei Jahren ihre kooperativen Interaktionen mit anderen auch *im Zusammenwirken mit ihnen.* So gehen sie beispielsweise gemeinsame Verpflichtungen mit anderen ein, bei denen »wir« sicherstellen, dass »du« und »ich« uns anständig verhalten, sowie (implizite) kollektive Verpflichtungen auf die sozialen Normen der Gruppe, im Hinblick auf welche »wir« sicherstellen, dass sowohl das Selbst als auch die anderen sie befolgen. Durch die Beteiligung an einer solchen sozialen und kulturellen Selbstregulierung im Alter von drei bis sechs Jahren gelangen die kleinen Kinder dazu, die vielen und mannigfaltigen Arten der selbstreflexiven, normativ strukturierten und vernunftbasierten Formen des Denkens und Handelns zu erzeugen, die sie erstmals zu vernünftigen und verantwortlichen Personen machen.

Im Folgenden versuche ich, diesen neovygotskijschen Rahmen zu benutzen, um den Ursprung und die Entwicklung der für die Spezies einzigartigen Formen der psychologischen Funktion von Kindern während der ersten sechs Lebensjahre zu erklären. Ich tue das gesondert für jeden der acht ontogenetischen Pfade – vier kognitive und vier soziomoralische –, die die Menschen am deutlichsten von ihren nächsten Menschenaffen-Verwandten unterscheiden (wie durch vergleichende Experimente bestimmt wurde). Das übergeordnete Ziel ist somit eine vollständige und kohärente Erklärung des Prozesses, ein Mensch – das heißt einzigartig menschlich – zu werden.

2

EVOLUTIONÄRE GRUNDLAGEN

Die elementarsten kognitiven und sozialen Prozesse, die man bei sich entwickelnden Kindern heute beobachten kann, haben alle Evolutionsgeschichten. Es ist wichtig, diese Historien zu verstehen, weil sie uns sagen, was diese psychologischen Prozesse sind, und zwar im Sinne ihres »Zwecks« (Tooby und Cosmides, 2005).[1]

Im Allgemeinen haben Menschenaffen kognitive und soziale Fertigkeiten für solche Dinge wie die Nahrungssuche und die Konkurrenz mit Gruppenmitgliedern um den Dominanzstatus entwickelt. Menschen haben darüber hinaus eine Folge von für die Spezies einzigartigen kognitiven und sozialen Fertigkeiten für die Koordination mit anderen bei verschiedenen neuen Formen der kooperativen Interaktion entwickelt. Diese einzigartig menschlichen Anpassungen für Kooperationsverhalten entwickelten sich in zwei entscheidenden Schritten (Tomasello et al., 2012). Der erste Schritt beinhaltete Anpassungen, die es frühmenschlichen Individuen ermöglichten, miteinander dyadisch bei der obligaten gemeinsamen Nahrungssuche (mit Partnerwahl) zu kooperieren; das sind die Fertigkeiten und Motivationen der gemeinsamen Intentionalität. Der zweite Schritt beinhaltete Anpassungen, die moderne menschliche Individuen in die Lage versetzten, miteinander bei der umfassenderen gemeinsamen Unternehmung, die als Kultur bekannt ist, zu

1 »Wenn Wesen aus dem Weltraum auf ein komplexes menschliches Artefakt wie zum Beispiel eine Ampelanlage stießen, die leerläuft, das heißt ohne Verkehr, könnten sie sie auseinandernehmen und ihre Struktur ewig analysieren, ohne zu verstehen, warum sie sich so verhält, wie sie es tut. Die Drähte und Birnen, für sich genommen, könnten nie (nicht einmal mit Hilfe von fMRT) Aufschluß darüber geben, warum das rote Licht auf der einen Seite nur dann aktiviert wird, wenn das grüne Licht auf der anderen Seite aktiviert wird. Um diese Funktionsweise zu verstehen, müssen wir zuerst den Straßenverkehr verstehen und wie Ampeln entworfen wurden, um die spezifischen Probleme zu lösen, die durch den Straßenverkehr aufgeworfen wurden.« (Tomasello, 2014, S. 222).

kooperieren; das sind die Fertigkeiten und Motivationen der kollektiven Intentionalität. Diese beiden Schritte stellen die evolutionären Grundlagen der einzigartig menschlichen kognitiven und sozialen Ontogenese dar.

Die Entstehung der frühmenschlichen gemeinschaftlichen und kulturellen Lebensweisen führte auch zu wichtigen Veränderungen des allgemeinen Verlaufs und Kontexts der menschlichen Ontogenese. Von besonderer Bedeutung ist folgender Umstand: In dem Maße, wie die Menschen immer kooperativer wurden, begannen sie, mehr Zeit und Ressourcen in die Entwicklung ihrer Kinder zu investieren, und diese Bemühung schloss auch andere Erwachsene als die Mutter ein (beim so genannten kooperativen Brutverhalten). Erwachsene, die Kinder mit Nahrung und Information bis weit in die Adoleszenz hinein versorgten, verlangsamten die Ontogenese und setzten Zeit und Ressourcen frei, die es den Kindern ermöglichten, sich die gewaltigen Mengen kultureller Information, die erforderlich waren, um im Hinblick auf die Eigentümlichkeiten der Gruppe kompetent zu werden, effizienter anzueignen.

In diesem Kapitel bereiten wir also die Bühne für die konkreten ontogenetischen Analysen im Hauptteil des Buches. Das erreichen wir erstens durch die Erläuterung der evolutionären Grundlagen der einzigartig menschlichen Psychologie und zweitens dadurch, dass wir genauer ausführen, wie diese Psychologie zu mehreren neuen Merkmalen der menschlichen Ontogenese als ganzer führte. Wir schließen mit einigen methodologischen Betrachtungen, die in den folgenden Kapiteln unsere Beschreibung und Erklärung der einzigartig menschlichen ontogenetischen Entwicklungspfade strukturieren werden.

Die Evolution des Menschen

Unsere Geschichte beginnt mit dem letzten gemeinsamen Vorfahren (LGV) von Menschen und Menschenaffen vor etwa 6 Millionen Jahren. Allem Anschein nach war dieser LGV den heutigen Schimpansen und Bonobos viel ähnlicher als den heutigen Menschen. Daher verwenden wir die heutigen Schimpansen und Bonobos als Modelle für seine Psychologie. Im Ausgang davon postulieren wir zwei neue »Umgebungen evolutionärer Angepasstheit«, die die Ultra-Kooperativität der Menschen selektierten: Bei der einen geht es in erster Linie um die persönliche Zusammenarbeit bei den Frühmenschen vor etwa 400 000 Jahren, bei der anderen um die Kultur des modernen Menschen vor etwa 100 000 Jahren. Die heutige psychologische Ontogenese des Menschen umfasst sowohl Anpassungen, die auch der LGV aufwies, als auch einzigartig menschliche Anpassungen, die in diesen beiden nachfolgenden Evolutionsperioden gründen.

Individuelle Intentionalität von Menschenaffen

Offensichtlich verfügen wir über keine direkten Belege für die Eigenart der Psychologie des LGV. Dafür wissen wir aber eine ganze Menge über die Psychologie von Schimpansen und Bonobos als Modelle des LGV. Da unsere Ziele hier allgemeiner Art sind, ist auch unsere Darstellung ihrer Kognition und Sozialität allgemein. Zu detaillierteren Darstellungen mit vollständigeren Quellenangaben der relevanten Forschung siehe Tomasello und Call (1997), Call und Tomasello (2008) und Tomasello (2014, 2016). Darüber hinaus besprechen wir in den folgenden acht Kapiteln viele Untersuchungen genauer, in denen Schimpansen und/oder Bonobos direkt mit Menschenkindern verglichen werden.

KOGNITION. Schimpansen und Bonobos verbringen den größten Teil ihres Tages mit der Nahrungssuche. In diesem Zusammenhang haben sie kognitive Fertigkeiten zum Verständnis der Funktionsweise der physikalischen Welt entwickelt (Tomasello und Call, 1997). Sie verstehen 1. den Raum – zum Finden von Nahrung; 2. Objektkategorien – zur Identifikation von Nahrung; und 3. Quantitäten – zur Maximierung der Nahrungsaufnahme. Mit anderen Worten: Schimpansen und Bonobos besitzen dasselbe »Basiswissen« über die physikalische Welt, das menschliche Kleinkinder schon früh in der Ontogenese zu zeigen beginnen (Spelke, 2009).

Darüber hinaus ziehen diese Affen bei der Beschaffung und Gewinnung von Nahrung – insbesondere dann, wenn dabei Werkzeuge benutzt werden – kausale Schlüsse auf eine Weise, die nur als Denken bezeichnet werden kann. Wenn beispielsweise ein Affe ein kognitives Problem an einem Ort sieht und anschließend an einen anderen Ort geht, um eine Reihe von Werkzeugen zu untersuchen, kann er einfach nur durch Anschauen das Werkzeug auswählen, das zur Kausalstruktur des Problems passt (obwohl das Problem im Augenblick nicht in Sicht ist). Der Affe ist dazu in der Lage, weil er die Fähigkeit besitzt, das Problem kognitiv zu repräsentieren und mental zu simulieren, indem er die verfügbaren Werkzeuge innerhalb dieses repräsentierten Problems benutzt. Insgesamt können wir auf der Grundlage von Studien moderner Menschenaffen vermuten, dass der LGV sehr raffinierte Fertigkeiten der Kognition und des Denkens mit Bezug auf die physikalische Welt besaß.

Eine recht ähnliche Geschichte lässt sich über die soziale Kognition erzählen. Menschenaffen, und daher auch der LGV, besitzen und besaßen ein Verständnis von anderen als intentionalen Akteuren. Es ist wahrscheinlich, dass das Verständnis intentionalen Handelns seitens der Menschenaffen sich ebenfalls im Kontext der – konkurrenzbasierten – Nahrungssuche entwickelte, weil die Identifikation der Ziele und Wahrnehmungen von anderen entscheidend für die Vorhersage ihres Verhaltens ist, wenn man mit ihnen konkurriert. Wenn beispielsweise eine untergeordnete Schimpansin zwei Portionen Nahrung sieht und sieht, dass ein dominanter Schimpanse in die Richtung von einer davon blickt, wird sie sich dafür entscheiden, diejenige Portion zu verfolgen, die der dominante Schimpanse nicht sehen kann. Sie tut das auf der Grundlage der Einsicht, dass er das Ziel der Nahrungsaneignung hat und dass er dieses Ziel nur dann verfolgen kann, wenn er die Nahrung wahrnimmt. Daher können wir auf der Grundlage von Untersuchungen an Menschenaffen vermuten, dass der LGV ein Verständnis von anderen als intentionalen Akteuren (ein weiterer Bestandteil des Kernwissens) hatte und dass er dieses Verständnis bei mentalen Simulationen benutzte, um vorherzusagen, was andere in verschiedenen neuen Konkurrenzsituationen täten. Auf der Grundlage anderer Studien mit Menschenaffen können wir schließen, dass die Kommunikations- und sozialen Lernfähigkeiten des LGV ebenfalls hoch entwickelt waren, weil ihnen ebenfalls die grundlegende sozial-kognitive Fertigkeit des Verstehens von anderen als intentionale Akteure zugrunde lag.

Insgesamt habe ich bei dem Vergleich der kognitiven Fertigkeiten von Schimpansen und Bonobos mit denen von Menschenkindern unsere nächsten Verwandten unter den Menschenaffen so charakterisiert, dass sie mit Fertigkeiten individueller Intentionalität operieren (Tomasello, 2014). Sie besitzen komplexe Fertigkeiten der Kognition und der sozialen Kognition zum Verstehen, zur Vorhersage und zur Beeinflussung ihrer physikalischen und sozialen Welten. Was ihnen abgeht, sind menschenähnliche Fertigkeiten der geteilten Intentionalität, wie beispielsweise die Fähigkeit, sich am Denken der anderen durch gemeinsame Aufmerksamkeit, konventionelle Kommunikation und Pädagogik zu beteiligen. Schimpansen und Bonobos – und somit auch der LGV – sind und waren sehr schlau, aber hauptsächlich oder nur als Individuen.

SOZIALITÄT. Wie die meisten Primaten hatte der LGV mehr oder weniger lang anhaltende soziale Beziehungen mit ausgewählten Gruppengenossen. Zusätzlich zu Verwandtschaftsbeziehungen beruhten seine Beziehungen hauptsächlich auf 1. Konkurrenz und Dominanz und 2. Kooperation und »Freundschaft«. Wie viele Säugetiere verband er diese beiden Beziehungstypen miteinander, als er mit einem Partner kooperierte, um sich eine dominante Stellung gegenüber einem Konkurrenten zu erkämpfen. Um gute Partner für diese Konflikte zu kultivieren, tat er Verschiedenes, um Freundschaften zu schließen (wie zum Beispiel Lausen und Nahrung teilen). Die LGVs halfen einander auch beim Wiederfinden eines Gegenstands oder bei der Nahrungsgewinnung, wenn sie selbst nicht darum konkurrierten. Im Allgemeinen hatten die LGVs sehr wahrscheinlich ein besonders ausgeprägtes Mitgefühl für Verwandte und Freunde – vor allem für diejenigen, von denen sie bei konkurrenzbezogenen Interaktionen unterstützt wurden – und kooperierten daher auf unterschiedliche Weisen mit ihnen. Ihre Kooperation gründete in der Konkurrenz.

Die eine scheinbare Ausnahme ist überhaupt keine. Schimpansen (und vielleicht auch Bonobos) jagen in kleinen Gruppen nach Affen und anderen kleinen Säugetieren, und vermutlich tat das auch der LGV. Im Hinblick auf die Koordination ähnelt das manchmal einer überstürzten und chaotischen Verfolgungsjagd; aber in anderen Fällen umringen die Jäger ein kleines Beutetier, um es zu fangen. Auf der Grundlage von experimentellen Untersuchungen können wir schließen, dass es sich dabei um eine individualistische Koordination handelt: Jeder Jäger versucht, den Affen für sich selbst zu fangen (weil der Fänger das meiste Fleisch bekommt), berücksichtigt dabei aber die Handlungen und Absichten der anderen. Die Beteiligten arbeiten nicht so sehr zusammen, sondern benutzen einander vielmehr als »soziale Werkzeuge«, um ihren eigenen Gewinn zu maximieren. Das zeigt sich auch daran, dass der Fänger sich mit dem Kadaver davonstehlen wird, wann immer es ihm möglich ist. Aber typischerweise kann er das nicht, weshalb alle Beteiligten (und viele Zuschauer) zumindest einen Teil des Fleisches bekommen, indem sie den Fänger anbetteln und drangsalieren. Daher können wir schließen, dass der LGV zwar über einige elementare Fertigkeiten der Zusammenarbeit verfügte, aber diese beinhalteten nicht das Zusammenwirken auf ein gemeinsames Ziel hin oder das freiwillige Teilen der Beute am Schluss.

So paradox es auch klingen mag: Unsere beste Vermutung lautet, dass LGV-Individuen zwar ein reichhaltiges Sozialleben mit lange anhaltenden Beziehungen hatten, dass aber – im Vergleich zu Menschen – ihre Sozialität doch immer noch etwas individualistisch war. Bei der Jagd konnten sie nicht ihre Köpfe mit anderen zusammenstecken, um das gemeinsame Ziel des Zusammenarbeitens zu bilden, und sie hatten auch keine Neigung, Ressourcen fair unter den relevanten Parteien zu teilen. Schimpansen und Bonobos, und somit auch der LGV, sind und waren zwar sehr sozial, aber nur auf eine gewisse instrumentelle Art.

EXEKUTIVE REGULATION. Sowohl im physikalischen als auch im sozialen Bereich besaßen LGV-Individuen außerdem wahrscheinlich die Fähigkeit, ihre eigenen Handlungen und ihr Denken zu überwachen. Daher können wir anhand von Untersuchungen an Menschenaffen schließen, dass sie Entscheidungen auf der Grundlage einer Einschätzung dessen treffen konnten, was sie wussten und was nicht; wenn sie beispielsweise nicht genau wussten, wo sich etwas befand (oder ob sie in der Lage waren, einen Kampf zu gewinnen), konnten sie sich »ausklinken« und ein anderes Ziel verfolgen, anstatt einen kostspieligen Misserfolg zu riskieren. Das deutet darauf hin, dass sie in einem gewissen Sinne wussten, was sie tun, wenn sie über ein Problem nachdachten.

Darüber hinaus deutete eine großangelegte Untersuchung über Schimpansen (und Orang-Utans) darauf hin, dass der LGV sein Verhalten auf verschiedene angepasste Weisen selbst regulieren konnte, wenn die Situation es erforderte. Beispielsweise konnte er 1. etwas aufschieben, indem er jetzt eine kleinere Belohnung annahm, um später eine größere zu erhalten, 2. eine zuvor erfolgreiche Reaktion zugunsten einer neuen hemmen, die von einer veränderten Situation verlangt wird, und 3. sich dazu bringen, etwas Unangenehmes zu tun, um am Ende eine begehrte Belohnung zu erlangen (Herrmann et al., 2015). Kurz, LGVs verfügten über eine Vielfalt von Fertigkeiten der kognitiven Selbstüberwachung und motivationalen Selbstregulation. Was sie jedoch nicht taten, obwohl es sogar schon menschliche Kinder tun, war, ihre Handlungen und ihr Denken anhand der Perspektiven und Bewertungen von anderen in ihrer sozialen Gruppe zu überwachen.

Frühmenschliche Zusammenarbeit und gemeinsame Intentionalität

Menschen spalteten sich von den anderen Menschenaffen vor etwa 6 Millionen Jahren ab. Im Laufe der nächsten 4 Millionen Jahre waren sie im Grunde zweifüßige Affen, die ein Gehirn mit einer für Affen üblichen Größe besaßen. Anschließend, vor etwa 2 Millionen Jahren, entstand die Gattung *Homo* mit einem größeren Gehirn und neuen Fertigkeiten für die Herstellung von Steinwerkzeugen. Bald darauf führte eine globale Abkühlungs- und Trockenheitsperiode zur Ausbreitung von auf dem Erdboden lebenden Kleinaffen (zum

Beispiel Paviane), die *Homo* mit Bezug auf viele Ressourcen aus dem Felde schlugen. Neue Verhaltensmöglichkeiten waren notwendig. Eine Übergangsmöglichkeit bestand im Verzehr von Kadavern, die von anderen Tieren getötet wurden, aber dann begannen manche Frühmenschen (die beste Vermutung deutet auf *Homo heidelbergensis* vor etwa 400 000 Jahren) damit, den größten Teil ihrer Nahrung durch aktivere Zusammenarbeit zu gewinnen; tatsächlich wurde die Zusammenarbeit obligat. Das bedeutete, dass die Individuen auf viel dringlichere Weise wechselseitig voneinander abhängig waren als zuvor.

Ein wesentlicher Teil des Prozesses obligater gemeinsamer Nahrungssuche bestand in der Partnerwahl. Individuen, die kognitiv oder in anderer Hinsicht für die Zusammenarbeit ungeeignet waren – beispielsweise diejenigen, die nicht in der Lage waren, mit anderen ein gemeinsames Ziel zu bilden –, wurden nicht wiederholt als Partner gewählt, und das bedeutete keine Nahrung. Ebenso wurden Individuen, die sozial oder moralisch in ihren gemeinsamen Interaktionen mit anderen unkooperativ waren – zum Beispiel diejenigen, die versuchten, die ganze Beute für sich selbst einzuheimsen –, als regelmäßige Partner gemieden und waren daher dem Untergang geweiht. Das Ergebnis war, dass es eine starke und aktive soziale Selektion (West-Eberhard, 1979) für kooperativ kompetente und motivierte Individuen gab.

Der radikal neue psychologische Prozess, der zu dieser Zeit entstand, war das, was wir als »gemeinsame Intentionalität auf der Grundlage gemeinsamen Handelns« bezeichnen können. Ein gemeinsamer Akteur umfasst zwei Individuen, die ein gemeinsames Ziel haben, das durch gemeinsame Aufmerksamkeit strukturiert ist, und jeder von beiden hat gleichzeitig seine eigene individuelle Rolle und Perspektive. Das lässt sich als die Zwei-Ebenen-Struktur bezeichnen: gleichzeitige Gemeinsamkeit und Individualität. Die Partner beim gemeinsamen Handeln beziehen sich dyadisch aufeinander, zweitpersonal, in Interaktionen von Angesicht zu Angesicht; im Lauf der Zeit erzeugen sie miteinander geteilte Erfahrungen, den gemeinsamen Hintergrund, auf den sie sich bei ihren gemeinsamen Anstrengungen verlassen können. Die Schaffung eines gemeinsamen Akteurs – während jeder Partner gleichzeitig seine eigene individuelle Rolle und Perspektive beibehält – erzeugte eine völlig neue Psychologie des Menschen und brachte neue Formen der Kognition und Sozialität hervor.

KOGNITION. Man kann das, was mit diesen Frühmenschen geschah, als die bloße Entstehung von ein paar neuen Fertigkeiten charakterisieren, und das stimmt sicherlich auch. Aber es handelte sich dabei nicht um irgendwelche Fertigkeiten, sondern um Fertigkeiten, die eine neue Art von Akteur erzeugten, nämlich einen solchen, in dem zwei unterschiedliche Individuen gewissermaßen die Welt gemeinsam wahrnahmen und verstanden, während sie dennoch ihre eigene individuelle Perspektive nicht verloren. Das führte für die Frühmenschen zu dem, was wir als »perspektivische kognitive Repräsentationen« bezeichnen können. Während Menschenaffen gemeinsame Merkmale von Einzelgegenständen abstrahieren und eine abstrakte Repräsentation einer Menge von Entitäten bilden konnten, waren die Frühmenschen nicht nur ebenfalls dazu in der Lage, sondern konnten denselben Gegenstand auch aus verschiedenen Perspektiven, unter verschiedenen Beschreibungen (zum Beispiel als Stock und als Werkzeug) sehen, und zwar gleichzeitig. Diese Form der kognitiven Repräsentation ist größtenteils verantwortlich für die bemerkenswerte Flexibilität und Leistungsfähigkeit der begrifflichen Tätigkeit des Menschen.

Eine gemeinsame intentionale Tätigkeit konstituierte eine geteilte Begriffswelt, die die unterschiedlichen Perspektiven der Partner umfasste, und sie erzeugte die pragmatische Infrastruktur, auf der die neuen frühmenschlichen Fertigkeiten der kooperativen Kommunikation aufgebaut werden konnten (Tomasello, 2008). Diese Fertigkeiten zeigten sich ursprünglich in den neuen und einzigartig menschlichen Gesten des Zeigens und Gebärdenspiels, das von den Partnern benutzt wurde, um ihre individuellen Rollen und Perspektiven auf einen gemeinsamen Zweck hin zu koordinieren. Diese Gesten beruhten auf einigen neuen Formen kognitiver Schlüsse. So könnte beispielsweise ein Individuum gegenüber einem anderen auf einen toten Ast an einem Baum zeigen. Ohne gemeinsamen

Hintergrund wäre eine solche Geste sinnlos. Aber wenn sie zusammen auf Antilopenjagd wären und aufgrund ihrer vorherigen gemeinsamen Erfahrung einen gemeinsamen Hintergrund hätten und wüssten, dass der andere einen Speer braucht, aber seinen eigenen gestern zerbrochen hatte (und dass dieser tote Ast von geeigneter Größe und Beschaffenheit wäre), dann könnte die einfache Zeigegeste so etwas mitteilen wie »Hier ist ein möglicher neuer Speer für dich.« Das heißt, sie würde dies mitteilen, wenn der Angesprochene eine evolutionär neue Form des Schließens vollziehen könnte: einen sozial rekursiven Schluss. Konkret musste sich der Angesprochene beim Folgen der Zeigegeste zum Stock hin fragen, warum der Kommunizierende *beabsichtigte*, dass er seine *Aufmerksamkeit* auf diesen Stock *richten* sollte (woraufhin seine Überprüfung ihres gemeinsamen Hintergrunds die Antwort liefern würde). In der Lage zu sein, einen intentionalen oder mentalen Zustand (*die Aufmerksamkeit auf etwas richten*) rekursiv in einen anderen (*beabsichtigen*) einzubetten, stellte eine andere neue Fähigkeit mit gewaltigen kognitiven Folgen dar.

Die neuen frühmenschlichen Fertigkeiten der kooperativen Kommunikation ermöglichten so nicht nur neue Formen sozialer Koordination, sondern auch neue Formen des Denkens, insbesondere die Fähigkeit, verschiedene Perspektiven auf vielfältige Weisen mit einem Partner zu koordinieren, und zwar unter anderem auch rekursiv. Sozial rekursive Schlüsse – bei denen das Individuum einen intentionalen oder mentalen Zustand begrifflich in einen anderen einbettet – ermöglichen den Individuen nicht nur, über ihre eigenen mentalen Zustände zu reflektieren, sondern auch, über ihr eigenes Denken nachzudenken. Das kognitive Ergebnis der frühmenschlichen Anpassungen für obligate gemeinsame Nahrungssuche waren Fertigkeiten gemeinsamer Intentionalität: Fertigkeiten dafür, den eigenen Kopf mit einem Partner zusammenzustecken, um ein gemeinsames Ziel mit gemeinsamer Aufmerksamkeit zu bilden, wodurch die Möglichkeit entsteht, dass man über Dinge im Sinne perspektivischer kognitiver Repräsentationen und sozial rekursiver Schlüsse nachdenken kann.

SOZIALITÄT. Frühmenschliche Individuen, die für die gemeinsame Nahrungssuche sozial selektiert wurden, bezogen sich auf bestimmte neue Weisen auf andere Individuen. Am wichtigsten war, dass sie starke Kooperationsmotive hatten, und zwar sowohl, um mit anderen auf kooperative Ziele hinzuarbeiten, als auch, um Mitgefühl mit anderen zu haben und ihnen zu helfen, da sie ihre Partner waren oder noch sein könnten. Wenn ein Individuum für den Erfolg bei der Nahrungssuche von einem Partner abhängig war, dann ergab es einen guten evolutionären Sinn, ihm immer, wenn es nötig war, zu helfen, um sicherzustellen, dass er sich in einem guten Zustand für zukünftige Exkursionen befand.

Darüber hinaus entwickelten frühmenschliche Individuen, die sozial für die gemeinsame Nahrungssuche selektiert wurden, eine neue Art von kooperativer Rationalität, die sie dazu führte, andere als Partner zu behandeln, die gleichermaßen anspruchsberechtigt sind – das heißt, nicht nur mit einem Sinn für Mitgefühl, sondern auch mit einem Sinn für Fairness. Die Partner verstanden, dass jeder von ihnen im Prinzip die eine oder andere Rolle bei einer Zusammenarbeit spielen könnte und dass beide für den gemeinsamen Erfolg vonnöten waren. Ferner entwickelten sie, da zwei Individuen wiederholt miteinander in einem bestimmten Nahrungssuchekontext zusammenarbeiteten, ein auf dem gemeinsamen Hintergrund basierendes Verständnis der Art und Weise, wie jede Rolle für den gemeinsamen Erfolg gespielt werden musste – etwas, das wir als »rollenspezifische Ideale« bezeichnen können (beispielsweise muss der Verfolger bei der Antilopenjagd *x* tun und der Speerwerfer muss *y* tun). Diese Ideale waren unparteiisch in dem Sinne, dass sie angaben, was jeder von uns tun muss, um die Rolle »richtig« zu spielen, nämlich so, dass unser gemeinsamer Erfolg sichergestellt wird. All dies zusammen führte zu einer Einstellung der Zusammenarbeit: Da wir beide für den Erfolg nötig sind und wir unsere Rollen (von denen jede wechselseitig bekannte und unparteiische Leistungsmaßstäbe beinhaltet) tauschen können, haben wir auch den gleichen Anspruch auf die Beute – im Gegensatz zu Betrügern oder Trittbrettfahrern, die keinen Anteil an der Beute verdienen.

Bei der Wahl eines Partners für eine gemeinsame Unternehmung wollten die Frühmenschen sich jemanden aussuchen, der die rollenspezifischen Ideale erfüllen und die Beute fair teilen würde. Um das Risiko, das der Partnerwahl eigen ist, zu reduzieren, konnten Individuen, die im Begriff waren, Partner zu werden, ihre neu gewonnenen Fertigkeiten der kooperativen Kommunikation nutzen, um eine gemeinsame Verpflichtung einzugehen, indem sie einander gelobten, ihre Rollenideale, einschließlich der fairen Aufteilung der Beute, zu erfüllen. Als Teil dieser gemeinsamen Verpflichtung konnten die potenziellen Partner außerdem stillschweigend geloben, dass jeder, der die Verpflichtung verletzen würde, eine Rüge verdiente; daher würde die Abweichlerin, wenn sie auch weiterhin einen guten Kooperationsstatus genießen wollte, sich dem Tadel des Partners (als Schuldgefühl internalisiert) anschließen, und zwar gemäß einer Moral, nach der wir > ich ist.

Folglich war das soziale Ergebnis der frühmenschlichen Anpassungen an obligate gemeinsame Nahrungssuche eine Moral der zweiten Person: die Tendenz, sich auf andere zu beziehen, von Angesicht zu Angesicht, mit einem gesteigerten Mitgefühl für (potenzielle) Partner und einem Sinn für Fairness, beruhend auf einer ehrlichen Einschätzung sowohl des Selbst als auch des anderen als gleichermaßen anspruchsberechtigte Partner bei dem gemeinsamen Unternehmen (Äquivalenz zwischen Selbst und anderem).

EXEKUTIVE REGULATION. Anhand von Untersuchungen, die Menschenaffen und Kinder miteinander vergleichen, können wir schließen, dass die Frühmenschen sich nicht nur individuell selbst regulierten (wie der LGV), sondern auch eine bestimmte Art der sozialen Selbstregulation vollzogen. In kognitiver Hinsicht waren sie in der Lage, ihr eigenes Denken exekutiv zu regulieren, indem sie vorwegnahmen, wie die anderen dieses Denken verstehen und bewerten würden – und zwar typischerweise so, wie es in einem bestimmten offenen Akt der kooperativen Kommunikation zum Ausdruck kam. Das stellte eine Art der sozialen Selbstüberwachung ihres individuellen Denkens dar (was später zur Selbstregulation durch Rationalitätsnormen werden sollte). In sozialer Hinsicht, insbesondere im Kontext der Partnerwahl, konnten sie simulieren, wie die anderen ihre Kooperativität bewerteten, und daran lag ihnen sehr viel (was später und in Verbindung mit ihrer Moral des wir > ich zur Selbstregulation durch moralische Normen werden sollte).

Die Kultur des modernen Menschen und kollektive Intentionalität

Die im kleinen Maßstab stattfindende, gemeinsame Nahrungssuche der Frühmenschen wurde schließlich durch zwei demografische Faktoren destabilisiert, die zu den modernen Menschen (*Homo sapiens sapiens*) vor 150 000 Jahren führten. Der erste bestand in der Konkurrenz zu anderen Gruppen von Menschen. Die Konkurrenz zu anderen Gruppen bedeutete, dass eine locker strukturierte Population von zusammenarbeitenden Individuen sich in eine enger geknüpfte soziale Gruppe verwandeln musste, um ihre Lebensweise gegenüber Eindringlingen zu verteidigen. Das Ergebnis war das Gefühl, dass unsere gesamte soziale Gruppe eine große gemeinsame Tätigkeit war, die auf den Erfolg der Gruppe abzielte. Der zweite bestand in einer zunehmenden Populationsgröße. In dem Maße, wie die Populationen der Menschen anwuchsen, neigten sie dazu, sich in kleinere Gruppen aufzuspalten, was zur so genannten Stammesorganisation führte, bei der eine Reihe verschiedener sozialer Gruppen immer noch eine einzige Supergruppe oder »Kultur« waren. Das bedeutete, dass die Erkennung der anderen aus der eigenen Kulturgruppe wesentlich wurde; im Kontext von manchmal feindlicher Gruppenkonkurrenz musste man auch selbst von den anderen in der eigenen Gruppe erkannt werden. Eine solche Erkennung in beiden Richtungen war wichtig, weil man nur bei Mitgliedern der eigenen Kulturgruppe sicher sein konnte, dass sie die eigenen Fertigkeiten und Werte teilten und folglich gute und vertrauenswürdige Kooperationspartner wären, unter anderem für die Verteidigung der Gruppe. Die Abhängigkeit der Individuen von der Gruppe führte daher zu einem Gefühl der Gruppenidentität und -loyalität, und es konnte tödlich sein, wenn man diese Gruppenidentität und -loyalität nicht zur Schau stellte.

Die heutigen Menschen haben zwar viele verschiedene Möglichkeiten, die Gruppenidentität zu markieren, aber die ursprünglichen Möglichkeiten bestanden hauptsächlich im Verhalten: Menschen, die sprechen wie ich, das Essen zubereiten wie ich, und auch in anderen Hinsichten meine Kulturpraktiken teilen, sind wahrscheinlich Mitglieder meiner Kulturgruppe. Und so entstand die Neigung der modernen Menschen zur aktiven Konformität mit der Gruppe und ihren konventionellen Kulturpraktiken. Die eigenen Kinder zu lehren, die Dinge auf die hergebrachte Weise zu tun, wurde somit notwendig für ihr Überleben. Unterricht und Konformität erzeugten die kumulative kulturelle Evolution, die durch den »Wagenhebereffekt« charakterisiert ist – und somit auch die kulturelle Organisation in Form der besonderen Menge von Konventionen, Normen und Institutionen der Gruppe. Die Einzelnen wurden in diese überindividuellen Sozialstrukturen hineingeboren und hatten keine andere Wahl, als sich ihnen zu fügen. Das Schlüsselmerkmal von Individuen, die an das Kulturleben angepasst waren, bestand somit in einer Art von Gruppengeist, und zwar sowohl im Hinblick auf die kognitive Einnahme der Gruppenperspektive als auch im Hinblick auf die Sorge um das Wohlergehen der Gruppe.

KOGNITION. Die kognitiven Fertigkeiten, die für das Funktionieren in einer Kulturgruppe notwendig sind, waren nicht einfach nur Fertigkeiten der gemeinsamen Intentionalität, sondern Fertigkeiten der kollektiven Intentionalität. Die Einzelnen hatten nicht nur einen persönlichen gemeinsamen Hintergrund mit anderen Einzelnen, sondern auch einen kulturellen gemeinsamen Hintergrund – sogar mit Individuen, denen sie noch nie zuvor begegnet waren –, weil sie gemeinsam wussten, dass sie alle viele derselben Erfahrungen als Folge davon hatten, dass sie in derselben Kulturgruppe aufgewachsen waren. Außerdem musste das Individuum in vielen Situationen die Perspektive der Gruppe einnehmen, insbesondere im Hinblick auf die Konventionen, Normen und Institutionen der Kultur. Es gab richtige und falsche Weisen, die Rollen in ihnen zu spielen: So machen wir die Dinge hier. Diese neue Art von Perspektive war somit eine Art von »objektiver« Perspektive, die unabhängig von jedem Individuum war. Institutionen verstärkten dieses Gefühl von Objektivität noch weiter, weil wesentliche Teile der Kulturwelt institutionelle Wirklichkeiten wie Häuptlinge, Ehen und Muscheln-als-Geld waren, die in Wirklichkeit normale Menschen und Dinge waren, die einen neuen Status – mit neuen deontischen Kräften – erwarben, weil und nur weil jeder vor seinem kulturellen gemeinsamen Hintergrund anerkannte, dass sie tatsächlich diesen Status besaßen.

In vielen Hinsichten sind die wichtigsten Konventionen einer Kulturgruppe ihre sprachlichen Konventionen, die zur Koordination sozialer Tätigkeiten genutzt werden. Darüber hinaus ist die Sprache entscheidend dafür, dass Menschen auf viele unterschiedliche Weisen denken, wohl insbesondere mit Bezug darauf, wie durch sie Perspektiven konventionalisiert werden (zum Beispiel *Hund* gegenüber *Haustier*). Sie ermöglicht den Individuen, die gemeinsame Aufmerksamkeit auf die Vorstellungen der anderen Personen zu richten, während sie sie mittels ihrer geteilten sprachlichen Konventionen austauschen. Die Sprache trägt außerdem zum Gefühl einer objektiven Perspektive auf die Dinge bei, da sie den Individuen ermöglicht, generische Propositionen über die Welt im Allgemeinen auszudrücken. Um ihren Kindern etwas beizubringen, begannen die modernen Menschen somit, generische Sprachformen zu benutzen, denen zufolge es nicht nur der Fall ist, dass ein bestimmter Leopard eine Gefahr darstellt – »Leoparden sind gefährlich« repräsentiert eine objektive Tatsache mit Bezug auf die Welt. Die Lehrerin teilt dem Kind nicht ihre persönliche Meinung mit, sondern stellt vielmehr die objektive Sicht der Dinge seitens der Kultur dar.

Außerdem nutzten die modernen Menschen ihre sprachlichen Fertigkeiten, um sich miteinander kooperativ über eine bestimmte Überzeugung oder Handlung auszutauschen. Dabei lieferten sie Gründe dafür, warum die anderen ihnen zustimmen sollten (zum Beispiel sollten wir in diese Richtung gehen und nicht in jene, weil es auf diesem Pfad Antilopenspuren gibt, auf jenem aber nicht). Diejenigen, die sich an diesem Prozess sinnvoll beteiligen konnten, waren auch diejenigen, die sich kooperativ verhielten, indem sie sich selbst »guten« Gründen unterordneten: Meine persönliche Vorliebe spielt keine Rolle, sondern ich werde zustimmen und werde mich derjenigen Entscheidung anschließen – wie immer sie auch ausfallen mag –, die von den meisten und besten Gründen gestützt wird, anhand von Kriterien, mit denen wir alle einverstanden sind. Dadurch, dass sie sich an diesem Prozess beteiligten, wurde das Denken der Individuen in einem viel weiteren und vernunftbasierteren »Überzeugungsnetz« organisiert, das von den normativen Rationalitätsmaßstäben der Gruppe strukturiert war.

SOZIALITÄT. Das Leben in einer Kulturgruppe moderner Menschen bedeutete vor allem anderen, sich anzupassen. Man musste sich anpassen, um sich mit anderen bei konventionellen Kulturpraktiken zu koordinieren, um die eigene Übereinstimmung mit den Praktiken der Kulturgruppe zur Schau zu stellen und um mit den sozialen Normen der Gruppe übereinzustimmen. Manche sozialen Normen bezogen sich nur auf Konformität und Gruppenidentität, aber andere berührten das Mitgefühl der Menschen und ihren Sinn für Fairness (das und den sie von den Frühmenschen geerbt hatten), und diese wurden zu moralischen Normen. Und folglich kodifizierten die moralischen Normen die richtige und falsche Art und Weise des moralischen Verhaltens gegenüber anderen Menschen, ebenso wie die konventionellen Normen die richtigen und falschen Praktiken bei instrumentellen Tätigkeiten kodifizierten. Da die kollektive Intentionalität und der kulturelle gemeinsame Hintergrund moderner Menschen eine Art von »objektiver« Perspektive auf die Dinge erzeugte, wurde die moderne menschliche Moral schließlich als objektiv angesehen.

Natürlich konnte man auch gegen moralische Normen verstoßen. Aber wenn man von anderen Gruppenmitgliedern zur Rechenschaft gezogen wurde, waren die Handlungsmöglichkeiten begrenzt: Man konnte ihre Kritik und ihren Tadel ignorieren und sich damit außerhalb der Normen und Werte stellen, die von der Kulturgruppe geteilt wurden (was möglicherweise zum Ausschluss aus der Gruppe führte), oder man konnte sie als legitim und berechtigt akzeptieren. Und tatsächlich stellten sich die modernen Menschen die kulturellen Normen, in die sie hineingeboren wurden, als legitimes Mittel vor, mit dem »wir« »uns« regulieren, und es war Bestandteil ihrer Gruppenidentität, so zu denken. Das bedeutete, dass es bei einer Abweichung von den sozialen Normen der Gruppe wichtig war, diese Abweichung den anderen gegenüber im Sinne der geteilten Werte der Gruppe zu rechtfertigen (zum Beispiel habe ich meine Pflichten vernachlässigt, weil ich ein in Not geratenes Kind retten musste). Auf diese Weise internalisierten die modernen Menschen nicht nur moralische Handlungen, sondern auch moralische Rechtfertigungen und schufen so innerhalb der moralischen Gemeinschaft eine vernunftbasierte moralische Identität.

EXEKUTIVE REGULATION. Daher regulierten die modernen Menschen – genau wie die Frühmenschen – ihre Gedanken und Handlungen nicht nur auf der Grundlage dessen, was ihrer Meinung nach andere Individuen über sie dachten, sondern auch auf der Grundlage normativer Maßstäbe der Gruppe. Sie begannen, ihre Gedanken durch die öffentlich akzeptierten Rationalitätsnormen der Gruppe selbst zu regulieren, und ihre Handlungen durch die öffentlich akzeptierten Normen der Moral: Sie vollzogen nicht nur eine soziale Selbstregulation, sondern eine normative Selbstkontrolle. Sie stellten sich die Frage: Was soll ich denken? Und was soll ich tun?

Zusammenfassung und Implikationen für die Ontogenese

Abbildung 2.1 stellt eine schematische Zusammenfassung der drei eben erläuterten Schritte in der Evolution des Menschen dar. Unsere ontogenetische Hypothese lautet, dass diese drei Mengen von Anpassungen – die individuelle Intentionalität der Menschenaffen, die gemeinsame Intentionalität der Frühmenschen und die kollektive Intentionalität moderner Menschen – die Reifegrundlagen für die psychologische Entwicklung des Menschen bilden, wobei die letzten beiden die für die Spezies einzigartigen Aspekte erklären. Unsere Arbeitshypothese lautet, dass die Fertigkeiten und Motivationen der gemeinsamen Intentionalität (zum Beispiel gemeinsame Aufmerksamkeit und Zusammenarbeit auf zwei Ebenen) zuerst in

	Letzter gemeinsamer Vorfahre		Frühmenschen		Moderne Menschen
Kognition	**Individuelle Intentionalität** – abstrakte Repräs. – einfache Schlüsse	→	**Gemeinsame Intentionalität** – perspektivische Repräs. – rekursive Schlüsse	→	**Kollektive Intentionalität** – »objektive« Repräs. – Vernünftigkeit
Sozialität	**Prosozialität** – Helfen – Teilen	→	**Zweitpersonale Moral** – gemeinsame Verpflichtung – Fairness	→	**Gruppenbezogene Moral** – soziale Normen – Verantwortlichkeit
Selbstregulation	persönliche Selbstregulation	→	soziale Selbstregulation	→	normative Selbstregulation

Abbildung 2.1: Allgemeine Zusammenfassung der evolutionären Wurzeln der einzigartig menschlichen Kognition und Sozialität.

einem Alter von etwa neun Monaten auftauchen. Nach weiterer Reifung und Erfahrung beginnen die Fertigkeiten und Motivationen der kollektiven Intentionalität (wie beispielsweise ein Verständnis von Konventionen und ein unparteiischer Sinn für Fairness) im Alter von etwa drei Jahren zu entstehen. Eine derartige Entwicklungssequenz sollte sich bei jedem der von uns untersuchten ontogenetischen Pfade zeigen.

Die Ontogenese des Menschen

Die Ontogenese gestaltet Individuen. Das geschieht durch die Herstellung einer komplexen und miteinander verknüpften Menge ontogenetischer Entwicklungspfade. Tatsächlich besteht das Ziel der natürlichen Selektion gemäß der modernen evolutionären Entwicklungsbiologie (Evo-Devo) nicht in »Merkmalen« von Erwachsenen – wie in klassischen Darstellungen –, sondern vielmehr in ontogenetischen Entwicklungspfaden. Das heißt, die natürliche Selektion gilt nicht nur für die Erwachsenen als Endpunkte, sondern auch für den Konstruktionsprozess, der für ihre Existenz verantwortlich ist (Gould, 1977; West-Eberhard, 2003). Über eine evolutionäre Zeitspanne hinweg kann ein ontogenetischer Entwicklungspfad seinen Inhalt ändern (beispielsweise das Vorhandensein oder Fehlen einer bestimmten psychologischen Kompetenz), seine zeitliche Abfolge (wann die Kompetenz erstmals auftritt und wie lange ihre Entwicklung dauert) und seine Plastizität (das Ausmaß, in dem die Kompetenz für Umgebungseinflüsse offen ist oder nicht). Das Ergebnis ist, dass verschiedene Spezies, die unter verschiedenen ökologischen Bedingungen leben, verschiedene Muster ontogenetischer Gestaltung (das heißt lebensgeschichtliche Strategien) entwickeln.

Die meisten Spezies verfügen zumindest über einige so genannte ontogenetische Anpassungen – von den Flossen der Kaulquappe bis zum Suchreflex von Kindern beim Stillen –, die nur während einer bestimmten Entwicklungsperiode adaptiv sind und dann verschwinden. Im Gegensatz dazu sind aufgeschobene Anpassungen diejenigen, die für den Erfolg sich fortpflanzender Erwachsener wichtig sind, wobei ihr Auftauchen in der Kindheit einfach eine Folge der für die Erzeugung der reifen Form notwendigen Dauer ist. Das evolutionäre Erfordernis ist in allen Fällen entscheidenderweise, dass der Organismus als ganzer bei jedem einzelnen ontogenetischen Schritt lebensfähig sein muss, ansonsten wird er nicht überleben, um sich fortzupflanzen. Ein evolutionär fundierter Ansatz mit Bezug auf die Ontogenese – ein lebensgeschichtlicher Ansatz – muss deshalb die ökologischen Herausforderungen und resultierenden Anpassungen für den Organismus in jeder Entwicklungsperiode aus sich selbst heraus deutlich machen.

Ein gegebener Entwicklungspfad entwickelt sich unter den Entwicklungsbeschränkungen, die von vielen anderen Pfaden erzeugt werden: Keiner kann in Erscheinung treten, bevor seine Bestandteile fertig sind, und keiner darf für die anderen oder für den Gesamtprozess eine zu große Störung darstellen. Andererseits können Interaktionen zwischen Entwicklungspfaden – wenn der eine oder andere von ihnen sich ändert – die Quelle bedeutender und unerwarteter evolutionärer Neuheiten sein. Man stelle sich beispielsweise eine Zeit der Evolution vor, zu der nur erwachsene Menschen auf zwei Beinen laufen konnten (etwa als Anpassung für das Jagen von Großwild). In späteren Generationen hatten diejenigen Individuen, die zufällig früher in ihrer Ontogenese zu laufen begannen, verschiedene Vorteile gegenüber den anderen (beispielsweise bei der Flucht vor Raubtieren), was zu einer speziesweiten Tendenz führte, dass die Kinder ebenfalls die Fähigkeit des Laufens besaßen. Solche Änderungen der zeitlichen Abfolge können folgenschwere Auswirkungen auf Phänotypen zeigen, indem sie neue Interaktionen zwischen Entwicklungspfaden erzeugen, die im Verlauf der Ontogenese hintereinandergeschaltete Wirkungen hervorbringen. Beispielsweise kann man sich vorstellen, dass es für Kinder, die schon in jüngerem Alter laufen können, ein Nebeneffekt sein könnte, dass die Erwachsenen ihnen nun schon früher mehr Freiheit einräumen, was dann die Natur ihrer Interaktionen mit Gleichaltrigen beeinflussen mag. Der entscheidende Punkt ist, dass diese Nebeneffekte für die Interaktion mit Erwachsenen und Gleichaltrigen kein Teil des ursprünglichen Prozesses der natürlichen Selektion für Kinder, die laufen können, waren; sie waren bloß »emergente« phänotypische Ergebnisse, die dann, wie alles andere auch, der natürlichen Selektion unterworfen wurden.

Diese Evo-Devo-Perspektive auf die Ontogenese ist somit eine epigenetische Perspektive: Sie konzentriert sich nicht auf Gene, sondern auf die Genexpression, wie sie sich in ontogenetischen Prozessen manifestiert, die mit der Umgebung und miteinander interagieren, um Phänotypen zu erzeugen. Wenn das Augenmerk auf dem Verhalten und der Psychologie liegt, wird diese Art von Perspektive häufig als Theorie der Entwicklungssysteme bezeichnet (zum Beispiel Gottlieb, 1997). Wenn das Augenmerk auf dem Verhalten und der Psychologie des Menschen im Besonderen liegt, wird sie häufig als evolutionäre Entwicklungspsychologie bezeichnet (zum Beispiel Bjorklund, 2015; Barrett, 2015). Dieser epigenetische Ansatz mit Bezug auf die psychologische Entwicklung des Menschen steht in scharfem Kontrast zu vielen so genannten nativistischen Ansätzen, die sich auf die Evolution berufen, um einfach zu behaupten »Es ist angeboren!« und sich damit zufriedengeben (was ich früher als »allzu simplen Nativismus« bezeichnet habe; Tomasello, 1999). Ein gründlicherer evolutionärer Ansatz mit Bezug auf die psychologische Entwicklung des Menschen wird die dynamischen Prozesse beschreiben und erklären, die bestimmte ontogenetische Entwicklungspfade gestalten.

Die ontogenetische Nische des Menschen

Die Individuen aller Spezies von Menschenaffen durchlaufen relativ ausgedehnte Ontogenesen und verbringen einen großen Teil ihres Lebens in einer unreifen Form. Diese lange Unreifeperiode ist für das Jungtier gefährlich, weil es im Hinblick auf Nahrung und Schutz vor Raubtieren von anderen abhängig ist. Die Bereitstellung all dieser Zuwendungen ist außerdem für erwachsene Bezugspersonen auf vielfältige Weise kostspielig und riskant. Die großen Kosten und Risiken dieses lebensgeschichtlichen Musters »ausgedehnter Unreife« – und zwar sowohl für die Nachkommen als auch für die Bezugspersonen – deuten darauf hin, dass es zumindest einige Anpassungsvorteile aufweisen muss. Ganz grundlegend bedeutet eine lange Periode der Unreife, dass viele kognitive und soziale Kompetenzen und ihre entsprechenden Lernfertigkeiten sich allmählich in dem Maße entwickeln werden, wie der Organismus mit seiner Umgebung interagiert. Diese Extrazeit gibt dem Individuum die Gelegenheit, seine eigenen flexiblen und kognitiv kontrollierten Weisen des Umgangs mit seinen eigenen individuellen adaptiven Herausforderungen aufzubauen (Bruner, 1972).

Die menschliche Variante dieses ausgedehnten lebensgeschichtlichen Musters der Unreife weist einige besondere Merkmale auf, die an die ultrakooperative Lebensweise der Menschen angepasst sind. Am wichtigsten ist, dass die menschliche Ontogenese sich innerhalb einer äußerst kooperativen sozialen Gruppe (einer Kultur) entfaltet, deren Mitglieder zusammenarbeiten und einander auf unzählige Weisen helfen, unter anderem bei der Aufzucht des Nachwuchses. In dieser kooperativen ontogenetischen Nische hängen Kinder von viel mehr Erwachsenen in viel mehr Hinsichten und für eine viel längere Zeit ab, als es bei anderen Menschenaffen der Fall ist.

Die elementarste Hinsicht bezieht sich auf die Nahrungsgewinnung. Die Mütter von Menschenaffen stillen ihre Jungen im Alter von etwa vier bis fünf Jahren ab, und von da an sind diese bei der Nahrungsgewinnung auf sich allein gestellt. Die Mütter von Menschenaffen gestatten ihren Nachkommen zwar, die Reste ihrer Mahlzeiten (Schalen, Hülsen und Gehäuse) nach Essbarem zu durchstöbern, aber sie stellen sie nicht aktiv bereit (siehe Ueno und Matsuzawa, 2004, zu einem experimentellen Nachweis). In scharfem Gegensatz dazu werden Menschenkinder, nachdem sie mit etwa drei Jahren abgestillt werden, von ihren Müttern und anderen Erwachsenen bis weit in die Adoleszenz hinein mit Nahrung versorgt. In einer Untersuchung von Jägern und Sammlern stellten Hill et al. (2009) fest, dass Kinder typischerweise bis zur Mitte der Adoleszenz ihre eigene Nahrung in einem Maße, das für das Überleben hinreichend wäre, nicht selbst beschaffen. Dasselbe Muster scheint – möglicherweise noch stärker – für Kinder in modernen Industriegesellschaften zu gelten.

Auf ähnliche Weise sind die Jungtiere von Menschenaffen bei der Sammlung von Informationen über die sie umgebende Welt ziemlich auf sich allein gestellt. Sie mögen zwar Dinge von anderen lernen, aber die Erwachsenen versorgen sie nicht aktiv mit notwendigen Informationen durch Unterricht oder Anleitung (Thornton und Raihani, 2008). Abermals im scharfen Gegensatz dazu erwerben Menschenkinder einen Großteil an Informationen durch die absichtlichen Anweisungen seitens Erwachsener, und das gilt für Gesellschaften aller Art, unter anderem für Gruppen von Jägern und Sammlern, in denen die Erwachsenen Kinder auf weniger verbale Art unterweisen (Kruger und Tomasello, 1986; Hewlett und Roulette, 2016). Tatsächlich ist die Unterweisung durch Erwachsene absolut wesentlich dafür, dass Menschenkinder die örtlichen kulturellen Fertigkeiten erwerben, von denen ihr Überleben abhängt – und sich in allen möglichen anderen Hinsichten kognitiv und sozial normal entwickeln.

Diese gesamte kooperative Versorgung mit Nahrung und Informationen wird nicht nur von Müttern geleistet, sondern auch von einer Vielzahl anderer Erwachsener. Bei allen vier Menschenaffenspezies wird im Grunde 100 Prozent der Pflege der Nachkommen von der Mutter übernommen, und die Jungen bleiben eine Zeit lang in unmittelbarer Nähe zu ihren Müttern, typischerweise in Körperkontakt. Im scharfen Gegensatz dazu bilden erwachsene Menschen Paarbindungen, sodass die Kinder in Kernfamilien großgezogen werden, wobei die Kinderbetreuung auch von anderen Verwandten und Freunden übernommen wird. Das Ergebnis ist, dass in menschlichen Gesellschaften aller Art, von Jäger/Sammler-Gruppen bis zu modernen Industrienationen, nach der frühen Kindheit nur etwa 50 Prozent der Betreuung der Nachkommen von den Müttern geleistet wird, während Väter, Großmütter und Freunde den Rest bestreiten (Hrdy, 2006). Dieses Muster der so genannten kooperativen Aufzucht ermöglicht es den Müttern, nach Nahrung zu suchen und sich ohne Ablenkung einer Vielzahl anderer Aufgaben zu widmen und in kürzeren Intervallen Nachkommen zu haben als andere Menschenaffen. Ein anderes wichtiges Ergebnis dieses Musters kooperativer Kinderbetreuung – das eine herausragende Rolle in unserer Darstellung der Kindheit spielen wird – besteht darin, dass die Sicherstellung von Betreuung und Aufmerksamkeit bei einer Reihe verschiedener Erwachsener einzigartige kognitive und soziale Herausforderungen für die Kinder selbst darstellt, was möglicherweise zur Entwicklung einiger ihrer frühreifen sozialen und kognitiven Fähigkeiten beiträgt (Hrdy, 2016; Hawkes, 2014).

Der entscheidende Punkt ist, dass diese besonders kooperative ontogenetische Nische auch eine besonders ausgedehnte Ontogenese ermöglicht. Erwachsene, die die Jungen mit Nahrung und Informationen versorgen, befreien sie von den Kosten und Risiken, die mit der energetischen und informationellen Selbsterhaltung verbunden sind, sodass sie die Zeit nutzen können, um ihre kognitiven und sozialen Fertigkeiten zu entwickeln. Die konkreteste Möglichkeit zur Erkennung des Gesamtmusters besteht darin, sich das Gehirnwachstum bei Tieren und Schimpansen über das Lebensalter hinweg anzusehen. Das erwachsene Gehirn des Menschen ist etwa dreimal größer als das anderer Affen. Aber selbst wenn dieser gewaltige Größenunterschied im Reifestadium neutralisiert wäre, sind

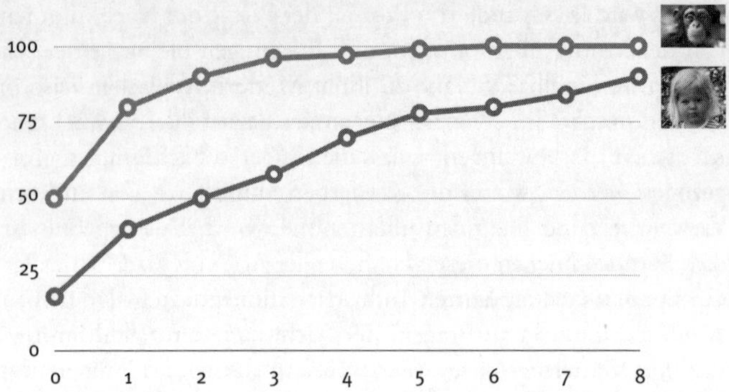

Abbildung 2.2: Prozentsatz der erwachsenen Gehirngröße als Funktion des Lebensalters in Jahren bei Menschen und Schimpansen (anhand von Daten von Coqueugniot et al., 2004).

doch die relativen Geschwindigkeiten, mit denen das Gehirn von Schimpansen und Menschen seine jeweilige Erwachsenengröße erreicht, sehr verschieden. Wie aus Abbildung 2.2 hervorgeht, ist das Gehirn von Schimpansen schon bei der Geburt etwa halb so groß wie das von erwachsenen Tieren; im Alter von zwei Jahren erreicht es 90 Prozent seiner Erwachsenengröße. Im scharfen Gegensatz dazu hat das Gehirn von Menschen bei der Geburt nur 20 Prozent seiner Erwachsenengröße und erreicht erst im Alter von acht Jahren 90 Prozent.

Die Tatsache, dass das menschliche Gehirn dreimal größer als das von Schimpansen ist, deutet auf eine komplexere kognitive Funktion im Erwachsenenalter hin, und seine viel langsamere Entwicklungsgeschwindigkeit deutet darauf hin, dass Menschenkinder mehr Zeit zum Lernen und zur Entwicklung ihrer Fertigkeiten in ihren besonders komplexen kulturellen Umwelten brauchen. Daher ist – trotz einer bestimmten Variabilität bestimmter Entwicklungspfade – das frühe Auftauchen elementarer Fertigkeiten, auf das eine lange Entwicklungsperiode folgt, um zum abschließenden, äußerst komplexen Endpunkt des Erwachsenenalters zu gelangen, für Menschen ein übliches Muster – wie wir bald im Einzelnen sehen werden.

Unter nahezu allen, die die Evolution des Menschen erforschen, gilt es als ausgemacht, dass dieses Muster einer relativ langsamen Ontogenese, einschließlich eines langsamen Wachstums des Gehirns, zumindest teilweise eine Anpassung an die kulturhafte Lebensweise des Menschen ist, bei der in der Entwicklung begriffene Kinder eine Menge lernen und viele Fertigkeiten entwickeln müssen, bevor sie zu kompetenten Mitgliedern ihrer Kulturgruppe werden können. Und diese Kompetenzen sind nicht nur kulturelle Marotten und Modeerscheinungen; frühmenschliche Individuen hätten nicht lange auf sich allein gestellt überleben können, ohne eine Vielfalt über die Kultur weitergegebener Subsistenzpraktiken und sozialer Konventionen zu beherrschen, unter anderem die geeignete Verwendung elementarer Artefakte und Symbole. Das könnte uns zu der Erwartung führen, dass Menschenkinder schon früh erscheinende Fertigkeiten aufweisen sollten, um kompetente Mitglieder einer Kulturgruppe zu werden.

Belege für diesen Vorschlag liefern Herrmann et al. (2007). Sie unterzogen eine große Zahl Schimpansen (n = 106), Orang-Utans (n = 32) und zweieinhalbjähriger Kinder (n = 105) einer umfassenden Batterie kognitiver Tests. Die Testbatterie bestand aus sechzehn verschiedenen nonverbalen Aufgaben, die alle möglichen Arten kognitiver Fähigkeiten überprüften, bei denen es sowohl um physikalische als auch um soziale Probleme ging, die für Primaten in ihrer natürlichen Umwelt relevant sind. Die Tests, die sich auf die physikalische Welt bezogen, bestanden aus Problemen, die mit dem Raum, mit Quantitäten, Werkzeugen und Kausalität zu tun hatten. Die Tests, die sich auf die soziale Welt bezogen, bestanden aus Problemen, die von den Versuchsteilnehmern verlangten, die Problemlösung eines anderen nachzuahmen, nonverbal mit anderen zu kommunizieren und die Absichten der anderen aus ihrem Verhalten zu erschließen. Wenn der Unterschied zwischen der Kognition von Menschen und Menschenaffen ein Unterschied in so etwas wie »allgemeiner Intelligenz« ist, dann sollten die Kinder sich von den Affen gleichmäßig über alle verschiedenen Aufgaben hin-

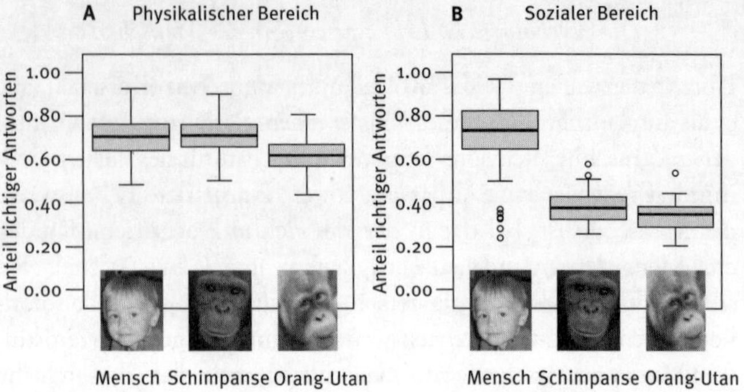

Abbildung 2.3: Ergebnisse von Tests kognitiver Fähigkeiten bei Kindern, Schimpansen und Orang-Utans, die deren unterschiedliche Entwicklungsgeschwindigkeiten illustrieren (Gesamtergebnisse aus Herrmann et al., 2007).

weg unterscheiden. Aber das war nicht der Fall. Es wurde festgestellt, dass die Kinder und die Affen ähnliche kognitive Fertigkeiten für den Umgang mit der physikalischen Welt hatten; die Kinder – die zwar alt genug waren, um ein gewisses Maß an Sprache zu verwenden, aber immer noch Jahre entfernt vom Lesen, Zählen oder Schulbesuch – zeigten jedoch bereits raffiniertere kognitive Fähigkeiten als beide Affenspezies für den Umgang mit der sozialen Welt (siehe Abbildung 2.3).

Wenn man die Korrelationsstruktur der individuellen Unterschiede bei diesen kognitiven Aufgaben untersucht, zeigten weder die Kinder noch die Schimpansen einen Faktor allgemeiner Intelligenz (Herrmann et al., 2010). Was beide Spezies stattdessen aufwiesen, war ein ähnlicher Faktor, der um die räumliche Kognition herum zentriert ist (und sich wahrscheinlich bei allen Säugetieren finden lässt).

Der Hauptunterschied zwischen den Spezies bestand darin, dass es für die Schimpansen nur einen zusätzlichen Faktor gab, der verschiedene physikalische und sozial-kognitive Aufgaben umfasste, während die Kinder unterschiedliche, getrennte Faktoren für die physikalische und die soziale Kognition aufwiesen. Dieser für die

Spezies einzigartige soziale Faktor – in Verbindung mit den größeren sozial-kognitiven Fertigkeiten der Kinder – deutet darauf hin, dass Menschen schon früh in der Ontogenese einzigartige Anpassungen für die soziale Kognition einsetzen, welche ihnen auf eine Weise, zu der andere Menschenaffen nicht in der Lage sind, ermöglichen, die kulturellen Fertigkeiten der Kommunikation, Kooperation und des sozialen Lernens zu beherrschen. Das, was Herrmann et al. als die Hypothese der kulturellen Intelligenz bezeichneten, besteht darin, dass diese einzigartigen, sich früh entwickelnden sozial-kognitiven Fertigkeiten Menschenkinder in die Lage versetzen, kulturell von anderen auf solche Weisen zu lernen, dass dadurch ihr Verständnis der physikalischen Welt durch Sprache, Anweisung und andere kulturelle und bildungsbezogene Interaktionen »selbst erzeugt« wird, sodass sie als Erwachsene im Allgemeinen besonders hoch entwickelte kognitive Fertigkeiten haben werden.

Ein hier besonders wichtiger Punkt ist, dass die spezialisierten sozial-kognitiven Fertigkeiten von Menschen nicht etwas sind, was dem Ende der Ontogenese im Erwachsenenalter hinzugefügt wird. Sie tauchen vielmehr relativ früh auf – mindestens eine gewisse Zeit vor dem Alter von zweieinhalb Jahren. Alle anderen Aspekte der kognitiven und sozialen Entwicklung des Menschen bauen folglich auf dieser einzigartigen Grundlage auf, was zu einzigartigen Ergebnissen führt. Ein eindringlicher Beleg für diesen Vorschlag geht aus der bis heute umfassendsten Untersuchung der kognitiven Ontogenese von Menschenaffen hervor. Wobber et al. (2013) wendeten dieselbe grundsätzliche Testbatterie wie Herrmann et al. (2007) auf völlig neue Gruppen von Kindern (n = 48), Schimpansen und Bonobos im Alter von zwei, drei und vier Jahren an (ein Teil der Daten wurde als Längsschnitt erfasst und ein anderer Teil als Querschnitt). Abbildung 2.4 zeigt das allgemeine Muster der Ergebnisse (wobei die beiden Spezies nichtmenschlicher Menschenaffen zu *Pan* zusammengefasst wurden; n = 44).

Als Erstes ist zu bemerken, dass die Ergebnisse für das Alter von zweieinhalb Jahren – mit neuen Stichproben von Menschenaffen und Kindern ähnlichen Alters – das grundsätzlichste Ergebnis von Herrmann et al. replizieren: Kinder und die beiden Spezies von *Pan* sind

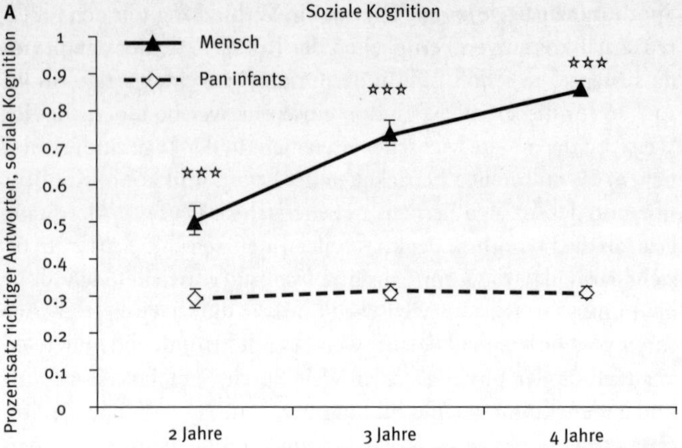

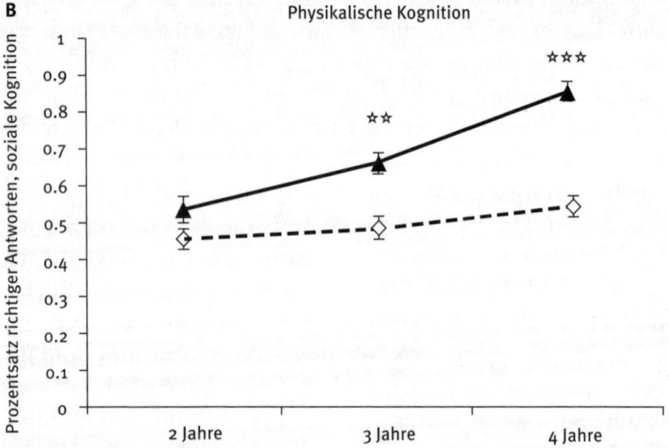

Abbildung 2.4: Soziale (A) und physikalische (B) kognitive Entwicklung von Kindern im Vergleich zu Schimpansen und Bonobos (Gruppe *Pan)* im Alter von zwei, drei und vier Jahren (Gesamtergebnisse aus Wobber et al., 2013). Die Sternchen geben einen statistisch signifikanten Speziesunterschied an.

zwar ununterscheidbar in ihren Fertigkeiten, die sich auf Raum, Quantitäten und Kausalität beziehen (physikalische Kognition), aber die Kinder sind bereits fortgeschritten in ihren Fähigkeiten mit Bezug auf Imitation, Kommunikation und das Lesen von Absichten (soziale Kognition). Das Muster im Anschluss an dieses früheste Alter liefert eine starke Stütze für die Hypothese der kulturellen Intelligenz. In der Zeit zwischen zwei und drei Jahren nehmen die Fertigkeiten der Kinder im Hinblick auf die soziale Kognition auch weiterhin massiv zu, während die der Menschenaffen sich überhaupt nicht weiterentwickeln. Die sozial-kognitiven Fertigkeiten der Kinder bewegen sich von einem etwa 65 Prozent höheren Stand gegenüber *Pan* im Alter von zwei Jahren zu einem 130 Prozent höheren Stand im Alter von drei Jahren und zu einem über 200 Prozent höheren Stand im Alter von vier Jahren (Abbildung 2.4 A). In Übereinstimmung mit der Vorstellung, dass diese sich rasch entwickelnden sozialen Fertigkeiten den Weg weisen zu den insgesamt raffinierteren kognitiven Fertigkeiten erwachsener Menschen, bewegen sich die Kinder im physikalischen Bereich von einem Stand, der im Alter von zwei Jahren vom Stand der Affen ununterscheidbar ist, zu bedeutend besseren Fertigkeiten im Alter von drei und vier Jahren (um etwa jeweils 25 und 60 Prozent besser; Abbildung 2.4 B). Interessanterweise weist dieses Muster von Verhaltensbefunden eine ziemlich enge Parallele zu den Mustern des Gehirnwachstums auf, das in Abbildung 2.2 dargestellt ist: Die Fertigkeiten der Schimpansen im Hinblick auf sowohl die soziale als auch die physikalische Kognition sind im Grunde schon im Alter von zwei Jahren ausgereift (zu welchem Zeitpunkt ihr Gehirn 90 Prozent der Erwachsenengröße erreicht hat), während die Fertigkeiten kleiner Kinder in diesen Bereichen von zwei bis vier Jahren bedeutend zunehmen, da ihr Gehirn sich von etwa 50 Prozent bis hin zu 75 Prozent der Erwachsenengröße entwickelt.

Die bemerkenswerten Fertigkeiten kleiner Kinder mit Bezug auf die soziale Kognition sind im Vergleich zu denen anderer Menschenaffen höchstwahrscheinlich Anpassungen an das Leben in einer kooperativen Kulturgruppe – ein Leben, bei dem die Individuen sich miteinander koordinieren, kommunizieren und voneinander auf unzählige Weisen lernen müssen. Man könnte jedoch die Frage stellen: Warum treten diese besonderen Fertigkeiten schon so früh in der Ontogenese auf, sogar noch vor dem Abstillen? Im Zusammenhang ihrer Theorie der kooperativen Aufzucht und Kinderbetreuung des Menschen schlug Hrdy (2009, 2016) vor, dass die bemerkenswerten Fertigkeiten der Kommunikation, sozialen Kognition und des sozialen Lernens von Kleinkindern – geteilte Intentionalität – ontogenetische Anpassungen für das Kleinkindalter selbst sind, und zwar im Kontext einer Kinderbetreuung, bei der Mütter mehr Babys in kürzeren Intervallen und Säuglinge mehrere Bezugspersonen haben. Weitaus mehr als andere Primaten müssen menschliche Babys mit Geschwistern und anderen Kindern um die Aufmerksamkeit und Betreuung nicht nur ihrer Mutter, sondern auch weniger vertrauter Bezugspersonen konkurrieren. In einem solchen Kontext reichen die für alle Primaten charakteristischen Säuglingsstrategien zur Förderung der Mutter-Kind-Bindung (zum Beispiel zu weinen, wenn man Hilfe braucht) nicht mehr aus. Stattdessen schneiden in diesem Kontext diejenigen Babys am besten ab, die die Gedanken und Stimmungen der Bezugspersonen erkennen und von ihnen Hilfe und Betreuung durch verschiedene Arten der Interaktion und Kommunikation erbitten können. Tomasello und Gonzalez-Cabrera (2017) bieten eine modifizierte Version dieser Hypothese an und betonen, dass solche Dinge wie das Teilen von Gefühlen, das Teilen von Aufmerksamkeit (alias gemeinsame Aufmerksamkeit) und das Teilen von Einstellungen bei der kooperativen Kommunikation mit Erwachsenen dazu tendieren, die psychischen Zustände des Babys und des Erwachsenen einander anzugleichen; viele Untersuchungen in der Sozialpsychologie zeigen, dass die Angleichung psychischer Zustände – und sogar das Verhalten bei der Nachahmung – soziale Bindungen fördert (zum Beispiel Wolf et al., 2016). Die Herstellung sozialer Bindungen durch das Teilen von Gefühlen, Aufmerksamkeit, Handlungen und Einstellungen ist in evolutionärer Hinsicht ein neues Phänomen: Die Individuen fühlen sich den anderen in dem Maße näher, wie sie Erfahrungen mit ihnen teilen. Das ist grundlegend für nahezu alle Formen der einzigartig menschlichen Kooperation und geteilten Intentionalität.

Nach dem Kleinkindalter leitet die frühe Kindheit (von drei bis sieben Jahren) das ein, was als »die beiden sozialen Welten der Kindheit« bezeichnet wurde. Die erste Welt ist die der Erwachsenen, insbesondere im Hinblick auf Fragen der kulturellen Weitergabe. Obwohl Erwachsene in manchen Kulturen versuchen, Kinder schon ganz früh in der Ontogenese etwas zu lehren, beginnen die Kinder erst mit etwa drei Jahren, die Pädagogik der Erwachsenen als im Wesentlichen die »objektive« Stimme der Kultur zu verstehen, die sie darüber informiert, wie »wir« die Dinge tun (siehe Kapitel 5). Die zweite Welt ist die der Gleichaltrigen, besonders im Hinblick auf Fragen der sozialen und kulturellen Koordination. Auch hier werden Kinder mit ihren Altersgenossen schon viel früher als mit drei Jahren interagieren, aber die Interaktionen von Babys und Kleinkindern mit ihren Altersgenossen sind so spärlich, dass sie häufig als »Parallelspiel« bezeichnet werden (und ihre Gespräche bestehen zum größten Teil im Sprechen zueinander und nicht miteinander; siehe Kapitel 4). Aber nach dem Alter von drei Jahren fangen kleine Kinder an, mit Gleichaltrigen auf solche Weisen zu interagieren, die eine wachsende Kompetenz mit Bezug auf soziale und mentale Koordination belegen, einschließlich eines Verständnisses der Konventionen und Normen der Kultur und einer wachsenden Achtung gegenüber Gleichaltrigen als ebenbürtigen Partnern für Zusammenarbeit und Kommunikation. Die langsame Geschwindigkeit der menschlichen Ontogenese gibt kleinen Kindern ausreichend Zeit, um diese beiden sozialen Welten zu meistern.

Der entwicklungsmäßige Schlussstein der vorliegenden Darstellung sind Kinder mit sechs oder sieben Jahren. Wie weiter oben schon erwähnt, werden Kinder dieses Alters in allen Kulturen der Welt so betrachtet, dass sie eine neue Funktionsebene erreicht haben, die sie zum ersten Mal in die Lage versetzt, einfache, aber wichtige kulturelle Aufgaben selbständig und zuverlässig zu vollziehen (Rogoff et al., 1975). In einem bedeutenden Maße beginnen Erwachsene, Kinder von sechs oder sieben Jahren als größtenteils *vernünftig* anzusehen: als Wesen, die auf Weisen denken und handeln können, die sie gegenüber anderen Kulturmitgliedern auf der Grundlage von Gründen und Werten, die wir alle teilen, rechtfertigen können. Und von einem sozialen Gesichtspunkt aus sind sie größtenteils *verantwortlich* geworden: Sie erkennen an, dass andere Kulturmitglieder von ihnen abhängen, um im Einklang mit diesen geteilten Gründen und Werten zu handeln – und verhalten sich entsprechend. Kinder in diesem Alter sind somit zumindest bis zu einem gewissen Grad zu Wesen geworden, die sich normativ selbst regulieren können, indem sie sich fragen: Was soll ich denken? Und was soll ich tun? Sie sind jetzt bereit, die vielen Fertigkeiten, Praktiken und Wissensbestände der Erwachsenen, die notwendig sind, um voll entwickelte Mitglieder ihrer Kulturgruppe zu werden, ernsthaft zu beherrschen.

Erklärungen in der Entwicklungspsychologie

Unser allgemeines Ziel ist die Entwicklung einer wissenschaftlichen Erklärung für die wichtigsten ontogenetischen Entwicklungspfade, die die einzigartige Psychologie des Menschen ausmachen. Dieses Ziel versetzt uns direkt in das Gebiet der Entwicklungspsychologie. Erklärungen in der Entwicklungspsychologie umfassen klassischerweise zwei Schritte: 1. eine altersbezogene Beschreibung eines bestimmten Entwicklungspfads und 2. die Identifikation der Faktoren, die den Verlauf dieses Pfades auf verschiedenen Stationen des Weges beeinflussen, insbesondere im Hinblick auf Reifungsprozesse, Erfahrung und exekutive Selbstregulation.

Beschreibung ist nicht das Gleiche wie naive Beobachtung. Ein Großteil der Forschung in der Entwicklungspsychologie besteht aus Experimenten, die enthüllen sollen, was die Kinder wirklich tun, wenn ihr auf natürliche Weise auftretendes Verhalten verschieden interpretiert werden könnte. Wenn sie ein Wort gebrauchen, verstehen sie es als eine soziale Konvention, die nur von Mitgliedern derselben Gruppe verwendet wird? Wenn sie Sachen gleich zwischen Personen aufteilen, tun sie das mit einem Sinn für Fairness? Einen Entwicklungspfad zu beschreiben bedeutet, seine Eigenart festzustellen, einschließlich seiner zugrunde liegenden kognitiven und sozioemotionalen Prozesse, und zwar bei jedem Schritt.

Die Identifikation der Faktoren, die einen Entwicklungspfad beeinflussen, erfordert Korrelationsstudien, interkulturelle Forschung, Untersuchungen an besonderen Populationen und Experimente. Wir beginnen unsere Analysen hier mit Entwicklungspfaden, die sozusagen bereits in Bewegung sind: Wir fangen mit der Ontogenese der Psychologie von Menschenaffen an, die ihren eigenen Verlauf aufweist. Für den gegenwärtigen Zweck ist dieser vorhandene Verlauf bei Menschenaffen etwas Gegebenes, das wir nicht zu erklären versuchen. Was wir zu erklären versuchen, ist die Abweichung der Menschen von diesem relativ alten Verlauf.

Reifung und Erfahrung

Es besteht kein Zweifel, dass Reifungsprozesse – als unmittelbarer Ausdruck der Evolution des Menschen durch natürliche Selektion – eine Schlüsselrolle bei der Strukturierung der menschlichen Ontogenese spielen, einschließlich ihrer einzigartigen Aspekte. Bei komplexen menschlichen Kompetenzen liefern Reifungsprozesse jedoch nie so etwas wie ein vollendetes Produkt, wie sie es (in erster Näherung) bei sehr elementaren Verhaltensfertigkeiten vermögen, wie beispielsweise beim Atmen und Schlucken. In all den Fällen, die uns hier beschäftigen, ist folglich das, was heranreift, eine *Fähigkeit*, eine Bereitschaft, unter bestimmten Bedingungen weiterzugehen. Das tatsächliche Voranschreiten erfordert die Ausübung dieser Fähigkeit und die Erfahrung der Folgen.

Unter der Voraussetzung, dass die Ontogenese komplexer menschlicher Kompetenzen so gut wie nie allein auf Reifungsprozesse zurückgeht, werden wir hier von der »Reifungskomponente« eines Entwicklungspfades sprechen – das heißt von denjenigen Aspekten eines Pfades, die durch natürliche Selektion auf der Speziesebene als ganzer ausgewählt wurden (typischerweise mit einer gewissen Plastizität). Wichtig ist, dass selbst diejenigen Aspekte eines Entwicklungspfads, die über Individuen hinweg invariant sind, trotzdem eine Menge Lernen beinhalten können, wenn die Gelegenheiten für ein solches Lernen allen Individuen gleichmäßig zur Verfügung stehen. Ein gutes Beispiel auf der Ebene der sensomotorischen Entwicklung ist das Gehen. Der menschliche Körper hat sich auf unzählige einzigartige Weisen für das Gehen auf zwei Beinen entwickelt, angefangen bei der Struktur des Skeletts über die Struktur der Gliedmaßenmuskeln über spezialisierte Füße über spezialisierte Mechanismen des Gleichgewichts und so weiter. Und alle Kinder, die sich auf typische Weise entwickeln, fangen in allen Kulturen mit dem Gehen innerhalb einer gut vorhersagbaren Entwicklungsperiode zwischen neun und achtzehn Monaten an. Der Entwicklungsverlauf des Gehens weist eindeutig eine große Reifungskomponente auf. Aber gleichzeitig *lernen* Kinder zu gehen, und sie tun das mit Unterstützung solcher generischer Dinge wie der Schwerkraft, die in allen normalen menschlichen Umgebungen gleichermaßen zur Verfügung stehen. Biologische Anpassungen entstehen als Reaktion auf Herausforderungen der Umwelt, und die tatsächlichen Interaktionen des sich entwickelnden Organismus mit diesen Herausforderungen der Umwelt sind häufig ein entscheidender Teil seiner Ontogenese.

Die Eigenart der Erfahrungen der Kinder hängt von ihren kognitiven und sozialen Fähigkeiten auf einem bestimmten Entwicklungsniveau ab. Ein Menschenaffe, gleichgültig wie sein Entwicklungsniveau oder seine Erfahrungen auch beschaffen sein mögen, kann nichts mit Bezug auf das Schießen eines Tores im Fußball lernen, weil er nicht die Fähigkeit besitzt, die Regeln zu verstehen, die das Spiel konstituieren. Er hat nicht die Fähigkeit, kulturell konstituierte Wirklichkeiten, die von konventionellen Übereinkünften abhängen, zu verstehen. Kinder können das Schießen eines Tores im Fußball (über das räumliche Ereignis hinaus, dass ein Ball in ein Netz fliegt) nur dann verstehen, wenn sie über die Fertigkeiten zum Verstehen der Spielregeln verfügen, welche von kognitiven Fertigkeiten der kollektiven Intentionalität abhängen, die sich erst nach dem Alter von drei Jahren entwickeln. Man kann zwar versuchen, einer Zweijährigen die Regeln des Fußballs beizubringen und ihr klarzumachen, was ein Tor ist, aber sie wird diese Dinge nicht lernen, weil sie noch nicht reif genug ist, um die erforderlichen Erfahrungen zu machen. Andererseits können Zweijährige – anders als Menschenaffen – vieles aus ihren auf gemeinsame Aufmerksamkeit und die Zusammenarbeit mit anderen bezogenen Interaktionen lernen, weil sie Fähigkeiten besitzen, sich mit anderen daran zu beteiligen. Daher plädieren wir für eine »Transaktionskausalität«: Fähigkeiten, die durch Reifung entstehen, schaffen die Möglichkeit neuer Arten von Erfahrungen und Lernen, und anschließend sind diese Lernerfahrungen die unmittelbaren Ursachen der Entwicklung.

Im Gegensatz zu einem Lernen, das auf diese Weise durch Reifungsprozesse strukturiert wird, gibt es natürlich viele menschliche Fertigkeiten und eine Menge menschliches Wissen, auf die das Individuum biologisch nicht unmittelbar vorbereitet werden kann, weil sie über menschliche Gesellschaften hinweg variieren – solche Dinge, wie Fahrrad zu fahren, Pfeil und Bogen herzustellen oder ein Buch zu lesen. Das Erlernen solcher kulturell spezifischer Fertigkeiten hängt von einer sozialen Umwelt ab, die voller anderer Individuen ist, welche an der bestimmten Kulturpraxis teilhaben oder sie sogar lehren. Daher könnten wir das als kulturell strukturierte Erfahrung bezeichnen. Natürlich hängt diese ebenfalls von entwickelten Fähigkeiten des kulturellen Lernens ab, die in der Spezies universal sind. Tatsächlich liegt unser Hauptaugenmerk nicht auf kulturell spezifischen Fertigkeiten, sondern vielmehr auf der Ontogenese der allgemeinen Fertigkeiten und Motivationen geteilter Intentionalität von Kindern – einschließlich des kulturellen Lernens –, die den Erwerb kulturell spezifischer Fertigkeiten überhaupt ermöglichen.

Vygotskij (1930/1978) folgend, wird unsere grundlegende Unterscheidung die zwischen solchen Fertigkeiten sein, die sich »auf natürliche Weise« durch aufgrund von Reifungsprozessen strukturiertes individuelles Lernen entwickeln, und jenen, die sich »kulturell« durch Imitationslernen von anderen in der Kultur oder durch die Anweisung Erwachsener entwickeln. Kinder können neue Fertigkeiten außerdem in einem Prozess der sozialen Ko-Konstruktion entwickeln, bei dem sie beispielsweise lernen, eine Situation gleichzeitig aus mehreren Perspektiven zu sehen, indem sie sich die unterschiedlichen Perspektiven gleichaltriger Partner aneignen. Das Ergebnis ist eine Typologie von vier Typen des Lernens und der Erfahrung, die bei der Kognition und sozialen Ontogenese des Menschen – auf verschiedenen Gebieten und in unterschiedlichen Lebensaltern – Schlüsselrollen spielen: 1. *individuelles Lernen*, 2. *Beobachtungslernen* (Imitation etc.), 3. *pädagogisches oder angeleitetes Lernen* und 4. *soziale Ko-Konstruktion* (prototypischerweise bei der Zusammenarbeit mit Gleichaltrigen).

Von wem kleine Kinder etwas lernen, spielt häufig ebenfalls eine Rolle. Säuglinge und Kleinkinder vor dem herkömmlichen Abstillalter (im Alter von bis zu drei Jahren) machen ihre sinnvollsten sozialen Interaktionen und Erfahrungen mit Erwachsenen. Die Erwachsenen pflegen und beschützen sie nicht nur, sondern beteiligen sich mit ihnen auch an einzigartig menschlichen Formen sozialer Interaktion wie etwa gemeinsamer Aufmerksamkeit, kooperativer Kommunikation und sozialer Imitation. Das deutet auf die zuvor schon erwähnte Möglichkeit hin, dass die früh entstehenden Fertigkeiten gemeinsamer Intentionalität menschlicher Babys sich entwickelten, um Fürsorge und Aufmerksamkeit bei Eltern und anderen Erwachsenen auszulösen, indem sie sinnvolle soziale Beziehungen mit ihnen bildeten. Im Gegensatz dazu weisen Säuglinge und Kleinkinder keine übermäßigen sinnvollen sozialen Interaktionen mit Gleichaltrigen auf. Natürlich interagieren sie manchmal mit anderen Säuglingen und Kleinkindern, aber ihre jeweiligen Handlungen werden häufig als »parallel« beschrieben; sie beteiligen sich so gut wie nie miteinander an den einzigartig menschlichen Formen sozialer Interaktion wie gemeinsamer Aufmerksamkeit, kooperativer Kommunikation und sozialer Imitation.

Wie ebenfalls schon zuvor erwähnt wurde, treten die kleinen Kinder erstmals mit etwa drei Jahren in das ein, was als die beiden sozialen Welten der Kindheit bezeichnet wurde: Erwachsene und Gleichaltrige. Einerseits interagieren Kinder in diesem Alter mit sachkundigen und maßgeblichen Erwachsenen, die ihnen typischerweise sagen, was sie tun sollen, und ihnen bestimmte Sachen beibringen, und die Kinder richten sich typischerweise nach den Erwachsenen und lernen von ihnen, weil sie respektierte Autoritäten sind. Andererseits interagieren Kinder in diesem Alter mit Gleichaltrigen, die nicht sachkundiger und mächtiger als sie selbst sind, was zur Perspektivenübernahme, zum dialogischen Denken und zur Gegenseitigkeit führt. Natürlich gibt es auch Ausnahmen von diesem Muster, etwa wenn Kleinkinder sich in manchen Situationen mit Erwachsenen koordinieren – vielleicht insbesondere in westlichen Kulturen der Mittelschicht, wo es für Erwachsene normal ist, mit ihren Kindern zu spielen, als ob sie Gleichaltrige wären. Außerdem werden kleine Kinder manchmal durch erfahrenere Gleichaltrige in bestimmte Dinge eingeweiht. Aber dennoch gibt es einen gewaltigen Unterschied in der Eigenart und den Auswirkungen dieser beiden Arten sozialer Interaktion, der in der einfachen Tatsache wurzelt, dass Erwachsene eben Erwachsene und Gleichaltrige Gleichaltrige sind.

Unser Kausalmodell ist daher, wie gesagt, ein »transaktionales«. Durch Reifungsprozesse entstandene Fähigkeiten wirken sich so lange nicht aus, bis sie in Transaktionen mit einer Umwelt verwendet werden. Das, was die Kinder während dieser durch Reifungsprozesse strukturierten Transaktionen erfahren und lernen – und in vielen Fällen, wie und von wem sie lernen –, treibt die menschliche Ontogenese im Grunde voran.

Exekutive Regulation

Obwohl er sich von Reifungsprozessen und der Erfahrung unterscheidet, besteht der dritte Kausalfaktor in der psychologischen Entwicklung des Menschen in den aufkeimenden Fähigkeiten der Kinder zur *exekutiven Selbstregulation*. Vielen modernen Theorien zufolge wird das, was wir »exekutive Selbstregulation« nennen – was alles von der exekutiven Funktion bis zur Regulierung von Gefühlen einschließt –, häufig als eine eigenständige Kompetenz oder Fertigkeit betrachtet, und in vielen Fällen ist das auch angemessen. So gibt es beispielsweise eine Menge von Untersuchungen, die zeigen, wie Kleinkinder ihre eigenen Handlungen und ihre Kognition durch Hemmung, Aufmerksamkeitswechsel, risikobewusste Entscheidungsprozesse, aufwändige Kontrolle und den Aufschub von Belohnungen selbst regulieren (zu Übersichten siehe Carlson et al., 2013, über die Exekutivfunktion; und Eisenberg et al., 2006, über die Gefühlsregulation).

Aber eine Reihe klassischer Theoretiker hat die exekutive Selbstregulation (in der einen oder anderen Form) in einem viel breiteren Kontext als Kausalfaktor bei der menschlichen Ontogenese geltend gemacht, der sowohl von Reifungs- als auch von Lernprozessen getrennt ist. Beispielsweise erklärte Piaget (1977) viele der Entwicklungserrungenschaften von Menschen durch das, was er als »Äquilibration« bezeichnete, eine Menge selbstregulativer Prozesse, von denen er meinte, dass sie in der biologischen Welt weit verbreitet sind. Besonders wichtig ist ihm zufolge, dass die Äquilibration Menschenkinder in Richtung auf Kohärenz und Konsistenz in ihrer kognitiven Funktion reguliert, wobei die kognitive Entwicklung häufig ohne direkten äußeren Reiz angestoßen wird. Wenn ein Kind beispielsweise ursprünglich dadurch verwirrt ist, dass dasselbe Wesen als *Hund* und als *Tier* bezeichnet wurde, könnten weitere Erfahrungen das Verständnis der hierarchischen Beziehung zwischen diesen beiden Wörtern indizieren. Aber wenn das Kind dann noch andere solcher Wortpaare gehört hat, könnte das Ergebnis eine allgemeine Neuorganisation seiner sprachlichen Begriffe sein, das heißt eine hierarchische Organisation über alle Wörter hinweg. In solchen Fällen können weder Reifungsprozesse noch Erfahrung eine vollständige Erklärung liefern – obwohl beide beteiligt sind –, sondern wir müssen vielmehr einen Prozess der kognitiven Neuorganisation geltend machen, der über beide hinausgeht. Kognitive Neuorganisationen dieser Art erfordern vermutlich eine Exekutivebene, auf der die besonderen Einheiten oder Komponenten der Ebene der Wahrnehmung-Handlung-Kognition zusammengesetzt und miteinander koordiniert werden. Karmiloff-Smith (1992) formulierte eine sehr detaillierte Darstellung solcher Prozesse, die sie als »repräsentationale Neubeschreibung« bezeichnete und die sich ebenfalls auf die Versuche der Kinder bezieht, Kohärenz und Konsistenz im Verständnis dessen zu finden, wie die Dinge funktionieren, indem sie auf immer abstrakteren exekutiven Ebenen beschrieben werden.

Wir haben es hier mit zwei grundlegenden Typen einzigartiger menschlicher exekutiver Selbstregulation zu tun. Der erste ist die exekutive Selbstregulation, wenn der Kontext in einzigartigen menschlichen Formen der Kognition oder Sozialität besteht, was wir als *individuelle Selbstregulation mit einzigartigem Inhalt* bezeichnen können. Wenn Kinder beispielsweise mit widersprüchlichen Perspektiven auf »dasselbe« Ding konfrontiert sind – ein Problem, das andere Primaten nicht haben, weil sie solche unterschiedlichen Perspektiven nicht verstehen –, ist die Lösung für dieses Ungleichgewicht eine begriffliche Neukonzeption, die diese Perspektiven miteinander koordiniert. So ist beispielsweise die Lösung für das augenscheinliche Problem, dass dasselbe Wesen *Hund* und *Tier* genannt wird, die Konstruktion einer hierarchischen Beziehung zwischen den beiden. Ein anderes Beispiel wäre eine Situation, in der das Kind widersprüchliche Wünsche oder Werte erlebt, wie zum Beispiel, wenn die Erwägungen des Mitgefühls für einen Freund und die Eigennützigkeit in verschiedene Richtungen ziehen. In diesem Fall besteht eine mögliche Lösung darin, eine bestimmte Vorstellung von Fairness für alle Beteiligten zu bilden. Wichtig ist, dass wir in allen solchen Fällen nicht von Lernprozessen, sondern von einer Konstruktion sprechen werden, weil die Entwicklung stattfindet, indem bereits bestehende psychologische Elemente neu organisiert werden.

Der zweite Typ der einzigartig menschlichen exekutiven Regulation ist das, was wir als *soziale Selbstregulation* bezeichnen könnten. In diesem Fall eignet sich das Individuum Perspektiven oder Werte von anderen an, um sie als Maßstab innerhalb des selbstregulierenden Prozesses zu verwenden. Hier ist es nicht nur der regulierte Inhalt, der sozial ist, sondern der exekutive Prozess selbst. Die soziale Selbstregulation nimmt mehrere unterschiedliche Formen an. Vorerst können wir auf ein paar Beispiele verweisen, die das Wesentliche veranschaulichen. Erstens: Wenn kleine Kinder mit der Aussicht konfrontiert sind, etwas Kooperatives oder Unkooperatives zu tun, verhalten sie sich anders, wenn sie von einem Gleichaltrigen beobachtet werden – beispielsweise geben sie mehr ab und stehlen weniger –, während sich Schimpansen nicht darum kümmern (Engelmann et al., 2012, 2016a). Vermutlich stellen sich die Kinder das Werturteil vor oder simulieren es mental, das der Gleichaltrige vollziehen wird, und regulieren ihr Verhalten exekutiv entsprechend (ein so genanntes Eindrucks-Management). Zweitens regulieren kleine Kinder ihre Kommunikationsakte manchmal exekutiv, indem sie sorgfältig eine Formulierung aussuchen, die das Verständnis des Hörers erleichtert. In diesem Fall stellen sie sich vermutlich vor oder simulieren mental, wie der Hörer versucht, ihren Kommunikationsakt zu verstehen, und sie passen dann ihre Formulierung entsprechend an (siehe Tomasello, 2008, zu einer Übersicht). Drittens ist das prototypische vygotskijsche Beispiel das eines Erwachsenen, der das Kind bei der Problemlösung verbal anweist oder anleitet. Irgendwann verinnerlicht das Kind diese Konstruktion, um seine eigene Aufmerksamkeit und sein Handeln strategisch zu steuern (zum Beispiel Vygotskij, 1930; Winsler, 2009).

Der allgemeine Prozess besteht somit darin, dass das kleine Kind sich vorstellt, wie ein bestimmter sozialer Mithandelnder es versteht oder bewertet, und dann diese Vorstellung zur Selbstregulation benutzt. Bei der Erweiterung der beteiligten Sozialität regulieren Kinder ab dem Alter von etwa drei Jahren (aber natürlich keine Menschenaffen) sich selbst sozial anhand von kulturellen Strukturen – prototypischerweise anhand konventioneller und moralischer Normen –, die in kognitiven Prozessen der kollektiven Intentionalität gründen, was wir als *normative Selbststeuerung* bezeichnen können. Dieser Prozess vollzieht sich im Prinzip genauso wie die soziale Selbstregulierung in einem dyadischen Kontext, aber der soziale Andere ist in diesem Fall mehr verallgemeinert und maßgeblicher. So regulieren kleine Kinder ungefähr ab der späteren Vorschulzeit sowohl ihr Denken als auch ihr Handeln nicht nur dadurch, wie wirksam sie im gegenwärtigen Zusammenhang sein werden (wie es Menschenaffen tun), und auch nicht nur dadurch, wie sie die Gedanken oder Bewertungen einer bestimmten Person beeinflussen werden (wie es kleinere Kinder tun), sondern auch im Hinblick darauf, wie sie zu den normativen Erwartungen der sozialen Gruppe passen werden. Dieser Prozess stellt im Wesentlichen die Konstruktion eines normativen Gesichtspunkts als selbstregulierenden Mechanismus dar, worin wohl der Schlussstein der Ontogenese der einzigartigen menschlichen Kognition (normative Rationalität) und Sozialität (normative Moral) zu sehen ist. Und auch hier kann der

Vollzug sozialer Selbstregulation oder normativer Selbststeuerung ohne zusätzliche Inputs von Entwicklungs- oder Lernprozessen zu Entwicklungsveränderungen führen.

Alle diese Arten exekutiver Selbstregulation – individuelle Selbstregulation (einzigartig menschlicher Prozesse), soziale Selbstregulation und normative Selbststeuerung – spielen wichtige Rollen dabei, Kinder zur Neukonfiguration bestimmter Dinge zu bringen, und zwar so, dass dabei Konflikte zwischen Perspektiven oder Werten gelöst werden. Durch die Verinnerlichung sozialer Erfahrungen, die von geteilter Intentionalität strukturiert werden, und durch ihre Verwendung bei der exekutiven Selbstregulation ihrer eigenen Gedanken und Handlungen werden kleine Kinder, wenn sie das Alter von sechs Jahren erreichen, einen großen ersten Schritt auf dem Weg dazu unternommen haben, zu normativ vernünftigen und verantwortlichen Mitgliedern ihrer Kulturgruppen zu werden.

Methoden

Im Folgenden werden wir versuchen, Entwicklungspfade zu beschreiben und zu erklären. Bevor man einen Entwicklungspfad kartiert, muss man natürlich eine Entscheidung darüber treffen, was diesen Pfad ausmacht. Das lässt sich auf unterschiedliche Weisen erreichen, die von den eigenen Zwecken abhängen, unter anderem von dem benötigten Detailliertheitsgrad. Im Allgemeinen lässt sich ein Entwicklungspfad durch den Endpunkt, den man erklären möchte, bestimmen oder kennzeichnen. Wenn man das Gehen erklären möchte, dann umfasst der Pfad alle relevanten Fertigkeiten und Kompetenzen, die zu diesem Endpunkt führen. Wenn man jedoch das Rennen erklären möchte, dann ist das Gehen nur ein Schritt auf dem Weg. In den meisten Fällen wird ein Entwicklungspfad, wie er durch einen bestimmten Endpunkt bestimmt wird, eine Reihe anderer, möglicherweise kleinerer Entwicklungspfade mit ihren eigenen Entwicklungsgeschichten umfassen.

Bei der Entscheidung darüber, wie ein Entwicklungspfad zu beschreiben und zu erklären ist, müssen wir bestimmte methodologische Entscheidungen treffen. Am grundlegendsten ist die Tatsache, dass eine evolutionäre Perspektive auf die Ontogenese des Menschen zur Konzentration auf das Handeln als primärer Analyseebene führt. Die natürliche Selektion kann unmittelbar nur darauf operieren, wie ein Organismus offen mit der Umgebung interagiert. Die Fähigkeit, etwas wahrzunehmen, zu empfinden oder zu denken, kann von der natürlichen Selektion nur dann »gesehen« werden, wenn sie die Art und Weise beeinflusst, wie der Organismus handelt, in welchem Fall diese inneren Prozesse indirekt zu Zielen der natürlichen Selektion werden. Das bedeutet nicht, dass die zugrunde liegenden psychologischen Prozesse irgendwie unwichtig oder problematisch sind; im Gegenteil, sie strukturieren alles. Aber bei einer ontogenetischen Analyse müssen wir wahrnehmungsmäßige, kognitive und emotionale Prozesse in ihrem Kontext als Komponenten eines Entwicklungspfads betrachten, dessen evolutionäres *Telos* in angepasstem Handeln besteht.

Um die zugrunde liegenden psychologischen Prozesse zu bestimmen, werden experimentelle Methoden benötigt. Auf dem heutigen Gebiet der Entwicklungspsychologie gibt es drei hauptsächliche Mengen von Methoden (wobei wir die neurowissenschaftlichen Methoden beiseitelassen, da sie im Wesentlichen mit Korrelationen operieren und sich auf eine andere Analyseebene beziehen). Die erste besteht in verschiedenen Arten von Blickmaßen, die in erster Linie bei Untersuchungen mit Babys benutzt werden, deren Fertigkeiten des angepassten Handelns begrenzt sind. Untersuchungen, die diese Methoden benutzen, haben eine Vielfalt überraschender Kompetenzen bei Babys aufgedeckt, die die Art und Weise verwandelt haben, wie Entwicklungsforscher die frühesten Phasen der menschlichen Ontogenese sehen. Aber in den meisten Fällen sind die enthüllten Kompetenzen solche der Wahrnehmung und stellen nur einen ersten Schritt auf ein voll entwickeltes System adaptiven Handelns dar. Am anderen Ende des Kontinuums beinhaltet die zweite Menge von Methoden sprachbasierte Interviews, die hauptsächlich bei Kindern im Alter von etwa vier bis fünf Jahren verwendet werden, da jüngere Kinder bekanntermaßen schlecht darin sind, ihr Wissen und ihre Kompetenzen sprachlich auszudrücken. Im Gegensatz zu diesen beiden Ansätzen liegt unser Hauptaugenmerk hier drittens auf Methoden, die die Fertigkeiten der Kinder zum Ziel haben, Entscheidungen zu treffen und angepasst zu handeln: wie Kinder mit verschiedenen unvorhergesehenen Fällen und Problemen umgehen und sich daran anpassen. Dieser Fokus ist deshalb angemessen, weil der größte Teil der Entwicklungspfade, die uns interessieren, sich während der Zeit zwischen einem und fünf Jahren entfaltet, in der die Kinder zwar über einige bedeutende Verhaltenskompetenzen verfügen, aber nur über eine geringe Fähigkeit, sie auch sprachlich widerzuspiegeln. Bei jedem der Entwicklungspfade, deren Verlauf wir kartieren, werden wir uns kurz alle Wahrnehmungs- und Motivationskompetenzen ansehen, die schon früh auf dem Pfad auftauchen und als Vorläufer fungieren. Aber wir werden unsere Aufgabe nicht als erledigt betrachten, bevor wir die Art und Weise nachgezeichnet haben, wie das Kind diese Kompetenzen nutzt, wenn es mit Herausforderungen an sein Verhalten konfrontiert ist.

In den nächsten zwei Teilen des Buches beschreiben und erklären wir, wie Menschenkinder im Verlauf der Ontogenese auf bestimmten Gebieten zu vernunftbasierten rationalen und moralischen Wesen werden. In Teil II konzentrieren sich die vier Kapitel auf die einzigartig menschliche Kognition und in Teil III liegt der Fokus der vier Kapitel auf der einzigartig menschlichen Sozialität. Die grundsätzliche Vorgehensweise für jedes Kapitel ist folgendermaßen:

– Wir beginnen mit dem, was man auf diesem Gebiet über Menschenaffen weiß, insbesondere über die Ontogenese von Menschenaffen.
– Anschließend beschreiben und erklären wir den für die Spezies typischen ontogenetischen Entwicklungspfad der Menschen (hauptsächlich auf der Grundlage von Verhaltensexperimenten). In den meisten Fällen umfasst das zwei miteinander verbundene und geordnete Pfade, die jeweils die Fähigkeiten der gemeinsamen Intentionalität (die sich für die gemeinsame Nahrungssuche der Frühmenschen entwickelte) und der kollektiven Intentionalität (die sich für das Kulturleben moderner Menschen entwickelte) umfasst. Beispielsweise besitzt der Entwicklungspfad für

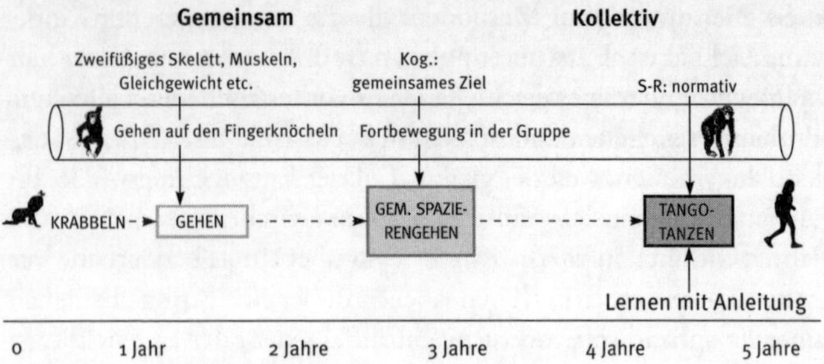

Abbildung 2.5: Illustration eines Entwicklungsdiagramms: der ontogenetische Entwicklungspfad für das Lernen, wie man Tango tanzt. Abkürzungen: Kog = kognitive Fähigkeit; S-R = exekutive Selbstregulation.

das einzigartig menschliche kulturelle Lernen eine erste Phase des Imitationslernens, auf die eine zweite Phase des angeleiteten (pädagogischen) Lernens folgt. Die Erklärung bezieht sich darauf, was wir über die Schlüsselfaktoren wissen, die den Verlauf des Entwicklungspfads beeinflussen und die durch Entwicklungsuntersuchungen biologischer Syndrome (insbesondere Autismus) sowie individueller und kultureller Unterschiede festgestellt wurden.
- Schließlich betrachten wir im Einzelnen, wie die Entwicklungen auf diesem Gebiet zu der Gesamtstruktur und Ontogenese der vernunftbasierten Rationalität und Moral von Kindern beitragen.

Um einen bestimmten Entwicklungspfad zu beschreiben und die Faktoren zu identifizieren, die seinen Verlauf beeinflussen, werden wir etwas benutzen, was wir als Entwicklungsdiagramme bezeichnen können. Die Funktion dieser Diagramme ist die grafische Darstellung eines bestimmten Entwicklungspfads über das Lebensalter hinweg unter Einschluss der wichtigsten beteiligten Komponentenprozesse und Kausalfaktoren. Als spielerisches Beispiel (das bloß als Veranschaulichung der Methode dienen soll) stellen wir in Abbildung 2.5 den ontogenetischen Entwicklungspfad für das Lernen, wie man Tango tanzt, dar.

Solche Entwicklungsdiagramme umfassen vier wesentliche Bestandteile. Erstens ist unser Ausgangspunkt die Ontogenese der Menschenaffen (die in der Röhre von einem Schimpansen als Kleinkind und als Jugendlicher dargestellt wird). Die Schlüsselkompetenzen sind hier das Gehen auf den Fingerknöcheln, das bei Menschenaffen im Alter von einem Jahr auftaucht, und die aktive Beteiligung an der Fortbewegung in der Gruppe, die zwischen zwei und drei Jahren auftritt. Zweitens liegt der Schwerpunkt unserer an einer Erklärung interessierten Aufmerksamkeit auf der mittleren Reihe rechteckiger Kästen, die von einem Baby und einem jungen Kind auf beiden Seiten flankiert werden. Sie stellen einen Pfad vom Krabbeln zum Gehen zum gemeinsamen Spazierengehen bis zum Tangotanzen in den angegebenen Lebensaltern dar. Drittens befinden sich in den obersten Zeilen über der Menschenaffenröhre die einzigartig menschlichen Reifungsfähigkeiten der 1. gemeinsamen Aufmerksamkeit (hier: die kognitive Fähigkeit zur Bildung eines gemeinsamen Ziels) und 2. der kollektiven Intentionalität (hier: der exekutiven Fähigkeit, sich selbst anhand von Normen zu regulieren oder, in diesem Fall, »die Regeln zu befolgen«), die jeweils etwa im Alter von neun Monaten und drei Jahren heranreifen. (Nur in diesem Beispiel enthalten sind außerdem die einzigartig menschlichen Fähigkeiten des zweifüßigen Gangs.) Viertens stellt die Schattierung in jedem Kasten etwas von der Eigenart der Erfahrungen dar, die das Individuum braucht, um diese unterschiedlichen Quellen für das angegebene Entwicklungsergebnis zusammenzubringen, wobei eine dunklere Schattierung anzeigt, dass ein größerer Teil an bestimmten Arten von Erfahrungen benötigt wird. Darüber hinaus geben die Fertigkeiten, die unter den Kästen aufgeführt sind, Erfahrungsinputs aus anderen Fertigkeiten mit ihren eigenen komplexen Entwicklungsgeschichten an – in diesem Fall die Fähigkeit, durch Anweisungen zu lernen. In diesem Beispiel erfordert also das Gehen Erfahrung einer sehr generischen Art, während das Tangotanzen eine spezifische Anleitung benötigt. (In jeder der einzelnen folgenden Erklärungen werden die betreffenden Erfahrungen natürlich genauer angegeben.)

Das leitende Bild ist somit die fortschreitende Ontogenese von

Menschenaffen; in dem Maße, wie die einzigartig menschlichen Fähigkeiten geteilter Intentionalität heranreifen, ermöglichen diese anschließend neue Formen soziokultureller Erfahrung, die im Laufe der Entwicklung die Psychologie der Menschenaffen in die Psychologie des Menschen umwandeln. Im Allgemeinen beinhaltet meine Erklärung des Auftauchens der Fähigkeit, die in einem bestimmten Diagramm durch einen bestimmten Kasten bezeichnet wird, im Laufe der Entwicklung immer 1. die Ontogenese der Menschenaffen (in der Röhre) als Grundlage, 2. vorausgehende Fähigkeiten (auf der linken Seite) mit einem Pfeil zum Kasten als Vorläufer; 3. Reifungsfähigkeiten (über der Röhre) mit Pfeilen zum Kasten als ermöglichende Ursachen (einschließlich exekutiver Regulation); und 4. relevante Erfahrungen (die Schattierung des Kastens) als unmittelbare Ursachen. So entsteht beispielsweise das »gemeinsame Spazierengehen« aus dem individuellen Gehen und der Fortbewegung von Menschenaffen in Gruppen, während die Fähigkeit zur Bildung eines gemeinsamen Ziels mit einem Partner heranreift und neue Arten koordinierter sozialer Erfahrungen mit anderen ermöglicht. Wir werden solche Entwicklungsdiagramme als Zusammenfassung sowohl des Verlaufs des Entwicklungspfads als auch der Faktoren verwenden, die den Pfad beeinflussen, und zwar für jeden Entwicklungspfad in allen acht folgenden Kapiteln.

II
DIE ONTOGENESE DER EINZIGARTIG MENSCHLICHEN KOGNITION

Im Entwicklungsprozess lernt das Kind nicht nur die Gegenstände der kulturellen Erfahrung zu beherrschen, sondern auch die Gewohnheiten und Formen des Kulturverhaltens, die kulturellen Methoden des Denkens.

Lew Vygotskij
»The Problem of the Cultural Development of the Child« (1929)

Die menschliche Kognition ist in vielerlei Hinsichten einzigartig. Aber am Ursprung all dieser Unterschiede befinden sich, wie wir geltend machen würden, die ontogenetischen Prozesse, durch die kleine Kinder dazu gelangen, ihre Köpfe mit anderen in Akten geteilter Intentionalität zusammenzustecken. Obwohl das »Kernwissen« der räumlich-zeitlichen-kausalen-quantitativen Struktur der physikalischen Welt seitens der Menschenaffen und ihr elementares Verständnis des Handelns und der sozialen Interaktion für die einzigartig menschliche Kognition grundlegend sind, sind diese Fähigkeiten nicht hinreichend. Darüber hinaus brauchen wir kognitive Prozesse, die sich für die soziale und geistige Koordination mit sozialen Partnern entwickelt haben.

Es geht hier nicht nur um »Gedankenlesen« – Menschenaffen erweisen sich als ziemlich gut darin. Sie tun es jedoch zum größten Teil in Konkurrenz zueinander. Die soziale und geistige Koordination mit anderen zum Zwecke der Kooperation ist etwas anderes. Beim Gedankenlesen, das im Dienst der Konkurrenz steht, will ich nicht, dass Sie wissen, was ich denke. Bei der geistigen Koordination, die auf Koordination abzielt, will ich es. Viele der Alltagshandlungen von Menschen sind daher so gestaltet, dass sie anderen tatsächlich beim Gedankenlesen helfen. Und daher kommt ein Element der Rekursion ins Spiel, da ich *beabsichtige*, dass Sie *wissen*, was ich *denke*.

Anpassungen an die geistige Koordination mit anderen strukturieren die menschliche Kognition auf vielerlei Weisen im Laufe der Entwicklung neu. Zuerst beteiligen sich Säuglinge ab etwa neun Monaten mit anderen an Akten gemeinsamer Aufmerksamkeit, was die Möglichkeit der simultanen begrifflichen Auffassung von Entitäten und Situationen aus unterschiedlichen Perspektiven schafft; später können sie dann sogar Dinge aus einer »objektiven« Perspektive sehen. Schon ganz früh kommunizieren Säuglinge mit anderen auch referentiell und fordern sie auf, gemeinsam auf etwas zu achten, und das erfordert rekursive Schlüsse mit Bezug auf geistige Zustände, die in geistige Zustände eingebettet sind; später kommunizieren sie anhand geteilter sprachlicher Konventionen. Auch hier lernen Säuglinge schon ganz früh mittels Imitation Dinge durch die Perspektiven von anderen, und später gelangen sie dazu, die Pädagogik als einen Versuch eines Vertreters der Kulturgruppe zu verstehen, objektives kulturelles Wissen zu vermitteln. Schließlich sind die Kinder, wenn sie das Schulalter erreichen, in der Lage, all diese Fertigkeiten der sozialen Kognition, der referentiellen Kommunikation und des kulturellen Lernens zu nutzen, um sich mit einem Gleichaltrigen intersubjektiv an derjenigen Art des kooperativen Denkens und Schlussfolgerns zu beteiligen, die die Quelle aller Arten neuer kultureller Errungenschaften ist.

Das sind die sozial-kognitiven Fertigkeiten geteilter Intentionalität, die es den Menschen – aber nicht den anderen Menschenaffen – ermöglichen, zusammenzuarbeiten, um solche Dinge wie Dampfmaschinen, Dichtung und staatliche Institutionen zu schaffen. Aber diese Fertigkeiten treten nicht schon voll ausgebildet in Erscheinung. Sie entstehen in den Individuen durch einen zeitlich ausgedehnten Entwicklungsprozess, bei dem Reifung, Erfahrung und exekutive Selbstregulation jeweils wesentliche Rollen spielen.

3
SOZIALE KOGNITION

Reifes menschliches Denken wird durch die grundsätzliche Unterscheidung strukturiert, die seit den alten Griechen anerkannt wird, zwischen dem Subjektiven und dem Objektiven (oder Erscheinung und Wirklichkeit, Glauben und Wahrheit, Meinung und Tatsache). Die Unterscheidung leitet sich von der Einsicht ab, dass die subjektive Perspektive eines einzelnen Individuums auf eine Situation zu einem beliebigen Zeitpunkt übereinstimmen oder auch nicht übereinstimmen kann mit der objektiven Situation, wie sie unabhängig von dieser oder jeder beliebigen anderen besonderen Perspektive existiert.

Menschenaffen und andere Tiere gabeln die Erfahrung nicht so. Sie nehmen die Welt, wie sie ihnen erscheint, ohne sie mit etwas anderem (Objektivem oder Sonstigem) zu kontrastieren. Sie sind zwar ebenfalls in der Lage, sich vorzustellen, was ein anderes Individuum gerade erlebt oder erlebt hat, aber sie kontrastieren das nicht damit, was sie oder irgendwelche anderen Wesen gerade erleben oder erlebt haben, geschweige denn mit einer objektiven Perspektive. Ihr Verständnis der Welt und ihr Verständnis der Erfahrung der Welt seitens anderer sind einfach nicht auf eine Weise miteinander verbunden, die zur Unterscheidung zwischen dem Subjektiven und dem Objektiven führt.

Meines Erachtens unterscheiden Menschenaffen nicht zwischen dem Subjektiven und dem Objektiven, weil das keine Erkenntnis ist, zu der die Individuen jeweils für sich kommen können. Ein Individuum kann sie weder erlangen, indem es eine raffinierte Theorie erfindet, noch indem es die Erfahrung des anderen simuliert, und es kann sie auch nicht dadurch erlangen, dass es seine Vergangenheit mit der gegenwärtigen Erfahrung vergleicht. Um die Unterscheidung zwischen dem Subjektiven und dem Objektiven zu verstehen, muss ein Individuum mit einem anderen Individuum gleichzeitig auf eine gemeinsame Situation triangulieren (um den Ausdruck von Davidson, 2001, zu gebrauchen): Wir sehen beide *X*, aber Sie sehen es so und ich sehe es so. Das heißt, wir Beteiligten müssen begreifen, dass wir beide die Aufmerksamkeit auf ein und dasselbe Ding richten, aber gleichzeitig jeweils unsere eigene Perspektive darauf haben. Das ist die grundlegende kognitive Organisation der so genannten Zwei-Ebenen-Struktur geteilter Intentionalität (Tomasello, 2014).

Menschliche Säuglinge fangen ab etwa neun Monaten an, mit anderen auf diese Zwei-Ebenen-Art zu interagieren. Sie sind dazu in der Lage, weil sie die Art der Interaktion mit anderen von ihren frühmenschlichen Vorfahren geerbt haben, für die dieser Interaktionsmodus neue und einzigartige Formen sozialer und geistiger Koordination ermöglichte. Anfangs beteiligen sich Säuglinge mit Erwachsenen an gemeinsamer Aufmerksamkeit, innerhalb deren sie etwas über ihre individuellen Perspektiven erfahren. Bei der Kommunikation versuchen das Kind und der Erwachsene, ihre Perspektiven in Übereinstimmung zu bringen, und später in der Ontogenese versuchen sie, Perspektiven im Gespräch über ein gemeinsames Thema auszutauschen und miteinander zu koordinieren. Durch den Austausch von Perspektiven in einem sprachlich vermittelten Diskurs – in dem die Partner gemeinsam auf das Denken des jeweils anderen achten – werden die Kinder gezwungen, abweichende Perspektiven zu koordinieren (was sie durch den Gebrauch ihrer sich entwickelnden Fertigkeiten der exekutiven Regulation tun). Im Alter von drei bis sechs Jahren konstruieren die Kinder durch den Gebrauch ihrer entstehenden Fertigkeiten kollektiver Intentionalität aus dieser Beimischung aus Geteiltheit und Individualität eine »objektive« Welt, die unabhängig davon ist, wie sie selbst oder ein beliebiger anderer sie auffasst, mit Bezug auf welche die Individuen aber dennoch unterschiedliche subjektive Perspektiven, Einstellungen und Überzeugungen haben können, einschließlich falscher Überzeugungen.

In diesem Kapitel konzentrieren wir uns auf die Ontogenese der einzigartig menschlichen sozialen Kognition. Wir beginnen mit der Ontogenese der sozialen Kognition von Menschenaffen, insbesondere mit ihrer Fähigkeit, sich (nichtperspektivisch) vorzustellen, was andere wahrnehmen und wissen. Anschließend schauen wir uns wiederum die Fertigkeiten der gemeinsamen Aufmerksamkeit bei kleinen Kindern und ihre Fähigkeit an, mehrere Perspektiven auf dieselbe Entität miteinander zu koordinieren. Diese einzigartigen Fertigkeiten bereiten die Bühne für die Fähigkeit drei- bis vierjähriger Kinder, widersprüchliche Perspektiven auf der exekutiven Ebene zu koordinieren – beispielsweise zwei gegensätzliche Überzeugungen oder die Erscheinung eines Gegenstands im Vergleich zur Wirklichkeit – und dadurch ein neues Verständnis der Welt zu konstruieren.

Im Ausgang von Menschenaffen: Sich vorstellen, was andere wahrnehmen

Bei all unseren Analysen der einzigartig menschlichen ontogenetischen Entwicklungspfade fangen wir mit Menschenaffen an. Im vorliegenden Fall der sozialen Kognition konzentriert sich die Analyse auf mehrere Fertigkeiten – nämlich der Blickrichtung folgen, sich vorstellen, was ein anderer sieht oder hört oder schließt, und sich vorstellen, was ein anderer weiß oder glaubt.

Soziale Kognition von Menschenaffen

Vom Standpunkt der sozialen Kognition ist die Verfolgung des Blicks zwar ein recht niedrigstufiger Prozess. Aber es gibt doch einige Unterschiede zwischen der Art und Weise, wie Menschenaffen und wie menschliche Säuglinge der Blickrichtung anderer folgen, die mit komplexeren Prozessen sozialer Kognition verknüpft oder grundlegend für sie sein könnten. Der Kernpunkt ist die zeitliche Abfolge der Entwicklung. Bei den einfachsten Aufgaben zur Blickverfolgung, wenn der Schauende und das Ziel sich im selben visuellen Feld befinden (und daher das periphere Sehen möglicherweise ins Spiel kommt), haben zwei Untersuchungen Blickverfolgung bei siebzehn Monate alten, von Menschen aufgezogenen Schimpansen festgestellt (Okamoto et al., 2004; Tomasello und Carpenter, 2005a). Die Blickverfolgung mit Bezug auf entferntere Ziele kommt allerdings erst mehrere Jahre später:

- In einem Test, bei dem ein Mensch nach oben zum Himmel schaute, folgten drei Schimpansen unter drei Jahren der Blickrichtung des Schauenden nicht systematisch, wohingegen fünf Individuen, die älter als drei Jahre waren, es taten (Tomasello et al., 2001).
- In einer Längsschnittuntersuchung begannen Schimpansen und Bonobos erstmals zwischen zwei und drei Jahren, der Blickrichtung von Menschen zu folgen (Wobber et al., 2013).
- In einem Experiment folgten Schimpansen unter vier Jahren auch weiterhin der Blickrichtung eines Vorführenden, der fortwährend auf nichts schaute, während ältere Individuen bald damit aufhörten (Tomasello et al., 2001).
- In einem anderen Experiment vollzogen Schimpansen über fünf Jahren, aber keine jüngeren, »doppelte Blicke«, während sie Rückmeldungen von einem Vorführenden suchten, der auf nichts schaute, um zu sehen, ob sie richtiglagen (Bräuer et al., 2005).
- In zwei abschließenden Experimenten bewegten sich Schimpansen über vier Jahren (jüngere Schimpansen wurden nicht getestet), um der Blickrichtung eines Menschen auf einen Ort hinter einem Hindernis zu folgen (Tomasello et al., 1999). Außerdem konnten sie erkennen, wann ein Hindernis den visuellen Zugang eines Beobachters zu einem Ziel blockierte (Okamoto-Barth et al., 2007).

Hier sind die Menschenaffen durchweg viel älter als menschliche Kleinkinder bei denselben Aufgaben, wie wir bald sehen werden (siehe auch Lucca et al., 2017).

Über die Blickverfolgung hinaus hat eine Reihe von Untersuchungen versucht zu bestimmen, ob Schimpansen sich den tatsächlichen Inhalt dessen vorstellen können, was andere sehen. In einer Reihe von Untersuchungen ließen Hare et al. (2000; siehe auch Bräuer et al., 2007) einen dominanten und einen untergeordneten Schimpansen in neuen Situationen miteinander konkurrieren, in denen ein Stück Nahrung offen sichtbar war und ein anderes Stück sich auf der Seite des Untergeordneten hinter einem Hindernis befand, wo nur dieser es sehen konnte. Als seine Tür geöffnet wurde (kurz vor der Öffnung der Tür des dominanten Affen), entschied sich der untergeordnete Affe für die zweite Nahrung; er wusste, dass der dominante diese Nahrung nicht sehen konnte (wohingegen er die offen im Freien liegende Nahrung sehen konnte). In einer aufschlussreichen Variante des Experiments versteckten Hare et al. (2001) nur ein Stück Nahrung auf der Seite des untergeordneten bei einem von zwei Hindernissen (siehe auch Kaminski et al., 2008; Karg et al., 2015b). Der Clou bestand darin, dass der dominante Schimpanse in manchen Fällen Zeuge des Vorgangs des Versteckens war, aber in anderen Fällen nicht. Das Ergebnis war, dass die untergeordneten Schimpansen es vermieden, sich die Nahrung zu holen, die ein dominanter zwar jetzt nicht sehen konnte, aber einige Augenblicke zuvor hätte sehen können; sie wussten, dass er *wusste*, wo die Nahrung versteckt war. Und sie schrieben dieses Wissen diesem bestimmten Individuum zu: Wenn ein dominanter Affe, nachdem er den Vorgang des Versteckens gesehen hatte, gegen einen anderen ausgetauscht wurde, wussten die untergeordneten Versuchstiere, dass der neue Affe den Vorgang des Versteckens nicht gesehen hatte und folglich auch nicht wusste, wo sich die Nahrung befand. Menschenaffen können sich den wirklichen Inhalt dessen vorstellen, was andere wahrnehmen und wissen.

Außerdem versuchen Menschenaffen manchmal, Einfluss darauf zu nehmen, was die anderen sehen. Hare et al. (2006) und Melis et al. (2006a) ließen Schimpansen mit einem Menschen (der in einer Kabine saß) um zwei Stücke Nahrung konkurrieren. In einigen Versuchsanordnungen konnte der Mensch den Affen gleich gut sehen, wenn dieser sich dem einen oder dem anderen Stück Nahrung (auf jeder Seite der Kabine) näherte. In diesen Fällen hatte der Affe keine Präferenz für das eine oder das andere Stück. Aber in der entscheidenden Bedingung war ein Hindernis aufgestellt, sodass die Affen sich einem Stück Nahrung nähern konnten, ohne gesehen zu werden. Und genau das taten sie auch. Sie taten es sogar in einer Variante des Experiments, bei der sie mit der Entscheidung konfrontiert waren, die Nahrung von hinter einem Hindernis aus zu ergreifen (sodass der Mensch ihren Körper nicht sehen konnte), aber entweder durch einen durchsichtigen Tunnel (wo der Mensch möglicherweise ihren ausgestreckten Arm sehen konnte) oder durch einen undurchsichtigen. Sie stellten sich vor, was der Mensch von ihrem ausgestreckten Arm sehen konnte. In einer Folgeuntersuchung entschieden sich dieselben Individuen vorzugsweise dafür, sich diejenige Nahrung zu holen, der sie sich leise nähern konnten – sodass ein abgelenkter menschlicher Konkurrent sie nicht hören konnte –, im Gegensatz zu einem Stück Nahrung, bei dem sie unterwegs gehört werden konnten. Diese Verallgemeinerung auf eine völlig andere Wahrnehmungsmodalität – Hören gegenüber Sehen – spricht für die Leistungsfähigkeit und Flexibilität der beteiligten kognitiven Fertigkeiten. Bei einer weiteren beeindruckenden Demonstration sozialer Kognition, nämlich bei einem Spiel, in dem es um das Finden von Nahrung ging, wussten die Schimpansen, dass ihr Konkurrent ein Brett wählen würde, das geneigt auf einem Tisch lag (so, als ob sich Nahrung darunter befände), anstatt ein flach liegendes Brett (unter dem nichts versteckt sein konnte); sie wussten, welche Art von Schluss er aufgrund der Wahrnehmungssituation ziehen würde (Schmelz et al., 2011). Die Fertigkeiten der sozialen Kognition von Menschenaffen sind äußerst flexibel.

Ein letzter Schritt in diesem Prozess ist das Verstehen falscher Überzeugungen. In fünf verschiedenen Untersuchungen, die nach dem Vorbild klassischer Aufgaben entworfen wurden, welche von vier- bis fünfjährigen Kindern gelöst werden, sind Menschenaffen zwar gescheitert (siehe Tomasello, 2014, zu einer Übersicht). Aber vor kurzem haben Menschenaffen gute Leistungen bei zwei verschiedenen Aufgaben erbracht, bei denen es um falsche Überzeugungen ging und die von menschlichen Kindern im Alter von etwa achtzehn bis vierundzwanzig Monaten gelöst werden. Bei einer Aufgabe, die antizipierendes Blicken beinhaltete und nach dem Vorbild der Aufgabe von Southgate et al. (2007) entworfen war, ließen Krupenye et al. (2016) Menschenaffen einem Akteur dabei zusehen, wie dieser beobachtete, dass etwas versteckt wurde; nachdem der Akteur den Schauplatz verlassen hatte, wurde das Versteckte dann anderswohin gelegt. Als der Akteur zurückkehrte, schauten die Menschenaffen zuerst und am häufigsten zu der Stelle, an der der Akteur wahrscheinlich suchen würde (von der er beobachtet hatte, dass dort der Gegenstand versteckt worden war), obwohl sich das Objekt nicht mehr dort befand. Menschenaffen bestanden auch erfolgreich einen anderen Test falscher Überzeugungen für Kleinkinder, der auf der Hilfeaufgabe von Buttelmann et al. (2009, 2017) basierte.

Später kehren wir zu dieser Frage genauer zurück, aber einstweilen bringen wir einfach unsere Ansicht zum Ausdruck, dass bei diesen Untersuchungen an Menschenaffen – sowie bei den entsprechenden Untersuchungen an Kleinkindern – die Individuen vorwegnehmen, was andere tun werden, und zwar anhand dessen, was diese anderen sehen oder gesehen haben, wobei das eigene Wissen des Individuums mit Bezug auf die Situation (ganz zu schweigen von irgendeiner objektiven Situation) für sie in keiner Weise hervorsticht. Daher würden wir diese Untersuchungen in Übereinstimmung mit denjenigen sehen, die zeigen, dass Menschenaffen wissen, was andere wissen, wobei die Tatsache, dass der Affe selbst etwas anderes weiß, im Grunde irrelevant ist. Man könnte dies als »implizites« Verstehen falscher Überzeugungen in dem Sinne bezeichnen, dass Affen vorhersagen können, was ein anderer tun wird, und zwar anhand dessen, was er gesehen hat, auch wenn sich das von dem unterscheidet, was sie selbst sehen oder gesehen haben (da ihre eigene Erfahrung für die Vorhersage der Handlungen des anderen irrelevant ist).

Zusammen genommen, zeigen diese verschiedenen Untersuchungen, dass Schimpansen wissen, dass andere Dinge sehen, hören, wissen und entsprechende Schlüsse ziehen, und was das für unmittelbar bevorstehende Handlungen bedeutet. Diese anspruchsvolleren Untersuchungen wurden zum größten Teil mit erwachsenen Affen durchgeführt, von denen fast keiner jünger als vier Jahre war.

Menschliche Säuglinge beginnen im Alter von etwa sechs Monaten, der Blickrichtung anderer zu in der Nähe befindlichen Zielen innerhalb des peripheren Sehens zu folgen (zum Beispiel D'Entremont et al., 1997). Die Verfolgung der Blickrichtung zu weiter entfernten Zielen entsteht erst im Alter von zwölf bis dreizehn Monaten (zum Beispiel Carpenter et al., 1998b), und das beinhaltet Situationen, in denen der Schauende zur Decke blickt, wie bei vielen der Untersuchungen an Menschenaffen (Tomasello et al., 2007a). Wenn ein Erwachsener hinter ein Hindernis schaut, werden sich zwölf Monate alte Kleinkinder eine gewisse Strecke bewegen, sodass sie den richtigen Winkel einnehmen können, um ebenfalls hinter das Hindernis zu schauen (Moll und Tomasello, 2004), und vierzehn Monate alte Kleinkinder wissen, wann der Blick eines Vorführenden von einem undurchsichtigen Hindernis blockiert wird (Caron et al., 2002). Bei alledem ist die Blickverfolgung menschlicher Babys zwar ähnlich der Blickverfolgung von Menschenaffen, aber sie erscheint in der Ontogenese des Menschen viel früher als in der von Affen. Wenn wir Babys und Affen bei jedem der experimentellen Paradigmen, in denen beide getestet wurden, miteinander vergleichen, sind Babys in allen Fällen mindestens ein Jahr früher dran als Schimpansen, und in vielen Fällen eher zwei Jahre (siehe Abbildung 3.1).

Ein zweiter wichtiger Unterschied besteht darin, dass viele Untersuchungen einen überraschenden Mangel an Sensibilität von Schimpansen speziell gegenüber den Augen festgestellt haben. Kaminski et al. (2004) stellten beispielsweise fest, dass Schimpansen und Bonobos zwar dafür sensibel waren, ob ein Mensch sie anschaute, aber nur anhand der Gesichtsrichtung des Menschen; sie waren nicht sensibel dafür, ob die Augen offen waren. In einem direkten Speziesvergleich testeten Tomasello et al. (2007b) Schimpansen, Bonobos und Gorillas (alle über vier Jahre alt) und menschliche Kleinkinder im Alter von zwölf und achtzehn Monaten.

In einem 2 × 2-Design variierten sie, ob der menschliche Schauende seinen Kopf zur Decke wandte oder nicht und ob seine Augen offen waren oder nicht. Die Affen folgten der Kopfrichtung (bei-

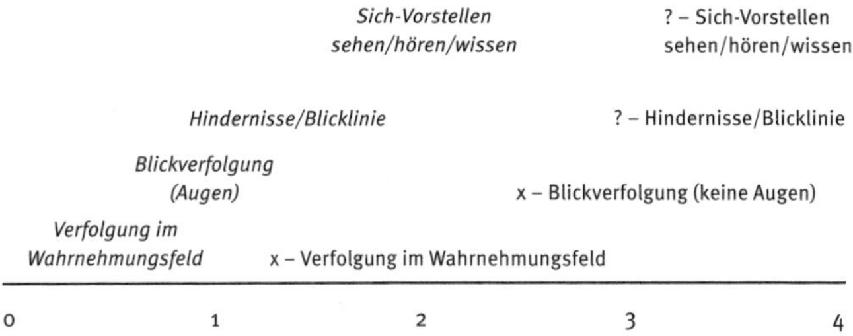

Abbildung 3.1: Ungefähres Alter (in Jahren) des Entstehens verschiedener Fertigkeiten der Blickverfolgung und des Sich-Vorstellens, was andere wahrnehmen und wissen, für Schimpansen und menschliche Kleinkinder (*kursiv*). Fragezeichen zeigen an, dass jüngere Individuen nicht getestet wurden, und ein X gibt eindeutige negative Befunde für jüngere Lebensalter an.

spielsweise schauten sie zur Decke, wenn der Erwachsene seinen Kopf nach oben wandte, selbst wenn seine Augen geschlossen waren), aber die Kleinkinder folgten speziell der Augenrichtung (beispielsweise blickten sie zur Decke, wenn der Erwachsene nur mit seinen Augen nach oben schaute, während der Kopf geradeaus gerichtet war). Vor dem Hintergrund, dass von allen (mehr als 200) Primatenspezies nur Menschen deutlich sichtbare Lederhäute besitzen, die im Grunde die Blickrichtung ihrer Augen anderen gegenüber verraten (Kobayashi und Koshima, 1997), lautet eine Hypothese, dass die Blickverfolgung speziell der Augen beim Menschen sich in einem kooperativen sozialen Kontext entwickelte, in dem die anderen nicht dazu neigten, sie auszunutzen. Wenn Kleinkinder die Augen bei der Blickverfolgung nutzen, könnte das ein Ergebnis dieser Anpassung sein. In ontogenetischer Hinsicht zeigten Brooks und Meltzoff (2005), dass neun Monate alte Säuglinge sich wie Affen verhalten – und der Kopfrichtung folgen –, während zehn Monate alte Säuglinge speziell der Augenrichtung folgen.

Was das Verständnis der Säuglinge mit Bezug auf das Sehen betrifft, so stellen klassische Untersuchungen, die unterschiedliche, unter anderem verbale Methoden benutzen, gewöhnlich eine Kompetenz im Alter von etwa zweieinhalb Jahren fest (zum Beispiel Masangkay et al., 1974; McGuigan und Doherty, 2002). Diese klassischen Untersuchungen weisen nach, dass kleine Kinder sich vorstellen können, was eine andere Person sieht, auch wenn sie selbst es nicht sehen – zum Beispiel, was eine andere Person auf der gegenüberliegenden Seite eines Blatts Papier sieht. Moll und Tomasello (2006) stellten ein Experiment vor, das ein etwas jüngeres Alter für die Entstehung dieser Fähigkeit feststellte. Die Untersuchung ist im vorliegenden Zusammenhang von besonderem Interesse, weil sie im Stile der Nahrungskonkurrenz-Experimente mit Menschenaffen von Hare et al. (2000) entworfen wurde. Aber Pilotstudien zeigten, dass die Kleinkinder sich nicht wirklich auf die Konkurrenz einließen; sie brauchten ein kooperatives Paradigma. So kam beispielsweise eine erwachsene Person mit einem Korb ins Zimmer und suchte nach ihrem verlorenen Spielzeug. Das Kind saß ihr gegenüber und konnte zwei Spielzeuge sehen, eines davon war offen sichtbar und das andere befand sich auf seiner Seite eines Hindernisses. Die erwachsene Person blickte in die Richtung von jedem Spielzeug (das heißt, bei dem Spielzeug hinter dem Hindernis blickte sie auf das Hindernis) und wiederholte dann, dass sie ihr Spielzeug brauchte. Offenbar konnte sie nicht das frei sichtbare Spielzeug meinen, das sie gesehen hatte, sonst würde sie es einfach nehmen. Vierundzwanzig Monate alte Kleinkinder, aber nicht achtzehn Monate alte, gaben ihr das Spielzeug von ihrer Seite des Hindernisses, dasjenige, das sie nicht sehen konnte.

Ebenfalls ähnlich im Vergleich zu Schimpansen, aber in einem kooperativen anstatt in einem konkurrenzbetonten Kontext, stellten Moll et al. (2014) fest, dass vierundzwanzig Monate alte Kleinkinder außerdem unterschieden, ob ein Erwachsener zuvor zwei bestimmte Geräusche gehört hatte oder nicht (weil er entweder innerhalb oder außerhalb des Zimmers war, als das Geräusch auftrat), auch wenn sie selbst beide Geräusche gleichermaßen gehört hatten. Und schließlich zeigen menschliche Babys, wie schon erwähnt, auch bei Aufgaben zu so genannten impliziten Überzeugungen, die unterschiedliche Blickmethoden nutzen (zum Beispiel Southgate et al., 2007), gute Leistungen: Sie können anhand dessen, was jemand in der unmittelbaren Vergangenheit gesehen hat, vorhersagen, was er tun wird. Weiter unten werden wir darlegen, dass das einfach ein Verständnis dessen repräsentiert, was andere sehen und wissen – da sie nicht darauf achten, was sie selbst sehen und wissen –, und dass dieses Verständnis durch die entstehenden Fertigkeiten geteilter Intentionalität umgewandelt wird. Es wird umgewandelt in ein Verständnis, dass ein Akteur eine Perspektive haben kann, die sich direkt mit meiner eigenen vergleichen lässt und sich in manchen Fällen sowohl von meiner Perspektive als auch von der objektiven Situation unterscheidet (Tomasello, im Druck).

Diese Untersuchungen zeigen also, dass menschliche Kleinkinder sich mit spätestens vierundzwanzig Monaten über die Verfolgung der Blickrichtung hinaus vorstellen können, was andere sehen, hören und wissen – im Sinne von sich den Inhalt dessen, was andere sehen, hören und wissen, vorzustellen, und zwar insbesondere in kooperativen Kontexten. Leider waren nicht alle vergleichbaren Untersuchungen mit Menschenaffen Entwicklungsstudien (daher das Fragezeichen in Abbildung 3.1), aber das jüngste Alter, in dem die Affen eine ähnliche Kompetenz – in Konkurrenzkontexten – gezeigt haben, war zwei Jahre später – mit etwa vier Jahren.

Individuelle und kulturelle Variation

Die Tatsache, dass Kleinkinder in ihren ersten beiden Lebensjahren der Blickrichtung anderer folgen und die nichtperspektivischen intentionalen Zustände (sehen, hören, wissen) anderer auf dieselbe grundsätzliche Art und Weise wie andere Menschenaffen verstehen, deutet darauf hin, dass die Reifung bei diesem Entwicklungspfad eine beträchtliche Rolle spielt. Das bedeutet nicht, dass dabei kein Lernen beteiligt ist; ein Kind, das in völliger sozialer Isolation aufwächst, würde vermutlich an seinem zweiten Geburtstag nicht die Fertigkeiten eines sich typisch entwickelnden Kindes zeigen. Es bedeutet, dass niemand in ihrer Kultur den Kindern diese Fertigkeiten beizubringen braucht (weil es auch niemand den Affen beibringt); diese Fertigkeiten entstehen auf natürliche Weise, wenn man ein sich typisch entwickelndes Kind nimmt, das in einer speziestypischen sozialen Umgebung aufwächst. Autistische Kinder besitzen die Grundlagen dieser Fertigkeiten ebenfalls (Carpenter et al., 2001), obwohl es gewisse Abnormitäten in den einzigartig menschlichen Aspekten geben mag, wie beispielsweise in ihrer Aufmerksamkeit gegenüber den Augen und ihrer Nutzung dieser Information und in dem Alter, in dem das Verfolgen des Blicks auftaucht (beispielsweise Dawson et al., 1998; Mundy, 2003).

Im Allgemeinen gibt es nur eine geringe individuelle oder kulturelle Variabilität in der Entwicklung der Fertigkeiten der Blickverfolgung. In der Längsschnittuntersuchung von Carpenter et al. (1998b) absolvierten 21 von 24 Kleinkindern erfolgreich eine relativ strikte Aufgabe der Verfolgung der Blickrichtung eines Erwachsenen zu einem entfernten Ziel innerhalb eines recht engen Zeitfensters im Alter zwischen zehn und dreizehn Monaten. Und in einer interkulturellen Untersuchung stellten Callaghan et al. (2011) fest, dass menschliche Kleinkinder, die in drei ganz unterschiedlichen kulturellen Kontexten aufwuchsen (zwei davon umfassten kleine Gruppen und Analphabetismus), der Blickrichtung anderer etwa im selben Alter zu folgen begannen, unter anderem bei einer Aufgabe, bei der sie dem Blick des Erwachsenen zu einer Stelle hinter einem Hindernis folgen mussten. Somit gibt es keine Belege für bedeutende individuelle oder kulturelle Variabilität, wenn Kinder die Blickrichtung anderer verfolgen. Was die anderen Fertigkeiten betrifft, die hier untersucht wurden (das Verständnis dessen, was andere sehen, hören und wissen), so ist nur wenig über die interkulturelle Variabilität bekannt. Individuelle Variabilität innerhalb der westlichen industrialisierten Kulturen wurde natürlich festgestellt, aber sie ist nie besonders groß (in den meisten Untersuchungen zeigt sich eine bescheidene Varianz).

Wie erwähnt, hat es wahrscheinlich von den Affen zu den Menschen in all diesen Fertigkeiten eine Veränderung des zeitlichen Auftretens in der Ontogenese gegeben. Obwohl die Daten nicht 100%ig systematisch sind, ist es wahrscheinlich, dass menschliche Babys mindestens ein oder zwei Jahre früher als andere Affen der Blickrichtung anderer folgen und sich vorstellen, was andere wahrnehmen und wissen (die Daten sind viel belastbarer für das Verfolgen der Blickrichtung). Darüber hinaus sind sie in der Lage, die Augen der anderen zu nutzen, wie Affen dies nicht tun, was ebenfalls auf eine gewisse Änderung des Prozesses hindeutet. Man kann spekulieren, dass diese Prozessänderungen irgendwie mit den sich entwickelnden Fertigkeiten gemeinsamer Intentionalität seitens der Kinder verbunden sind. Daher könnten der frühere Beginn des Verfolgens des Blicks und die besondere Aufmerksamkeit der Kleinkinder auf die Augen Änderungen psychologischer Prozesse repräsentieren, wenn die Kleinkinder sich mit anderen an Akten gemeinsamer Aufmerksamkeit zu beteiligen beginnen.

Gemeinsame Aufmerksamkeit

Sowohl Menschenaffen als auch menschliche Babys verfolgen die Blickrichtung anderer und stellen sich vor, was andere sehen, hören und wissen. Aber zur gleichen Zeit, zu der menschliche Babys diese Fertigkeiten entwickeln, entwickeln sie auch intersubjektive Fertigkeiten gemeinsamer Aufmerksamkeit, die typischerweise als Teil der so genannten Neunmonatsrevolution entstehen. Um jedoch die Entstehung gemeinsamer Aufmerksamkeit zu verstehen, müssen wir vor der Neunmonatsrevolution in der frühen Kindheit beginnen. Schon kleine Babys interagieren mit anderen auf für die Spezies einzigartige Weisen, die auf einer Art des Teilens von Gefühlen beruhen.

Das Teilen von Gefühlen in Protokonversationen

Menschenaffen im Säuglingsalter bilden wie alle Säugetiere eine frühe und starke Bindung an ihre Mütter aus. Die Mütter von Menschenaffen haben eine ebensolche Bindung und beschützen ihre Kinder und sorgen für sie. Aber im Kontext der kooperativen Kinderbetreuung entwickelten menschliche Babys andere Weisen des Bittens um Aufmerksamkeit und Zuwendung von den vielen Erwachsenen, die für sie sorgten: Sie stellten soziale Bindungen zu ihnen her, indem sie positive Gefühle anglichen und teilten. Menschen haben einige wichtige und einzigartige positive Gefühle und entsprechende Weisen, diese auszudrücken – insbesondere die positiven sozialen Gefühle, die im sozialen Lächeln und Lachen zum Ausdruck kommen und die die Tendenz haben, die sozialen Bindungen zwischen den Individuen zu stärken. Babys drücken diese Gefühle aus, während sie mit Erwachsenen interagieren, auch aus der Entfernung, wohingegen andere Menschenaffen überhaupt nicht lächeln oder lachen, während sie mit anderen interagieren (Menschenaffen machen etwas dem menschlichen Lächeln und Lachen Vergleichbares, aber nur, wenn sie bei spielerischen Tätigkeiten körperlich gekitzelt werden).

Trevarthen (1979) beobachtete kleine Babys, die mit ihren Müttern interagierten, und bemerkte grundlegende Tatsachen mit Bezug auf die Art und Weise, wie diese Gefühle ausgedrückt werden. Es gab eine Art von Sich-Abwechseln beim gegenseitigen Ausdruck der Gefühle der Beteiligten: Die Mutter lächelte und lachte in der Regel ihr Kind an, während das Baby passiv war; dann hörte die Mutter auf, und das Baby begann, sie anzulächeln und anzulachen. Dieser Austausch konnte eine Zeit lang hin- und hergehen. Stern (1985), der Babys in ähnlichen Situationen untersuchte, beobachtete über mehrere Wechsel hinweg eine Art »emotionaler Abstimmung«, bei der die Babys und Mütter die emotionale Intensität und Valenz des jeweils anderen widerspiegelten, wobei sie manchmal verschiedene Mittel einsetzten. So konnte beispielsweise die Mutter ein positives Gefühl in ihrer Vokalisierung ausdrücken, und das Baby konnte mit einem Lächeln reagieren. Da diese Arten von Interaktionen in ihrer Abwechslungsstruktur ganz allgemein kommunikativ und reziprok sind, haben Trevarthen und andere sie als »Protokonversationen« bezeichnet.

Die Bedeutung dieser besonderen Art der emotionalen Interaktion für die Babys wird deutlich, wenn man eine Protokonversation in ihrem Verlauf abrupt beendet. Untersuchungen, die das benutzt haben, was als Paradigma des »bewegungslosen Gesichts« bezeichnet wird, haben gezeigt, dass, wenn ein Erwachsener plötzlich ein emotionsloses Gesicht mitten in einer Protokonversation zeigt, die Babys anfangen, verschiedene Anzeichen von Verstimmung zu zeigen – wegschauen, an ihren Händen knabbern etc. (Tronick, 1989).

Außerdem reagieren die Babys auch verärgert, wenn die zeitliche Abstimmung der Interaktion gestört wird. So ließen beispielsweise Murray und Trevarthen (1985, siehe auch Rochat et al., 1998) Mütter und Babys per Videoübertragung miteinander interagieren. Bei einigen Babys verzögerten sie das visuelle Feedback von der Mutter. Dieses asynchrone Timing verstörte die Säuglinge ebenfalls. Entscheidend ist, dass Babys Erwartungen mit Bezug darauf haben, wie die Protokonversationen ablaufen sollten; wenn entweder der Inhalt oder das Timing gestört sind, sind sie irritiert.

Die Säuglinge von Menschenaffen und ihre Mütter vollziehen keine Protokonversationen. Wenn Schimpansen-Säuglinge, die von Menschen großgezogen wurden, mit Menschen interagieren, schauen sie auf interessante Weisen auf deren Gesicht, und sie machen eine Reihe verschiedener Gesichtsausdrücke (Bard, 2012; siehe auch Tomasello et al., 2004). Aber da Affen weder lächeln noch lachen wie menschliche Babys, unterscheidet sich ihre emotionale Beteiligung mit Bezug auf den Menschen beträchtlich von derjenigen, die bei den Protokonversationen zwischen menschlichen Müttern und Säuglingen vorkommt. Die sozialen Interaktionen von Menschenaffen-Säuglingen mit ihren Müttern sind möglicherweise ein allgemeiner Ausgangspunkt, aber der erste Hinweis auf die einzigartig menschliche geteilte Intentionalität liegt in den einzigartigen Weisen, mit denen kleine menschliche Babys ihre Gefühle mit den Bezugspersonen teilen und auf sie abstimmen, wodurch eine einzigartige Form der sozialen Beteiligung entsteht.

Wie in Kapitel 2 erwähnt, betonte Hrdy (2016), dass Menschenbabys im Kontext der einzigartigen Formen kooperativer Kinderbetreuung bei Menschen (das heißt einzigartig unter Menschenaffen) von ihren Müttern viel öfter physisch getrennt sind (weil sie mit nichtelterlichen Erwachsenen zusammen sind), als es bei anderen Menschenaffen der Fall ist. Dadurch könnte plausiblerweise der Kontext dafür bereitet werden, dass sie besonders leistungsfähige Fertigkeiten entwickeln, um die psychologische Verbindung mit ihren Müttern und anderen Erwachsenen aus der Entfernung herzustellen, zum Beispiel mit offensichtlichen Gefühlsausdrücken wie Lächeln und Lachen. Daher dürfen wir uns das einzigartige emotionale Profil menschlicher Babys für das Teilen und Angleichen ihrer Gefühle mit ihren Bezugspersonen als das zugrunde liegende emotionale Substrat der geteilten Intentionalität vorstellen.

Die Entstehung gemeinsamer Aufmerksamkeit

Im Alter von etwa neun Monaten vollziehen menschliche Säuglinge so etwas wie eine Revolution der sozialen Kognition. Vor diesem Alter können sie direkt mit Gegenständen interagieren, beispielsweise dadurch, dass sie sie ergreifen und mit den Händen bearbeiten. Sie können auch mit anderen Menschen direkt interagieren, indem sie zum Beispiel in Protokonversationen Gefühle mit ihnen austauschen. Aber neun Monate alte Säuglinge beginnen zum ersten Mal, mit Menschen und Gegenständen gemeinsam auf triadische Weise zu interagieren – sie beginnen, mit anderen auf die Gegenstände und Situationen um sie herum zu »triangulieren«. Der Hypothese von Tomasello et al. (2005) zufolge kommen hier zwei Entwicklungspfade zusammen. Der erste besteht in den für die Spezies einzigartigen Formen des Teilens von Gefühlen in Protokonversationen seitens der Säuglinge, die in der frühen Kindheit beginnen. Zweitens beginnen die Säuglinge dann mit etwa neun Monaten, andere als intentionale Akteure zu verstehen, die Ziele und Wahrnehmungen mit Bezug auf die Welt haben (was andere Menschenaffen ebenfalls tun, obwohl dieses Verständnis bei ihnen erst in einem späteren Alter einsetzt). Die Entstehung gemeinsamer Aufmerksamkeit lässt sich somit als das Zusammenkommen eines allgemeinen Menschenaffen-Entwicklungspfads der individuellen Intentionalität und eines einzigartig menschlichen Entwicklungspfads für das Teilen psychologischer Zustände mit anderen verstehen. Diese Synergie stellt nichts weniger als die Geburt geteilter Intentionalität dar.

Gemeinsame Aufmerksamkeit wurde zum größten Teil in Form von gemeinsamer visueller Aufmerksamkeit untersucht. Über die Verfolgung der Blickrichtung anderer zu externen Zielen mit etwa neun Monaten hinaus beginnen Babys, ihre Aufmerksamkeit zwischen der Person und dem Gegenstand hin- und herzubewegen, wobei sie häufig eine bestimmte Art von Emotion dem Erwachsenen gegenüber mit Bezug auf das zum Ausdruck bringen, worauf sie (vermutlich) beide achten. Obwohl das Baby und der Erwachsene bereits eine gewisse Zeit lang Gefühle im direkten Austausch miteinander geteilt haben, führt dieses neue Verhalten dazu, dass sie Gefühle mit anderen im Hinblick auf die sie umgebende Welt teilen. Wichtig ist, dass klassischen Darstellungen gemeinsamer Aufmerksamkeit zufolge (zum Beispiel Bruner, 1983; Tomasello, 1995) die Interaktion nicht nur triadisch ist – das Baby und der Erwachsene teilen die Aufmerksamkeit mit Bezug auf einen äußeren Gegenstand oder eine Situation –, sondern zusätzlich eine Art rekursiver sozialer Struktur aufweist. Das Baby achtet nicht nur auf die Aufmerksamkeit des Erwachsenen mit Bezug auf den Gegenstand, sondern auch auf die Aufmerksamkeit gegenüber seiner Aufmerksamkeit mit Bezug auf den Gegenstand und auf die Aufmerksamkeit des Erwachsenen gegenüber seiner Aufmerksamkeit gegenüber der Aufmerksamkeit des Erwachsenen mit Bezug auf den Gegenstand und so weiter. Es ist nicht so, dass das Baby diese Art von rekursivem Denken ausdrücklich vollzieht, sondern es ist so, dass die zugrunde liegende Struktur gemeinsamer Aufmerksamkeit bedeutet, dass beide gemeinsam wissen, dass sie beide auf dasselbe Ding achten. Sie teilen ihre Erfahrung miteinander.

Wesentlich ist, dass die Entstehung gemeinsamer Aufmerksamkeit bei Babys nach einem sehr gut vorhersagbaren Zeitplan auftritt: neun Monate nach der Geburt, plus oder minus einige Wochen (Carpenter et al., 1998b). Da diese neue Fertigkeit sich außerdem in einer Vielzahl anderer triadischer Interaktionen manifestiert, die ziemlich synchron auftreten, wurde dieses Auftreten manchmal als »Neunmonatsrevolution« bezeichnet (Tomasello, 1995, 1999). Wie wir in Kapitel 4 noch genauer sehen werden, bringen folglich die dyadisch strukturierten Protokonversationen der Säuglinge jetzt triadisch strukturierte Formen referentieller Kommunikation hervor, wie beispielsweise das Zeigen und Anbieten von Gegenständen oder das Zeigen auf sie, einfach um Aufmerksamkeit und Interesse mit Bezug auf sie zu teilen. Wie wir in Kapitel 5 genauer sehen werden, bringen die bereits existierenden Fertigkeiten der Babys zur

Nachahmung der Körperbewegungen Erwachsener jetzt die triadische Imitation der Handlungen anderer mit Bezug auf äußere Gegenstände hervor. Wie wir in Kapitel 6 genauer sehen werden, bringen ihre dyadischen Interaktionen mit anderen im späteren Verlauf der Entwicklung echte Dialoge hervor, in denen das Kind und der Erwachsene sich zusammen auf ein gemeinsames Thema oder Problem konzentrieren. In all diesen Fällen überwachen die Babys ständig den Erwachsenen und seine Aufmerksamkeit, während sie entweder versuchen, seine Aufmerksamkeit durch die Kommunikation zu steuern, seine Handlungen durch Imitation zu reproduzieren oder kognitiv zusammenzuarbeiten.

Schimpansen und andere Menschenaffen folgen zwar der Blickrichtung anderer auf äußere Gegenstände, wie zuvor dokumentiert, aber es gibt keine Belege dafür, dass sie mit anderen triadisch im Hinblick auf äußere Objekte interagieren. Natürlich können sie von einer Person zu einem Gegenstand hin- und herschauen, aber es gibt keine Belege dafür, dass sie mit der Person auf eine solche Weise interagieren, die uns ermöglichen würde, sie als »triadisch« oder als »gemeinsames Aufmerken« zu bezeichnen. Drei Untersuchungen haben speziell nach gemeinsamer Aufmerksamkeit bei Schimpansen gesucht. Erstens haben Carpenter et al. (1995) sechs Schimpansen untersucht, die dyadisch mit einem Menschen interagierten. Obwohl es ein gewisses Maß an hin- und hergehenden Blicken zwischen Gegenständen und dem Menschen gab, handelte es sich dabei um »Überprüfungsblicke«, bei denen der Schimpanse bloß überprüfen wollte, ob der Mensch immer noch da war, und nicht versuchte, die Aufmerksamkeit mit ihm zu teilen. Es gab auch keine Versuche der Affen, gemeinsame Aufmerksamkeit zu initiieren. Zweitens ließen Tomasello und Carpenter (2005a) einen erwachsenen Menschen mit drei jungen, von Menschen aufgezogenen Schimpansen um Gegenstände herum interagieren. Auch hier gab es eine gewisse visuelle Überprüfung mit Bezug auf den Menschen, aber die Affen beteiligten sich nicht an derjenigen Art aktiver Überwachung des anderen, an der sich menschliche Babys beteiligen, und sie interagierten mit dem anderen in keiner emotionalen Weise mit Bezug auf einen Gegenstand. Und wieder gab es keine aktiven Versuche der Schimpansen, gemeinsame Aufmerksamkeit durch Kommunikation herzustellen. Drittens versuchten Tomonaga et al. (2004) ebenfalls wiederholt, mehrere junge Schimpansen zu triadischen Tätigkeiten um Spielzeuge herum zu bewegen, aber ohne Erfolg. Sie gaben ihnen und ihren Müttern außerdem Gelegenheiten, Interesse und Aufmerksamkeit bezüglich einiger Gegenstände zu teilen, wiederum ohne Erfolg. Sie beobachteten keine Versuche seitens der jungen Schimpansen, aktiv die gemeinsame Aufmerksamkeit von ihrem Partner zu erheischen durch solche Akte wie das Vorzeigen oder Anbieten von Gegenständen oder das Zeigen auf sie.

Der Entwicklungsverlauf der gemeinsamen Aufmerksamkeit im zweiten Lebensjahr menschlicher Babys ist recht gut dokumentiert. Bakeman und Adamson (1984) haben sich in einer Längsschnittuntersuchung die Art und Weise angesehen, wie Babys und ihre Mütter sich an Interaktionen gemeinsamer Aufmerksamkeit im Alter von sechs bis achtzehn Monaten beteiligten. Sie kategorisierten verschiedene Typen gemeinsamer visueller Aufmerksamkeit, wobei die raffinierteste – das heißt diejenige, bei der die Mütter und Babys am deutlichsten das Interesse und die Aufmerksamkeit mit Bezug auf Dinge teilten – als »koordinierte gemeinsame Aufmerksamkeit« bezeichnet wurde. Der Gesamtanteil der Zeit, die mit koordinierter gemeinsamer Aufmerksamkeit verbracht wurde, war zwar ziemlich gering – eine solche »Qualitätszeit« erfordert eine Anstrengung auf beiden Seiten –, aber sie nahm im Laufe der Monate stetig zu, insbesondere zwischen zwölf und fünfzehn Monaten. Interessanterweise untersuchten Bakeman und Adamson auch gleichaltrige Babys, die miteinander interagierten. Sie stellten nur eine geringe koordinierte gemeinsame Beteiligung zwischen ihnen fest. Dieser Befund stimmt mit dem Vorschlag überein, dass die gemeinsame Aufmerksamkeit in dieser frühen Entwicklungsperiode ein Interaktionsmodus ist, der die Babys speziell an die Interaktionen mit ihren erwachsenen Bezugspersonen anpasst.

Carpenter et al. (1998b) replizierten und erweiterten diese grundsätzlichen Ergebnisse. Ein interessantes neues Ergebnis war, dass die koordinierte gemeinsame Aufmerksamkeit sich mit etwa vierzehn Monaten abzuschwächen begann. In zwei Folgesitzungen mit denselben Babys im Alter von achtzehn und vierundzwanzig Monaten wurde diese Abschwächung weiter bestätigt. Die Autoren interpretierten das als Hinweis darauf, dass die gemeinsame visuelle Aufmerksamkeit für Babys in der frühen Entwicklung notwendig ist, um psychische Zustände mit anderen zu teilen, aber im Verlauf des zweiten Lebensjahrs die sprachliche Kommunikation einen Großteil dieser Funktion übernimmt. Während zum Beispiel ein dreizehn Monate altes Kind die visuelle Aufmerksamkeit mit seiner Mutter und einem Gegenstand koordinieren kann und vielleicht sogar den Gegenstand hochhält und ihr zeigt, kann es mehrere Monate später den Gegenstand seiner Mutter gegenüber einfach benennen, während seine visuelle Aufmerksamkeit weiterhin auf dem Gegenstand ruht.

Interaktionen gemeinsamer Aufmerksamkeit sind offensichtlich mit solchen Dingen wie dem Verfolgen des Blicks einerseits und mit der kooperativen Kommunikation andererseits verbunden. Interessanterweise stellten Carpenter et al. (1998b) in ihrer Längsschnitt-Stichprobe eine recht stabile und robuste Entwicklungssequenz fest: Die meisten Babys beteiligten sich zuerst an Akten des Teilens der Aufmerksamkeit mit anderen bezogen auf in der Nähe gelegene Gegenstände, dann später bei Versuchen, der Blickrichtung anderer zu entfernten Gegenständen zu folgen, und noch später bei aktiven Versuchen, die Aufmerksamkeit anderer kommunikativ auf äußere Gegenstände zu lenken. Diese Abfolge deutet darauf hin, dass das Verfolgen der visuellen Aufmerksamkeit anderer durch einjährige Kinder – weil ihm Akte koordinierter gemeinsamer Aufmerksamkeit vorausgegangen sind – tatsächlich das Teilen von Aufmerksamkeit beinhaltet, sobald das Ziel lokalisiert ist, und dass die Lenkung der Aufmerksamkeit anderer eine Aufforderung zu gemeinsamer Aufmerksamkeit ist. Unsere Hypothese lautet, dass die entstehenden Fähigkeiten zur gemeinsamen Intentionalität dyadische Verhaltensweisen, die von Menschenaffen vollzogen werden, in triadische Akte gemeinsamer Aufmerksamkeit umwandeln, die durch eine Zwei-Ebenen-Struktur der Geteiltheit (gemeinsame Aufmerksamkeit) und Individualität (Perspektive) konstituiert werden.

Gemeinsamer Hintergrund und kultureller gemeinsamer Hintergrund

Wenn Babys die Aufmerksamkeit mit einem Erwachsenen teilen, richten sie ihre Aufmerksamkeit besonders auf das, was er erfährt. So ließen beispielsweise Moll und Tomasello (2007b; siehe auch Moll et al., 2007) vierzehn Monate alte Babys einen Erwachsenen (aus der Ferne) beobachten, wie dieser einen Gegenstand handhabte. Später erkannten die Babys nicht, dass er mit diesem Gegenstand vertraut war (sie dachten, er wäre für ihn neu). Aber wenn die Babys mit einem Erwachsenen und einem Gegenstand triadisch mit gemeinsamer Aufmerksamkeit interagierten, dann wussten sie später, dass er mit dem Gegenstand vertraut war. Wenn ein Baby und ein Erwachsener gemeinsam auf eine Situation achten, scheinen sie zu registrieren und sich daran zu erinnern, dass beide diese Situation erlebt haben. Und außerdem entsteht dadurch für sie eine geteilte Erfahrung, auf die sie später als ihren gemeinsamen Hintergrund zurückgreifen können.

Sobald sie damit beginnen, sich an gemeinsamer Aufmerksamkeit zu beteiligen, beginnen menschliche Babys auch schon fast, einen persönlichen gemeinsamen Hintergrund mit bestimmten anderen zu schaffen. Beispielsweise ließen Tomasello und Haberl (2003) in einer Untersuchung an zwölf und achtzehn Monate alten Kindern einen Erwachsenen sich einer Reihe von vier Gegenständen nähern, ganz allgemein auf die Reihe blicken (nicht auf einzelne Gegenstände) und begeistert ausrufen: »Wow! Toll! Sieh dir das an! Kannst du es mir geben?« Der Trick bestand darin, dass das Kleinkind und der Erwachsene zuvor ihre Aufmerksamkeit mit Bezug auf drei der Gegenstände miteinander geteilt hatten, weshalb deren Existenz und Eigenschaften zu ihrem gemeinsamen Hintergrund gehörten; sie hatten aber nie ihre Aufmerksamkeit gegenüber dem vierten Gegenstand geteilt. (Das Kleinkind hatte seine Aufmerksamkeit mit Bezug auf diesen vierten Gegenstand tatsächlich bereits mit einem anderen Erwachsenen geteilt, sodass ihm alle vier Gegenstände gleichermaßen vertraut waren.) Da es sonderbar wäre, wenn der Erwachsene seine Begeisterung für einen der früher geteilten, altbekannten Gegenstände zum Ausdruck bringen würde, war er vermutlich von dem Gegenstand begeistert, den sie zuvor noch nicht gemeinsam erfahren hatten. Und tatsächlich zogen die Kinder in beiden Lebensaltern den Schluss, dass der Erwachsene sich für den Gegenstand begeisterte, den sie zuvor noch nicht geteilt hatten und der folglich nicht zu ihrem gemeinsamen Hintergrund gehörte. Man könnte einwenden, dass die Kinder in dieser Untersuchung einfach das verfolgten, was der Erwachsene als Individuum erfahren hatte, und nicht das, was »wir« zusammen erfahren haben. Aber Moll et al. (2008) verglichen speziell zwei Bedingungen miteinander, in denen der Erwachsene gleich vertraut mit einem Gegenstand war – aber in einem Fall hatten das Kind und der Erwachsene ihre Aufmerksamkeit ihm gegenüber geteilt, während im anderen der Erwachsene alleine mit ihm interagiert hatte (während das Kind aus der Ferne zusah). Als der Erwachsene (der uneindeutig auf alle Gegenstände sah) sich dann so verhielt, als ob er einen der Gegenstände erkannte und nach ihm verlangte, nahmen die vierzehn Monate alten Kinder an, dass die Aufforderung sich auf denjenigen richtete, den »wir« geteilt hatten.

In einer verwandten Untersuchung ließen Liebal et al. (2009) vierzehn und achtzehn Monate alte Kinder und einen Erwachsenen zusammen aufräumen, indem sie Spielzeuge aufhoben und in einen Korb legten. An einem bestimmten Punkt hörte der Erwachsene auf und zeigte auf ein Zielspielzeug, das das Kind dann in den Korb legte. Wenn jedoch beide auf genau dieselbe Weise aufräumten und ein zweiter Erwachsener, der diesen Kontext nicht geteilt hatte, das Zimmer betrat und auf genau dieselbe Weise auf das Zielspielzeug zeigte, dann legten die Kinder das Spielzeug nicht in den Korb; in den meisten Fällen gaben sie es ihm einfach, vermutlich, weil der zweite Erwachsene das Aufräumspiel mit ihnen nicht als gemeinsamen Hintergrund geteilt hatte. Die Interpretationen der Kinder hingen also nicht von ihren eigenen gegenwärtigen egozentrischen Tätigkeiten und Interessen ab, die in beiden Fällen dieselben waren, sondern vielmehr von ihrer geteilten Erfahrung mit jedem der Erwachsenen, die beide jeweils Zeigegesten vollzogen. In einer Folgeuntersuchung stellten Liebal et al. (2009) tatsächlich fest, dass achtzehn Monate alte Kinder genau dieselbe Zeigegeste auf genau dasselbe Objekt unterschiedlich interpretierten, wenn sie von unterschiedlichen Erwachsenen kam, mit denen sie einen unterschiedlichen gemeinsamen Hintergrund hatten. Bei einem Erwachsenen, mit dem sie zuvor ein Puzzle zusammengesetzt hatten, trugen sie den Gegenstand zu dem Puzzle, wohingegen sie es bei einem Erwachsenen, mit dem sie zuvor Spielzeug aufgeräumt hatten, in den Korb legten. Kinder waren unmittelbar nach ihrem ersten Geburtstag in der Lage, das im Kopf zu behalten, was sie mit bestimmten anderen Individuen geteilt hatten und was nicht – was in ihrem persönlichen gemeinsamen Hintergrund war.

Wie in Kapitel 2 dokumentiert wurde, bilden Menschenaffen mit anderen Individuen soziale Beziehungen, und das beinhaltet gewiss auch das Lernen und Erinnern von Einzelheiten mit Bezug auf ihre Interaktionen mit diesen bestimmten Individuen. Aber es gibt keine Belege dafür, dass das etwas anderes als individuelles Lernen ist. Mit anderen Worten: Obwohl jeder von ihnen sich an dieselben Dinge mit Bezug auf ihre vergangenen Interaktionen erinnern mag, teilen sie nicht das Wissen, dass sie beide sich daran erinnern. In dem einzigen Experiment, das etwas in dieser Richtung überprüfte, reproduzierten Tomasello und Carpenter (2005a) so etwas wie das frühere Experiment von Tomasello und Haberl. Konkret teilte ein Mensch mit je einem von drei Affen, die von Menschen aufgezogen wurden, eine Erfahrung mit Bezug auf den Inhalt eines Eimers, und blickte dann später überrascht und begeistert in den Eimer. Das hätte den Affen einen Hinweis darauf geben sollen, dass sich jetzt etwas Zusätzliches oder anderes im Eimer befand – weil der Mensch keine Begeisterung gezeigt hätte, wenn es dasselbe gewesen wäre, das »wir« zuvor geteilt hatten –, aber es gab ihnen keinen solchen Hinweis (wie es bei Menschenkindern der Fall war). Es ist möglich, dass die Schwierigkeit für die Affen in etwas anderem lag, das mit dem Kommunikationsakt zu tun hatte – das lässt sich mit einem einzigen Experiment nicht ausschließen –, aber jedenfalls gibt es keine experimentellen Belege dafür, dass Menschenaffen einen gemeinsamen Hintergrund mit anderen erschaffen.

Zusätzlich zur Bildung eines persönlichen Hintergrunds mit anderen Individuen gelangen Kinder mit etwa drei Jahren dazu, den kulturellen gemeinsamen Hintergrund zu verstehen, den sie mit allen anderen in ihrer Kulturgruppe teilen, auch wenn sie mit diesen Individuen nichts zusammen erlebt haben. So können beispielsweise zwei beliebige erwachsene Amerikaner, die sich auf der Straße begegnen, als Teil ihres kulturellen gemeinsamen Hintergrunds alles vom Humpty-Dumpty-Kinderreim bis zum gegenwärtigen Präsidenten annehmen. Im Alter von etwa drei Jahren, wenn ihre Fertigkeiten kollektiver Intentionalität heranreifen, beginnen Kinder, sich auf den kulturellen gemeinsamen Hintergrund einzustimmen. Liebal et al. (2013) ließen drei- und vierjährige Kinder einen neuen Erwachsenen treffen (der eindeutig ihrer Gruppe angehörte). Dieser zur Gruppe gehörige Fremde fragte sie dann aufrichtig »Wer ist das?«, während sie gemeinsam in die Richtung eines Weihnachtsmann-Spielzeugs und eines Spielzeugs blickten, das das Kind gerade gebastelt hatte, bevor der Erwachsene ins Zimmer kam. Die Kinder antworteten, indem sie das neue Spielzeug benannten, und sie zeigten dadurch, dass sie verstanden, dass niemand aus ihrem Kulturkreis, nicht einmal jemand, dem sie noch nie zuvor begegnet waren, fragen muss, wer der Weihnachtsmann ist. (In einer zweiten Versuchsbedingung wählten die Kinder den Weihnachtsmann aus, wenn der Fremde eines der beiden Spielzeuge zu erkennen schien.) Kinder derselben Altersstufe erwarten auch, dass zur Gruppe gehörige Fremde zwar den herkömmlichen Namen eines Gegenstands kennen, nicht aber eine neue, beliebige Tatsache mit Bezug auf denselben Gegenstand (Diesendruck et al., 2010). Der kulturelle gemeinsame Hintergrund dieses Typs definiert schon beinahe die Kultur, da eine Kultur durch diejenigen Praktiken, Normen und Institutionen konstituiert wird, von denen wir alle wissen, dass wir sie alle kollektiv kennen. Eine wichtige Konsequenz der Teilhabe der Kinder am kulturellen gemeinsamen Hintergrund ist somit die Fähigkeit, eine völlig akteursunabhängige Perspektive auf die Dinge einzunehmen: eine »objektive« Perspektive. Diese »objektive« Sichtweise wird in wesentlichen Hinsichten durch Sprache und Pädagogik unterfüttert, wie wir in den nächsten beiden Kapiteln sehen werden, und sie stellt das erste Auftauchen der kindlichen Fertigkeiten nicht nur gemeinsamer Intentionalität, sondern auch kollektiver Intentionalität dar, in Verbindung mit an der Gruppe orientierten sozialen Konventionen und Normen.

Die gemeinsame Aufmerksamkeit und der gemeinsame Hintergrund, und zwar sowohl der persönliche als auch der kulturelle, stellen die notwendige intersubjektive Infrastruktur für viele andere einzigartig menschliche Tätigkeiten dar. Die gemeinsame Aufmerksamkeit ermöglicht den Einzelnen, ihre laufenden gemeinsamen Tätigkeiten zu koordinieren, der persönliche gemeinsame Hintergrund ermöglicht wirksame und effiziente Kommunikation, und der kulturelle gemeinsame Hintergrund ist die Grundlage für konventionelle Kulturpraktiken, die auf der kollektiven Intentionalität beruhen. Wie wir bald sehen werden, schaffen diese intersubjektiven Interaktionen auch die Grundlage für die Versuche von kleinen Kindern, sich auf unterschiedliche Weise mit den Perspektiven anderer zu koordinieren.

Individuelle und kulturelle Variation

Alle verfügbaren Belege deuten darauf hin, dass alle menschlichen Kinder zu einer bestimmten Art des Teilens von Gefühlen und zu Protokonversationen (mit Lächeln und Lachen) in der Lage sind. Allgemein lässt sich Folgendes feststellen: Obwohl die Erwachsenen mit den Kindern in verschiedenen Kulturen unterschiedlich interagieren, erwerben die Kleinkinder am Ende dieselben Fertigkeiten. Beispielsweise berichten LeVine et al. (1994), dass Gussi-Mütter in Ostafrika weniger als ein Drittel der wechselseitigen Blickkontakte mit ihren Babys haben als westliche Mütter aus der Mittelschicht. Gaskins (2006) berichtet, dass Mütter der yukatekischen Mayas fast überhaupt keinen Blickkontakt mit ihren Babys suchen und halten. Und in der bislang ausführlichsten Untersuchung verglich Demuth (2009) die Kommunikation zwischen Müttern und Babys in einer westlichen Mittelschichtskultur mit der Kommunikation in einer traditionelleren, ländlichen Kultur in Westafrika (mit den Nso) und stellte fest, dass die westlichen Mütter dazu neigten, ihre Babys als gleichgestellte Kommunikationspartner zu behandeln, wohingegen die Nso-Mütter ihre Babys »als Novizen [behandelten], die Fügsamkeit und Unterordnung lernen müssen« (S. 169). Trotz dieser Kulturunterschiede im *Erwachsenen*verhalten ähneln sich die Fertigkeiten der Babys bei Protokonversationen jedoch in allen Kulturen.

Im Hinblick auf gemeinsame Aufmerksamkeit berichten viele Anthropologen, dass Erwachsene aus vielen kleingesellschaftlichen Kulturen sehr wenig mit Babys interagieren. So berichtet zum Beispiel Gaskins (1999) Folgendes: Während die zwölf Monate alten Babys der yukatekischen Mayas ebenso viel Zeit mit dem Umgang mit Gegenständen wie gleichaltrige westliche Babys aus der Mittelschicht verbringen, tun die Maya-Babys das fast immer allein, wohingegen die Babys aus der westlichen Mittelklasse es häufig in sozialen Interaktionen mit Erwachsenen tun. Gaskins (2006) stellt auch fest, dass die Eltern in vielen traditionellen Kulturen fast nie mit kleinen Babys im Kontext von Gegenständen spielen (sie zitiert die Kaluli, die Samoaner, die Gussi und die Mayas), und zwar hauptsächlich deshalb, weil die Erwachsenen nur wenige freie Zeit haben, um sich an dieser Art von »nichtproduktivem« Spiel zu beteiligen; außerdem ist das Spielen von Erwachsenen mit Kindern unangebracht, weil von den Kindern erwartet wird, dass sie sich an die Erwachsenenwelt anpassen und nicht umgekehrt. Meistens geben die Eltern dem Baby einfach einen Gegenstand oder stellen ihn vor das Baby hin und gehen dann ihrer Arbeit nach. Trotz dieser kulturellen Unterschiede im Erwachsenenverhalten sind, soweit wir wissen, die Fertigkeiten der Babys bei der gemeinsamen Aufmerksamkeit dennoch in allen Kulturen ähnlich. Tatsächlich stellten Callaghan et al. (2011) in der bislang einzigen experimentellen Untersuchung fest, dass elf Monate alte Babys in drei ganz unterschiedlichen Kulturen (Kanadier aus der Mittelschicht, Landbewohner aus Peru, die des Lesens und Schreibens nicht mächtig sind, und Landbewohner aus Indien, für die dasselbe gilt) mit einem neuen Erwachsenen alle auf ähnliche Weise im Sinne gemeinsamer Aufmerksamkeit interagierten.

Die interkulturellen Daten dokumentieren also Unterschiede im Erwachsenenverhalten, aber eine allgemeine Ähnlichkeit der Ergebnisse bei den Babys, was auf eine ziemlich starke Reifungskomponente in der Ontogenese der frühesten Fertigkeiten gemeinsamer Aufmerksamkeit bei Kindern schließen lässt. Zusätzliche Belege liefert das biologische Syndrom der Autismus-Spektrum-Störung. Kinder, die sich auf dem Autismus-Spektrum befinden, werden häufig nicht diagnostiziert, bis sie etwas älter sind und ihre Kommunikations- und Sprachdefizite besonders auffallen, weshalb es keine Untersuchungen von Protokonversationen an sich gibt. Aber Hobson (2002) hat festgestellt, dass autistische Kinder im Allgemeinen nicht so motiviert oder fähig sind, mit anderen emotional zu interagieren, wie Kinder, die sich auf typische Weise entwickeln. Darüber hinaus haben andere Forschungen frühe und ernsthafte Defizite bei den Fertigkeiten und der Motivation von Autisten im Hinblick auf die gemeinsame Aufmerksamkeit festgestellt. Mundy und Newell (2007) sowie Rogers und Pennington (1991) haben theoretische Erklärungen für Autismus geliefert, die sich speziell auf Defizite der gemeinsamen Aufmerksamkeit konzentrieren. Sie stellen fest, dass Kleinkinder mit Autismus sich an weniger koordinierter gemeinsamer Aufmerksamkeit mit Erwachsenen beteiligen und dass sie weniger häufig Episoden gemeinsamer Aufmerksamkeit durch Kommunikation initiieren. Der allgemeine Vorschlag dieser Forscher besteht darin, dass Defizite in Fertigkeiten und Motivationen für gemeinsame Aufmerksamkeit – für das Teilen von Gefühlen und Erfahrungen mit anderen – genau das sind, was autistischen Kindern fehlt, und dass dies für ihre großen Schwierigkeiten bei einem breiten Spektrum sozialer Verhaltensweisen vom Verfolgen der Blickrichtung bis zur sprachlichen Kommunikation verantwortlich ist.

Man sollte sich auch daran erinnern, dass in Stichproben von Kindern mit ähnlicher sozialer Erfahrung – beispielsweise aus westlichen Mittelschichtfamilien – die individuelle Variabilität im Alter des Auftretens typischerweise ganz gering ist (Carpenter et al., 1998b). Wie wir in den nächsten beiden Kapiteln sehen werden, haben die individuellen Unterschiede in der Quantität und im Stil von Interaktionen gemeinsamer Aufmerksamkeit, die die Kinder mit den Erwachsenen unterhalten, dennoch bedeutende Konsequenzen für ihre Sprachentwicklung und ihr kulturelles Lernen.

Das bedeutet, dass es auch eine beträchtliche Plastizität der Entwicklung gibt, die zum Teil auf die unterschiedlichen individuellen sozialen Erfahrungen der Kinder zurückgeht, obwohl bei der Entwicklung der frühesten Fertigkeiten und Motivationen der Kinder im Hinblick auf die gemeinsame Aufmerksamkeit eine starke Reifungskomponente existiert – alle sich typisch entwickelnden Kinder erhalten in allen typischen menschlichen Umwelten hinreichend viel von der richtigen Art sozialer Erfahrung für eine normale Ontogenese.

Die Koordination von Perspektiven

Eine Schlüsselbehauptung des vorliegenden Ansatzes lautet, dass die Fertigkeiten der Kinder zur Perspektivenübernahme sozialen Interaktionen entspringen, die durch gemeinsame Aufmerksamkeit strukturiert werden. Mit gemeinsamer Aufmerksamkeit können wir sagen, dass wir auf dasselbe achten, nur auf verschiedene Weise; wir triangulieren auf die Sache, wobei jeder seinen eigenen Blickwinkel besitzt. Ohne gemeinsame Aufmerksamkeit gibt es kein gemeinsames Objekt, mit Bezug auf welches wir beide unterschiedliche Blickwinkel haben können, und daher auch kein Gefühl einer Perspektive. Ein geteilter Brennpunkt der Aufmerksamkeit erzeugt somit die Möglichkeit mehrerer Perspektiven auf dieselbe Sache (Moll und Tomasello, 2007a).

So wie wir es hier begrifflich fassen, erfordert also die Einnahme einer Perspektive, dass ein Subjekt sich mehr als eine Möglichkeit des Wahrnehmens oder Verstehens einer bestimmten Entität oder Situation vorstellt; so etwas wie eine einzige Perspektive auf etwas ohne zumindest die Möglichkeit anderer Perspektiven darauf kann es nicht geben. Was wir als »Sich-Vorstellen, was ein anderer sieht und weiß« bezeichnet haben, beinhaltet nicht im selben Sinne unterschiedliche Perspektiven; das Subjekt stellt sich zwar die Erfahrung des anderen vor, aber seine eigene Erfahrung gehört nicht zu seiner geistigen Verarbeitung. Das meinten wir, als wir sagten, dass in den Experimenten mit Menschenaffen, in denen es um Nahrungskonkurrenz ging, die geistigen Zustände, die die Versuchsteilnehmer verfolgten, nichtperspektivisch waren; die Affen verfolgten das, was ihr Konkurrent unmittelbar wahrnahm, wobei ihre eigene Wahrnehmung der Situation überhaupt kein Gegenstand der Aufmerksamkeit war (der Versuchsteilnehmer sieht durch seine Wahrnehmungserfahrung »hindurch« und überprüft oder vergleicht sie nicht mit etwas anderem). Wenn der Versuchsteilnehmer sich vorstellt, dass der Konkurrent etwas sieht (oder nicht sieht), verfolgt er einfach dessen Wahrnehmungserfahrung – Punkt –, unabhängig von dem, was er selbst erlebt oder nicht. Ohne ein Bewusstsein mehrerer potenzieller Möglichkeiten, die Situation zu sehen, kann man von einem Individuum nicht sagen, dass es überhaupt Perspektiven einnimmt.

Erwachsene Menschen können natürlich auch für sich allein außerhalb jeglicher sozialer Interaktion gleichzeitig von mehreren Perspektiven aus auf eine Entität oder Situation achten. Aber das ist eine Errungenschaft der Entwicklungsgeschichte und nicht ihr Ausgangspunkt. Babys sind anfänglich außerhalb sozialer Interaktionen mit anderen überhaupt nicht dazu fähig, Perspektiven einzunehmen. Sie werden einer solchen Perspektivenübernahme durch Versuche mächtig, sich mit den anderen, mit denen sie interagieren, sozial und insbesondere durch Kommunikation zu koordinieren. Ein Kind, das in sozialer Isolation aufwächst, würde am Ende überhaupt keine mehrfachen Perspektiven auf eine Situation haben, weil es nie die dazu notwendigen Interaktionen gemeinsamer Aufmerksamkeit mit anderen erfahren hätte.

Es gibt drei Arten der Interaktion gemeinsamer Aufmerksamkeit – und alle beinhalten Kommunikation –, die Babys und Kleinkinder dazu führen, die Perspektive eines Interaktionspartners einzunehmen: 1. Versuche, Perspektiven einander anzugleichen, während die Babys bei ihren frühesten Kommunikationshandlungen (die sich größtenteils in Form von Gesten vollziehen) mit anderen interagieren; 2. der Austausch von Perspektiven, wenn Kleinkinder dazu fähig werden, Gespräche mit mehrfachem Sprecherwechsel, die sich auf ein gemeinsames Thema konzentrieren, in einer konventionellen Sprache zu führen; und 3. die Koordination widersprüchlicher Perspektiven, die in einem Gespräch entstehen (durch eine bestimmte Art exekutiver Regulation), wenn sie im Alter von etwa drei Jahren zu verstehen beginnen, dass es eine »objektive« Perspektive gibt, zu der andere im Widerspruch stehen können.

Die Angleichung von Perspektiven

Gemeinsame Aufmerksamkeit ist ein hin- und hergehendes Aushandeln, bei dem zwei Interaktionspartner nicht nur gemeinsame, sondern auch individuelle Ziele und Interessen haben. Daher müssen die Partner ihre gemeinsame Aufmerksamkeit im Verlauf der Interaktion immer wieder neu ausrichten oder aufrechterhalten. Die gemeinsame Aufmerksamkeit wird in den meisten Fällen dadurch bestimmt, was wir gemeinsam tun: Wir essen zu Mittag, wir gehen in den Park, wir ziehen dir die Schuhe an und so weiter. Die individuellen Akteure achten auf Dinge, die für ihre individuellen Ziele relevant sind, und folglich achten Partner beim gemeinsamen Handeln auf Dinge, die für ihre gemeinsamen Ziele relevant sind. Der Prozess ist somit ein solcher, bei dem die Individuen ständig versuchen, ihre Ziele und Aufmerksamkeit einander anzugleichen.

Die Angleichung der Aufmerksamkeit kann sich vollziehen, wenn ein Individuum einfach der Aufmerksamkeit des anderen folgt, und dann erkennen sie irgendwie an, dass sie sich jetzt in einem Zustand gemeinsamer Aufmerksamkeit befinden (zum Beispiel durch einen wechselseitigen Blick). Aber häufig versucht ein Individuum durch kooperative Kommunikation aktiv, die Aufmerksamkeit anzugleichen. In der prototypischen Situation mit einem Baby und einem Erwachsenen bietet einer der beiden Partner dem anderen einen Gegenstand an oder zeigt ihm ein Objekt oder zeigt auf ein interessantes Ereignis oder benutzt sogar einfache Sprache. Der Prozess ist einer, bei dem der Kommunizierende das Ziel hat, dass der Empfänger auf das achtet, worauf er, der Kommunizierende, bereits achtet; sein (referentielles) Ziel besteht folglich in der Angleichung ihrer Aufmerksamkeit in Form gemeinsamer Aufmerksamkeit (Tomasello, 1998; 2008). Wenn der Empfänger zustimmt, geht er von seiner individuellen Aufmerksamkeit auf irgendetwas zur gemeinsamen Aufmerksamkeit mit seinem Partner über. Die interpersonale Aushandlung besteht hier also darin, dass jeder Partner entweder als Kommunizierender oder Empfänger abwechselnd von individueller zu gemeinsamer Aufmerksamkeit übergeht.

Ich behaupte nicht, dass die Interaktionen gemeinsamer Aufmerksamkeit und Kommunikation zwischen vierzehn bis achtzehn Monate alten Kleinkindern und Erwachsenen Fälle einer voll entwickelten Perspektivenübernahme sind, so wie dieser Begriff normalerweise verwendet wird. Aber im Unterschied dazu, dass man sich einfach vorstellt, was eine andere Person sieht, ohne dass man irgendwie auf das eigene Sehen achtet, stellt die Aushandlung der gemeinsamen Aufmerksamkeit die *Beziehung* zwischen dem Inhalt der Aufmerksamkeit meines Partners und meiner eigenen in den Mittelpunkt. Wir sind jetzt zwar noch nicht aneinander angeglichen, aber wenigstens einer von uns möchte, dass wir es sind; um zu wissen, dass wir jetzt einander angeglichen sind, muss es zumindest irgendeine Vorstellung des Inhalts beider Perspektiven – der Perspektive meines Partners und meiner eigenen – und ihrer Beziehung geben. Das erfordert eine exekutive Funktionsebene, bei der die beiden Perspektiven im selben Repräsentationsformat miteinander verglichen werden können, um zu sehen, ob eine Angleichung vorliegt oder nicht.

Der Austausch von Perspektiven

Die konventionelle sprachliche Kommunikation ist durch und durch perspektivisch. Wörter verkörpern Perspektiven auf Dinge. Dieses Tier vor mir kann ein *Hund* sein, ein *Tier*, ein *Haustier* oder eine *Plage*, je nachdem, wie ich es für meinen Hörer im gegenwärtigen Kontext interpretiere. Diese Handlung, die vor meinen Augen stattfindet, kann ein *Laufen*, ein *Fliehen*, ein *Verfolgen* oder ein *Jagen* sein, wieder je nachdem, wie ich sie im Kommunikationskontext interpretiere. Grammatische Konstruktionen sind ebenfalls perspektivisch: Ich kann über ein einzelnes Ereignis unter Verwendung derselben elementaren Wörter sagen, dass *John den Ball kickte*, dass *der Ball von John gekickt wurde*, dass *der Ball gekickt wurde*, dass *es John war, der den Ball kickte*, dass *das, was John kickte, der Ball war*, dass *das, was gekickt wurde, der Ball war* und so weiter. Um effektiv unter Verwendung der Sprache zu kommunizieren, muss man eine Perspektive gegenüber der Bezugsszene auswählen – auf mehreren unterschiedlichen Analyseebenen –, und zwar zugeschnitten auf das Wissen und die Erwartungen des Kommunikationspartners.

Aber über die Wahl von Wörtern und Konstruktionen hinaus beteiligen sich Menschen häufig an Gesprächen. Ein Gespräch beinhaltet mehrere Redewechsel zwischen den Sprechern im Lauf der Zeit, wobei alle auf gewisse Weise für ein gemeinsames Thema relevant sind: die Thema-Kommentar-Struktur der Gesprächsinteraktion. Gespräche lassen sich daher als eine Art »gemeinsamer Aufmerksamkeit auf einen geistigen Inhalt« verstehen (O'Madagain und Tomasello, im Erscheinen). Das heißt, Sie machen eine Äußerung, die eine bestimmte Art geistigen Inhalts ausdrückt – »Die Katze ist auf der Matte« –, und ich antworte mit einer Äußerung zum selben Thema: »Es ist eine abessinische Katze.« Anschließend könnten Sie antworten, indem Sie widersprechen: »Nein, es ist eine siamesische.« Wir achten gemeinsam auf ein Thema (die Katze), und wir bringen Einstellungen oder Perspektiven gegenüber diesem Thema zum Ausdruck. Wenn man sich so an einem Gespräch beteiligt, dann lässt sich das als Austausch von Perspektiven verstehen.

Die früheste Sprache von Kleinkindern ist hauptsächlich auf der Ebene der einzelnen Äußerung organisiert. Es gibt einen kurzen Austausch, wie beispielsweise Frage und Antwort, und ein paar folgende Äußerungen über denselben Bezugsgegenstand. Aber wenn wir ein Gespräch strenger als etwas definieren, bei dem die Partner sich abwechseln und ihre eigenen individuellen Kommentare zu einem wechselseitig verstandenen Thema abgeben, dann beginnen Kleinkinder mit diesem Prozess erst im Alter von etwa zweieinhalb Jahren, ein Jahr nachdem sie begonnen haben, Dinge zu benennen und einfache Sätze zu sagen (Mannle et al., 1992). Und dadurch wird die erste gemeinsame Aufmerksamkeit auf geistige Inhalte ermöglicht: Das Kind sagt: »Dieser Vogel hat einen Wurm in seinem Schnabel«, und die Mutter sagt: »Nein, es ist ein Stock« und so weiter hin und her. Mutter und Kind achten gemeinsam auf den Vorschlag des Kindes mit Bezug auf den Vogel und dessen Handlungen, und sie bringen unterschiedliche Perspektiven mit Bezug auf ihn zum Ausdruck. Wir würden geltend machen, dass der Austausch von Perspektiven im sprachlichen Diskurs – die Partner achten gemeinsam auf den geistigen Inhalt sowohl des sprachlich ausgedrückten Themas als auch auf ihre jeweiligen Kommentare – notwendig dafür ist, dass das Kind unterscheidet zwischen der Situation, wie sie objektiv ist, und der Situation, wie jeder von beiden sie sich vorstellt.

Die Koordination widersprüchlicher Perspektiven

In vielen Gesprächen ist das Thema etwas Einfaches wie beispielsweise das Ding vor unseren Augen. Dieses Thema wird häufig durch einen sprachlichen Ausdruck charakterisiert, der es auf eine bestimmte Weise perspektiviert – zum Beispiel als »mein Haustier« oder als »eine seltsam aussehende Katze« –, was dann die Relevanz jeder beliebigen Antwort bestimmt. In diesem Sinne beinhalten alle Gespräche, bei denen das Thema sprachlich ausgedrückt wird, »gemeinsame Aufmerksamkeit auf einen geistigen Inhalt«: die gemeinsame Konzentration auf die geistige Auffassung von etwas, worüber wir unterschiedliche Perspektiven oder Einstellungen zum Ausdruck bringen.

Aber in einigen der Gespräche kleiner Kinder ist das Thema eine Proposition. Es ist eine Art von Aussage wie zum Beispiel *Diese Katze ist krank*, worauf die Antwort lauten könnte *Nein, ist sie nicht* oder *Du irrst dich* oder *Du machst Witze*, worauf die Rückantwort lauten könnte *Nein, ich mein' es ernst*. Der entscheidende Punkt ist, dass es eine sprachlich ausgedrückte Tatsachenaussage gibt und dann eine Art widersprüchlicher Einstellungen (oder Perspektiven), die sprachlich mit Bezug darauf ausgedrückt werden. Normalerweise gibt es in solchen Gesprächen einen Druck, den Konflikt auf irgendeine Weise zu lösen. Situationen wie diese sind das, was Perner und Kollegen (zum Beispiel 2003) als »Perspektivenprobleme« bezeichnen, weil das Thema des Gesprächs sprachlich ausgedrückte geistige Perspektiven auf eine objektive Tatsache sind, die als unvereinbar erscheinen. In normalen Gesprächen von Kindern erkennen wir erstmals ein Verständnis solcher widersprüchlicher geistiger Perspektiven im Alter von etwa dreieinhalb Jahren (Bartsch und Wellman, 1995).

Um den Konflikt in solchen Fällen aufzulösen, müssen die Kinder im Allgemeinen mehrere, gleichzeitig vorhandene Perspektiven miteinander koordinieren, vermutlich durch eine bestimmte Art exekutiver Regulation. Vielleicht irrt sich einer von uns oder vielleicht sprechen wir von verschiedenen Katzen. Entscheidend ist, dass bei Perspektivenproblemen dieses Typs im Hintergrund immer eine »objektive« Perspektive lauert, die mit den abweichenden Perspektiven des Partners ebenfalls koordiniert werden muss: Die Tatsache des Krankseins der Katze ist unabhängig davon, was irgendjemand glaubt, und bestimmt, wer Recht hat. Die Koordination dieser drei Perspektiven – deiner, meiner und der »objektiven« Perspektive – wird zum Beispiel durch die Anerkennung ermöglicht, dass manche Perspektiven Illusionen sind oder dass manche falsch sind oder dass die beiden am Ende gar nicht unvereinbar sind. Diese Funktionsweise ist entscheidend für die Beherrschung der Konstruktionen propositionaler Einstellungen vom Typ »Ich glaube, dass die Katze krank ist«, »Ich hoffe, dass sie nicht krank ist« oder »Er glaubt, dass die Katze krank ist« (die auch als »Satzergänzungskonstruktionen« bezeichnet werden) seitens der Kinder. Bei diesen Konstruktionen formuliert der Sprecher eine Proposition, aber bettet sie in eine propositionale Einstellung wie beispielsweise »Ich denke, dass ...« ein. Diessel und Tomasello (2001) stellten fest, dass Zwei- und Dreijährige solche Konstruktionen zwar benutzen, sie größtenteils aber auf formelhafte Weise verwenden, die keine Konzeptualisierung geistiger Zustände oder Perspektiven erfordern (zum Beispiel bedeutet »Ich glaube, es regnet« für sie einfach »Vielleicht regnet es«). Erst im Alter von vier bis fünf Jahren verstehen Kinder in der Regel die Koordination der beteiligten Perspektiven – die Katze ist »objektiv« krank oder nicht, und das ist unabhängig von der Einstellung zu dieser Tatsache, die der Sprecher ausdrückt.

Viele verschiedene experimentelle Aufgaben, die Kindern von

Entwicklungspsychologen gestellt werden, dokumentieren die Tatsache, dass die vernünftige Koordination widersprüchlicher Perspektiven für kleine Kinder große Schwierigkeiten aufwirft, bis sie vier oder fünf Jahre alt sind. Klassische sozial-kognitive Aufgaben dieses Typs umfassen in erster Linie visuelle Perspektivenübernahme, Erscheinung und Wirklichkeit, falsche Überzeugungen und verschiedene Aufgaben zur sprachlichen Aspekthaftigkeit (zum Beispiel zweifache Benennung, Zuordnung zu Klassen). Jüngere Forschungen haben bei jeder dieser Aufgaben gezeigt, dass Dreijährige oder in manchen Fällen auch Zweijährige bei verschiedenen Gelegenheiten verschiedene Perspektiven auf Dinge einnehmen können. Aber wenn diese verschiedenen Perspektiven sich zum selben Zeitpunkt auf dieselbe Situation beziehen – und sie der objektiven Situation widersprechen –, dann haben Zwei- und Dreijährige Schwierigkeiten. Wenn Zweijährige und Menschenaffen bei derjenigen Variante einer Aufgabe mit falschen Überzeugungen, die sich auf die Vorwegnahme von Blicken bezieht, gut abschneiden, versuchen sie nur zu erkennen, wie der Akteur sich auf der Grundlage seiner früheren Erfahrungen verhalten wird. Ihre eigene Perspektive auf die Situation steht nicht im Vordergrund oder ist nicht relevant, sodass es auch keinen Konflikt gibt, der gelöst werden müsste. Aber für Vier- und Fünfjährige gibt es einen Konflikt, und seine Auflösung erfordert von ihnen, im Lauf der Zeit verschiedene Begriffe zu bilden, die auf die eine oder andere Weise von der Unterscheidung zwischen der subjektiven Situation (Erscheinung, Meinung, Glauben) und der objektiven Situation (Wirklichkeit, Tatsache, Wahrheit) abhängen.

VISUELLE PERSPEKTIVENÜBERNAHME. Die klassische Aufgabe zur visuellen Perspektivenübernahme ist Piagets berühmte Drei-Berge-Aufgabe, aber es zeigt sich, dass es sich dabei aus vielen Gründen um eine besonders schwierige Aufgabe handelt (insbesondere deshalb, weil das Kind nicht kommunikativ mit der Person interagiert, deren Perspektive es einnehmen soll; Moll und Kadipasaoglu, 2013). Fast genauso berühmt ist die Schildkrötenaufgabe, bei der das Kind und ein Erwachsener ein Bild einer Schildkröte von einander gegenüberliegenden Seiten eines Tisches anschauen und das Kind auf verschiedene Weisen gefragt wird, wie die Schildkröte jedem von ihnen erscheint (zum Beispiel aufrecht oder auf dem Kopf stehend). Diese Aufgabe zwingt das Kind, seine eigene Sicht der Schildkröte mit der des Erwachsenen zur selben Zeit zu vergleichen; anscheinend sehen die Kinder, bevor sie vier bis fünf Jahre alt sind, einen Widerspruch darin, zu sagen, dass die Schildkröte aufrecht und gleichzeitig auf dem Kopf steht (zum Beispiel Flavell et al., 1981).

Zwei jüngere Untersuchungen haben zur Bestimmung dessen beigetragen, was diese scheinbar einfache Aufgabe für Vorschulkinder so schwierig macht. Moll und Meltzoff (2011) ließen Kinder um ihren dritten Geburtstag herum Erfahrungen mit einem Farbfilter machen, der den Anschein der Farbe von Dingen veränderte, die sich dahinter befanden, wenn sie durch ihn hindurchsahen. Anschließend wurden den Kindern zwei identische blaue Gegenstände dargeboten. Der Clou bestand darin, dass einer der Gegenstände von einem Erwachsenen auf der anderen Seite des Tisches durch einen Gelbfilter gesehen wurde, sodass er als grün erschien. Daraufhin verlangte der Erwachsene, der geradeaus blickte, entweder »den blauen« oder »den grünen«. Obwohl die Gegenstände für das Kind identisch zu sein schienen, wählten die Kinder in beiden Fällen den richtigen Gegenstand aus. In einer zweiten Studie zeigten Kinder desselben Alters, dass sie verstanden, auf welche Seite des Gelbfilters sie einen blauen Gegenstand platzieren mussten, damit der Erwachsene ihn als grün sah, obwohl er aus ihrem Blickwinkel immer noch blau erschien. Diese Studie zeigt somit deutlich, dass Kinder um ihren dritten Geburtstag herum verstehen können, *wie* etwas einer anderen Person erscheint, auch wenn es ihnen selbst nicht so erscheint – eine klassische Perspektivenübernahme auf Ebene 2.

In einer Folgestudie machten Moll et al. (2013) Folgendes geltend: Während diese früheren Untersuchungen eindeutig zeigen, dass Kinder verstehen können, wie etwas einer anderen Person erscheint, auch wenn es ihnen selbst nicht so erscheint, gibt es bei diesem Prozess doch auch noch eine andere Dimension. In der Untersuchung von Moll und Meltzoff konnten die Kinder einfach die beiden Gegenstände anschauen, um zu sehen, welcher von ihnen der anderen Person als grün erschien, ohne ihre eigene Perspektive wirklich zu berücksichtigen. Deshalb veränderten Moll et al. (2013) die Aufgabe so, dass die Kinder ungefähr gleichzeitig die Farbe desselben Gegenstands sowohl aus ihrer eigenen Perspektive als auch aus der Perspektive der Person, die auf der anderen Seite eines Farbfilters saß, (verbal oder zeigend) bestimmen mussten. (Sie wurden gefragt »Wie erscheint es dir? Und mir?«) In diesem Fall wurden die Dreijährigen häufig »zur Wirklichkeit hingezogen« – sie sagten, dass der Gegenstand für den Erwachsenen blau aussah. Erst die Viereinhalbjährigen verstanden, dass genau derselbe Gegenstand, der ihnen als blau erschien, dem Erwachsenen auf der anderen Seite des Tisches als grün erschien.

Obwohl es nichts Widersprüchliches daran gibt, dass ein Gegenstand mir als blau erscheint und dir als grün, wenn Farbfilter im Spiel sind, ist es wahrscheinlich, dass Dreijährige sich die Farbe als ein objektives Attribut vorstellen – etwas kann nicht gleichzeitig (überall) grün und außerdem (überall) blau sein. Vor dem Hintergrund, dass Dreijährige sich ganz gut vorstellen können, was andere einfachhin sehen, ist es wahrscheinlich, dass ihr sich entwickelnder Sinn für eine »objektive« Perspektive – welche Farbe das Ding wirklich hat – und ihre Fähigkeit, zwei Perspektiven gleichzeitig miteinander zu koordinieren, am Ende ihre Fähigkeit beeinträchtigen, die visuelle Perspektive der anderen Person zu berücksichtigen, wenn sie sie ausdrücklich mit ihrer eigenen vergleichen müssen.

ERSCHEINUNG – WIRKLICHKEIT. Bei der klassischen Aufgabe zu Erscheinung und Wirklichkeit geht es darum, dass Kinder verstehen, dass ein Gegenstand, der ein bestimmtes Ding zu sein scheint, in Wirklichkeit ein anderes ist – zum Beispiel ist ein Gegenstand, der wie ein Stein aussieht, in Wirklichkeit ein Schwamm (zum Beispiel Flavell et al., 1981). Auch hier haben die Kinder Schwierigkeiten mit dieser Aufgabe, bis sie vier bis fünf Jahre alt sind.

Krachun et al. (2009; siehe auch Karg et al., 2014) stellten sowohl Schimpansen als auch viereinhalbjährigen Menschenkindern eine nonverbale Aufgabe zu Erscheinung und Wirklichkeit. Unter verschiedenen Bedingungen sahen die Versuchsteilnehmer, wie eine größere und eine kleinere Weintraube hinter ein Vergrößerungsglas oder ein Verkleinerungsglas bewegt wurde, die sie entweder größer oder kleiner erscheinen ließen, als sie tatsächlich waren. Einige Schimpansen und die meisten Kinder waren trotzdem in der Lage, die größere Traube nachzuverfolgen. Aber das ist nicht überraschend, da sie, nachdem sie einmal die wirkliche Größe der Traube gesehen hatten, die Verzerrung einfach ignorieren konnten, als sie sahen, wie die Traube hinter das jeweilige Glas bewegt wurde – sie konnten den Gegenstand nachverfolgen. Unter Berücksichtigung dieses Problems ließen Krachun et al. die Versuchsteilnehmer unter einer Kontrollbedingung sehen, wie eine Traube hinter ein Vergrößerungsglas und eine andere Traube hinter ein Verkleinerungsglas gehalten wurde, wobei das eine senkrecht auf dem anderen gestapelt war. Dann wurde eine Sichtblende hochgefahren, und die beiden Trauben (die sich immer noch hinter ihren jeweiligen Gläsern befanden) wurden nach rechts und links bewegt. Unter dieser Bedingung konnten die Probanden die beteiligten physischen Gegenstände nicht wirklich durch den Raum hindurch nachverfolgen. Trotzdem waren die meisten Kinder und ein paar Schimpansen erfolgreich. Wahrscheinlich merkten sie sich jedoch bloß, dass die größere Traube jetzt kleiner aussah, bevor die Sichtblende hochgefahren wurde; und dann wählten sie im Augenblick der Entscheidung diejenige aus, die kleiner aussah, eine Art simuliertes Verfolgen. Somit gibt es bislang keine guten Belege dafür, dass Menschenaffen verstehen, dass ein Gegenstand oder eine Situation auf die eine Art und Weise erscheinen, zugleich jedoch in Wirklichkeit anders sein kann. Menschenaffen zielen in dieser Situation einfach nur so gut, wie sie können, auf die Wirklichkeit ab, ohne alternative Perspektiven zu verarbeiten.

Moll und Tomasello (2012) modifizierten die klassische Aufgabe zu Erscheinung und Wirklichkeit. In einer ersten Studie boten sie Dreijährigen ein nichttrügerisches und ein trügerisches Objekt dar: einen Schokoriegel und einen Radiergummi, der aussah wie ein Schokoriegel. Jedes Kind wurde gebeten, auf den »echten« Schokoriegel zu zeigen oder auf »denjenigen, der nur aussieht« wie ein Schokoriegel. Die Kinder waren bei der richtigen Bestimmung beider Gegenstände zum größten Teil erfolgreich. In einer zweiten Studie wurde Kindern desselben Alters jedoch ein einzelner mehrdeutiger Gegenstand dargeboten, und sie wurden gebeten, auf eines von zwei Dingen zu zeigen – einen Radiergummi oder einen Schokoriegel –, nachdem sie gefragt worden waren, wie dieser einzelne Gegenstand »bloß aussieht« und was er »in Wirklichkeit ist«. Die Kinder waren nicht in der Lage, dieses Paar von Fragen zu einem einzigen Gegenstand richtig zu beantworten – obwohl sie es konnten, wenn ihnen dieselben Fragen mit Bezug auf zwei verschiedene Gegenstände gestellt wurden.

Moll und Tomasello interpretierten dieses Ergebnis genauso wie ihr Ergebnis im Zusammenhang mit der visuellen Perspektivenübernahme: Bei der ersten Aufgabe mussten die Kinder einen Gegenstand zu einem bestimmten Zeitpunkt nur auf eine bestimmte Weise konzeptualisieren (zum Beispiel als Schokolade oder als Radierer), bei der zweiten Aufgabe mussten sie ihn gleichzeitig auf zwei verschiedene Weisen konzeptualisieren, und dabei handelte es sich um solche Weisen, die im Widerspruch zueinander zu stehen schienen. Wie bei der Aufgabe zur visuellen Perspektivenübernahme ist es wahrscheinlich, dass die Dreijährigen deshalb Schwierigkeiten hatten, weil sie eine »objektive« Perspektive ins Spiel brachten, der zufolge ein Gegenstand nicht zur selben Zeit zweierlei sein kann. Ältere Kinder lösen diesen Widerspruch, indem sie ein neues Verständnis der Situation konstruieren, das die verschiedenen beteiligten Perspektiven integriert. Es gibt keinen Widerspruch: Gegenstände können als das eine Ding erscheinen, aber sich wie ein anderes verhalten.

FALSCHE ÜBERZEUGUNGEN. Ein anderes Problem desselben allgemeinen Typs stellt sich für Kinder bei der Aufgabe zu falschen Überzeugungen. In der klassischen Variante sieht ein Erwachsener, wie ein Gegenstand in einen Schrank gelegt wird, und verlässt dann das Zimmer, woraufhin der Gegenstand in den Kühlschrank verlegt wird. Wenn sie gefragt werden, wo der Erwachsene nach dem Gegenstand suchen wird, neigen Dreijährige zum Kühlschrank (wo er wirklich ist), während Vierjährige eher sagen, dass er im Schrank ist (wo ihn der Erwachsene gesehen hat und deshalb auch vermutet) (siehe Wellmann et al., 2001, zu einer Übersicht).

Die Aufgabe zu falschen Überzeugungen wurde Menschenaffen in Form einer Reihe unterschiedlicher Paradigmen vorgelegt. Wir haben bereits Belege dafür angeführt, dass sie wie menschliche Babys erwartungsvoll auf den Ort schauen, wo sich der Akteur den Gegenstand vorstellt, und nicht auf den Ort, von dem sie wissen, dass der Gegenstand dort ist (Krupenye et al., 2016). Aber Menschenaffen scheitern systematisch an Aufgaben zu falschen Überzeugungen, die von ihnen eine Verhaltensentscheidung verlangen. Beispielsweise verhalten sie sich bei einem Konkurrenten, der nicht weiß, wo sich ein umkämpftes Stück Nahrung befindet (er ist unwissend), nicht anders als bei einem, der es dort vermutet, wo es nicht ist (er hat eine falsche Überzeugung) (Hare et al., 2001; Kaminski et al., 2008; Karg et al., 2015a; zu einer Übersicht siehe Tomasello und Moll, 2013). Eine Möglichkeit ist, dass Menschenaffen in diesen Untersuchungen Unwissenheit nicht von falschen Überzeugungen unterscheiden, weil sie nicht die grundsätzliche Idee einer objektiven Situation haben, die verschiedenen subjektiven Perspektiven gegenübersteht (die miteinander oder mit der objektiven Situation in Konflikt stehen können). Um es noch einmal zu wiederholen: Menschenaffen verfolgen einfach die Wissenszustände anderer – Punkt.

Etwas Ähnliches ließe sich über menschliche Babys bei Untersuchungen falscher Überzeugungen sagen, bei denen die Blickdauer gemessen wird (zum Beispiel Onishi und Baillargeon, 2005; Southgate et al., 2007): Sie verfolgen die Wissenszustände des Akteurs, aber vergleichen sie nicht mit ihren eigenen Wissenszuständen oder mit der objektiven Situation. Buttelmann et al. (2009; siehe auch Buttelmann et al., 2014) untersuchten das Verständnis der Kleinkinder mit Bezug auf falsche Überzeugungen anhand eines stärker handlungsbezogenen Paradigmas. Achtzehn Monate alte Kleinkinder sahen zu, während ein Erwachsener ein Lieblingsspielzeug in eine Kiste legte. Anschließend verließ der Erwachsene das Zimmer (in der Bedingung mit der falschen Überzeugung), und das Kind und ein Forschungsassistent legten das Spielzeug in eine andere Kiste. Daraufhin kehrte der Erwachsene in das Zimmer zurück, näherte sich der Kiste, in die er das Spielzeug gelegt hatte, und versuchte, sie zu öffnen. Der Forschungsassistent sagte dem Kind, dass es »ihm helfen« solle. Die Kinder versuchten nicht, dem Erwachsenen beim Öffnen der Kiste zu helfen, mit der er sich abmühte; stattdessen holten die Kinder das Spielzeug aus der anderen Kiste – vermutlich dachten sie, dass der Erwachsene das Spielzeug haben wollte, aber glaubte, dass es immer noch in der ersten Kiste sei. In einer Kontrollbedingung, in der der Erwachsene im Zimmer blieb und der Verlegung des Spielzeugs zusah, holten die Kinder das Spielzeug nicht, sondern versuchten dem Erwachsenen dabei zu helfen, die problematische Kiste zu öffnen. Auch in diesem Fall könnten wir wieder argumentieren, dass es keine widersprüchlichen Perspektiven gibt, die miteinander koordiniert werden müssen, obwohl die Kleinkinder auf beeindruckende Weise Wissenszustände verfolgen können. Die Kleinkinder in dieser Untersuchung versuchen nicht, die Überzeugung des Erwachsenen zu bestimmen, sondern vielmehr sein Ziel – sie stellen sich die Frage »Was versucht er zu tun?« und beantworten sie unterschiedlich, je nach dem Wissenszustand des Erwachsenen. Die Kleinkinder haben nicht das Bedürfnis, Perspektiven miteinander zu vergleichen oder zu koordinieren.

Die klassische Aufgabe zu falschen Überzeugungen könnte im Prinzip durch eine ähnliche Methode der ausschließlichen Konzentration auf den Akteur und darauf, was er erfahren hat oder nicht (und wie das sein Verhalten beeinflussen könnte), gelöst werden. Aber das würde nicht erklären, warum Dreijährige bei den klassischen Aufgaben systematisch scheitern, indem sie durchgängig den Ort auswählen, an dem sich der Gegenstand wirklich befindet. Wenn sie wie Babys nur die Wissenszustände des Akteurs verfolgen würden, sollten sie die Aufgabe lösen können. Unsere Hypothese lautet, dass dieser Fehler tatsächlich einen begrifflichen Fortschritt darstellt, insofern er sich aus einer sich entwickelnden Konzeptualisierung einer objektiven Perspektive auf die Situation ergibt – wie sie unabhängig von jeder subjektiven Perspektive eines Individuums wirklich ist. Da dieses Verständnis sich gerade erst entwickelt, übertreiben es Dreijährige und nehmen an, dass Menschen sich bei ihrer Suche nach Dingen durch eine objektive Perspektive leiten lassen (das heißt, es gibt einen »Sog des Wirklichen«; siehe Perner und Roessler, 2012). Diese Annahme ergibt auch Sinn, weil Kinder häufig Situationen ausgesetzt sind, in denen ein Erwachsener etwas weiß, was sie ihn nicht erfahren gesehen haben; zum Beispiel weiß ihre Mutter häufig, was im Haus eines Freundes geschah, obwohl sie nicht dort war. Die Verwirrung der Dreijährigen wird nur noch dadurch verschlimmert, dass sie eine Kooperationsneigung besitzen, die sie dazu führen kann, die Frage des Versuchsleiters nach dem Ort, an dem der Akteur suchen wird, als eine Frage mit Bezug darauf zu verstehen, wo er suchen sollte (Helming et al., 2014). Schließlich gelangen Vierjährige dazu, den Widerspruch zu sehen (der Akteur glaubt, dass der Gegenstand hier ist, während er in Wirklichkeit dort ist), weshalb sie diese Perspektiven miteinander koordinieren müssen, um erfolgreich zu sein.

In einem gewissen Sinne ist also die Entwicklung U-förmig: Babys sind erfolgreich, weil sie die Erfahrung anderer verfolgen. Dreijährige scheitern, da sie die Fähigkeit entwickeln, eine objektive Perspektive auf Dinge einzunehmen, was sie dazu führt, diese objektive Perspektive zum Standard zu machen. Vierjährige sind erfolgreich, da sie lernen, die subjektiven und die objektiven Perspektiven miteinander zu koordinieren. Im nächsten Unterabschnitt werden wir eine Erklärung für diesen Entwicklungspfad vorschlagen, die sich auf den sprachlichen Diskurs der Kinder mit anderen konzentriert, insbesondere auf einen Diskurs über wahre Propositionen, der mit einem Perspektivenwechsel verbunden ist. Außerdem sollten wir festhalten, dass Rubio-Fernandez und Geurts (2013) von einem Experiment berichten, das die Koordination mit einer »objektiven« Perspektive erleichtert. Sie stellen erfolgreiche Leistungen bei einer Aufgabe zu falschen Überzeugungen im Alter von etwa drei Jahren fest (siehe auch Carpenter et al., 2002).

Wir haben zwar keine absolut überzeugenden Belege für diese Ansicht, aber eine Implikation besteht darin, dass ein Kind, das Überzeugungen und falsche Überzeugungen voll und ganz versteht, auch wissen sollte, dass dort, wo seine Belege äußerst stark sind (selbst bei der Aufgabe zu falschen Überzeugungen, wenn es sieht, wie der Gegenstand an einen neuen Ort gelegt wird), es sich im Prinzip täuschen kann. Kleinkinder (und Menschenaffen) wissen nicht, dass sie sich selbst irren können; wenn sie meinen, dass etwas hier ist, es sich aber als dort befindlich herausstellt, aktualisieren sie einfach ihre Überzeugung und fertig. Dreijährige wissen ebenfalls nicht, dass sie sich irren können, da sie so sehr auf die übermächtige »objektive« Perspektive fokussiert sind. Aber Vier- und Fünfjährige wissen, dass sie sich selbst ebenso irren können wie der getäuschte Protagonist.

In einer kürzlich durchgeführten Untersuchung stellten O'Madagain, Helming und Tomasello (im Erscheinen) fest, dass vier- und fünfjährige Kinder (aber keine jüngeren) sich ihres Urteils noch einmal vergewissern, wenn sie aufgefordert werden sicherzustellen, dass es tatsächlich richtig ist. Das bedeutet, dass Vier- und Fünfjährige im Unterschied zu Menschenaffen und Babys potenziell einen Konflikt zwischen drei Perspektiven erkennen können – zwischen den beiden »subjektiven« Perspektiven, die im Spiel sind (ihrer eigenen und der des Akteurs), und wie jede davon mit einer »objektiven« Perspektive übereinstimmen könnte – und auf unterschiedliche Weisen versuchen, sie miteinander zu koordinieren. Eine wichtige Tatsache ist zumindest mit dieser Ansicht konsistent: Die Leistungen der Kinder bei verschiedenen Aufgaben, die Perspektivenprobleme beinhalten, korrelieren stark miteinander, was auf einen ihnen gemeinsam zugrunde liegenden psychologischen Prozess hindeutet, der vermutlich die Koordination von Perspektiven beinhaltet. Eine weitere wichtige Tatsache, die mit dieser Ansicht vereinbar ist, lautet, dass die Exekutivfunktionsfertigkeiten der Kinder – die es ihnen ermöglichen, gleichzeitig auf mehrere Dinge zu achten und sie auf vernünftige Weise miteinander zu koordinieren – stark mit ihrer Fähigkeit korrelieren, verschiedene Perspektivenprobleme zu lösen, unter anderem die Aufgabe zu falschen Überzeugungen.

Die »objektive« Perspektive, die bei dieser Analyse eine so wichtige Rolle spielt, wird in theoretischen Analysen des Verstehens falscher Überzeugungen nicht oft als besonderer Aufmerksamkeit würdig ausdrücklich herausgegriffen. Aber es ist genau diese Perspektive, die es möglich macht, dass der eine, der andere oder beide Teilnehmer am Experiment sich irren könnten. Die Überzeugung des Kindes mit Bezug auf die Situation – dass der Gegenstand an einen neuen Ort im Kühlschrank gelegt wurde – wird implizit gleichgesetzt mit der objektiven Situation (weil es so gute Belege dafür hat). Aber um Überzeugungen und falsche Überzeugungen wirklich zu verstehen, muss das Kind tatsächlich verstehen, dass jede mögliche Überzeugung, die es oder der Erwachsene haben und die durch alle möglichen Belege gestützt sein mag, immer falsch sein kann. Ohne einen objektiven Maßstab können wir zwar alle möglichen Arten des Verstehens der Gedanken anderer haben, aber kein Verständnis falscher Überzeugungen.

ASPEKTHAFTIGKEIT IN DER SPRACHE. Eine letzte Aufgabe desselben allgemeinen Typs ist die zweifache Benennungsaufgabe (Doherty und Perner, 1998). Kinder vor dem Alter von vier oder fünf Jahren haben auch Schwierigkeiten damit, dass derselbe Gegenstand *Pferd* oder *Pony* oder in einem anderen Fall *Pferd* oder *Tier* (eine Variante der Klassenzuordnungsaufgabe) genannt werden kann. Abermals gibt es hier eigentlich keinen Widerspruch, sobald man erfährt, wie sprachliche Bezeichnungen funktionieren; man kann etwas ein Tier oder ein Pferd oder ein Pony oder einen Gaul oder eine Plage nennen, je nachdem, wie man die Entität oder Situation für den jeweiligen Kommunikationspartner perspektivieren will. In der Sprachphilosophie sagt man, dass derselbe Gegenstand unter verschiedenen Beschreibungen oder verschiedenen Aspekten gesehen oder aufgefasst wird. Aber kleine Kinder können wahrscheinlich die Situation anfänglich nicht genau so verstehen und nehmen an, dass die Bezeichnung eines Gegenstands eine intrinsische Eigenschaft ist, sodass es (zu einem bestimmten Zeitpunkt; siehe Markman, 1989) nur eine einzige objektiv richtige Bezeichnung gibt, was den Konflikt erzeugt.

Vor kurzem haben Rakoczy et al. (2014; siehe auch Perner et al., 2011; Oktay-Gür et al., 2018) kleine Kinder auf ihr Verständnis der Aspekthaftigkeit hin getestet. Sie sahen zuerst ein trügerisches Objekt in einem bestimmten Zustand und nahmen an, dass es sich um eine Spielzeug-Karotte handelte. Später sahen sie es dann in einem anderen Zustand und nahmen an, es sei ein Spielzeug-Hase. Erst im Alter von vier bis fünf Jahren verstanden die Kinder, dass ein Gegenstand, den sie unter zwei verschiedenen Beschreibungen kannten – Karotte und Hase –, wirklich ein und dasselbe objektive Ding sein konnte. Daher können wir auch hier wieder postulieren, dass die kleineren Kinder irgendwie meinten, dass, sobald etwas mit einer bestimmten Beschreibung belegt war, die definierte, was es war, es nicht gleichzeitig etwas anderes sein konnte. Bezeichnenderweise stellten Rakoczy et al. außerdem fest, dass die Fähigkeit der Kinder, bei dieser Aufgabe zweifacher Identität gut abzuschneiden, recht hoch mit ihrer Leistung bei einer Aufgabe zu falschen Überzeugungen korrelierte, die so konstruiert wurde, dass sie in ihrer Aufgabenstruktur und ihren Anforderungen ähnlich war. Dieser Befund stellt eine zusätzliche Stützung für die Vorstellung dar, dass viele der klassischen sozial-kognitiven Aufgaben – beispielsweise alle diejenigen, die hier beschrieben werden – die Koordination von Perspektiven beinhalten und dass Kinder unter vier bis fünf Jahren Schwierigkeiten haben, wenn die Koordination gleichzeitig zwei oder mehr Perspektiven umfasst, die im Hinblick auf eine weitere Koordination mit einer »objektiven« Perspektive im Konflikt miteinander stehen.

ZUSAMMENFASSUNG. Ob im Alltagsdiskurs oder in psychologischen Experimenten – kleine Kinder sind motiviert, den Widerspruch zwischen Perspektiven aufzulösen. Sogar Zweijährige sind motiviert, jemanden zu korrigieren, der ein Tier beim falschen Namen nennt. Aber die Perspektivenprobleme in den klassischen Tests der sozialen Kognition von Vorschulkindern weisen widersprüchliche Perspektiven auf Propositionen mit Wahrheitsbedingungen auf: Das Spielzeug ist entweder hier drin oder dort drin; dies ist in Wirklichkeit ein *x* oder ein *y*. Das heißt, diese Tests beinhalten zusätzlich zu individuellen Perspektiven eine »objektive« Perspektive, die bei jeder Auflösung des Widerspruchs berücksichtigt werden muss. Bei den verschiedenen Aufgaben geschieht das auf unterschiedliche Weise. Beispielsweise sehen die Kinder einen Gegenstand, der aus unterschiedlichen Richtungen als entweder (überall) grün oder blau aussieht, und das scheint auf den ersten Blick unmöglich zu sein. Die Lösung besteht einfach in der Erkenntnis, dass die objektive Situation aus unterschiedlichen Blickwinkeln gleichzeitig auf unterschiedliche Weise erscheinen kann. Ebenso kann ein Gegenstand so erscheinen, dass er von einem bestimmten Typ ist, sich aber aus einer anderen Perspektive (mit anderer Wahrnehmungsinformation) als etwas anderes erweisen kann im Sinne dessen, wie er sich tatsächlich verhält oder verhalten soll. Auch hier besteht die Lösung in der Erkenntnis, dass es zwei mögliche Perspektiven auf dasselbe Ding gibt – in diesem Fall stimmt eine davon mit einer »objektiven« Perspektive überein und eine nicht. Bei Aufgaben zu falschen Überzeugungen ist es eindeutig so, dass das Spielzeug nicht an zwei Orten zugleich sein kann – was der Fall wäre, wenn beide Protagonisten eine »objektive« Perspektive hätten –, folglich hat einer von ihnen einfach eine falsche Perspektive (Überzeugung) mit Bezug auf die Situation. Obwohl kleine Vorschulkinder es natürlich finden mögen, sich die Bezeichnungen von Gegenständen als objektive Eigenschaften vorzustellen, führt das dazu, dass sie im Unterschied zu Erwachsenen denselben Gegenstand nur widerwillig mit verschiedenen Wörtern bezeichnen. Ein Verständnis des perspektivischen/aspekthaften Wesens sprachlicher Konventionen löst das Problem. Bei all diesen Fällen erfordert die Lösung eine flexible Koordination aller beteiligten Perspektiven, einschließlich einer »objektiven« Perspektive, mit der alle anderen irgendwie kompatibel sein müssen.

Die Konstruktion einer »objektiven« Perspektive ist erst beim zweiten Schritt der geteilten Intentionalität möglich: bei der kollektiven Intentionalität. Während Säuglinge und Kleinkinder, die ihre Perspektiven an denen von anderen ausrichten oder gar Perspektiven mit anderen austauschen, eine gewisse Koordination individueller Perspektiven zeigen, gibt es darüber hinaus keine objektive Perspektive, die mit diesen koordiniert zu werden bräuchte. In der Vergangenheit habe ich geltend gemacht, dass eine objektive Perspektive sich von dem Versuch von Individuen, die Perspektiven verstehen, ableitet, eine Art perspektivenloser Perspektive (der »Blick von nirgendwo« in der Terminologie Nagels, 1986) zu konstruieren, so paradox das auch scheinen mag (Tomasello, 2014). Das erfordert die »Kollektivierung« vieler – potenziell unendlich vieler – Perspektiven und das Postulat einer Art invarianter Objektivität, in der sie alle gründen. Die Behauptung lautet hier also, dass Kinder erst ab einem Alter von drei Jahren mit der Konstruktion einer objektiven Perspektive beginnen; anfänglich entstehen dadurch Schwierigkeiten für sie, da zwei oder mehr Perspektiven miteinander in Widerspruch geraten, aber letztendlich werden dadurch Lösungen für Perspektivenprobleme erleichtert. Die Konstruktion einer objektiven Perspektive leistet das deshalb, weil die Exekutivebene der kognitiven Funktion Widersprüche verabscheut; um sie aufzulösen, werden die Kinder dazu getrieben, ein Verständnis der Unterscheidung zwischen dem Subjektiven und dem Objektiven auszubilden.

In den folgenden Kapiteln, die andere Entwicklungspfade abdecken, werden wir sehen, dass das Alter von drei Jahren tatsächlich eine Art von Wasserscheide der kognitiven und sozialen Funktionen von Kleinkindern ist. Dies ist das Alter, in dem sie vom Verstehen und der Interaktion mit anderen Individuen zum Verstehen und zur Interaktion mit verschiedenen Arten auf den Gruppengeist bezogener Phänomene übergehen.

INDIVIDUELLE UND KULTURELLE VARIATION. Die Perspektivenübernahme weist in all ihren unterschiedlichen Formen zumindest eine gewisse Reifungskomponente auf. Erstens haben Kinder mit dem biologischen Defizit des Autismus enorme Schwierigkeiten bei Aufgaben zu falschen Überzeugungen und anderen Perspektivenproblemen. Manche Forscher postulieren sogar, dass die Unfähigkeit, falsche Überzeugungen zu verstehen – wobei die Fähigkeit auf eine Repräsentationstheorie des Geistes hindeuten würde –, das entscheidende Defizit des Autismus ist (zum Beispiel Baron-Cohen, 1997). Zweitens meistern Kinder die Aufgabe zu falschen Überzeugungen in ganz unterschiedlichen kulturellen Kontexten – von Jäger-Sammler-Kulturen bis zu industrialisierten und hoch gebildeten –, in einem sehr ähnlichen Alter (zum Beispiel

Avis und Harris, 1991; Callaghan et al., 2005; Wellman et al., 2008). Und drittens beginnen Kinder, die sich in der westlichen Mittelschichtskultur auf typische Weise entwickeln, falsche Überzeugungen durchweg innerhalb eines recht engen Zeitfensters zwischen vier und fünf Jahren zu verstehen (Wellman et al, 2001).

Es gibt jedoch eine bestimmte Dimension sozialer Erfahrung, die erwiesenermaßen einen bedeutenden Einfluss auf das Alter hat, in dem die Kinder falsche Überzeugungen erstmals verstehen: die sprachliche Kommunikation. Mehrere Untersuchungen haben Korrelationen zwischen den sprachlichen Fertigkeiten der Kinder und dem Verständnis falscher Überzeugungen festgestellt (zu einer Übersicht siehe Milligan et al., 2007). Diese Beziehung führt deshalb nicht zu interkulturellen Unterschieden, weil in fast allen kulturellen Kontexten aufwachsende Kinder eine hinreichend große Menge der richtigen Art von sprachlicher Interaktion erhalten, um sich normal zu entwickeln, weshalb die individuelle Variation in normalen Kontexten begrenzt ist. Aber Kinder, die eine drastische Reduktion in ihrer sprachlichen Erfahrung erleben, sind eine andere Geschichte. Peterson und Siegal (1995; siehe auch Woolfe et al., 2002) berichten, dass Kinder, die taub aufwachsen (und die unterschiedlich viel Erfahrung mit einer konventionellen Zeichensprache haben) signifikante Verzögerungen in ihrem Verständnis falscher Überzeugungen aufweisen. Außerdem gibt es eine Korrelation, die derart ist, dass ihre Fertigkeiten im Hinblick auf falsche Überzeugungen umso besser sind, je mehr sprachliche Erfahrung sie haben. Noch bemerkenswerter ist Pyers' und Senghas' (2009) Bericht über den extremen Fall tauber Kinder, die mit nur geringer oder gar keiner Erfahrung mit einer konventionellen Zeichensprache aufgewachsen sind und die an nichtsprachlich konzipierten Aufgaben zu falschen Überzeugungen auch noch als Erwachsene scheitern. Diese atypischen Fälle stützen die Ansicht, dass der normale Entwicklungspfad, um zu einem Verständnis falscher Überzeugungen zu gelangen – und das mag auch für die anderen Aufgaben gelten, die ebenfalls Perspektivenkonflikte beinhalten –, eine Umgebung erfordert, in der die Kinder sprachliche Kommunikation erfahren.

Es gibt keinen Konsens mit Bezug auf die Frage, welche Aspekte sprachlicher Kommunikation entscheidend sind. Ich habe den Austausch von (manchmal widersprüchlichen) Perspektiven betont, der im Alltagsdiskurs vorkommt, insofern dieser durch die gemeinsame Aufmerksamkeit auf geistige Inhalte strukturiert ist. Diese Ansicht erfährt eine starke Stützung durch die Trainingsstudie von Lohmann und Tomasello (2003; siehe auch Hale und Tager-Flusberg, 2003). Mit dreijährigen Kindern, die bei einer Aufgabe zu falschen Überzeugungen gescheitert waren, wurden drei Trainingssitzungen durchgeführt, und anschließend wurde ihnen eine ähnliche, aber andere Aufgabe zu falschen Überzeugungen gestellt. Es gab vier Trainingsbedingungen. In der einen (der Keine-Sprache-Kontrollbedingung) wurden Kindern Erfahrungen mit trügerischen Gegenständen verabreicht, die sie und den Versuchsleiter dazu führten, eine falsche Überzeugung bezüglich der Identität der Gegenstände zu haben (beispielsweise erwies sich ein scheinbarer Schokoriegel später als Radiergummi). In dieser Bedingung gab es keine relevanten sprachlichen Äußerungen (nur solche Dinge wie »Ach, schau mal!«), und die Kinder machten in ihrem Verständnis falscher Überzeugungen keine Fortschritte. Aber in den anderen drei Bedingungen machten sie Fortschritte. In der ersten hatten die Kinder dieselbe Erfahrung mit trügerischen Gegenständen, aber der Versuchsleiter und das Kind sprachen über die Erfahrung, während sie sich entwickelte (bemerkenswerterweise komplett ohne die Verwendung von Sprache, die sich auf geistige Zustände bezieht). Beispielsweise bat der Versuchsleiter das Kind zu Beginn zu sagen, was der Gegenstand sei; dann bat der Versuchsleiter das Kind zu sagen, was es geglaubt hatte, dass der Gegenstand am Anfang gewesen sei. Das wurde als Perspektivenwechsel-Diskurs bezeichnet, und dieser Diskurs sollte für das Kind sprachlich verschiedene Perspektiven auf – oder Überzeugungen mit Bezug auf – ein und denselben Gegenstand hervorheben. In einer zweiten erfolgreichen Bedingung wurden den Kindern keine trügerischen Erfahrungen verabreicht, sondern nur zusätzliche Übungen mit Konstruktionen propositionaler Einstellungen vom Typ »Er weiß, dass das ein Radiergummi ist«. Aufbauend auf den Arbeiten von de Villiers (zum Beispiel de Villiers und Pyers, 2002), argumentieren Tomasello und Rakoczy (2003) dafür, dass solche Sätze eine Art potenziellen Perspektivenwechsels innerhalb eines einzelnen Satzes beinhalten: Die Phrase *er weiß* signalisiert verschiedene mögliche Perspektiven oder Überzeugungen mit Bezug auf die Tatsache, dass der Gegenstand ein Radiergummi ist. Schließlich brachte die dritte erfolgreiche Bedingung noch größere Fortschritte als die anderen beiden hervor, und zwar deshalb, weil sie eine Kombination aus beiden darstellte: den Kindern wurden Erfahrungen mit trügerischen Gegenständen ermöglicht, während sie sich an einem Gespräch beteiligten, das Konstruktionen propositionaler Einstellungen bezüglich dieser Erfahrungen beinhaltete.

Diese Studie weist nach, dass Gespräche, die einen Perspektivenwechsel beinhalten – insbesondere dann, wenn sie Konstruktionen propositionaler Einstellungen enthalten, die eine subjektive Einstellung mit einer potenziellen objektiven Tatsache koordinieren –, hinreichend sind, um in relativ kurzer Zeit ein Verständnis falscher Überzeugungen bei Kindern hervorzubringen, die ein solches ansonsten nicht erlangen würden (wie es in der Keine-Sprache-Kontrollbedingung der Fall war). Warum führt ein Diskurs von genau dieser Art Dreijährige zu einem Verständnis falscher Überzeugungen? Kinder machen tagtäglich nichtsprachliche Erfahrungen, bei denen sie glauben, dass etwas der Fall ist, was sich dann als falsch herausstellt, oder bei denen sie eine Person sehen, die einen Fehler macht, den sie nie machen würde, wenn sie die wirkliche Situation verstünde. Warum genügt das nicht? O'Madagain und Tomasello (im Erscheinen) folgend, lautet meine Ansicht, dass ein Gespräch um ein gemeinsames Thema herum genau diejenige Art von Zwei-Ebenen-Struktur erzeugt, die die Vorstellung verschiedener Perspektiven auf einen gemeinsamen Brennpunkt der Aufmerksamkeit überhaupt erst möglich macht – jetzt aber auf einer neuen Ebene. Mittels der Sprache geben wir ausdrücklich Gesprächsthemen an, und dann können wir unterschiedliche Perspektiven oder Einstellungen mit Bezug auf die geistigen Inhalte dieser Themen ausdrücken. Jetzt haben wir die gemeinsame Aufmerksamkeit und unterschiedliche Perspektiven auf den geistigen Inhalt. Wenn das Thema eine Proposition mit Wahrheitswert ist, können unterschiedliche Gesprächsperspektiven auf diesen geistigen Inhalt sich tatsächlich in dem Sinne widersprechen, dass nicht beide unmittelbar der objektiven Situation entsprechen können. Ich glaube, dass diese Art von Gesprächen die Kinder dazu führt, eine Unterscheidung zwischen dem Subjektiven (Erscheinung, Meinung, Glauben) und dem Objektiven (Wirklichkeit, Tatsache, Wahrheit) zu konstruieren. Und es kann sein, dass solche Gespräche besonders effektiv sind, wenn sie zwischen oder unter Gleichaltrigen vorkommen, obwohl das noch nie experimentell untersucht wurde. Dafür spricht aber die Tatsache, dass Kinder mit Geschwistern Aufgaben zu falschen Überzeugungen systematisch früher bestehen als Kinder ohne Geschwister (Ruffman et al., 1998).

Die andere Variable, die zuverlässig mit einem Verständnis falscher Überzeugungen korreliert, ist die Exekutivfunktion. In vielen verschiedenen Studien korreliert die Fähigkeit von Kleinkindern, Perspektiven zu koordinieren und zu unterdrücken – gemessen durch verschiedene Aufgaben zur Exekutivfunktion –, ziemlich stark mit Aufgaben zu falschen Überzeugungen und anderen Problemen der Perspektivenkoordination (zum Beispiel Carlson und Moses, 2001). Wenn die exekutiven Ressourcen experimentell »aufgebraucht« werden, leidet die Leistung bei Aufgaben zu falschen Überzeugungen (Powell und Carey, 2017), was auf eine nicht nur korrelative, sondern auch auf eine kausale Verbindung hindeutet. Die Koordination verschiedener Perspektiven auf ein und dieselbe Situation erfordert vermutlich deshalb leistungsstarke Fähigkeiten exekutiver Regulation, weil zwei Perspektiven und vielleicht auch eine objektive Perspektive in einem gemeinsamen Repräsentationsformat direkt miteinander verglichen (und Widersprüche aufgelöst) werden müssen.

Wie im Fall der Sprache gibt es keinen Konsens mit Bezug auf die Frage, welche Fertigkeiten der Exekutivfunktion genau an der Entwicklung des Verstehens falscher Überzeugungen beteiligt sind. Drei verschiedene Untersuchungen deuten jedoch darauf hin, dass nicht nur Fertigkeiten der hemmenden Steuerung am Werk sind (zum Beispiel wenn das Kind dazu gelangt, den Sog des Wirklichen zu hemmen), sondern auch Fertigkeiten zur Koordination von Perspektiven oder geistigen Zuständen. Erstens ergab sich in der Metaanalyse von Devine und Hughes (2014) die stärkste Korrelation mit dem Verstehen falscher Überzeugungen über viele Untersuchungen hinweg nicht aus irgendeinem Maß für Belohnungsaufschub (nur Hemmung), sondern vielmehr aus der Dimension-Change-Card-Sort-Aufgabe (DCCS)[2], die eher so etwas wie die Koordination von Perspektiven misst (was häufig auch als »kognitive Flexibilität« bezeichnet wird). Zweitens stellten Diaz und Farrar (2017) mit der DCCS-Aufgabe in ihrer Längsschnittstudie im Grunde dasselbe fest, indem sie eine stärkere Korrelation mit dem späteren Verstehen falscher Überzeugungen als mit anderen Maßen der Exekutivfunktion (hemmende Steuerung) nachwiesen. Schließlich und noch spezieller gaben Fizke et al. (2014) Vierjährigen mehrere Maße für die Exekutivfunktion und mehrere Maße für das Verstehen geistiger Zustände. Sie stellten fest, dass »Beziehungen [zwischen der Exekutivfunktion und dem Verstehen falscher Überzeugungen] bei solchen Aufgaben am stärksten sind, in denen der Zuschreibende selbst einer von zwei Akteuren ist, das heißt selbst eine Überzeugung oder einen Wunsch hat, die oder der im Kontrast zu der oder dem steht, die einer anderen Person zugeschrieben werden sollen. Insgesamt deuten diese Befunde darauf hin, dass die Exekutivfunktion an der Koordination der eigenen und anderen widersprüchlichen Perspektiven ... beteiligt ist« (S. 315). Es ist vielleicht in derselben Richtung relevant, dass eine vor kurzem durchgeführte Untersuchung feststellte, dass die Exekutivfunktion nicht mit der Leistung bei Aufgaben zu falschen Überzeugungen für Kleinkinder korreliert (vielleicht weil diese Aufgaben keinerlei Koordination beinhalten), wohl aber mit klassischen Aufgaben zu falschen Überzeugungen (Grosse, Wiesman et al., 2017).

Insgesamt ist das Verstehen von Perspektiven und Überzeugun-

2 Bei der DCCS-Aufgabe sollen Kinder Karten nach einer bestimmten Eigenschaft (Dimension) der auf ihnen abgebildeten Gegenstände sortieren, z. B. nach ihrer Farbe. Anschließend sollen sie die Karten nach einer anderen Eigenschaft sortieren, z. B. nach der Form der abgebildeten Gegenstände. Dreijährige Kinder haben Schwierigkeiten beim Wechsel zur neuen Dimension, während Fünfjährige den Wechsel in der Regel problemlos vollziehen (A. d. Ü.).

gen eine Entwicklungsleistung, die die für die Spezies typische Ontogenese grundlegender Fertigkeiten der gemeinsamen Intentionalität wie gemeinsame Aufmerksamkeit und – nach dem Alter von drei Jahren – Fertigkeiten kollektiver Intentionalität für die Einnahme einer objektiven Sichtweise erfordert. Ein wesentlicher Bestandteil dieses ontogenetischen Prozesses besteht in bestimmten sozial-interaktiven Prozessen – jene, die bei Gesprächen mit anderen vorkommen, in denen man die Perspektiven wechselt, und bei denen die Teilnehmer anhand gemeinsamer Aufmerksamkeit auf geistige Inhalte interagieren. In allen normalen menschlichen Umgebungen über verschiedene Kulturen hinweg erhalten alle Kinder, die sich auf typische Weise entwickeln, hinreichend viel von der richtigen Art von Erfahrung, sodass interkulturelle Variationen typischerweise gering sind. Das Aufeinanderprallen von Perspektiven dient bei solchen Gesprächen sozusagen als Rohmaterial für Prozesse der exekutiven Selbstregulation. Diese Exekutivprozesse richten sich natürlicherweise auf die Lösung von Perspektivenkonflikten im Rohmaterial der Erfahrung, indem – im einzigen Repräsentationsformat der Exekutivebene – neue Formen des Verstehens gebildet werden, um anfänglich rätselhafte Phänomene verständlich zu machen: Ein Gegenstand kann verschiedenen Individuen gegenüber verschieden erscheinen; ein Gegenstand kann als eine Sache erscheinen, aber in Wirklichkeit etwas anderes sein; Menschen können etwas glauben, das nicht der Fall ist; und ein Ding kann viele Bezeichnungen haben.

»Objektiv« werden

Ein Schimpanse sieht, wie ein kleiner Affe entwischt, und er weiß, dass sein Artgenosse, der neben ihm sitzt, den kleinen Affen ebenfalls entwischen sieht. Der Artgenosse weiß dasselbe von seinem Partner. Sie achten beide auf den entwischenden Affen, und jeder weiß, dass der andere auch auf ihn achtet. Aber sie achten nicht *gemeinsam* auf ihn; sie achten nicht zusammen als ein »wir« auf ihn. Zwei Menschen könnten in derselben Situation, wenn sie dazu motiviert wären, auf den entwischenden Affen zusammen in gemeinsamer Aufmerksamkeit achten. Dadurch entsteht zwischen den beiden eine Art von gemeinsamer Welt, in der sie jeweils ihre beiden Perspektiven voneinander unterscheiden. Jeder von ihnen versteht außerdem, dass ihre beiden Perspektiven – das heißt ihre Überzeugungen – auf die Situation potenziell im Gegensatz zu einer objektiven (perspektivenlosen) Sicht derselben stehen könnten. Willkommen in der menschlichen Wirklichkeit.

Theoretische Erklärungen

Das bestehende Spektrum theoretischer Erklärungen der Ontogenese der einzigartigen menschlichen Fertigkeiten sozialer Kognition ist sehr breit. Unterschiedliche Erklärungen konzentrieren sich auf unterschiedliche Erklärungsfaktoren – und berufen sich auf alles Mögliche von angeborenen Modulen bis zu expliziten Anweisungen der Kultur –, und manchmal konzentrieren sie sich auf unterschiedliche Segmente des gesamten Entwicklungspfads, wie ich ihn hier beschrieben habe.

Indem sie sich auf den Befund konzentrieren, dass Kinder mit Autismus bei Aufgaben zum Verstehen falscher Überzeugungen schlecht abschneiden, haben Theoretiker wie beispielsweise Leslie (1994) die Existenz eines angeborenen Moduls für eine »Theorie des Geistes« angenommen. Aufgrund ähnlicher Befunde bei autistischen Kindern und Defiziten bei gemeinsamer Aufmerksamkeit hat Baron-Cohen (1995) als zusätzliche angeborene Module einen Mechanismus für geteilte Aufmerksamkeit und einen für das Erkennen der Blickrichtung vorgeschlagen. Angeborene Module sollen sich relativ unabhängig von spezifischen Erfahrungen entwickeln, und sie sollen nicht auf sinnvolle Weisen miteinander oder mit anderen Bereichen der psychologischen Entwicklung interagieren. In empirischer Hinsicht besteht das Problem darin, dass viele Belege darauf hindeuten, dass die gemeinsame Aufmerksamkeit und »Theorie des Geistes« weder im intendierten Sinne angeboren noch völlig modular sind. Das Hauptproblem mit der Angeborenheit ist der Befund, dass Kinder mit beeinträchtigter sprachlicher Erfahrung beim Verstehen falscher Überzeugungen eine erhebliche Entwicklungsverzögerung aufweisen, die so weit gehen kann, dass diejenigen mit extremer Beeinträchtigung überhaupt nie ein solches Verständnis erwerben. Die Behauptung, dass Erfahrung keinen notwendigen Faktor bei der Entwicklung des Verstehens falscher Überzeugungen darstellt, ist daher eindeutig falsch. Es ist nicht so, dass die Ontogenese des Verstehens falscher Überzeugungen keine starke Reifungskomponente beinhaltet; eine solche Komponente gibt es eindeutig. Aber eine starke Reifungskomponente ist etwas anderes als ein angeborenes Modul, das unempfänglich für Erfahrungen ist.

Die Argumente dafür, dass die gemeinsame Aufmerksamkeit angeboren oder reifungsbedingt ist, sind viel stärker, wie es sich auch für eine Fertigkeit gehört, die so früh in der Ontogenese auftritt. Tatsächlich gibt es keine systematischen Untersuchungen, die bedeutende individuelle oder kulturelle Unterschiede in Fertigkeiten gemeinsamer Aufmerksamkeit dokumentieren (das heißt nicht nur Unterschiede mit Bezug auf die Häufigkeit, sondern qualitative Unterschiede), und zwar trotz einer großen Variation in den sozialen Erfahrungen der Kinder. Aber in diesem Fall richtet sich die Frage auf die Modularität. Im Allgemeinen sind die Kriterien für die Bestimmung dessen, was ein Modul ist, weit davon entfernt, streng zu sein, und außerdem unterscheiden sie sich bedeutend unter den Forschern, wobei es keine weithin akzeptierten Verfahren zur Auflösung der Unterschiede gibt (zu einem Vorschlag für die Ersetzung von Modulen durch etwas in evolutionärer Hinsicht Angemesseneres siehe Barrett, 2015). Darüber hinaus stellten Sodian et al. (2016) in einer vor kurzem durchgeführten Studie bedeutende Korrelationen zwischen den Fertigkeiten gemeinsamer Aufmerksamkeit bei zwölf Monate alten Babys und ihren späteren Fertigkeiten des Verstehens falscher Überzeugungen drei Jahre danach (unabhängig von jedem vermittelnden Einfluss der Sprache) fest. Diese Studie liefert nicht nur eine Stütze für einen einheitlichen Entwicklungspfad von der gemeinsamen Aufmerksamkeit zur Koordination von Perspektiven, sondern untergräbt auch jede starke Modularitätserklärung (siehe auch Nelson et al., 2008). Insbesondere im Hinblick auf das Verstehen falscher Überzeugungen könnte man zwar immer noch eine »Zwei-Systeme-Theorie« vertreten (zum Beispiel Apperly und Butterfill, 2009), aber ich würde behaupten, dass das, was das Vorstadium des Verstehens geistiger Zustände bei Babys in das wirkliche Verstehen solcher Zustände bei Vierjährigen verwandelt, gerade die gemeinsame Aufmerksamkeit und die Koordination von Perspektiven ist, was auch bei einer Reihe anderer Aufgaben eine plausible Erklärung für die Leistung der Kinder bietet.

Am entgegengesetzten Ende des theoretischen Kontinuums befinden sich Ansätze, die die Rolle der Kultur und Sozialisation für die Ontogenese der gemeinsamen Aufmerksamkeit und des Verstehens falscher Überzeugungen (und verwandter Kompetenzen) betonen. Im Hinblick auf gemeinsame Aufmerksamkeit haben Theoretiker wie Bruner (1983) und Kaye (1982) postuliert, dass das Behandeln von Kleinkindern als intentionale Akteure und kompetente Kommunikationspartner für die Entwicklung gemeinsamer Aufmerksamkeit entscheidend ist. In ähnlichem Sinne haben Theoretiker wie Gergely und Watson (1996) und Rochat (2001) postuliert, dass es innerhalb sozialer Interaktionen für die sozial-kognitive Entwicklung des Kleinkinds entscheidend ist, dass der Erwachsene viele der Verhaltensweisen des Kleinkinds ihm gegenüber in persönlichen Interaktionen »widerspiegelt«, um Rückmeldung über ihre Ähnlichkeit als intentionale Akteure, aber ihren Unterschied als Individuen zu geben. Das Problem ist, dass es keine Daten gibt, die irgendeine dieser Ideen stützen. Wie ich bereits erwähnt habe, gibt es keine systematischen Untersuchungen, die bedeutende individuelle oder kulturelle Unterschiede in den Fertigkeiten gemeinsamer Aufmerksamkeit dokumentieren (das heißt nicht bloß Unterschiede in der Häufigkeit der Beteiligung, sondern qualitative Unterschiede), und zwar trotz der großen Variation in den sozialen Erfahrungen der Kinder. Es ist zwar möglich, dass diese Arten von Lernerfahrungen den Prozess auf eine bestimmte Weise oder bis zu einem gewissen Grad erleichtern, aber insbesondere die interkulturellen Daten deuten darauf hin, dass sie kein notwendiger Bestandteil des normalen Entwicklungspfads sind.

Im Hinblick auf falsche Überzeugungen haben Kulturanthropologen seit geraumer Zeit darauf bestanden, dass nicht alle Kulturen die Funktionsweise des menschlichen Geistes ähnlich betrachten (zum Beispiel Shweder, 1991). Das mag durchaus für Erwachsene gelten, da jede Kultur ihre eigene Alltagstheorie zur Erklärung aller möglichen Arten komplexer Verhaltensweisen von Erwachsenen entwickeln kann. Aber die Daten, die wir mit Bezug auf die Ähnlichkeiten des Verstehens falscher Überzeugungen bei kleinen Kindern aus verschiedenen Kulturen – von westlichen Industrieländern bis zu Gruppen von Jägern und Sammlern – besprochen haben, deuten darauf hin, dass Unterschiede zwischen Erwachsenen den universalen Kindheitsprozess überlagern. Trotzdem haben Heyes und Frith (2014) vor kurzem vorgeschlagen, dass kleine Kinder nicht spontan anhand ihrer eigenen Erfahrung eine »Theorie des Geistes« entwickeln, sondern dass sie ihnen vielmehr von Erwachsenen beigebracht werden muss. Tatsächlich strapazieren diese Autoren die Analogie zwischen dem Lernen des Lesens von Büchern und des Lesens von Gedanken: Beides sollen kulturelle Fertigkeiten sein, die kulturell vermittelt werden müssen. Ein Großteil der Belege, die sie zur Stützung dieser Ansicht zitieren, hat mit der Rolle der Sprache für die Entwicklung des Verstehens falscher Überzeugungen zu tun, aber Erfahrung mit sprachlicher Kommunikation ist nicht dasselbe wie kulturelle Anleitung. Was von den Daten gestützt wird, ist die Hypothese, dass Kinder Interpretationen geistiger Zustände aus ihren sprachlichen Interaktionen mit anderen konstruieren, und nicht, dass sie ausdrücklich mittels der Sprache geistige Zustände gelehrt bekommen, so, wie man ihnen das Lesen beibringt. Für die Idee, dass Kleinkinder nur dann ein Verständnis falscher Überzeugungen und die Koordination von Perspektiven entwickeln können, wenn sie das von Erwachsenen beigebracht bekommen, gibt es im Grunde keine empirische Stütze.

Zwischen diesen beiden Extremen angeborener Module und des Unterrichts durch Erwachsene befinden sich Theorien, die das individuelle Lernen und die kognitive Konstruktion betonen. Im Hinblick auf falsche Überzeugungen ist die bekannteste Erklärung die so genannte Theorie-Theorie (zum Beispiel Gopnik und Wellman, 2012). Obwohl eine Reifungskomponente (bei Gopnik und Meltzoff, 1997, als »Nativismus des Anfangszustands« bezeichnet) ausdrücklich anerkannt wird, liegt der Schwerpunkt auf Prozessen des Hypothesentestens und Lernens. Durch die Verwendung von so etwas wie bayesschen Lernalgorithmen gelangen die Kinder dazu, hypothetische Konstrukte (zum Beispiel Überzeugungen und falsche Überzeugungen) vorzuschlagen, um ihre Beobachtungen zu erklären, so wie ein Wissenschaftler, der eine Theorie vorschlägt. Die Theorie-Theorie ist im Prinzip auf alle Bereiche kognitiver Entwicklung anwendbar, unter anderem auch auf das Verständnis von Kausalbeziehungen in der physikalischen Welt, wobei die Kinder verschiedene Theorien bilden, um verschiedene Mengen von Phänomenen zu erklären. Das Problem mit diesem Ansatz besteht der vorliegenden Sichtweise zufolge darin, dass er nicht sozial genug ist. Diesem Ansatz zufolge operieren Kleinkinder praktisch so, wie wir es für die Menschenaffen angenommen haben: Sie behandeln leblose Gegenstände und soziale Partner alle auf dieselbe Weise, nämlich als Daten für ihre Theoriekonstruktion unter Verwendung bayesscher Algorithmen (wenn auch auf bereichspezifische Weisen). Diese Sichtweise der Dinge könnte die Fähigkeit erklären, sich vorzustellen, was andere wahrnehmen und wissen, wie bei Menschenaffen und menschlichen Babys; doch ohne die Berücksichtigung geteilter Intentionalität und gemeinsamer Aufmerksamkeit gibt es auch keinen Begriff einer Perspektive. Und ohne Perspektive, so würde ich behaupten, gibt es kein Rohmaterial für die Koordination von Perspektiven, wenn man dazu gelangt, solche Dinge wie falsche Überzeugungen und die Unterscheidung zwischen Erscheinung und Wirklichkeit zu verstehen. Die Hinzufügung von Simulationsprozessen ist zwar von Vorteil (zum Beispiel Harris, 2005; Tomasello, 1999), aber auch hier lautet meine Ansicht, dass die ausschließliche Konzentration auf das individuelle Kind nicht ausreicht.

Die Theorie geteilter Intentionalität nimmt zwar dieselbe mittlere Position ein wie die Theorie-Theorie und die Simulationstheorie, aber der Prozess wird nicht als individuelles Lernen und kognitive Konstruktion aufgefasst, sondern vielmehr als soziale Ko-Konstruk-

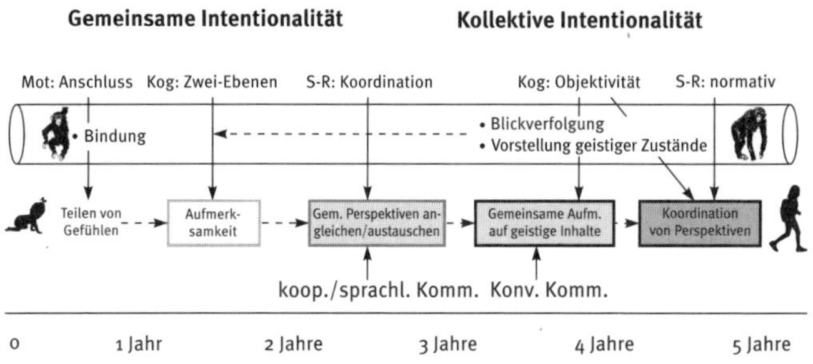

Abbildung 3.2: Die ontogenetische Entstehung der einzigartig menschlichen Fertigkeiten sozialer Kognition bei Kleinkindern. Abkürzungen: Aufm. = Aufmerksamkeit; Kog = Kognition; Koop./sprachl. Komm. = kooperative/sprachliche Kommunikation; Konv. Komm. = Konventionelle Kommunikation; Mot = Motivation; S-R = Exekutive Selbstregulation

tion innerhalb des Kontexts von Interaktionen geteilter Intentionalität mit anderen seitens der Kinder (einschließlich sprachlicher Kommunikation). Um unsere Theorie zu spezifizieren und zu konkretisieren, unterbreite ich das Entwicklungsdiagramm in Abbildung 3.2. Unser Ausgangspunkt ist die sozial-kognitive Ontogenese von Menschenaffen (in der »Röhre«, die von einem Kleinkind und einem jugendlichen Schimpansen an jeweils einem Ende besetzt ist). Die Schlüsselkompetenzen sind Blickverfolgung und die Vorstellung, was andere wahrnehmen/wissen/erschließen. Diese Kompetenzen tauchen in der Ontogenese von Menschenaffen erstmals zwischen drei und vier Jahren auf (und sind in der Ontogenese des Menschen zu einem früheren Alter hingewandert – siehe den gestrichelten Pfeil). Aber keine dieser individuellen Fähigkeiten ist hinreichend für die einzigartig soziale Kognition des Menschen. Die Erzeugung gemeinsamer Welten mit individuellen Perspektiven verlangt, dass Fertigkeiten zum Lesen geistiger Zustände durch die einzigartig menschlichen Fertigkeiten geteilter Intentionalität umgewandelt werden.

Der Schwerpunkt unserer auf Erklärung gerichteten Aufmerksamkeit ist die mittlere Reihe rechteckiger Kästen in Abbildung 3.2, die von einem Baby und einem kleinen Kind an beiden Enden flankiert wird. Die Erklärungsstrategie besteht darin, elementare Prozesse geteilter Intentionalität (dargestellt in den obersten beiden Zeilen über der Menschenaffenröhre) als letztendliche Quelle der menschlichen Einzigartigkeit namhaft zu machen. Ontogenetisch fasse ich diese als Fähigkeiten auf, die zu den angegebenen Zeiten im Entwicklungspfad der Menschenaffen auftreten (neun Monate für die gemeinsame Intentionalität und drei Jahre für die kollektive Intentionalität) und diesen umwandeln, indem sie die Arten sozialer Erfahrungen, die die Individuen haben können, grundlegend verändern.

Der erste Schritt (erster Kasten) ist das Teilen von Gefühlen der Säuglinge in Protokonversationen mit etwa zwei Monaten, was sich als neue Möglichkeit für die Säuglinge entwickelte, sich den vielen Erwachsenen anzuschließen und Bindungen mit ihnen einzugehen, die als ihre Betreuer dienen. Es ist unwahrscheinlich, dass Lernen und Erfahrung in der frühen Ontogenese dieser evolutionär neuen Form der sozialen Interaktion bedeutende Rollen spielen (weshalb der Kasten nicht schraffiert ist); die Säuglinge lächeln und lachen mit ihren Betreuern auf natürliche Weise und stärken so ihre soziale Bindung ohne großes Lernen. Da Affensäuglinge ebenfalls anschlussorientierte Gefühle und einen direkten Ausdruck von Gefühlen gegenüber ihren Bezugspersonen zeigen – nur eben nicht die einzigartig menschlichen –, wird die Ontogenese in diesem Fall treffend als Umwandlung des grundsätzlichen Menschenaffenmusters charakterisiert.

Die gemeinsame Aufmerksamkeit entsteht mit etwa neun bis zwölf Monaten (zweiter Kasten), wenn Babys in ihrer sozialen Interaktion mit anderen ihre neu herangereifte Fähigkeit zur triadischen Interaktion mit einem Erwachsenen um einen äußeren Gegenstand herum ausüben (was hier als »Zwei-Ebenen« bezeichnet wird und auf die allgemeine kognitive Strukturierung geteilter Intentionalität hinweist, die gleichzeitig geteilte Aufmerksamkeit und individuelle Perspektiven umfasst). Es steht außer Zweifel, dass die Fähigkeit der Menschenaffen, sich nichtperspektivisch vorzustellen, was andere wahrnehmen und wissen, hier grundlegend ist, und tatsächlich habe ich auch dargelegt, dass menschliche Kleinkinder bei impliziten Tests falscher Überzeugungen diese Fähigkeit der Menschenaffen bereits in ihrem zweiten Lebensjahr zeigen. Aber die bereits bestehende Motivation der Kleinkinder, Gefühle mit anderen zu teilen, transformiert im Verein mit der Reifung der Zwei-Ebenen-Struktur die im Grunde individualistische soziale Kognition der Affen in eine sozial geteilte Kognition. Die Grundlage der Neunmonatsrevolution besteht darin, dass die Kleinkinder fähig werden, mit anderen einen gemeinsamen Akteur zu bilden, der zwei Partner umfasst, die als »wir« handeln und gemeinsame Erfahrungen machen. Der hell schraffierte Kasten um »gemeinsame Aufmerksamkeit« herum stellt meine Behauptung dar, dass diese Fähigkeit nicht ohne die soziale Interaktion mit anderen entstehen würde, obwohl sie keine Sozialisierung oder Unterricht durch Erwachsene erfordert und die erforderlichen sozialen Interaktionen durchgängig in allen menschlichen Kulturen vorhanden sind.

Die nächsten Schritte in unserer Darstellung erfordern ein Kind mit einer angemessenen Kompetenz kooperativer und sprachlicher Kommunikation (daher die Fertigkeiten »Kooperative/sprachliche Kommunikation« und die Fertigkeiten »Konventionelle Kommunikation«, die unter den Kästen aufgeführt sind und andere entstehende Fertigkeiten mit ihrer jeweils eigenen Entwicklungsgeschichte darstellen). Die Schlüsselfertigkeit besteht in Gesprächen, bei denen das Kind und der Erwachsene gemeinsam auf ein gemeinsames Gesprächsthema achten, wobei jeder dann Kommentare zu diesem Thema abgibt und seine eigene Perspektive darauf zum Ausdruck bringt. Zuerst stelle ich einfach den Austausch von Perspektiven dar (dritter Kasten, was die hin- und hergehende Koordination von Perspektiven erfordert); es folgt die »gemeinsame Aufmerksamkeit auf geistige Inhalte« (vierter Kasten), wenn das Kind und der Erwachsene sich auf den propositionalen Gehalt dessen konzentrieren, was jeder von ihnen sagt, wobei jeder die beiden beteiligten Perspektiven erkennt. Bei diesen letzteren Fällen schlage ich keinerlei zusätzliche Reifungsfähigkeiten vor. Die kindlichen Fertigkeiten der gemeinsamen Aufmerksamkeit und der sprachlichen Kommunikation sind vor dem Hintergrund der allgemeinen Funktionsweise menschlicher sozialer Interaktion ausreichend dafür, dass sie damit beginnen können, gemeinsam auf geistige Inhalte zu achten und die Auflösung von Diskrepanzen anzustreben. Ein Kind auf einer einsamen Insel würde keine solchen Konflikte erleben und hätte daher auch kein Bedürfnis, irgendetwas aufzulösen, was darauf hindeutet, dass der Prozess durch soziale Ko-Konstruktion gekennzeichnet ist.

Von besonderer Bedeutung bei solchen diskursiven Interaktionen sind Meinungsverschiedenheiten mit Bezug auf den Wahrheitswert von Propositionen, da es in diesem Fall eine Unvereinbarkeit von Perspektiven gibt, die auf den ersten Blick jede einfache und direkte Lösung auszuschließen scheint. Erforderlich ist, dass das Kind neue Konzeptualisierungen konstruiert, die die Unverträglichkeit auflösen. In den wichtigsten Fällen ist ein Schlüsselelement bei dieser Auflösung die Reifung der Fähigkeit kollektiver Intentionalität, die das Kind dazu führt, die objektive Situation als von der Perspektive, die jede Person auf sie einnimmt, unterschieden aufzufassen. Tatsächlich habe ich dargelegt, dass die Reifung dieser Konzeptualisierung für Dreijährige anfänglich irreführend ist; sie machen die Ansicht zum Standard, dass andere die objektive Situation unmittelbar wahrnehmen oder dass eine objektive Entität oder ein objektives Ereignis nicht zwei verschiedene Bezeichnungen haben kann oder dass eine Entität objektiv entweder das eine oder das andere ist. Aber dann konstruiert das Kind eine Lösung, indem es Prozesse exekutiver (normativer) Selbstregulation aktiviert, bei denen es verschiedene Perspektiven oder Auffassungen von etwas innerhalb ein und desselben kognitiven Arbeitsspeichers in einem einzigen Repräsentationsformat miteinander vergleicht: Nur eine Person liegt mit Bezug auf die objektive Situation richtig, oder die Sprache gestattet in Wirklichkeit verschiedene Bezeichnungen derselben objektiven Situation, oder ein Gegenstand kann gleichzeitig als ein bestimmtes Ding erscheinen, sich aber wie ein anderes verhalten (fünfter Kasten). Die dunkle Schraffierung gibt in diesem Fall an, dass das Kind selbst das Ergebnis auf der exekutiven Ebene anhand seiner unterschiedlichen sozial-interaktiven Erfahrungen konstruiert.

Im Hinblick auf die jeweiligen Rollen der Reifung und Erfahrung bei alledem besteht das eindeutige Muster, wenig überraschend, darin, dass die früheren Fertigkeiten und Motivationen gemeinsamer Intentionalität stärker reifungsbedingt und weniger plastisch sind, während die späteren Fertigkeiten und Motivationen der kollektiven Intentionalität nur bei Individuen entstehen können, die bestimmte Arten sozialer und kommunikativer Interaktionen mit anderen haben. Aber selbst in diesem letzteren Fall sprechen wir nicht von Unterricht oder Sozialisierung durch die Erwachsenen; vielmehr konstruieren oder ko-konstruieren die Kinder anhand ihrer soziokulturellen Erfahrungen, und das allgemeine Wesen dieser Konstruktionen wird durch die Entwicklungsebene der Fertigkeiten und Motivationen geteilter Intentionalität seitens der Kinder festgelegt.

Eine interessante Perspektive auf die Reifungskomponente stellt der Gesichtspunkt biologischer Defizite dar, die charakteristisch für Kinder mit einer Autismus-Spektrum-Störung sind. Kinder mit dieser Störung scheinen die allgemeine Fähigkeit zu besitzen, sich vorzustellen, was andere wahrnehmen und wissen (Carpenter et al., 2001), aber sie weisen die eine oder andere Form einer atypischen Entwicklung entlang des einzigartig menschlichen Entwicklungspfads auf, der durch geteilte Intentionalität strukturiert wird, wobei die Schwere der Störung über das Spektrum hinweg stark variiert. Eine Hypothese lautet, dass diese Variation hauptsächlich vom Alter des Kindes zu Beginn der Störung abhängt, als Indikator der beeinträchtigten Fertigkeit. So können beispielsweise autistische Kinder, die viele Aufgaben gut beherrschen (diejenigen, die in Experimenten untersucht werden), einen späteren Beginn der Störung aufweisen und daher hauptsächlich Defizite bei der Koordination von Perspektiven und beim Verstehen falscher Überzeugungen haben. In schwereren Fällen kann es sein, dass das entscheidende Defizit in etwas Früherem und Grundlegenderem liegt, wie beispielsweise den Fertigkeiten gemeinsamer Aufmerksamkeit, die die Möglichkeit von Perspektiven und Überzeugungen überhaupt erst erzeugen. Und es ist sogar möglich, dass Defizite beim Teilen von Gefühlen in der frühen Kindheit Kinder hervorbringen, die sich am äußersten Ende des Spektrums befinden und Schwierigkeiten haben, überhaupt mit anderen in Kontakt zu treten.

Die andere Gruppe von Erklärungsfaktoren – nach Reifungsprozessen und Erfahrung – sind Prozesse exekutiver Selbstregulation. Wie wir bereits erwähnten, haben viele Untersuchungen festgestellt, dass die Fertigkeiten der Exekutivfunktion der Kinder ihren Fertigkeiten bei Aufgaben zu falschen Überzeugungen und ähnlichen Aufgaben zugrunde liegen. Perspektiven müssen in einem gemeinsamen Repräsentationsformat auf der exekutiven Ebene miteinander koordiniert – und neue konstruiert – werden. Obwohl eine solche Interpretation für diese späteren Aufgaben, die Perspektivenprobleme beinhalten, am plausibelsten ist, würde ich ebenfalls geltend machen, dass sie für die frühere Angleichung der Perspektiven der Kinder bei der kooperativen Kommunikation kennzeichnend ist. Wie ich schon behauptet habe, ermöglichen die neuen Fertigkeiten der gemeinsamen Aufmerksamkeit dem Kind, die soziale Interaktion, an der es beteiligt ist, aus der Vogelperspektive zu betrachten, wobei sowohl seine eigene als auch die Perspektive des Partners in einem einzigen Repräsentationsformat vorliegen, was die Angleichung dieser Perspektiven ermöglicht. Die Koordination von Perspektiven beinhaltet die Fokussierung auf bestimmte Perspektiven, die Hemmung anderer und manchmal die Konstruktion neuer begrifflicher Perspektiven in einem Prozess, den wir in Kapitel 2 als die »individuelle Selbstregulation mit einzigartigem Inhalt« bezeichneten. Entscheidend ist, dass diese Koordination ein strategischer Prozess ist, der nicht nur Aufmerksamkeit und Hemmung, sondern auch die strategische Bewertung verschiedener Möglichkeiten beinhaltet (Lee und Carlson, 2015).

Diese Darstellung der frühen Ontogenese der sozialen Kognition des Menschen ist somit nicht nativistisch – obwohl sie sich auf die Reifung als einen wesentlichen Bestandteil des Prozesses beruft –, aber sie bildet sich auch nicht ein, dass Kinder diese elementaren Fähigkeiten durch Unterricht von Erwachsenen lernen. Vielmehr ist die Darstellung konstruktivistisch, indem sie sowohl die Reifung einzigartig menschlicher Fähigkeiten als auch die einzigartigen Arten von Erfahrung erfordert, die diese neuen Fähigkeiten ermöglichen. Ebenfalls erforderlich ist eine exekutive Ebene, auf der unterschiedliche subjektive Perspektiven miteinander und mit einer objektiven Perspektive koordiniert und neue Begriffe konstruiert werden. Die vorliegende Darstellung ist auch keine Theorie »dualer Systeme« (»Modularität lite«), sondern vielmehr eine Theorie echter Entwicklungsveränderung oder -transformation (siehe Rakoczy, 2015).

Implikationen für die Kognition

Und somit haben wir den grundlegendsten strukturellen Rahmen der einzigartig menschlichen Kognition vor uns: sozial geteilte Wirklichkeiten und die Fähigkeit, unterschiedliche Perspektiven mit Bezug auf Aspekte dieser geteilten Wirklichkeiten flexibel zu handhaben und zu koordinieren (geistige Koordination). Dieser strukturelle Rahmen verwandelt die Kognition von Menschenaffen grundlegend, indem einfache kognitive Repräsentationen in perspektivische umgewandelt werden. Darüber hinaus verwandelt dieser Rahmen das Denken von Menschenaffen grundlegend dadurch, dass die Menschen in die Lage versetzt werden, diese unterschiedlichen perspektivischen Repräsentationen zuerst bei sozialen/kommunikativen Interaktionen mit anderen und anschließend innerhalb ihrer eigenen verinnerlichten Denkprozesse zu koordinieren (Tomasello, 2014). Dadurch wird die Möglichkeit neuer Begriffe geschaffen – einschließlich jener, die von einer objektiven Perspektive abhängen –, um nicht nur solche sozialen Phänomene wie falsche Überzeugungen und sprachliche Aspekthaftigkeit zu verstehen, sondern auch solche nichtsozialen Phänomene wie die Beziehungen zwischen verschiedenen Begriffen in einer Hierarchie (wie wir in Kapitel 6 sehen werden).

Ich habe betont, dass die Konstruktion dieses Begriffsrahmens durch individuelle Kinder innerhalb ihrer Interaktionen geteilter Intentionalität mit anderen stattfindet (Erfahrungen, zu denen andere Spezies nicht in der Lage sind). Das Medium, durch das dies meistens geschieht, ist die kooperative – und auch sprachliche – Kommunikation. Kooperative und sprachliche Kommunikation sind daher von entscheidender Bedeutung für die Entwicklung der Fertigkeiten der Kinder zur gemeinsamen Aufmerksamkeit mit anderen, und zwar im Hinblick sowohl auf äußere Situationen als auch auf die Vorstellungen dieser anderen – sowie für die geistige Koordination innerhalb dieser geteilten Wirklichkeiten. Aber kooperative und sprachliche Kommunikation sind auch für sich genommen interessant und wichtig.

4

KOMMUNIKATION

Gemeinsame Aufmerksamkeit und Perspektivenübernahme sind für die menschliche Kooperation und soziale Interaktion so entscheidend, dass die Spezies neue Formen der Kommunikation entwickelt hat, die aus ihnen gebildet sind. Obwohl viele Primaten schlussfolgern, was ein Individuum veranlasst hat, zu vokalisieren oder auf eine bestimmte Weise zu handeln (so genannte funktionale Referenz), beziehen Menschen absichtlich die Aufmerksamkeit der anderen auf äußere Entitäten und Situationen – wodurch sie die gemeinsame Aufmerksamkeit auf sie herstellen –, um bestimmte Schlussfolgerungen auszulösen. Die intentional-referentielle Struktur menschlicher Kommunikation bringt eine Reihe besonders leistungsfähiger Typen geistiger Koordination und Perspektivenübernahme hervor (Sperber und Wilson, 1986; Tomasello, 2008).

In der Ontogenese beginnt dieser Prozess schon früh als Teil der Neunmonatsrevolution. Nachdem die elementaren Fertigkeiten gemeinsamer Aufmerksamkeit bereits vorhanden sind, beginnen Babys mit etwa elf Monaten, die Zeigegeste mit dem unmittelbaren Ziel zu benutzen, gemeinsame Aufmerksamkeit auf eine bestimmte Bezugssituation herzustellen. Aber das einfache Verfolgen der Richtung eines ausgestreckten Fingers kann den intendierten Bezugsgegenstand nicht bestimmen. Ein Kind, das in die Richtung eines Hundes zeigt, könnte beispielsweise beabsichtigen, die Aufmerksamkeit auf das Graben des Hundes zu lenken oder auf sein ungewöhnliches Fell oder auf die simple Tatsache seiner Gegenwart. Um das Gemeinte zu bestimmen, ist ein nicht unbeträchtlicher gemeinsamer Hintergrund zwischen dem zeigenden Kind und seinem Empfänger erforderlich, unter anderem geteilte Annahmen darüber, warum das Kind überhaupt gemeinsame Aufmerksamkeit herstellen möchte. Wenn beispielsweise das Kleinkind und ich gemeinsam nach dem Knochen des Hundes suchen, könnte ich seine Zeigegeste auf der Grundlage unseres gemeinsamen Verständnisses interpretieren, dass Hunde häufig nach Knochen graben, was dann so etwas wie »Vielleicht ist der Knochen da, wo er gräbt« zur Folge haben könnte. Innerhalb des Raums unseres gemeinsamen Hintergrunds ziehe ich einen rekursiven Schluss mit Bezug auf das, was ich der *Absicht* des Kindes gemäß *denken* soll. Die pragmatische Infrastruktur dieser einzigartigen Form der gestischen Kommunikation ist somit keine andere als die der Fertigkeiten und Motivationen gemeinsamer Intentionalität: gemeinsame Aufmerksamkeit, gemeinsamer Hintergrund, Kooperationsmotive, rekursive Schlüsse. Ikonische Gesten oder Gebärdenspiel – zum Beispiel die Nachahmung eines Hundes, der einen Knochen kaut – evozieren den beabsichtigten Referenten symbolisch, während sie weiterhin von derselben Infrastruktur gemeinsamer Intentionalität abhängen.

An einem bestimmten Punkt der Evolution begannen menschliche Gemeinschaften, den ganzen Prozess zu konventionalisieren. Das heißt, sie schufen besondere Gesten und Geräusche, die jeder in der Gemeinschaft auf dieselbe Weise benutzte, wenn er oder sie gemeinsame Aufmerksamkeit auf bestimmte Referenten herstellen wollte, auch wenn diese abwesend waren. Diese Konventionen funktionierten, weil – und nur weil – jeder im gemeinsamen kulturellen Hintergrund das Wissen teilte, wie sie von allen Gruppenmitgliedern konventionell benutzt wurden. In der Ontogenese brauchen Kinder kommunikative Symbole nicht zu konventionalisieren, weil die Konventionen schon in ihrer Umgebung existieren; sie müssen sie einfach nur befolgen. Aber die Befolgung des Gebrauchs eines kommunikativen Symbols ist alles andere als einfach, weil die Kommunikationskonventionen Perspektiven auf Dinge verkörpern: Beispielsweise ist genau dieselbe Entität *ein Ball, ein Spielzeug* oder *ein Geschenk von Papa*. Zusätzlich sind grammatische Konstruktionen konventionelle Schemata, deren Hauptfunktion darin besteht, Ereignisse aus einer bestimmten Perspektive zu symbolisieren: Zum Beispiel kodiert *Der Apfel wurde gegessen* das Ereignis aus der Perspektive des Apfels, wohingegen *das Mädchen aß den Apfel* das Ereignis aus der Perspektive des Mädchens enkodiert. Die perspektivische Natur sprachlicher Symbole und Konstruktionen – im

Gegensatz zu den einfachen abstrakten Repräsentationen von Menschenaffen – stattet das Denken dessen, der eine Sprache lernt, mit außergewöhnlicher Flexibilität und Leistungsfähigkeit aus. Außerdem erleichtert oder ermöglicht gar die Ausübung sprachlicher Fertigkeiten dieser Art im Diskurs mit anderen – der alle möglichen Arten von Missverständnissen und perspektivischen Unstimmigkeiten beinhaltet – die bemerkenswerten Fähigkeiten kleiner Kinder zur Koordination von Perspektiven, wenn sie ihre Diskursinteraktionen mit anderen exekutiv selbst regulieren.

Ganz offensichtlich kommunizieren Menschenaffen miteinander nicht mittels einer konventionellen Sprache. Wenn Menschen versuchen, ihnen eine solche beizubringen – in Form einer manuellen oder grafischen Zeichensprache –, ist das Ergebnis eine in sozialer Hinsicht abgemagerte Variante des Originals. Das ist nicht überraschend, weil Menschenaffen tatsächlich nicht einmal gegenüber anderen referentiell auf etwas zeigen oder in ihrer natürlichen Kommunikation ihnen gegenüber gestikulieren. Wenn sie mit Menschen interagieren, können Menschenaffen lernen, etwas zu benutzen, das einer Zeigegeste ähnelt, aber auch hier ist das Ergebnis wieder eine sozial abgemagerte Variante des Originals. Der Grund dafür, warum Menschenaffen nicht auf natürliche Weise referentiell oder konventionell kommunizieren – und daher auch dafür, warum ihre von Menschen gelehrten Fertigkeiten sozial abgemagert sind –, besteht darin, dass sie die Infrastruktur geteilter Intentionalität nicht besitzen, auf der die gestische und sprachliche Kommunikation des Menschen aufbaut.

In diesem Kapitel versuchen wir also, die Ontogenese der absolut zentralen Fertigkeit menschlicher Einzigartigkeit zu beschreiben und zu erklären: der sprachlichen Kommunikation. Aber um die Ontogenese der sprachlichen Kommunikation zu erklären, müssen wir zuerst die einzigartig menschliche kooperative Kommunikation erklären, wie sie sich in den früher entstehenden Zeigegesten und im Gebärdenspiel (die selbst von Fertigkeiten und Motivationen gemeinsamer Aufmerksamkeit abhängen) manifestieren. Aber noch davor fangen wir wie immer bei den Menschenaffen an, um zu sehen, was sie uns über die evolutionären Grundlagen sagen können.

Im Ausgang von Menschenaffen: Intentionale Kommunikation

Biologen betrachten alles Mögliche als Kommunikation, von der hellen Färbung der Vögel bis zu den großen Geweihen der Hirsche, und verlangen nur, dass jemand Informationen daraus ziehen kann. Aber wenn wir uns auf den Kommunizierenden und seine Psychologie konzentrieren, benutzen die Vögel und Hirsche ihre Färbung oder Hörner nicht aktiv, um Ziele zu erreichen. Sie richten diese Signale nicht an Individuen, sie stimmen diese Signale nicht auf unterschiedliche Umstände ab und sie modifizieren sie nicht, wenn sie ungehört bleiben. Tatsächlich ist die intentionale Kommunikation mit diesen Eigenschaften im Tierreich äußerst selten. Die Mehrheit nichtmenschlicher Kommunikation von Primaten ist somit überhaupt nicht intentional und das schließt fast alle stimmlichen Signale ein, die zum größten Teil unflexibel und stereotyp sind.

Menschenaffen unterscheiden sich von anderen Säugetieren und Primaten dadurch, dass sie ihre gestische Kommunikation flexibel und intentional gebrauchen. Wir wissen das, weil es im Unterschied zu Vokalisierungen 1. viele und große individuelle Unterschiede im Gestenrepertoire verschiedener Individuen derselben Spezies gibt; 2. Individuen dieselbe Geste flexibel zu unterschiedlichen Kommunikationszwecken benutzen und außerdem unterschiedliche Gesten zum selben Kommunikationszweck; 3. Individuen typischerweise eine Geste nur dann produzieren, wenn der Empfänger angemessen aufmerksam ist, und sie hinterher häufig die Reaktion des Empfängers beobachten und auf eine Antwort warten; und 4. Individuen manchmal Abfolgen oder Kombinationen mehrerer Gesten benutzen, wenn der andere nicht angemessen reagiert (siehe Tomasello et al., 1985, 1989, 1994, 1997; Call und Tomasello, 2007). Und deshalb teilt die gestische Kommunikation der Menschenaffen mit der sprachlichen Kommunikation des Menschen grundlegende Aspekte ihrer Funktionsweise – den absichtlichen und flexiblen Gebrauch gelernter Kommunikationssignale –, obwohl natürlich nur die stimmliche Kommunikation der Primaten mit der sprachlichen Kommunikation des Menschen den stimmlich-auditiven Kanal teilt.

Gestische Kommunikation bei Menschenaffen

Menschenaffen benutzen zwei grundsätzliche Typen intentionaler Gesten: Intentionsbewegungen und Aufmerksamkeitsfänger. Gesten der Intentionsbewegung sind soziale Handlungen, die ontogenetisch ritualisiert wurden. Ontogenetisch ritualisierte Intentionsbewegungen sind solche Dinge wie *Arm-Heben*, um ein Spiel zu initiieren, und *Rücken-Berühren* (von Babys gegenüber ihren Müttern) zur Aufforderung, getragen zu werden. Signale für Intentionsbewegungen sind im Grunde Abkürzungen voll ausgebildeter sozialer Handlungen, und sie sind fast immer dyadisch in dem Sinne, dass der Kommunizierende versucht, das Verhalten des Empfängers während der Interaktion direkt zu beeinflussen (und nicht, um auf eine dritte Entität Bezug zu nehmen).

Für diejenigen Gesten von Intentionsbewegungen, die gelernt sind, vollzieht sich der Lernprozess (hier am Beispiel des *Arm-Hebens*) in etwa wie folgt.

1. Zu Beginn nähert sich ein Jungtier einem anderen, um sich mit diesem im Spiel zu raufen, hebt seinen Arm zur Vorbereitung des spielerischen Zuschlagens, schlägt dann tatsächlich zu und springt hoch, um mit dem Spielen zu beginnen.
2. Über mehrfache Wiederholungen hinweg lernt der Empfänger, diese Abfolge allein aufgrund des anfänglichen Armhebens zu antizipieren, und beginnt zu spielen, nachdem er diesen Anfangsschritt wahrgenommen hat.
3. Der Kommunizierende lernt, diese Antizipation vorwegzunehmen, und hebt daher seinen Arm, beobachtet den Empfänger und wartet auf dessen Reaktion, wobei er erwartet, dass dieses Armheben das Spiel einleitet.

Dieser Prozess hat die ontogenetisch ritualisierte Geste, *Arm-Heben*, zum Ergebnis, die der Kommunizierende absichtlich produziert, um das Spiel einzuleiten. Anschließend beobachtet er die Reaktion des Empfängers und versucht etwas anderes, wenn die erwünschte Reaktion nicht erfolgt. Die Geste des *Rücken-Berührens* wird ähnlich gelernt; anfänglich packt das Baby den Rücken der

Mutter und zieht ihn nach unten, damit er auf ihn klettern kann; dies wird dann zu einer leichten Berührung des Rückens der Mutter ritualisiert, damit diese ihn als Reaktion darauf senkt (zu einer detaillierten Längsschnittanalyse dieses Verhaltens bei Bonobo-Babys siehe Halina et al., 2013). Bei Intentionsbewegungen leitet sich die Bedeutung der Geste unmittelbar aus der ursprünglichen sozialen Handlung her.

Die andere Art von Affengesten sind Aufmerksamkeitsfänger, die für Primaten oder auch nur Menschenaffen vielleicht einzigartig sind. Aufmerksamkeitsfänger sind solche Dinge wie *Boden-Schlagen*, *An-Stupsen* und *Sachen-Werfen*, die dazu dienen, die Aufmerksamkeit des Empfängers auf den schlagenden, stupsenden oder werfenden Kommunizierenden zu ziehen – wieder zum größten Teil dyadisch ohne äußere Bezugsgegenstände. Aber sie funktionieren etwas anders als Intentionsbewegungen. Im prototypischen Fall ist das Jungtier in Spiellaune – was aus seinem stimmungsinduzierten Gesamtausdruck »auf Spiel eingestellter Gesichtsausdruck und entsprechende Körperhaltung« hervorgeht – und der Aufmerksamkeitsfänger dient dazu, die Aufmerksamkeit auf dieses Display zu lenken. Ein anderes Beispiel liegt vor, wenn männliche Schimpansen, denen nach Sex zumute ist, ein Verhalten des *Blätter-Abschneidens* zeigen, was einen scharfen, lauten Ton erzeugt, der die Aufmerksamkeit der Weibchen auf ihren erigierten Penis lenkt. Wichtig ist, dass in diesen beiden Fällen die »Bedeutung« oder Funktion des Kommunikationsakts insgesamt nicht in der aufmerksamkeitsheischenden Geste liegt, sondern vielmehr in dem unwillkürlich hervorgebrachten Display, von dem das Individuum weiß, dass der Empfänger es sehen muss, um angemessen darauf zu reagieren. Belegt wird diese Interpretation dadurch, dass Affen bei manchen Gelegenheiten tatsächlich ein Display vor anderen verbergen, beispielsweise das Display einer Furchtgrimasse mit ihren Händen verdecken.

Menschenaffen benutzen keine Zeigegesten gegenüber anderen Affen; sie sind kein Bestandteil ihres natürlichen Kommunikationsrepertoires. Interessanterweise können jedoch Affen, die in der Umgebung von Menschen aufwachsen, lernen, andere durch »Zeigen«

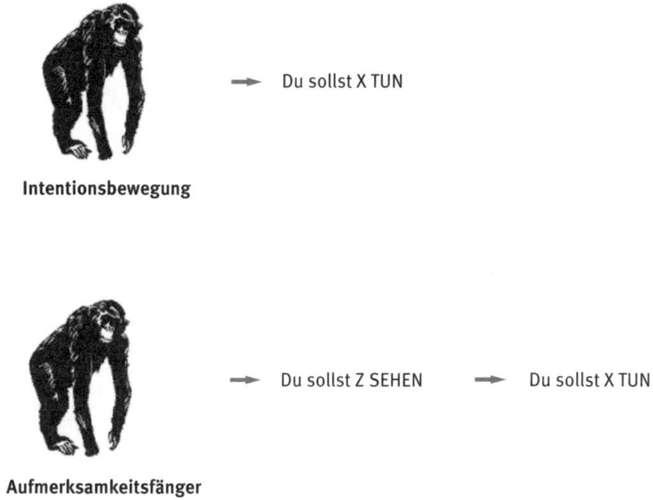

Abbildung 4.1: Intentionalität, die den beiden Haupttypen der Gesten von Menschenaffen zugrunde liegt (aus Tomasello, 2008).

zu kommandieren, indem sie ihre ganze Hand benutzen, und zwar meistens mit Bezug auf Dinge, die sie haben, oder Orte, zu denen sie Zugang bekommen wollen (Leavens und Hopkins, 1998). Eine Interpretation dieses Verhaltens lautet, dass es sich um eine Art von ritualisiertem Greifverhalten handelt, auf das Menschen (aber nicht andere Menschenaffen) reagieren (als ob es Bemühungen eines wirklichen Greifverhaltens wären), indem sie bestimmte Gegenstände für sie holen. So präsentierten beispielsweise van der Goot et al. (2014) Schimpansen einen wünschenswerten Gegenstand, der sich neben einem Menschen befand, aber ein Stück weiter weg war. Die Schimpansen zeigten im Grunde nie auf das gewünschte Objekt; stattdessen gingen sie zu ihm hin und streckten dann die Hand ritualistisch durch den Zaun nach ihm aus (das heißt, sie »zeigten« gegenüber dem Menschen). Menschliche Babys zeigten in derselben Situation zum größten Teil einfach aus der Entfernung. In einer anderen vor kurzem durchgeführten Untersuchung ließen Halina et al. (im Druck) einen Menschen auf das auf Nahrung gerichtete Zeigen der Affen entweder dadurch reagieren, dass der Mensch zwar auf die Nahrung schaute, aber sie ihnen nicht gab (Unwillen-Bedingung), oder aber in eine falsche Richtung schaute (Missverständnis-Bedingung). Die Affen reagierten unter den beiden verschiedenen Bedingungen im Gegensatz zu menschlichen Babys (Grosse et al., 2010a) nicht unterschiedlich, was darauf hindeutet, dass ihr Zeigen sich nicht so sehr auf die Lenkung der Aufmerksamkeit anderer richtet als darauf, das zu bekommen, was sie wollen. Eine angemessene Interpretation lautet daher, dass das Zeigen der Affen Befehle an die Menschen durch ritualisierte Greifbewegungen beinhaltet.

Zusammenfassend lässt sich Folgendes sagen: Von einem psychologischen Gesichtspunkt aus stellt Abbildung 4.1 die intentionale Struktur der beiden Typen von Gesten bei Menschenaffen dar. In allen Fällen will der gestikulierende Affe, dass der Empfänger etwas tut, und dies wird entweder direkt durch eine Intentionsbewegung oder indirekt durch einen Aufmerksamkeitsfänger erreicht, bei dem der gestikulierende Affe will, dass der Empfänger etwas sieht (und dann als Folge davon etwas tut). Wie wir sehen werden, bilden diese beiden Typen von Gesten eine evolutionäre Grundlage für das Gebärdenspiel und die Zeigegesten von Menschenkindern.

Menschenkinder

Schon bald nach der Mitte des ersten Jahres, noch vor der Neunmonatsrevolution, produzieren Säuglinge ritualisierte Körperbewegungen, die den Intentionsbewegungen der Menschenaffen ähneln. Nachdem sie zum Beispiel versucht haben, auf einen Erwachsenen zu klettern, und infolgedessen auf den Rücken genommen wurden, heben sie später ihre Arme gegenüber dem Erwachsenen (und wimmern vielleicht auch) als Aufforderung, auf den Rücken genommen zu werden. Solche Gesten sind wie die Intentionsbewegungen der Menschenaffen, insofern sie ausschließlich 1. in ihrer Intention imperativ oder direktiv und nicht informativ sind und 2. darauf abzielen, die dyadische Interaktion zwischen der gestikulierenden und einer anderen Person zu regulieren, und nicht darauf, die Aufmerksamkeit des anderen referentiell auf eine dritte, äußere Entität oder Situation zu lenken.

Säuglinge in diesem Alter tun außerdem etwas, das den Aufmerksamkeitsfängern der Menschenaffen gleicht, indem sie Bewegungen oder Geräusche machen, die die Aufmerksamkeit auf sie selbst lenken – in Akten, die Bates (1976) als »Protzen« bezeichnet. Und analog zum ritualisierten kombinierten Greifen und Zeigen beginnen Säuglinge mit etwa neun bis zehn Monaten eine »Zeigegeste mit der ganzen Hand« hervorzubringen. Ähnlich wie Affen vollziehen Säuglinge so etwas wie ritualisiertes Greifen, wobei sie erwarten, dass ein Erwachsener ein Objekt für sie holt. Liszkowski und Tomasello (2011) stellten fest, dass Säuglinge in einigen Kontexten dieses ritualisierte Zeigen mit der ganzen Hand recht häufig taten, und zwar immer zu imperativen Zwecken. Interessanterweise korrelierte dieses Verhalten nicht mit dem Verständnis der Kinder von Zeigegesten, die von Erwachsenen produziert werden (während die Zeigegesten der Kinder, bei denen sie ihren Zeigefinger verwendeten, eine solche Korrelation aufwiesen). In einem ähnlichen Sinne berichteten Cameron-Faulkner et al. (2015), dass die Zeigegesten der Kinder mit dem Zeigefinger nicht durch ihr früheres ritualisiertes Greifen vorhergesagt wurden, sondern vielmehr durch ihre früheren Versuche, Erwachsenen in kooperativer Absicht Gegenstände anzubieten oder zu zeigen. Diese Ergebnisse deuten darauf hin, dass das Zeigen mit der ganzen Hand und das Zeigen mit dem Zeigefinger unterschiedliche Akte sind; es ist möglich, dass ersteres ein Erbstück von Affen darstellt, während letzteres aus der Neunmonatsrevolution und aus Fertigkeiten gemeinsamer Intentionalität hervorgeht. Tatsächlich wird das auch unsere Hypothese im nächsten Abschnitt sein.

Im Allgemeinen tauchen die ritualisierten Gesten menschlicher Säuglinge in mehr oder weniger derselben Entwicklungsperiode auf wie die ritualisierten Gesten der Menschenaffen (Abbildung 4.2). Die Annahme lautet in beiden Fällen, dass die besonderen Gesten, die die Affen und Säuglinge ritualisieren, von besonderen sozialen Interaktionen herstammen, die sowohl das Greifen als auch Versuche umfassen, die Aufmerksamkeit anderer auf sich selbst zu len-

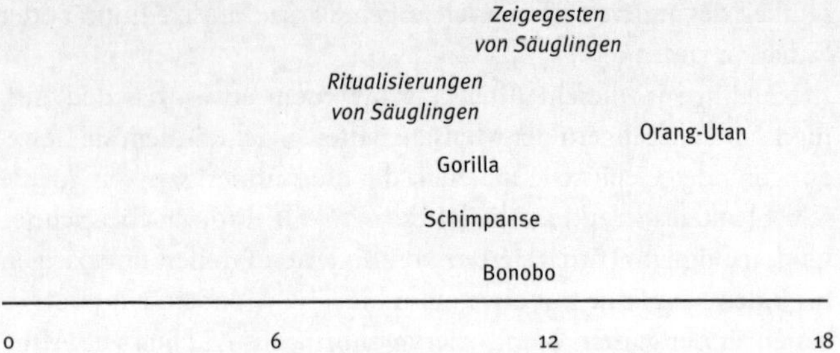

Abbildung 4.2: Ungefähres Alter in Monaten für das Auftauchen ritualisierter Gesten bei Säuglingen (kursiv) und vier Spezies von Menschenaffen. Es gibt keine systematischen Unterschiede zwischen Intentionsbewegungen und Aufmerksamkeitsfängern. Das Alter des Auftretens von Zeigegesten bei menschlichen Säuglingen ist zum Vergleich angegeben. Die Daten der Menschenaffen beruhen auf einer Zusammenstellung aus Tomasello et al. (1994) und Schneider et al. (2012); die Näherungswerte für Kinder stammen von Bates (1976).

ken. Was die Säuglinge also phylogenetisch erben, ist eine Fähigkeit zur Ritualisierung sozialer Verhaltensweisen, obwohl natürlich jede Ritualisierung individuell gelernt wird.

Kooperative Kommunikation

Einige Monate nachdem sie begonnen haben, ritualisierte Gesten zu produzieren, fangen Säuglinge im Zusammenhang mit der Neunmonatsrevolution gemeinsamer Aufmerksamkeit damit an, einige neue und für die Spezies einzigartige Formen gestischer Kommunikation zu produzieren. Die beiden Haupttypen der Gesten von Säuglingen sind 1. Zeigegesten, bei denen der Säugling eine andere Person auffordert, mit ihm zusammen auf eine bestimmte äußere Situation zu achten, indem er seinen Finger in eine bestimmte Richtung streckt, und 2. Gebärdenspiel (oder ikonische Gesten), bei denen der Säugling eine andere Peson auffordert, sich mit ihm zusammen eine Situation vorzustellen, indem er sie durch seine eigenen

Handlungen repräsentiert. Die Zeigegesten sind den Aufmerksamkeitsfängern der Menschenaffen insofern ähnlich, als der Kommunizierende versucht, die Aufmerksamkeit des Empfängers zu lenken. Ikonische Gesten sind den Intentionsbewegungen der Menschenaffen insofern ähnlich, als der Kommunizierende versucht, einen Kommunikationsakt zu vollziehen, indem er eine Handlung in stilisierter Form produziert. Aber die Zeigegesten und das Gebärdenspiel der Säuglinge werden referentiell gebraucht, das heißt, sie haben nicht nur den Zweck, zu einem bestimmten Handeln aufzufordern oder die Aufmerksamkeit auf sich selbst zu ziehen, sondern auch, die Aufmerksamkeit auf äußere Entitäten oder Situationen zu lenken (das heißt, sie zu teilen). Und das zugrunde liegende Motiv besteht nicht nur darin, etwas zu verlangen, sondern ebenso oft auch darin, andere dienlicherweise über Dinge zu informieren oder mit ihnen Informationen und Einstellungen so zu teilen, dass dadurch der gemeinsame Hintergrund erweitert wird.

Zeigegesten

Um ihren ersten Geburtstag herum beginnen menschliche Babys zum ersten Mal, Zeigegesten mit dem Zeigefinger aus drei grundsätzlichen Kommunikationsmotiven zu verwenden, die alle kooperativ sind: Um vom Empfänger Hilfe zu erbitten (auffordernd), um dem Empfänger hilfreiche Informationen anzubieten (informativ) und um eine Einstellung wie beispielsweise Begeisterung auszudrücken, von der sie hoffen, dass der Empfänger sie teilen wird (expressiv). Die folgenden sozialen Motive gehen dem Erscheinen der Zeigegesten voraus – um Hilfe ersuchen durch Weinen, Teilen von Gefühlen in Protokonversationen und physische Hilfe (was alles gleichzeitig auftritt) – und treten in den kontrastierenden stimmlichen Intonationen, die den Zeigeakt typischerweise begleiten, deutlich hervor: Das Aufforderungsmotiv wird von Weinen oder Wimmern begleitet; das expressive Motiv wird vom Ausdruck der Begeisterung und Freude begleitet; und das Informationsmotiv wird typischerweise von überhaupt keinem erkennbaren Gefühlsausdruck begleitet. Abbildung 4.3 stellt diese sozialen Ausgangsmo-

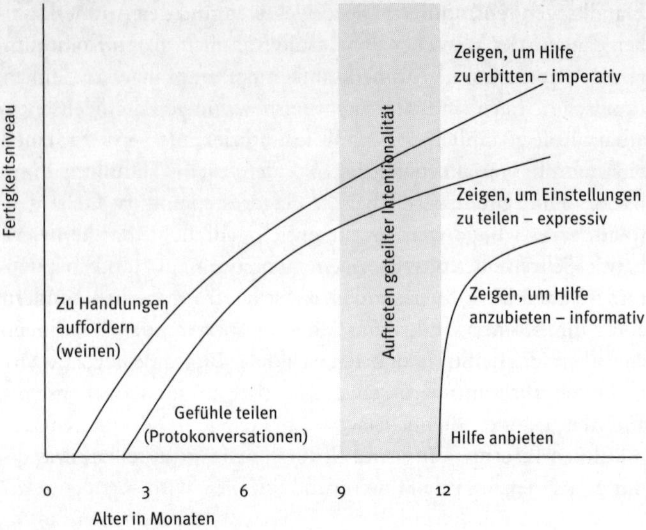

Abbildung 4.3: Darstellung der Entwicklung dessen, wie drei grundlegende soziale Motive durch geteilte Intentionalität in die drei hauptsächlichen Typen der Zeigegesten von Säuglingen, die alle referentiell sind, umgewandelt werden (aus Tomasello, 2008).

tive und außerdem die Tatsache dar, dass das Auftreten gemeinsamer Intentionalität im Alter von neun Monaten die kognitive und motivationale Infrastruktur bereitstellt, die die Kleinkinder benötigen, um erstmals Zeigegesten zum Erreichen dieser bereits existierenden sozialen Zwecke kommunikativ einzusetzen.

EXPRESSIVE ZEIGEGESTEN. Angefangen bei den klassischen Untersuchungen von Werner und Kaplan (1963) und fortgesetzt durch die ersten modernen Erforscher der frühen Gesten von Kindern wie beispielsweise Bates (1976) und Bruner (1974), erkennt nun jeder an, dass menschliche Babys einfach deshalb auf etwas zeigen, um Interesse und Aufmerksamkeit mit Bezug auf eine aufregende Situation zu teilen, und niemand hat je ernsthaft ein solches

Kommunikationsmotiv für irgendeinen anderen Primaten postuliert. Wenn beispielsweise ein Baby und seine Mutter einem interessanten Tier im Park begegnen, wird das Baby ab etwa zwölf Monaten typischerweise aufgeregt auf es zeigen und seine Mutter anschauen, um seine Begeisterung mit ihr zu teilen – der elementare Prozess des Teilens von Gefühlen, der referentiell erweitert ist. Bezeichnenderweise wird es auch genauso zeigen, wenn ein Gegenstand, bezüglich dessen es bereits seine Aufmerksamkeit mit einem Erwachsenen teilt, etwas Neues und Interessantes zu tun beginnt. Der Referent einer Zeigegeste ist somit kein Gegenstand, sondern eine ganze Situation: Die Tatsache, dass ein interessantes Tier gerade eben erschienen ist oder dass die Puppe, die wir anschauen, jetzt tanzt (Situationen sind Vorläufer von Propositionen; siehe Tomasello, 2014).

Liszkowski et al. (2004) versuchten experimentell zu bestimmen, was genau das Baby dazu motiviert, eine expressive Zeigegeste zu verwenden. Sie ließen ein Baby ein Paar Puppen betrachten; plötzlich begann eine der Puppen, lebhaft zu tanzen. Ein Erwachsener sah das Baby an, hatte die Puppen jedoch im Rücken, sodass er sie nicht sehen konnte, ohne sich umzudrehen. Experimentell variiert wurde die Reaktion des Erwachsenen auf die Zeigegeste des Babys. 1. Wenn der Erwachsene nichts tat, hörten die Babys schon bald mit dem Zeigen auf. 2. Wenn der Erwachsene das Gefühl des Babys zwar erwiderte, aber sich nie umdrehte, um auf die Puppen zu sehen (wodurch die Hypothese getestet werden sollte, dass das Baby einfach wollte, dass der Erwachsene ein bestimmtes Gefühl zeigt), zeigten die Babys beharrlich weiter, um zu versuchen, den Erwachsenen dazu zu bewegen, dass er auch auf die Puppen schaut. 3. Wenn der Erwachsene sich zwar umdrehte und schaute, aber kein Gefühl ausdrückte (wodurch die Hypothese getestet werden sollte, dass die Babys einfach wollten, dass der Erwachsene die Puppen anschauen sollte), wiederholten die Babys die Zeiggeste eine Zeit lang, zeigten sich aber bald entmutigt. 4. Wenn der Erwachsene auf die Zeigegeste des Babys reagierte, indem er sich herumdrehte, um auf die Puppen zu schauen, und dann auf das Baby zurückschaute, um ein positives Gefühl und Begeisterung auszudrücken (die Schlüsselbedingung, die widerspiegelte, was Erwachsene in der wirklichen Welt auf natürliche Weise am häufigsten tun), hörten die Babys mit dem Zeigen auf, weil ihr Ziel, Interesse und Aufmerksamkeit mit dem Erwachsenen zu teilen, erfolgreich erfüllt worden war. Das expressive Zeigen der Babys ist dazu bestimmt, Gefühle und Einstellungen mit einem Erwachsenen im Hinblick auf eine äußere Situation zu teilen.

Vom Standpunkt eines Erwachsenen aus könnten wir uns das, was die Babys hier tun, als eine Art von Tratsch vorstellen (Dunbar, 1996). Wenn Erwachsene tratschen, besteht ihr Hauptziel einfach darin, Informationen und Einstellungen mit einer anderen Person zu teilen, um ihren gemeinsamen Hintergrund aufzubauen, und zwar sowohl begrifflich als auch emotional. Wenn ich Sie begeistert darüber informiere, dass ich eine neue Stelle bekommen habe, erwarte ich von Ihnen, dass Sie ebenso begeistert davon sind; wenn Sie eine traurige Miene machen, weiß ich nicht, wie ich reagieren soll. Daher führten Liszkowski et al. (2007) nach ihrer Untersuchung von 2004 eine Folgestudie durch, bei der sie den Erwachsenen der Zeigegeste auf die Puppen folgen und dann entweder mit dem Gefühlsausdruck der Babys übereinstimmen ließen (indem er Begeisterung zeigte) oder nicht (indem er mangelndes Interesse zeigte). Die Babys waren mit dem kommunikativen Austausch eindeutig zufriedener, wenn der Erwachsene mit ihrem Gefühlsausdruck übereinstimmte. Die Entwicklung scheint hier von Protokonversationen auszugehen, bei denen das Baby und der Erwachsene unmittelbar von Angesicht zu Angesicht positive Emotionen miteinander teilen und sich anschließend zu etwas hin bewegen, was einem echten Gespräch ähnelt, bei dem sie Interesse und Aufmerksamkeit im Hinblick auf eine äußere Situation oder ein äußeres Thema teilen.

AUFFORDERNDE ZEIGEGESTEN. Die Kommunikationsakte von Menschenaffen und anderen Tieren zielen fast ausschließlich darauf ab, andere dazu zu bewegen, das zu tun, was sie von ihnen wollen. Viele Sprechakte des Menschen zielen zwar ebenfalls auf dieses imperative Ziel ab, aber es lässt sich auf zwei unterschiedliche Arten erreichen (die tatsächlich zwei Enden eines Kontinuums darstellen). Einerseits kann ein Individuum einem anderen befehlen, etwas zu tun, vielleicht sogar gestützt auf eine Drohung. Andererseits kann eine Person höflich oder gar indirekt darum bitten, dass eine andere Person – wenn es dieser nicht zu viel Mühe bereitet – ihr bei etwas hilft. Solche Bitten um Hilfe sind deshalb möglich, weil beide Interagierende annehmen, dass der andere ein kooperatives Wesen ist, das helfen möchte. Tatsächlich besteht die Mehrzahl solcher Bitten eigentlich, wenn man sie wörtlich nimmt, in einfachen Aussagen über den inneren Zustand des Bittenden oder auch über den Zustand der Welt, und es bleibt dem Angesprochenen überlassen, was er mit Bezug darauf tut. Zum Beispiel kann ich darum bitten, dass das Fenster geöffnet wird, indem ich sage »Ich hätte gerne, dass das Fenster offen ist« (wodurch ich mein Bedürfnis oder meinen Wunsch ausdrücke), »Könntest du das Fenster öffnen?« (wodurch ich nach deiner Fähigkeit frage, mir zu helfen) oder »Dieses Fenster ist geschlossen« (indem ich eine Aussage über die Welt mache). Nur eine Person, die grundsätzlich kooperativ ist, würde kapieren, worauf ich hinauswill, und auf diese indirekten Bitten reagieren, indem sie tatsächlich hilft.

Menschliche Babys bringen Erwachsene durch Weinen dazu, auf ihre Bedürfnisse zu reagieren. Zu Beginn ist das Weinen kein intentionaler Akt, aber er wird schon bald dazu, indem er zum Wimmern ritualisiert wird. Wie schon zuvor erwähnt, ist das Zeigen mit der ganzen Hand eine Möglichkeit, wie Babys sogar schon vor ihrem ersten Geburtstag Erwachsenen befehlen, ihnen einen bestimmten Gegenstand zu bringen. Aber nicht lange nach der Neunmonatsrevolution beginnen die Babys damit, den Erwachsenen nicht nur zu befehlen, sondern sie kooperativ zu bitten, indem sie sie über ihre Bedürfnisse informieren und darauf vertrauen, dass sie angemessen reagieren. Zwei jüngere Untersuchungen mit einjährigen Babys veranschaulichen das.

In der ersten Untersuchung richteten Grosse et al. (2010) Situationen ein, in denen achtzehn Monate alte Kleinkinder darum baten, dass ein Erwachsener ihnen einen Gegenstand holte, indem sie typischerweise auf ihn zeigten und wimmerten. Die Untersuchung verwendete ein 2×2-Design. In einigen Fällen verstand der Erwachsene die Bitte richtig, aber in anderen Fällen nicht, und in einigen Fällen erfüllte der Erwachsene die Bitte des Kindes getreu seiner Absicht, aber in anderen Fällen nicht. Das Ergebnis war, dass selbst diese zum größten Teil vorsprachlichen Babys sich nicht darauf konzentrierten, das Verhalten des Erwachsenen zu steuern, sondern vielmehr darauf, dem Erwachsenen ihren Wunsch mitzuteilen, weil sie wussten, dass es beim Erwachsenen lag, ob er der Bitte entsprechen würde oder nicht. Wenn beispielsweise der Erwachsene ihre Bitte missverstand, aber (wundersamerweise) doch den richtigen Gegenstand holte (als Reaktion darauf, dass das Kind auf die Kuh zeigte und wimmerte, sagte der Erwachsene »Ah, du willst das Pferd? Tut mir leid, ich kann dir nur die Kuh geben«), wiederholten die Babys ihre Bitte trotzdem oder versuchten nachzubessern, sodass der Erwachsene wusste, was sie beabsichtigt hatten. Wenn der Erwachsene im Gegensatz dazu die Bitte korrekt verstand, wiederholten die Babys sie nicht und besserten sie auch nicht nach, selbst wenn der Erwachsene es ablehnte, ihnen den erwünschten Gegenstand zu geben (als Reaktion darauf, dass das Kind auf die Kuh zeigte und wimmerte, sagte der Erwachsene »Ah, du willst die Kuh? Tut mir leid, ich kann dir nur das Pferd geben«). Der entscheidende Punkt ist, dass das Ziel der Aufforderungsgeste der Kinder darin bestand, sicherzustellen, dass der Erwachsene wusste, was sie beabsichtigten; sie wussten, dass es danach bei dem Erwachsenen lag, ob er ihrer Aufforderung entsprach oder nicht.

In der zweiten Untersuchung des Verständnisses von Aufforderungen bei Säuglingen ließen Grosse et al. (2010b) Erwachsene die Kleinkinder (die 21 Monate alt waren) um eine Batterie bitten, damit sie ein Blitzlicht einschalten konnten. Die Pointe war, dass es eine Batterie gab, die direkt vor dem Erwachsenen in seiner Reichweite lag, und eine andere auf einem Tisch, der ein paar Meter entfernt stand. Da keine anderen Hinweise vorhanden waren, verstanden die Kinder automatisch, dass die Bitte sich auf die weiter entfernte Batterie bezog, vermutlich, weil eine kooperative Person nie jemanden darum bitten würde, etwas zu tun, was sie leichter selbst tun könnte. Man beachte, dass beide Batterien das Ziel der

Bitte des Erwachsenen hätten sein können, wenn das Kind dies einfach als Befehl verstanden hätte, etwas zu tun, ohne Annahmen mit Bezug auf die Kooperativität zu machen. In einer Variante wiederholten Grosse et al. das Experiment, aber in diesem Fall hatte der Erwachsene keine Hand frei. Nun ergab es einen Sinn, darum zu bitten, einen Gegenstand zu holen, auch wenn er sich in der Nähe befand; tatsächlich holten die Kleinkinder beide Batterien gleich oft. Entscheidend ist, dass die Kleinkinder Bitten als Widerspiegelungen der grundsätzlichen Logik nicht von Befehl und Drohung, sondern von Kooperation und Hilfe verstehen. Und sie können dieselbe Logik verwenden, um noch »weiter reichende« Schlüsse zu ziehen: Wenn achtzehn Monate alten Kindern die Klötze ausgehen und sie dann einen Erwachsenen sehen, der demonstrativ einen Schlüssel hochhält, dann schließen sie, dass dieser Schlüssel benutzt werden könnte, um die Tür eines Schranks zu öffnen, der weitere Klötze enthält (Schulze und Tomasello, 2015), weil sie darauf vertrauen, dass der Erwachsene ihnen zu helfen versucht.

INFORMATIVE ZEIGEGESTEN. Menschen zeigen anderen gegenüber auch altruistisch auf Situationen, einfach um sie mit hilfreichen Informationen zu versorgen. Beispielsweise brachten Liszkowski et al. (2006) zwölf Monate alte Babys in verschiedene Situationen, in denen sie beobachteten, wie ein Erwachsener einen Gegenstand verlegte oder ihn irgendwie aus den Augen verlor und dann begann, nach ihm zu suchen. In diesen Situationen zeigten die Babys auf das gesuchte Objekt (häufiger als auf ablenkende Objekte, die auf dieselbe Weise verlegt worden waren, die der Erwachsene aber nicht brauchte); währenddessen zeigten sie keine Anzeichen dafür, dass sie das Objekt für sich selbst wollten (kein Wimmern, Greifen etc.). Die Babys wollten dem Erwachsenen einfach dadurch helfen, dass sie ihn über den Ort des gesuchten Objekts informierten. Liszkowski et al. (2008) taten etwas Ähnliches, aber in diesem Fall wurde das gesuchte Objekt mit einem anderen kontrastiert, dessen Ort der Erwachsene kannte (beide Objekte waren zu beiden Seiten des Erwachsenen auf den Fußboden gefallen, das eine, während der Erwachse zugeschaut, und das andere, während er weggeschaut hatte). Diese Variation zeigt, dass die Babys verstanden, dass der Erwachsene den Ort des einen Objekts nicht kannte, weshalb die Funktion ihrer informierenden Geste darin bestand, ihm nicht mit etwas zu helfen, das er wusste, sondern mit etwas, das er nicht wusste. Schimpansen und andere Affen zeigen Menschen gegenüber nicht mit demselben Informationsmotiv. Bullinger et al. (2011c) versuchten, Schimpansen in verschiedenen Situationen zu Zeigegesten zu veranlassen, und stellten fest, dass sie nur zeigten, um etwas für sich selbst zu erbitten, und nicht, um dem Menschen dabei zu helfen, etwas für sich zu bekommen (wie es die menschlichen Babys taten).

Die Bedeutung des Informationsmotivs der Säuglingskommunikation kann gar nicht genug betont werden. Sie unterstreicht nicht nur die Natur des Kommunikationsakts, sondern auch die Schlüsse, die erforderlich sind, um diesen Akt in der intendierten Weise zu verstehen. Der Empfänger eines kooperativen Kommunikationsakts stellt sich die Frage: Wir wissen gemeinsam, dass er mir zu helfen versucht, aber – warum meint er, dass ich die Situation, auf die er mich hinweist, für *meine* Belange relevant finden werde? Betrachten wir Menschenaffen. Wenn Nahrung in einem von zwei Eimern versteckt wird und dann ein Mensch auf einen der Eimer zeigt, sind die Affen ratlos (zu einer Übersicht siehe Tomasello, 2006). Die Affen folgen zwar dem Zeigen und den Blicken des Menschen auf den Eimer, aber dann ziehen sie nicht den anscheinend naheliegenden Schluss, dass der Mensch ihre Aufmerksamkeit dorthin lenkt, weil er meint, dass das für ihre gegenwärtige Suche nach der Nahrung irgendwie relevant ist. Sie ziehen diesen Relevanzschluss nicht, weil es ihnen nicht in den Sinn kommt, dass der Mensch versucht, sie dienlicherweise zu informieren (weil die Kommunikation unter Menschenaffen immer imperativ ist), und das bedeutet, dass sie völlig desinteressiert daran sind, warum der Mensch auf einen der langweiligen Eimer zeigt. Entscheidend ist, dass das Unvermögen nicht darin besteht, dass Menschenaffen überhaupt keine Schlüsse über das Verhalten von Menschen ziehen können. Wenn ein Mensch zuerst eine Konkurrenzsituation mit ihnen einrichtet und dann verzweifelt nach einem der Eimer die Hand ausstreckt, wissen die Menschenaffen sofort, dass das Futter in diesem Eimer sein muss (Hare und Tomasello, 2004). Sie ziehen den auf Konkurrenz bezogenen Schluss »Er will zu diesem Eimer hin, also muss das Futter da drin sein«, aber sie ziehen nicht den kooperativen Schluss »Er will, dass ich weiß, dass das Futter in diesem Eimer ist«.

Dieses Verhaltensmuster steht in deutlichem Kontrast zu dem Verhalten menschlicher Babys bei dieser Objektwahl-Aufgabe. In derselben Situation vertrauen schon vierzehn Monate alte vorsprachliche Babys darauf, dass der Erwachsene für sie auf etwas hinweist, das für ihre gegenwärtige Suche relevant ist – sie verstehen das Informationsmotiv –, und daher wissen sie sofort, dass der Eimer, auf den gezeigt wurde, derjenige ist, der die Belohnung enthält (Behne et al., 2005). Darüber hinaus testeten Behne et al. (2012) zwölf Monate alte Babys, die gerade selbst mit Zeigegesten begannen, in dieser Situation auf ihr Verständnis und tauschten anschließend die Rollen, indem sie ihnen die Gelegenheit boten, eine informative Zeigegeste zu vollziehen, um dem Erwachsenen zu helfen. Dabei stellten sie eine starke Korrelation zwischen der Leistung bei beiden Aufgaben fest: Babys, die die informativen Zeigegesten des Erwachsenen gut verstanden, waren auch diejenigen, die dem Erwachsenen gegenüber solche Zeigegesten vollzogen. Das deutet darauf hin, dass Babys von Anfang an ihre informativen Zeigegesten mit einem Verständnis sowohl ihrer kooperativen als auch ihrer sozial-kognitiven Grundlagen einsetzen.

KOGNITIVE GRUNDLAGEN. Die Beteiligung an kooperativer Kommunikation dieser Art erfordert einige neue Typen von kognitiver Repräsentation und Schlussfolgerungen. Im Hinblick auf die kognitive Repräsentation ist die entscheidende Neuigkeit, dass die an der kommunikativen Interaktion Beteiligten ein auf einen gemeinsamen Hintergrund bezogenes Verständnis einer Situation teilen, das zu ihrer Perspektivierung dient. Zum Beispiel zeigt der Kommunizierende bei der Objektwahl-Aufgabe mit seiner Zeigegeste auf den Eimer – vor dem Hintergrund eines auf den gemeinsamen Hintergrund bezogenen Verständnisses, dass wir nach einem verborgenen Gegenstand suchen –, und zwar nicht auf ihn *als* physikalischen Gegenstand oder *als* Behälter zum Transport von Wasser, sondern vielmehr als *Ort*, an dem sich der verborgene Gegenstand befindet: Ich informiere dich über die Tatsache, dass die Belohnung sich *dort drin* befindet. Kooperative Zeigegesten erzeugen daher bereits unterschiedliche Konzeptualisierungen oder Auffassungen von Dingen – sie perspektivieren den Referenten für den Empfänger –, was die Fähigkeit sprachlicher Wesen ankündigt, ein und dieselbe Entität unter alternativen »Beschreibungen« oder »Aspektgestalten« vorzustellen.

Im Hinblick auf Schlussfolgerungen ist der entscheidende Punkt, dass die Schlüsse, die bei der kooperativen Kommunikation benutzt werden, sozial rekursiv sind. Um eine informative Geste so zu verstehen, wie sie intendiert wurde, findet daher eine Art von Hin und Her bei den Individuen statt, die Schlüsse über die Intentionen des Partners mit Bezug auf ihre intentionalen Zustände ziehen. Bei der Objektwahl-Aufgabe schließt der Empfänger beispielsweise, dass der Kommunizierende intendiert, dass der Empfänger weiß, dass der Gegenstand sich unter diesem Eimer befindet – ein sozial rekursiver Schluss, den Menschenaffen anscheinend nicht ziehen. Dieser Schluss erfordert in allen Fällen einen abduktiven »Sprung«, der etwa folgendermaßen aussieht: Sein Zeigen in die Richtung dieses ansonsten langweiligen Eimers würde einen Sinn ergeben (das heißt, er würde mit dem gemeinsamen Hintergrund, der Relevanz und Neuheit übereinstimmen), wenn es der Fall wäre, dass er *beabsichtigt*, dass ich *weiß*, wo der Gegenstand ist. Der Kommunizierende versucht seinerseits, dem Empfänger dabei zu helfen, diesen abduktiven Sprung so zu vollziehen, wie er es beabsichtigt. Zu diesem Zweck muss der Kommunizierende eine bestimmte Art von Simulation oder Denken vollziehen, wobei er sich vorstellt, wie das Zeigen in eine bestimmte Richtung den Empfänger dazu führen wird, einen bestimmten abduktiven Schluss zu ziehen: »Wenn ich in diese Richtung zeige, welche Schlüsse wird sie dann über meine Absichten mit Bezug auf ihre intentionalen Zustände ziehen?« Und wenn der Empfänger seinen abduktiven Schluss zieht, kann er folglich potenziell die Tatsache berücksichtigen, dass der Kommunizierende berücksichtigt, welche Art von Schlüssen der Empfänger wahrscheinlich mit Bezug auf seine kommunikativen Absichten zieht.

Weiter in derselben Richtung liegt auch das Phänomen der »Markiertheit« (das typischerweise im Zusammenhang mit der Sprache beschrieben wird, aber auch auf nichtsprachliche Kommunikation anwendbar ist). Liebal et al. (2011) ließen einen Erwachsenen und ein zwei- oder dreijähriges Kind Spielzeuge in einen großen Korb räumen. Wenn der Erwachsene auf eine kleine Kiste auf dem Boden zeigte, interpretierte das Kind beim normalen Gang der Ereignisse diese Zeigegeste so, dass es auch diese Kiste in den Korb legen sollte. Aber in manchen Fällen zeigte der Erwachsene mit leuchtenden Augen und einer Art von nachdrücklicher, an das Kind gerichteter Zeigegeste auf die Kiste, was offensichtlich ungewöhnlich war. Der Erwachsene beabsichtigte eindeutig etwas, was von der Norm abwich. In diesem Fall sahen viele Kinder den Erwachsenen verwundert an, öffneten dann aber die Kiste und schauten nach, was sich darin befand (und räumten *diesen Gegenstand* in den Korb). Die einfachste Interpretation dieses Verhaltens ist, dass das Kind verstanden hatte, dass der Erwachsene antizipierte, wie es eine normale Zeigegeste auffassen würde, was er nicht wollte; also markierte er seine Zeigegeste, sodass es motiviert wäre, nach einer anderen Interpretation zu suchen. Somit stellt sich das Kind vor, dass der Erwachsene sich vorstellt, dass sich das Kind vorstellt, was der Erwachsene denkt.

Schließlich ist ein weiterer wichtiger Typ von Schlussfolgerungen bei der Kommunikation von Babys die ausschließende Schlussfolgerung. Moll et al. (2006) ließen beispielsweise vierzehn bis neunzehn Monate alte Babys mit einem Erwachsenen und einer Spielzeugtrommel spielen. Als ein neuer Erwachsener das Zimmer betrat und aufgeregt auf die Trommel zeigte, nahm das Kind an, dass er über die Trommel sprach. Aber wenn der Erwachsene, mit dem das Kind gerade sein Interesse an der Trommel geteilt hatte, auf dieselbe Weise aufgeregt auf sie zeigte, nahm das Kind nicht an, dass er mit Bezug auf die Trommel als ganze aufgeregt war: Wie könnte er es auch sein, da sie für uns schon bekannt ist? Stattdessen nahmen die Kinder an, dass die Aufregung des Erwachsenen auf etwas Neues an der Trommel abzielen müsse, das sie zuvor noch nicht bemerkt hatten, weshalb sie nach einem neuen Aspekt suchten, zum Beispiel auf derjenigen Seite der Trommel, auf der sich der Erwachsene befand. Die Babys zogen den Schluss, dass der Erwachsene – weil er informativ sein wollte – nicht aufgeregt auf etwas zeigte, das sie bereits mit ihm teilten, sondern vielmehr auf etwas Neues.

Ikonische Gesten und So-tun-als-ob

Die zweite Form der einzigartig menschlichen gestischen Kommunikation, die Säuglinge und Kleinkinder gebrauchen, sind ikonische Gesten und Gebärdenspiel, bei denen das Kind eine bestimmte äußere Entität oder ein Ereignis durch seine eigenen Körperbewegungen repräsentiert – auch hier mit dem Ziel, den Empfänger dazu zu bewegen, dass er seine (vorgestellte) Aufmerksamkeit mit Bezug auf den Gegenstand teilt. Da dies als eine Form des Als-ob-Handelns aufgefasst werden kann, überrascht es nicht, dass die Fertigkeiten der Kinder im Hinblick auf ikonische Gesten und Als-ob-Handlungen einen ähnlichen Entwicklungsverlauf zu zeigen scheinen.

IKONISCHE GESTEN. Ikonische Gesten scheinen einzigartig menschlich zu sein. Menschenaffen könnten zwar leicht so wie Menschen mit ihren Händen gestikulieren, um Essen oder Trinken nachzuahmen, aber das tun sie nicht.[3] Tatsächlich verstehen Menschenaffen ikonische Zeichen nicht einmal. In einem modifizierten Experiment zur Objektwahl hielt ein Mensch eine Nachbildung

3 Manche Forscher haben behauptet, dass manche Intentionsbewegungen von Menschenaffen tatsächlich ikonisch funktionieren – zum Beispiel, wenn ein Gorilla einem anderen in einem sexuellen oder Spielkontext ritualistisch bedeutet, dass er sich in eine bestimmte Richtung bewegen soll (Tanner und Byrne, 1996). Aber hier handelt es sich höchstwahrscheinlich um ritualisierte Verhaltensweisen, die für Menschen ikonisch zu sein scheinen, weil sie sich aus Versuchen herleiten, wirklich den Körper des anderen in der gewünschten Richtung zu bewegen; für die Affen selbst funktionieren sie nicht ikonisch.

des Gegenstands hoch, unter dem Futter versteckt war. Zweijährige Menschenkinder wussten, dass das bedeutete, dass sie unter dem ähnlich aussehenden Gegenstand suchen sollten, Schimpansen und Orang-Utans jedoch nicht (Tomasello et al., 1997; Herrmann et al., 2006). In einer Variation dieses Themas verstanden kleine Kinder, aber nicht die Menschenaffen, dass, wenn ein Mensch eine Handlung nachahmte, die mit einem Apparat verbunden war, sich die Nahrung, die sie suchten, auf derjenigen Seite des Apparats befand, auf der diese Handlung tatsächlich wirksam war (Bohn et al., 2016). Beim Versuch, ikonische Gesten bei kleinen Kindern und bei Affen in Situationen hervorzurufen, in denen sie einen Vorteil von diesen Gesten hatten (das heißt einem uneingeweihten Menschen zu zeigen, wie man aus einem Apparat, von dem nur sie wussten, wie man ihn bedient, Nahrung für sie entnehmen kann), waren abermals nur die Kleinkinder erfolgreich (Grosse et al., 2015).

Vermutlich verstehen Menschenaffen ikonische Gesten deshalb nicht, weil sie keine Kommunikationsakte verstehen, die erkennbar als »für dich« (kooperativ) markiert sind. Wenn ein Affe jemanden sieht, der auf eine Nuss hämmert, weiß er ganz genau, was der andere tut; aber wenn er sieht, wie er eine hämmernde Bewegung macht, ohne dass Steine und Nüsse da sind, ist er ratlos. Um ikonische Gesten zu verstehen, muss man in der Lage sein, intentionale Handlungen, die außerhalb ihres normalen instrumentellen Zusammenhangs vollzogen werden, als Kommunikation zu verstehen – weil sie als solche von einem Kommunizierenden durch verschiedene Arten erkennbarer Signale (wie beispielsweise Augenkontakt) markiert werden. Wenn wir eine Analogie von Leslie mit Bezug auf Als-ob-Handlungen (1987) erweitern, muss die merkwürdige Handlung von naheliegenden Interpretationen als instrumentelle Handlung dadurch »isoliert« werden, das sie als »nur für Kommunikationszwecke« markiert wird.

Babys beginnen, verschiedene Arten von Gesten, die keine Zeigegesten sind, genauso früh zu verwenden wie die Zeigegesten selbst – nämlich etwa von ihrem ersten Geburtstag an. Beispielsweise berichten Iverson et al. (1994) von solchen Dingen, wie den Kopf zu schütteln, um »Nein« zu sagen, zum Abschied zu winken, die

Handflächen hochzuheben, um auszudrücken, dass »alles weg ist«, die Arme hoch zu heben, um »groß« auszudrücken, zu pusten für »zu heiß«, mit den Armen zu schlagen für »Vögelchen« und zu hecheln für »Hündchen« (siehe auch Acredolo und Goodwyn, 1988). Das Problem ist, dass viele dieser »Babyzeichen« einfach ausgehend von Erwachsenen nachgeahmt werden. Das bedeutet nicht, dass sie uninteressant sind, aber es bedeutet, dass ihr ikonischer Status für das Kind ungewiss ist. Wenn unser Augenmerk auf spontan produzierten ikonischen Gesten liegt, die Kinder erzeugen und nicht erlernen, dann gibt es dazu nur wenige Untersuchungen. Aber Carpenter et al. (in Vorbereitung) haben über Tagebuchbeobachtungen von ziemlich sicher spontan erzeugten ikonischen Gesten von Babys in den Monaten unmittelbar nach ihrem ersten Geburtstag berichtet. Sie waren zwar selten, aber alle beobachteten Babys produzierten bei verschiedenen Gelegenheiten eine oder mehrere davon.

Beispiel 1: Mit dreizehn Monaten ahmt das Baby spielerisch ein Beißen nach, um eine Handlung anzudeuten, die es mit einem bestimmten Gegenstand nicht vollziehen soll.
Beispiel 2: Mit vierzehn Monaten neigt das Baby seinen Kopf zur Seite, um seiner Mama anzudeuten, was sie tun soll, um einen Eimer von ihrem Kopf herunterzuwerfen.
Beispiel 3: Mit vierzehn Monaten »befingert« das Baby seine Brust, schaut und lächelt seine Mama an, deren Hemd Schnüre aufweist, mit denen es gern spielt.
Beispiel 4: Mit siebzehn Monaten ahmt das Baby das Zerknüllen einer Papierkugel nach, um zu dieser Handlung aufzufordern.

In einer systematischeren Untersuchung der Produktion ikonischer Gesten von Kleinkindern zeigten Behne et al. (2014) Kleinkindern um ihren zweiten Geburtstag herum, wie sie einen Apparat bedienen sollten. Daraufhin betrat eine unwissende Puppe das Zimmer und begann erfolglos, sich an dem Apparat zu schaffen zu machen. Schon mit einundzwanzig Monaten ahmten Kleinkinder – die durch ein Hindernis daran gehindert wurden, den Apparat selbst zu bedienen –, für die Puppe nach, wie sie das Gerät drücken oder anstoßen sollte.

Um solche kreativen ikonischen Gesten zu produzieren, müssen die Kleinkinder gewisse Fertigkeiten der Nachahmung, Simulation, symbolischen Repräsentation oder des Als-ob-Handelns in dem Sinne besitzen, dass sie eine vertraute Handlung nicht in Wirklichkeit vollziehen, um ihre gewöhnliche Wirkung zu erzielen, sondern nur als ob, um etwas zu kommunizieren, das mit dieser abwesenden Handlung zu tun hat. Kreative ikonische Gesten beinhalten daher eine bestimmte Art symbolischer Repräsentation, die zum Zweck interpersonaler Kommunikation hervorgebracht wird, und zwar so, wie es Zeigegesten auf (hauptsächlich) gegenwärtige Dinge nicht tun. Vielleicht verwenden Kleinkinder im zweiten Lebensjahr ikonische Gesten aus diesem Grund viel seltener als Zeigegesten. Tatsächlich nehmen im Lauf des zweiten Lebensjahrs ikonische Gesten (imitierte und spontane) in ihrer Häufigkeit im Vergleich zu Zeigegesten tatsächlich ab (Iverson et al., 1994; Acredolo und Goodwyn, 1988). Die Erklärung, die am häufigsten dafür gegeben wird, lautet, dass Kinder während dieser Zeit die Sprache lernen und dass imitierte und ikonische Gesten auf eine Weise mit Sprachkonventionen konkurrieren, wie es Zeigegesten nicht tun – vielleicht weil ikonische und imitierte Gesten, anders als Zeigegesten, mit Sprachkonventionen eine bestimmte Art symbolischer Repräsentation oder gar Kategorisierung eines Referenten teilen.

ALS-OB-HANDLUNGEN. Der Vorschlag ist also, dass ikonische Gesten mit der Sprache um dieselbe Funktion der symbolischen Kommunikation konkurrieren, sodass ihre Funktion zu Beginn des Spracherwerbs rasch von der Sprache an sich gerissen wird. Aber interessanterweise zeigen Kleinkinder in derselben Entwicklungsphase auch weiterhin so etwas wie ikonische Gesten zu nichtkommunikativen Zwecken: Sie beginnen, immer häufiger Als-ob-Handlungen oder symbolisches Spiel zu vollziehen. Wenn ein kleines Kind beispielsweise vorgibt, aus einer leeren Tasse zu trinken, repräsentiert es in einem gewissen Sinne ikonisch die wirkliche Handlung; nur tut es das nicht zu Kommunikationszwecken. Es könnte dann sein, dass die biologische Prädisposition der Menschen, abwesende Dinge und Handlungen zu Kommunikationszwecken in der gestischen Modalität ikonisch zu repräsentieren, bei der normalen Ontogenese durch die stimmliche Sprache ersetzt wird; aber diese Fähigkeit manifestiert sich stattdessen in den Als-ob-Tätigkeiten der Kinder, in denen sie abwesende Dinge und Handlungen zu spielerischen Zwecken symbolisch repräsentieren. Wenn ein kleines Kind so tut, als ob es aus einer leeren Tasse trinkt und das Gesicht des Erwachsenen in spielerischer Absicht ansieht, könnte man sagen, dass es sich – über die Als-ob-Handlung für sich selbst hinaus – hier auch um eine ikonische Geste handelt, um diese Repräsentation mit dem Erwachsenen kommunikativ zu teilen.

Es hat zwar eine Menge Untersuchungen des Als-ob- oder symbolischen Spiels von Kleinkindern gegeben, aber ebenso wie bei Gesten werden in vielen Fällen Als-ob-Handlungen mit Gegenständen einfach ausgehend von Erwachsenen nachgeahmt und ihnen gegenüber vollzogen. So gaben Tomasello et al. (1999), Striano et al. (2001) und Rakoczy et al. (2005) Kindern verschiedene Arten von Gegenständen in verschiedenen Arten von Situationen und ermunterten sie dazu, Als-ob-Handlungen zu vollziehen, während sie ihnen gleichzeitig Handlungen vorführten, die keine Als-ob-Handlungen waren. Das Gesamtergebnis war, dass kleine Kinder vor dem Alter von zwei Jahren nur wenig Als-ob-Spiel mit einem Gegenstand zeigten, bevor sie nicht zuerst andere gesehen hatten, die so etwas auf ähnliche Weise taten. Eine mögliche Erklärung dafür ist motivational. Einjährige Kinder können »vorgeben«, eine ikonische Geste zu verwenden, wenn ihr Ziel die Kommunikation ist, aber wenn das Ziel nur darin besteht, Als-ob-Handlungen um ihrer selbst willen zu vollziehen, brauchen sie einen sozial-kommunikativen Kontext, in dem der Erwachsene mit ihnen spielt. Eine andere Möglichkeit ist, dass Als-ob-Handlungen mit Gegenständen schwieriger sind als der Gebrauch ikonischer Gesten, weil Gegenstände auch Angebotscharaktere für physische Handlungen aufweisen, beispielsweise für das Ergreifen, und in vielen Fällen auch konventionelle Funktionen. Im Geiste von DeLoaches (2000) Theorie dualer Repräsentationen könnte es sein, dass Kleinkinder Schwierigkeiten haben, einen Gegenstand sowohl als Objekt als auch als Symbol zu repräsentieren. Untersuchungen zum Verstehen (siehe insbesondere Tomasello et al., 1999) stellten ebenfalls fest, dass Kleinkinder ikonische Gesten besser verstehen als den Gebrauch von Objekten als Symbole, und stützen so diese Ansicht.

Kinder beteiligen sich die ganze Kindheit hindurch an Als-ob-Spielen – und gelangen an einem bestimmten Punkt dazu, Experten für alle möglichen Arten von Rollenspielen zu werden – und finden sich als Erwachsene bei allen möglichen Arten künstlerischer Unternehmungen wie Theater und darstellender Kunst wieder.

KOGNITIVE GRUNDLAGEN. Ikonische Gesten und Als-ob-Handlungen erfordern beide kognitive Fertigkeiten der Nachahmung, geistigen Simulation und Einbildungskraft eines Typs, den andere Menschenaffen möglicherweise nicht besitzen, und zwar zusätzlich zu den Fertigkeiten der kooperativen Kommunikation – die wir zuvor im Zusammenhang mit der Zeigegeste besprochen haben –, die Affen wohl auch nicht besitzen. Außerdem verwenden Individuen ikonische Gesten und Als-ob-Handlungen, um Dinge für sie selbst und andere symbolisch zu repräsentieren; tatsächlich werden im Unterschied zu den Zeigegesten dadurch kognitive Kategorien geschaffen. Wenn ein Individuum die Geste des Hämmerns verwendet, um einen Hammer zu verlangen, dann ist das im Wesentlichen so wie der sprachliche Gebrauch eines Substantivs wie *Hammer*. In der Geste selbst gibt es keinen Hinweis darauf, welcher bestimmte Hammer gewünscht wird; die Geste gibt eine Kategorie von Dingen an, und das bestimmte Einzelding (der Hammer) muss durch andere Mittel angezeigt werden, unter anderem anhand des Kontexts des gemeinsamen Hintergrunds, den das Kommunikationsereignis aufweist.

Individuelle und kulturelle Variation

Die große Mehrheit von Kleinkindern beginnt in Längsschnittstudien der Kommunikationsentwicklung, mit etwa elf bis zwölf Monaten Zeigegesten zu verwenden (zum Beispiel Camaioni, 1997; Carpenter et al., 1998b). Außerdem zeigen autistische Kleinkinder das Fehlen expressiver (und vielleicht auch informativer) Zeigegesten in diesem Alter und wenn sie älter sind. Diese Kleinkinder zeigen imperativ, um das zu bekommen, was sie wollen, aber die Untersuchung von Baron-Cohen et al. (1992; siehe auch Baron-Cohen, 1989) stellte fest, dass, wenn man die Kinder betrachtet, die während ihrer Entwicklung untersucht wurden, diejenigen mit Autismus als Kleinkinder fast alle keine expressiven Zeigegesten vollzogen. Diese Befunde deuten zumindest auf eine gewisse Reifungskomponente für die Zeigegeste hin, eine Ansicht, die sowohl von interkulturellen als auch von Trainingsuntersuchungen gestützt wird.

Es gibt drei interkulturelle Studien, die das Zeigeverhalten von Babys in einer Vielfalt interkultureller Kontexte sorgfältig unter die Lupe nahmen. Erstens ließen Callaghan et al. (2011) Mütter und dreizehn bis vierzehn Monate alte Babys gemeinsam ein reich dekoriertes Zimmer erkunden. Die Babys und Mütter kamen aus einer westlichen Industriekultur sowie aus zwei einfachen analphabetischen Kulturen (aus dem ländlichen Indien und dem ländlichen Peru). Jeweils etwa die Hälfte aller Babys gestikulierten zumindest einmal für ihre Mütter (expressive Zeigegeste), auch wenn die indischen Babys etwas weniger häufig auf etwas zeigten. Zweitens verglichen Lieven und Stoll (2013) das Zeigeverhalten von acht bis fünfzehn Monate alten Babys aus einer westlichen Industriekultur und einer kleingesellschaftlichen ländlichen Kultur in Nepal; sie stellten ein ähnliches Alter für den Beginn dieser Gesten bei Kindern aus beiden Kulturen fest. Drittens untersuchten in der bislang größten Studie Liszkowski et al. (2012) zehn bis vierzehn Monate alte Babys aus sieben verschiedenen kulturellen Kontexten, von denen mindestens einer eine isolierte, kleingesellschaftliche Kultur war (Rossel Island in der Nähe von Neuguinea); sie stellten keine kulturellen Unterschiede im Alter des Einsetzens der Zeigegeste fest. Diese Untersuchungen haben die Schlussfolgerung bekräftigt, dass sich die Zeigegeste in vielen verschiedenen kulturellen Umgebungen auf natürliche Weise entwickelt.

Interessante ergänzende Daten stammen aus einer kurz angelegten Trainingsuntersuchung. Matthews et al. (2019) trainierten über 100 Säuglinge im Alter von neun, zehn oder elf Monaten einen Monat lang auf Zeigegesten. Das Training bestand darin, dass Mütter ihren Kindern bei ihren täglichen Interaktionen im Zusammenhang mit gemeinsamen Aktivitäten sehr viele Zeigegesten vorführten (in einer Kontrollgruppe trainierten andere Mütter ihre Kinder musikalisch). Am Ende der einmonatigen Trainingszeit wurden die Säuglinge bei einer Zeigeaufgabe mit Aufforderungscharakter getestet. Es wurden keine Unterschiede im Alter des Einsetzens der Zeigegeste in Abhängigkeit vom Training gefunden. Interessanterweise wurde die Häufigkeit, mit der die Kleinkinder ihre Mütter visuell beobachteten, während sie auf etwas zeigten, durch das Training beeinflusst. Die zusätzlichen Erfahrungen hatten also einen gewissen Einfluss auf die Kinder. Aber der Beginn der Zeigegesten war derselbe, und zwar unabhängig vom Training, was einen weiteren Beleg für die These darstellt, dass der Entwicklungsverlauf der Zeigegeste eine ausgeprägte Reifungskomponente besitzt.

Ikonische Gesten und Als-ob-Handlungen wurden auf keine vergleichbare Weise im selben Ausmaß untersucht wie Zeigegesten. Es ist zwar ein allgemeiner Befund, dass autistische Kinder bei Als-ob-Handlungen schlecht abschneiden, was auf die Bedeutung von Reifungsfaktoren hinweisen könnte. Aber gleichzeitig wurde häufig bemerkt, dass Babys in kleingesellschaftlichen Kulturen typischerweise keine Spielzeuge haben, die etwas anderes repräsentieren, und sich nicht besonders ausgiebig an Als-ob-Handlungen beteiligen (Gaskins, persönliche Mitteilung). Im Sinne der Stützung dieser informellen Beobachtungen stellte die eine systematische interkulturelle Untersuchung einen starken Effekt des kulturellen Kontexts fest. Callaghan et al. (2011) fanden heraus, dass alle dreijährigen Kinder aus allen drei Kulturen, die sie untersuchten (westlich orientierte Kultur gegenüber dem ländlichen Indien und Peru), bei ihrer Aufforderungsaufgabe zumindest eine Als-ob- bzw. symbolische Handlung produzierten; Kinder aus der westlichen Industriekultur beteiligten sich an bedeutend mehr Als-ob- bzw. symbolischem Spiel als Kinder aus den beiden kleingesellschaftlichen traditionellen Kulturen. Dieser Befund stimmt mit der Trainingsstudie von Rakoczy et al. (2006) überein, bei der Kindern zusätzliche Erfahrungen mit Als-ob-Handlungen und Gespräche über solche Handlungen dargeboten wurden. Kinder, die ein solches Training erhielten, zeigten am Ende des Trainings ein besseres Verständnis (als die Kontrollgruppe) der Beziehung zwischen Als-ob-Handlungen und der Wirklichkeit. Eine allgemeine Schlussfolgerung könnte daher lauten, dass die Fähigkeit, sich an Als-ob-Handlungen zu beteiligen, zwar bei allen Kindern, die sich typisch entwickeln, vorhanden ist (jedoch nicht bei Kindern mit Autismus), dass aber die Häufigkeit, mit der sie solche Tätigkeiten vollziehen, und die Art und Weise, wie sie sie verstehen, stark von der Erfahrung abhängen.

Ein wichtiger Punkt im vorliegenden Zusammenhang ist das Bestehen einer funktionalen Kontinuität zwischen Gesten und dem Worterwerb. Iverson und Goldin-Meadow (2005) stellten fest, dass ein- und zweijährige Kinder häufig auf einen Gegenstand zeigten und ihn gleichzeitig mit »Keks« benannten. Noch wichtiger jedoch ist die Tatsache, dass Kinder in diesem Alter manchmal auf einen Gegenstand zeigen und gleichzeitig etwas von ihm aussagen. Beispielsweise zeigen sie auf einen Keks und sagen »essen«. Interessanterweise waren Kombinationen aus Gesten und Wörtern äußerst stark mit ihren nachfolgenden grammatischen Kombinationen in der Sprache korreliert (siehe auch Ozcaliskan und Goldin-Meadow, 2005), vermutlich weil sie bereits eine Art einfacher Grammatik aufweisen: eine Zeigegeste auf einen Gegenstand als Thema, kombiniert mit einem Wort für eine Handlung oder Eigenschaft als Prädikat (siehe auch Tomasello, 1988). Zeigegesten und Gebärdenspiel kommunizieren also nicht nur referentiell und beruhen auf vielen derselben zugrunde liegenden kognitiven und sozialen Fertigkeiten wie die Sprache; wenn sie mit der Sprache kombiniert werden, dann geschieht das auch nahtlos, genauso wie sprachliche Einheiten wie Wörter in grammatikalischen Konstruktionen miteinander kombiniert werden. Die Tatsache, dass sie so nahtlos zusammenpassen – vereint durch Prozesse wie gemeinsame Aufmerksamkeit, Perspektiveneinnahme und das Teilen von Gefühlen –, deutet darauf hin, dass allen dieselben grundlegenden Fertigkeiten und Motivationen geteilter Intentionalität zugrunde liegen.

Säuglinge und Kleinkinder sind somit sehr kompetente Kommunizierende, bevor sie wirklich mit dem Sprechen beginnen. Aber für die vorliegende Hypothese ist die Beobachtung wichtig, dass sie dies alles fast ausschließlich nur mit Erwachsenen tun. Tatsächlich stellten Kachel et al. (im Druck) – im Zusammenhang einer Objektwahl-Aufgabe – fest, dass achtzehn Monate alte Kleinkinder mehr informative Zeigegesten für Erwachsene als für Gleichaltrige produzierten und dass sie die informativen Zeigegesten der Erwachsenen auch besser als die der Gleichaltrigen verstanden. Die effektive Kommunikation von Säuglingen und Kleinkindern hängt von einem erwachsenen Partner ab, der ein Gerüst für die Interaktion liefert.

Kommunikation anhand von Konventionen

Die sprachliche Kommunikation ist eine Erweiterung natürlicher Gesten. Beides sind Aufforderungen, aus einem von mehreren Kooperationsmotiven gemeinsam auf eine äußere Situation zu achten. Der Unterschied ist, dass die sprachliche Kommunikation diese Funktionen mittels sozialer Konventionen erreicht. Das bedeutet, dass die gemeinsame Aufmerksamkeit und der Ausdruck von Gefühlen und Einstellungen innerhalb einer sprachlichen Handlung durch Mittel erreicht werden, die sich ausschließlich im kulturellen gemeinsamen Hintergrund unserer – und nur unserer – sprachlichen Gemeinschaft befinden. Es ist klar, dass das Kind nichts vom historischen Prozess der Schaffung von Konventionen in der Sprache weiß, die es erwirbt. Alles, was es braucht, um ein Stück konventioneller Sprache zu erwerben – und am Ende eine Sprache zu konstruieren –, sind zwei elementare Gesamtheiten von Fertigkeiten: 1. Das Lesen von Intentionen und 2. das Finden von Mustern (Tomasello, 2003). Das *Intentionen-Lesen* bezieht sich auf die Bedeutungs- oder Intentionsseite des Prozesses und beinhaltet solche Dinge wie gemeinsame Aufmerksamkeit, gemeinsamen Hintergrund und sozial rekursive Schlüsse. Das *Muster-Finden* bezieht sich auf die eher strukturelle oder grammatikalische Seite des Prozesses und umfasst solche Dinge wie Kategorisierung, Analogien und das Lernen von Abfolgen.

Das Alter, in dem kleine Kinder beginnen, die Sprache produktiv zu verwenden, kann etwas variieren, weil es sich um eine komplexe Aufgabe handelt, die viele unterschiedliche kognitive und soziale Fertigkeiten in Anspruch nehmen muss. Die frühreifsten westlichen Kinder beginnen jedoch, ihre ersten Wörter mit etwa zwölf bis vierzehn Monaten hervorzubringen. Eine ganz grundsätzliche Frage lautet daher: Warum sind Kinder erstmals in diesem Alter und nicht in einem anderen in der Lage, die Sprache produktiv zu verwenden (Bloom, 2000)?

Manche Forscher würden behaupten, dass der Spracherwerb tatsächlich schon Monate früher beginnt, wenn die Kinder Wörter »verstehen«, die andere gebrauchen (zum Beispiel Tincoff und Jusczyk, 1999; Bergelson und Swingley, 2012). Aber die Methode zur Untersuchung dieser Behauptung konzentriert sich auf den Blick der Kinder. Wenn ein Erwachsener beispielsweise »Auto« sagt, blickt der sechs Monate alte Säugling eher auf das Bild eines Autos als auf das einer Tasse. Das zeigt, dass sechs Monate alte Säuglinge das Wort *Auto* häufig genug in Verbindung mit Autos gehört haben, um den Zusammenhang herzustellen. Das ist eine notwendige Voraussetzung für das Lernen sprachlicher Konventionen, die wir als Wörter bezeichnen, aber sie ist weit entfernt davon, hinreichend zu sein. Wenn eine einfache Assoziation hinreichend wäre, dann müssten wir sagen, dass viele Haushunde – ebenso wie manche Affen, Papageien und Delfine – sprachliche Wesen sind. Damit das Kind ein Wort als ein Stück Sprache versteht, muss es das Wort als etwas verstehen, das der Erwachsene verwendet, um die Aufmerksamkeit des Kindes auf einen Bezugsgegenstand in der Umgebung zu lenken – er fordert es auf, mit ihm gemeinsam auf diesen Bezugsgegenstand zu achten –, und zwar so, dass das Kind dasselbe auch umgekehrt gegenüber dem Erwachsenen tun könnte, wenn es wollte. Dann können wir sagen, dass das Kind Sprache als Sprache versteht. Aus folgendem Grund beginnen also Kinder erstmals, Sprache in diesem bestimmten Alter zu verwenden: Erst dann haben sie nämlich 1. solide Fertigkeiten gemeinsamer Aufmerksamkeit in ihren nichtsprachlichen Interaktionen mit anderen, 2. ein solides Verständnis der kommunikativen Intentionen anderer, wie sie in referentiellen Gesten zum Ausdruck kommen, und 3. die Fähigkeit, ihre kommunikativen Intentionen gegenüber anderen durch ihre eigenen referentiellen Gesten auszudrücken.

Es ist eine wohlbekannte empirische Tatsache, dass der Spracherwerb auf Fertigkeiten gemeinsamer Aufmerksamkeit und dem Verständnis kommunikativer Intentionen beruht. Und begrifflich kann es auch gar nicht anders sein. Wenn eine Person in eine Situation kommt, in der es noch keinen geteilten Kontext mit anderen gibt, und einer von denen dreht sich herum und sagt zu ihr »Gavagai«, dann hat sie absolut keine Möglichkeit zu verstehen, was dieser sprachliche Ausdruck ihr sagen soll. Man könnte sich aber stattdessen eine Situation vorstellen, in der ein einjähriges Kind mit seiner Mutter bei einer gut bekannten gemeinsamen Tätigkeit, zum Beispiel in einem Hochstuhl zu essen, interagiert. Wenn die Mutter nun dem Kind eine neue und unbekannte Frucht bringt und »Gavagai« äußert, dann ist es möglich, vielleicht sogar wahrscheinlich, dass dieser unbekannte Ausdruck sich auf diese neue Frucht beziehen soll. (Zu einer Untersuchung des Lernens von Wörtern, das genau auf diesem Szenario beruht, siehe Grassmann et al., 2009.) Diese Möglichkeit würde weiter bekräftigt werden, wenn die Mutter vom Kind auf die Frucht und wieder zurück blicken und Begeisterung ausdrücken würde oder wenn sie eine Geste wie das Zeigen auf oder das Hochhalten und Vorzeigen der neuen Frucht verwenden würde.

Das Problem der referentiellen Unbestimmtheit (wie in dem in sozialer Hinsicht gehaltschwachen Anfangsbeispiel) kann sich für ein Kleinkind jeden Tag mehrmals ergeben, wenn Erwachsene über Dinge sprechen, von denen es nichts weiß. Aber mehrmals am Tag hören die Kinder zumindest ein neues Wort in einer Situation, in der sie über viele reichhaltige Informationen nichtsprachlicher Art mit Bezug darauf verfügen, worauf der Erwachsene ihre Aufmerksamkeit möglicherweise lenken will. Diese besonderen Situationen sind diejenigen, in denen sie tatsächlich neue sprachliche Mittel lernen. Das ist im Wesentlichen die sozial-pragmatische Theorie des

Wortlernens (Bruner, 1983; Tomasello, 1992, 2000, 2003). Im Hinblick auf empirische Belege haben viele Untersuchungen gezeigt, dass einjährige Kinder neue Wörter am besten lernen, wenn sie sich mit einem Erwachsenen an einer Interaktion gemeinsamer Aufmerksamkeit beteiligen. Zum Beispiel kodierten Tomasello und Farrar (1986; siehe auch Tomasello und Todd, 1983) die sozialen Interaktionen von Müttern und ihren einjährigen Kindern im Hinblick auf die Beteiligung an gemeinsamer Aufmerksamkeit. Das allgemeinste Ergebnis war, dass das Vokabular der Kinder mit achtzehn Monaten umso größer war, je mehr sie sich mit zwölf Monaten an gemeinsamer Aufmerksamkeit beteiligten. Darüber hinaus identifizierten diese Forscher bestimmte Dinge, die die Mütter taten und die das Wortlernen der Kinder erleichterten. Diese Dinge hatten aber nur dann eine Wirkung, wenn sie innerhalb einer Interaktion gemeinsamer Aufmerksamkeit vorkamen (zu ähnlichen Ergebnissen siehe Carpenter et al., 1998b). Interaktionen gemeinsamer Aufmerksamkeit sind somit eine Art von Hotspots für die ersten Schritte des Worterwerbs.

Die günstigsten Kontexte für das Wortlernen bei ganz kleinen Kindern sind folglich jene einer wohlbekannten, wohlverstandenen Situation gemeinsamer Aufmerksamkeit mit einem Erwachsenen. Vor dem Hintergrund eines solchen Kontexts ist es außerdem hilfreich, wenn der Erwachsene dem Fokus des Kindes mit Bezug auf eine bestimmte Entität oder ein Ereignis innerhalb dieses interaktiven Kontexts folgt (Tomasello und Farrar, 1986; Carpenter et al., 1998b). Aber wenn sich die Kinder auf ihren zweiten Geburtstag zubewegen, sind sie nicht mehr auf eine solche »kinderfreundliche« Lernumgebung angewiesen, um neue Teile der Sprache zu lernen. Viele Untersuchungen haben gezeigt, dass, wenn es eine Diskrepanz zwischen dem Brennpunkt der Aufmerksamkeit des Erwachsenen und des Kindes gibt – wenn kleine Kinder ein neues Wort in Situationen hören, in denen der Brennpunkt ihrer Aufmerksamkeit sich von dem des Erwachsenen unterscheidet –, sie trotzdem in der Lage sind, die zusätzliche Anstrengung zu leisten, um die referentiellen Intentionen des Erwachsenen zu bestimmen, und fast nie annehmen, dass das neue Wort für das verwendet wird, was in ihrem Brennpunkt der Aufmerksamkeit liegt, unabhängig davon, was der Erwachsene zu tun versucht (Baldwin, 1991, 1993a, 1993b). In allen Fällen des Wortlernens unternehmen die Kinder aktive Versuche, die kommunikativen Absichten der Erwachsenen zu verstehen; nur müssen sie sich dafür in manchen Situationen etwas mehr anstrengen.

Dieser Punkt tritt am deutlichsten in einer Reihe von Studien von Tomasello und Kollegen zutage, in denen Kleinkinder die kommunikativen Absichten des Erwachsenen bei der Verwendung eines neuen Wortes in einigen recht komplizierten sozial interaktiven Situationen erkennen mussten (zu einer Übersicht siehe Tomasello, 2001). In den Studien von Baldwin mussten die achtzehn Monate alten Kinder ihre Aufmerksamkeit nur auf das verlagern, worauf sich der Erwachsene visuell konzentrierte, um das neue Wort zu lernen. In den Studien von Tomasello und Kollegen (2001) mussten die Kinder dagegen viel kompliziertere sozial-pragmatische Aufgaben lösen. Es folgen einige Beispiele.

- Im Kontext eines Suchspiels brachte eine Erwachsene ihre Absicht, »das Toma zu finden«, zum Ausdruck und suchte dann in einer Reihe von Eimern, die alle neue Objekte enthielten. Manchmal fand sie den Gegenstand im ersten untersuchten Eimer, manchmal musste sie jedoch länger suchen und verwarf dabei ungewollte Objekte, indem sie sie finster anschaute und sie wieder in ihre Eimer zurücklegte, bis sie den Gegenstand fand, den sie wollte. Achtzehn und vierundzwanzig Monate alte Kinder lernten das neue Wort für den Gegenstand, den die Erwachsene finden wollte (was durch ein Lächeln und die Beendigung der Suche angezeigt wurde), unabhängig davon, wie viele Gegenstände während des Suchprozesses abgelehnt wurden (Tomasello und Barton, 1994; Tomasello et al., 1996).
- Im Kontext eines Suchspiels ließ eine Erwachsene das Kind vier verschiedene Objekte in vier verschiedenen Verstecken finden, von denen eines eine markante Spielzeugscheune war. Sobald das Kind gelernt hatte, welche Objekte zu welchen Orten gehörten, verkündete die Erwachsene ihre Absicht, den »Gazzer zu fin-

den«. Anschließend ging sie zu der Spielzeugscheune, die sich aber als »verschlossen« erwies. Also blickte sie finster auf die Scheune und ging dann weiter zu einem anderen Versteck, indem sie sagte: »Schauen wir mal, was wir hier sonst noch haben« (und ein Objekt mit einem Lächeln herausnahm). Später zeigten achtzehn und vierundzwanzig Monate alte Kinder, dass sie »Gazzer« als Bezeichnung für das Objekt gelernt hatten, von dem sie wussten, dass die Versuchsleiterin es in der Scheune suchen wollte, auch wenn sie das Objekt nicht gesehen hatten, nachdem sie das neue Wort gehört hatten, und obwohl die Erwachsene die Scheune finster angeschaut und bei einem ablenkenden Objekt gelächelt hatte (Akhtar und Tomasello, 1996; Tomasello et al., 1996).

- Ein Kind, seine Mutter und ein Versuchsleiter spielten zusammen mit drei neuen Gegenständen. Anschließend verließ die Mutter das Zimmer. Ein vierter Gegenstand wurde hervorgeholt, und das Kind und der Versuchsleiter spielten mit ihm, während sie Bemerkungen über die Abwesenheit der Mutter machten. Als die Mutter in das Zimmer zurückkam, sah sie gleichzeitig auf die vier Gegenstände und rief aus: »Ach, schau mal! Ein Modi! Ein Modi!« Da sie verstanden, dass die Mutter sich nicht für die Gegenstände begeistern würde, die sie zuvor im Spiel miteinander geteilt hatten, aber dass sie durchaus über das neue Objekt begeistert sein könnte, lernten vierundzwanzig Monate alte Kinder das neue Wort für den Gegenstand, den sie und die Mutter zuvor nicht miteinander geteilt hatten (Akhtar et al., 1996).
- Eine Erwachsene entwarf zusammen mit dem Kind ein Drehbuch, bei dem eine neue Handlung immer und nur mit einer bestimmten Spielzeugfigur vollzogen wurde (Big Bird auf einer Schaukel, wobei auch andere Figur-Handlungs-Paarungen gezeigt wurden). Die Erwachsene nahm dann Big Bird in die Hand und verkündete: »Lass uns Big Bird mieken«, aber die Schaukel war nirgendwo zu finden – weshalb die Handlung auch nicht vollzogen wurde. Später demonstrierten vierundzwanzig Monate alte Kinder anhand einer anderen Figur ihr Verständnis des neuen Verbs, obwohl sie nie gesehen hatten, wie die Bezugshand-

lung vollzogen wurde, nachdem das neue Verb eingeführt worden war (Akhtar und Tomasello, 1996).
- Eine Erwachsene kündigte ihre Absicht an, »Micky Maus zu daxen«, und ging dann dazu über, eine Handlung zufällig und eine andere absichtlich zu vollziehen (oder manchmal auch in der umgekehrten Reihenfolge). Vierundzwanzig Monate alte Kinder lernten das Wort für die absichtliche und nicht für die zufällige Handlung, gleichgültig, welche in der Sequenz zuerst vorkam (Tomasello und Barton, 1994).

Durch einfache Assoziation lässt sich das Wortlernen der Kinder in diesen Untersuchungen nicht erklären. Klassischen assoziationistischen Erklärungen zufolge sollten Wort und Bezugsgegenstand in relativ enger raum-zeitlicher Nähe auftreten (Smith et al., 2014). Aber das ist in diesen Untersuchungen eindeutig nicht der Fall, da in den ersten beiden Studien ablenkende Gegenstände tatsächlich in größerer raum-zeitlicher Nähe zu den neuen Wörtern erfahren werden als die Zielobjekte. In der dritten Studie sind sowohl die ablenkenden Objekte als auch das Ziel gleichzeitig vorhanden, wenn das neue Wort gesagt wird, und in der vierten und fünften Studie wird entweder die Bezugshandlung nicht vollzogen, nachdem das neue Wort gehört wurde oder sie wird (absichtlich) zusammen mit einer anderen Handlung (die zufällig ist) vollzogen. Kleine Kinder sind daher in der Lage, den Brennpunkt der Aufmerksamkeit des Erwachsenen in ziemlich komplizierten Situationen zu erkennen, und die Art und Weise, wie sie das tun, geht weit über den Gebrauch sozialer Hinweise hinaus. So mussten die Kinder in der ersten Studie zuerst das Spiel von Verstecken und Suche und alle dazugehörigen intentionalen Beziehungen lernen, um den intendierten Referenten für das neue Wort *Toma* zu lernen. Das heißt, die Kinder mussten in der ersten Studie erschließen, dass die Erwachsene nicht den Gegenstand suchte, den sie finster ansah, sondern denjenigen, den sie anlächelte. Aber dann blickte die Erwachsene in der zweiten Studie finster drein, während sie erfolglos versuchte, die Spielzeugscheune zu öffnen, die das erwünschte Spielzeug enthielt. In diesem Fall bedeutete der finstere Blick also Frustration darüber, nicht in der Lage zu sein, das beabsichtigte Spielzeug im Innern der Scheune zu bekommen – was das wirkliche Ziel ihrer referentiellen Intentionen war. Die spezifischen Verhaltensweisen der Erwachsenen, wie das Lächeln oder der finstere Blick als Hinweisreize, genügten allein nicht, um dem Kind den intendierten Bezugsgegenstand der Erwachsenen anzuzeigen.

Der entscheidende Punkt ist, dass das Wortlernen nicht so vor sich geht, wie wenn ein Erwachsener die Wörter einer Fremdsprache im Klassenzimmer lernt. Kinder mögen zwar manche Wörter so lernen – wenn zum Beispiel Erwachsene Gegenstände hochhalten und sie benennen –, aber das ist ein relativ seltener Lernkontext in vielen nichtwestlichen Kulturen, in denen die Erwachsenen sich so gut wie nicht an sprachlicher Pädagogik beteiligen. Kleine Kinder müssen die überwältigende Mehrheit ihrer Wörter innerhalb des laufenden Flusses sozialer Interaktion lernen, und sie müssen dies ebenfalls bei Wörtern tun, deren Referenzbedingungen viel stärker variieren als Objektbezeichnungen über verschiedene Fälle hinweg – zum Beispiel Verben wie *teilen* und *beenden* sowie Adjektive wie *glücklich* und *schlecht.* Außerdem lernen sie Wörter, die soziale Interaktionen regulieren, wie *hallo*, *tschüss*, *bitte*, *danke* und *tut mir leid*, die in überhaupt keinem direkten Sinn referentiell sind. Beim Wortlernen geht es also nicht darum, Dinge mit Bezeichnungen zu versehen, sondern die konventionellen Mittel dafür zu erwerben, die Aufmerksamkeit mit anderen in einer Vielfalt komplexer sozialer Kontexte zu teilen. Darüber hinaus weist der Erwerb dieser konventionellen Mittel in Form von Wörtern eine normative Dimension in dem Sinne auf, dass es konventionell richtige und falsche Weisen ihres Gebrauchs gibt, um zur gemeinsamen Aufmerksamkeit aufzufordern.

Der Erwerb von Wörtern einer konventionellen Sprache hat schwerwiegende Folgen sowohl für die kognitiven Repräsentationen der Kinder als auch für die Schlüsse, die sie ziehen. Was die Repräsentationen angeht, so besteht der grundsätzliche Punkt darin, dass Kinder von ihrer Kultur ein ganzes System von Begriffen erben, das ihre Vorfahren zur Kategorisierung und Einteilung der Welt nützlich fanden. Beim Erwerb der Wörter einer konventionellen Sprache lernen Kinder, die Welt auf alle die Weisen aufzuteilen, die andere in ihrer Kultur – für all ihre unzähligen Kommunikationszwecke – im Laufe der gesamten Kulturgeschichte ihrer Kulturgruppe nützlich gefunden haben. Was die Schlüsse angeht, so sind die Wortschätze menschlicher Sprachen hierarchisch organisiert, sodass man verschiedene Arten deduktiver Schlüsse ziehen kann. Wenn wir wissen, dass alle Tiere aus diesem Wald herausgetrieben wurden, dann wissen wir auch, dass alle Füchse weg sind. Kleine Kinder haben mit diesen Implikationsbeziehungen zwar bis spät in die Vorschuljahre hinein Schwierigkeiten, aber sie werden bald zu einem Teil ihres Alltagsdenkens. Darüber hinaus führt die Tatsache, dass die Wörter einer Sprache eine Art von System bilden, zu pragmatischen Schlüssen, die auf dem Wort beruhen, das der Sprecher aus denen, die er gewählt haben könnte, tatsächlich ausgewählt hat. Wenn ich zum Beispiel sage, dass das Kind »etwas von dem Fleisch« gegessen hat, lautet der Schluss, dass es nicht alles davon gegessen hat, weil ich es gesagt hätte, wenn es alles davon gegessen hätte. Zum Ziehen solcher Schlüsse sind Kinder einige Zeit nach ihrem dritten Geburtstag fähig (Grosse et al., im Druck).

Übergänge in der Sprache im Alter von etwa drei Jahren

Der Spracherwerb ist zwar ein kontinuierlicher Prozess, der keine wirklichen Pausen oder Stadien aufweist. Aber dennoch scheinen sich innerhalb weniger Monate vor oder nach dem dritten Geburtstag des Kindes eine Reihe neuer Entwicklungen zu entfalten, was vielleicht die werdenden Fähigkeiten kollektiver Intentionalität widerspiegelt – wie beispielsweise das Verstehen der Konventionalität und Normativität von Sprache als einer Kulturpraxis auf der Gruppenebene sowie ein wachsendes Verständnis der »Objektivität« von Propositionen.

KONVENTIONALITÄT UND NORMATIVITÄT. Bei meinen umfassenderen theoretischen Behauptungen bin ich davon ausgegangen, dass das Alter von drei Jahren die anfängliche Entstehung der Fertigkeiten kollektiver Intentionalität bei Kleinkindern signalisiert. Eine natürliche Sprache ist konventionell, daher könnte es so scheinen, als ob das hoch entwickelte Sprachlernen der Kinder vom ersten bis zum dritten Lebensjahr – vor dem Erscheinen kollektiver Intentionalität – im Widerspruch zu dieser Hypothese stünde. Aber das ist nicht der Fall. Wenn Kleinkinder erstmals sprachlich kompetent werden, verstehen sie das, was sie tun, als etwas Instrumentelles, wie den Gebrauch von Werkzeugen, ohne die Konventionalität dieser Handlungen zu verstehen. Sie erwerben ein Stück Sprache, indem sie seinen Gebrauch durch Nachahmung lernen, genauso wie bei einem Werkzeug, und sie müssen eigentlich auch nichts anderes wissen. Zu Beginn operieren sie ohne ein Verständnis davon, dass die Konventionen einer Sprache von – und nur von – den Menschen in der Sprachgemeinschaft geteilt werden, und dass sie für diese Gruppe normativ sind.

Manche Untersuchungen deuten darauf hin, dass schon zweijährige Kinder die Konventionalität der Sprache verstehen, weil sie vorhersagen, dass ein neuer Erwachsener den Namen eines Gegenstands wissen wird, dessen Namen sie selbst gerade erst gelernt haben (aber keine beliebige Tatsache, die sie gerade gelernt haben; Henderson und Graham, 2005). Aber kleine Kinder verallgemeinern vieles, und anderes nicht. Ein besserer Test wäre ein solcher, bei dem sie zusätzlich ein Verständnis dafür zeigen würden, dass Menschen außerhalb ihrer Sprachgemeinschaft ihre sprachlichen Konventionen nicht teilen. Anhand dieses zweifachen Kriteriums stellte Diesendruck (2005) fest, dass Kleinkinder nicht vor einem Alter von drei bis vier Jahren die Konventionalität sprachlicher Einheiten verstehen. Schmidt et al. (2016a) stellten zudem – in derselben Richtung, aber mit nichtsprachlichem Material – fest, dass Kleinkinder erst mit drei Jahren verstehen, dass konventionelle Regeln im Allgemeinen durch die Übereinkunft relevanter Beteiligter festgelegt werden, ein Verständnis, das für das Verstehen von Konventionen aller Art entscheidend ist.

Konventionalität impliziert auch einen gewissen Grad an Normativität: Es gibt richtige und falsche Gebrauchsweisen der Konventionen einer Sprache. Obwohl Zweijährige manchmal den richtigen Namen eines Gegenstands angeben, wenn eine andere Person diesen falsch benannt hat (Pea, 1982), konzentriert sich das Kind möglicherweise nur darauf, selbst den richtigen Namen zu sagen, und nicht darauf, jemanden zu korrigieren. Mit dem Ziel einer normativen Bewertung stellten Rakoczy und Tomasello (2009) fest, dass Dreijährige, aber nicht Zweijährige jemanden, der eine Aussage macht, die nicht der Wirklichkeit entspricht, selektiv kritisieren und korrigieren, wohingegen eine fehlende Entsprechung zur Wirklichkeit, die von einem Hörer verursacht wurde, der einen Befehl nicht genau ausgeführt hat, keine Kritik seitens des Sprechers hervorruft (sondern vielmehr seitens des Hörers).

Der Vorschlag (der tatsächlich nicht umstritten ist) lautet daher, dass Ein- und Zweijährige beim Verwenden von Sprache einfach das tun, was sie andere tun sehen. Das ist ein kreativer Prozess, weil sie die referentiellen und kommunikativen Intentionen der anderen verstehen müssen, um dies angemessen zu tun. Aber zu Beginn verstehen sie die Konventionalität der sprachlichen Einheiten, die sie benutzen, nicht im Sinne ihrer Geteiltheit und Normativität in der Gemeinschaft (aber nicht außerhalb der Gemeinschaft) oder die Tatsache, dass sie von einer Übereinkunft herstammen. Dieser Vorschlag passt gut zu Vygotskijs Beharren darauf, dass Kinder ein Gerüst kultureller Artefakte und Symbole zur Verfügung gestellt bekommen, das es ihnen ermöglicht, Dinge zu bewerkstelligen, bevor sie in der Lage sind, völlig zu verstehen – vom Standpunkt Erwachsener aus –, was sie tun. Meine Behauptung lautet hier folglich, dass der zweite Schritt beim Erwerb kommunikativer Kompetenzen seitens der Kinder – der durch die Entstehung von Fertigkeiten kollektiver Intentionalität gestützt wird – nicht ihr anfänglicher Sprachgebrauch ist, den sie mit ihren Fertigkeiten gemeinsamer Intentionalität und kulturellen Lernens vollziehen, sondern vielmehr ihr im Alter von etwa drei bis vier Jahren allmählich erscheinendes Verständnis der Konventionalität an sich.

GRAMMATIKALISCHE ABSTRAKTION, PROPOSITIONEN UND GENERISCHE TATSACHEN. Schon bald nachdem sie mit dem Lernen einzelner Wörter beginnen, fangen Kleinkinder damit an, grammatikalische Konstruktionen zu lernen.

Anfänglich sind diese ganz konkret und umfassen spezifische Wörter und vielleicht einen offenen Slot, *Mehr* __, __ *Essen*, und __ *weg*. Diese lexikalisch spezifischen Konstruktionen werden zwar nach dem zweiten Geburtstag ausgefeilter, aber sie bleiben immer noch an eine einzelne lexikalische Einheit gebunden, die sie strukturiert (meistens das Verb oder Prädikat; zu Belegen siehe Tomasello, 2003). Im vorliegenden Zusammenhang interessant ist, dass Croft (2001) geltend macht, dass die sprachlichen Einheiten in einer aus mehreren Wörtern bestehenden Konstruktion ihre Kommunikationsfunktionen nicht durch ihre syntaktischen Beziehungen zu anderen Einheiten erlangen, sondern vielmehr durch die syntaktische Rolle, die sie in der Konstruktion als ganzer spielen: Das Subjekt eines deutschen Satzes ist durch seine Rolle als Thema oder Ausgangspunkt der Äußerung als ganzer bestimmt. Eine Sprachkonstruktion lässt sich daher gewissermaßen als eine Art symbolischer Zusammenarbeit zwischen allen beteiligten funktionalen Elementen auffassen (eine Art von symbolisch ausgedrückter Zwei-Ebenen-Struktur).

Um den dritten Geburtstag herum haben Kleinkinder abstrakte Konstruktionen gebildet, die an sich sinnvoll sind, und zwar unabhängig von den beteiligten lexikalischen Einheiten. Sie wissen zum Beispiel, dass *Der Dax mibbte dem Toma ein Modi* anzeigt, dass der Dax dem Toma irgendwie ein Modi übertrug, ohne irgendeines der Inhaltswörter zu verstehen. Von einer kognitiven Perspektive aus gesehen, stellen abstrakte Konstruktionen den Kindern eine neue Art eines abstrakten, syntagmatisch organisierten, konventionellen Formats zur kognitiven Repräsentation bereit. Diese abstrakten Konstruktionen ermöglichen den wiederholten Gebrauch sprachlicher Einheiten in einem breiten Spektrum unterschiedlicher Konstruktionen, wobei sie bei verschiedenen Gelegenheiten verschiedene Rollen spielen. Entscheidend ist, dass diese Flexibilität, mit der die Einheiten benutzt werden, die Notwendigkeit erzeugt, explizit die Rollen zu markieren, die von verschiedenen Einheiten gespielt werden. Wenn ich *Mensch, Tiger, (fr)essen* gestikuliere oder vokalisiere, ist es wichtig zu wissen, wer der Akteur und wer das Objekt der Essenstätigkeit ist. Moderne Sprachen besitzen eine Fülle von

Mitteln, um das anzuzeigen, wie beispielsweise die Kasusmarkierung und die kontrastierende Wortreihenfolge. Diese Marker, die zur Angabe der Mitspielerrollen verwendet werden, können als eine Art von Symbolen zweiter Ordnung aufgefasst werden, da sie sich auf die Rolle beziehen, die der Mitspieler in der größeren Konstruktion spielt (Tomasello, 1992, 2003). Sie dienen als Marker, die den Kindern ermöglichen, über viele Äußerungen hinweg Analogien herzustellen und so abstrakte Konstruktionen zu bilden.

Abstrakte Konstruktionen tragen auch zum Verständnis der Kinder von objektiven Tatsachen bei, die propositional repräsentiert sind. So haben beispielsweise so gut wie alle Sprachen unterschiedliche Konstruktionen für Sprechakte wie Aufforderungen und informierende Aussagen, von denen beide »denselben« tatsachenartigen propositionalen Inhalt haben können. Jemand kann sagen »Sie geht zum See«, »Geht sie zum See?«, »Geh zum See!« und so weiter. Zusätzlich geben Kommunizierende durch verschiedene sprachliche Mittel ihre modale oder epistemische »Einstellung« zu einem propositionalen Gehalt in einer Äußerung an. So könnte ein Kommunizierender etwa in einem modalen Sinne meinen, dass »sie zum See gehen muss« oder dass »sie zum See gehen kann« oder, in einem epistemischen Sinne, »ich glaube, dass sie zum See geht« oder »ich bezweifle, dass sie zum See geht«. Die Idee ist, dass diese Unabhängigkeit des propositionalen Gehalts – sie geht zum See – von jedem besonderen Kommunikationsmotiv oder jeder Einstellung die Konzeptualisierung des propositionalen Gehalts als eine quasiunabhängige Tatsache begünstigt, in diesem Fall unabhängig davon, wie die Sprecher darüber denken oder welche Gefühle sie mit Bezug darauf haben (Searle, 2001). Diessel und Tomasello (2001) stellten fest, dass Kinder – obwohl sie solche Konstruktionen manchmal schon früher verwenden – erst mit etwa vier Jahren die Beziehung zwischen der im Hauptsatz ausgedrückten propositionalen Einstellung und der im Nebensatz ausgedrückten objektiven Proposition völlig verstehen. Das Verständnis der Objektivität geht, wie wir dargelegt haben, mit Fertigkeiten kollektiver Intentionalität einher.

Schließlich – und im Zusammenhang mit dem Vorherigen – begegnen Kinder regelmäßig Tatsachen, die ihnen von Erwachsenen in pädagogischer Absicht als objektive Propositionen unter Verwendung generischer Sprache präsentiert werden (»Vögel legen Eier« oder »Dreidel drehen sich«) oder bei der Durchsetzung von Normen unter Verwendung normativer Sprache (»Das machen wir hier nicht« oder »So sollte man es nicht machen«). Kleine Kinder beginnen sowohl mit der zuverlässigen Produktion als auch mit dem Verstehen generischer Propositionen im Alter von etwa zweieinhalb bis drei Jahren (siehe Graham et al., 2011; Gelman und Ramann, 2003; Gelman et al., 2008). Diese in Erscheinung tretende Kompetenz könnte durchaus mehr oder weniger direkt das beginnende Verständnis der Kleinkinder von einer »objektiven« Perspektive auf die Dinge widerspiegeln, und zwar als charakteristisch für die entstehenden Fertigkeiten kollektiver Intentionalität.

Auf all diese Weisen gelangen die Kinder dazu, die konventionellen, normativen und objektiven Dimensionen sprachlicher Kommunikation um ihren dritten Geburtstag herum oder bald danach zu verstehen.

EXEKUTIVE SELBSTREGULATION DER REDE. Wörter und grammatikalische Konstruktionen sind nutzlos, wenn das Kind sie nicht effektiv nutzen kann, um mit anderen zu kommunizieren. Häufig verlangt das von ihm die Berücksichtigung der Perspektive des Hörers, um den effektivsten sprachlichen Ausdruck auszuwählen. Anfangs ist der Prozess eine Art dialogischer Aushandlung, wenn das Kind etwas sagt, der Hörer es missversteht und möglicherweise um eine Erläuterung bittet und anschließend das Kind so etwas wie eine Art von »Reparatur« anbietet (zum Beispiel Anselmi et al., 1986). Eine solche diskursive Aushandlung beinhaltet Prozesse der exekutiven Selbstregulation, während das Kind den Dialog überwacht und die für den Hörer nötigen Reparaturen anbringt. Einer vygotskijschen Analyse zufolge beginnt der Prozess interpersonal (dialogisch) mit einer Gesprächspanne und deren Reparatur und wird dann intrapersonal, wenn das Kind mögliche Pannen antizipiert und sie sozusagen im Voraus durch die Wahl eines geeigneten referentiellen Ausdrucks ohne Rückmeldung vom Hörer korrigiert.

Nach einiger Erfahrung mit Bitten um Erläuterungen beginnen die Kinder sich selbst zu überwachen und zu antizipieren, wann ihr Hörer Schwierigkeiten haben könnte. Daher sagen sie solche Dinge wie »Er ... ähm, ich meine ... Jeffrey ...«, bei denen sie sich selbst korrigieren, bevor der Hörer überhaupt die Chance hat, sie zu fragen. Sie haben den dialogischen Prozess verinnerlicht und ihn zur exekutiven Selbstregulation verwendet. Die letztendliche Verinnerlichung findet statt, wenn das Kind den potenziell mehrdeutigen Ausdruck nicht einmal laut zu sagen braucht, sondern einfach verschiedene Möglichkeiten von Ausdrücken – auf der exekutiven Ebene – für den Hörer simuliert und bewertet und dann den geeignetsten auswählt. Ein interessantes Beispiel dafür liegt vor, wenn Kinder entscheiden, wann sie Pronomen verwenden sollen, die in Kommunikationsumständen, in denen ein weiter gemeinsamer Hintergrund mit Bezug auf den intendierten Referenten besteht, Substantive ersetzen können. Es ist möglich, dass die Kinder auch in diesem Fall dazu veranlasst werden, dieser Entscheidung aufgrund früherer Beispiele von Bitten um Erläuterung eine gewisse Aufmerksamkeit auf der exekutiven Ebene zuteilwerden zu lassen, aber dann werden diese überflüssig. So stellten Campbell et al. (2000) beispielsweise fest, dass die Wahl referierender Ausdrücke (Substantiv versus Pronomen) von zwei- bis dreijährigen Kindern stark durch den gemeinsamen Hintergrund des Diskurses beeinflusst wurde, den sie mit dem Gesprächspartner hatten, insbesondere dadurch, ob der Referent schon zuvor in dem Gespräch erwähnt worden war oder nicht (wenn ja, dann wählten sie häufiger ein Pronomen). Im Zusammenhang damit stellten Matthews et al. (2006) fest, dass Drei- und Vierjährige verschiedene referierende Ausdrücke (Substantiv versus Pronomen) auswählten, je nachdem, ob sie und der Hörer sich gemeinsam visuell auf den intendierten Referenten konzentrierten (wenn ja, dann wählten sie häufiger ein Pronomen).

Die exekutive Regulation von Rede und Gespräch seitens der Kinder führt sie dazu, hörersensitive Diskursstrategien zu konstruieren, die Perspektiven zwischen ihnen und ihren Kommunikationspartnern koordinieren. Im Alter von zwei bis vier Jahren lernen sie, die elementarsten Formen dieser Koordination zu vollziehen. Die Überwachung dessen, was die anderen vom sprachlichen Ausdruck der eignen Gedanken verstehen, ist ein grundlegender Prozess beim Lernen, wie man rational denkt und kommuniziert – das heißt in Übereinstimmung mit den Rationalitätsnormen der jeweiligen Kultur.

Kurze Randbemerkung: Die »Sprache« von Kanzi et al.

Menschenaffen verwenden bei ihrer natürlichen Kommunikation nichts, was Ähnlichkeit mit einer konventionellen Sprache hat. Aber ein paar Menschenaffen wurden von Menschen großgezogen und eine bestimmte Form menschenartiger Kommunikation gelehrt, indem entweder Handzeichen oder grafische Symbole verwendet wurden. Diese Affen tun zwar am Ende sehr interessante Dinge, aber es ist unklar, inwiefern sie menschenartig sind. (Zu einer eingehenderen Übersicht mit detaillierteren Zitaten siehe Tomasello, 2008, 2014, 2017.)

Im Hinblick auf Wörter ist klar, dass Affen mehr oder weniger arbiträre Zeichen erwerben und benutzen können. Sie können lernen, sie als Indikatoren von Kategorien von Referenten zu verstehen und zu produzieren, von Bananen bis zum Jagen. Die Kontexte, in denen sie in der Lage sind, Wörter zu lernen, sind zwar nie systematisch untersucht worden. Es ist aber unwahrscheinlich, dass sie sie in komplexen sozialen Situationen wie denjenigen lernen können, die für einjährige Kinder berichtet werden. Systematische Studien haben herausgefunden, dass über 95 Prozent der Kommunikationsakte, die von diesen Individuen produziert werden, irgendeine Form von Imperativen sind (und die restlichen 5 Prozent sind solche Dinge wie Benennungsspiele: Greenfield und Savage-Rumbaugh, 1993; Rivas, 2005). Das ist deshalb so, weil Menschenaffen – unabhängig davon, wie sie von Menschen trainiert werden – kein Motiv erwerben, andere einfach über Dinge zu informieren oder Einstellungen mit ihnen zu teilen (Tomasello, 2008). Sie lernen auch keine Pronomen (zum Beispiel *er*, *sie*, *es*), die eine Einschätzung des gemeinsamen Hintergrunds erfordern.

Im Hinblick auf die Grammatik können sprachlich trainierte

Affen lernen, ihre Wörter zu kombinieren, manchmal auch auf neue Weisen, aber es gibt keine wirkliche Syntax. Sie haben bevorzugte Reihenfolgen von Wörtern und Worttypen, aber sie verwenden keine Symbole zweiter Stufe wie beispielsweise Kasusmarker oder kontrastierende Wortreihenfolgen, um semantische Rollen zu markieren und anzugeben, wer was wem gegenüber in der Äußerung tut. Was fehlt, sind im Allgemeinen alle Aspekte der Syntax, die den Zweck haben, die Äußerung für den Empfänger verständlich zu machen, angefangen bei seiner Perspektive – sie »erden« ihre Referenzakte nicht für die Hörer, um ihnen bei der Bestimmung des Referenten zu helfen (zum Beispiel durch Artikel oder Relativsätze). Sie haben keine Konstruktionen oder andere Mittel, um den Hörern anzuzeigen, was alt, was neu oder was eine kontrastierende Information ist. Und sie wählen keine Konstruktionen aus, die auf einer Perspektive beruhen (zum Beispiel »ich habe die Vase zerbrochen« gegenüber »Die Vase zerbrach«, je nachdem, welche Perspektive für den Hörer am nützlichsten ist). Der entscheidende Punkt ist, dass es bei einer strikt imperativen Kommunikation nur eine geringe funktionale Notwendigkeit für all die Komplexitäten der menschlichen sprachlichen Kommunikation gibt (prototypischerweise haben Imperative kein Subjekt, keine Zeitform etc.).

Insgesamt besteht der theoretische Punkt darin, dass es Affen, die anhand von menschenartigen Kommunikationssystemen trainiert werden, nicht an Fertigkeiten der Kognition und der Identifikation von Mustern an sich mangelt – sie können Wörter für Kategorien verwenden und Wörter neu miteinander kombinieren. Was ihnen fast völlig fehlt, sind die Fertigkeiten des Lesens von Intentionen, die notwendig für den Erwerb und Gebrauch angemessen unterschiedlicher Wörter und Konstruktionen sind, die an das Wissen, die Erwartungen und Perspektiven unterschiedlicher Empfänger angepasst sind. Außerdem konventionalisieren Menschen den Ausdruck von Motiven und epistemischen/modalen Einstellungen in ihren Konstruktionen, und ihre Diskursstrategien sind ebenso auf ihre Hörer zugeschnitten. All dies können wir als die »pragmatische Dimension« der Grammatik bezeichnen – und wir können es auch alles »einzigartig menschlich« nennen.

Kinder, die in unterschiedlichen Kulturzusammenhängen aufwachsen, können ziemlich verschiedene Spracherfahrungen haben. Insbesondere wendet man sich in vielen traditionellen Kulturen auch nicht annähernd so häufig sprachlich an Säuglinge und Kleinkinder wie in westlichen Industriekulturen (zum Beispiel Schieffelin und Ochs, 1986). Trotzdem erwerben alle Kinder, die sich in allen Kulturen auf typische Weise entwickeln, in den ersten Lebensjahren ohne Weiteres Fertigkeiten sprachlicher Kommunikation. Daher ist es plausibel, für den Spracherwerb eine relativ starke Reifungskomponente zu postulieren.

Aber die Reifungskomponente dieses Entwicklungspfads ist komplex. Die biologischen Defizite, von denen sie beeinflusst wird, betreffen fast immer den einen oder anderen Teilprozess. Beispielsweise zeigen Kinder mit einer tiefgreifenden Entwicklungsstörung (sowie Kinder mit Downsyndrom) typischerweise allgemeine kognitive Behinderungen, weshalb sie auch allgemeine Schwierigkeiten mit dem Sprachlernen haben, und zwar vom Lernen eines Wortes bis zur Bildung einer grammatischen Kategorie. Im Gegensatz dazu scheinen manche Kinder mit einer spezifischen Sprachentwicklungsstörung (manche Forscher würden sagen, dass das der prototypische Fall ist) zwar alle anderen Voraussetzungen für den Spracherwerb zu erfüllen, aber Schwierigkeiten bei der Sprachwahrnehmung und der Sprachproduktion zu haben, was sich dann weiter auf solche Dinge auswirkt wie den Erwerb von Wortendungen und andere geringfügige, unauffällige Elemente der Grammatik. Schließlich ist im vorliegenden Zusammenhang von besonderem Interesse, dass autistische Kinder Schwierigkeiten mit den Fertigkeiten gemeinsamer Aufmerksamkeit und der Perspektivenübernahme haben, sodass die Hälfte dieser Kinder überhaupt keine brauchbare Sprache erwirbt, und das, was sie von der Sprache erwerben, wird auf Weisen verwendet, die in pragmatischer Hinsicht sonderbar sind. Die Tatsache, dass die gemeinsame Aufmerksamkeit ein Schlüsselproblem darstellt, zeigen eine Reihe von Untersuchungen, die festgestellt haben, dass diese beiden Gruppen von Fertigkeiten bei autistischen Kindern genauso miteinander verbunden sind wie bei Kindern, die sich normal entwickeln (Loveland und Landy, 1986; Mundy et al., 1990; Rollins und Snow, 1998). Erstaunlicherweise haben Siller und Sigman (2008) sogar festgestellt, dass die nichtsprachlichen Fertigkeiten gemeinsamer Aufmerksamkeit autistischer Kinder in der frühen Kindheit äußerst starke Prädiktoren ihrer sprachlichen Fertigkeiten in der Adoleszenz viele Jahre später sind. Trotz der Rolle, die die Reifung bei diesen Teilprozessen des Spracherwerbs spielt, gibt es keine Belege dafür, dass bestimmte sprachliche Kategorien und Strukturen – solche Dinge wie das Satzsubjekt oder die Passivkonstruktion – universal oder angeboren sind (Tomasello, 2003, 2008; Evans und Levinson, 2009).

Auch wenn es starke Reifungskomponenten beim Spracherwerb von Kindern gibt, ist es doch deutlich, dass Variationen der Sprache, die Kinder hören – sozusagen das Rohmaterial ihres Sprachlernens –, tiefgreifende Auswirkungen auf den Entwicklungspfad haben. Interkulturelle Untersuchungen haben unterschiedliche Erwerbsgeschwindigkeiten, Umfänge des Wortschatzes und so weiter über verschiedene Kulturen hinweg dokumentiert. Individuelle Unterschiede innerhalb von Kulturen sind weitgehend ebenfalls auf Unterschiede in der Umgebung zurückzuführen, in der das Sprachlernen stattfindet (siehe Lieven und Tomasello, 2008). Ein besonders verblüffender Befund ist eine starke Korrelation zwischen der Sprachmenge, die die Kinder hören, und der Größe ihres Wortschatzes im Schulalter (Hart und Risley, 1995). Kinder, die aus unterschiedlichen Gründen mit weniger als der normalen Menge sprachlicher Inputs aufwachsen, haben am Ende mehr oder weniger schwer beeinträchtigte Sprachfertigkeiten (beispielsweise Candland, 1995; Goldin-Meadow, 2003). Viele Einzeluntersuchungen zum Spracherwerb haben Trainingsmethoden eingesetzt, um die Wirkung bestimmter Arten sprachlicher Erfahrung auf den Erwerb bestimmter Sprachstrukturen des Kindes nachzuweisen (zu einer Übersicht siehe Ambridge et al., 2015).

Schließlich ist eine interessante relevante Tatsache im vorliegenden Kontext, dass Kleinkinder ihre Sprachfertigkeiten hauptsächlich in Gegenwart von Erwachsenen zeigen und nicht bei Gleichaltrigen. Ninio (2016) stellt fest, dass zwei- und dreijährige Kinder nur selten versuchten, Gleichaltrige dazu zu bewegen, gemeinsam mit ihnen auf eine bestimmte äußere Situation zu achten, während dieselben Kinder dies viel häufiger bei Erwachsenen taten. Kinder dieses Alters haben auch Schwierigkeiten damit, sich an ausgedehnten Konversationen mit Gleichaltrigen zu beteiligen, bei denen sie sich über eine gewisse Zeit hinweg abwechselnd über ein gemeinsames Thema austauschen. In einer der wenigen quantitativen Vergleichsstudien stellten Mannle et al. (1992) fest, dass die Gespräche von Kleinkindern mit ihren Müttern viel länger waren (mehr Sprecherwechsel beinhalteten) als ihre Gespräche mit ihren Geschwistern im Vorschulalter. Der Punkt ist einfach noch einmal, dass vor dem Alter von etwa drei Jahren Kinder hauptsächlich an die – in diesem Fall sprachliche – Interaktion mit Erwachsenen angepasst sind, und zwar viel mehr als an die Interaktion mit Gleichaltrigen. Um mit Gleichaltrigen zu kommunizieren und sich geistig zu koordinieren, ist noch mehr Lernen erforderlich.

Insgesamt ist der Spracherwerb das Lehrbuchbeispiel für einen Entwicklungspfad, der in seinem allgemeinen Verlauf vor dem Hintergrund einer für die Spezies typischen sozialen Umgebung eine robuste Reifungskomponente aufweist, die jedoch gleichzeitig völlig abhängig ist von einer spezifischen Menge kultureller Erfahrungen, wobei Unterschiede in diesen Erfahrungen zu großen Unterschieden bei der phänotypischen Expression (das heißt der tatsächlich gelernten Sprache) führen. Der Prozess kann entweder biologisch oder durch eine atypische soziale Umgebung gestört werden. Die Antwort auf die Anlage-Umwelt-Frage ist auch in diesem Fall nicht entweder/oder, sondern sowohl/als auch.

Symbolisch werden

Fast jeder, der über die einzigartige Psychologie des Menschen nachgedacht hat, weist der Sprache eine maßgebliche Rolle zu. Aber viele Theoretiker berufen sich auf sie wie auf eine Wunderwaffe, ohne die Prozesse sprachlicher Kommunikation weiter zu analysieren und zu erklären, wie sie von einem psychologischen Standpunkt aus ihre Magie entfalten. Was ich hier zu explizieren versuchte, ist die komplexe pragmatische Infrastruktur der menschlichen Kommunikation – die aus Fertigkeiten und Motivationen geteilter Intentionalität aufgebaut ist –, die es einem Kind ermöglicht, zuerst durch Gesten referentiell und kooperativ zu kommunizieren und dann schließlich eine konventionelle Sprache zu erwerben.

Theoretische Erklärungen

Jeder sich auf typische Weise entwickelnde menschliche Säugling könnte in jede normal funktionierende menschliche Kultur gebracht werden und deren besondere Sprachkonventionen gemäß dem für die Spezies typischen Entwicklungszeitplan erwerben. Und kein Säugling könnte irgendwelche Sprachkonventionen erwerben, ohne Umgang mit anderen zu haben, die diese Konventionen befolgen. Somit gibt es keinen Zweifel: Kinder lernen individuell aus ihrer sozial-kommunikativen Erfahrung die sprachlichen Einheiten und Konstruktionen der Sprache(n), in die sie hineingeboren werden, und sie sind fähig, jede existierende Gesamtheit dieser Sprachen zu lernen. Viele Untersuchungen bezeugen die Rolle, die die Spracherfahrung bei der Produktion individueller Unterschiede der Sprachkompetenz spielt (zum Beispiel Ambridge et al., 2015).

Dieses gesamte Sprachlernen beruht auf kognitiven und sozialen Fähigkeiten, die sich biologisch entwickelt haben, und wird anhand von biologisch entwickelten Fertigkeiten des sozialen Lernens realisiert. Es gibt jedoch lebhafte Kontroversen über das Wesen der biologischen Prädispositionen des Menschen für sprachliche Kommunikation. Am einen Ende haben Chomsky und seine Anhänger behauptet, dass Kinder mit einer Art von angeborener Schablone, die den Spracherwerb lenkt, auf die Welt kommen, mit einer so genannten Universalgrammatik, die als quasimathematisches System modelliert wird. Die Evolution ihrer besonderen Struktur war eine Art von Zufall, da sie nichts mit der menschlichen Kognition oder Kommunikation zu tun hat. Das Problem ist, dass dieser Vorschlag im Widerspruch zu sprachübergreifenden Untersuchungen steht, die keine derjenigen Arten von Universalstrukturen finden, die die Universalgrammatik angeblich allen Sprachen der Welt zur Verfügung stellt (Evans und Levinson, 2009). Er steht außerdem im Widerspruch zu empirischen Untersuchungen des Spracherwerbs, die diejenigen Arten abstrakter sprachlicher Repräsentationen nicht gefunden haben, die die Universalgrammatik den Kindern angeblich zur Verfügung stellt (Tomasello, 2000, 2003). Darüber hinaus gibt es grundsätzliche logische Schwierigkeiten damit, wie ein Kind, das mit einer Universalgrammatik geboren wird, die abstrakt genug ist, um zu jeder der 6000 Sprachen der Welt zu passen, ihre Strukturen tatsächlich mit den besonderen Sprachkonventionen verknüpfen kann, die das Kind erfährt (Tomasello, 2005).

Am anderen Ende hat es zumindest seit dem Niedergang des Behaviorismus keine ernsthaften Vorschläge in dem Sinne gegeben, dass Kinder die Sprache durch dieselbe Art von einfachen und unkomplizierten Lernprozessen wie andere Tiere erwerben (die Auffassung des *Lernens* von Wörtern kommt dieser Idee nahe bei Smith et al., 1996, 2014). Menschen sind eindeutig biologisch auf besondere Formen der Kommunikation vorbereitet, unter anderem auf die sprachliche Kommunikation, die auf sozialen Konventionen beruht. Der entscheidende Punkt ist, dass die Vorbereitung sich nicht auf spezifische Sprachstrukturen bezieht, wie die Hypothese der Universalgrammatik behauptet; vielmehr bezieht sie sich auf allgemeinere und grundlegende psychologische Prozesse, die für diese spezifische Aufgabe in Anspruch genommen werden.

Die sozial-pragmatische Auffassung des Spracherwerbs – als Sonderfall der Theorie geteilter Intentionalität – nimmt somit wieder eine Art von theoretischem Mittelfeld ein, indem sie die Bedeutung sowohl von Reifungs- als auch von Erfahrungsprozessen anerkennt. Die Theorie macht eine Kontinuität von der gemeinsamen Aufmerksamkeit durch Zeigegesten und Gebärdenspiel bis zu sprachlichen Einheiten und Konstruktionen geltend (was später als gruppenweite Kommunikationskonventionen verstanden wird) und liefert Belege dafür, wobei allen dieselben Fertigkeiten und Motivationen geteilter Intentionalität zugrunde liegen. Damit diese Erklärung funktioniert, brauchen wir eine Theorie der gestischen Kommunikation der »reichhaltigen« Spielart, die nicht einfach nur auf Verhaltens- oder Interaktionsmustern zwischen Erwachsenem und Kind beruht (zum Beispiel Carpendale et al., 2013), sondern ihre Grundlage in einer gehaltvolleren Gesamtheit kognitiver Prozesse hat, die solche Dinge umfassen wie die Ausrichtung der Aufmerksamkeit, Perspektivenübernahme und rekursive Schlüsse (siehe Tomasello et al., 2007a). Damit diese Erklärung funktioniert, brauchen wir außerdem eine Theorie des Wortlernens der gehaltvollen Art, die nicht auf dem Assoziationslernen beruht, wie es bei Tieren vorkommt (zum Beispiel Smith et al., 1996, 2014), sondern vielmehr wieder auf gemeinsamer Aufmerksamkeit, Kommunikationsintentionen und konventionellen Symbolen (siehe Tomasello und Akhtar, 2000). Und schließlich brauchen wir, damit diese Erklärung funktioniert, eine Theorie des Grammatikerwerbs, die nicht auf inhaltslosen abstrakten Regeln beruht (zum Beispiel Pinker, 1991), sondern vielmehr auf einer schemabasierten Vorstellung von Sprachkonstruktionen, die durch dieselben grundlegenden kognitiven und sozialen Prozesse erworben werden wie alle anderen Aspekte der konventionellen sprachlichen Kommunikation (wobei ein zusätzlicher Schub von Prozessen der Kategorisierung, Analogienbildung und des statistischen Lernens ausgeht; Tomasello, 2003). Unsere Erklärung muss außerdem in der Lage sein, das wachsende kindliche Verständnis von Konventionen in Begriffen der beteiligten Komponenten (zum Beispiel Kalish, 2005) sowie »objektive« Propositionen zu erklären.

Unser Versuch, die allgemeine Erklärung der einzigartig menschlichen Kommunikationsentwicklung zu explizieren, ist in Abbildung 4.4 dargestellt, die zeigt, wann und wie die wichtigsten Faktoren, die am Erwerb kooperativer und sprachlicher Kommunikation beteiligt sind, in den Prozess eingehen. Am Anfang stehen die Zeigegesten und das Gebärdenspiel von Säuglingen und Kleinkindern. Diese einzigartig menschlichen Kommunikationsakte sind besonders klare Fälle dafür, wie die Fähigkeit zur geteilten Intentionalität elementare Fertigkeiten von Menschenaffen in einzigartig menschliche Fertigkeiten verwandelt. Die Aufmerksamkeitsfänger von Menschenaffen lenken einfach die Aufmerksamkeit auf das Selbst, wäh-

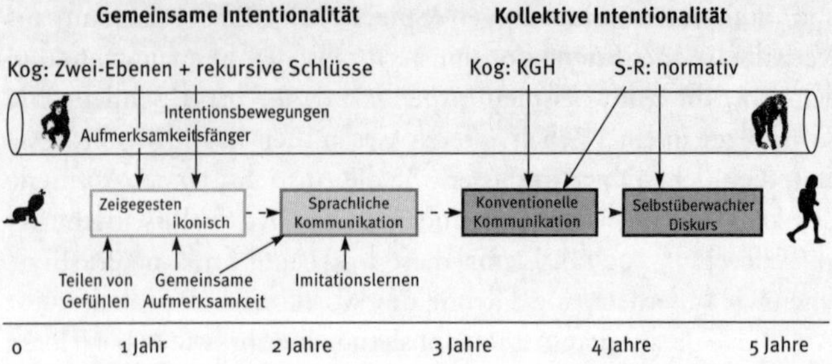

Abbildung 4.4: Die ontogenetische Entstehung der einzigartig menschlichen Kommunikationsfertigkeiten. Abkürzungen: KGH = kultureller gemeinsamer Hintergrund; Kog = kognitiv; S-R = Exekutive Selbstregulation.

rend die Zeigegesten der Menschen die gemeinsame Aufmerksamkeit auf einen äußeren Referenten lenken. Die Intentionsbewegungen der Affen signalisieren eine unmittelbar bevorstehende Handlung durch den ritualisierten Vollzug des ersten Schritts, wohingegen die ikonischen Gesten von Menschen eine äußere Handlung oder ein äußeres Ereignis symbolisch repräsentieren. Damit Zeigegesten und Gebärdenspiel auch kommunikativ erfolgreich sind, ist es notwendig, dass die beiden Typen kommunikativer Gesten von Affen durch die Reifung der Zwei-Ebenen-Struktur der gemeinsamen Intentionalität neu konfiguriert werden.

Von primärer Bedeutung sind Fertigkeiten gemeinsamer Aufmerksamkeit, die ganz direkt der Möglichkeit von Akten der Bezugnahme zugrunde liegen (und zur Aufmerksamkeit auf einen äußeren Bezugsgegenstand auffordern); diese entwickeln sich zuerst, was durch die am unteren Ende der Abbildung aufgeführten Fertigkeiten angezeigt wird. Ebenfalls notwendig ist das rekursive Lesen kommunikativer Absichten, was hier als eine evolutionär neue Fähigkeit angegeben ist, die (aus dem oberen Teil der Abbildung) in den Prozess eingeht. Es besteht auch die Notwendigkeit neuer Kooperationsmotive, insbesondere des Motivs zum Teilen von Gefühlen und Einstellungen, das von den Protokonversationen jüngerer Säuglinge stammt, in denen Gefühle geteilt werden (sowie kooperative Motivationen, Hilfe zu erbitten und anderen zu helfen, die zumindest einige ihrer Wurzeln bei nichtmenschlichen Affen haben). Die Tatsache, dass diese einzigartigen Kommunikationsverhaltensweisen so früh in der Ontogenese auftauchen – und nahezu ausschließlich in Gegenwart von Erwachsenen benutzt werden –, stützt den Vorschlag, dass viele der charakteristischsten sozialen Verhaltensweisen von Säuglingen sich teilweise oder ganz in einem kooperativen Fortpflanzungskontext entwickelten, in denen sie mit anderen Säuglingen um die Fürsorge und Aufmerksamkeit von Erwachsenen konkurrierten.

Die produktive sprachliche Kommunikation entsteht einige Monate später und beruht auf derselben Infrastruktur gemeinsamer Aufmerksamkeit wie Zeigegesten und Gebärdenspiel: gemeinsame Aufmerksamkeit auf einen Referenten, rekursive Schlüsse, um die Kommunikationsabsicht herauszufinden, Kooperationsmotive des Helfens und das Teilen von Gefühlen und Einstellungen. Aber in diesem Fall kommt die Form der Kommunikation nicht ebenso natürlich zustande wie die Zeigegesten und das Gebärdenspiel, sondern das Kind muss vielmehr die konventionellen Mittel der sozialen Gruppe zum Vollzug von Akten der Referenz und Kommunikation durch Imitation lernen (was wieder durch eine am unteren Ende der Abbildung aufgeführte Fertigkeit angezeigt wird und darauf hindeutet, dass sie eine eigene Entwicklungsgeschichte besitzt). Aber um das zu tun, so habe ich geltend gemacht, müssen sie Sprachkonventionen nicht als Konventionen an sich verstehen. Sie müssen sie nur als Artefakte oder Werkzeuge verstehen, die dazu da sind, eine bestimmte Aufgabe zu erfüllen. Im Falle von Sprachkonstruktionen ist noch eine Reihe anderer kognitiver Prozesse beteiligt, wie beispielsweise Kategorisierung, statistisches Lernen und die Bildung von Analogien (all dies sind Prozesse, die zumindest auf einer elementaren Ebene auch von anderen Menschenaffen benutzt werden). Aber vor dem Hintergrund dieser Prozesse erwerben kleine Kinder Sprachkonstruktionen und die Bedeutungen und Perspektiven, die sie symbolisieren, anhand derselben Infrastruktur gemeinsamer Intentionalität, anhand deren sie Wörter erwerben: Aufforderungen zu gemeinsamer Aufmerksamkeit verstehen, rekursives Schließen und kooperative Kommunikationsmotive.

In dem Maße, wie die Fähigkeit der Kinder zu kollektiver Intentionalität heranreift, gelangen sie dazu, viele Kulturpraktiken als Konventionen zu verstehen – als Kulturpraktiken, an denen sich die meisten oder alle Individuen aus ihrer Kulturgruppe beteiligen (und an denen sich Individuen aus anderen Kulturgruppen zum größten Teil nicht beteiligen). Die Kinder befolgen zu Beginn einfach Konventionen, um sich nach den Erwachsenen zu richten, aber in einem dritten Schritt der Ontogenese der einzigartig menschlichen Kommunikation gelangen sie dazu, sie als eine Art von Übereinkunft von Individuen – in ihrem kulturellen gemeinsamen Hintergrund – zu verstehen und zu respektieren, um sich miteinander zu koordinieren, indem man immer auf dieselbe Art handelt. Experimente deuten darauf hin, dass kleine Kinder die konventionelle Dimension erst mit etwa drei Jahren verstehen, genau in dem Alter, in dem ihre Fertigkeiten mit Bezug auf den kulturellen gemeinsamen Hintergrund auch in einer Vielfalt anderer Kontexte sichtbar sind.

Schließlich haben die kommunikativen Interaktionen der Kinder mit anderen während dieses ganzen Prozesses eine diskursive Dimension: Sie produzieren einen Kommunikationsakt gegenüber dem Erwachsenen, und der Erwachsene reagiert (oder umgekehrt) und es kann zu einem weiteren Austausch kommen. Jeder Kommunikationsakt ist bis zu einem gewissen Grad an den besonderen Interaktionskontext angepasst (einschließlich des diskursiven Kontexts), in dem er produziert wird. Aber in einem frühen Stadium der Kommunikationsentwicklung können die kleinen Kinder das noch nicht so gut, und sie werden erst zu einem wirklichen Gespräch – mit mehreren relevanten Sprecherwechseln bezogen auf ein gemeinsames Thema – fähig, wenn sie sich ihrem dritten Geburtstag nähern. Während dieses Prozesses werden sie empfänglich für Rückmeldungen vom Hörer, und letztlich überwachen sie ihren eigenen Diskurs, indem sie sich die Verstehensprozesse des Hörers vorstellen und im Voraus schon Anpassungen vornehmen. Diese Art von internalisierter sozialer Selbstregulation ist ein integraler

Bestandteil dessen, dass Sechsjährige zu vernünftigen Wesen werden – auch wenn er etwas indirekt ist, da er an sich keine Anweisung durch Erwachsene enthält.

Der Spracherwerb ist wohl der komplexeste Entwicklungsprozess der menschlichen Spezies. Er bezieht so ziemlich das ganze Kind ein, dessen kognitive und soziale Kompetenzen voll ausgelastet werden. Aber wenn wir die Tatsache berücksichtigen, dass Menschenaffen ebenfalls auf bestimmte raffinierte Weisen intentional kommunizieren und wir die dort beteiligten Prozesse einklammern, beinhaltet das meiste, was darüber hinausgeht, auf die eine oder andere Weise Fertigkeiten und Motivationen geteilter Intentionalität. Daher konzentriert sich unsere Erklärung nur auf diese Dimensionen des Prozesses, und von einer kognitiven Perspektive aus gesehen, sind sie wohl auch die Schlüsseldimensionen. (Natürlich gibt es auch einzigartig menschliche Prozesse der stimmlich-auditiven Verarbeitung, aber diese interessieren uns hier nicht, insbesondere weil alle Schlüsselaspekte der einzigartigen menschlichen Kommunikation auch bei konventionellen Zeichensprachen vorhanden sind.) Angesichts dieses begrenzten Schwerpunkts habe ich versucht, eine gründliche Erklärung der Art und Weise zu liefern, wie entwicklungsmäßig frühere Fähigkeiten zu solchen Dingen wie gemeinsamer Aufmerksamkeit und dem Teilen von Gefühlen die Kommunikation von Menschenaffen umwandeln und dadurch die einzigartig menschliche kooperative und konventionelle Kommunikation entstehen lassen.

Implikationen für die Kognition

Die menschliche Sprachkompetenz widersetzt sich dem Schubladendenken. Sie ist zwar eindeutig eine Fähigkeit der menschlichen Spezies, die sich evolutionär entwickelt hat, aber sie ist auch völlig erlernt. Sie ist eine grundlegende kognitive Fähigkeit, aber auch völlig sozial. Sie wird von Individuen beherrscht und ausgeübt, ist aber auch durch und durch kulturell normativ. Diese vielen Komplexitäten können wir nicht durch eine einfache Erklärung erfassen. In einem ähnlichen Sinne sind die kognitiven Implikationen des Erwerbs von Fertigkeiten kooperativer und sprachlicher Kommunikation so facettenreich und so folgenschwer, dass sie sich nicht leicht zusammenfassen lassen. Es ist jedoch wichtig zu betonen, dass es tatsächlich der Erwerbsprozess ist, der die vielen und unterschiedlichen neuen kognitiven Funktionen erzeugt. Ein Kind, das auf einer einsamen Insel aufwächst, wäre nicht mit dieser Gesamtheit ausgestattet; die biologisch geerbten Fähigkeiten zur einzigartig menschlichen Kommunikation mit anderen müssen in der Interaktion mit anderen ausgeübt werden, damit all ihre kognitiven Wirkungen in den einzelnen Menschen auch realisiert werden.

Doch zumindest einige der Wirkungen könnten wir folgendermaßen charakterisieren: Sich gemeinsam mit anderen an Akten kooperativer Kommunikation zu beteiligen mit dem Ziel, Perspektiven aufeinander abzustimmen, führt kleine Kinder dazu, perspektivische kognitive Repräsentationen zu erzeugen. Außerdem führt es sie dazu, erstmals rekursive und reflexive Schlüsse zu ziehen. Konventionelle sprachliche Repräsentationen werden durch einen Prozess des kulturellen Lernens (siehe Kapitel 5) erworben und versorgen das Kind mit der ganzen Palette von Perspektiven, deren Konventionalisierung seine Vorfahren in der Kultur als nützlich erachteten, und diese Repräsentationen tun das mit normativer Kraft. Die grammatikalische Dimension konventioneller Sprachen liefert ein konventionelles Repräsentationsformat für die Symbolisierung ganzer Situationen als Propositionen und den anschließenden Ausdruck propositionaler Einstellungen, die sich auf sie beziehen. Das Einfügen von Wörtern und anderen Einheiten in abstrakte Sprachkonstruktionen, deren Slots bereits eine konventionelle Bedeutung haben, führt zu vielfältigen Typen des relationalen Denkens, zum Herstellen von Analogien und Metaphern. Der Vollzug gemeinsamer Aufmerksamkeit auf den geistigen Inhalt sprachlicher Ausdrücke in Gesprächen und Diskursen – in denen die Individuen unterschiedliche Perspektiven und Einstellungen gegenüber einem Thema gemeinsamer Aufmerksamkeit ausdrücken – stellt einen wesentlichen Teil des Prozesses dar, durch den Menschen dazu gelangen, Situationen »objektiv« zu repräsentieren. Und schließlich ist die exekutive Selbstüberwachung der Kommunikationsakte des Kindes, die an andere gerichtet sind, eine Form der sozialen Selbstregulation, die nach ihrer Verinnerlichung eine Schlüsselrolle dafür spielt, dass das Kind normativ rational wird – also seine Gedanken so formuliert und ausdrückt, dass sie von seiner Kulturgruppe als rational anerkannt werden.

Der Erwerb einer konventionellen Sprache bedeutet den Erwerb einer kulturell erzeugten Gesamtheit kognitiver und sozialer Werkzeuge. Die eigenen Vorfahren in der Kultur haben bereits die Arten von Perspektiven vorweggenommen, die man gern einnehmen, und die Arten von Kategorien, die man gern bilden möchte. Aber zugleich ermöglichen es diese Werkzeuge dem Individuum, über die eigenen Vorfahren hinausgehend, alle möglichen Arten neuer begrifflicher Kombinationen zu erzeugen, die noch nie zuvor gedacht wurden. Konventionelle Sprachen sind das exemplarische vygotskijsche Kulturprodukt: Sie fordern zur Konformität mit ihren Konventionen auf und ermächtigen das Individuum zugleich, über sie hinauszugehen.

5
KULTURELLES LERNEN

Soziales Lernen und kulturelle Weitergabe im weitesten Sinne sind auch im Tierreich allgegenwärtig. Aber die menschlichen Varianten sind eindeutig etwas Besonderes. Das lässt sich am unmittelbarsten am Prozess der kumulativen kulturellen Evolution erkennen, der durch den Wagenhebereffekt gekennzeichnet ist (Tomasello et al., 1993a; Boyd und Richerson, 1996). Wenn ein Individuum in einer Gruppe etwas Nützliches erfindet, haben wir unter idealen Umständen sofort daran teil. Dann ist die Bühne für jemand anderen bereitet, um die ursprüngliche Erfindung zu verbessern, woran wir alle dann ebenfalls teilhaben. Das Ergebnis ist ein Prozess, der in einem bedeutenden Sinne die kognitiven Ressourcen von jedermann in der Kulturgruppe vereinigt, weil wir alle von den Erkenntnissen jedes Gruppenmitglieds profitieren können. Die kumulative kulturelle Evolution anhand des Wagenhebereffekts wird durch besondere Fertigkeiten der Imitation und sogar der Konformität sowie durch die einzigartig menschliche Pädagogik und das Lernen durch Anweisung (die Erwachsenen bestehen als Repräsentanten der Kultur darauf, dass die Kinder lernen) ermöglicht. Diese einzigartigen kulturellen Lernprozesse leiten sich auf die eine oder andere Weise alle von Prozessen geteilter Intentionalität ab, und zwar insbesondere von denen, die den zweiten Schritt kollektiver Intentionalität ausmachen.

Menschenaffen haben einige Fertigkeiten des sozialen Lernens, und tatsächlich haben manche Populationen von Menschenaffen »Verhaltenstraditionen« begründet, die über Generationen hinweg fortbestehen. Aber um in einer Kultur zu überleben und zu gedeihen, müssen Menschenkinder leistungsfähigere Fertigkeiten zum kulturellen Lernen besitzen. So sammeln menschliche Säuglinge und Kleinkinder nicht einfach nur Informationen für instrumentelle Aufgaben, indem sie andere beobachten, so wie Affen es tun, sondern sie stimmen aktiv mit anderen überein, auch wenn das bedeutet, dass sie sich über das hinwegsetzen, was sie eigenständig gelernt haben. Dadurch reproduzieren sie nicht nur die Handlungsergebnisse der anderen Person, wie Affen es tun, sondern lernen *durch* die andere Person, indem sie ihre Perspektive übernehmen. Und Erwachsene bringen kleinen Kindern aktiv bestimmte Dinge bei, sodass die Kinder sich mit etwa drei Jahren auf dieses weitergegebene Wissen sogar noch stärker verlassen als auf ihre eigene Erfahrung. Sie tun das deshalb, weil sie solche Anweisungen nicht so verstehen, dass sie von einem Individuum kommen, sondern von der Kultur insgesamt: Sie verstehen die Pädagogik als einen Versuch eines maßgeblichen Kulturexperten, objektives Wissen an sie weiterzugeben. Während die Kinder den Prozess der Anweisung verinnerlichen, lernen sie auch, ihre eigenen Handlungen und ihr eigenes Denken im Sinne der Perspektiven Erwachsener und letztlich auch im Sinne der normativen Erwartungen (Maßstäbe) der Gruppe exekutiv selbst zu regulieren.

Aber das kulturelle Lernen des Menschen bezieht sich nicht nur auf den Erwerb wichtiger Fertigkeiten und Wissensinhalte, sondern auch auf die Herstellung wichtiger sozialer Beziehungen. Eine der Hauptquellen des Zusammenhalts bei allen Typen sozialer Gruppen des Menschen, einschließlich der meisten menschlichen Kulturen, ist die Konformität. Menschen mögen und vertrauen besonders auf jene, die ihre Kulturpraktiken teilen – diejenigen, die so sprechen, sich so anziehen und so essen wie sie selbst. Daher kopieren Menschen einander und gleichen sich einander an, um sich der Gruppe anzuschließen und sich in sie einzupassen. Sie kopieren sogar nichtinstrumentelle kulturelle Rituale. Das Ergebnis ist, dass sich das kulturelle Lernen für Menschen (aber nicht für andere Menschenaffen) nicht nur auf den Erwerb nützlicher Fertigkeiten und Wissensinhalte bezieht, sondern auch darauf, die eigene soziale Solidarität mit den anderen und der Gruppe zu zeigen und hoffentlich auch zu verstärken.

Nachdem wir uns in den vorangehenden beiden Kapiteln angesehen haben, wie Kinder dazu gelangen, sich geistig mit anderen zu koordinieren, konzentrieren wir uns in diesem Kapitel jetzt auf die

Weitergabedimension der Kultur: wie Kleinkinder während der Ontogenese alle Fertigkeiten und Wissensinhalte aufsaugen, die andere in ihrer Kultur entwickelt haben und die diese anderen ihnen in vielen Fällen beizubringen versuchen. Ein Großteil dieses Wissens – dieses sozusagen kognitiven Inhalts – ist notwendig für das Überleben des Individuums; darüber hinaus hat vieles davon die Funktion, den Ort des Individuums in der Kulturgruppe zu festigen. Der wesentliche ontogenetische Übergang vollzieht sich im Alter von etwa drei Jahren, wenn die kleinen Kinder von der Imitation und vom kulturellen Lernen von anderen zu einem vollen Verständnis der Erwachsenenpädagogik im Sinne der kulturellen Weitergabe objektiven Wissens übergehen.

Im Ausgang von Menschenaffen: Soziales Lernen

Die meisten Säugetiere und viele Primaten interagieren mit der Welt fast ausschließlich auf der Grundlage von Wissen, das sie individuell erworben haben. In manchen Fällen lernen sie Dinge aufgrund dessen, dass sie soziale Lebewesen sind – indem sie der Herde folgen, lernen sie zum Beispiel, wo Wasser zu finden ist –, aber sie suchen nicht aktiv Informationen von anderen, und niemand lehrt sie irgendetwas. Menschenaffen erwerben neue Informationen auf jeden Fall aus der aktiven Beobachtung der Handlungen anderer, obwohl das im Allgemeinen keine Dinge einschließt, die sie nicht auch eigenständig lernen könnten, wenn sie Zeit und Gelegenheit dazu hätten. Und selbst bei Menschenaffen gibt es kein aktives Lehren; das soziale Lernen bezieht sich ausschließlich darauf, dass ein Individuum die Fertigkeiten und das Wissen anderer ausnutzt, und nicht darauf, dass es mit ihnen kooperiert.

Soziales Lernen bei Menschenaffen

Verschiedene Populationen von Schimpansen in der Wildnis zeigen unterschiedliche Verhaltensweisen (Whiten et al., 1999), und das gilt in einem eingeschränkteren Sinne auch für Orang-Utans (Van

Schaik et al, 2003). Verhaltensunterschiede zwischen Populationen wurden auch bei einer Reihe anderer Säugetierspezies festgestellt, beispielsweise bei Kapuzineraffen (Perry et al., 2003) und bei Walen und Delfinen (Rendell und Whitehead, 2001). Manche dieser Unterschiede sind eindeutig ökologischen Unterschieden zuzuschreiben: Das Angeln von Termiten kann in einer Population ohne Termiten nicht vorkommen. Aber bei einer Reihe von natürlichen Schauplätzen, an denen ausgedehnte Beobachtungen an Schimpansen durchgeführt wurden, konnten mehrere Dutzend populationsspezifischer Verhaltenstraditionen als »kulturelle« identifiziert werden, was bedeutet, dass sie von den meisten Mitgliedern einer Population genutzt werden, in den meisten anderen Populationen nicht genutzt werden und höchstwahrscheinlich auf soziales Lernen zurückgehen (weil sie nicht die Folge ökologischer Faktoren sind). Ein Problem bei der Bezeichnung dieser Verhaltenstraditionen als »Kultur« besteht darin, dass in manchen Fällen tatsächlich subtile ökologische Unterschiede zwischen Populationen – die man ursprünglich für nichtexistent gehalten hat – vorhanden sein können. Zum Beispiel dachte man in einem berühmten Fall, dass zwei Populationen von Schimpansen verschiedene Techniken zum Angeln von Ameisen verwendeten. Es stellte sich jedoch heraus, dass die verschiedenen Techniken daher kamen, dass die Ameisen an den beiden Orten unterschiedlich aggressiv waren; da die Schimpansen nicht gebissen werden wollten, wandten sie als Reaktion darauf verschiedene Techniken an (Humle und Matsusawa, 2002). Folglich ist auch nicht klar, dass die Populationsunterschiede überhaupt auf soziales Lernen zurückgehen.

Um diese Fragen zu klären, haben Forscher Experimente mit gefangenen Affen, hauptsächlich Schimpansen, durchgeführt. Ein Befund ist, dass das vorkommende soziale Lernen in vielen Fällen nur schwach sozial ist. Beispielsweise beobachtet in vielen Fällen ein einzelner Schimpanse einen Akteur, der etwas in der Umgebung bewirkt, und reproduziert dann diesen Effekt. In Wirklichkeit hat der Beobachter jedoch nur eine Wirkung in der Umgebung bemerkt, die produziert werden kann (und die er ansonsten nicht bemerkt haben würde), und dann reproduziert er diesen Effekt unter Verwendung seiner eigenen Techniken. Diese Techniken stimmen häufig mit denen des Akteurs überein, weil der Beobachter dieselben grundsätzlichen kognitiven und motorischen Fähigkeiten wie der Akteur besitzt, aber es gibt keinen Versuch, die Handlungen an sich zu kopieren. Das ist das so genannte Emulationslernen, bei dem der Beobachter sich nicht auf eine Handlung, sondern auf ein Ergebnis konzentriert (zu Bewertungen siehe Tomasello 1996, 2011). In einer Reihe von Untersuchungen stellten Whiten und Kollegen fest, dass Schimpansen mehr auf die Handlungen achten, wenn der Handelnde ein anderer Schimpanse und Mitglied ihrer Gruppe ist (siehe zum Beispiel Whiten et al., 2005, 2009; Horner et al., 2006).

Aber in anderen Untersuchungen stellten Whiten et al. (1996) fest, dass dreijährige Menschenkinder vorgeführte Handlungen weitaus getreuer als die Schimpansen reproduzierten (siehe auch Call et al., 2005). Die relative Vernachlässigung von Handlungen seitens der Schimpansen im Prozess des sozialen Lernens wird noch deutlicher, wenn das beobachtete Verhalten eine Handlung ohne Ergebnis in der Umgebung ist. So berichten Tomasello et al. (1997) von einem Experiment, in dem ein Schimpanse eine neue Geste gelehrt und dann in die Gruppe zurückgebracht wurde, um sie vorzuführen (bei zwei verschiedenen Gelegenheiten, bei denen zwei verschiedene Gesten und zwei Vorführende verwendet wurden). Die anderen Gruppenmitglieder erwarben diese Geste nicht, was den Schluss bekräftigt, dass Schimpansen normalerweise nicht die spezifischen Handlungen anderer lernen. Insgesamt besteht das deutliche Muster darin, dass Schimpansen sich mehr auf das Ergebnis einer Handlung als auf die Handlung selbst konzentrieren.[4]

Eine interessante Wendung dieser Geschichte besteht darin, dass Menschenaffen, die von Menschen aufgezogen oder trainiert werden, die spezifischen Handlungen der Vorführenden besser nachahmen. Tomasello et al. (1993b) verglichen systematisch Affen, die

4 Neugeborene Schimpansen ahmen Mundbewegungen auf ziemlich dieselbe Art und Weise nach wie menschliche Säuglinge (Myowa, 1996; Myowa-Yamakoshi et al., 2004), aber auch Rhesusaffen (Ferrari et al., 2006), die als Erwachsene einander überhaupt nicht imitieren. Die Bedeutung dieses Verhaltens ist daher unklar.

von Menschen aufgezogen wurden (so genannte enkulturierte Affen), mit typischen gefangenen Affen und stellten fest, dass die von Menschen aufgezogenen Affen die spezifischen Handlungen anderer viel besser lernten. Außerdem trainierten Custance et al. (1995) zwei vierjährige Schimpansen über mehrere Monate hinweg, um vorgeführte Handlungen im »Mach's wie ich«-Paradigma zu reproduzieren. Nach dieser Trainingsperiode konnten sie sogar lernen, einige neue Handlungen zu reproduzieren, aber nur etwa ein Drittel der Handlungen, die ihnen vorgeführt wurden (zu einer ähnlichen Untersuchung mit einem einzelnen von Menschen aufgezogenen Orang-Utan siehe Call, 2001). Den stärksten Eindruck machte das Ergebnis von Tomasello und Carpenter (2005a), die feststellten, dass drei enkulturierte jugendliche Schimpansen nur absichtliche und keine zufälligen Handlungen reproduzierten, und sie produzierten das von einem Vorführenden erwünschte Ergebnis selbst dann, wenn die Vorführung ein missglückter Versuch war (die Paradigmen wurden zuerst bei Menschenkindern angewendet und zeigten vergleichbare Ergebnisse). Buttelmann et al. (2007) zeigten sogar, dass sechs enkulturierte Schimpansen eine so genannte rationale Imitation vollzogen, bei der sie berücksichtigten, warum der Vorführende die Handlung gewählt hatte. Anschließend prüften sie nach, um zu sehen, ob diese Gründe auch in ihrem eigenen Fall galten. Die Konklusion lautet daher, dass Menschenaffen, die von Menschen aufgezogen werden, besondere Fertigkeiten des sozialen Lernens und der Imitation relativ zu typischen Menschenaffen zeigen, wobei viele davon mit den Fertigkeiten von Menschenkindern vergleichbar sind. Aber selbst enkulturierte Affen haben keine besondere Gewandtheit für die Imitation von Gesten und anderen Handlungen gezeigt, bei denen ein instrumentelles Ziel fehlt. Diejenigen, denen menschenartige gestische Zeichen gelehrt wurden, haben sie größtenteils nicht durch Nachahmung, sondern durch Shaping und Verstärkung erworben. Nichtmenschliche Primaten imitieren Vokalisierungen überhaupt nicht.

Eine angemessene Hypothese lautet daher, dass Schimpansen sich in sozialen Lernsituationen natürlicherweise mehr auf Ergebnisse als auf Handlungen konzentrieren. Wenn sie von Menschen aufgezogen oder trainiert werden, kann das dazu führen, dass sie sich mehr auf die Handlungen konzentrieren. Menschenkinder konzentrieren sich natürlicherweise leichter auf die jeweiligen Handlungen, aber es ist wichtig zu beachten, dass auch sie sich in konkreten Problemlösungssituationen ziemlich deutlich auf Ergebnisse konzentrieren (Nagell et al., 1993; Tennie et al., 2006). Daher könnte man die Sache vielleicht folgendermaßen formulieren: Bei der Beobachtung instrumenteller Handlungen neigen Menschenaffen im Allgemeinen, Menschen eingeschlossen, dazu, sich auf das Ergebnis zu konzentrieren, das entweder hervorgebracht oder beabsichtigt wurde, aber in manchen Fällen beziehen sie das Ergebnis analytisch zurück auf die verwendete Verhaltenstechnik, um zu sehen, wie dieses Ergebnis erreicht wurde. Menschenkinder vollziehen eine solche Analyse natürlicher und vielleicht auch geschickter als die Schimpansen. Im Sinne dieser Konklusion stellten Buttelmann et al. (2014) fest, dass selbst dann, wenn sie die spezifischen Handlungen eines menschlichen Vorführenden nicht vollzogen, die Schimpansen bei einer einfacheren Aufgabe doch die vorgeführte Handlung von anderen Handlungen unterscheiden konnten. Und Haun und Call (2008) zeigten, dass zumindest manche Affen wissen, wann sie imitiert werden.

Menschenkinder

Schon bald nach der Geburt ahmen menschliche Säuglinge (genauso wie Schimpansen und andere nichtmenschlichen Primaten; siehe die Anmerkung auf Seite 200) den einfachen Gesichtsausdruck anderer nach (zu einer Übersicht siehe Meltzoff, 2007). Während der übrigen Zeit ihres ersten Lebensjahrs lernen sie, die Effekte zu reproduzieren, die von anderen bei ihren absichtlichen Handlungen produziert wurden, indem sie entweder das Ergebnis oder Ziel einer Handlung nachahmen, und zwar erneut auf die allgemeine Art und Weise der Menschenaffen (zu einer Übersicht siehe Tomasello und Carpenter, 2005b). Anschließend beginnen die Babys in den Monaten nach ihrem ersten Geburtstag, die Handlungen anderer auf vielfältige neue Weisen zu reproduzieren, aber das sind alles

Dinge, die Menschenaffen ebenfalls tun, wie wir gerade gesehen haben. So beginnen die Säuglinge beispielsweise, beim so genannten Paradigma der missglückten Versuche im Alter von neun Monaten nicht die tatsächlichen, sondern die beabsichtigten Handlungen anderer zu reproduzieren (Meltzoff, 1995; Bellagamba und Tomasello, 1999), und im Paradigma der missglückten Intentionen geschieht das mit etwa vierzehn Monaten (Carpenter et al., 1998a). Außerdem beteiligen sich menschliche Babys an rationaler Imitation – in der Zeit zwischen zwölf und vierzehn Monaten –, bei der sie berücksichtigen, ob ein Erwachsener eine Handlung als freie Entscheidung vollzog, in welchem Fall sie sie reproduzierten, oder ob die Handlung durch äußere Umstände erzwungen wurde, die für sie nicht galten (der Erwachsene hatte beispielsweise die Hände nicht frei), in welchem Fall sie sie nicht reproduzierten (Gergely et al., 2002; Schwier et al., 2006). Schon bald nach ihrem ersten Geburtstag lernen menschliche Babys also durch Imitation die Handlungen anderer und demonstrieren so ein Verständnis von deren Zielen, gewählten Verhaltensmitteln oder Absichten für die Erreichung des Ziels und des Grundes, aus dem sie die Verhaltensmittel gewählt haben. Höchstwahrscheinlich gibt es quantitative Unterschiede zwischen den Varianten dieser sozialen Lernfertigkeiten bei Menschen und Affen – Menschenkinder setzen sie häufiger, leichter und geschickter ein –, aber das sind alles Dinge, die andere Menschenaffen in manchen Situationen ebenfalls tun.

Bei all diesen Prozessen des sozialen Lernens, die Menschenkinder mit anderen Menschenaffen teilen, gibt es einen deutlichen Unterschied der zeitlichen Abfolge der Entwicklung, obwohl die überwältigende Mehrheit von Untersuchungen an Menschenaffen keine Individuen getestet haben, die jünger als drei oder vier Jahre alt waren. Abbildung 5.1 fasst die Daten von Tomasello und Carpenter (2005a) zusammen, die eine systematische Batterie von Imitationsaufgaben drei von Menschen aufgezogenen Schimpansen in einer Längsschnittstudie während der ersten Lebensjahre stellten. Die Abbildung beinhaltet außerdem die Ergebnisse von Imitationsaufgaben aus der Studie von Wobber et al. (2013) mit Schimpansen und Bonobos (die in Kapitel 2 besprochen wurde). Schließlich fas-

Mensch. Säuglinge			IMIT, STIL, MV ZUF, RATIONAL ROLLENWECHSEL					
Schimpanse #1						x	x IMIT	ZUF
Schimpanse #2						IMIT		ZUF MV
Schimpanse #3			x x x	x x x	ZUF	MV		
Menschenaffen in der Studie von Wobber					x	x	x	STIL ZUF
	0	1		2		3		4

Abbildung 5.1: Erfolgsalter (in Jahren) bei verschiedenen Typen von Imitationsaufgaben für Menschenkinder (zusammengefasst über viele Untersuchungen hinweg) und drei Schimpansen-Jungtieren (plus eine Zusammenfassung einer größeren Untersuchung: Wobber et al., 2013).
Die x stellen Misserfolge bei der Aufgabe im jüngeren Lebensalter dar. Abkürzungen: ZUF = Imitation absichtlicher gegenüber zufälligen Handlungen; MV = Reproduktion beabsichtigter Handlungen in einem Paradigma missglückter Versuche; IMIT – direkte Imitation; RATIONAL = rationale Imitation; STIL = Reproduktion des Handlungsstils, auch wenn dieser kausal irrelevant war.

sen wir die Ergebnisse für Menschenkinder aus den vielen Untersuchungen zusammen, über die wir eben berichtet haben. Die Tests umfassen direkte Imitation, bei der die Individuen eine neue Handlung mit einem Gegenstand lernen mussten; die Imitation von absichtlichen gegenüber zufälligen Handlungen; die Reproduktion absichtlicher Handlungen in einem Paradigma missglückter Versuche; die Reproduktion des »Stils« einer Handlung, auch wenn dieser in kausaler Hinsicht irrelevant war; und rationale Imitation. Wie bereits erwähnt, sind Menschenkinder bei all diesen Aufgaben mit etwa zwölf bis sechzehn Monaten erfolgreich. Menschenaffen zeigen dagegen keine Anzeichen für irgendeine dieser Arten des Imitationslernens, bis sie zweieinhalb bis drei Jahre alt sind. Wichtig ist, dass wir aufgrund des Entwicklungsfokus dieser Untersuchungen an Menschenaffen in Abbildung 5.1 eine Reihe gut dokumentierter

Datenpunkte haben, an denen die Affenbabys an der Imitation scheiterten (sie sind durch ein X markiert). Solche Datenpunkte sind entscheidend für die Festlegung der Untergrenze in der Ontogenese.

Wie beim Verfolgen der Blickrichtung (aber nicht wie bei ritualisierten Gesten) haben wir also auch hier eine deutliche Verschiebung der Entwicklung von Fertigkeiten in eine Zeit, die bei den Menschenkindern um mehr als ein Jahr früher beginnt. Eine charakteristische Tatsache mit Bezug auf soziales Lernen und Imitation bei Schimpansen und anderen Menschenaffen ist die Ausgeprägtheit, mit der sie durch die Interaktion mit Menschen beeinflusst werden. Tatsächlich stellten die Übersichten von Call und Tomasello (1996) und Tomasello und Call (2004) fest, dass das soziale Lernen einer der beiden Bereiche war (der andere bestand in der Kommunikation), die am stärksten von menschlicher Erziehung und Interaktion beeinflusst wurden. Diese große Plastizität der Ontogenese der Fertigkeiten des sozialen Lernens bei Menschenaffen stellt genau diejenige Art von individueller Variabilität dar, die für die Evolution der stärkeren und systematischeren Fertigkeiten der Imitation und des kulturellen Lernens bei Menschenkindern notwendig sind, wie wir jetzt genauer untersuchen werden.

Imitation und Konformität

Die Daten zeigen eindeutig, dass Menschenkinder viel stärker als Menschenaffen auf die Handlungen von anderen fokussiert sind und auch stärker motiviert sind, sie zu reproduzieren. Eine evolutionstheoretische Hypothese mit Bezug auf diesen Unterschied lautet, dass es in den frühen Stadien der Evolution des Menschen für die Individuen wichtig war, den Gebrauch kausal undurchsichtiger Artefakte zu erwerben, den man nicht selbständig herausfinden konnte (zum Beispiel Lyons et al., 2006; Whitten et al., 2009). Darunter würden auch soziale Konventionen, wie beispielsweise Sprachkonventionen, fallen, die keine beobachtbare Kausalverbindung zu irgendeinem Ergebnis in der Umgebung aufweisen.

Eine alternative Hypothese, die die erste jedoch nicht ausschließt, besteht darin, dass die Frühmenschen Imitation auch für eine neue und andere Funktion benutzten: Um zu zeigen, dass sie wie die anderen sind, um sich ihnen anzuschließen und Konformität mit der Gruppe zu demonstrieren. Das ist die »soziale Seite der Imitation«, und sie ist in vielen Hinsichten für das menschliche Kulturleben eindeutig wichtig (Carpenter, 2006). Wenn Kinder Verhaltensweisen lernen und zeigen, deren Funktion nicht bloß instrumentell, sondern sozial oder kulturell ist – zum Beispiel Imitieren oder Konformität zeigen, um sich einzugliedern oder eine Bindung herzustellen –, ist die Bezeichnung *kulturelles Lernen* vielleicht angemessener als *soziales Lernen*. In den nächsten drei Unterabschnitten beschreiben wir kurz drei Formen des kulturellen Lernens, die allem Anschein nach für die menschliche Spezies einzigartig sind (mit einer Darstellung des Lernens durch Anweisung, das ebenfalls einzigartig ist, im darauf folgenden Abschnitt).

Imitation durch Rollentausch

Schon bald nach dem ersten Geburtstag beginnen menschliche Säuglinge und Kleinkinder, sich an einer Form des kulturellen Lernens zu beteiligen, die eine Perspektivenübernahme erfordert. Es handelt sich um das Phänomen, das als Imitation durch Rollentausch bezeichnet wurde. Die Grundidee ist folgende: Wenn ich Ihren Unterarm kitzle, könnten Sie mich imitieren, indem Sie entweder dasselbe tun – nämlich Ihren Unterarm zu kitzeln, wie ich es tat –, oder Sie könnten dasselbe anhand eines Perspektivenwechsels tun, indem Sie umgekehrt meinen Unterarm kitzeln. In solchen Fällen gibt es keine richtige Reaktion, sondern nur die Frage, wie die ursprüngliche Handlung interpretiert wird. Es gibt auch die Situation, in der wir zusammenarbeiten, und Sie spielen eine Rolle und ich eine andere, und dann stellt sich in einer zweiten Runde die Frage, ob Sie problemlos und leicht die Perspektive wechseln und meine Rolle spielen können.

Carpenter et al. (2005) testeten menschliche Babys auf beide dieser Typen der Imitation mit Rollenwechsel. Sie stellten fest, dass achtzehn Monate alte Kleinkinder auf einen Erwachsenen, der etwas mit Bezug auf ihren Körper tat (ihren Unterarm kitzelte), häufig so reagierten, dass sie umgekehrt dasselbe mit Bezug auf ihn (auf seinen Arm) taten. Außerdem stellten sie fest, dass dieselben Babys rasch zur anderen Rolle wechseln konnten, nachdem sie eine bestimmte Rolle in einer Kooperation mit einem Partner gespielt hatten; beispielsweise konnten sie von der Situation, in der sie das Spielzeug festhielten, während der andere Dinge daraufstellte, zur umgekehrten Situation übergehen. Autistische Kinder hatten in dieser Untersuchung Schwierigkeiten, die Rollen auf diese Weise zu tauschen. Ferner stellten Tomasello und Carpenter (2005a) fest, dass Schimpansen die Rollen in keiner dieser Weisen umkehrten. Eine sinnvolle Erklärung – die auf unserer Analyse der sozialen Kognition von Menschenaffen und menschlichen Babys in Kapitel 3 beruht – lautet, dass Menschenaffen einfach nicht die Perspektive anderer ebenso natürlich wie menschliche Babys übernehmen.

Ich habe zuvor geltend gemacht, dass die Imitation durch Rollentausch notwendig für das Erlernen von Sprachkonventionen ist, da die Kinder in den meisten Fällen lernen müssen, dieselbe Vokalisierung gegenüber einem Erwachsenen zu vollziehen, die dieser zuvor ihnen gegenüber vollzogen hat (Tomasello, 1999). Aber tatsächlich handelt es sich hier um einen noch allgemeineren Punkt. Wenn die Mitglieder einer Kulturgruppe beginnen, miteinander eine Tätigkeit auszuüben, lernen sie diese Tätigkeit in einem gewissen Sinne von beiden Seiten aus, indem sie beide Rollen lernen, während andere Menschenaffen das nicht tun (siehe Kapitel 7). Wenn wir beispielsweise beim Fischen kooperieren, indem einer das Netz hält, während der andere die Fische zu ihm treibt, ermöglicht die Imitation durch Rollentausch jedem von uns, in der Zukunft beide Rollen zu spielen. So entsteht eine Konvention, bei der jeder weiß, dass jeder weiß (letztlich im kulturellen gemeinsamen Hintergrund), wie man jede der Rollen in einer Kulturpraxis erfüllt.

Wie wir im vorangehenden Kapitel ausführlich dokumentiert haben, erwerben Säuglinge und Kleinkinder beliebige soziale Konventionen ohne Weiteres durch kulturelles Lernen. Sprachliche Symbole verlangen von den Kindern, die Handlungen der anderen zu Kommunikationszwecken mehr oder weniger genau zu reproduzieren – im prototypischen Fall mit ihrer Stimme (wohingegen Menschenaffen im Grunde zu stimmlichem Lernen nicht in der Lage sind). Menschenaffen, denen menschenartige Kommunikationsformen beigebracht wurden, erwerben sie nicht so. Entweder werden sie mühevoll darauf konditioniert, die richtigen Handzeichen zu machen (dieselben, die taube Kinder leicht von anderen imitieren), oder aber sie lernen, auf ein grafisches Zeichen hinzuweisen, indem sie es berühren (was keine Imitation einer Handlung erfordert). Natürlich sind diese Verhaltensweisen für sich betrachtet äußerst interessant, aber vom Standpunkt des kulturellen Lernens aus gesehen, sind Menschenaffen eindeutig nicht dafür angepasst, soziale Handlungen zu imitieren, die auf soziale Zwecke gerichtet sind (man erinnere sich außerdem an das Scheitern der Affen daran, die experimentell trainierte Geste eines Artgenossen im Kontext ihrer sozialen Gruppe zu kopieren).

Dieser Unterschied zwischen Menschenaffen und Menschen wird möglicherweise zumindest zum Teil durch die Tatsache erklärt, dass Menschen im Unterschied zu Affen die Handlungen anderer nicht bloß aus instrumentellen, sondern auch aus sozialen Gründen reproduzieren. Das heißt, eine der hauptsächlichen Arten, wie Menschen sich anderen anschließen – was bereits mit der emotionalen Abstimmung und der gemeinsamen Aufmerksamkeit beginnt –, besteht darin, psychische Zustände mit ihnen abzugleichen. Die Imitation von Handlungen ist eine andere Form desselben Abgleichungsprozesses, in diesem Fall bezogen auf intentionale Handlungen. Die hauptsächliche Art, wie Kleinkinder, die nicht miteinander vertraut sind, das Eis brechen und miteinander zu spielen beginnen, vollzieht sich durch die Imitation der Handlungen des jeweils anderen (Eckerman et al., 1989; Nadel, 2002). Die Imitation zum Zwecke der Anschlussgewinnung verwandelt sich später in der Ontogenese im größeren Maßstab zur Konformität als Mittel, sich mit der Gruppe zu identifizieren. So stellten beispielsweise Kinzler et al. (2011) fest, dass kleine Kinder mehr dazu neigen, die Handlungen eines Gruppenmitglieds zu imitieren als die Handlungen eines Nicht-Mitglieds. Außerdem fanden Herrmann et al. (2013) und Watson-Jones et al. (2014) heraus, dass Kinder im Vorschulalter sich häufig auf das Ziel und das damit verbundene Ergebnis einer Handlung konzentrieren, wenn sie ein deutliches Ziel dieser Handlung erkennen; aber wenn sie eine Handlung ohne klares äußeres Ziel sehen, nehmen sie an, dass der Handelnde etwas anderes tut, etwa eine bestimmte Art von kulturellem Ritual vollzieht, das auf Anschluss abzielt, und daher konzentrieren sie sich mehr auf die Handlungen.

All dies bedeutet, dass kleine Kinder in vielen Fällen zwei gleichzeitige Motive für die Imitation eines Erwachsenen haben: etwas Nützliches zu lernen und Anschluss zu finden. Wenn man das Ziel hat, etwas Nützliches zu lernen, ist es nicht immer notwendig, sich auf die genauen Handlungen zu konzentrieren, die vollzogen wurden; häufig genügt es, sich auf das Ergebnis zu konzentrieren (weil man selbständig eine effektive Menge von Handlungen generieren kann). Aber um Ähnlichkeit zu demonstrieren, muss man sich fast immer auf die Handlungen konzentrieren. Eine Fülle von Faktoren bestimmt, welches Motiv – und folglich auch welche Strategie – vorherrscht (Over und Carpenter, 2012). Ein allgemeiner Befund ist, dass menschliche Säuglinge und Kleinkinder ab dem Alter von ein bis zwei Jahren sich allmählich immer mehr auf die Handlungen gegenüber den Ergebnissen konzentrieren (Nielsen, 2006), vielleicht weil sie gerade entdecken, dass die Abgleichung von Handlungen zusätzlich zu Gefühlen und Aufmerksamkeit soziale Bindungen erleichtert (oder vielleicht einfach, weil sie motorisch geschickter darin werden, die genauen Handlungen zu imitieren).

Die Schlussfolgerung lautet, dass das Imitationslernen von Menschenaffen und Kleinkindern sich nicht so sehr voneinander unterscheidet, wenn das Ziel allein darin besteht, nützliche instrumentelle Verhaltensweisen zu lernen. Aber Kleinkinder haben gewöhnlich bis zu einem gewissen Grad – und in manchen Kontexten in hohem Grad – den Wunsch, Anschluss an die Person zu finden, von der sie lernen (oder den Wunsch, sich mit der sozialen Gruppe dieser Person zu identifizieren). Daher konzentrieren sich kleine Kinder mehr – in manchen Kontexten viel mehr – auf die Abgleichung mit den Handlungen, die von anderen vollzogen werden, an die sie Anschluss finden wollen. Möglicherweise wird diese Hypothese durch Nielsens (2006) Befund gestützt, dass kleine Kinder häufiger Handlungen imitieren, wenn der erwachsene Vorführende mit ihnen warmherzig und freundlich anstatt auf unpersönliche Art interagiert. Nielsen et al. (2008) bekräftigten dieses Ergebnis, indem sie Kinder erwachsene Vorführende entweder live oder mittels eines Fernsehers beobachten ließen und auch hier feststellten, dass Kinder sich mehr auf Handlungen konzentrieren, wenn der Vorführende ihnen gegenüber stärker sozial reagiert.

Konformität mit anderen oder mit der Gruppe

In manchen Situationen stellen Kinder nicht nur ihre Ähnlichkeit mit anderen zur Schau, um Anschluss bei ihnen zu finden, sondern spüren auch das Bedürfnis, Konformität zu zeigen – entweder mit ihnen oder mit ihrer Gruppe. Dieses Bedürfnis ist so stark, dass sie sich zu diesem Zweck über ihr eigenes bereits begründetes Wissen oder über ihre Präferenzen hinwegsetzen. Die Phänomene werden typischerweise als »Konformität« oder »Überimitation« bezeichnet.

Im Gefolge der klassischen Untersuchung von Asch (1956) legten Haun und Tomasello (2011) vierjährigen Kindern einige Wahrnehmungsurteile vor (zum Beispiel »Welcher ist der größere Elefant?«), die ganz leicht einzuschätzen waren; allerdings hatten drei Kinder vor ihnen bereits öffentlich ein eindeutig falsches Urteil abgegeben. Als die Kinder ihr Urteil ebenfalls öffentlich abgeben sollten, stimmten sie mit dem eindeutig falschen Urteil der anderen drei Kinder überein. Sie zeigten keine Konformität, wenn sie das Urteil privat abgeben konnten, und zeigten damit, dass es sich hier klarerweise um ein Beispiel für Konformität mit den anderen Kindern handelte. Haun und Tomasello (2014) adaptierten dieses Paradigma für Zweijährige, indem sie es mehr auf Handlungen bezogen, was ihnen außerdem ermöglichte, einen direkten Vergleich mit Menschenaffen anzustellen. Die Kinder lernten für sich, in welches Loch eines Apparats sie eine Kugel stecken mussten, damit der Apparat eine Belohnung ausgab. Dann sahen sie, wie drei andere Kinder Kugeln in ein anderes Loch steckten, woraufhin der Apparat immer noch eine Belohnung ausgab. Die Mehrheit der Kinder wechselte bei der nächsten Runde zum neuen Loch, insbesondere dann, wenn die drei Kinder ihnen zuschauten, was abermals die Interpretation im Sinne der Konformität unterstützt. Im krassen Gegensatz dazu zogen es Schimpansen und Orang-Utans vor, bei dem zu bleiben, was für sie zuvor als Individuen funktioniert hatte, und wechselten daher so gut wie nie ihr bevorzugtes Loch, nachdem sie beobachtet hatten, wie drei gleichaltrige Affen bei einem neuen Loch erfolgreich waren.[5]

Untersuchungen der so genannten Überimitation weisen ebenfalls eine starke soziale Komponente des Imitationslernens kleiner Kinder nach. Horner und Whiten (2005) stellten fest, dass beobachtende Schimpansen dazu neigten, irrelevante Handlungen im Umgang mit einer Kiste zu ignorieren, wenn ihre kausale Ineffektivität eindeutig war, wohingegen drei- und vierjährige Menschenkinder auf diese Handlungen viel mehr achteten und sie unabhängig von ihrer kausalen Effektivität reproduzierten. In anderen vergleichenden Untersuchungen kamen Nagell et al. (1993) und Clay und Tennie (2017) zu ähnlichen Ergebnissen: Nur die Kinder (und nicht die Affen) imitierten irrelevante Handlungen. In einer Studie zeigten Lyons et al. (2007) Vorschulkindern, wie ein bestimmter Apparat funktionierte. In manchen Fällen vollzog der Vorführende eindeutig kausal irrelevante Handlungen – und sagte den Kindern sogar, dass sie irrelevant waren –, aber die Kinder reproduzierten sie trotzdem ziemlich oft. Interessanterweise stellte Kenward (2012)

5 Es gibt eine Studie, die darauf hindeutet, dass Schimpansen ebenfalls Konformität zeigen, auch wenn sie schon eine effektive Methode haben (Withen et al., 2005), aber eine genauere Untersuchung der Daten zeigt, dass nur ein Individuum seine Methode des Werkzeuggebrauchs zuverlässig wechselte, um sie der Methode der anderen anzugleichen.

fest, dass, wenn Kinder in diesem Altersspektrum beobachteten, wie ein anderes Kind daran scheiterte, die irrelevanten Handlungen, die vorgeführt worden waren, zu reproduzieren (das heißt, es nicht überimitierte), sie eingriffen und das andere Kind korrigierten, häufig mit einer normativen Sprache bezüglich dessen, wie man es machen sollte. Dieser Befund passt zu denen von Schmidt et al. (2011), dass Kleinkinder eingreifen, um die Handlungen von Dritten zu korrigieren, wenn sie von dem abweichen, was sie als kulturell normative Weise ihres Vollzugs ansehen. Die normative Intervention geht über das einfache Zeigen von Konformität zum Zweck der Anschlussfindung oder der Zufriedenstellung anderer hinaus und deutet darauf hin, dass kleine Kinder in manchen Fällen die intentionale Handlung eines Erwachsenen als die richtige Art und Weise für jeden in der Gruppe – sie selbst inbegriffen – ansehen, wie man diese Handlung vollziehen sollte. Im vorliegenden Kontext ist wichtig, dass ein solcher an der Gruppe orientierter Geist erst nach der Entstehung von Fertigkeiten und Motivationen kollektiver Intentionalität im Alter von drei Jahren möglich ist.

An dieser Stelle sollten wir auch festhalten, dass in vielen Kontexten menschliche Säuglinge und Kleinkinder stärker motiviert sind, Erwachsene als Gleichaltrige zu imitieren (Zmyj et al., 2010), Überimitation eingeschlossen (McGuigan et al., 2011). Sie zeigen auch mehr Konformität mit der Mehrheit bei Erwachsenen als bei Gleichaltrigen (McGuigan und Stevenson, 2016) und zeigen bereitwilliger Konformität mit Regeln bei Erwachsenen als bei Gleichaltrigen (Rakoczy et al., 2010). Diese Befunde passen wieder gut zu der Hypothese, dass die Dimensionen der Kultur, die mit der Weitergabe zu tun haben, den Kindern am natürlichsten von Erwachsenen nahegebracht werden.

Individuelle und kulturelle Variation

Callaghan et al. (2011) führten eine Reihe unterschiedlicher Imitationstests mit Säuglingen und Kleinkindern in drei ganz unterschiedlichen kulturellen Kontexten durch – zum Beispiel die Imitation instrumenteller Willkürhandlungen und missglückter

Versuche – und stellten bei allen drei sehr ähnliche Altersstufen für das Auftreten der Imitation fest (zwei davon waren kleingesellschaftliche, analphabetische Kulturen). Eine sinnvolle Hypothese ist demnach, dass die Grundlagen des Imitations- und des kulturellen Lernens bei Säuglingen und Kleinkindern in allen Kulturen vorhanden sind. Darüber hinaus wurde das grundsätzliche Phänomen der Überimitation ebenfalls in einer Reihe unterschiedlicher kultureller Kontexte nachgewiesen (zum Beispiel bei den Buschmännern der Kalahari von Nielsen und Tomasello, 2010; Nielsen et al., 2014). Tatsächlich gibt es meines Wissens keine Befunde, die über verschiedene kulturelle Kontexte hinweg qualitative Unterschiede im Imitationslernen der Kinder nachweisen, obwohl in unterschiedlichen Kulturen die Erwachsenen mit Kindern unterschiedlich interagieren und sie auf unterschiedliche Weise belehren (siehe den nächsten Abschnitt). Kinder aus unterschiedlichen Kulturen mögen zwar unterschiedliche Neigungen zur Imitation haben, und das Verhalten Erwachsener mag ebenfalls einen Einfluss darauf haben, aber die grundsätzliche Art und Weise, wie Kinder von anderen durch Imitation lernen, ist sehr wahrscheinlich eine menschliche Universalie – tatsächlich etwas, das für die Entstehung und Aufrechterhaltung unterschiedlicher Kulturgruppen überhaupt notwendig ist.

Autistische Kinder unterscheiden sich von Kindern, die sich typisch entwickeln, deutlich in ihren Fertigkeiten des Imitationslernens. Die Datenlage ist jedoch enorm verwickelt. Ein Problem ist sicherlich, dass autistische Kinder keine homogene Gruppe bilden, daher haben es verschiedene Untersuchungen möglicherweise mit verschiedenen Populationen zu tun. Klassischerweise wurde in Untersuchungen festgestellt, dass autistische Kinder weniger geschickt bei der Imitation sind (zum Beispiel Hobson, 2002), aber Nielsen und Hudry (2010) fanden bei autistischen Kindern Überimitation. Unter Verwendung eines ähnlichen, aber nicht identischen Paradigmas stellten Hobson und Lee (1999; siehe auch Hobson und Hobson, 2008) fest, dass autistische Kinder den »Stil« des Vorführenden nicht kopierten (zum Beispiel an etwas kräftig anstatt zaghaft zu kratzen), und Hobson und Hobson (2007) fanden, dass autistische Kinder sich nicht wie Kinder, die sich typisch entwickeln, an der Imitation durch Rollentausch beteiligten (sich der anderen Person gegenüber nicht so verhielten, wie diese sich ihnen gegenüber verhalten hatte). Und daher scheint es der Fall zu sein, dass Kinder mit einem biologischen Defizit, das zu Autismus führt, andere nicht auf die für die Spezies typische Weise imitieren, obwohl die Einzelheiten zum gegenwärtigen Zeitpunkt unbekannt sind.

Lernen durch Anweisung

Die andere Seite der einzigartig menschlichen Weitergabe der Kultur besteht im Unterricht oder der Anweisung durch Erwachsene. Aktiver Unterricht ist im Tierreich äußerst selten; typischerweise tritt er bei einer bestimmten Spezies nur für eine einzige spezifische Funktion auf. Beispielsweise »lehren« Löwenmütter ihre Jungen, Mäuse zu töten, indem sie ihnen zu Beginn solche Mäuse bringen, die zum Teil bewegungsunfähig sind, und später dann wohlbehaltenere. Unter den Primaten geben nur die Menschen ihren Jungen aktiv Anweisungen (Thornton und Raihani, 2008). Boesch (1991) beobachtete Schimpansenmütter, die ihren Jungtieren Zugang zu Werkzeugen und Futter gestatteten, den sie anderen Individuen nicht gestatten würden – was das Lernen begünstigt haben könnte –, aber es gab wenig, was man aktive Anweisung nennen könnte.

Unser Augenmerk liegt hier auf der Anweisung aus der Perspektive des Kindes, etwas, das Tomasello et al. (1993a) als »Lernen durch Anweisung« bezeichnet haben. Man könnte diese Fähigkeit, unterwiesen zu werden, für trivial halten, aber das ist nicht der Fall. Natürlich lassen sich viele Tiere durch verschiedene Formen des Konditionierens anhand von Belohnungen und Bestrafungen darauf trainieren, alles Mögliche zu tun, aber das ist kein Lernen durch Anweisung. Lernen durch Anweisung erfordert, dass der Lernende versteht, dass die Person, die die Anweisungen gibt, ihn anzuweisen beabsichtigt, und dass er dieser Information vertraut und sie angemessen verallgemeinert. Tatsächlich besteht eines der Schlüsselmerkmale des Lernens durch Anweisung darin, dass die Lernenden sofort auf große Klassen von Objekten und Tätigkeiten verallgemeinern. Sie tun das, weil sie verstehen, dass die anweisende Person mehr tut, als nur eine persönliche Meinung zu einer einzelnen Sache kundzutun; vielmehr gibt sie generisches kulturelles Wissen weiter. Obwohl sogar Säuglinge und Kleinkinder manche Dinge lernen, wenn die Erwachsenen versuchen, ihnen Anweisungen zu geben, wird die Erkenntnis des generischen Modus der Kommunikation, der für die menschliche Pädagogik charakteristisch ist, erst mit der Entstehung der Fertigkeiten und Motivationen kollektiver Intentionalität bei Kindern im Alter von etwa drei Jahren möglich.

Anweisung von der Art, mit der wir uns hier befassen, ist ein spezifischer Typ kooperativer Kommunikation. Die Erwachsenen können das Lernen der Kinder in vielen Hinsichten erleichtern, während sie doch im Hintergrund bleiben – indem sie beispielsweise die Aufgabe für sie vereinfachen, ihre Aufmerksamkeit auf relevante Teile der Aufgabe lenken oder auf andere Weise für ihr Lernen »ein Gerüst bereitstellen« (Wood et al., 1976). Aber hier beschäftigen wir uns mit Fällen, in denen der Erwachsene dem Kind etwas erkennbar zeigt oder ihm etwas mit der Absicht sagt, dass das Kind es lernt. Zu diesem Zweck verwenden die Erwachsenen dieselben Arten anschaulicher Signale (wie beispielsweise einen charakteristischen Augenkontakt oder die Nennung des Namens des Kindes), die bei anderen Formen kooperativer Kommunikation verwendet werden (Csibra, 2010). Das sind Signale für das Kind, dass dies »für dich« ist und du darauf vertrauen solltest.

Bezeugte Aussagen und Vertrauen

Von Beginn an vertrauen Kinder fast immer der Information, die die Erwachsenen ihnen durch intentionale Kommunikation vermitteln, bei der etwas gezeigt und gesagt wird. Harris (2012) hat die unterschiedlichen Weisen herauspräpariert, auf die kleine Kinder dazu prädisponiert sind, auf die Information zu vertrauen, die ihnen von den Erwachsenen zur Verfügung gestellt wird, zusammen mit den vielen Möglichkeiten, wie sie verschiedene Erwachsene auf ihre potenzielle Vertrauenswürdigkeit und Zuverlässigkeit hin einschätzen. Haux et al. (2017) stellten tatsächlich fest, dass fünfjährige Kinder dem, was andere ihnen sagen, so sehr vertrauen, als ob sie es mit eigenen Augen gesehen hätten. Wenn ein Kind unterwiesen wird, wie es ein neues, multifunktionales Artefakt zu einem bestimmten Zweck gebrauchen kann, neigt das Kind dazu, fast ausschließlich bei diesem Gebrauch zu bleiben und seine anderen Verwendungsweisen zu ignorieren (und zwar viel stärker, als wenn es ihm überlassen wird, das Artefakt selbständig ohne Anweisung zu erforschen) (Bonawitz et al., 2011). Nichts davon kann jedoch als selbstverständlich gelten; wenn ein Mensch versucht, Schimpansen zu zeigen oder zu sagen, wo sich verborgenes Futter befindet – um ihnen absichtlich nützliche Informationen mitzuteilen –, scheinen sie die Mitteilungsabsicht überhaupt nicht zu verstehen (Tomasello, 2006; siehe auch Kapitel 4).

Es kommt eine Zeit, zu der die Kinder kritischer mit Bezug auf die Quelle der Informationen sein müssen, die ihnen mitgeteilt werden – sie müssen lernen, ein gewisses Maß an »epistemischer Wachsamkeit« zu zeigen (Sperber et al., 2010). Aber die meiste Zeit – und so gut wie immer in einem frühen Alter – vertrauen kleinere Kinder allem, was aus einer zuverlässigen Quelle stammt, ob es nun mitgeteilt oder gelehrt wird (Harris, 2012).

Pädagogik und Lernen durch Anweisung

Im Großen und Ganzen Vygotskij folgend, nahmen Tomasello et al. (1993a) als prototypischen Fall von Lernen durch Anweisung Situationen, in denen das Kind die Anweisungen des Erwachsenen wirklich verinnerlicht hatte und sie anschließend benutzte, um sein Verhalten selbst zu regulieren (indem es beispielsweise zu sich selbst sagte, dass es »das Eckstück finden« müsse, während es an der Lösung eines Puzzles arbeitete). Um sich auf Lernen durch Anweisung dieser Art einzulassen – typischerweise nicht vor etwa vier Jahren –, muss das Kind die geistige Perspektive des Erwachsenen einnehmen, während dieser versucht, dessen geistige Perspektive zu beeinflussen. Aber das ist ein Sonderfall, zu dem wir später zurückkehren. Es gibt grundlegendere Formen der Anweisung.

Ein theoretischer Fortschritt im Verständnis des Lernens durch Anweisung aus jüngerer Zeit ist die Theorie der natürlichen Pädagogik (Csibra und Gergely, 2009; Gergely und Csibra, 2006). Diese theoretische Perspektive hat eine Form des Lernens durch Anweisung identifiziert und beschrieben, die zwar darüber hinausgeht, dass der Erwachsene für das Lernen des Kindes ein Gerüst baut, aber dennoch keine Verinnerlichung von Anweisungen beinhaltet. Die Grundidee ist, dass Menschenkinder durch die Evolution darauf vorbereitet sind, kooperative Kommunikation auf allgemeinere Weise zu verstehen, unter anderem durch eine besondere Empfänglichkeit für anschauliche Signale. Zweitens sind Kinder auch insofern darauf vorbereitet, Anweisungen zu erhalten, als sie von den erwachsenen Anweisungsgebern erwarten, dass sie versuchen, ihnen nicht nur episodische Informationen über die Welt zu vermitteln, wie allgemein bei kooperativer Kommunikation, sondern vielmehr generische Information, die für eine bestimmte Art von Dingen relevant ist. So könnte etwa ein Erwachsener einem Kind mitteilen, dass eine Nuss auf dem Boden liegt, die es vielleicht essen möchte; in einem anderen Kontext könnte der Erwachsene jedoch versuchen, dem Kind beizubringen, dass Nüsse wie diese essbar sind (»Man kann diese Art von Nüssen essen«). Csibra und Gergely (2011) haben betont, dass Erwachsene in allen Kulturen mit ihren Kindern zumindest einen Teil der Zeit in Anweisungskontexten auf diese generische Weise kommunizieren (siehe Kruger und Tomasello, 1996; Hewlett und Roulette, 2016). Soweit wir wissen, kommuniziert keine andere Tierspezies überhaupt, um etwas zu lehren.

Csibra und Gergely (2009, 2011) haben viele Belege dafür geliefert, dass menschliche Babys äußerst sensibel für Zeichen deutlich an sie gerichteter Kommunikation sind. Sie haben vermutet, dass dies eine Sensibilität für Pädagogik darstellt, aber eigentlich gibt es nur wenige empirische Daten, um eine Sensibilität für Pädagogik im Besonderen getrennt namhaft zu machen. Zwei Studien zeigen, dass achtzehn Monate und zwei Jahre alte Kleinkinder erwarten, dass die Einstellungen und das Wissen, die ein Individuum mit Bezug auf ein neues Artefakt hat, auch von anderen Individuen gezeigt werden (Egyed et al., 2013; Vredenburgh et al., 2015). Das Problem ist, dass dies nicht auf die Frage nach artrelevantem Wissen über Objekte und Ereignisse in der Außenwelt eingeht und genauso wahrscheinlich Verallgemeinerungen über die psychischen Zustände von Menschen widerspiegelt. Im Allgemeinen gibt die Theorie der natürlichen Pädagogik nicht deutlich genug an, wie Kinder die Fälle, in denen der Erwachsene episodische Informationen mitteilt, von Fällen unterscheiden, in denen er unterrichtet.

Es gibt nur wenige Untersuchungen, die sich darauf konzentrieren, ob Kinder die Anweisungen der Erwachsenen so verstehen, dass sie kulturell signifikantes, artrelevantes Wissen mit Bezug auf Gegenstände und Ereignisse in der Außenwelt vermitteln. Butler und Markman (2014) stellten Folgendes fest: Wenn man Kindern auf pädagogische Weise zeigt, wie ein neues Artefakt funktioniert, dann schließen sie, dass das, was man ihnen beibringt, nicht so etwas Oberflächliches wie etwa die Farbe des Gegenstands ist, sondern vielmehr seine funktionalen, wesentlichen Eigenschaften; sie nehmen an, dass sich die Pädagogik auf kulturell relevante und bedeutsame Dinge bezieht. In einer noch wichtigeren Studie ließen Butler und Markman (2012) einen Erwachsenen vierjährige Kinder (durch pädagogische Hinweise) anleiten, wie ein Spielzeug mit einem verborgenen Magneten benutzt werden konnte, um Büroklammern aufzuheben. Anschließend wurden sie mit einigen Büroklammern und mehreren anderen Spielzeugen, die wie das ursprüngliche aussahen, allein gelassen. Die Frage war, wie viele der neuen Varianten des Spielzeugs sie ausprobieren würden, bevor sie aufgaben (unter der Voraussetzung, dass keines von ihnen funktionierte). Das Ergebnis war, dass die Kinder nach der Anleitung viel häufiger auf die neuen Spielzeuge desselben Typs verallgemeinerten, als sie es taten, wenn sie die magnetische Verwendung des ursprünglichen Spielzeugs ohne irgendeine pädagogische Markierung durch das Verhalten des Erwachsenen gesehen hatten.

Da wir an der Frage nach dem Alter interessiert sind, ist eine Schlüsseluntersuchung diejenige von Butler und Tomasello (2016). Anhand desselben Magnetspielzeugparadigmas untersuchten sie jüngere Kinder. Der erste Befund war ein eindeutig positives Ergebnis für dreijährige Kinder; sie verhielten sich im Grunde wie die

Vierjährigen in der Untersuchung von Butler und Markman. Aber die zweijährigen Kinder verhielten sich nicht so: Wenn sie pädagogisch mit Bezug auf das Magnetspielzeug unterrichtet wurden, verallgemeinerten sie nicht stärker auf andere ähnliche Spielzeuge, als wenn sie deren Verwendung einfach nur ohne Pädagogik beobachtet hatten. Wenn das Magnetspielzeug benannt wurde und die anderen ähnlichen Spielzeuge verbal demselben Typ zugeordnet wurden (»Hier gibt es noch ein paar von diesen«), zeigten die Zweijährigen interessanterweise einige positive Wirkungen der Pädagogik. Aber vermutlich stammte der Verallgemeinerungsteil hauptsächlich von der sprachlichen Bezeichnung, die in vielen Untersuchungen die Kategorisierung erleichterte. Im Gegensatz dazu brauchen Dreijährige keine sprachliche Bezeichnung, um einen generischen Schluss von einer pädagogischen Demonstration abzuleiten, und es ist auch nicht notwendig, dass der Gegenstand, an dem die Handlung vollzogen wird, ein Artefakt ist (das wohl Verallgemeinerbarkeit signalisiert, weil Artefakte Kulturgegenstände sind). Als beispielsweise Schmidt et al. (2016a) dreijährigen Kindern beibrachten, wie sie einen neuen, aus Altmaterial hergestellten Gegenstand benutzen konnten, und eine Puppe diesen Gegenstand dann anders benutzte, machte das Kind generische Einwände, indem es normative Sprache benutzte wie zum Beispiel »So funktioniert das nicht«. Die Konklusion ist somit, dass Dreijährige, aber nicht Zweijährige, Pädagogik als solche verstehen (siehe auch Gelman et al., 2013).

Es sind zwar mehrere Interpretationen der Auswirkung von Pädagogik auf die generischen Schlüsse der Kinder möglich, aber eine plausible Ansicht ist, dass Kinder der pädagogischen Kommunikation vertrauen und sie auf neue Dinge verallgemeinern, weil sie sehen, dass die generische Formulierung vom kulturellen Wissen aus der sozialen Gruppe stammt, wobei die Anweisungen gebende Person als eine Art von maßgeblichem Vertreter handelt. Wenn der Erwachsene beispielsweise sagt »Diese Art von Nüssen kann man essen«, versteht das Kind, dass er nicht nur seine Meinung kundgibt – er teilt eine objektive Tatsache über die Welt mit, wie »wir« sie kennen. Es ist eine kulturell bedeutsame und relevante allgemeine Tatsache. Anweisung von diesem Typ ist die maßgebliche, objektive Stimme der Kultur, wie sie von der Anweisungen gebenden Person repräsentiert wird, und die Kinder wissen das. Die Tatsache, dass kleine Kinder meinen, dass sich die Pädagogik der Erwachsenen auf generisches kulturelles Wissen bezieht, verlangt von ihnen wohl, dass sie innerhalb des Rahmens kollektiver Intentionalität denken, was »wir« in der Gruppe als objektive Tatsache betrachten, die unabhängig von der besonderen Perspektive eines jeden ist.

Kinder haben daher viele Möglichkeiten des Wissenserwerbs, und sie weisen diesem Wissen unterschiedliche Grade der Zuverlässigkeit, Verallgemeinerbarkeit und Wichtigkeit zu. Die direkte Erfahrung ist in einem gewissen Sinn zwar primär, aber sie kommt nur für einen winzigen Bruchteil des gesamten Wissens und der gesamten Fertigkeiten auf, die kleine Kinder erwerben. Was sie am meisten erwerben, ist kulturell weitergegebenes Wissen – vom Wissen über Dinosaurier bis zum Wissen über Algebra –, das durch die Kommunikation und Anweisung der Erwachsenen zu ihnen gelangt. Wissen, das in einem generischen Format vorverpackt kommt und pädagogisch präsentiert wird – zum Beispiel »Vögel fressen Insekten« oder »eine Schere hält man so« –, nimmt einen besonderen Platz ein, weil es bedeutet, dass die Kinder nicht zahlreiche Einzelfälle beobachten müssen, um einen induktiven Schluss zu ziehen; sie müssen nur erkennen, dass die pädagogische Verpackung die Inhalte als zuverlässig, verallgemeinerbar und kulturell wichtig markiert. Eine solche Erkenntnis wird durch die Entstehung der Fähigkeiten kollektiver Intentionalität seitens der Kinder ermöglicht, die mit etwa drei Jahren beginnt.

Selbstreguliertes Lernen

Menschenkinder geben selbst schon von einem viel früheren Alter an Anweisungen, als man bisher gedacht hat. Belege dafür gehen aus den Untersuchungen zu »Übertragungsketten« hervor, bei denen Vorschulkinder etwas lernen und es dann einem anderen Kind beibringen (und dann noch einem anderen entlang der Kette; zum Beispiel Flynn und Whiten, 2008; Tennie et al., 2014). Andere Belege kommen aus Untersuchungen, in denen Kinder, die erst drei Jahre alt sind, zu Experten für etwas werden und dann unwissende Kinder einweihen, die in der Situation auftauchen (zum Beispiel Ashley und Tomasello, 1998; Göckeritz et al., 2014). Die Anweisungen der Kinder in diesen Untersuchungen sind häufig in einer generischen Sprache mit Bezug auf den beteiligten Gegenstand oder Apparat formuliert, zum Beispiel »Diese Sachen kommen dorthin!« oder »Das funktioniert so!«. Und Belege aus jüngerer Zeit deuten darauf hin, dass schon zweijährige Kinder den Unterricht der Erwachsenen imitieren, obwohl sie erst mit drei Jahren zu verstehen scheinen, was sie tun (Hardecker und Tomasello, 2017). Die beiden hauptsächlichen Weisen, wie kleine Kinder generische Sprache benutzen, bestehen zum einen in der pädagogischen Anweisung anderer mit Bezug auf verallgemeinertes kulturelles Wissen und zum anderen in der Durchsetzung von Verhaltensnormen, die von der Kulturgruppe formuliert werden (Köymen et al., 2014a, 2015; siehe Kapitel 9). Das stützt die Charakterisierung des Lernens durch Anweisung als kollektive Intentionalität, deren Autorität von der Kulturgruppe ausgeht, die den Kindern objektive Tatsachen übermittelt, die ihrer Ankunft in der Situation vorhergehen.

Die Tatsache, dass kleine Kinder sowohl lehren als auch gelehrt werden können, ermöglicht ihnen, sich an derjenigen Art selbstgesteuerter, selbstregulierter Rede zu beteiligen, deren Bedeutung Vygotskij (1930) wiederholt unterstrichen hat. Das heißt, sobald Kleinkinder sowohl die Anweisungen der Erwachsenen verstehen als auch anderen Anweisungen geben, können sie ihre eigene Aufmerksamkeit auf Dinge lenken und ihre eigenen Problemlösungstätigkeiten dadurch selbst regulieren, dass sie sich praktisch selbst Anweisungen geben. Vor dem Hintergrund dessen, dass die Stimme der Anweisung die »objektive« Stimme der Kultur ist, reguliert das Kind in einem bedeutenden Sinne sich selbst mit Bezug auf die normativen Interpretationen und Maßstäbe der Kulturgruppe, wie es diese versteht. Wenn es sich selbst ermahnt »Diese Sachen gehören hierhin«, setzt es sich über alle momentanen Impulse hinweg, die es möglicherweise hat, um sich die Dinge auf die kulturell normative Weise vorzustellen und ebenso zu handeln. Eine solche normative

Selbstregulation stellt eine Art Enkulturation der selbstregulativen Fähigkeiten des Kindes dar.

In einer vor kurzem durchgeführten Studie boten Herrmann et al. (2015) Schimpansen und Kindern im Alter von drei und sechs Jahren eine Batterie von Selbstregulationsaufgaben dar. Diese beinhalteten eine Reihe von Aufgaben, die sich am besten als kognitive beschreiben lassen – zum Beispiel die Fähigkeit trotz Misserfolgen und wiederholten Ablenkungen weiter an Problemen zu arbeiten. Das Hauptergebnis war, dass Kinder mit drei Jahren sich selbst auf eine Weise regulierten, die denen der Schimpansen ähnlich ist. Im Gegensatz dazu machten die Sechsjährigen einen ganz anderen Eindruck; sie waren viel kompetenter darin, ihre momentanen Impulse zu kontrollieren, um die Aufgaben erfolgreich abzuschließen. Eine mögliche Interpretation dieses Befunds ist, dass die Zeit zwischen drei und sechs Jahren für die Entstehung der einzigartig menschlichen Formen der Selbstregulation entscheidend ist, insbesondere für diejenigen, die auf den entstehenden Fertigkeiten der Kinder zur kollektiven Intentionalität beruhen. Unsere Hypothese lautet, dass dies das Alter ist, in dem die Kinder beginnen, sich kollektiv und normativ selbst zu regulieren – im Sinne der verinnerlichten Stimme der Kulturgruppe als ganzer. Dieses Alter würde auch gut zu dem Alter passen, in dem Kinder die Pädagogik als verallgemeinertes kulturelles Wissen zu ihren Gunsten zu verstehen beginnen und infolgedessen auch beginnen, andere etwas zu lehren. Sie beginnen jetzt, sich selbst aus der Perspektive derjenigen zu lehren, die ihnen etwas beigebracht haben. Winsler (2009) zufolge erreicht die selbstregulierende Rede der Kinder während der Vorschuljahre ihren Höhepunkt und ist zum größten Teil mit fünf oder sechs Jahren verinnerlicht. Darüber hinaus haben Inhalt und Struktur der privaten Rede Ähnlichkeit mit dem, was sie an sie gerichtet hören. Das deutet darauf hin, dass die Kinder sich solche Rede tatsächlich von anderen aneignen.

Manche Theoretiker haben behauptet, dass das, was als Verinnerlichung bezeichnet wird, ein rätselhafter Prozess ist, weil kein konkreter Mechanismus identifiziert wurde. Aber Tomasello et al. (1993a) machen geltend, dass die Verinnerlichung nichts anderes als die flexibel genutzte Imitation durch Rollentausch ist: Das Kind imitiert andere und steuert dabei sein eigenes Verhalten, oder aber es imitiert, wie es andere lehrt, wobei es selbst als Lernender fungiert. Ich habe betont, dass diese Art von Imitation durch Rollentausch – bei der die Individuen bei allem, was sie lernen, einen Akteur uneingeschränkt durch einen anderen ersetzen können – den Kindern ermöglicht, ihre eigenen Handlungen aus der Perspektive anderer oder der Kulturgruppe zu steuern (Tomasello, 2016). Dieser Prozess hat gewaltige Konsequenzen für die rational-normative Dimension der menschlichen Kognition, da er Kleinkinder in die Lage versetzt, nicht nur auf die Kultur in ihrer Umgebung zu reagieren, sondern diese Kultur auch in ihrem Kopf mit sich herumzutragen und sie zur Selbstregulation ihrer Überzeugungen und Handlungen zu benutzen. Dieser Prozess ist daher – in Hinsichten, die wir später ausführen werden – für die menschliche normative Rationalität zentral. Dies ist im Wesentlichen die Interpretation geteilter Intentionalität von Vygotskijs Begriff der Verinnerlichung.

Individuelle und kulturelle Variation

Die Bedeutung von Lernen durch Anweisung oder durch Pädagogik in der Evolution des Menschen kann nicht stark genug betont werden. Die kumulative Evolution der Kultur ist nur deshalb möglich, weil alle Individuen einer bestimmten Generation zum größten Teil dasselbe von Älteren lernen, weshalb es für sie über die Zeit hinweg zuverlässig und stabil bleibt und ihnen so potenzielle Innovationen ermöglicht. Wenn Erwachsene von den Kindern normativ erwarten, dass sie lernen, und sie diese normativen Erwartungen auch durchsetzen, wird dadurch offensichtlich genau jene Art von kulturellem Wagenheber geschaffen, der das kulturelle Wissen und die Kulturpraktiken über die Zeit hinweg stabil hält, bis eine neue Innovation auftaucht. Daher sollten wir erwarten, dass die eine oder andere Form der Anweisung durch Erwachsene – bei der die Erwachsenen von den Kindern normativ erwarten, dass sie lernen, und die Kinder für diese Erwartung empfänglich sind – über die Kulturen hinweg universal ist, und tatsächlich ist sie das auch

(Kruger und Tomasello, 1996). Trotzdem gibt es viele gut dokumentierte Unterschiede mit Bezug darauf, *wie* Anweisungen in verschiedenen Kulturen funktionieren. Sie variieren von der expliziten verbalen Anweisung in der generisch normativen Sprache westlicher Bildungssysteme bis zu den normativen Erwartungen, die in der »gelenkten Teilnahme« der Kinder in traditionelleren, kleinen Gesellschaften verkörpert sind (zum Beispiel Rogoff, 1990, 2003). Aber diese Unterschiede betreffen hauptsächlich Unterschiede im Erwachsenenverhalten und nicht im Lernen der Kinder.

Es gibt zwei gut dokumentierte interkulturelle Unterschiede mit Bezug darauf, wie Kinder anhand der Anweisungen Erwachsener lernen. Erstens zeigten Rogoff und Kollegen in einer Reihe von Untersuchungen, dass Kleinkinder aus kleingesellschaftlichen Maya-Kulturen geduldiger und aufmerksamer auf die Handlungen anderer achten, wenn sie sich an Aufgaben beteiligen, als Kleinkinder aus großgesellschaftlichen Industriekulturen (zum Beispiel Correa-Chávez und Rogoff, 2009; Silva et al., 2010; López et al., 2010). Das spiegelt vermutlich die geringere Bedeutung unmittelbarer Anweisungen durch Erwachsene wider und die größere Bedeutung dessen, dass die Kinder in diesen kleingesellschaftlichen Kulturen durch Beobachtung lernen. Zweitens haben sich Harris und Corriveau (2013) Belege angesehen, die darauf hinweisen, dass Kinder aus einigen asiatischen Kulturen eher als Kinder aus Nordamerika in »respektvoller Ehrerbietung« mit Erwachsenen interagieren. Das bedeutet, dass asiatische Kinder dazu neigen, mit den Demonstrationen und Anweisungen der Erwachsenen mehr konform zu gehen als nordamerikanische Kinder, was vermutlich einen kulturellen Kontext widerspiegelt, in dem Individuen mit größerer Erfahrung besonders stark vertraut wird.

Trotz dieser kulturellen Unterschiede in den Lernstilen, wie wir sie vielleicht nennen könnten, lautet eine entscheidende Frage, ob kleine Kinder in verschiedenen Kulturen grundlegend verschiedene Prozesse des kulturellen Lernens vollziehen oder ob im Gegensatz dazu Kinder überall auf dieselbe grundsätzliche Weise lernen, wenn sie sich in denselben Arten sozial-interaktiver Umstände befinden und ob das, was sich zwischen den Kulturen unterscheidet, die Arten der sozialen Umstände sind, unter denen die Kinder lernen. (Und ob die Kinder Erwartungen mit Bezug auf die Art von Kontexten entwickeln, in denen sie lernen werden.) Bislang haben wir zwar nur wenige Belege, um diese Frage zu entscheiden, aber die gegenwärtige Hypothese lautet im Hinblick auf die Kinder selbst, dass die grundsätzlichen Prozesse des kulturellen Lernens – einschließlich des Lernens durch Anweisung – über alle Kulturen hinweg dieselben sind. Das ist wiederum deshalb so, weil diese Prozesse die menschlichen Kulturen überhaupt erst ermöglicht haben.

Sachkundig werden

Menschen lernen bei weitem mehr voneinander als Menschenaffen. Und das ist nicht nur ein netter Bonus, sondern eine Notwendigkeit. Während die anderen Menschenaffen so leben, wie sie schon immer in den Tropen gelebt haben, sind die Menschen seit vielen zigtausend Jahren dazu gelangt, an einer Vielfalt von anderen Orten auf der Erde zu leben, sogar in der Arktis. Um zu überleben und zu gedeihen, müssen die Individuen in ihrer Ontogenese eine Menge ortsspezifischen Wissens erwerben, unter anderem das Wissen, wie man die materiellen und symbolischen Artefakte der Kultur herstellt und handhabt. Das können sie nicht auf sich gestellt tun; sie müssen entweder andere beobachten oder von anderen gelehrt werden. In modernen bürgerlichen Gesellschaften erwerben Kinder Wissen über eine Fülle von Dingen, von denen sie keine direkte Erfahrung haben, von Dinosauriern bis zum Pluto, und sie erwerben Fertigkeiten wie die Fähigkeit zu lesen und die Fähigkeit zu rechnen, die sie niemals eigenständig erfinden könnten. Ein Großteil davon gelangt zu ihnen über die Pädagogik der Erwachsenen, die ihnen im Grunde auf einem Silbertablett Wissen und Fertigkeiten in verallgemeinerter, »objektiver« Form serviert, ohne dass weitere Verarbeitung nötig ist.

Es gibt zwar keine großen theoretischen Kontroversen über die Psychologie des kulturellen Lernens beim Menschen, aber doch eine Reihe lokaler Auseinandersetzungen. Eine Frage betrifft die Beziehung der Imitation von Neugeborenen zum späteren kulturellen Lernen. Obwohl sie ein notwendiger, vorbereitender Prozess sein mag, vollziehen sogar Rhesusaffen, die andere im späteren Leben überhaupt nicht imitieren, Imitation nach der Geburt, ebenso wie Menschenaffen, die von anderen im späteren Leben zwar sozial lernen, aber nicht so wie die Menschen. Offensichtlich ist die Imitation von Neugeborenen nicht hinreichend für komplexere Formen des kulturellen Lernens, wenn alles, was später kommt, in einer allgemeinen Primatenontogenese besteht. Was zusätzlich nötig ist, sind die einzigartig menschlichen Fertigkeiten geteilter Intentionalität wie Perspektivenübernahme und die Fähigkeit, die Dinge »objektiv« zu betrachten.

Diese einzigartigen kognitiven Fertigkeiten geteilter Intentionalität haben ebenfalls eine Erklärungsfunktion in der Debatte über den Grad von Ähnlichkeit oder Unterschieden zwischen dem sozialen Lernen von Menschen und dem von Menschenaffen. Es ist völlig legitim, die vielen Ähnlichkeiten zwischen dem sozialen Lernen von Menschenaffen und dem kulturellen Lernen des Menschen hervorzuheben; tatsächlich haben Untersuchungen aus jüngerer Zeit immer mehr davon entdeckt (zum Beispiel Whiten et al., 2009). Aber gleichzeitig zeigen nichtmenschliche Menschenaffen keinerlei Anzeichen einer kumulativen kulturellen Evolution oder den Wagenhebereffekt, was darauf hinweist, dass es auch wichtige Unterschiede gibt. Um die Unterschiede zu erklären, würde ich auch hier die einzigartig menschlichen Prozesse geteilter Intentionalität geltend machen, und zwar sowohl die Neigung der Erwachsenen zu unterrichten als auch die Neigung der Kinder, Konformität zu zeigen (Tomasello, 2011).

Eine andere lokale Auseinandersetzung betrifft die potenziellen interkulturellen Unterschiede beim kulturellen Lernen des Menschen. Wie bereits erwähnt bin ich der Ansicht, dass die grundlegenden Prozesse des Lernens durch Imitation und durch Anweisung bei Menschenkindern universal sind, während es ziemlich große Unterschiede in den Kontexten des kulturellen Lernens für Kinder gibt, die in verschiedenen Kulturgruppen leben, sowie Unterschiede in der Art und Weise, wie Erwachsene lehren und von den Kindern erwarten, dass sie lernen (siehe zum Beispiel Rogoff, 2003). Tatsächlich sind es diese universellen Prozesse des kulturellen Lernens, die die Entstehung und Aufrechterhaltung kultureller Praktiken Erwachsener – einschließlich derjenigen, die die Interaktion mit Kindern betreffen – überhaupt erst möglich machen (Tomasello, 2011). Der vereinheitlichende theoretische Vorschlag lautet daher, dass das soziale Lernen von Menschenaffen während der menschlichen Ontogenese in das kulturelle Lernen des Menschen umgewandelt wird, und zwar mit all den einzigartigen Merkmalen, die ich in diesem Kapitel aufgezählt habe.

Um diese erklärende Darstellung zusammenzufassen, biete ich Abbildung 5.2 an. Das am frühesten auftauchende neue Merkmal der einzigartigen menschlichen Ontogenese ist einfach das Timing der Entwicklung: Die elementarsten Prozesse des sozialen Lernens und der Imitation, die für Menschenaffen charakteristisch sind, haben sich in der menschlichen Ontogenese zu einem früheren Alter hin verschoben. Insbesondere manifestieren sich Prozesse des Emulationslernens und der Imitation, die man bei Schimpansen erstmals im Alter von drei Jahren feststellt, in der menschlichen Ontogenese ein bis zwei Jahre früher, gleich nach dem ersten Geburtstag der Kinder. Diese ontogenetische Verschiebung stimmt mit dem Vorschlag überein, dass viele der charakteristischsten sozialen und kommunikativen Verhaltensweisen menschlicher Babys sich teilweise oder gänzlich in einem kooperativen Aufzuchtkontext entwickelten, in dem die Babys mit anderen Babys um die Fürsorge und Aufmerksamkeit der Erwachsenen konkurrierten. Diese frühe Entwicklung führt dazu, dass kleine Kinder schon frühreif erwachsenenartige Dinge imitieren; sie werden von der Kultur »mitgezogen«, sodass sie sich relativ kompetent verhalten, bevor sie wirklich verstehen, was sie tun (ein Punkt, der von Vygotskij wiederholt betont wird).

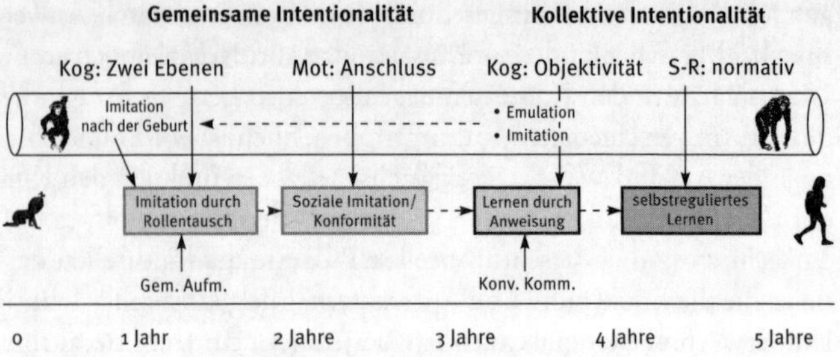

Abbildung 5.2: Die ontogenetische Entstehung der einzigartig menschlichen Fertigkeiten kulturellen Lernens bei Kleinkindern. Abkürzungen: Kog = kognitiv; Konv. Komm. = konventionelle Kommunikation; Gem. Aufm. = Tätigkeiten gemeinsamer Aufmerksamkeit; Mot = motivationale Fähigkeit; S-R = exekutive Selbstregulation.

Die erste einzigartig menschliche Form des kulturellen Lernens ist die Imitation durch Rollentausch (der erste Kasten in Abbildung 5.2). Auf einer Ebene scheint sie nur eine hübsche Variation der Imitation im Allgemeinen zu sein, aber in Wirklichkeit ist sie eine Dimension menschlicher Zusammenarbeit von tiefgreifender Bedeutung; tatsächlich werden wir uns in Kapitel 6 genauer ansehen, wie Kleinkinder dazu gelangen, die Zusammenarbeit als einen Zwei-Ebenen-Prozess zu verstehen, der sowohl ein gemeinsames Ziel als auch individuelle Rollen umfasst.

Jedenfalls ist die Fähigkeit, zu simulieren und beide Rollen bei der Zusammenarbeit zu lernen, während man nur eine davon spielt, für den Prozess des kulturellen Lernens äußerst wichtig, da sie den Individuen ermöglicht, etwas über konventionelle Kulturpraktiken als ganze zu lernen, indem sie bloß an einer Rolle teilhaben. Wie wir später sehen werden, hängen darüber hinaus viele der wichtigsten Prozesse der sozialen Selbstregulation der Kinder davon ab, dass sie die Rolle anderer einnehmen können, während diese anderen sie wahrnehmen und bewerten. Und daher spiegelt die Imitation durch Rollentausch in Wirklichkeit sehr tiefgreifende Prozesse der Perspektivenübernahme wider, die dem Erwerb vieler konventioneller Kulturpraktiken zugrunde liegen, obwohl wir uns hier einfach auf Säuglinge und Kleinkinder konzentriert haben, die physische Handlungen, welche auf sie selbst gerichtet sind, dadurch reproduzieren, dass sie sie auf ihren Partner zurückrichten.

Ein anderes neues Merkmal des menschlichen kulturellen Lernens ist die Art und Weise, wie das soziale Lernen und die Imitation der Kinder sich viel mehr als die Entsprechungen bei den anderen Menschenaffen auf die tatsächlichen Handlungen konzentrieren, die an der Interaktion beteiligt sind; tatsächlich empfinden kleine Kinder, wenn sie einmal drei oder vier Jahre alt sind, ein Bedürfnis, mit anderen in der sozialen Gruppe konform zu gehen, und zwar auf eine Weise, wie es bei Menschenaffen nicht der Fall ist. Zu diesem Zweck setzen sie sich sogar über ihre eigene vorherige Erfahrung aus erster Hand hinweg (siehe den zweiten Kasten in Abbildung 5.2). In unserer Evolutionsanalyse (siehe Kapitel 2) ist eine starke Konformität hauptsächlich kennzeichnend für den zweiten Evolutionsschritt der kollektiven Intentionalität, der in der Ontogenese erst im Alter von drei Jahren auftritt. Das bedeutet vermutlich, dass Zweijährige sich an den Individuen ausrichten, wenn sie ein konformes Verhalten gegenüber anderen zeigen, während die Konformität älterer Kinder das Potenzial besitzt, stärker gruppenbasiert zu sein. Jedenfalls ist das Ergebnis, dass Kleinkinder schon in einem frühen Alter eine starke Konformität mit anderen zeigen, möglicherweise sogar bevor sie die Kulturgruppe *als* Kulturgruppe verstehen. Das hat Ähnlichkeit mit dem Fall des Spracherwerbs, bei dem kleine Kinder Wörter und Sprachkonstruktionen lernen und gegenüber anderen Individuen gebrauchen, bevor sie sie als soziale Konventionen einer Kulturgruppe verstehen.

Der wichtigste neue Prozess des menschlichen kulturellen Lernens ist die Pädagogik. Erwachsene sind motiviert, Kinder etwas zu lehren, und ab dem Alter von drei Jahren verstehen die Kinder die generische Natur der pädagogischen Inhalte. Bevor sie drei Jahre alt sind, lernen die Kinder spezifische Dinge, die sich zwar über Menschen hinweg verallgemeinern lassen, aber keine typrelevanten generischen Tatsachen mit Bezug auf eine objektive Welt darstellen. Nach diesem Alter verstehen sie, dass die Dinge, die ihnen durch Pädagogik beigebracht werden, auf andere Dinge derselben

Art verallgemeinerbar sind. Dreijährige vertrauen der Pädagogik – die von einem Erwachsenen als Vertreter der Kultur ausgeht – genauso sehr, wie sie ihren eigenen Sinnen vertrauen. Anschließend verinnerlichen sie den Prozess (das heißt, sie nutzen die Imitation durch Rollentausch, um den Prozess auf sich selbst zu richten, indem sie die Perspektive der Anweisungen gebenden Person einnehmen) mit etwa vier Jahren (Winsler et al., 2000; Fernyhough und Fradley, 2005). Während Menschenaffen und andere Tiere eine exekutive Funktionsebene aufweisen, auf der sie ihre eigenen individuellen Handlungen selbst regulieren, kommt diese Art sozialer und eigentlich normativer Selbstregulation nur beim Menschen vor.

Meine Sichtweise der Natur des menschlichen kulturellen Lernens konzentriert sich somit – im Vergleich mit der Natur des sozialen Lernens bei Primaten im Allgemeinen – hauptsächlich auf Unterschiede. Die Forschung hat in den letzten zwei Jahrzehnten mehr und mehr Ähnlichkeiten in den elementaren Prozessen des sozialen Lernens und der Imitation über verschiedene Primaten hinweg enthüllt. Aber die einzigartigen sozial-kognitiven Fertigkeiten der Menschen schaffen die Möglichkeit der Imitation durch Rollentausch, die entscheidend für die Entstehung sozialer Konventionen ist. Und Menschen beteiligen sich an sozialer Imitation, Konformität und Überimitation weitgehend deshalb, um sich den anderen in der Gruppe anzuschließen; die Pädagogik der Erwachsenen stellt sicher, dass die kleinen Kinder lernen werden, was sie lernen müssen, um in ihrer Gruppe zu überleben und zu gedeihen. Alle diese einzigartigen Prozesse zusammen sind für die Tatsache verantwortlich, dass Menschen inmitten von Prozessen der kumulativen kulturellen Evolution leben, die unweigerlich viele der Praktiken und einen Großteil des Wissens der Kulturgruppe als ganzer verändern, und zwar hoffentlich zum Besseren, während Schimpansen über Verhaltenstraditionen verfügen, die über Generationen hinweg fortbestehen können.

Kinder, die sich entwickeln, lernen eindeutig tagtäglich von ihren Kulturen. Die grundsätzlichen Fähigkeiten zu solchem Lernen – das heißt zu einem Lernen, das die menschliche Kultur so deutlich von der Kultur der Menschenaffen unterscheidet – sind fester Bestandteil der biologisch entwickelten Fähigkeiten der Menschen zu kulturellem Lernen als Sonderfälle ihrer allgemeineren, biologisch entwickelten Fähigkeiten zu geteilter Intentionalität.

Implikationen für die Kognition

In den vorangehenden beiden Kapiteln habe ich dargelegt, dass die Art und Weise, wie Menschenkinder dazu gelangen, sich mit anderen geistig zu koordinieren – unter anderem durch Kommunikation –, zu neuen Formen kognitiver Repräsentation und Schlussfolgerungen führt und dass der Erwerb einer natürlichen Sprache ein konventionelles symbolisches Werkzeug bereitstellt, das ebenfalls besonders leistungsfähige Formen der geistigen Koordination unterstützt. In diesem Kapitel haben wir uns auf die Prozesse konzentriert, durch die Kinder große Mengen und neue Typen epistemischer Inhalte erwerben, mit Bezug auf die sie sich miteinander koordinieren können. Ein Teil dieser epistemischen Inhalte ist als »objektiv« gekennzeichnet. Vom Standpunkt der Struktur aus fördern sprachlich formulierte Propositionen die Vorstellung, dass Tatsachen mit Bezug auf die Welt unabhängig von den Motiven und Einstellungen der Individuen sind. Aus der Perspektive des Inhalts gesehen, gelangen die Kinder darüber hinaus zu einem Verständnis dessen, dass der kulturelle gemeinsame Hintergrund ihrer Gruppe viele objektive Propositionen beinhaltet. Bisher habe ich noch nicht ausgeführt, wie die Kinder dazu gelangen, ein Verständnis des kulturellen gemeinsamen Hintergrunds zu erwerben, aber Lernen durch Anweisung spielt höchstwahrscheinlich eine Schlüsselrolle dabei. Untersuchungen zeigen, dass Kinder ab einem Alter von drei Jahren verstehen, dass ein Teil ihres eigenen Wissens von anderen in der Gruppe geteilt wird und dass manches Wissen generisches und artrelevantes objektives Wissen mit Bezug auf Typen von Entitäten und Ereignissen in der Welt ist. Das Verständnis der Pädagogik als etwas, das diesen Typ des Wissens vermittelt, ist eine der Schlüsselfähigkeiten kollektiver Intentionalität, die gemeinsam mit verwandten Fähigkeiten zur Objektivität im Alter von etwa drei Jahren entsteht.

Die Verinnerlichung der pädagogischen Interaktionen Erwachsener seitens der Kinder – die sich durch einen Prozess der Imitation durch Rollentausch vollzieht – stellt eine Form normativer Selbstregulation dar, bei der die Kinder zu bewerten beginnen, ob ihre Entscheidungen gut sind und ihr Wissen gültig ist, indem sie als Vergleichspunkte die normativen Maßstäbe rationalen Handelns und Wissens verwenden, die sie durch Beobachtung und Anweisung von ihrer Kulturgruppe gelernt haben. Das bereitet die Grundlage dafür, dass die Kinder jetzt ihre Köpfe mit einem ebenbürtigen Gleichaltrigen zusammenstecken, und zwar auf produktive Weisen, die über ihre eigenen individuellen Fertigkeiten und ihr Wissen hinausgehen. In diesem Fall gibt zwar weder das eine noch das andere Kind dem jeweils anderen etwas weiter, aber dennoch haben sie am Ende ein neues Verständnis, das sie ohne die Interaktion nicht hätten. Dieses neue Verständnis wird daher nicht weitergegeben, sondern konstruiert – das heißt, es ist sozial ko-konstruiert.

6

KOOPERATIVES DENKEN

Ein großer, wenn nicht gar der größte Teil kreativer menschlicher Tätigkeiten wird nicht individuell geleistet, sondern gemeinsam, wenn die Einzelnen ihre Köpfe zusammenstecken, um neue Probleme zu lösen. Säuglinge, Kleinkinder und junge Vorschulkinder – die Kinder, über die wir bislang hauptsächlich gesprochen haben – sind zu einer solchen geistigen Koordination nur in sehr einfachen Problemkontexten in der Lage, beispielsweise, um gemeinsam eine Platte zu sich heranzuziehen. Aber im Alter von fünf oder sechs Jahren verstehen kleine Kinder Überzeugungen, und das bedeutet, dass sie jetzt in der Lage sind, ihre Köpfe mit anderen auf neue Weisen zusammenzustecken, indem sie gemeinsam auf ihre jeweiligen Überzeugungen achten und sie miteinander koordinieren.

Der Prozess der gemeinsamen Aufmerksamkeit auf und der Koordination von Überzeugungen stellt den Anstoß zu einer neuen kognitiven Tätigkeit dar: der Angabe von Gründen. Um für ihre Überzeugungen angesichts potenzieller Kritik zu argumentieren und sie zu rechtfertigen, teilen Kinder ihren Partnern die Gründe dafür mit, warum sie diese und jene Überzeugungen haben, und sie gelangen auch dazu, die Gründe zu respektieren, die die anderen für ihre Überzeugungen angeben, ja, manchmal ändern sie daraufhin sogar ihre eigenen Überzeugungen. Gründe und Rechtfertigungen dienen dazu, Überzeugungen kausal und logisch miteinander zu verknüpfen und sie letztlich in den rationalen Normen der Kultur zu verankern. Genauso wie Überzeugungen normativ als wahr oder falsch bewertet werden können, lassen sich Gründe aufgrund ihrer kausalen oder logischen Beziehungen zu Überzeugungen, die wir alle im kulturellen gemeinsamen Hintergrund teilen, normativ als gültig oder ungültig bewerten. Obwohl kleine Kinder, vielleicht insbesondere in westlichen Kulturen, sich manchmal an einem solchen kooperativen Denken zusammen mit Erwachsenen beteiligen mögen, besteht die prototypische Situation aus ebenbürtigen Gleichaltrigen, weil es in diesem Fall besonders deutlich ist, dass niemand im Voraus schon im Besitz der richtigen Antwort ist. Wenn die kleinen Kinder ins Schulalter kommen, werden sie fähig dazu, sich produktiv an gemeinsamen Problemlösungen zu beteiligen, bei denen zwei oder mehr ebenbürtige Gleichaltrige Ideen und Lösungen für Probleme generieren, die keiner von ihnen alleine hervorbringen könnte.

Darüber hinaus entwickelt sich um dieselbe Zeit noch ein verwandter Prozess des kooperativen Denkens, das koordinierte Fällen von Entscheidungen. Die jungen Gleichaltrigen müssen sich richtig anstrengen, um sich mit andern zu koordinieren, wenn sie physisch nicht am selben Ort sind oder ihre Kommunikation in anderer Hinsicht nicht funktioniert. Klassische Koordinationsprobleme – zum Beispiel der Versuch, Verhaltensentscheidungen zu koordinieren, wenn es keinen visuellen oder kommunikativen Kontakt gibt – erfordern rekursives Denken (bei dem ich von Ihnen erwarte, dass Sie von mir erwarten, dass ich von Ihnen erwarte, dass ...), und wieder ist es während des Übergangs zum Schulalter, dass kleine Kinder solche Koordinationsprobleme lösen können. Die Fähigkeit, sich geistig mit den anderen im sprachlichen Diskurs zu koordinieren, führt nicht nur zur Konstruktion normativer Begriffe wie derjenigen von Überzeugungen und Gründen (siehe Kapitel 3), sondern auch zu einer Fülle anderer multiperspektivischer Begriffe, unter anderem logisch-mathematischer Begriffe, die die Koordination und Synthese von (manchmal widersprüchlichen) Perspektiven erfordern.

In diesem Kapitel untersuchen wir daher die Fähigkeit der Kinder, gemeinsam mit Gleichaltrigen über die Lösung von Problemen nachzudenken, einander Gründe für unterschiedliche Überzeugungen zu geben, Verhaltensentscheidungen miteinander zu koordinieren und multiperspektivische Begriffe zu bilden, die gemeinsam den Eckpfeiler der einzigartig menschlichen kognitiven Entwicklung in den Vorschuljahren ausmachen. Es ist tatsächlich die Fähigkeit der Kinder, auf diese Weise zu operieren – das heißt, geistig mit Gleichaltrigen und anderen zu *ko*-operieren (und diese Koopertion zu verinnerlichen) –, die dazu beiträgt, die Erwachsenen davon zu überzeugen, dass sie das »Alter der Vernunft« erreicht haben und daher nun für formalen Unterricht und andere Formen kultureller Anweisung bereit sind, die sie in rationale und voll funktionsfähige Mitglieder der Kultur verwandeln.

Im Ausgang von Menschenaffen: Individuelles Denken

Gewiss lässt sich Denken so definieren, dass nur Menschen dazu fähig sind (indem man beispielsweise Sprache verlangt). Aber aus einer breiteren Perspektive sind viele Tierarten fähig, auf einer konkreten Ebene über instrumentelle Probleme nachzudenken, indem sie ihre vergangene Erfahrung nutzen, um kognitiv zu simulieren (sich vorzustellen), was unter verschiedenen Umständen geschehen könnte. Menschliche Kleinkinder sind ebenfalls zu dieser elementarsten Form des Denkens in der Lage; in den Vorschuljahren entwickeln sie anschließend eine stärker begriffliche Form des Denkens, die Perspektiven und rekursive Schlüsse beinhaltet.

Das Denken von Menschenaffen

Menschenaffen operieren mit den Fertigkeiten und Motivationen individueller Intentionalität. Sie besitzen eine Vielzahl kognitiver Fertigkeiten, die es ihnen ermöglichen, individuelle Entscheidungen darüber zu treffen, wie sie ihre Ziele am besten verfolgen können. Sie sind instrumentell rational. Darüber hinaus operieren sie mit einem elementaren »Basiswissen« mit Bezug auf die natürliche Welt, das im physischen Bereich unter anderem ein elementares Wissen mit Bezug auf Raum, Gegenstände, Quantitäten und Kausalität umfasst, und im sozialen Bereich ein elementares Verständnis intentionalen Handelns bei den Handlungen anderer.

Wenn sie mit einem Problem konfrontiert werden, für das ihnen die Mittel zur unmittelbaren Lösung fehlen, sind Menschenaffen zum Denken in der Lage. Sie kategorisieren ihre Erfahrung in abstrakte ikonische Repräsentationen von Entitäten und Situationen in der Welt. (Die Repräsentation ganzer Situationen ist ein Vorläufer der propositionalen Repräsentation beim Menschen.) Außerdem sind sie in der Lage, mit diesen Repräsentationen geistig zu operieren, indem sie kausale, intentionale und logische Schlüsse ziehen. Sie können von der Ursache auf die Wirkung schließen oder von der Wirkung auf die Ursache; und sie können von Intentionen und Wahrnehmungen auf Handlungen schließen oder von Handlungen auf Intentionen und Wahrnehmungen. Ihre Schlüsse sind folglich anhand von quasilogischen Paradigmen organisiert, die durch das Proto-Konditional (wenn … dann …, ausschließlich im Sinne von Kausalbeziehungen interpretiert) und die Proto-Negation (im Sinne polarer Gegensätze oder Gegenteile wie beispielsweise Anwesenheit–Abwesenheit, Lärm–Stille, erfolgreich–nicht erfolgreich und so weiter) strukturiert werden. Wenn zum Beispiel Raubtiere Lärm machen und es gegenwärtig keinen Lärm gibt, dann gibt es gegenwärtig auch kein Raubtier in der Nähe. Und schließlich sind sie in der Lage, ihr Verhalten durch exekutive Selbstbeobachtung zu regulieren, was ihnen ermöglicht, nicht nur aus ihren Handlungen zu lernen, sondern auch Probleme und Fehler im Voraus zu antizipieren und sie entsprechend schon »vorzukorrigieren«. (Zu einer ausführlicheren Beschreibung mit den zugehörigen Literaturangaben siehe Tomasello, 2014.)

Was die Ontogenese betrifft, so gibt es nicht viele Untersuchungen zum Problemlösen von Affen im Säuglings- und Jugendalter. Die von einer Entwicklungsperspektive aus am besten untersuchte Aufgabe ist die der Objektpermanenz, und der allgemeine Befund besteht darin, dass verschiedene Spezies von Menschenaffen die ersten fünf Stufen in etwa demselben Alter durchlaufen wie Kleinkinder, während Stufe 6 etwas verzögert ist (siehe Tomasello und Call, 1997, Kapitel 2, zu einer Übersicht). Die Jungtiere von Menschenaffen beginnen auch in etwa demselben Alter wie Kleinkinder Werkzeuge zu gebrauchen (siehe Tomasello und Call, 1997, Kapitel 3, zu einer Übersicht). Aber das sind bloß allgemeine Altersvergleiche über verschiedene Untersuchungen hinweg. Es gibt nur eine systematische Vergleichsstudie des Problemlöseverhaltens von Menschenaffen-Jungtieren und Menschenkindern, nämlich

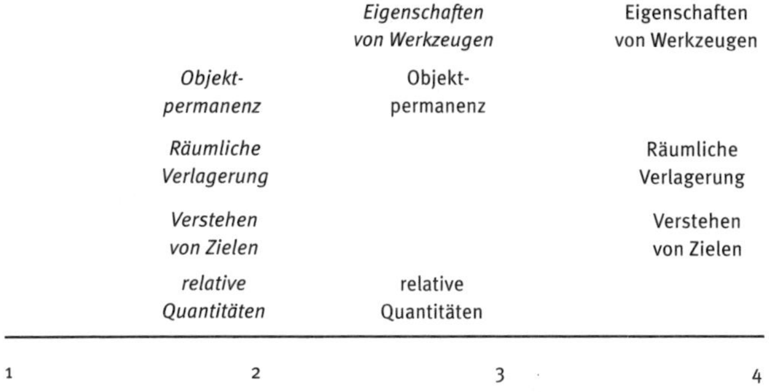

Abbildung 6.1: Durchschnittliches Erfolgsalter (in Jahren) bei verschiedenen Typen von Problemlösungsaufgaben für Menschenaffen (Schimpansen und Bonobos) und menschliche Kleinkinder (*kursiv*) in der Untersuchung von Wobber et al. (2013).

die Querschnitts- und Längsschnittsuntersuchung von Wobber et al. (2013). In dieser Untersuchung wurden Schimpansen, Bonobos und Menschenkindern im Alter von zwei bis vier Jahren verschiedene physikalische und sozial-kognitive Aufgaben vorgelegt. Da die Aufgaben und die Methoden ihrer Darbietung mehr oder weniger identisch waren, können wir einen zuverlässigen Vergleich zwischen den Spezies erhalten, und da die beiden Spezies von Menschenaffen sich nicht wesentlich voneinander unterschieden, werden ihre Ergebnisse zusammengefasst.

Es wurden fünf Aufgaben dargeboten, die als Problemlösen gelten könnten: Objektpermanenz (Stufe 6 – das erforderte die geistige Simulation einer Objektbewegung), räumliche Verlagerung (bei der Futter unter einer von mehreren Tassen versteckt wurde und dann entweder die Tassen oder die Standfläche bewegt oder gedreht wurden – was ebenfalls eine geistige Simulation der Objektbewegung erforderte), relative Quantitäten (es sollte beurteilt werden, welcher von zwei Haufen mehr Nahrungsstücke enthielt), Eigenschaften von Werkzeugen (wo beurteilt werden sollte, welches Werkzeug für ein Problem geeignet war, ohne wirklich eines zu benutzen – was eine geistige Simulation möglicher Lösungen erforderte) und das Verstehen von Zielen (die Interpretation der erfolglosen Versuche eines Menschen, Zugang zu einem Behälter zu erlangen, mit dem Ziel, den Ort des Futters herauszubekommen – was eine geistige Repräsentation des Ziels des Akteurs erforderte). Abbildung 6.1 zeigt das durchschnittliche Erfolgsalter der Menschenaffenjungen für jede der Problemlösungsaufgaben in dieser Untersuchung. Drei der Aufgaben wurden von der Mehrheit der Jungtiere mit vier Jahren gelöst, zwei mit drei Jahren.

Menschenkinder

Abbildung 6.1 zeigt auch das Alter, in dem Menschenkinder in der Untersuchung von Wobber et al. (2013) genau dieselben Aufgaben wie die Menschenaffen unter Bedingungen gelöst haben, die so ähnlich wie möglich waren. Vier davon lösten sie mit zwei Jahren und eine davon mit drei Jahren. Im Vergleich mit den Menschenaffen lösten die Kinder jede einzelne Aufgabe ein oder zwei Jahre früher. Somit haben wir noch einmal Belege für einen Entwicklungspfad, der sich zu einem früheren Alter hin verlagert hat, als die Menschen sich von den anderen Menschenaffen abspalteten.

Außerdem gibt es Belege dafür, dass kleine Kinder infolge ihrer entstehenden Fertigkeiten gemeinsamer und kollektiver Intentionalität auch anfangen, auf qualitativ neue Weisen zu denken. Wenn sie ein oder zwei Jahre alt sind, manifestieren sich diese neuen Fertigkeiten als neue Formen des Denkens, und zwar hauptsächlich im Bereich der Kommunikation. Wie in Kapitel 4 dargelegt wurde, versuchen mit anderen kommunizierende Kleinkinder, ihre Perspektiven abzugleichen, und sobald sie mit der Verwendung von Sprache beginnen, erwerben sie die symbolischen Vehikel für unterschiedliche Perspektiven. Bei der Kommunikation mit anderen müssen Kleinkinder in diesem Alter auch rekursive Schlüsse ziehen: »Sie will, dass ich weiß, wo das Spielzeug ist.« Noch weiter in diese Richtung gehen Kinder, wenn sie ihre Kommunikationsversuche auf ihre Verständlichkeit seitens des Hörers überwachen; nun beginnen sie zum ersten Mal, eine Art sozialer Selbstüberwachung zu vollziehen, die bei anderen Primaten unbekannt ist. Diese Arten rekursiver Schlüsse und der sozialen Selbstüberwachung existieren nur innerhalb der sozialen und kommunikativen Interaktion selbst.

Zwischen etwa drei und vier Jahren beginnen die kleinen Kinder dann, diese neue Form des Denkens noch weiter auszudehnen. Wie in Kapitel 3 skizziert wurde, sind ihre kognitiven Repräsentationen jetzt nicht nur perspektivisch, sondern auch »objektiv«. Das bereitet den Weg für ihre Fähigkeit, solche Aufgaben wie falsche Überzeugungen, Erscheinung–Wirklichkeit, visuelle Perspektivenübernahme und zweifache Benennung zu lösen. Sie können auch damit anfangen, sprachlich zu denken, was ihrem Denken eine propositionale Struktur verleiht. Das ist auch das Alter, in dem sie eine verbale Selbstregulation ihres eigenen Handelns und Denkens vollziehen, eine Art von verinnerlichter Selbstüberwachung, bei der die exekutive Ebene sogar eine »objektive« Perspektive auf Dinge einnehmen kann. Diese neue Art des Denkens muss nicht nur innerhalb sozialer Interaktionen stattfinden; es beginnt, verinnerlicht zu werden, sodass das Kind jetzt nicht nur eine perspektivische, sondern dialogische oder multiperspektivische kognitive Repräsentation hat, und der Inhalt besteht in propositionalen Repräsentationen sowohl der sozialen als auch der physikalischen Welt.

Aber um die Konstruktion einer neuen Art von menschlicher Rationalität bei den Vorschulkindern auf der Grundlage geteilter Intentionalität zu vollenden, brauchen wir noch ein paar weitere kognitive Komponenten. Diese stammen nicht direkt aus den Interaktionen der Kinder mit der Welt oder von einem maßgeblichen Erwachsenen – wie es in der Hauptsache der Fall bei allem war, was wir bisher untersucht haben –, sondern vielmehr aus Interaktionen mit anderen Kindern, die mehr oder weniger gleich alt sind. Piaget hat (zum Beispiel in mehreren Aufsätzen aus dem Jahr 1965/1995) geltend gemacht, dass es immer ein Element von Ehrerbietung oder Respekt gibt, wenn Kleinkinder mit Erwachsenen interagieren. Das ist notwendig dafür, dass sie den Erwachsenen hinreichend vertrauen, da sie alle kulturelle Informationen von ihnen weitergegeben bekommen. Wenn es jedoch um die stärker koordinatorische Dimension der Kognition geht, sind Interaktionen mit Gleichaltrigen, die den gleichen Status besitzen und denen gegenüber das Kind keine Ehrerbietung zeigt, von besonderer Bedeutung. Dieser gleiche Status ermöglicht ihnen, sich an einem echten Dialog zu beteiligen, in dem der Standpunkt jedes Individuums potenziell die Oberhand gewinnen kann, aber nicht auf der Grundlage von Macht, sondern von Vernunft. Diese Arten der Interaktion sind notwendig für vollständig verinnerlichte Normen der Rationalität und somit dafür, dass die Kinder eine vollständig erwachsenenartige Fähigkeit erlangen, normative Selbststeuerung zu vollziehen, sowie die Fähigkeit, bestimmte Arten multiperspektivischer Begriffe zu konstruieren. Die Kinder werden vernünftig.

Gemeinsames Denken

Viele der Tätigkeiten gemeinsamer Aufmerksamkeit, an denen sich Babys beteiligen und die schon bald nach der Neunmonatsrevolution beginnen, sind Kooperationen auf der Verhaltensebene. Das Baby und der Erwachsene bilden ein gemeinsames Ziel, zum Beispiel zusammen Spielzeuge aufzuräumen oder zusammen Klötze aufeinanderzustapeln. Das gemeinsame Ziel strukturiert ihre gemeinsame Aufmerksamkeit in dem Sinne, dass jeder Partner weiß, dass der andere sich hauptsächlich auf Dinge konzentriert, die für ihr gemeinsames Ziel relevant sind. Babys tun das spätestens ab vierzehn Monaten (Warneken und Tomasello, 2007). Aber das sind alles Interaktionen mit Erwachsenen, die die Interaktion auf verschiedene Weise stützen und strukturieren. Wenn es um die Kooperation mit Gleichaltrigen geht, sind Babys in diesem jungen Alter bei weitem nicht so kompetent.

Gemeinsames Problemlösen und Dialog

Die häufigste gemeinsame Tätigkeit vieler Säugetierspezies, unter anderem auch von Menschenaffen, ist die Bildung von Koalitionen und Allianzen für agonistische Begegnungen mit Gruppengenossen. Die tatsächliche Koordination der Handlungen ist bei solchen

Koalitionen minimal, da es im Grunde darum geht, dass sie nebeneinander gegen denselben Gegner kämpfen. Etwas Ähnliches geschieht, wenn Schimpansen auf unbekannte Artgenossen in ihrem Grenzgebiet stoßen. Ihre Gruppenjagd auf kleine Affen ist ebenfalls hauptsächlich opportunistisch, wobei ein Individuum mit der Jagd beginnt und die anderen dann zu den verbleibenden Orten gehen, die ihnen die beste Chance geben, den kleinen Affen selbst zu fangen, ohne dass es irgendeine Kommunikation gibt, um die Gruppentätigkeit zu koordinieren (zu dieser Interpretation siehe Tomasello et al., 2005, und Tomasello, 2014; zu einer anderen Ansicht siehe Boesch, 2005).

In Experimenten können Schimpansen zusammenarbeiten, um konkrete Probleme zu lösen – beispielsweise eine Platte zu sich heranzuziehen –, wobei zwei Individuen gleichzeitig ziehen müssen (Melis et al., 2006a; Chalmeau, 1994). In solchen Situationen haben sie gezeigt, dass sie wissen, dass sie einen Partner brauchen, um erfolgreich zu sein; sie warten nicht nur darauf, dass ihr Partner kommt, sondern öffnen sogar eine Tür, um seine Ankunft zu erleichtern (zum Beispiel Melis et al., 2006b). Bei diesen Untersuchungen ging es immer um erwachsene und ältere jugendliche Schimpansen. In zwei Untersuchungen mit Schimpansen-Jungtieren von etwa drei bis sieben Jahren, die bei ähnlichen Aufgaben zusammenarbeiten sollten(Crawford, 1937, 1941; Hirata, 2007), scheiterten die Paare aus Jungtieren völlig, wenn sie auf sich allein gestellt waren, und mussten trainiert werden. Schimpansen können zwar auch eine gemeinsame Aufgabe mit zwei komplementären Rollen lösen (im Unterschied zu den Aufgaben, bei denen an einem Seil gezogen werden musste und die identische Rollen aufweisen), aber sie antizipieren nur schlecht die Handlungen ihrer Partner (Fletcher et al., 2012). Das Gesamtbild sieht daher so aus, dass die Individuen bei den Gruppentätigkeiten von Schimpansen nicht als »wir« in dem Sinne zusammenarbeiten, dass sie ein gemeinsames Ziel und individuelle Rollen mit Bezug auf dieses Ziel haben; vielmehr operieren sie gemäß dem, was Tuomela (2007) als »Gruppenverhalten im Ich-Modus« bezeichnet.

Echte Zusammenarbeit ist auch für menschliche Kleinkinder

schwierig. Diese können zwar hinreichend gut mit einem Erwachsenen kooperieren (wie beispielsweise in der Untersuchung von Warneken et al., 2006), sind bei einem Gleichaltrigen aber nicht sehr geschickt. (Man erinnere sich auch an die Ausführungen aus Kapitel 3, dass sie sich mit Gleichaltrigen nur an wenigen Interaktionen beteiligen, die gemeinsame Aufmerksamkeit erfordern; ihre Interaktionen sind viel mehr »nebeneinander spielen«.) Brownell und Carriger (1990) beobachteten Paare von achtzehn Monate alten Babys, die zusammen an einer recht einfachen Aufgabe arbeiteten, bei der ein Baby einen Hebel bewegen musste, um eine Belohnung vor ein Loch zu legen, und das andere sie finden musste. Manchmal waren die Babys erfolgreich, aber konnten beim unmittelbar nächsten Versuch ihren Erfolg nicht wiederholen; sie schienen nicht zu wissen, was sie taten. Im Alter von vierundzwanzig Monaten und erst recht von dreißig Monaten waren die Kinder insgesamt viel geschickter. Brownell et al. (2006) erweiterten diese Befunde anhand einer anderen Aufgabe und konzentrierten sich erneut auf ein- und zweijährige Kinder. Sie stellten fest, dass »die koordinierten Handlungen der Einjährigen eher zufällig als kooperativ zu sein schienen, während ältere Kinder stärker aktiv auf ein gemeinsames Ziel hin kooperierten« (S. 803). Dies gilt trotz der Tatsache, dass bei einem Paradigma visueller Habituation sogar schon vierzehn Monate alte Kinder zwischen dem gemeinsamen und den individuellen Zielen differenzierten (Henderson und Woodward, 2011).

Von einem kognitiven Gesichtspunkt aus gesehen, besteht ein besonders wichtiger Aspekt des Prozesses darin, wie die Kinder die Rolle ihres Partners verstehen. Dieses Verständnis nimmt ab dem Alter von etwa drei Jahren stark zu. Beispielsweise legten Fletcher et al. (2012) Paaren von dreijährigen Kindern eine Aufgabe vor, die zwei aktive und komplementäre Rollen erforderte. Unter einer Experimentalbedingung wurden die Kinder aufgefordert, Rolle B bei einer Aufgabe ohne vorherige Erfahrung zu spielen. Unter einer anderen Experimentalbedingung spielten die Kinder Rolle B, nachdem sie zuvor Rolle A (mit einem anderen Partner) gespielt hatten. Das Ergebnis war, dass die Kinder, die zuvor Rolle A gespielt hatten, kompetenter bei Rolle B waren als Kinder, die nie zuvor Rolle A gespielt hatten. In derselben Studie zeigten die Schimpansen überhaupt keine Lernfortschritte aufgrund dessen, dass sie die reziproke Rolle gespielt hatten. Anscheinend simulierten die Kinder, aber nicht die Affen, die Rolle und Perspektive ihres Partners, als sie miteinander kooperierten. In einer ähnlichen, aber anspruchsvolleren Untersuchung legten Warneken et al. (2014) drei- und fünfjährigen Kindern eine Aufgabe vor, die von ihnen verlangte, die Möglichkeiten von Werkzeugen zu mustern, die einem Partner zur Verfügung standen, und zu antizipieren, was dieser tun würde, um effektiv mit ihnen zu kooperieren (angesichts des Werkzeugs, das sie bereits hatten). Die Fünfjährigen, aber nicht die Dreijährigen, stellten sich bei dieser sehr anspruchsvollen Aufgabe geschickter an. (Die Schimpansen schnitten bei einer ähnlichen Aufgabe ganz schlecht ab [unveröffentlichte Daten].) Im Allgemeinen nehmen kleine Kinder die Perspektive ihres Partners so ein, wie andere Menschenaffen das nicht tun – vermutlich, weil die Kinder mit einem gemeinsamen Ziel und mit gemeinsamer Aufmerksamkeit operieren, die die individuelle Rolle und Perspektive des Partners besonders betonen.

Eine interessante Frage in dieser Hinsicht lautet, warum Vorschulkinder den Witz kompetitiver Spiele (wie es die meisten Sportarten und Brettspiele sind) nicht zu verstehen scheinen (die typischerweise »ab fünf Jahren« sind). Kompetitive Spiele ergeben nur dann einen Sinn, wenn sie 1. innerhalb des Kontexts kooperativer Regeln gespielt werden und wenn 2. jeder Partner das Spiel rational spielt, indem er zu gewinnen versucht. Schmidt et al. (2016b) ließen Drei- und Fünfjährige ein kompetitives Spiel mit einem Partner spielen, der entweder die Regeln verletzte oder irrational spielte (indem er sich selbst sabotierte). Das Ergebnis war, dass die Fünfjährigen gegen beide Arten von Verletzungen auf eine flexible Weise protestierten, die der Verletzung angemessen war. Im Gegensatz dazu protestierten dreijährige Kinder zwar gegen manche Verletzungen, zeigten aber in verschiedenen Hinsichten, dass sie die normative Zwei-Ebenen-Struktur des kooperativ geregelten Wettbewerbs nicht völlig verstanden. Was man braucht, um sich an diesen

Arten von Spielen zu beteiligen, sind Fertigkeiten der exekutiven Selbstregulation, die 1. die Kooperation bezüglich der Spielregeln und 2. die Konkurrenz mit dem Partner koordinieren können. Wenn diese Interpretation richtig ist, dann fehlen den Dreijährigen höchstwahrscheinlich noch die relevanten Fertigkeiten der Koordination auf der exekutiven Ebene (ein Punkt, den wir später noch ausführlicher besprechen werden).

Aber über diese Kooperationen auf der Verhaltensebene hinaus hat sich eine Reihe von Untersuchungen auf das kooperative Problemlösen und Lernen der Kinder konzentriert, wenn sie mit stärker kognitiv herausfordernden Situationen konfrontiert sind, die häufig eine bestimmte Art von dialogischer Diskussion erfordern. Die Hauptfragen sind folgende: Wie arbeiten die einzelnen Kinder kognitiv zusammen (was die Eigenart ihrer dialogischen Interaktionen einschließt, bei denen Sprache verwendet wird)? Und bis zu welchem Grad profitieren sie kognitiv von ihren kooperativen Interaktionen? Die piagetsche Hypothese lautet, dass kooperatives Problemlösen die Gleichaltrigen zu einer besonders nützlichen Form der Perspektivenübernahme veranlasst, die über die einfachere Abgleichung von Perspektiven bei der kooperativen Kommunikation hinausgeht, die sie seit dem späten Säuglingsalter vollzogen haben. Kooperatives Problemlösen bei stärker kognitiv ausgerichteten Problemen verlangt von den Kindern, dass sie gemeinsam auf die Gedanken oder Perspektiven der anderen achten, wie sie beispielsweise in einer verbalen Aussage zum Ausdruck kommen. Sie wechseln sich gemeinsam dabei ab, auf den sprachlich ausgedrückten geistigen Inhalt des jeweils anderen zu achten (O'Madagain und Tomasello, im Erscheinen).

Die überwältigende Mehrheit von Untersuchungen wurde mit Schulkindern und Jugendlichen durchgeführt. In der klassischen Studie von Doise et al. (1976; siehe auch Mugny und Doise, 1978) arbeiteten zwei Schulkinder bei einem Erhaltungsproblem zusammen. Da Erhaltungsprobleme in vielen Hinsichten Perspektivenprobleme sind – die Kinder müssen verstehen, dass das Wasser in dem einen Glas zwar höher erscheint, das andere Glas aber breiter ist –, zeigten die Kinder am Ende bessere Leistungen in Paaren als alleine. Und sie erhielten ihre neuen Fähigkeiten noch eine gewisse Zeit danach aufrecht. Bei der Durchsicht einer großen Anzahl von Untersuchungen mit Schulkindern und Jugendlichen kam Kuhn (2015) zu folgenden Schlussfolgerungen: 1. Die produktive Zusammenarbeit zwischen Gleichaltrigen im Schulalter kann die kognitive Entwicklung (insbesondere bei der flexiblen Verwendung von neuem begrifflichen Wissen) besser als die Anweisung durch Erwachsene fördern; 2. produktive Zusammenarbeit ist eine solche, bei der die Beteiligten sich direkt mit den unterschiedlichen Perspektiven des jeweils anderen auseinandersetzen; 3. für das Paar ist es entscheidend, eine gemeinsame Repräsentation des Problems zu entwickeln, in der ihre unterschiedlichen Perspektiven dann verankert werden; und 4. der argumentative Diskurs unter Gleichaltrigen – vermutlich deshalb, weil sie den gleichen Status und die gleiche Kompetenz besitzen – beinhaltet am Ende häufig gemeinsame »Meta-Unterhaltungen« über Maßstäbe für Belege und Argumente auf eine Weise, wie es bei der direkten Anweisung und dem Dialog mit Erwachsenen nicht der Fall ist.

Zum kooperativen Problemlösen und Lernen mit Vorschulkindern gibt es viel weniger Forschungen, vermutlich deshalb, weil weithin angenommen wird, dass dieser Prozess für sie weniger wichtig ist. Junge Vorschulkinder von drei bis vier Jahren neigen dazu, an einem Problem eher nebeneinander als kooperativ zu arbeiten. Aber ältere Vorschulkinder und Kinder, die gerade mit der Schule anfangen – etwa zwischen fünf und sieben Jahren –, fangen langsam damit an. Beispielsweise stellten Fawcett und Garton (2005) in einer Studie mit Sechs- und Siebenjährigen fest, dass die Kinder bei einer Kartensortierungsaufgabe besser abschnitten, wenn sie mit anderen zusammenarbeiteten, als wenn sie alleine arbeiteten. Pine und Messer (1998) fanden etwas Ähnliches mit fünf- bis siebenjährigen Kindern, die an einer Balancieraufgabe arbeiteten. Und Azmitia (1988) stellte fest, dass fünfjährige Kinder, die zusammen an einer Aufgabe arbeiteten, bei der etwas aus Klötzen gebaut werden sollte, mehr Fertigkeiten erwarben und diese Fertigkeiten auch leichter auf ähnliche, aber unterschiedliche Probleme verallgemeinerten als Kinder, die alleine arbeiteten. Leider untersuchte keine dieser Studien mit Vorschulkindern den Prozess hinreichend genau, um zu bestimmen, ob Kuhns an älteren Kindern gewonnene Schlussfolgerungen auch hier zutreffen.

Die detaillierteste Analyse geht auf eine Reihe von Untersuchungen von Kruger und Kollegen mit Bezug darauf zurück, wie Gleichaltrige bei einer etwas anderen Art von Problem diskutieren und zu einem Konsens gelangen: moralische Dilemmata. In einer ersten Untersuchung stellten Kruger und Tomasello (1986) fest, dass siebenjährige Mädchen sich beim Diskutieren eines moralisches Dilemmas stärker auf die Perspektive ihrer gleichaltrigen Partnerin einließen – beispielsweise erwähnten sie die Perspektive oder das Argument der anderen, während sie ihr eigenes formulierten – als Mädchen eines ähnlichen Alters, die dasselbe Dilemma mit ihren Müttern erörterten. Das zeigt die entscheidende Rolle der Interaktion zwischen Gleichaltrigen gegenüber Erwachsenen für das kooperative Denken und Lernen. Bei der Untersuchung achtjähriger Mädchen stellte Kruger (1992) fest, dass ihr anschließendes individuelles Denken mit Bezug auf ähnliche Probleme umso mehr profitierte, je mehr das Paar sich auf die Perspektive des jeweils anderen einließ (und das galt sowohl für Paare aus Gleichaltrigen als auch für Paare aus Kindern und Erwachsenen). Bei der weiteren Analyse derselben Transkripte stellte Kruger (1993) fest, dass die Fähigkeit eines Paars, ein schwaches Argument – das heißt eines, das sie letztlich verwarfen – gemeinsam zu erörtern und zu bewerten, von besonderem Nutzen war – was bedeutet, dass der Nutzen von Diskussionen zwischen Gleichaltrigen nicht im Vorschlagen guter Ergebnisse liegt, sondern in der Entwicklung von Möglichkeiten, sich auf das Denken des jeweils anderen einzulassen. Das deutet darauf hin, dass vielleicht der Prozess des kooperativen Problemlösens und Lernens bei älteren Kindern und Kindern, die gerade mit formalem Schulunterricht anfangen, ähnlich ist: Sie profitieren davon, dass sie gemeinsam auf die Perspektiven und Argumente des anderen achten und diese besprechen. Höchstwahrscheinlich ist das bei jüngeren Vorschulkindern nicht der Fall.

Die Angabe von Gründen und die Rechtfertigung

Neu am kooperativen Entscheiden, Problemlösen und Lernen von Kindern ist, dass sie einander Gründe dafür angeben, warum sie etwas Bestimmtes denken. Sie rechtfertigen ihre Perspektive oder Denkrichtung ihrem Partner gegenüber. Philosophen haben sich lange auf die Bedeutung der Angabe von Gründen für alle möglichen Arten epistemischer Tätigkeiten konzentriert, vom moralischen Argumentieren bis zur wissenschaftlichen Zusammenarbeit. Der entscheidende Punkt ist, dass ich bei einer echten, ebenbürtigen kooperativen Diskussion nicht will, dass Sie sich meiner Denkweise anschließen, weil ich körperlich stärker oder rhetorisch überzeugender bin, sondern vielmehr, weil es gute Gründe dafür gibt, meine Perspektive auf das Problem einzunehmen.

Mercier und Sperber (2011) haben eine neue, evolutionsbasierte Theorie des menschlichen Gebens von Gründen vorgeschlagen. Ihnen zufolge wurden Probleme des Vertrauens dringlicher, als menschliche Gesellschaften sich vergrößerten. In einer Gruppe, in der jeder jeden kennt und jeder jedem regelmäßig begegnet, wird das Vertrauen aufrechterhalten, weil eine nicht vertrauenswürdige Person identifiziert und schnell ausgeschlossen wird. Aber in größeren Gruppen ist das schwierig, weshalb die Individuen »epistemisch wachsam« werden mussten – das heißt vorsichtig mit Bezug darauf, was sie glaubten. In dieser Art von sozialem Kontext konnte man nicht erwarten, dass die anderen eine Perspektive oder ein Argument in gutem Glauben annahmen. Daher begannen sie, den anderen Gründe dafür zu geben, warum sie glauben sollten, was sie ihnen sagten, indem sie typischerweise auf Tatsachen hinwiesen, die ihre Ansicht unterstützten. Eine solche Angabe von Gründen ist ein normatives Unternehmen, weil es nicht darum geht, dass ein Individuum versucht, ein anderes zu überwältigen oder zu zwingen, etwas Bestimmtes zu glauben, sondern darum, dass es sich vielmehr auf ein drittes Element beruft – eine unparteiische Tatsache, die nicht vom Standpunkt einer Person abhängt –, um ein Urteil zu fällen: »Du musst dich nicht darauf verlassen, was ich dir sage, denk einfach selbst darüber nach.«

Es gibt zwei Untersuchungen mit Bezug darauf, wie Kinder Gründe, die man ihnen gibt, verstehen und darauf reagieren. Erstens stellten Mercier et al. (2014) fest, dass vier- und fünfjährige Kinder (und in einem geringeren Ausmaß auch Dreijährige) bestimmen konnten, wenn jemand versuchte, ihnen einen schlechten Grund dafür zu geben, etwas zu glauben (zum Beispiel ein zirkuläres Argument: Der Hund ging in diese Richtung, weil er dorthin ging). Bezeichnenderweise stellten sie auch fest, dass Kinder einem Vorschlag mehr Glauben schenkten, der durch einen schlechten zirkulären Grund gestützt wurde als durch gar keinen Grund. Zweitens ließen Schmidt et al. (2016b) eine Puppe auftreten und von Kindern im Alter von drei, fünf und acht Jahren bestimmte Ressourcen verlangen. In allen Versuchsbedingungen gab die Puppe einen Grund dafür an, dass sie die Ressourcen verlangte, aber in einem Fall war es ein persönlicher Grund (»Ich will es«), der in diesem Kontext kein wirklich guter Grund war. In drei anderen Kontexten gab die Puppe einen viel besseren Grund an, einen, der zumindest teilweise in einen moralischen Kontext passte: In einem Fall war es ein Bedürfnis (»Ich habe schon lange nichts mehr gegessen, ich habe großen Hunger, ich brauche etwas davon«); in einem anderen Fall war es Fairness (»Du hast etwas davon und ich habe nichts; das ist nicht fair«); und in einem dritten Fall waren es Regeln (»Die Regel sagt, dass du teilen musst«). Die Studie stellte fest, dass Achtjährige (aber nicht die jüngeren Kinder) dieser Puppe nur aus den drei guten Gründen, aber nicht aus dem eigensüchtigen Grund, mehr Dinge gaben als einer neutralen Puppe. Das ältere Alter, in dem die Kinder in dieser Untersuchung Gründe anerkannten, könnte auf die Tatsache zurückgehen, dass die Puppe immer einen Grund angab und dann mit einer Puppe verglichen wurde, die keinen Grund angab. Wie die Studie von Mercier et al. (2014) nahelegt, könnte es sein, dass die Kinder bis zu diesem älteren Alter meinen, dass ein schlechter Grund besser ist als überhaupt keiner.

Im Hinblick auf die Produktion von Gründen für andere ließen Köymen et al. (2014b) Paare von drei- und fünfjährigen Kindern gemeinsame Entscheidungen darüber treffen, wohin sie Spielzeugtiere und andere Gegenstände in einem Spielzeugzoo stellen wollten. Die Frage war, ob sie auf flexible Weise Gründe produzieren konnten, je nachdem, welches Wissen sie mit ihrem Partner im gemeinsamen Hintergrund teilten. Die Pointe war, dass einige der Spielzeuge Dinge repräsentierten, von denen die Kinder wussten (und beide wussten, dass beide darüber Bescheid wussten), dass sie gewöhnlich in einem Zoo anzutreffen sind. Andere Gegenstände waren Dinge, die die Kinder möglicherweise kannten, die aber üblicherweise nicht in einem Zoo zu finden sind. Die fünfjährigen Kinder, und in geringerem Grad auch die dreijährigen Kinder, gaben in diesen beiden Situationen auf unterschiedliche Weise Gründe an. Wenn zum Beispiel der zu platzierende Gegenstand ein Eisbär war, zeigte ein Kind einfach auf den Ort eines Käfigs mit Eis und einem gefrorenen Teich, was hinreichend war, weil sie beide annahmen, dass ihr gemeinsamer Hintergrund das Wissen enthält, dass Eisbären auf dem Eis leben. Aber wenn der Gegenstand ein Spielzeugklavier war, gab es nur wenig gemeinsamen Hintergrund, auf den man sich als relevant für die Entscheidung verlassen konnte. Sie konnten nicht einfach nur auf einen Ort zeigen und erwarten, dass ihr Partner das akzeptieren würde. Sie mussten einen Grund für die Verbindung zwischen dem Klavier und beispielsweise einem Ort neben einer Bank angeben: weil hier Leute sitzen, könnten sie einem ganzen Stück zuhören. (Zu einem experimentellen Nachweis, bei dem der gemeinsame Hintergrund der Kinder experimentell verändert wurde, siehe Köymen et al., 2016.) Die Angabe von Gründen, die dem eigenen gemeinsamen Hintergrund mit einem Partner angemessen sind, zeigt zumindest ein gewisses Verständnis dafür an, wie Gründe funktionieren: Sie rechtfertigen eine Überzeugung, indem sie sie mit anderen verknüpfen, die bereits wechselseitig akzeptiert sind. Und Köymen und Tomasello (2018) stellten fest, dass, wenn jedem Mitglied eines Paars von Fünfjährigen unterschiedliche Informationen gegeben wurden, die aus unterschiedlich zuverlässigen Quellen stammten, sie trotzdem in der Lage waren, erfolgreich zu einem angemessenen Schluss zu kommen, wobei es häufig zu Meta-Unterhaltungen über solche Dinge wie die Stärke der Belege und die Gültigkeit der Gründe kam.

In verschiedenen Aufsätzen hob Piaget (1965) hervor, dass das

Denken des Kindes ohne soziale Interaktionspartner, insbesondere Gleichaltrige, von einer Art Beharren auf seiner eigenen beschränkten Perspektive (was als »Kindheitsegozentrismus« bezeichnet wird) geplagt wäre. Wenn sie mit sich selbst sprechen, fällt es den Kindern schwer, kohärent und konsistent zu sein, und sie widersprechen sich regelmäßig; sie brauchen einen Gesprächspartner, der sie auf Kurs hält. Mit besonderem Bezug auf das kooperative Problemlösen, die Argumentation und die Angabe von Gründen sagte Kuhn (2015): »Das vergleichsweise Verdienst der Form des Dialogs besteht darin, dass er den fehlenden Gesprächspartner einsetzt … um die Schwäche … [des] Ignorierens oder Ablehnens entgegengesetzter Perspektiven und der Beschränkung des eigenen interpersonalen Austauschs auf den Hallraum der eigenen Vorstellungen zu beheben« (S. 12). Während wir Menschen bestimmte Arten des Denkens alleine vollziehen können, gehen diejenigen Typen, die wir als rational und vernünftig betrachten – die Typen, die einen Sinn ergeben – aus unserer dialogischen, Perspektiven wechselnden Interaktion mit anderen hervor. Ein solcher rationaler Dialog ist seinem Wesen nach grundlegend kooperativ bei den eigenen epistemischen Interaktionen mit anderen. Alle Beteiligten stimmen im Grunde darin überein, der Vernunft sozusagen als unpersönlicher Schiedsrichterin nachzugeben, wenn das angemessen ist.

Individuelle und kulturelle Variation

Es gibt nicht viele Studien zur individuellen oder kulturellen Variation beim kooperativen Problemlösen kleiner Kinder mit Gleichaltrigen, insbesondere von jüngeren als Schulkindern. Die relevantesten Studien sind die von Rogoff und Kollegen, die die Gruppendynamik von Kindern mit hauptsächlich kulturellem Maya-Hintergrund mit Kindern vergleichen, die hauptsächlich aus der westlichen Mittelschicht stammen. Bei einer Reihe dieser Untersuchungen wurden zwar auch Erwachsene einbezogen, aber Mejia-Arauz et al. (2007) untersuchten Dreiergruppen von Kindern zwischen sechs und zehn Jahren, während sie zusammen ein Problem lösten (Origami-Figuren herzustellen). Sie stellten fest, dass die Maya-Kinder häufiger als Gesamtheit agierten, während die westlichen Mittelschichtskinder mit den Materialien häufiger dyadisch oder individuell umgingen. Das spiegelt vermutlich die unterschiedlichen sozialen Kontexte wider, innerhalb deren Kinder aus diesen beiden kulturellen Hintergründen mit Gleichaltrigen interagieren, da die Maya-Kinder viel mehr von ihrer Zeit in gemischtaltrigen Peer-Gruppen verbringen. Obwohl wir nicht die Art von Daten haben, die wir bräuchten, um zu einer endgültigen Schlussfolgerung zu kommen, deutet trotzdem alles darauf hin, dass sich Kleinkinder in allen Kulturen zumindest an bestimmten Arten des kooperativen Problemlösens mit Gleichaltrigen beteiligen, bei denen sie Gründe der einen oder anderen Art angeben, um ihren Standpunkt zu stützen.

Koordinierte Entscheidungsprozesse

Bei den frühesten kooperativen Interaktionen von Säuglingen mit Erwachsenen und Gleichaltrigen wird das gemeinsame Ziel häufig allmählich im Verlauf der Zusammenarbeit festgesetzt. Die Partner koordinieren ihre Handlungen, indem sie verstehen, dass sie es beide auf dasselbe Ziel abgesehen haben und dass es folglich für sie am besten ist, ein gemeinsames Ziel zu bilden, um es gemeinsam zu verfolgen. Und manchmal bilden sie ein gemeinsames Ziel, indem sie eine ausdrückliche gemeinsame Verpflichtung eingehen. In beiden Fällen findet alles in der Öffentlichkeit statt: was der andere tut und was er möglicherweise kommuniziert. Aber Entscheidungstheoretiker haben sich auch auf andere Situationen konzentriert, in denen die Individuen nicht nur ihre Handlungen miteinander koordinieren müssen, sondern auch ihre Entscheidungen, und zwar nicht öffentlich, sondern ohne Wahrnehmungszugang oder Kommunikation. Das klassische Beispiel sind Koordinationsprobleme im Sinne der Spieltheorie (Schelling, 1960). In diesem Fall müssen die Partner eine »Willenseinigung« ohne die Unterstützung des Wahrnehmungskontexts oder der Kommunikation erzielen, was die eine oder andere Form koordinierten Denkens erfordert.

Koordinationsspiele mit Kindern und Schimpansen

Ein bekanntes Koordinationsspiel – und eines, das in der Evolution des Menschen wahrscheinlich von besonderer Bedeutung war (Tomasello et al., 2012) – ist die Hirschjagd. Hirschjagdsituationen sind solche, in denen 1. die Individuen mit anderen zusammenarbeiten müssen, um zu profitieren, 2. der Nutzen der Zusammenarbeit größer ist als der jeder Solo-Alternative und 3. alle Solo-Alternativen aufgegeben (riskiert) werden müssen, um zusammenzuarbeiten. Im klassischen Dilemma jage ich allein nach Feldhasen, als ich einen Hirsch erspähe – der zwar eine wesentlich bessere Nahrung darstellt, den ich aber nicht alleine fangen kann. Sie sind in genau derselben Situation. Daher liegt es in unser beider Interesse, unsere Verfolgung von Hasen einzustellen, zusammenzuarbeiten, um den Hirsch zu fangen und die Beute zu teilen. Das Problem ist, dass ich Sie nicht sehen und auch nicht mit Ihnen kommunizieren kann. Deshalb kann ich nicht sicher sein, ob Sie den Hirsch gesehen haben oder wissen, dass ich ihn gesehen habe. Und Sie sind in genau derselben Situation wie ich: Sie sind nicht sicher, ob ich den Hirsch gesehen habe oder weiß, dass Sie ihn auch gesehen haben (und weiß, dass Sie wissen, dass ich weiß, und so weiter). Da jeder von uns sich nur dann für den Hirsch entscheiden will, wenn der andere es auch tut, könnte das Ergebnis leicht in einer Handlungsunfähigkeit bestehen.

Schimpansen haben mit der Hirschjagd keine Schwierigkeiten, weil sie sie nicht als Dilemma betrachten. In einem Experiment aus der jüngeren Vergangenheit konfrontierten Duguid et al. (2014) Paare von Schimpansen mit der Hirschjagdsituation. Jeder ernährte sich von einem unbeliebten Futter (Rosinen), als plötzlich ein beliebtes Futter (ein Haufen Bananen) einige Meter entfernt erschien. Eine federgespannte Verschlusstür bei den Rosinen gewährleistete, dass die Entscheidung für die Bananen bedeutete, die Rosinen aufzugeben. Bei allen Paaren in fast allen Runden geschah es nun, dass ein Schimpanse sich einfach als Erster für die Bananen entschied und ein bedeutendes Risiko einging. Der andere Schimpanse folgte dann bloß. Diese so genannte Anführer-Mitläufer-Strategie funktionierte bestens, solange alles offen sichtbar war. Aber als die Versuchsleiter ein Hindernis so platzierten, dass die Affen einander nicht mehr so leicht sehen konnten (sie konnten das nur noch, wenn sie sich aufrichteten, um über das Hindernis zu blicken), fiel ihre Leistung signifikant ab. Manchmal hatten sie immer noch Erfolg, weil beide Individuen sich einfach für die Bananen entschieden und hofften, dass der andere folgen würde. Die Schimpansen kommunizierten nie miteinander, bevor sie ihre Rosinen aufgaben – obwohl das möglich gewesen wäre, indem sie ein Geräusch hätten machen oder über das Hindernis hinweg gestikulieren können, und das ihr Risiko bedeutend reduziert hätte. Zwei andere Untersuchungen haben einen ähnlichen Mangel an Kommunikation zwischen Affen in Situationen potenzieller Zusammenarbeit festgestellt, in denen die Kooperation vorteilhaft gewesen wäre.

Wenn alles offen sichtbar war, verhielten sich vierjährige Kinder in derselben Situation wie die Schimpansen. Die Anführer-Mitläufer-Strategie ist einfach; unter der Voraussetzung, dass der Mitläufer gewöhnlich folgt, funktioniert alles bestens. Aber wenn ein Hindernis aufgestellt wurde, taten die Kinder etwas, was die Schimpansen nicht taten: Sie kommunizierten miteinander. Sie waren in der Lage, dies sowohl stimmlich als auch durch Gesten zu tun, indem sie sich streckten. Diese Kommunikation ermöglichte es ihnen, dasselbe Erfolgsniveau aufrechtzuerhalten wie ohne Hindernis. Eine Studie von Wyman et al. (2013) deutete darauf hin, dass die Kinder miteinander kommunizierten, weil sie tatsächlich das Dilemma wahrnahmen (und somit dem Partner dabei halfen, seine Entscheidung zu treffen, indem sie ihre eigene Entscheidung kundgaben). Bei einer Aufgabe, bei der die Kinder nicht sehen konnten, wie ihr erwachsener Partner seine Seite einer Vorrichtung betätigte, sahen vierjährige Kinder, dass der Hirsch kam, und schauten dann zu dem Erwachsenen hinüber (der angewiesen war, sich auf bestimmte Weisen zu verhalten). In einer Versuchsbedingung sah das Kind, dass der Erwachsene direkt auf den Hirsch blickte, also wusste es, dass er von ihm wusste. Aber wusste der Erwachsene auch, dass das Kind davon wusste, was notwendig dafür wäre, das Risiko einzugehen? Und außerdem würde er wissen müssen, dass das Kind auch sah, wie er den Hirsch gesehen hatte. In dieser Situation zögerten viele Kinder und gingen nicht los. In der anderen Bedingung wurde dieses notwendige rekursive Verständnis – wir beide wissen, dass wir ihn beide gesehen haben und so weiter – auf einfache Weise hergestellt. Der Erwachsene schaute auf den Hirsch und stellte dann aufgeregt Blickkontakt mit dem Kind her. Mit diesem »wissenden Blick« teilte der Erwachsene mit, dass er den Hirsch gesehen hatte und wusste, dass das Kind ihn ebenfalls gesehen hatte, und wusste, dass das Kind wusste, dass er ihn gesehen hatte, und so weiter. Mit diesem Verständnis im gemeinsamen Hintergrund des wechselseitigen Wissens entschieden sich die meisten Kinder dafür, loszugehen.

Der Unterschied zwischen Schimpansen und Kindern in diesen Situationen ist zwar auffällig, doch eine andere Untersuchung ließ ihn noch krasser hervortreten. Duguid et al. (im Erscheinen) boten Paaren aus Schimpansen und Paaren aus vierjährigen Kindern das allereinfachste Koordinationsspiel dar. Jedes Versuchssubjekt lernte für sich, dass eine bestimmte Art von Kiste nur dann geöffnet (und eine Belohnung entnommen) werden konnte, wenn zwei Knöpfe – einer auf jeder Seite der Kiste – mehr oder weniger gleichzeitig gedrückt wurden (eine kurze Verzögerung war erlaubt). Im Test kam jeder der beiden Partner auf einer Seite einer Reihe von vier dieser Kisten ins Zimmer, und jeder hatte Zugang zu einem der Knöpfe an jeder Kiste. Um erfolgreich zu sein, musste das Paar nur dieselbe Kiste zu ungefähr derselben Zeit wählen. Alles war offen sichtbar, und es war möglich, miteinander zu kommunizieren. Dennoch hatten die Schimpansen enorme Schwierigkeiten mit der Koordination. Nach hinreichend vielen Versuchen einigte sich ein bestimmtes Paar vielleicht auf eine bestimmte Kiste bei jedem Versuch und hatte deshalb Erfolg. Aber wenn die Versuchsleiter zwei Individuen aus verschiedenen erfolgreichen Paaren zusammentaten, brauchten diese genauso lange, um sich mit ihrem neuen Partner auf eine bestimmte Kiste zu einigen. Was sie lernten, war, sich auf eine bestimmte Kiste zu einigen. Im Gegensatz dazu koordinierten sich die kleinen Kinder viel schneller miteinander und wählten mit ihrem ersten Partner verschiedene Kisten aus. Als sie einen neuen Partner bekamen, koordinierten sie sich fast unverzüglich mit ihm, weil sie vermutlich verstanden, dass die bestimmte gewählte Kiste keine Rolle spielte – was eine Rolle spielte, war einfach, dass sie sich miteinander mit Bezug auf dieselbe Kiste koordinierten. Sie sahen das Koordinationsproblem und lösten es.

Drei andere Experimente mit kleinen Kindern modellierten klassische Koordinationsprobleme insofern genauer, als sie die Möglichkeit des visuellen Zugangs oder der Kommunikation eliminierten. Ein klassisches schellingsches Problem sieht etwa folgendermaßen aus: »Wir haben uns darauf geeinigt, uns morgen Mittag in Paris zu treffen, aber wir haben nicht bestimmt, wo, und wir haben keine Möglichkeit, miteinander zu kommunizieren.« Es stellt sich heraus, dass Erwachsene solche Probleme ziemlich leicht lösen – indem sie beispielsweise auf den Eiffelturm als Lösung kommen. Vermutlich überlegen sie folgendermaßen: Der Eiffelturm sticht nicht nur für meinen Partner hervor, sondern er weiß, dass er auch für mich hervorsticht, und er weiß, dass ich denken werde, dass er für ihn hervorsticht (und so weiter). Schelling (1960) bezeichnete diese Lösungen als Fokalpunkt-Lösungen, wobei der entscheidende Faktor eine bestimmte Art wechselseitigen Hervorstechens ist. Grüneisen et al. (2015a) boten Paaren von Kindern genau so ein »reines Koordinationsproblem« dar. Wieder war die Situation so, dass sie beide dieselbe Kiste auswählen mussten, aber in diesem Fall konnten sie einander nicht sehen oder miteinander kommunizieren. Drei der Kisten hatten ein ähnliches Bild auf der Außenseite, aber auf der vierten befand sich ein einzigartiges Bild. Wenn die Partner annehmen konnten, dass dieses einzigartige Bild für sie beide hervorstechend war, konnten sie sich ohne Kommunikation oder visuellen Zugang darauf einigen. Fünf- und achtjährige Kinder, aber keine dreijährigen, lösten diese Aufgabe erfolgreich. (Dieses Ergebnis lag über dem Zufallsniveau und war auch häufiger als in einer Kontrollbedingung, in der sie einfach eine Kiste für sich unabhängig von einem Koordinationsproblem auswählten). In einer zweiten Studie lösten fünfjährige Kinder ein ähnliches Koordinationsproblem, indem sie damit übereinstimmten, wie andere vor ihnen gehandelt hatten; tatsächlich koordinieren sich Erwachsene mit anderen in anonymen kulturellen Umgebungen am häufigsten gerade durch eine solche Übereinstimmung (Grüneisen et al., 2015b).

Schließlich fanden Grüneisen et al. (2015c) Belege dafür, dass kleine Kinder in solchen Koordinationssituationen tatsächlich so etwas wie rekursives Gedankenlesen vollziehen. Einem sechsjährigen Kind wurde eine Reihe von vier Kisten dargeboten; auf dreien davon war ein Bild zweier Gummibärchen, während auf der vierten ein Bild von vier Gummibärchen war. Die Bilder spiegelten den Inhalt der Kiste wider. Dem Kind wurde gesagt, dass es sich mit einem Partner koordinieren würde, der später dazukäme, weshalb es schon jetzt eine Kiste auswählen sollte. Aber unmittelbar bevor das Kind seine Wahl traf, sagte ihm der Versuchsleiter, dass er den Inhalt der Kisten durcheinandergebracht hatte, sodass die Kiste mit dem Bild der vier Gummibärchen in Wirklichkeit nur zwei enthielt, und eine andere Kiste die vier enthielt. Da das Ziel war, sich miteinander zu koordinieren, musste das Kind verstehen, dass die Kiste mit dem Bild der vier Gummibärchen die einzig mögliche Kiste war, die wechselseitig für es selbst und seinen Partner hervorstechen konnte, weshalb die überwältigende Mehrheit der Kinder diese Kiste auswählte – auch wenn sie weniger Gummibärchen enthielt. Sie verstanden, dass sie sich miteinander koordinieren mussten, um überhaupt etwas zu bekommen. Aber die wirkliche Pointe dieser Untersuchung bestand darin, dass der Partner tatsächlich im Flur war und die Ereignisse auf einem Fernsehbildschirm mitverfolgte. Daher wusste er, dass das Kind im Zimmer dachte, dass er eine falsche Überzeugung mit Bezug darauf hatte, wo sich die vier Gummibärchen befanden (was tatsächlich nicht der Fall war, weil er auf dem Bildschirm zugesehen hatte). Trotzdem waren diese Kinder in der Lage, sich miteinander zu koordinieren, indem sie jetzt die Kiste mit dem Bilde der vier Gummibärchen auswählten. Sie verstanden eine falsche Überzeugung zweiter Stufe – sie glaubt fälschlicherweise, dass ich eine falsche Überzeugung habe – und lösten folglich das Koordinationsproblem. (Wieder geschah das häufiger als zufällig und häufiger als in einer Kontrollbedingung, in der die Kinder ohne einen Partner Kisten auswählten.)

Für die enge Wechselbeziehung zwischen Koordination, Kommunikation und rekursivem Gedankenlesen gibt es sehr wahrscheinlich zumindest teilweise eine evolutionäre Erklärung (Tomasello et al., 2012; Tomasello, 2014). Die Koordination mit anderen mit Bezug auf gemeinsame Ziele im Kontext gemeinsamer Nahrungssuche, wie in Kapitel 2 skizziert, war sehr wahrscheinlich die adaptive Herausforderung, die zu den einzigartigen Formen kooperativer Kommunikation und rekursiven Gedankenlesens bei den Menschen führte. In der Ontogenese des Individuums sind die frühesten Kommunikationsakte Versuche, die Aufmerksamkeit mit anderen abzugleichen, und die ersten Akte des Gedankenlesens treten innerhalb von Interaktionen gemeinsamer Aufmerksamkeit auf (siehe Kapitel 3 und 4). Hier haben wir den Maßstab auf eine Situation vergrößert, in der die Kinder ihre Entscheidungsprozesse mit denen eines gleichaltrigen Partners abstimmen müssen, was sie normalerweise durch Kommunikation täten. Aber wenn die normalen Kommunikationsmittel blockiert sind, kann ein Kind sein Denken immer noch mit einem Partner koordinieren, indem es rekursiv erkennt, wie der Partner sich vorstellt, dass es sich sein Denken vorstellt, und so weiter.

Multiperspektivische Begriffe

Kleine Kinder können ohne Sprache auf komplexe Weisen denken – zum Beispiel bei der Koordination mit anderen oder bei der Lösung komplexer sensumotorischer Aufgaben. Aber ein großer Teil des raffiniertesten Denkens der Kinder vollzieht sich in sprachlichem Format. Je besser sie immer mehr sprachliche Begriffe und Konstruktionen beherrschen, desto besser sind sie auch in der Lage, immer mehr wie Erwachsene zu denken. Aber gleichzeitig müssen wir vorsichtig damit sein, den Kindern ein erwachsenenartiges Denken zuzutrauen, nur weil sie die Sprache ähnlich benutzen wie die Erwachsenen. Häufig täuschen sie uns, indem sie einen Ausdruck verwenden, der erwachsenenartig zu sein scheint, sich aber bei weiterer Nachforschung als etwas ganz anderes oder irgendwie beschränkter herausstellt.

Mit vier bis sechs Jahren beginnen kleine Kinder, Rede- und Denkweisen zu beherrschen, die mehrere Perspektiven in einem einzigen Gedanken integrieren. Beispielsweise können sie in Sprachkonstruktionen zwei völlig verschiedene Aspekte der Situation miteinander verbinden oder koordinieren. Wenn wir beispielsweise darüber sprechen, wo sich ein Spielzeug befindet, erlangt ein drei- oder vierjähriges Kind die Fähigkeit, solche Dinge zu sagen wie »Ich glaube, es ist in der Kiste«. Die Proposition *Es ist in der Kiste* ist eine Symbolisierung des auf Tatsachen bezogenen Verstehens von Dingen, zu dem sogar Schimpansen in der Lage sind. Aber dann symbolisiert das Kind auch die propositionale Einstellung, die es gegenüber dieser Proposition einnimmt: *Ich glaube* hebt seine Ungewissheit hervor. Drei- und vierjährige Kinder können ein ganzes Spektrum propositionaler Einstellungen in solchen grammatikalischen Konstruktionen ausdrücken, indem sie eine Vielfalt epistemischer Verben wie *denken*, *glauben*, *wissen*, *vermuten*, *sich erinnern* und so weiter verwenden. Sie können auch andere Typen propositionaler Einstellungen durch Verben wie *hoffen*, *wünschen* und *wissen wollen* ausdrücken.

Diessel und Tomasello (2001) sahen sich die ersten Konstruktionen propositionaler Einstellungen genauer an, die von sieben englischsprachigen Kindern im Alter von ein bis fünf Jahren produziert wurden, und stellten fest, dass die frühesten Konstruktionen sehr formelhaft waren. Beispielsweise sagte das Kind nur »Ich denke *X*« und sprach nie davon, dass eine andere Person *X* denkt oder dass es *X* nicht denkt und dergleichen. Daher bezogen sie sich nicht wirklich auf einen Akt des Denkens von *X*, und ihre Äußerungen hatten auch nicht die eingebettete Struktur einer Proposition, die in eine propositionale Einstellung eingehüllt ist. Eine Äußerung wie »Ich denke, Mami ist zuhause« war für das Kind eher gleichbedeutend mit »Vielleicht ist Mami zuhause«. Erst mit vier bis fünf Jahren zeigten die Kinder die Art von Flexibilität und Leichtigkeit im Umgang mit diesen Konstruktionen, die ein Verständnis dessen beweist, wie man eine subjektive Perspektive (zum Beispiel *ich denke*, *ich weiß nicht* oder *sie glaubt*) mit der »objektiven« Perspektive einer Proposition verknüpfen kann (zum Beispiel *Mami ist zuhause*).

In manchen Fällen verlangen sogar einzelne Wörter die Beherrschung koordinierter Perspektiven, um sie völlig so wie die Erwachsenen zu gebrauchen. Zum Beispiel unterscheiden englischsprachige Erwachsene zwischen dem, dass Mary etwas *glaubt*, und dem, dass sie etwas *weiß*. Die Grundlage für diese Unterscheidung ist keine Eigenschaft von Mary. Sie besteht nicht darin, wie sicher sie ist, wie gut sie sich rechtfertigen kann oder irgendetwas anderes. Ich sage, dass Mary etwas glaubt, wenn ich *aus meiner Perspektive* weiß, dass sie sich möglicherweise irren könnte. Wenn ich sage, dass Mary etwas weiß, behaupte ich, dass ihr Verständnis der Situation *aus meiner »objektiven« Perspektive* richtig ist. Es gibt andere kleine und unscheinbare Verben, bei denen etwas Ähnliches geschieht; wenn wir zum Beispiel sagen, dass etwas der Fall zu sein *scheint*, unterstreichen wir die Möglichkeit, dass es aus einer »objektiven« Perspektive nicht der Fall ist.

Es gibt noch andere kleine, aber machtvolle Wörter, so genannte Redepartikeln, die innerhalb eines einzigen Wortes Perspektiven integrieren, die auf komplexe Weisen miteinander verbunden sind. Wir können einfach drei Beispiele aus dem Deutschen untersuchen. Ich würde so etwas wie »*Eigentlich* ist sie zuhause« sagen, wenn mein Hörer denkt, dass sie irgendwo anders ist. Ich würde so etwas wie »*Angeblich* ist sie zuhause« sagen, um hervorzuheben, dass zwar die allgemeine Erwartung besteht, dass sie zuhause ist, dass ich aber nicht sicher bin. Und ich würde so etwas wie »Sie ist *doch* zuhause« in einer Situation sagen, in der wir ursprünglich dachten, dass sie nicht zuhause ist, aber jetzt entdeckt haben, dass sie es ist. Kinder können solche Wörter manchmal benutzen, bevor sie sie völlig verstehen, aber in der späten Vorschulzeit scheinen sie ihre Bedeutung zu begreifen. Beispielsweise untersuchten Schmerse et al. (2014) das Verständnis der Redepartikeln *doch* bei deutschen Kindern, indem sie die Situation experimentell so einrichteten, dass ein erwachsenenartiges Verständnis zum Auffinden eines Spielzeugs, ein geringeres Verständnis hingegen zum Misserfolg führte. Sie stellten fest, dass fünfjährige Kinder meistens erfolgreich waren, auch wenn ihr Verständnis immer noch nicht völlig erwachsenenartig war.

Im selben Alter beginnen kleine Kinder auch, eine Vielzahl von

Begriffen zu beherrschen, die sich auf die physikalische Welt beziehen und die für ein völlig erwachsenenartiges Verständnis ebenfalls eine Koordination von Perspektiven erfordern. Ein Beispiel ist die Klasseninklusion, die im Grunde das Verständnis der hierarchischen Organisation sprachlicher Begriffe seitens des Kindes anzeigt. So ist beispielsweise bekannt, dass kleine Kinder große Schwierigkeiten damit haben, zu verstehen, dass der Gegenstand vor ihren Augen wahrheitsgemäß entweder als eine Blume oder als eine Rose bezeichnet werden kann. Wenn sie mit einem ganzen Tisch voller verschiedener Arten von Blumen konfrontiert sind und gefragt werden »Gibt es mehr Blumen oder mehr Rosen?«, kommen Kinder vor einem Alter von ungefähr fünf oder sechs Jahren in Verlegenheit. Sie können ein und denselben Gegenstand nicht gleichzeitig sowohl als Blume als auch als Rose sehen. Bezeichnenderweise wird die Beherrschung dieser sprachlichen Begriffe nicht von einem Kind vollzogen, das ein unbeschriebenes Blatt ist. Wenn man jungen Schimpansen verschiedenfarbige und unterschiedlich geformte Klötze gibt, um sie spontan zu sortieren, klassifizieren sie sie recht oft genauso wie Menschen (zum Beispiel Poti und Langer, 2001). Aber von diesem elementaren Ausgangszustand aus lernen Kinder, wie die sprachlichen Begriffe, die sie erwerben, sich auf spezifische Weise aufeinander beziehen und manchmal von ihnen verlangen, dasselbe Ding gleichzeitig aus zwei oder mehr begrifflichen Perspektiven zu sehen.

Ein anderes wichtiges Beispiel ist der Zahlbegriff. Menschenaffen besitzen viele Fertigkeiten für die Beurteilung von Quantitäten, von absoluten Quantitäten, wenn die Anzahl klein ist (etwa ein bis vier Gegenstände), und von relativen Quantitäten, wenn die Anzahl groß ist. Aber beim Zählenlernen mittels der Sprache gelangen Menschenkinder dazu, den Zahlbegriff im Kontext eines Zahlensystems zu verstehen. Um den Zahlbegriff wie die Erwachsenen zu verstehen, muss das Kind den klassifikatorischen oder Kardinalaspekt der Zahl (was bei allen Mengen von n Dingen ähnlich ist) und den Reihenfolge- oder Ordinalaspekt der Zahl (die Tatsache, dass n größer als $n - 1$, aber zugleich kleiner als $n + 1$ ist, die Zahlen also eine geordnete Reihe bilden) koordinieren. Der Test auf erwachsenenartiges Verstehen ist klassischerweise ein piagetscher Test auf die Erhaltung der Anzahl, bei dem die Kinder verstehen, dass die Anzahl von Gegenständen in einer Menge dieselbe bleibt, gleichgültig, wie sie räumlich arrangiert werden (zum Beispiel ausgebreitet oder eng zusammengestellt). Kinder bestehen Aufgaben zur Erhaltung von Anzahlen nicht vor dem Alter von etwa fünf oder sechs Jahren, möglicherweise, weil diese Aufgaben vom Kind verlangen, dass es die kardinalen und ordinalen Aspekte gleichzeitig miteinander koordiniert.

Andere Erhaltungsbegriffe beinhalten solche Dinge wie Gewicht, Volumen oder die Quantität von Flüssigkeiten, die trotz oberflächlicher Veränderungen der räumlichen Anordnung alle invariant bleiben. Eine erwachsenenartige Leistung erfordert zu verstehen, dass das Wasserniveau in einem der Gläser zwar höher, dieses Glas aber schmaler ist. Jeder dieser Begriffe hat seine eigenen Besonderheiten, und Kinder kommen mit diesen auf unterschiedliche Weise in Kontakt, weshalb sie in unterschiedlichem Alter gemeistert werden. Aber Tatsache ist, dass Kinder vor dem Alter von vier oder fünf Jahren kein volles Verständnis irgendeines Erhaltungsbegriffs haben – da alle auf die eine oder andere Weise die Koordination diskrepanter Perspektiven erfordern. Selbst wenn sie eigens unterwiesen werden, tritt die erwachsenenartige Beherrschung des Begriffs nur ein kleines bißchen früher auf.

Es stimmt zwar, dass Kinder manchmal die Sprache auf eine Weise verwenden, die darauf hindeutet, dass sie diese Begriffe schon in einem früheren Alter verstehen; aber wenn das experimentell untersucht wird, zeigt sich selten ein Verständnis vor dem Alter von fünf Jahren. Ich habe die gerade erwähnten Begriffe deshalb hervorgehoben, weil sie alle die Koordination unterschiedlicher Perspektiven innerhalb ein und desselben Begriffs beinhalten. Aber die Einzelheiten sind wichtig. Die physikalischen Begriffe beinhalten die Koordination solcher Dinge wie unterschiedlicher hierarchischer Ebenen in einem System von Begriffen oder verschiedene Weisen, eine Menge von Gegenständen im Sinne ihrer klassifikatorischen und Ordnungsrelationen zu sehen. Die multiperspektivischen Begriffe im sozialen Bereich – die alles von *Überzeugung* bis zu dem, was durch das Wort *angeblich* ausgedrückt wird, umfassen – beinhalten eine Koordination von Perspektiven, die manchmal komplementär sind (zwei miteinander kompatible Perspektiven auf denselben Gegenstand), aber sich manchmal auch widersprechen (wie bei der Tatsache, dass eine falsche Überzeugung im Widerspruch zu einer objektiven Perspektive steht). Gewiss habe ich keine vollständige Erklärung der Entwicklung dieser komplexen Begriffe gegeben, die Reifungskomponenten (sowohl aus Quellen, die von Affen herstammen, als auch aus einzigartig menschlichen Quellen), Lernkomponenten (insofern Erwachsene den Kindern entweder direkt oder indirekt notwendige Informationen geben) und in den meisten Fällen eine sprachliche Repräsentationsform beinhalten. Ich habe nur versucht nachzuweisen, dass Begriffe und Konstruktionen, die eine komplexe Koordination unterschiedlicher Perspektiven auf Gegenstände erfordern, erst ganz am Ende der Vorschulzeit entstehen, wie alle Erzieher kleiner Kinder implizit wissen.

Individuelle und kulturelle Variation

Wenig erforscht wurde die Fähigkeit von Kindern, sich miteinander zu koordinieren, um gemeinsame Entscheidungen zu formulieren, weshalb auch nur wenig über die individuelle oder kulturelle Variabilität dieser Fertigkeiten bekannt ist. Im Hinblick auf propositionale Einstellungen und andere multiperspektivische soziale Begriffe geht es in fast allen Forschungen – wie nicht anders zu erwarten – um Überzeugungen. Wie wir in Kapitel 3 erörtert haben, gibt es eine ganze Menge von Untersuchungen, die die Rolle der Sprache dafür nachweisen, wie die Kinder dazu gelangen, Überzeugungen und falsche Überzeugungen zu verstehen. Interessante andere Daten zeigen, dass in vielen Sprachen das, was im Englischen eine vollständige Konstruktion mit propositionalen Einstellungen erfordert, einfach anhand von kurzen Wortendungen erreicht wird, die gewöhnlich an ein Verb angehängt und als Evidenz- oder Gewissheitsmarker bezeichnet werden. In manchen Sprachen sind solche Marker ziemlich häufig oder gar obligatorisch, sodass man jedes Mal, wenn man etwas ausdrücken möchte, eine Endung wählen muss, die anzeigt, dass man es sicher weiß oder nur vom Hörensagen oder dass man sich nicht sicher ist und so weiter. Matsui et al. (2009) stellten fest, dass die Verwendung dieser Marker (die in der an Kinder gerichteten Rede japanischer Eltern recht häufig vorkommen) japanischen Kindern die Bestimmung des Wahrheitswerts unterschiedlicher Erwachsenenaussagen bei einer Aufgabe zu falschen Überzeugungen erleichterte.

Mit Bezug auf multiperspektivische Begriffe im physikalischen Bereich gibt es eine lange Forschungstradition zu verschiedenen Erhaltungsbegriffen und dazu, wie diese in verschiedenen nichtwestlichen Kulturen in einem etwas späteren Lebensalter entstehen. Die Gründe dafür sind zwar unbekannt, aber es ist möglich, dass diese Begriffe im Diskurs zwischen Erwachsenen und Kindern in Gesellschaften, in denen formale Bildung weniger wichtig ist, nicht so häufig vorkommen. Insbesondere mit Bezug auf den Zahlbegriff ist es bekannt, dass es in manchen Kulturen, in denen die Mathematik nicht besonders benötigt wird oder relevant ist, nur Zahlwörter für die kleinsten Anzahlen gibt (wobei der Rest durch so etwas wie »viele« bezeichnet wird). Tatsächlich gibt es einige Belege dafür, dass zumindest einer Kultur der Umgang mit Zahlen so fremd ist, dass sogar Erwachsene sie dort nicht auf eine Weise verstehen, die über die elementaren Arten quantitativer Vergleiche hinausgehen, die selbst ganz kleine Kinder anstellen (Frank et al., 2008).

Der uns hier interessierende Punkt ist, dass etwas in der Entwicklung der Kinder zu ungefähr derjenigen Zeit geschieht, zu der die Erwachsenen über viele verschiedene Kulturen hinweg sie als bereit beurteilen, wichtige Aufgaben zu übernehmen oder formalen Unterricht zu erhalten. Dieses Etwas scheint zum Teil die Fähigkeit zur Koordination verschiedener Perspektiven zu sein, wie sie explizit in sprachlichen Symbolen und Konstruktionen ausgedrückt sind – das heißt, sie auf eine Weise zu koordinieren, die sie miteinander integriert und ihre Beziehung verdeutlicht. Diese Leistung beinhaltet ganz offenbar die Exekutivfunktion. Aber wir dürfen die Exekutivfunktion nicht zu einer eigenständigen bereichsallgemeinen Fertigkeit verdinglichen. Viel wahrscheinlicher ist es, dass ein Teil der Beherrschung jeder beliebigen Gesamtheit von Begriffen darin besteht, sie miteinander angemessen in Beziehung zu setzen und zu koordinieren. Dennoch weisen selbst die nichtverbalen Tests der Fertigkeiten kognitiver Selbstregulation seitens der Kinder (die so etwas wie das Beharren trotz Misserfolgen, den Widerstand gegenüber Ablenkungen und die Unterdrückung von nicht mehr effektiven Strategien beinhalten) zwischen dem Alter von drei und sechs Jahren eine bedeutende Zunahme auf. In dem Maße, wie die Kinder das begriffliche Material, das ihre Kultur ihnen anbietet, zu beherrschen lernen, sind sie besser in der Lage, dieses Material zu koordinieren und es aus unterschiedlichen Perspektiven zu beurteilen.

Vernünftig werden

Wir haben das kooperative Denken der Kinder mit Gleichaltrigen, das gerade mit ihrer Erreichung des Schulalters beginnt, als den Eckpfeiler der frühen Denkfähigkeiten charakterisiert. Die Kinder haben ihre Köpfe mit anderen zwar vorher schon eine Zeit lang in Akten gemeinsamer Aufmerksamkeit und sprachlicher Kommunikation zusammengesteckt, aber das war hauptsächlich mit Erwachsenen, die die Dinge in eine bestimmte Richtung lenken konnten, und größtenteils bei konkreten Verhaltensaufgaben. Jetzt jedoch stecken die Kinder ihre Köpfe mit ebenbürtigen Gleichaltrigen zusammen – wobei niemand eine Führungsrolle spielt –, um Überzeugungen, Entscheidungen und sogar Gründe zu beurteilen mit dem Ziel, die beste Art und Weise herauszufinden, wie »wir« über bestimmte Dinge denken oder etwas Bestimmtes tun sollten. Abgesehen vom Eckpfeiler des Vorschuldenkens gibt es immer noch eine Menge an kognitiver Entwicklung nach der Entstehung dieser Fertigkeiten. Kinder im Schulalter erwerben eine gewaltige Menge an Wissen und eine gewaltige Anzahl kulturell spezifischer Fertigkeiten, darunter fortgeschrittene Lese-, Schreib- und Rechenfähigkeiten. Aber mit diesem Wissen und diesen Fertigkeiten wäre wenig gewonnen, wenn die Kinder nicht bereits in der Lage wären, mehrere Perspektiven auf Dinge miteinander zu koordinieren, normbasierte Gründe für ihre Überzeugungen und Entscheidungen anzugeben und mit Gleichaltrigen über die Lösung von Problemen und das Treffen von Entscheidungen kooperativ nachzudenken.

Theoretische Erklärungen

In der modernen Kognitionswissenschaft ist die vorherrschende Metapher für den Prozess des Denkens die Berechnung (*computation*). Wie würden wir eine Maschine bauen – eine Rechenmaschine –, die all die kognitiven Leistungen vollbringen könnte, die wir die Menschen vollbringen sehen? Im gegenwärtigen Zusammenhang könnten wir auch die Frage stellen, wie wir ein komputationales Modell konstruieren könnten, um die kognitiven Leistungen zu vollbringen, die wir Menschenaffen und Menschenkinder vollbringen sehen. Wir könnten dann die komputationale Struktur des menschlichen Denkens mit der des Denkens von Menschenaffen vergleichen und auf diese Weise seine einzigartigen Aspekte identifizieren.

Aber wenn wir jetzt die Frage stellen, warum sich das Denken von Menschen und Menschenaffen genau so und nicht anders unterscheidet, sind komputationsbasierte Theorien hilflos; sie haben keine Ressourcen, um überhaupt nur eine evolutionäre Hypothese zu formulieren. Und dasselbe ließe sich über die Ontogenese sagen. Wir mögen zwar in der Lage sein, eine komputationale Antwort auf die Frage zu geben, wie sich das Denken eines Babys von dem eines Sechsjährigen unterscheidet, aber wir könnten nicht erklären, wie dieser Unterschied zustande kam, es sei denn, wir sagten einfach, er sei in der genetischen Blaupause enthalten und fertig (tatsächlich ist das die bevorzugte Erklärungsstrategie vieler Komputationstheoretiker wie zum Beispiel Fodor [1983]). Aber auch wenn wir die Kritik am starken Nativismus aus einer ontogenetischen Perspektive beiseitelassen, führt uns dieser Erklärungsvorschlag nur zurück zu einer Variante der evolutionären Frage: Wie wurde die genetische Blaupause des Menschen zu dem, was sie ist, sodass sie sich jetzt auf systematische Weisen von der Blaupause anderer Menschenaffen unterscheidet? Wir brauchen etwas mehr als Komputation.

Meiner Überzeugung nach wird jede Antwort auf die fundamentale Frage der Ursprünge des einzigartig menschlichen Denkens sich auf so etwas wie die Evolution und Ontogenese aus dem Blickwinkel der Theorie geteilter Intentionalität im Kontext einer kooperativen sozialen Ökologie berufen müssen. Es gibt Theorien der Evolution der menschlichen Kognition, die sich stattdessen auf die besonders schwierige Ernährungsökologie der Menschen berufen und sich auf die Tatsache konzentrieren, dass die besondere Ökologie der Nahrungssuche der Menschen und ihr Werkzeuggebrauch die entscheidenden Selektionsdrücke dargestellt haben könnten (zum Beispiel Rosati, 2017). Aber Schimpansen haben ebenfalls komplexe Ernährungsökologien und benutzen auch Werkzeuge. Daher würden wir dieser Theorie zufolge nur einen quantitativen Unterschied zwischen den kognitiven Fertigkeiten erwarten, der sich auf so etwas wie räumliche und technische Intelligenz konzentriert. Aber Menschen besitzen auch einige qualitativ verschiedene kognitive Fertigkeiten, wie zum Beispiel die Fähigkeit, subjektive Perspektiven oder Überzeugungen von der objektiven Situation zu unterscheiden; die Fähigkeit zu kommunizieren, indem man andere auffordert, gemeinsam auf Bezugsgegenstände zu achten, indem man dazu konventionelle Mittel verwendet; die Fähigkeit, verallgemeinerbares kulturelles Wissen zu lehren und von einem solchen Unterricht zu profitieren; und die Fähigkeit, kooperativ mit anderen zu denken, indem man die eigenen Gedanken und Überzeugungen gegenüber anderen mit Gründen rechtfertigt. Es ist schwer zu erkennen, wie eine ökologische Theorie den Ursprung dieser grundlegend sozial-kognitiven Prozesse erklären könnte, und zwar ohne auch nur so etwas wie kulturelle Institutionen und moralische Urteile zu berücksichtigen, die durch und durch soziale Phänomene sind.

Und daher habe ich in diesem Kapitel die frühe Ontogenese der einzigartig menschlichen Denkfähigkeiten der Kinder zu beschreiben und zu erklären versucht. Bei jedem Schritt auf diesem Weg bezog sich die Erklärung auf die einzigartig menschliche soziale Kognition in Form von Fertigkeiten entweder gemeinsamer oder kollektiver Intentionalität. Diese Fertigkeiten werden von Kindern

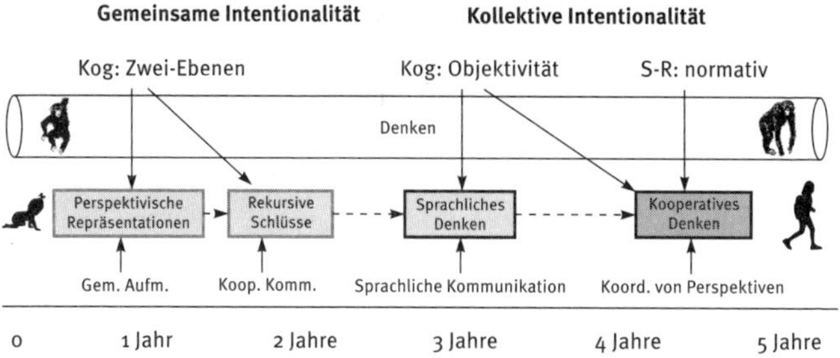

Abbildung 6.2: Die ontogenetische Entstehung der einzigartig menschlichen Fertigkeiten kooperativen Denkens bei Kleinkindern. Abkürzungen: Kog = kognitiv; Koop. Komm. = kooperative Kommunikation; Koord. von Perspektiven = Koordination von Perspektiven; Gem. Aufm. = Tätigkeiten gemeinsamer Aufmerksamkeit; Sprachliche Komm. = sprachliche Kommunikation; S-R = exekutive Selbstregulation.

auf der Grundlage der Reifung ihrer biologisch entwickelten Fähigkeiten aufgebaut, wenn diese in der sozialen Interaktion mit anderen ausgeübt und exekutiv reguliert werden. Wie in Abbildung 6.2 dargestellt, besteht der erste Schritt des einzigartig menschlichen Denkens darin, den kognitiven Repräsentationen von Menschenaffen eine perspektivische Dimension hinzuzufügen (der erste Kasten). Diese Transformation entsteht als Ergebnis der Reifung der Zwei-Ebenen-Struktur gemeinsamer Intentionalität (um den ersten Geburtstag herum) und ermöglicht den Babys, bei Tätigkeiten gemeinsamer Aufmerksamkeit mit anderen zu interagieren, indem sie von ihnen verlangt, die Perspektive ihres Partners einzunehmen. Wenn Kleinkinder beginnen, sich an kooperativer Kommunikation mit anderen zu beteiligen, und zwar hauptsächlich durch die Verwendung der Zeigegeste, erfordert eine effektive Koordination von ihnen, dass sie Perspektiven mit anderen abgleichen und rekursiv denken, indem sie ihre eigenen intentionalen Zustände und die ihrer Partner ineinander einbetten (zum Beispiel »Er *beabsichtigt*, dass ich *X weiß*« – der zweite Kasten). Folglich denken Kinder bereits mit zwei Jahren auf Weisen, die sich qualitativ von denen anderer Affen unterscheiden: Ihre kognitiven Repräsentationen und

Schlüsse sind auf für die Spezies einzigartige Weisen sozial strukturiert.

Ab diesem Punkt findet ein Großteil des einzigartig menschlichen Denkens im Medium der konventionellen Sprache statt (dritter Kasten in Abbildung 6.2). Das hat zwar viele Implikationen, aber zumindest bedeutet es, dass das Denken der Kinder dadurch strukturiert wird, wie ihre Vorfahren in der Kultur ihre Erfahrung symbolisierten, und zwar sowohl im Hinblick auf die Art und Weise, wie einzelne Wörter die Erfahrung aufgliedern und perspektivieren, als auch im Hinblick darauf, wie grammatikalische Konstruktionen die Erfahrung in objektive Propositionen und subjektive propositionale Einstellungen aufteilen, wodurch die Situation oder das Ereignis vom Standpunkt eines der Beteiligten perspektiviert wird. Diese Strukturierung ermöglicht es kleinen Kindern, die Interaktion miteinander im Gespräch und in der Rede zu beginnen, wodurch der Prozess der gemeinsamen Aufmerksamkeit auf geistige Inhalte eingeleitet wird, in dem das Kind und sein Gesprächspartner gemeinsam auf den propositionalen Inhalt von dem achten, was jeder von ihnen zu sagen hat, und ihre individuellen Einstellungen zu dem Gesagten entsprechend zum Ausdruck bringen (O'Madagain und Tomasello, im Erscheinen). Sie koordinieren jetzt Perspektiven nicht auf äußere Dinge und Situationen, sondern auf die jeweils anderen konventionell ausgedrückten Perspektiven. Und im Fall des gemeinsamen Problemlösens gelangen sie zu einer gemeinsamen Bewertung dieser Perspektiven oder Überzeugungen auf der Grundlage geteilter rationaler Normen, was eventuell die »objektive« Perspektive ins Spiel bringt, die sie mittlerweile beide teilen und von der sie wissen, dass sie sie teilen.

Fünf- bis siebenjährige Kinder (letzter Kasten) sind jetzt in der Lage, sich geistig mit ihren gleichaltrigen Partnern zu koordinieren, indem sie mit ihnen bei koordinierten Entscheidungsprozessen und gemeinsamer Problemlösung interagieren. In diesem Zusammenhang bedeutet »geistige Koordination« viele Dinge. Bei einem Koordinationsproblem bedeutet es die rekursive Einbettung von Perspektiven ineinander (Ich erwarte von dir, dass du erwartest, dass ich erwarte, dass ...). Im Fall gemeinsamen Problemlösens wird vieles durch den spezifischen Inhalt des Problems bestimmt; bei einem Erhaltungsproblem müssen die Kinder sehen, dass eine Perspektive auf beispielsweise die Höhe von einer Perspektive auf beispielsweise die Breite ausgeglichen wird. Beim Verstehen von Zahlen bedeutet Koordination, die Anzahl einer Gruppe von Gegenständen als eine bestimmte Größe einer Menge zu verstehen, die gleichzeitig innerhalb einer geordneten Reihe von Mengengrößen liegt. Bei einer Aufgabe zu falschen Überzeugungen bedeutet Koordination die Auflösung der scheinbaren Diskrepanz zwischen dem, wo sich der Meinung einer Person zufolge ein Gegenstand befindet, und dem, wo er sich wirklich befindet. Bei der Aufgabe zu Erscheinung und Wirklichkeit bedeutet Koordination (bei den klassischen Aufgaben) die Abgleichung der visuellen Erscheinung mit der tatsächlichen Funktion. Beim dialogischen Diskurs, bei dem Gründe angegeben werden, sind die Arten von Koordinationen unbegrenzt und hängen wieder von der kausalen und logischen Struktur des jeweiligen Problems ab.

Koordiniertes, kooperatives Denken dieser Art – sowohl wenn das Kind mit einem Gleichaltrigen interagiert als auch wenn es diese Interaktion verinnerlicht und dadurch seine Überzeugungen durch Gründe miteinander verbindet – kann man sich als den Eckpfeiler der kognitiven Entwicklung im Vorschulalter vorstellen. Verinnerlichungsprozesse ermöglichen den Kindern an einem bestimmten Punkt, über ihr eigenes Denken zu reflektieren und es zu bewerten und multiperspektivische Begriffe zu konstruieren, die eine Koordination oder Integration von Perspektiven verlangen. Der Gesamtprozess hängt von all den einzigartig menschlichen kognitiven Entwicklungen ab, die ihm vorangegangen sind: gemeinsame Aufmerksamkeit und Perspektivenübernahme, kooperative und sprachliche Kommunikation und viel kausales und intentionales Wissen, das von der Kultur weitergegeben wird. Diese Fertigkeiten werden dann für die Aufgaben der kooperativen Entscheidungsfindung und für das Problemlösen mit Gleichaltrigen eingesetzt, die nicht kompetenter oder sachkundiger sind als man selbst. Diese Aufgaben erfordern einige beträchtliche Fertigkeiten der exekutiven Selbstregulation und tatsächlich auch einige neue Fertigkeiten der sozialen Selbstregulation. Während Dreijährige ihr Denken bis zu einem bestimmten Grad sozial regulieren, ist der sich selbst regulierende Akteur am Ende der Vorschulzeit enkulturiert und verinnerlicht, sodass das Kind jetzt sein eigenes Denken aus der Perspektive des »wir« als die »objektive« Perspektive der Gruppe koordiniert und bewertet. Die objektive Perspektive der Gruppe ist in ihren Rationalitätsnormen verkörpert, sodass wir jetzt auch von »normativer Selbststeuerung« sprechen können.

Um die konstruktivistische Position noch einmal darzulegen: Wenn ein dreijähriges Kind plötzlich alleine auf einer einsamen Insel stranden würde, würde es mit sechs Jahren offensichtlich keinesfalls eigenständig zu multiperspektivischen Begriffen und reflexiven Bewertungen und normativer Selbststeuerung seines eigenen Denkens gelangen. Sicherlich gibt es Reifungsfähigkeiten, die diese Fertigkeiten ermöglichen, aber es gibt auch einen Entwicklungsprozess, der soziokulturelle Interaktionen beinhaltet. Vygotskij zufolge gibt es zuerst einen interindividuellen sozialen Prozess – der die eine oder andere Form geteilter Intentionalität beinhaltet, die auf die eine oder andere Form geistiger Inhalte fokussiert ist –, und dieser Prozess wird dann verinnerlicht in intraindividuelle kognitive Tätigkeiten, die perspektivische oder gar multiperspektivische Begriffe, rekursive und reflexive Schlüsse und die exekutive Kontrolle von allem durch Prozesse der normativen Selbststeuerung beinhalten.

Implikationen für die Kognition

Sechs- bis siebenjährige Kinder sind, um einen etwas altmodischen Ausdruck zu gebrauchen, in das »Alter der Vernunft« eingetreten. In vielen (gewiss nicht in allen) Situationen denken die Kinder in diesem Alter nicht nur, sondern wissen auch, was sie denken, und sogar, was und wie man von ihnen erwartet, dass sie von einem normativ rationalen Standpunkt aus denken sollen. Das ermöglicht den Kindern dieses Alters zum ersten Mal, ihren Kopf mit einem Gleichaltrigen zusammenzustecken, um Dinge zu erwägen und Probleme so zu lösen, wie es für sie alleine unmöglich wäre. Jetzt sind sie zumindest prinzipiell in der Lage, voll und ganz in den Prozess der gemeinsamen Schaffung neuer Kulturprodukte und -praktiken einzutreten.

Wie ich hier dargelegt habe, ist diese neue Ebene der kognitiven Kompetenz der Gipfelpunkt vieler verschiedener ontogenetischer Stränge. In dem Maße, wie diese Stränge zusammenkommen, um es Kindern zu ermöglichen, sich mit anderen an kooperativem Denken zu beteiligen, wird ihr individuelles Denken sozialisiert oder enkulturiert. Sie operieren mit wechselseitigen Erwartungen, mit Gedanken, die in Gedanken eingebettet sind, mit Gründen dafür, auf eine bestimmte Weise zu denken, mit Perspektiven auf Perspektiven und mit einem »objektiven« oder normativ rationalen Gesichtspunkt. All das mündet in eine Art von miteinander verflochtenem Überzeugungsnetz, in dem verschiedene propositional strukturierte Gedanken im Kontext der rationalen Normen der Gruppe logisch mit anderen verbunden sind. Dieses Netz wird während der dialogischen Interaktionen mit anderen geschaffen, wobei Diskurse eine Rolle spielen, in denen die Perspektiven gewechselt werden, insbesondere beim gemeinsamen Problemlösen, bei koordinierten Entscheidungen und bei der Angabe von Gründen, sowohl für andere als auch für einen selbst.

III
DIE ONTOGENESE DER EINZIGARTIG MENSCHLICHEN SOZIALITÄT

Der gegenseitige Respekt erwächst aus einem Austausch unter Individuen, die einander als Gleiche betrachten. [...] Die dadurch erzeugte Verpflichtung [...] ist ihrem Wesen nach verschieden von der intellektuellen Unterwerfung unter die Autorität [Erwachsener] oder unter aufgezwungene Überzeugungen.

Jean Piaget
»Problems of the Social Psychology of Childhood« (1960)

Der Wechsel zu einem ultrakooperativen Lebensstil transformierte das Wesen menschlicher Sozialbeziehungen im Lauf der Evolution. Während die Sozialbeziehungen von Menschenaffen hauptsächlich auf Konkurrenz und Dominanz mit einem Hauch von Kooperation beruhen, begannen die Frühmenschen mit ihren Kooperationspartnern einen gemeinsamen Akteur »wir« zu bilden, der »dich« und »mich« (perspektivisch bestimmt) umfasste, wobei sich beide aufeinander als gleichermaßen verdienstvolle, sich wechselseitig respektierende, zweitpersonale Akteure beziehen. Später entstanden daraus im größeren Maßstab kooperative Beziehungen, die sich an der Gruppe orientierten, wobei alle eigenen »Landsleute« derselben Kulturgruppe angehörten. An einem bestimmten Punkt in diesem Prozess begannen die Frühmenschen im Unterschied zu den Menschenaffen zu verstehen, dass die anderen sie als Kooperationspartner bewerteten, und tatsächlich begannen sie auch, sich selbst zu bewerten, was zu einem neuen Gefühl moralischer Identität führte, das normativ alle ihre sozialen Entscheidungen selbst regulierte.

Schon früh bereits können Kinder mit anderen einen gemeinsamen Akteur »wir« bilden, dem einzigartig menschliche soziomoralische Motive und Einstellungen zugrunde liegen. So kooperieren zum Beispiel Babys mit anderen auf einfache Weisen. Später, als Dreijährige, gehen sie gemeinsame Verpflichtungen zur Zusammenarbeit ein, für deren Einhaltung sie sich verantwortlich fühlen (während sie darauf vertrauen, dass ihr Partner dasselbe tut). Babys behandeln andere mit Mitgefühl und als Dreijährige mit Respekt, sodass sie sich verpflichtet fühlen, die anderen so zu behandeln, wie sie es verdienen – nämlich fair. Wenn sie nicht fair und mit Respekt behandelt werden, nehmen es die Kinder übel, und sie erheben normativen Protest bei dem Versuch, den Partner zur Rechenschaft zu ziehen. Dreijährige Kinder befolgen außerdem soziale Normen und fühlen sich später berechtigt, diese Normen gegenüber anderen durchzusetzen. Im Alter von sechs Jahren beginnen die Kinder, ihre eigenen Motive und Handlungen an Normen orientiert exekutiv selbst zu regulieren, nämlich als verankert in und gerechtfertigt durch die moralischen Standards der Gruppe, und sie empfinden Schuldgefühle, wenn es ihnen nicht gelingt, dies angemessen zu tun. Vom Standpunkt der Konkurrenz und Dominanz der Menschenaffen bedeuten diese einzigartigen soziomoralischen Motive und Einstellungen (Verpflichtung, Verantwortlichkeit, Vertrauen, Fairness, Respekt, Zurechnungsfähigkeit, Anspruchsberechtigung, Schuldgefühle etc.), dass der Entscheidungen treffende Akteur den Zielen, Werten und Erwartungen anderer Gewicht beimisst und von ihnen normativ erwartet, dass sie dasselbe tun.

Die einzigartigen Motive und Einstellungen geteilter Intentionalität ermöglichen es somit den Menschen, aber nicht den anderen Menschenaffen, sich zueinander auf bestimmte neue Weisen kooperativ oder gar moralisch zu verhalten. Aber diese Motive und Entwicklungen sind nicht plötzlich in vollem Umfang vorhanden. Sie entstehen durch einen zeitlich ausgedehnten Entwicklungsprozess, in dem Reifung, Erfahrung und exekutive Selbstregulation jeweils eine konstitutive Rolle spielen.

7
ZUSAMMENARBEIT

Wie wir gesehen haben, hat die einzigartig menschliche Kognition ihren Ursprung in der Neunmonatsrevolution, ab der die Babys mit anderen bei Tätigkeiten gemeinsamer Intentionalität zu interagieren beginnen. Der Begriff *gemeinsame Aufmerksamkeit* betont die einzigartige kognitive Dimension dieser Tätigkeiten als eine Art »Verzahnung der Geister«, was natürlich die unterschiedlichen Perspektiven der Partner auf ihren Fokus gemeinsamer Aufmerksamkeit beinhaltet. Aber die Tätigkeiten gemeinsamer Intentionalität weisen auch eine einzigartige sozial-motivationale Dimension auf, nämlich als eine Art der »Verzahnung von Zielen oder Absichten«. Die Kinder schaffen zusammen mit einem Partner einen gemeinsamen Akteur »wir«, der ein gemeinsames Ziel verfolgt, was natürlich beinhaltet, dass jeder Partner seine eigene individuelle Rolle zu spielen hat. Während die Gruppenhandlungen von Affen sich immer darum drehen, dass die Individuen ihre individuellen Zwecke in Gruppenkontexten erreichen – sie benutzen einander als soziale Werkzeuge –, entscheiden sich Kinder und ihre Partner in ihren frühen Tätigkeiten gemeinsamer Aufmerksamkeit, etwas gemeinsam zu tun. Bei der Bildung dieser Partnerschaft macht sich jedes Individuum freiwillig vom anderen kooperativ abhängig.

Diese frühen Tätigkeiten gemeinsamer Aufmerksamkeit – zuerst mit Erwachsenen, die die Zusammenarbeit abstützen, und später mit Gleichaltrigen – bringen einige neue Dimensionen sozialer Verbundenheit hervor. Wenn wir als zusammenarbeitende Partner für unseren gemeinsamen Erfolg gleichermaßen notwendig sind und wenn wir die Rollen tauschen und immer noch erfolgreich sein können und wenn wir uns beide an dieselben Kriterien beim Spielen einer Rolle halten, dann müssen wir als Partner irgendwie gleichwertig sein. Diese Anerkennung der Gleichwertigkeit von sich selbst und dem anderen erzeugt gegenseitigen Respekt und ein Gefühl von Gleichheit zwischen den (potenziellen) Partnern bei einer Zusammenarbeit. Wenn es außerdem notwendig ist, meinem Partner erst zu versichern, dass er mir vertrauen kann – und eine ähnliche Versicherung umgekehrt von ihm zu bekommen –, dann können wir beide eine gemeinsame Verpflichtung zur Zusammenarbeit eingehen. In einem einfachen Austausch wie beispielsweise »Lass uns *X* tun«, gefolgt von »Okay«, geloben wir beide öffentlich, unsere Rolle in Übereinstimmung mit den Rollenstandards zu spielen, von denen wir beide in unserem gemeinsamen Hintergrund wissen, dass sie für den gemeinsamen Erfolg notwendig sind; darüber hinaus berechtigen wir den anderen, uns zur Rechenschaft zu ziehen, wenn wir uns nicht an diese Standards halten. Auf diese Weise treten wir in ein Netz aus normativen Beziehungen ein, in dem jeder Partner einer Zusammenarbeit dem anderen gegenüber dafür verantwortlich ist, ihn mit dem angemessenen Respekt zu behandeln, indem er verantwortungsvoll wechselseitig verstandene (und implizit anerkannte) normative Standards einhält.

Dem Vorbild kontraktualistischer Moralphilosophen folgend, lautet unsere Arbeitshypothese also, dass die evolutionären und ontogenetischen Wurzeln der menschlichen Moral in kooperativen Tätigkeiten zum gegenseitigen Nutzen liegen: »Der ursprüngliche Schauplatz der Moral ist keiner, auf dem ich dir etwas antue oder du mir etwas antust, sondern einer, wo wir etwas gemeinsam tun« (Korsgaard, 1996, S. 275). Die Beteiligung an Tätigkeiten gemeinsamer Aufmerksamkeit bringt Individuen hervor, die ihre Partner als Gleiche mit gegenseitigem Respekt behandeln, weil Tätigkeiten gemeinsamer Aufmerksamkeit durch den gemeinsamen Akteur »wir« strukturiert werden, der eine neue Art sozialer Beziehung zwischen »ich« und »du« (perspektivisch bestimmt) als Bestandteilen dieses »wir« erzeugt. Das bedeutet, dass die Beteiligung an Tätigkeiten gemeinsamer Aufmerksamkeit die Bedingungen für das schafft, was Moralphilosophen »zweitpersonale Beziehungen« nennen, die auf Respekt, Verpflichtung Zurechnungsfähigkeit/Verantwortlichkeit und Fairness beruhen (Darwall, 2006). Zweitpersonale Akteure, und nur diese (also zum Beispiel keine geliebten Haustiere oder sechs Monate alte Säuglinge), haben die Voraussetzungen dafür, die Arten von gemeinsamen Verpflichtungen einzugehen, die jeden Partner für das Schicksal des anderen verantwortlich machen. Diese neuen zweitpersonalen Beziehungen bei gemeinsamen Tätigkeiten versetzen die Kinder in den Stand, später in der Ontogenese ein Gefühl für Respekt, Verpflichtungen und Fairness gegenüber allen Mitgliedern der Kulturgruppe oder moralischen Gemeinschaft zu entwickeln (siehe Kapitel 9).

Auch in diesem Fall zeigt sich das Alter von drei Jahren wieder als eine Art Wasserscheide. Obwohl Babys manchmal mit Erwachsenen »zusammenarbeiten« (in einem Sinn, der sich zwischen den Kulturen erheblich unterscheiden kann), beginnen Kleinkinder erst nach dem zweiten Geburtstag, sinnvoll mit Gleichaltrigen zusammenzuarbeiten, sodass sie im Alter von drei Jahren damit anfangen, sie als zweitpersonale Akteure zu verstehen. Nach dem Alter von drei Jahren beginnen die Kinder dann, mit Gleichaltrigen auf einige neue Weisen zusammenzuarbeiten, vor allem dadurch, dass sie gemeinsame Verpflichtungen zur Zusammenarbeit eingehen und protestieren, wenn ihr Partner diese Verpflichtung nicht würdigt. Die Beziehung zwischen Partnern ist nun normativ geworden, jeder fühlt sich verpflichtet, seine Verpflichtung zu beherzigen, indem er verantwortungsvoll seine Rolle spielt und die Kritik seines Partners als legitim akzeptiert, wenn er es nicht tut.

In diesem Kapitel besteht unser Ziel darin, die für die Spezies einzigartigen Weisen zu beschreiben und zu erklären, wie kleine Kinder dazu gelangen, mit anderen – sowohl mit Erwachsenen als auch mit Gleichaltrigen – zum wechselseitigen Nutzen zusammenzuarbeiten, begleitet von den verschiedenen soziomoralischen Gefühlen und Einstellungen, die in einer darwinschen Welt Kooperation dieser Art ermöglichen.

Im Ausgang von Menschenaffen: Parallel zu anderen handeln

Das Sozialleben von Menschenaffen ist am unmittelbarsten und dringlichsten durch die Konkurrenz um Nahrung, Geschlechtspartner und andere Ressourcen strukturiert, was innerhalb der Gruppe eine Dominanzstruktur erzeugt. Menschenaffen arbeiten manchmal zwar auch mit anderen zusammen, aber bezeichnenderweise am häufigsten im Kontext von Konkurrenzzwecken, da sie miteinander Koalitionen bilden, um Kämpfe und andere Dominanzwettbewerbe zu gewinnen. Ihre »Freunde« sind diejenigen, die sie lausen und mit denen sie manchmal auch Nahrung teilen mit dem strategischen Ziel, einen Verbündeten zu pflegen, mit dem sie sich zusammenschließen können, um andere zu besiegen. Wie Mueller und Mitani (2005) gesagt haben: »Konkurrenz ... stellt häufig die treibende Kraft hinter der Kooperation von Schimpansen dar« (S. 278). Schimpansen und andere Affen leben daher ihr Leben eingebettet in mehr oder weniger ständige Konkurrenz: Sie versuchen ständig, andere auszustechen, indem sie sie niederkämpfen, austricksen oder sie ihrer Freunde berauben. Aber über diese Kooperation zum Zwecke der Konkurrenz hinaus ist der interessanteste Kontext für unsere gegenwärtigen Zielsetzungen die Gruppenjagd von Schimpansen, weil diese möglicherweise als eine kooperative Tätigkeit zum wechselseitigen Nutzen angesehen werden könnte.

Die Gruppenjagd von Schimpansen

Wie in den Kapiteln 2 und 6 beschrieben, jagen in vielen, aber nicht in allen Populationen von Schimpansen und Bonobos die Individuen in einer kleinen Gruppe zusammen nach kleinen Affen oder anderen kleinen Säugetieren (die überwältigende Mehrheit von sowohl Feld- als auch experimentellen Daten bezieht sich auf Schimpansen). Da kleine Affen in den Bäumen so schnell und wendig sind, müssen die Menschenaffen diese offenbar einkreisen, um sie zu fangen. Bei der Erstellung seines Handlungsplans berücksichtigt jeder Jäger nicht nur die Handlungen des kleinen Affen, sondern auch die Handlungen und sogar die Absichten der anderen Jäger. Der Prozess ähnelt also dem, der bei sozialen Fleischfressern wie Löwen und Wölfen vorkommt, weist aber vielleicht auch einige Besonderheiten auf.

Experimente haben gezeigt, dass Schimpansen, die mit Problemen der Zusammenarbeit konfrontiert sind, verstehen, dass sie einen Partner brauchen, um erfolgreich zu sein; tatsächlich öffnen sie sogar eine Tür, um einem benötigten Partner zu ermöglichen, sich ihnen bei einer Aufgabe anzuschließen (Melis et al., 2006b). Sie reichen außerdem Werkzeuge an andere Individuen weiter, damit diese eine Handlung vollziehen können, die notwendig dafür ist, dass beide Zugang zu einer Belohnung bekommen (Melis und Tomasello, 2013). Melis et al. (2006b) stellten außerdem fest, dass die Schimpansen nach nur geringer Erfahrung miteinander wussten, welche Individuen gute Partner für sie waren – diejenigen, mit denen sie in der Vergangenheit Erfolg bei der Zusammenarbeit hatten –, und sie wählten diese Partner bevorzugt gegenüber anderen aus. (Es ist jedoch unwahrscheinlich, dass eine derartige Partnerwahl in der Wildnis vorkommt; die Jagd in der Wildnis ist zum größten Teil opportunistisch und wird von zuvor konstituierten Parteien geleistet, die miteinander unterwegs sind. Somit gibt es in der Wildnis keine Partnerwahl und damit auch nur eine geringe Wahrscheinlichkeit dafür, dass Betrüger sozial ausgeschlossen werden.) Aber all diese Beobachtungen stimmen dennoch mit einer Interpretation überein, der zufolge die gemeinsamen Akteure bei den Menschenaffen ihre Partner im Grunde auf raffinierte Weisen als soziale Werkzeuge benutzen. Die Daten, die wir in den folgenden Abschnitten besprechen – nämlich in Form von Studien, die Affen und Kinder bei Aufgaben der Zusammenarbeit miteinander vergleichen –, werden diese Interpretation als die plausibelste erscheinen lassen: Die Gruppenjagd von Schimpansen wird am besten nicht als kooperative Tätigkeit zum gegenseitigen Nutzen betrachtet, wenn wir uns darauf konzentrieren, wie die Schimpansen sie selbst ansehen. Sie handeln parallel, wenn ihre individuellen Motive zufällig übereinstimmen.

So stellt sich die Frage: Wie verhalten sich kollaborierende Schimpansen zueinander? Sowohl in der Wildnis als auch in einigen Experimenten beinhaltet die Entscheidung für Zusammenarbeit zumindest einige Risiken (da es individuelle Alternativen gibt, die stattdessen verfolgt werden könnten). Daher könnte man meinen, dass eine bestimmte Art von Vertrauen zwischen den Partnern erforderlich ist. Meiner Analyse zufolge operieren Schimpansen, die in Gruppen agieren, um sich Nahrung zu beschaffen, mit einer Art von strategischem Vertrauen (Tomasello, 2016). Strategisches Vertrauen ist so etwas, wie wenn man sich auf die Naturgesetze verlässt: Wir vertrauen darauf, dass eine Brücke nicht zusammenbrechen wird, wenn wir sie überqueren, oder dass unser Hund zum Ufer schwimmen wird, wenn er in den See springt. Die Schimpansen und Bonobos, die in Gruppen agieren, um sich Nahrung zu beschaffen, verstehen, dass jeder der anderen versucht, den Affen zu fangen, und sie vertrauen darauf, dass sie das auch weiterhin tun werden. Sie verlassen sich auf die Tatsache, dass die anderen weiterhin ihr Eigeninteresse verfolgen werden (siehe Engelmann et al., 2015). Der entscheidende Punkt ist also: Obwohl die Zusammenarbeit von Schimpansen oberflächliche Ähnlichkeit mit der menschlichen Variante zu haben scheint, besteht sie in Wirklichkeit – im Sinne der beteiligten psychologischen Prozesse – weniger in einer mutualistischen Zusammenarbeit, sondern hat mehr damit zu tun, dass die Individuen sich wechselseitig benutzen, um ihre individuellen Ziele zu erreichen. Insgesamt können wir – von ein paar Ausnahmen vielleicht abgesehen – sagen, dass Schimpansen einander hauptsächlich instrumentell betrachten: als soziale Hindernisse bei der Konkurrenz, als soziale Instrumente bei der Zusammenarbeit.

Wir wissen wenig oder gar nichts über das Alter, in dem Schimpansen anfangen, mit anderen bei komplexen Aufgaben wie der Gruppenjagd zusammenzuarbeiten. In der Wildnis dominieren die Erwachsenen die Gruppenjagd, und es dauert einige Zeit, bis die Jungtiere ins Spiel kommen. In Experimenten wurden selten Schimpansen getestet, die jünger als vier Jahre alt waren, weil die Grundanforderungen der Kollaborationsaufgaben so anspruchsvoll waren. Wie in Kapitel 6 angemerkt, sind die beiden Ausnahmen zwei Studien, in denen junge Schimpansen mit einem relativ einfachen Problem konfrontiert wurden, bei dem sie gleichzeitig mit einem Gleichaltrigen an zwei Seilen ziehen mussten (Crawford, 1937; Hirata, 2007). In diesen Studien scheiterten Jungtiere von etwa drei bis sieben Jahren vollständig, wenn sie auf sich allein gestellt waren, und mussten von Menschen trainiert werden. Schimpansen scheinen somit bis zum Jugendalter nicht in der Lage zu sein, effektiv mit einem Gleichaltrigen zusammenzuarbeiten, nicht einmal bei ziemlich einfachen Problemen.

Menschenkinder

Menschliche Kleinkinder besitzen eindeutig nicht die kognitiven Fähigkeiten, um strategisch auf die komplexe Weise in Gruppen zu agieren, wie es erwachsene Schimpansen tun. Aber sie beginnen schon früh in der Entwicklung, auf einfache, aber einzigartige Weisen zusammenzuarbeiten; tatsächlich tun sie das in einem früheren Alter als Schimpansen. In Kapitel 6 haben wir uns angesehen, wie Kleinkinder mit einem Gleichaltrigen zusammenarbeiten, um ein einfaches Problem zu lösen, und der Befund war, dass sie das effektiv und durchgängig ab etwa einem Alter von zwei bis drei Jahren tun. Das steht im Gegensatz zu den Schimpansenjungen, die bis zum Alter von sieben Jahren getestet wurden (wie zuvor erwähnt) und alle daran scheiterten, sich mit einem gleichaltrigen Partner zu koordinieren, um ein Problem zu lösen. Somit haben wir abermals menschliche Fähigkeiten und Fertigkeiten – in diesem Fall für die Zusammenarbeit mit Gleichaltrigen –, die um mehrere Jahre früher in der Ontogenese des Menschen als in der Ontogenese von Menschenaffen zu entstehen scheinen.

Zusammenarbeit auf zwei Ebenen

Wenn Schimpansen einen kleinen Affen einkreisen und fangen, operieren die Individuen in dem, was wir Tuomela (2007) zufolge als »Gruppenverhalten im Ich-Modus« bezeichnet haben: Sie benutzen einander als soziale Werkzeuge. Wenn ein- bis dreijährige

Babys und Kleinkinder kooperativ mit einem Erwachsenen interagieren, tun sie etwas ganz anderes. Sie agieren als gemeinsamer Akteur auf ein gemeinsames Ziel hin, was in diesem Zusammenhang bedeutet, dass jeder von ihnen seine individuelle Rolle hat. Da das Kleinkind und der Erwachsene jeweils die Perspektive des anderen einnehmen und die Rollen tauschen können, wenn es nötig ist, entsteht eine neue soziale Beziehung. »Ich« verhalte mich zu »dir«, wobei diese Bezeichnungen in einem deiktischen Sinn gemeint sind – das heißt davon abhängen, welche Perspektive eingenommen wird. Die wechselseitig definierte Ich-Du-Beziehung ist die Grundlage für so genannte zweitpersonale soziale Beziehungen, die zwei zweitpersonale Akteure umfassen, die sich als Gleiche mit gegenseitigem Respekt kooperativ zueinander verhalten.

Ein- und zweijährige Kleinkinder sind noch keine zweitpersonalen Akteure, und sie nehmen andere auch nicht so wahr oder behandeln sie als solche. Aber sie arbeiten daran. Ein- und zweijährige Kleinkinder sind im Begriff, mit den erwachsenen Partnern ein Gefühl des Ich-Du-Wir zu bilden, ein Gefühl, dass andere Individuen gleichermaßen verdienstvolle Kooperationspartner sind (die mich genauso betrachten). Im Alter von drei bis sechs Jahren haben die Kinder den Prozess zum großen Teil abgeschlossen. Sie beziehen sich auf gleichaltrige Kooperationspartner als zweitpersonale Akteure, mit denen man normativ bindende gemeinsame Verpflichtungen eingehen und gegenüber denen man im Fall einer Verletzung dieser Verpflichtungen normativen Protest erheben kann.

Ein »Wir«-Gefühl

Es ist eine grundlegende Tatsache, dass Menschenkinder stärker als Menschenaffen motiviert sind, bei kooperativen Tätigkeiten mit anderen zu interagieren. Melis et al. (2006b) stellten fest, dass Schimpansen zwar regelmäßig eine Tür für einen benötigten Kooperationspartner öffneten; war aber kein Partner notwendig (weil das Futter von dem Versuchstier allein geholt werden konnte), öffneten sie fast nie die Tür; sie kooperierten nur, wenn sie durch instrumentelle Erwägungen dazu gezwungen waren. In einem ausdrücklich vergleichenden Experiment gaben Rekers et al. (2011) Schimpansen und Menschenkindern die Möglichkeit, Nahrung für sich selbst zu bekommen, indem sie an dem Seil alleine zogen, oder für sich selbst und einen ebenbürtigen Partner, indem sie gemeinsam mit diesem Partner zogen (die Belohnungen für den Versuchsteilnehmer und den Partner waren in beiden Fällen dieselben). Während die Schimpansen diesen Wahlmöglichkeiten gleichgültig gegenüberstanden (weil die Nahrung in beiden Fällen dieselbe war), bevorzugten sechsunddreißig Monate alte Kinder viel häufiger die Kooperationsoption gegenüber der Solooption. Als Bullinger et al. (2011a) die Nahrungsmenge für die Kooperationsoption verdoppelten, wählten die Schimpansen diese Option fast immer und bestätigten dadurch, dass ihre einzige Motivation tatsächlich die Nahrung war.

In einem anderen Vergleichsexperiment testeten Warneken et al. (2006) sowohl junge, von Menschen aufgezogene Schimpansen als auch achtzehn Monate alte menschliche Babys bei einer Reihe von vier Kooperationsaufgaben (zu einer ähnlichen Studie mit vierzehn Monate alten Babys siehe Warneken und Tomasello, 2007). Zwei der Aufgaben hatten eine instrumentelle Zielrichtung, zwei waren einfach Kooperationsspiele. Während die Schimpansen sich nur an den instrumentellen Aufgaben beteiligten, nahmen die Kinder beide Aufgabentypen mit gleicher Begeisterung in Angriff. Außerdem versuchten die Kinder häufig, die Tätigkeit – unabhängig davon, ob sie instrumentell oder ein Spiel war – nach ihrem Abschluss noch einmal auszuführen, und zwar einfach nur aus Spaß, wohingegen die Schimpansen das nie taten. Es ist auch bemerkenswert, dass Kinder so stark auf ein Kooperationsmotiv bei anderen vertrauen, dass sie sich mit fast jedem Erwachsenen, sei er nun vertraut oder neu, an einer Kooperation beteiligen (was in vielen Versuchen nachgewiesen wurde), außerdem lässt der bloße Gedanke, dass sie kooperieren (wenn man ihnen vormacht, dass sie es tatsächlich tun), die Kinder sich bei einer Aufgabe mehr anstrengen und länger dranbleiben (Butler und Walton, 2013). Um Schimpansen dazu zu bewegen, bei Experimenten miteinander zu kooperieren, ist es im Gegensatz dazu notwendig, eine Vorauswahl solcher Partner zu treffen, die einander im Allgemeinen tolerieren und die Aggressionen auf engem Raum aktiv vermeiden (Melis et al., 2006c).

Aber über die einfache Bevorzugung kooperativer Interaktionen hinaus kooperieren kleine Kinder mit anderen auch auf einige qualitativ einzigartige Weisen. Vor allem bilden sie mit dem anderen einen gemeinsamen Akteur »wir«, um ein gemeinsames Ziel zu verfolgen, und die Aufrechterhaltung dieses »wir« ist Teil ihrer anhaltenden Motivation. Als die achtzehn Monate alten Kinder in der Untersuchung von Warneken et al. (2006) mit einem Erwachsenen kooperierten und der Erwachsene einfach mit der Interaktion aufhörte (was experimentell gesteuert wurde), unternahmen sie aktive Versuche, um ihn wieder zur Zusammenarbeit zu bewegen, indem sie ihm winkten und Zeigegesten machten. Im Gegensatz dazu versuchten die von Menschen aufgezogenen Schimpansen nie – kein einziges Mal –, ihren Partner wieder zur Zusammenarbeit zu bewegen; stattdessen bemühten sie sich, das Problem alleine zu lösen. Eine Möglichkeit ist, dass die Kinder, aber nicht die Schimpansen, mit ihrem Partner einen gemeinsamen »Wir«-Akteur geschaffen hatten, dessen Auseinanderfallen sie wiedergutzumachen versuchten.

Diese Interpretation wird von drei anderen Ergebnissen gestützt. Erstens versuchten die Kinder in den sozialen Spielen (die die Schimpansen größtenteils ignorierten), ihren widerspenstigen Partner genauso häufig wieder zur Zusammenarbeit zu bewegen wie bei den instrumentellen Aufgaben. Ihre Versuche zielten nicht auf die Reaktivierung eines sozialen Werkzeugs in Richtung auf ein instrumentelles Ziel ab, sondern auf die Wiederherstellung der kooperativen Beteiligung. Zweitens stellten Warneken et al. (2012) in einer Folgeuntersuchung fest, dass vierundzwanzig Monate alte Kleinkinder geduldig auf die Rückkehr des Erwachsenen warteten, wenn es einen Grund dafür gab, dass er mit seiner Tätigkeit aufhörte (weil er beispielsweise weggerufen wurde). Wenn der Erwachsene dagegen aus keinem erkennbaren Grund mit der Kooperation aufhörte, setzten die Kleinkinder ihre Versuche fort, ihn wieder zur Kooperation zu bewegen. Die Kleinkinder reagierten also auf den intentionalen Zustand des Erwachsenen: Wenn er weggerufen wurde, hatte er wahrscheinlich das gemeinsame Ziel im Auge behalten; wenn er grundlos aufhörte, hatte er es wahrscheinlich aus den Augen verloren. Und drittens versuchten die Kleinkinder im selben Experiment, ihren Partner auch dann wieder zur Zusammenarbeit zu bewegen, wenn die Tätigkeit eine solche war, von der sie wussten, dass sie sie auch alleine erfolgreich bewältigen konnten. Auch hier wieder sahen die Kleinkinder ihren Partner als mehr denn ein soziales Werkzeug an; sie warteten auf ihn oder versuchten, ihn wieder zur Zusammenarbeit zu bewegen, und zwar nicht, um seine Hilfe beim Erreichen eines instrumentellen Ziels sicherzustellen, sondern, um ihr verloren gegangenes »wir« wiederherzustellen.

Die Art der Kommunikationsakte, die die Kinder verwendeten, um ihren Partner bei beiden Experimenten von Warneken et al. wieder zur Zusammenarbeit zu bewegen, ist ebenfalls bezeichnend. Die Kleinkinder *verlangten* nicht, dass der Erwachsene zur gemeinsamen Tätigkeit zurückkehren sollte – in welchem Fall sie gewimmert oder eindringlich vokalisiert hätten –, sondern sie *luden* den Erwachsenen *ein*, zu der Tätigkeit zurückzukehren, indem sie so dezente Dinge taten wie winken oder mit dem Finger zeigen. Wie in Kapitel 4 erwähnt, sind Aufforderungen von dieser Art grundsätzlich kooperativ, insofern sie anerkennen, dass der Empfänger in der Angelegenheit Entscheidungsfreiheit hat; sie legen lediglich eine Wahlmöglichkeit nahe oder bieten eine solche an. Tatsächlich wäre der Versuch, eine Wiederbeteiligung zu erzwingen, auch mit dem Ziel unvereinbar, ihr wechselseitig kooperatives »wir« wiederherzustellen.

»Ich« und »du«

Wenn kleine Kinder mit anderen kooperativ als ein »wir« interagieren, fangen sie an, sie anders zu verstehen und sich zu ihnen zu verhalten. Vor allem impliziert die Zusammenarbeit ein gewisses Maß an Gleichheit zwischen den Partnern. Wenn ich Sie zwinge, dann handelt es sich nicht um Zusammenarbeit, sondern um Beherrschung oder Versklavung. Wenn ich vorgebe, mich voll zu beteiligen, aber in Wirklichkeit Sie die ganze Arbeit tun lasse, dann handelt es sich nicht um Zusammenarbeit, sondern um Ausbeutung. Zusammenarbeit bedeutet nicht, dass man genau dieselbe Arbeit oder denselben Betrag an Arbeit leistet; Zusammenarbeit bedeutet, dass man *ceteris paribus* auf einer mehr oder weniger gleichen Basis zusammenarbeitet. In dem Maße, wie sie bei ihren täglichen Aktivitäten und Spielen mit anderen zusammenarbeiten, gelangen ein- und zweijährige Kleinkinder allmählich dazu, diese Gleichheit in der Situation anzuerkennen, und tatsächlich gelangen sie auch dazu, andere im Allgemeinen als gleichwertig mit sich selbst anzuerkennen.

Es gibt drei Aspekte der sich entwickelnden kooperativen Interaktionen von Kindern, die ein Verständnis der Äquivalenz von sich selbst und anderen fördern. Der erste ist die Tatsache, dass bei einer interdependenten Zusammenarbeit beide Partner notwendige handelnde Kräfte für die Hervorbringung des gemeinsam erwünschten Ergebnisses sind – und jeder der beiden den Prozess leicht zum Entgleisen bringen könnte. So beginnen Kleinkinder während der Zeit zwischen ein und drei Jahren zu erkennen, dass sie nicht nur ihren Kooperationspartner zum Erfolg brauchen (was auch Schimpansen bereits erkennen), sondern dass ihr Partner sie ebenfalls braucht. Dadurch wird ein asymmetrisches Verständnis des Prozesses im Sinne eines sozialen Werkzeugs in etwas Symmetrischeres und Gegenseitigeres verwandelt. Meines Wissens gibt es zwar keine unmittelbar relevanten Untersuchungen, um das Verständnis dieser Symmetrie seitens der Kleinkinder nachzuweisen. Aber mehrere Kinder in der Studie von Warneken et al. (2006) neckten den Erwachsenen bei mehreren Gelegenheiten, indem sie seine Rolle zu spielen begannen und sich dann zurückzogen und neckisch lächelten oder lachten; sie schienen das Bedürfnis ihres Partners nach ihrer Mitarbeit zu verstehen. Bei Schimpansen wurde so etwas noch nie beobachtet. Die Pointe ist daher, dass kleine Kinder, wenn sie zusammenzuarbeiten lernen, damit beginnen, Kooperationspartner im Allgemeinen als Akteure mit gleicher kausaler und agentieller Kraft zu betrachten, sich selbst eingeschlossen.

Der zweite Aspekt früher kooperativer Interaktionen, die ein Verständnis der Äquivalenz von sich selbst und anderen fördern, ist das wachsende Verständnis der Kinder dafür, dass die Rollen bei einer Tätigkeit gemeinsamer Aufmerksamkeit reversibel sind – tatsächlich sind sie unabhängig von den Akteuren. Im Prinzip könnte jeder Partner die eine oder die andere Rolle spielen; sie sind austauschbar. So fanden Carpenter et al. (2005), wie in Kapitel 5 erwähnt, dass, wenn ein Erwachsener auf den Arm eines achtzehn Monate alten Babys klopfte, das Baby ziemlich oft dadurch reagierte, dass es im Gegenzug auf den Arm des Erwachsenen klopfte (und nicht auf seinen eigenen Arm, was ein genaues Kopieren der Handlung wäre); sie tauschten ihre Rollen. Wenn der Erwachsene in einem ähnlichen Sinne ein Tablett hochhielt, auf das das Kind ein Spielzeug legen konnte, hielt recht häufig ein paar Augenblicke später das Kleinkind das Tablett für den Erwachsenen hoch und schaute ihn erwartungsvoll an – auch hier tauschten sie die Rollen, in diesem Fall mit Bezug auf vermittelnde Gegenstände. Als Tomasello und Carpenter (2005a) jungen, von Menschen aufgezogenen Schimpansen ähnliche Aufgaben vorlegten, tauschten sie die Rollen nicht auf dieselbe Weise. Die kognitive Grundlage für diesen Rollentausch ist die Fähigkeit kleiner Kinder, die Rolle und die Perspektiven des Partners während der Zusammenarbeit zu simulieren (Fletcher et al., 2012). Kleine Kinder zwischen einem und drei Jahren gelangen allmählich dazu, eine Vogelperspektive auf die kooperative Interaktion einzunehmen, bei der die Rollen zwischen den Partnern austauschbar sind; somit sind die Partner in dem Prozess in einem direkten Sinne gleichwertig.

Drittens: Wenn Kleinkinder sich wiederholt mit einem Partner an einer bestimmten kooperativen Tätigkeit beteiligen, die durch gemeinsame Intentionalität strukturiert wird – wie sie es gewohnt sind –, bilden sie mit diesem Partner ein auf einen gemeinsamen Hintergrund bezogenes Verständnis der idealen Art und Weise aus, wie jede Rolle für den gemeinsamen Erfolg gespielt werden muss. Das heißt, wenn sie eine vertraute gemeinsame Tätigkeit beginnen, bilden das Kind und sein Partner implizit Unterziele anhand ihrer gemeinsamen vergangenen Erfahrung für jeden der beiden aus, die ideale Art und Weise, wie »wir« wollen, dass »ich« meine Rolle spiele und »du« deine Rolle spielst. Bauen wir beispielsweise zusammen einen Turm, dann wissen wir beide in unserem persönlichen gemeinsamen Hintergrund, dass du mir die Klötze reichen und die Unterlage festhalten musst, während ich die Klötze aufeinanderstaple (oder vielleicht umgekehrt). So kooperierten beispielsweise in einer Untersuchung achtzehn Monate alte Kinder mit einer Puppe dabei, Klötze auf eine bestimmte Weise in Kisten zu legen; als später eine andere Puppe dazukam und die Klötze auf eine andere Weise hineinlegte, griffen die Kleinkinder ein, um ihr dabei zu helfen, ihre Rolle richtig zu spielen (Schmidt et al., im Erscheinen). Diese wechselseitig verstandenen Rollenideale, wie wir sie nennen könnten, sind somit unparteiisch in dem Sinne, dass sie für jeden gelten, der eine bestimmte Rolle spielt: ob es meine Mutter ist, ein Gleichaltriger oder eine Puppe – um einen Turm aus Klötzen zu bauen, muss der eine *X* tun, und der andere muss *Y* tun. Unparteilichkeit bei der Anwendung von Rollenidealen bei kooperativen Tätigkeiten setzt Partner von gleichem Status voraus. Plausiblerweise sind Rollenideale bei kooperativen Tätigkeiten Vorläufer der allgemeineren normativen Standards der Kulturgruppe insgesamt, die das Leben älterer Kinder so gründlich strukturiert.

Folgendes ist also die Behauptung: Die Teilnahme an Kooperationen gemeinsamer Aufmerksamkeit führt kleine Kinder dazu, dass sie die anderen als in einem bestimmten Sinne äquivalent oder gleich im Verhältnis zu sich selbst verstehen. »Du und ich« repräsentiert die *Beziehung* gleichrangiger Partner. Die Auswirkungen dieser Art der Sicht der Dinge auf die zwischenmenschlichen Beziehungen sind höchst bedeutsam. Nagel (1970) argumentiert, dass die Anerkennung anderer als Akteure oder Personen, die äquivalent zu der eigenen Person sind – sodass das Selbst einfach nur als ein Akteur oder eine Person unter vielen betrachtet wird –, einen Grund dafür liefert, die Anliegen der anderen als äquivalent zu den eigenen zu betrachten; diese Anerkennung ist somit die kognitive Grundlage für einen Sinn für Fairness. Nagel beschreibt die Vogelperspektive und die Reversibilität von Rollen folgendermaßen: »Du betrachtest die gegenwärtige Situation als ein Beispiel eines allgemeineren Musters, in dem die Rollen getauscht werden können« (S. 83). Seine Beschreibung des elementarsten moralischen Arguments, das ein Opfer gegenüber einem Täter geltend machen kann, lautet: »Wie würde es dir gefallen, wenn jemand dir das antun würde?« (S. 82) – wenn also die Rollen umgekehrt werden würden. Der Grund, weshalb Menschenaffen andere nicht »fair« behandeln (siehe Kapitel 8), besteht meiner Ansicht nach also darin, dass sie sich nicht an Kooperationen gemeinsamer Aufmerksamkeit beteiligen, weshalb sie kein »wir« ausbilden, das »mich« und »dich« umfasst, und sie tauschen keine Rollen und verstehen auch keine unparteiischen Rollenideale. Infolgedessen bilden sie auch keinen Sinn für die Äquivalenz von sich selbst und anderen mit einem Partner aus.

Zweitpersonales Handeln und gegenseitiger Respekt

In Begriffen der Ontogenese lautet die Behauptung, dass das Verständnis der Äquivalenz von sich selbst und anderen seitens kleiner Kinder durch ihre Beteiligung an Tätigkeiten gemeinsamer Aufmerksamkeit entsteht, und zwar hauptsächlich während dieser frühen Periode zwischen einem und drei Jahren. Es ist jedoch von Bedeutung, dass die Anerkennung der Äquivalenz zwischen sich selbst und anderen nicht an sich eine moralische Motivation oder Handlung ist; sie ist einfach nur die Anerkennung einer unausweichlichen Tatsache, die die Verfassung des Menschen charakterisiert. Wir könnten diese Einsicht beim tatsächlichen Treffen von Entscheidungen auf der Verhaltensebene ignorieren, und tatsächlich könnten wir sogar den Wunsch hegen, dass sie nicht wahr sei. Das spielt keine Rolle – eine Tatsache ist eine Tatsache. Die Anerkennung der Äquivalenz von Selbst und Anderem ist daher in keiner Weise hinreichend dafür, eine faire oder gerechte Entscheidung in den eigenen zwischenmenschlichen Beziehungen zu anderen zu treffen; sie ist einfach nur die Struktur der Art und Weise, wie Menschen die soziale Welt verstehen, in der sie leben.

Aber das Verständnis der Äquivalenz von Selbst und Anderem ist eine entscheidende kognitive Komponente, die die für die Spezies einzigartigen Formen soziomoralischer Interaktion mit anderen strukturiert – und das hat entscheidende Auswirkungen auf moralische Entscheidungen. Am grundlegendsten ist die Tatsache, dass ein Verständnis der Äquivalenz von Selbst und Anderem eine notwendige Vorbedingung dafür ist, dass Individuen einander den Status von zweitpersonalen Akteuren verleihen. Damit Personen sich als zweitpersonale Akteure zueinander verhalten können, müssen sie eine grundsätzlich kooperative Beziehung zueinander haben und einander zumindest im laufenden Interaktionskontext als Gleiche respektieren. Zwei Männer in einem Faustkampf interagieren nicht zweitpersonal miteinander, während zwei Männer in einem Boxkampf – bei dem sie sich mit bestimmten Kooperationsregeln einverstanden erklären und damit, einander mit Respekt zu behandeln – genau das tun. Ich habe argumentiert, dass zweitpersonale Beziehungen in der Evolution des Menschen als integraler Bestandteil von Kooperationen gemeinsamer Aufmerksamkeit entstanden sind: Individuen, die einen gemeinsamen Akteur »wir« ausbilden, handeln *ipso facto* in einem kooperativen Geist und respektieren ihren Partner als äquivalent zu sich selbst (Tomasello, 2016). Ontogenetisch gesehen, bilden Kinder, wie wir gerade festgestellt haben, einen Sinn für die Äquivalenz von Selbst und Anderem bei ihren kooperativen Interaktionen mit anderen in der Altersphase zwischen einem und drei Jahren aus, was es ihnen ermöglicht, andere als zweitpersonale Akteure zu behandeln.

Aufgrund dieser Äquivalenz sind zweitpersonale Akteure dazu berechtigt, normative Ansprüche mit Bezug auf ihren Partner zu haben – du musst deine Rolle spielen, wie du es auch unserem gemeinsamen Wissen zufolge tun solltest –, und sind gleichzeitig verpflichtet, auf die normativen Ansprüche, die ihr Partner ihnen gegenüber hat, zu reagieren. Zweitpersonale Akteure verstehen und respektieren, dass ein Versprechen oder eine Verbindlichkeit auf Seiten des Versprechenden eine Verpflichtung erzeugt, das zu tun, was er versprochen hat. Der, dem etwas versprochen wurde, ist nun seinerseits berechtigt, vom Versprechenden zu erwarten, dass er das tut, was er versprach oder worauf er sich verpflichtete, und infolgedessen ist er auch berechtigt, legitimen Protest zu erheben, wenn der Versprechende das nicht tut. Der Versprechende wird damit einverstanden sein, dass der Protest legitim ist, weil er damit einverstanden ist, dass er die Übereinkunft verletzt hat, auf die sich der Partner verlassen hat. All das setzt eine Einstellung des gegenseitigen Respekts voraus. Zweitpersonale Akteure erkennen folglich einander insofern in dem Sinne an, dass sie die erforderliche Kompetenz und das Wissen haben, um beispielsweise in eine Beziehung des Versprechens einzutreten, und sie erkennen einander in dieser Hinsicht als gleich an; jeder der beiden könnte der Versprechende oder der sein, dem das Versprechen gegeben wurde, und die normativen Implikationen wären in jedem Fall dieselben. Zweitpersonale Akteure – die offenbar keine anderen Tierspezies oder junge menschliche Babys umfassen würden – respektieren nicht einfach nur die Macht des anderen Individuums (so wie ein Kind die Größe und Stärke eines Rüpels respektieren könnte), sondern zollen ihm »Anerkennungsrespekt« (Darwall, 1977), was bedeutet, dass sie es als ein Individuum mit der Kompetenz und dem Status anerkennen, in zweitpersonale Interaktionen und Beziehungen einzutreten.

Ein- bis dreijährige Kleinkinder sind noch keine zweitpersonalen Akteure in diesem Sinne und sie sind auch nicht fähig, andere als solche anzuerkennen. Aber sie befinden sich schon auf dem Weg dazu. Im Alter von drei Jahren erkennen kleine Kinder bereits an, dass andere kooperative Akteure sind, mit denen man ein »wir« ausbilden und eine ebenbürtige Partnerschaft aus »ich« und »du« schaffen kann. Diese Partnerschaft ist zweitpersonal in dem Sinne, dass sie eine Art von gegenseitigem Respekt für den Kooperationspartner als gleichwertig zum Selbst beinhaltet. Es fehlt jedoch die normative Dimension, die ein Verständnis dessen umfasst, wie zweitpersonale Akteure einander behandeln und erwarten sollten, vom jeweils anderen behandelt zu werden. Dieses Verständnis wird erst nach dem Alter von drei Jahren auftreten, wenn die Kinder erstmals in der Lage sind, mit einem Partner eine gemeinsame Verpflichtung einzugehen, wie wir im kommenden Abschnitt sehen werden. Tatsächlich wird diese gemeinsame Verpflichtung zu Beginn mehr oder weniger implizit sein. Die normative Dimension wird in den folgenden Jahren immer ausgefeilter und expliziter werden und immer empfänglicher für kulturspezifische Normen sein.

Individuelle und kulturelle Variation

Es hat nur wenige Untersuchungen der Kooperationsfertigkeiten und Motivationen von Kindern mit einer Autismus-Spektrum-Störung gegeben, obwohl Forscher bei dieser Gruppe über eine verringerte Motivation zur Interaktion mit Gleichaltrigen und zum Spiel im Allgemeinen berichtet haben. Darüber hinaus war die Fähigkeit autistischer Vorschulkinder, als sie in der einzigen experimentellen Untersuchung dazu veranlasst wurden, mit einem erwachsenen Partner (bei den vier Aufgaben von Warneken et al., 2006) zusammenzuarbeiten, relativ zur Fähigkeit von Kindern der Kontrollgruppe, die sich auf typische Weise entwickelten, reduziert, und sie versuchten weniger häufig, einen widerspenstigen Partner zur Wiederaufnahme der gemeinsamen Tätigkeit zu bewegen (Liebal et al., 2008). Daher gibt es trotz spärlicher Daten Gründe für die Vermutung, dass Autismus eine beträchtliche Wirkung auf die kooperativen Fertigkeiten und Motivationen von Kindern hat, was auf eine bedeutende Reifungskomponente hinweist.

Es gibt ebenfalls nur wenige transkulturelle Untersuchungen der Kooperationsfertigkeiten und -motive von Säuglingen und Kleinkindern. Callaghan et al. (2011) ließen zwanzig bis fünfundzwanzig Monate alte Kleinkinder aus drei ganz verschiedenen kulturellen Kontexten (zwei davon waren kleingesellschaftlich und analphabetisch) mit einem Erwachsenen bei mehreren der Kooperationsaufgaben von Warneken et al. (2006) interagieren. Wenn der Erwachsene seine Interaktion grundlos beendete, versuchten die Babys aus allen drei Kulturen, den widerspenstigen Partner grundsätzlich auf dieselbe Weise, mit derselben Häufigkeit und im selben Alter wieder zur Interaktion zu bewegen. Schäfer et al. (in Vorbereitung) stellten auch grundsätzliche Ähnlichkeiten bei fünf- bis achtjährigen Kindern aus zwei verschiedenen kulturellen Kontexten (einer davon war eine Kulturgruppe von Jägern und Sammlern der Baka-Pygmäen) im Hinblick darauf fest, wie sie eine Vorrichtung gemeinsam bedienten, um wechselseitige Belohnungen zu erhalten (obwohl die beiden Gruppen die Belohnungen unterschiedlich aufteilten).

Dennoch ist die Beobachtung unter Ethnographen weit verbreitet, dass kleine Kinder in vielen kleingesellschaftlichen Kulturen viel mehr Zeit in Gruppen von Gleichgestellten verbringen, die häufig unterschiedlichen Alters sind, als Kinder aus westlichen Industriegesellschaften. Als eine mögliche Wirkung dieser anderen Form der Interaktion und Sozialisation zwischen Gleichgestellten fanden Mejia-Arauz et al. (2007), dass Dreiergruppen von Kindern im Schulalter aus unterschiedlichen kulturellen Hintergründen (mexikanische Mayas und europäische Amerikaner) bei einer Bauaufgabe unterschiedlich zusammenarbeiteten. Insbesondere arbeiteten die Maya-Kinder viel häufiger als Dreiergruppe zusammen als die amerikanischen Kinder, die häufiger als Individuen oder in Zweiergruppen agierten. Wir wissen zwar nicht, ob es Unterschiede zwischen Kindern aus diesen verschiedenen Kulturen in den Vorschuljahren gibt, aber man kann sich vorstellen, dass häufigere unbeaufsichtigte Interaktionen unter Gleichaltrigen im frühen Alter zu verbesserten kooperativen Fertigkeiten und Motivationen bei Kindern im Schulalter führen könnten. In dieser Hinsicht stellten Endedijk et al. (2015) fest, dass holländische Vorschulkinder, die zu früheren Zeiten in ihrem Leben mehr Erfahrung mit Gleichaltrigen hatten, bei einer Fülle von Kooperationsaufgaben mit Gleichaltrigen geschickter zusammenarbeiteten.

Ein verwandter Punkt ist, dass es in westlichen Industriekulturen viel mehr Zusammenarbeit zwischen Kleinkindern und Erwachsenen als in den meisten traditionellen Kulturen gibt – insbesondere beim Spielen, wo die Erwachsenen in diesen Kulturen sich auf den Boden knien und mit den Kindern auf eine Weise spielen, wie es Erwachsene in vielen traditionellen Kulturen nicht tun (Gaskins, 2006). Erwachsene sind zwar eindeutig keine »gleichen« Partner, aber im Kontext der kooperativen Tätigkeit agieren sie als Gleiche. Das heißt, wenn es darum geht, einen Ball vor und zurück rollen zu lassen, sind die Partner mit Bezug auf das Spiel – wenn auch nicht in anderen Hinsichten – gleichberechtigt, weshalb es sich immerhin um eine Art ebenbürtiger Partnerschaft in einem speziellen Kontext handelt. Eine interessante Frage für die künftige Forschung besteht darin, ob die Unterstützung der Zusammenarbeit mit kleinen Kindern bei den westlichen Erwachsenen – auch wenn sie außerhalb der Zusammenarbeit keine ebenbürtigen Partner sind – die Entwicklung kooperativer Fertigkeiten und Motive seitens der Kinder mehr oder weniger begünstigt als ausgedehnte Interaktionen zwischen gleichaltrigen, ebenbürtigen Partnern, wie sie in traditionellen Gesellschaften der Fall sind, auch wenn diese Interaktionen weniger erwachsenenartig und ausgefeilt sind.

Gemeinsame Verpflichtungen

Wenn das gemeinsame Handeln auf ein gemeinsames Ziel hin – was schon Kleinkinder (mit erwachsenen Partnern) vollziehen – eine Art von stillschweigender Übereinkunft ist, handelt es sich bei einer gemeinsamen Verpflichtung um eine mehr oder weniger ausdrückliche Übereinkunft. Der Vollzug einer solchen ausdrücklichen Übereinkunft erfordert ein gewisses Maß an kooperativer Kommunikation und sozial-kognitiver Raffinesse sowie einen Sinn für zweitpersonales Handeln, weshalb wir in der Ontogenese bis kurz vor dem Schulalter nicht oft ausdrückliche gemeinsame Verpflichtungen zwischen Gleichaltrigen sehen. Es könnte auch sein, dass gemeinsame Verpflichtungen am angemessensten sind, wenn die Beteiligung des einen oder beider Partner unsicher oder riskant ist, und Dreijährige nehmen die Situation typischerweise nicht so wahr. Wie wir nun sehen werden, verstehen jedenfalls sogar Dreijährige eine gemeinsame Verpflichtung, wenn ein Erwachsener eine solche vorschlägt, mit der das Kind einverstanden ist, oder wenn ein Erwachsener eine Verpflichtung zwischen Kindern herstellt und sie diese Verpflichtungen mit dem gebührenden Respekt behandeln.

Gemeinsame Verpflichtungen

Wenn es andere Dinge gibt, die man tun könnte, kann die Entscheidung, mit anderen zu kooperieren, riskant sein. Aber sobald man sich zur Kooperation entschlossen hat, will man von einem Partner auch ausgewählt werden, möglicherweise unter gewissen Zusicherungen. Wie in Kapitel 6 erwähnt, begannen fast alle Schimpansenpaare in einem experimentell veranstalteten Hirschjagdspiel ihre Kooperation mit einer Anführer-Nachfolger-Strategie, bei der das eine Individuum dem »Hirsch« nachjagte – und damit das gesamte Risiko einging – und einfach hoffte, dass der Partner folgen würde (Bullinger et al., 2011b). Im Gegensatz dazu taten vierjährige Kinder zwar manchmal dasselbe, aber als das Risiko erhöht wurde, begannen die Kinder, miteinander zu kommunizieren, und zwar typischerweise mit Aufmerksamkeitsfängern und informierenden sprachlichen Äußerungen, die die Ankunft des Hirschs ankündigten (Duguid et al., 2014). Noch besser für beide Partner wäre im Gegenzug eine kommunikative Reaktion des Partners gewesen, vielleicht sogar eine Verpflichtung. Da für jeden Partner die beste Option darin bestünde, vom anderen eine solche Verpflichtung schon ganz zu Beginn zu erhalten, wäre das Ergebnis eine gemeinsame Verpflichtung zur Zusammenarbeit.

Für Gesellschaftstheoretiker, die sich auf Normativität konzentrieren, stellen gemeinsame Verpflichtungen nichts weniger als die »sozialen Atome« der einzigartig menschlichen sozialen Interaktion dar (Gilbert, 2003, 2014). Gemeinsame Verpflichtungen sind grundlegend und wesentlich, weil sie unsere gegenseitige Interdependenz bei der anstehenden kooperativen Tätigkeit ausdrücklich anerkennen und versuchen, mit ihr umzugehen. Sie setzen voraus, dass jede Partei ein zweitpersonaler Akteur ist, bei dem man darauf vertrauen kann, dass er seinen Teil sowohl gewissenhaft erledigt als auch seinen Partner mit dem gebührenden Respekt behandelt. Wir können das als »normatives Vertrauen« bezeichnen, weil eine Verletzung einen Verrat des Partners und der gemeinsamen Übereinkunft darstellt. Gemeinsame Verpflichtungen werden dann geschaffen, wenn ein Individuum ein bestimmtes ausdrückliches Kommunikationsangebot an ein anderes richtet, dass »wir« gemeinsam *X* tun, und das andere Individuum dies akzeptiert. Gemeinsame Verpflichtungen werden durch eine zweitpersonale Ansprache eingeleitet und akzeptiert – im Wesentlichen wird der Partner als Akteur angesprochen, der weiß, was es bedeutet, Verantwortung zu akzeptieren –, wobei jeder Partner den anderen ausdrücklich dazu auffordert –

unter Umständen riskante –, Pläne zu entwerfen, und zwar im Zusammenhang mit der Tatsache, dass er *X* tun wird, und darauf zu vertrauen, dass er *X* so lange verfolgen wird, bis beide mit dem Ergebnis zufrieden sind (Friedrich und Southwood, 2011). Entscheidend ist, dass gemeinsame Verpflichtungen auch nur durch eine bestimmte Art gemeinsamer Übereinkunft beendet werden können: Ein Partner kann nicht einseitig beschließen, dass er keine Verpflichtung mehr hat; stattdessen muss er den anderen um die Erlaubnis bitten, die Verpflichtung zu beenden, und der andere muss zustimmen (Gilbert, 2011). Gemeinsame Verpflichtungen sind durch und durch gemeinsam.

Bei sprachlichen Wesen werden gemeinsame Verpflichtungen typischerweise durch so etwas wie »Lass uns *X* tun« eingeleitet und durch »Okay« akzeptiert. (Und sie werden durch so etwas wie »Tut mir leid, ich muss jetzt *Y* tun. Okay?« mit der Bestätigung »Okay« beendet.) In einer Studie mit sehr kleinen Kindern ließen Gräfenhain et al. (2009, Studie 1) einen Erwachsenen eine kooperative Tätigkeit mit Zwei- und Dreijährigen auf eine von zwei Weisen beginnen. Bei einigen Kindern stellte der Erwachsene eine gemeinsame Verpflichtung her, indem er »Lass uns *X* tun« vorschlug und erst dann zur Kooperation überging, wenn das Kind ausdrücklich akzeptierte (typischerweise durch »Okay«). Bei anderen wurde die kooperative Interaktion von dem Erwachsenen begonnen, der darauf wartete, dass das Kind etwas zu tun begann, und sich dann unaufgefordert anschloss. In beiden Fällen hörte der Erwachsene abrupt mit der Interaktion auf. Dreijährige, die an der gemeinsamen Verpflichtung beteiligt waren, versuchten viel häufiger als die anderen Kinder, den widerspenstigen Partner wieder zur Kooperation zu bewegen. Diese Kinder schlossen wahrscheinlich, dass, wenn »wir« eine gemeinsame Verpflichtung haben, »du« so lange wie nötig dabeibleiben solltest. Die Zweijährigen verhielten sich dagegen gleich, ob es eine gemeinsame Verpflichtung gab oder nicht.

Und Dreijährige wissen auch, was eine gemeinsame Verpflichtung für ihr eigenes Verhalten bedeutet. So ließen Hamann et al. (2012) beispielsweise Zwei- und Dreijährige mit einem Gleichaltrigen eine Verpflichtung bei einer gemeinsamen Aufgabe eingehen, aber dann erhielt eines der Kinder unerwartet schon früher Zugang zu seiner Belohnung. Damit sein Partner auch profitierte, musste dieses Kind weiterhin kooperieren, auch wenn es keine weitere Belohnung mehr für es gab. Trotzdem standen die meisten Dreijährigen (aber wieder nicht die Zweijährigen) ihrem glücklosen Partner eifrig bei, sodass am Ende beide eine Belohnung hatten – und häufiger, als wenn der Partner in einer ähnlichen Situation ohne vorherige Zusammenarbeit oder Verpflichtung nur um Hilfe gebeten hatte. Als Paare von Schimpansen in derselben Experimentalsituation getestet wurden, ließ der erste in krassem Gegensatz dazu den anderen im Stich, sobald er seine Belohnung erhalten hatte, und ging alleine weg, um sie zu verzehren (Greenberg et al., 2010). Die Dreijährigen erfüllten daher das, was Tuomela (2007) die »Verpflichtungsbedingung« nennt, nämlich dass verpflichtete Partner sich so lange anstrengen, bis beide das erhalten haben, was sie rechtmäßig verdienen.

Gemeinsame Verpflichtungen machen Partner folglich einander wechselseitig verantwortlich. Jeder von ihnen spürt, dass jeder für das Schicksal des anderen in der Situation verantwortlich ist. In diesem Sinne unterstützten Gräfenhain et al. (2013) Paare von dreijährigen gleichaltrigen Kindern dabei, eine gemeinsame Verpflichtung bei der gemeinsamen Arbeit an einem Puzzle einzugehen. (Der Erwachsene brachte sie dazu, darin übereinzukommen, dass sie zusammenarbeiten würden.) Nachdem sie das getan hatten, reagierten sie anschließend auf experimentell induzierte Störungen in diesem Kontext mit solchen Verhaltensweisen wie dem Warten auf ihren Partner, wenn er verspätet war, der Wiedergutmachung von Schäden, die von ihrem Partner angerichtet wurden, der Zurückhaltung mit Bezug auf Lästereien über ihren Partner oder dem Vollzug der Rolle des Partners für diesen, wenn er sie nicht selbst spielen konnte. (Das heißt, sie taten diese Dinge häufiger als Paare von Kindern, die für dieselbe Zeitspanne einfach nebeneinander spielten.) Wenn kleine Kinder eine gemeinsame Verpflichtung mit einem Gleichaltrigen eingehen, helfen sie diesem Gleichaltrigen und unterstützen ihn viel stärker und auf vielfältigere Weisen, als wenn sie nur nebeneinander spielen.

In ähnlicher Weise, aber mit noch deutlicheren Belegen ließen Gräfenhain et al. (2009, Studie 2) ein Kind und einen Erwachsenen eine gemeinsame Verpflichtung eingehen, nämlich ein Spiel zusammen zu spielen. Danach verlockte ein anderer Erwachsener das Kind zu einem neuen, attraktiveren Spiel. Als Reaktion darauf ließen Zweijährige einfach alles stehen und liegen und wandten sich dem neuen Spiel zu. Aber die Dreijährigen verstanden ihre gemeinsame Verpflichtung; bevor sie zu dem neuen Spiel wechselten (wenn sie überhaupt wechselten), zögerten sie, sahen den Erwachsenen an und taten häufig explizit etwas, um »sich zu verabschieden«, wie beispielsweise das Werkzeug zu überreichen, das in dem Spiel benutzt wurde, oder sich mündlich zu entschuldigen – und zwar viel häufiger, als sie es in genau derselben Situation ohne vorherige gemeinsame Verpflichtung taten. Die Kinder erkannten, dass sie eine gemeinsame Verpflichtung hatten; da die Verletzung dieser Verpflichtung ihren Partner schädigen und missachten würde, hatten sie ihm gegenüber die Verantwortung, anzuerkennen, dass sie die Verpflichtung brachen und dass sie das bedauerten.

Dreijährige, aber wieder nicht die Zweijährigen, erkennen, dass eine gemeinsame Verpflichtung nur dann gebrochen werden kann, wenn beide Parteien damit einverstanden sind. Kachel et al. (im Erscheinen) ließen Dreijährige eine gemeinsame Verpflichtung zur Zusammenarbeit mit einer Puppe eingehen; dann ging die Puppe nach kurzer Zeit weg. Als das Kind später die Belohnung einstrich, kehrte die Puppe zurück und bat darum, mitzuspielen und ihren Anteil zu bekommen. Wenn die Puppe um Erlaubnis gebeten hatte, die gemeinsame Verpflichtung zu brechen, bevor sie wegging, teilten die Kinder gerne. Aber wenn die Puppe nicht um Erlaubnis gebeten, sondern die Zusammenarbeit einfach aufgegeben hatte, teilten die Kinder weniger. Sich zu verabschieden bewahrte die Identität der Puppe als Kooperationspartner, während das einfache Aufgeben der Kooperation sie als Abtrünnigen brandmarkte.

Es ist bemerkenswert, dass das jüngste Alter, in dem irgendjemand einen Effekt gemeinsamer Verpflichtungen auf das Verhalten von Kindern festgestellt hat, drei Jahre beträgt; unter Verwendung derselben Methoden haben mehrere Untersuchungen bei Zweijährigen keinen Effekt gemeinsamer Verpflichtung gefunden. Vor dem Alter von drei Jahren ermuntern Kleinkinder widerspenstige Partner dazu, sich wieder an einer kooperativen Tätigkeit zu beteiligen, aber es gibt nicht unbedingt eine Anerkennung einer normativen Verpflichtung in der einen oder anderen Richtung. Kleinkinder mögen zwar wollen und erwarten, dass ihr Partner die Kooperation fortsetzt, aber für Dreijährige bindet eine gemeinsame Verpflichtung normativ beide Partner, diejenigen Handlungen zu vollziehen, auf die sie sich verpflichtet haben, es sei denn, beide sind damit einverstanden, die Verpflichtung zu beenden. Folglich können wir uns gemeinsame Verpflichtungen so vorstellen, dass sie eine Art zweitpersonaler Normativität darstellen. In dem Maße, wie ihre Fähigkeit zu kollektiver Intentionalität heranreift, sind Kinder mit etwa drei Jahren in der Lage, sich die Partnerschaft, die durch eine gemeinsame Verpflichtung geschaffen wurde, als eine gemeinsame Handlungsinstanz vorzustellen, die nicht nur zur Zusammenarbeit in der Lage ist, sondern auch zur Selbstregulation dieser Zusammenarbeit.

Zweitpersonaler Protest

Der Inhalt der gemeinsamen Verpflichtung ist, dass jeder Partner seine kooperative Rolle sorgfältig und auf die gegenseitig verabredete ideale Weise spielt, bis beide davon profitiert haben. Aber was geschieht, wenn ein Partner sich nicht so verhält? Die Antwort lautet, dass er sanktioniert wird und – das ist von entscheidender Bedeutung – dass diese Sanktion von »uns« ausgeht. Das Wesen gemeinsamer Verpflichtungen besteht darin, dass »wir« nicht nur darin übereinkommen, gemeinsam zu handeln, sondern auch, gemeinsam denjenigen zu sanktionieren, der sein rollenspezifisches Ideal nicht erfüllt, weil ein Abtrünniger einen Mangel an Respekt für seinen Partner und ihre Partnerschaft zeigt. Das verleiht der Sanktion Legitimität: Wir kommen darin überein, dass Abtrünnigkeit von jedem von uns Sanktionen *verdient*. Ein solcher zweitpersonaler Protest führt somit eine sozial normative Kraft mit sich, die von »uns« und unserer Übereinkunft ausgeht und daher als ein selbstregulatorischer Mechanismus funktioniert, um die gemeinsame Tätigkeit auf Kurs zu halten trotz der individuellen Versuchungen, abtrünnig zu werden. Die normative Kraft ist sowohl die positive Kraft des gleichen Respekts, den jeder Partner vor dem anderen empfindet – mein respektierter Partner verdient meine Sorgfalt –, als auch die negative Kraft legitimer, verdienter Sanktionen für den Bruch der Verpflichtung. Um sein Risiko zu reduzieren, verleiht also jeder Partner einer gemeinsamen Verpflichtung dem anderen die »repräsentative Autorität« von »uns«, Sanktionen einzuleiten, wenn sie aufgrund der Standards im gemeinsamen Hintergrund, die der gemeinsamen Verpflichtung implizit sind, verdient sind.

In einem kürzlich durchgeführten Experiment stellten Kachel et al. (2017) eine gemeinsame Verpflichtung zur Zusammenarbeit zwischen zwei Dreijährigen her (ein Erwachsener brachte sie dazu, darin übereinzukommen, dass sie kooperieren würden). In der einen Versuchsbedingung schien dann einer von ihnen seine Rolle absichtlich nicht in der wechselseitig bekannten Weise zu spielen (sein abweichendes Verhalten wurde experimentell induziert). Das andere Kind erhob dann Einwände. Wichtig ist, dass es nicht protestierte, indem es seinen Partner körperlich anging oder Gefügigkeit verlangte, sondern indem es einfach auf das abweichende Verhalten hinwies, und zwar häufig verärgert, und es dem launischen Partner überließ, sich freiwillig selbst zu korrigieren. Die Sprache, die das gekränkte Kind verwendete, war häufig normativ: »So geht das nicht!« Die Kinder protestierten nicht, wenn der Partner anscheinend nicht wusste, wie die Vorrichtung funktionierte (in welchem Fall sie es ihm häufig beibrachten) oder wenn die Vorrichtung zufällig kaputt ging. Ein ähnlicher Protest wurde von Warneken et al. (2011) beobachtet, die eine Situation einrichteten, in der zwei Kinder zusammenarbeiteten, um ein Brett mit einem Essensstapel in der Mitte zu sich heranzuziehen. In einer früheren Untersuchung wurde festgestellt, dass Schimpansen mit dieser Situation in erster Linie auf der Grundlage von Dominanz umgingen: Wenn der Untergeordnete versuchte, das Futter zu nehmen, griff ihn der Dominante an, und wenn der Dominante versuchte, das Futter zu nehmen, ließ der Untergeordnete es einfach geschehen (Melis et al., 2006b). Aber die Dreijährigen in dieser Untersuchung taten weder das eine noch das andere. Wenn ein habgieriges Kind versuchte, mehr als die Hälfte der Süßigkeiten zu nehmen, hagelte es Protest. Das gekränkte Kind brachte Unmut gegenüber den Handlungen des habgierigen Kinds zum Ausdruck, indem es zum Beispiel »He!« Oder »Katie!« quäkte.

Die Kinder in diesen Untersuchungen protestieren nicht nur dagegen, dass der Partner nicht das tut, was er ihrem Willen gemäß tun soll; sie protestieren dagegen, dass er nicht das tut, was er ihrem gemeinsamen Wissen gemäß tun sollte. Ihr auf den gemeinsamen Hintergrund bezogenes Verständnis dessen, worauf sie sich gemeinsam verpflichtet haben, schwebt sozusagen als unparteiischer Schiedsrichter über ihnen in der Luft, an den jeder von ihnen den anderen durch zweitpersonalen Protest verweisen kann. Mangelnde Erfüllung der Verpflichtung ist ein Beweis dafür, dass derjenige, der die Verpflichtung gebrochen hat, seine eigenen Interessen für wichtiger hält als die seines Partners, und mangelnde Anerkennung der Legitimität des Protests ist ein Beweis dafür, dass er ihre gemeinsame Verpflichtung oder ihre Partnerschaft nicht länger wertschätzt. Adam Smith (1759/2010) sagt, dass das Ziel des zweitpersonalen Protests darin besteht, den eigenen Partner »fühlen zu lassen, daß die Person, die er beleidigt hat, es nicht verdiente, in dieser Weise behandelt zu werden« (S. 153). Zweitpersonaler Protest ist somit eine kooperative und respektvolle Reaktion auf die respektlosen Handlungen des Missetäters; er zielt nicht darauf ab, den Partner direkt zu bestrafen, sondern darauf, ihn über die Verletzung und den eigenen Unmut (»He!«) zu informieren, unter der Annahme, dass er jemand ist, der es eigentlich besser weiß, als so zu handeln (das heißt, andere als weniger denn Gleiche zu behandeln), und unter der Annahme, dass er kompetent und motiviert ist, die Situation angemessen zu berichtigen. Der verletzte Partner stellt eine zweitpersonale Forderung nach Respekt, und der Partner muss respektvoll reagieren, indem er deren Legitimität anerkennt, wenn er sich überhaupt weiter kooperativ verhalten will.

Zweitpersonaler Protest kann folglich als expliziter Ausdruck der Forderung eines Kooperationspartners verstanden werden, als eine gleichermaßen verdienstvolle Person behandelt zu werden, als ein zweitpersonaler Akteur, der an einer gemeinsamen Verpflichtung beteiligt ist. Typischerweise wird er zwar von dem gekränkten Partner vollzogen, aber er setzt voraus, dass der Missetäter aus eigenem freien Willen die Gültigkeit der Forderung anerkennen und die Situation verbessern wird, weil sie letztlich von »uns« kommt. Ich protestiere zwar direkt dir gegenüber – mit einer verärgerten zweitpersonalen Ansprache, die Respekt verlangt –, aber der Protest kommt aus unserem »wir«. Indem er die Legitimität des Protests anerkennt, versucht der nachlässige Partner nicht, die Sanktion zu vermeiden, sondern schließt sich vielmehr seinem Partner dabei an, sich selbst so zu beurteilen, dass er sie verdient, und fühlt sich vielleicht sogar schuldig (siehe Kapitel 10). Gemeinsame Verpflichtungen erzeugen somit ein Gefühl der Verantwortung gegenüber einem zweitpersonalen Partner: »Wir« kooperieren, um jeden von uns als individuellen Partner zu regulieren.

Versprechen

Es gibt keine scharfe Unterscheidung zwischen Verpflichtungen und Versprechen, aber die Untersuchungen der gemeinsamen Verpflichtungen bei Kindern finden alle innerhalb des Kontextes einer kooperativen Tätigkeit statt. Tatsächlich gibt es in manchen Fällen überhaupt keine sprachlich formulierte Übereinkunft. Daher ist es möglich, dass ein guter Teil des Verpflichtungsgefühls in diesen Untersuchungen durch das Verständnis der Kinder mit Bezug auf die wechselseitige Abhängigkeit der gemeinsamen Tätigkeit und des »Schadens« erzeugt wird, den die Abtrünnigkeit für den Partner verursachen würde. Im Gegensatz dazu sind Versprechen Verpflichtungen, die zwar gegenüber Individuen eingegangen werden, aber im Kontext umfassenderer gesellschaftlicher Interessen mit dem Ziel, dass die Menschen ihre Verpflichtungen einhalten. Die Verpflichtung, die man eingeht, wenn man etwas verspricht, ist eher so etwas wie ein »öffentlicher« Akt, bei dem man seine kooperative Identität mit der Gruppe als ganzer aufs Spiel setzt. (Man betrachte zum Beispiel ein Eheversprechen, das öffentlich vor allen Freunden und Verwandten gegeben wird.)

Obwohl eine Reihe von Studien über das Verständnis von Versprechen bei älteren Kindern existiert, gibt es nur wenige Untersuchungen an Vorschulkindern. Kanngiesser et al. (2017) ließen Drei- und Fünfjährige an zwei Experimenten teilnehmen. Im ersten Experiment erhielten die Kinder ein Versprechen von einem Partner. Als der Partner die versprochene Handlung nicht vollzog, erhoben die fünfjährigen Kinder (und in geringerem Maß auch die Dreijährigen) normativen Protest – nicht nur dass sie das nicht mochten, sondern dass man das nicht tun sollte – und bezogen sich in ihrem Protest häufig auf das Versprechen. In einem zweiten Experiment wurden die Kinder veranlasst zu versprechen, dass sie weiterhin etwas Langweiliges tun würden, nachdem ein Erwachsener das Zimmer verlassen hatte (das heißt, der Erwachsene bat sie um das Versprechen, und die Kinder waren einverstanden), und dann wurden sie in Versuchung geführt, ihr Versprechen zu brechen. Wieder zeigten sowohl die dreijährigen als auch die fünfjährigen Kinder ein gewisses Verständnis des Versprechens, in diesem Fall dadurch, dass sie länger an der langweiligen Aufgabe dranblieben, wenn sie es versprochen hatten (auch hier wieder besonders die Fünfjährigen). Sogar außerhalb kooperativer Interaktionen empfinden also kleine Kinder gegen Ende der Vorschulzeit eine normative Verpflichtung, ihre Versprechen zu halten, und sie erwarten von anderen, die ihren ebenfalls zu halten.

Individuelle und kulturelle Variation

Es hat nur wenige interkulturelle Forschungen mit Bezug auf gemeinsame Verpflichtungen, zweitpersonalen Protest oder Versprechen kleiner Kinder gegeben. Die wenigen Untersuchungen, die in nichtwestlichen Kulturen durchgeführt wurden (zum Beispiel Heyman et al., 2015, an chinesischen Kindern), haben ebenfalls ein Verständnis von Versprechen in der späten Vorschulzeit festgestellt. Aber es gibt fast keine interkulturellen Studien anderer Kulturen mit derselben Methodologie, die detaillierte Vergleiche gestatten würde.

Schimpansen können bestimmte Dinge vollbringen, indem sie parallel zu anderen handeln; sie können beispielsweise in einem Konflikt die Oberhand gewinnen, indem sie Seite an Seite mit ihren Artgenossen kämpfen, oder sie können sich Fleisch beschaffen, indem sie einen kleinen Affen Seite an Seite mit Artgenossen jagen. Aber Menschenkinder sind von einem ziemlich frühen Alter an in der Lage, mit anderen ein gemeinsames Ziel zu bilden, um kooperativ gemeinsam zu handeln, wobei jeder seine eigene Rolle hat und die gemeinsame Erwartung besteht, dass sie am Ende die Beute teilen werden.

Wenn Kinder während der Ontogenese mit anderen zusammenarbeiten, beginnen sie gleichzeitig, sich zu ihnen auf neue Weisen zu verhalten. Um diese für die Spezies einzigartigen Weisen durch einen einzigen Begriff zu beschreiben, haben wir den philosophischen Begriff des Zweitpersonalen übernommen (zum Beispiel Darwall, 2006): Individuen verhalten sich zueinander von Angesicht zu Angesicht in einem kooperativen Geist, indem sie die anderen mit Respekt als gleichermaßen verdienstvolle Partner behandeln und von ihnen erwarten, ebenso behandelt zu werden. Kinder entwickeln sich als zweitpersonale Akteure – und erkennen die anderen als solche an – im Alter von zwei bis drei Jahren. Ab diesem Zeitpunkt sind sie und ihre Partner in der Lage, miteinander gemeinsame Verpflichtungen zu bilden, bei denen »wir« sowohl »dich« als auch »mich« selbst regulieren, wobei wir uns beide dazu berechtigen, den anderen wegen Nichtkooperation zur Rechenschaft zu ziehen. Im Vergleich zu den sozialen Beziehungen von Menschenaffen, die hauptsächlich auf Dominanz mit einem Hauch Kooperation beruhen, stellt die Entwicklung sozialer Beziehungen von Menschenkindern, die auf Gleichheit, Respekt und kooperativer Selbstregulation beruhen, eine folgenschwere Umwandlung dar, die in einem normativen Sinn für gemeinsame Verpflichtungen gegenüber Kooperationspartnern im Alter von etwa drei Jahren gipfelt. Allmählich werden die Kinder zu moralischen Wesen.

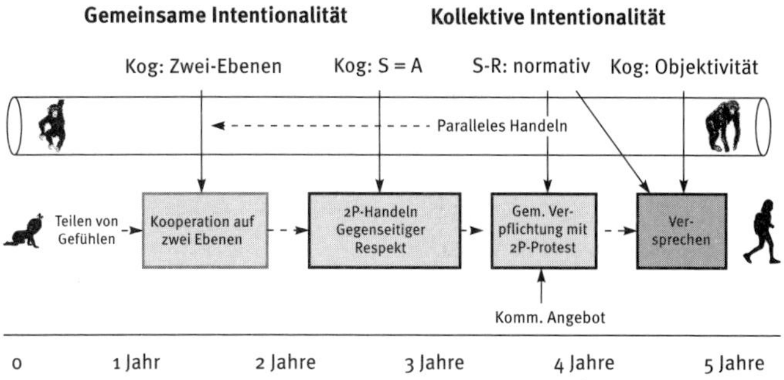

Abbildung 7.1: Die ontogenetische Entstehung der einzigartig menschlichen Zusammenarbeit kleiner Kinder. Abkürzungen: Kog = kognitiv; Komm.-Angebot = Kommunikationsangebot; S = A = Äquivalenz zwischen Selbst und Anderem; S-R = exekutive Selbstregulation; 2P = zweitpersonal.

Theoretische Erklärungen

Das zentrale theoretische Problem in der Ontogenese der Fertigkeiten und Motivationen von Kindern für die Zusammenarbeit sind im Grunde die jeweiligen Rollen von Reifung und Erfahrung im Entwicklungspfad. Meine Ansicht ist, dass Reifung und Erfahrung auf unterschiedlichen Stufen des Prozesses etwas unterschiedliche Rollen spielen. Abbildung 7.1 bietet eine grafische Zusammenfassung.

Wie bei der gemeinsamen Aufmerksamkeit beginnt die Entwicklung der einzigartig menschlichen Zusammenarbeit damit, dass die Babys Gefühle mit anderen teilen (der erste Kasten in Abbildung 7.1). Die Erklärung für diese einzigartig menschliche Form emotionaler Beteiligung liegt vermutlich so nahe an einem reinen Reifungsvorgang, wie es nur möglich ist; es ist schwer, sich überhaupt vorzustellen, wie eine solche Motivation gelehrt oder gelernt werden könnte. Wir haben angenommen, dass das Teilen von Gefühlen sich im Kontext kooperativer Kinderbetreuung entwickelte (als etwas, das über die allgemeine Bindung von Säugetieren hinausgeht), und zwar als eine Möglichkeit der Kinder, Anschluss zu finden und besonders starke Bindungen mit denen einzugehen, deren Fürsorge sie brauchen. Man könnte sich jedoch immerhin vorstellen, dass einzelne Babys und ihre Betreuer ihre eigenen besonderen Interaktionsgewohnheiten ausbilden könnten, und diese könnten zu individuellen Unterschieden mit Bezug auf die besondere Art und Weise führen, wie sie Gefühle miteinander teilen (beispielsweise eher stimmlich oder visuell).

Von da an strukturiert die Reifung der Fähigkeit zur Beteiligung auf zwei Ebenen die kooperativen Interaktionen kleiner Kinder mit anderen (der zweite Kasten in Abbildung 7.1), sodass sie jetzt verstehen, dass beide zusammen auf ein gemeinsames Ziel gerichtet sind, wobei jeder seine eigene individuelle Rolle hat. Wieder ist es schwer, sich vorzustellen, dass die einzigartige Motivation und Fähigkeit der Kinder, miteinander zu kooperieren, indem sie ein gemeinsames Ziel bilden, Dinge sind, die ihnen beigebracht werden oder die sie auf irgendeine bedeutsame Weise lernen. Es handelt sich höchstwahrscheinlich um natürliche Entwicklungen, die auf der Reifung ihrer Fähigkeiten zur gemeinsamen Intentionalität beruhen. Autistische Kinder zeigen hier Defizite: Sie versuchen nicht, widerspenstige Partner wieder zur Zusammenarbeit zu bewegen, wie es Kinder tun, die sich auf typische Weise entwickeln. Außerdem kooperieren achtzehn Monate alte Kleinkinder aus kleingesellschaftlichen, traditionellen Kulturen mit Erwachsenen auf dieselbe Art und Weise wie Kleinkinder aus westlichen Industriekulturen, unter anderem, indem sie widerspenstige Partner auffordern, sich wieder zu beteiligen, und zwar trotz der Tatsache, dass ethnografische Beobachtungen darauf hindeuten, dass diese Kinder nur wenig Erfahrung mit der Zusammenarbeit mit Erwachsenen hatten. Die Plastizität der frühen Phasen des Entwicklungspfads für die einzigartig menschliche Zusammenarbeit scheint also begrenzt zu sein.

Aber wenn wir uns auf die neuen Arten sozialer Beziehungen konzentrieren, die kleinen Kindern gemeinsame Tätigkeiten eröffnen, dann sind ihre individuellen Erfahrungen entscheidend. Säuglinge und Kleinkinder müssen tatsächlich mit einem Partner als ein »wir« interagieren, bevor sie die grundlegende zweitpersonale Beziehung zwischen »ich« und »du« aufbauen können. Auf der Grundlage dieser Interaktionen sind Kinder im Alter von drei Jahren dazu gelangt, andere, Gleichaltrige inbegriffen, als gleichermaßen verdienstvolle zweitpersonale Akteure zu schätzen (dritter Kasten in Abbildung 7.1). Ein informeller Beleg für diesen Vorschlag besteht darin, dass kleine Kinder am Ende dieser Altersperiode mit Gleichaltrigen sowohl täglich als auch stärker erwachsenenartig interagieren. Darüber hinaus leiten kleine Kinder am Ende dieser Altersperiode mit anderen (sowohl mit Erwachsenen als auch mit Gleichaltrigen) kooperative Interaktionen durch zweitpersonale Ansprache bei einem Kommunikationsangebot ein (unteres Ende der Abbildung), das keine Zusammenarbeit verlangt oder auch nur direkt darum bittet, sondern vielmehr die anderen einlädt, ihre Zustimmung zur Kooperation zu geben. Das ist eine respektvolle Ansprache, die einem ebenbürtigen Partner Kooperation anbietet.

Wie wir in Kapitel 8 sehen werden, beginnen Kinder im Alter von drei Jahren auch damit, den Ertrag einer kooperativen Anstrengung mit ihrem Partner fair und größtenteils gleich zu teilen (wohingegen sie das außerhalb der Zusammenarbeit nicht tun). In all diesen Hinsichten ihrer Interaktion mit anderen scheinen kleine Kinder, die sich ihrem dritten Geburtstag nähern, im Sinne einer Äquivalenz zwischen sich selbst und dem anderen zu denken (S=A am oberen Ende von Abbildung 7.1), weshalb sie auf natürliche Weise Respekt vor ihren Partnern als gleichermaßen verdienstvolle zweitpersonale Akteure zeigen. Vermutlich würde ein Kind, das sich auf einer einsamen Insel entwickelt und keine Interaktionen mit anderen hätte, im Alter von drei Jahren andere nicht automatisch als gleichermaßen verdienstvolle zweitpersonale Akteure ansehen.

Obwohl sie nicht häufig spontan gemeinsame Verpflichtungen mit Gleichaltrigen eingehen, erkennen dreijährige Kinder doch die Wirkungen einer gemeinsamen Verpflichtung, wenn jemand (wie beispielsweise in einem Experiment) eine solche für sie arrangiert (vierter Kasten in Abbildung 7.1). Somit zeigen Dreijährige – und, was wichtig ist, keine Zweijährigen – verschiedene Anzeichen einer gemeinsamen Verpflichtung wie zum Beispiel dabeizubleiben, bis der Partner sein Ziel erreicht, und fordern einen Partner zur Fortsetzung der Zusammenarbeit auch dann auf, wenn er für das Erreichen des Ziels nicht notwendig ist; sie »verabschieden sich«, wenn sie eine gemeinsame Verpflichtung beenden wollen, und teilen fairer mit einem zurückkehrenden Partner, der sich zuvor verabschiedet hat. Ferner ist das Alter von drei Jahren das jüngste Alter, in dem man Kinder zweitpersonalen Protest erheben sieht, wenn jemand eine gemeinsame Verpflichtung bricht. Zweitpersonaler Protest zeigt nicht nur Respekt gegenüber einem zweitpersonalen Partner, sondern ist auch normativ – in dem Sinne, dass er nicht mein persönliches Missfallen mit Bezug auf dein Verhalten ausdrückt, sondern vielmehr meinen Unmut darüber, dass du nicht das tust, was du gemäß unserer Übereinkunft tun solltest (wenn du mich als gleichermaßen verdienstvollen Partner betrachtest). Ein solches Verhalten markiert die Wasserscheide in der Ontogenese menschlicher Sozialität, weil das die Zeit ist, in der die Interaktionen der Kinder mit anderen zum ersten Mal einen deutlich normativen Charakter annehmen – das, was wir auf dieser Ebene als »zweitpersonale Normativität« bezeichnet haben.

Obwohl es wieder schwierig ist, sich vorzustellen, dass diese Art der Beziehung zu anderen von Erwachsenen irgendwie direkt antrainiert oder gelehrt oder sozialisiert wird, ist es trotzdem wahrscheinlich, dass das Kind sich tatsächlich an kooperativen Interaktionen mit anderen beteiligen muss, um diese soziomoralischen Motivationen und Einstellungen zu entwickeln. Die Metapher ist somit abermals eine solche der Konstruktion oder Ko-Konstruktion. Die im Alter von drei Jahren entstehende normative Orientierung der Kinder – die uns auch in den nächsten beiden Kapiteln im Hinblick auf die Fairness beim Teilen von Ressourcen und bei der Tendenz, soziale Normen durchzusetzen, begegnen wird – kommt zuallererst durch die Reifung der Fähigkeiten der Kinder zu kollektiver Intentionalität zustande. Diese Fähigkeiten manifestieren sich im Respekt der Kinder gegenüber den überindividuellen sozialen Strukturen, an denen sie teilhaben, unter anderem gegenüber den gemeinsamen Verpflichtungen mit anderen Individuen und (wie wir in Kapitel 9 sehen werden) den kollektiven Verpflichtungen auf die sozialen Normen der Gruppe. Dreijährige verstehen, dass ihre gemeinsamen Verpflichtungen sie normativ darauf festlegen, sich auf bestimmte Weisen zu verhalten, und wenn sie das nicht tun, fühlen sie (aber nicht die Zweijährigen; siehe Kapitel 10) sich schuldig. Dieser Hypothese zufolge ist das Gefühl der Verpflichtung im Grunde die Verinnerlichung einer interpersonalen Verpflichtung (bei einem Akteur, der bereits ein Gefühl für einen instrumentellen Druck dafür hat, das zu tun, was nötig ist, um Ziele zu erreichen), und das Schuldgefühl ist ebenso die Verinnerlichung eines interpersonalen Prozesses zweitpersonalen Protests (bei einem Akteur, der bereits exekutive Regulation vollzieht). Das Kind auf der einsamen Insel würde dieses Gefühl der Verpflichtung oder Schuld nicht entwickeln, weil es keine der erforderlichen sozialen Interaktionen gehabt hätte, die es verinnerlichen könnte.

Wie bereits in Kapitel 2 angemerkt, belegen all diese normativen Phänomene eine für die Spezies einzigartige Form sozialer Selbstregulation: Selbstregulation der Form wir > ich. Die Selbstregulation in Form von wir > ich verleiht der normativen Kraft des zweitpersonalen Protests sogar in den Augen des Kindes Legitimität und verwandelt dadurch seine Beziehungen zu anderen von der bloßen Kooperativität zur echten Moralität. Im Vergleich zu anderen Menschenaffen ist das etwas völlig Neues. Kleine Kinder beteiligen sich mit anderen nicht nur an gemeinsamen Tätigkeiten, in einem gewissen Sinne *kooperieren sie mit anderen, um dieselben Tätigkeiten selbst zu regulieren* – eine Art von Zusammenarbeit zweiter Stufe. Wenn dies verinnerlicht ist, kann das Individuum für sich alleine seine Interaktionen und Beziehungen zu anderen durch Gefühle der Verpflichtung und Verantwortlichkeit gegenüber seinem Partner (und durch Schuldgefühle) normativ selbst regulieren. Diese »Kooperativierung der Selbstregulation« ist für die normative Sozialität und Moralität wesentlich. Vor dem Hintergrund der Reifung der Fähigkeiten zur kollektiven Intentionalität ist die entscheidende Rolle sozialer Erfahrung (wie sie durch diese Fähigkeiten strukturiert wird) klar. Ein Kind, das nie die Chance hatte, mit einem Partner ein »wir« zu bilden, und nie irgendeine Art von zweitpersonalem Protest von einem Partner erfuhr, würde sich nicht plötzlich normativ selbst regulieren. Es muss an Kooperationen teilnehmen und zweitpersonalen Protest erleben, um ihn zu verinnerlichen. Trotzdem ist es wichtig, dass wir auch in diesem Fall nicht von ausdrücklicher Anleitung durch Erwachsene sprechen, sondern von der Erfahrung und Verinnerlichung einzigartig menschlicher sozialer Interaktionen seitens des Individuums.

Im Hinblick auf die Rolle unterschiedlicher Typen von Erfahrung bei der Entwicklung der einzigartig menschlichen Zusammenarbeit und ihrer begleitenden soziomoralischen Motivationen und Einstellungen (und der sich daraus ergebenden sozialen Beziehungen) können wir drei relativ spezifische Hypothesen formulieren.

Die erste Hypothese lautet, dass das Lehren und die Unterstützung der Erwachsenen für den Prozess entscheidend sind. Aus all den Gründen, die wir zuvor besprochen haben, glaube ich jedoch nicht, dass diese Hypothese auf irgendeiner Stufe dieses Entwicklungspfads wahr ist. Vielmehr ist der Prozess eher ein natürlicher (durch Reifung geleitetes Lernen) als ein kultureller (Sozialisation und Anleitung durch Erwachsene). Aber auch unter der Voraussetzung, dass es sich um einen natürlichen Prozess handelt, ist es immer noch möglich, dass bestimmte Typen sozialer Interaktion es den Kindern leichter machen, die notwendigen Fertigkeiten und Einstellungen auszubilden.

Laut einer zweiten Hypothese sind Interaktion und Zusammenarbeit mit ebenbürtigen Gleichaltrigen von entscheidender Bedeutung. Um zu selbstbestimmten moralischen Akteuren zu werden, brauchen Kinder nämlich (Piaget zufolge) Interaktionen mit anderen, die die gleiche Kompetenz, das gleiche Wissen und den gleichen Status haben und mit denen sie selbständig kooperative Arrangements ausbilden. In vielen der in diesem Kapitel besprochenen Untersuchungen arbeiten Kinder mit drei Jahren jedoch mit Gleichaltrigen in experimentellen Situationen auf raffinierte Weise zusammen, und zwar trotz der Tatsache, dass sie vor diesem Alter nur wenig Erfahrung mit der Zusammenarbeit mit Gleichaltrigen hatten. Ich glaube daher nicht, dass diese Hypothese vor dem Alter von drei Jahren besonders plausibel ist, obwohl sie wahrscheinlich für die Entwicklung im späteren Lebensalter gilt, wie wir später erörtern werden.

Die dritte Hypothese ist die plausiblere Behauptung, dass die durch die Reifung erfolgte Bereitschaft der Kinder zur Zusammenarbeit mit anderen ihre frühen sozialen Interaktionen mit Erwachsenen strukturieren. Wenn beispielsweise ein Kleinkind zusammen mit einem Erwachsenen ein Spiel spielt, ist die größere Leistungsfähigkeit und Kompetenz des Erwachsenen für das Spiel selbst nicht besonders relevant. Natürlich kann der Erwachsene zu jedem Zeitpunkt bestimmend werden, aber innerhalb des Spielkontexts nimmt ihn das Kind als Gleichen wahr. Später, nach dem Alter von drei Jahren, werden die Interaktionen der Kinder mit Gleichaltrigen entscheidend, weil sie nicht mehr in der geschützten Umgebung eines Spiels kooperieren, sondern kooperative Arrangements in realen Interaktionssituationen mit realen Konsequenzen ausbilden. Vielleicht ist die Kooperation mit Erwachsenen vor dem Alter von drei Jahren – nicht von ihnen gelehrt zu werden, sondern mit ihnen auf natürliche Weise zusammenzuarbeiten – eine Art Zone der proximalen Entwicklung für spätere kooperative Interaktionen mit Gleichaltrigen.

Der beste Test dieser drei Hypothesen würde durch interkulturelle Vergleiche erfolgen. Obwohl nur wenig quantitative Daten verfügbar sind, weisen die ethnografischen Beobachtungen – wie zuvor schon angedeutet – darauf hin, dass ein- bis dreijährige Kinder in westlichen Industriegesellschaften sich an mehr kooperativen Tätigkeiten mit Erwachsenen beteiligen als Kinder in traditionelleren Gesellschaften, die dafür in diesem frühen Alter vielfältigere Erfahrungen mit Gleichaltrigen haben. Die Überprüfung bestünde darin, alle möglichen Arten von sozial interaktiven und kooperativen Tätigkeiten mit verschiedenen Arten von Sozialpartnern im Altersbereich von ein bis drei Jahren über mehrere kulturelle Kontexte hinweg zu messen. Relevant wären die kooperativen Fertigkeiten der Kinder – und ihre unterschiedlichen soziomoralischen Motivationen und Einstellungen, von gemeinsamen Verpflichtungen bis zu zweitpersonalem Protest – im Altersbereich von drei bis sechs Jahren. Man könnte natürlich dasselbe grundsätzliche Design auch verwenden, um die Erfahrungen der Kinder zwischen drei und sechs Jahren und die Ergebnisse im Alter von sechs Jahren und älter zu messen.

Meine allgemeine Hypothese ist somit, dass es sich um einen Prozess der Konstruktion oder der sozialen Ko-Konstruktion handelt. In dem Maße, wie die Fähigkeiten zu gemeinsamer Intentionalität heranreifen, nimmt die Interaktion kleiner Kinder mit anderen eine neue Struktur an, die Zwei-Ebenen-Stuktur. Sobald sie mit anderen bei der Zusammenarbeit auf zwei Ebenen miteinander interagieren, verhalten sie sich auch natürlicherweise auf neue Weisen mit einigen neuen soziomoralischen Einstellungen, insbesondere mit einem Sinn für die Äquivalenz von Selbst und Anderem, was zu einem Gefühl von gegenseitigem Respekt zwischen den Partnern führt. In dem Maße, wie ihre Fähigkeiten zur kollektiven Intentionalität heranreifen, werden kleine Kinder zu normativen Wesen. Sie sind jetzt in der Lage, mit anderen zweitpersonalen Akteuren eine gemeinsame Verpflichtung zu bilden (und sich an den damit verbundenen Prozessen des zweitpersonalen Protests zu beteiligen), was wiederum zu weiteren einzigartig menschlichen soziomoralischen Einstellungen führt, insbesondere zu einem Gefühl von Verpflichtung oder Verantwortlichkeit gegenüber Partnern und zum Unmut gegenüber Partnern, die sie nicht auf dieselbe Weise behandeln. Ein Kind, das der sozialen Erfahrung beraubt wäre, würde diese soziomoralischen Einstellungen auf keiner dieser Ebenen entwickeln. Der Entwicklungspfad wird zwar strukturiert und beseelt durch die Reifung der Fähigkeiten zur geteilten Intentionalität, aber die unmittelbarsten Kausalfaktoren sind die sozialen Erfahrungen des Kindes, insofern sie durch diese Fähigkeiten und seine Versuche, seine Interaktionen mit anderen normativ durch die Verinnerlichung dieser einzigartigen sozialen Erfahrungen selbst zu regulieren, strukturiert werden.

Soziale und moralische Implikationen

In allen menschlichen Gesellschaften sind kooperative Tätigkeiten zum wechselseitigen Nutzen allgegenwärtig, und die Mehrzahl der beeindruckendsten kognitiven Errungenschaften des Menschen – von komplexen Technologien bis zu formalen Symbolsystemen und gesellschaftlichen Institutionen – sind nur möglich, weil die

Individuen sowohl in der Lage als auch motiviert sind, ihre Gedanken und Handlungen mit anderen kooperativ zu koordinieren.

Aber über diese kognitiven Konsequenzen hinaus sind kooperative Tätigkeiten zum wechselseitigen Nutzen auch der Geburtsort einer einzigartig menschlichen Sozialität und Moralität. Mutualistische kooperative Tätigkeiten tragen in sich die Keimlinge aller soziomoralischen Motivationen und Einstellungen, die die menschliche von der Sozialität anderer Affen am deutlichsten unterscheidet. Bei der Zusammenarbeit mit anderen Individuen – anfänglich mit Erwachsenen und später mit Gleichaltrigen – erzeugen kleine Kinder eine neue soziale Ordnung, in der das »wir« durch die beiden zweitpersonalen Akteure »ich« und »du« konstituiert wird, die sich wechselseitig bestimmen. Im Vergleich mit der sozialen Ordnung von Menschenaffen, die hauptsächlich auf Konkurrenz und Dominanz beruht, stellt diese soziale Ordnung eine radikal neue Weise dar, sich zu anderen zu verhalten – nämlich mit wechselseitigem Vertrauen, Respekt und gemeinsamen Verpflichtungen. Das Durchlaufen des Entwicklungspfads von der Zwei-Ebenen-Kooperation zur gemeinsamen Verpflichtung ist daher grundlegend für praktisch die gesamte einzigartig menschliche Sozialität und Moralität.

Ich würde geltend machen, dass diese neuen Weisen des Verhaltens gegenüber anderen nicht nur strategisch sind – darauf gerichtet, die eigene Reputation so aufzupolieren, dass sich daraus Vorteile ergeben –, sondern auch genuin moralisch (Tomasello, 2016). Natürlich sorgen sich menschliche Individuen um ihre Reputation und darum, dass sie von anderen nicht übervorteilt werden, und diese strategischen Motive gehören eindeutig zum Gesamtbild dazu, besonders bei erwachsenen Menschen. Aber das, was wir hier betrachtet haben, sind bloß Kinder bis zum Alter von etwa drei Jahren, die eben angefangen haben, mit anderen als unabhängigen soziomoralischen Akteuren zu interagieren, und die sich allem Anschein nach noch nicht darum sorgen, was andere über sie denken (siehe Kapitel 10). Und doch gehen sie ab dem Alter von drei Jahren gemeinsame Verpflichtungen mit anderen ein und erhalten sie aufrecht und beteiligen sich außerdem am respektvollen zweitpersonalen Protest, um diese gemeinsamen Verpflichtungen selbst zu regulieren. Kinder im Alter von drei Jahren beginnen, zu genuin moralischen Wesen zu werden.

8

PROSOZIALITÄT

Menschen kooperieren nicht nur, sie opfern sich sogar füreinander. Individuen bringen Opfer, indem sie Organe und Blut für die Kranken spenden, indem sie sich freiwillig melden, um für die Gemeinschaft Brände zu bekämpfen, und indem sie ihr Leben für ihre Kulturgruppe in Kriegen riskieren. Außerdem vollziehen sie täglich viele weniger heroische Akte des Helfens und Teilens – sie halten für andere die Tür auf und teilen ihr Essen. Gewiss ist eine einfache, aber einflussreiche Interpretation dieses Musters, es einfach anhand des Prinzips »Folge der Nahrung« zu verstehen. Wenn Gruppen anderer Primaten, die auf Nahrungssuche sind, Futter finden, ist der Erste, der es berührt, fast immer auch derjenige – der Einzige –, der es frisst. Bei menschlichen Akteuren und sozialen Gruppen, die auf Nahrungssuche sind – von Jägern und Sammlern bis zu modernen Industriegesellschaften –, sind ausgedehnte und komplexe Verteilungen der Nahrung unter mehrere Individuen die Norm (Gurven, 2004).

Der evolutionäre Ursprung von Mitgefühl und Aufopferung im gesamten Tierreich ist zweifellos die Beziehung zwischen Eltern und Nachkommen. Bei Säugetieren hat sich das soziale Bindungshormon Oxytocin entwickelt, um die Pflege, den Schutz und die Fürsorge der Mütter für ihre Nachkommen zu motivieren, und in manchen Fällen auch die Beteiligung der Väter daran. Bei manchen Arten verallgemeinert sich dieses Mitgefühl für die Nachkommen auf andere Verwandte durch die normalen Prozesse der Verwandtschaftsselektion. Bei wenigen Arten wird es auch auf »Freunde« verallgemeinert, die keine Verwandten sind, und zwar auf der Grundlage allgemeiner Prinzipien der Interdependenz: Es ist sinnvoll, denen zu helfen, von denen man abhängig ist. Insbesondere bei Menschen erzeugte die Entstehung obligater kooperativer Nahrungssuche und ihre spätere kulturelle Organisation neue Formen der Interdependenz, die dabei halfen, den Sinn für Mitgefühl noch weiter auf Kooperationspartner und Angehörige der Eigengruppe zu verallgemeinern (siehe Kapitel 2).

Das prosoziale Verhalten von Menschenkindern hat daher sehr wahrscheinlich starke Reifungsgrundlagen, da die elementarsten Akte der Prosozialität – Helfen und Teilen mit Bezug auf Nicht-Verwandte – unter bestimmten Umständen allen Menschenaffen gemein sind. Aber außer dass sie viel häufiger und überall anzutreffen ist, weist die menschliche Variante auch noch einige besondere Eigenschaften auf. Die Neigung von Kindern, anderen auf paternalistische Weise zu helfen (das heißt, anderen nicht mit dem zu helfen, was diese wollen, sondern mit dem, was sie brauchen), oder die zusätzliche Hilfe für jene, die zuvor auf andere Weise geschädigt wurden, deuten auf eine Tendenz hin, die Rolle oder Perspektive des anderen einzunehmen. Roughley (2015) folgend, bezeichnen wir solche Verhaltensweisen als »smithsche Akte« (nach Adam Smith), weil sie von der einzigartigen Fähigkeit der Menschen herzustammen scheinen, sich gedanklich in die Lage des anderen zu versetzen. Kinder scheinen auch aufgrund von intrinsischen Motivationen zu helfen und zu teilen, die für normale Prozesse der externen Verstärkung unempfänglich sind, was abermals auf eine wichtige Rolle der Reifung hindeutet.

Aber dann, ab dem Alter von drei Jahren, nehmen die Dinge eine normative Wendung. Die Kinder helfen und teilen nun nicht nur aus Mitgefühl, sondern auch aus einem Gefühl der Verpflichtung heraus. Beispielsweise beginnen Dreijährige Ressourcen mit einem Sinn für Fairness zu verteilen, zumindest in kooperativen Kontexten. Akte der Fairness beruhen auf einem Sinn für die Verpflichtung, gleichermaßen verdienstvolle andere – das heißt andere zweitpersonale Akteure – mit gegenseitigem Respekt zu behandeln. Diese Verfahrensweise wird sowohl durch einen Sinn für die Äquivalenz von Selbst und Anderem – der aus kooperativen Interaktionen abgeleitet ist und einen Sinn für Fairness unterstützt (siehe Kapitel 7) – als auch durch die Fähigkeit ermöglicht, soziale Perspektiven und normative Standards in den selbstregulierenden Prozess einzubauen, was einen Sinn für Verpflichtungen hervorbringt.

Unser Thema ist in diesem Kapitel folglich der Entwicklungspfad, der die prosozialen Tendenzen der Kinder konstituiert. Vom Helfen und Teilen mit Bezug auf andere auf der Grundlage eines Sinns für Mitgefühl zur Fairness gegenüber anderen auf der Grundlage eines Sinns für Verpflichtung. Alle Eltern wissen, dass Kinder von Beginn an einen kräftigen Drang haben, ihre eigenen Bedürfnisse und Interessen unter Vernachlässigung aller anderen Personen zu befriedigen. Aber gleichzeitig entwickeln sie auch prosoziale Tendenzen, die die Bedürfnisse anderer zumindest in manchen Kontexten entweder vor ihre eigenen oder den ihren gleich stellen.

Im Ausgang von Menschenaffen: Elementares Mitgefühl

Mitgefühl für diejenigen zu empfinden, mit denen man interdependent zusammenlebt, und ihnen folglich auch zu helfen ist innerhalb bestimmter Grenzen ein natürlicher Teil des Soziallebens von Primaten. Wenn die Hilfe gegenseitig ist, wird sie evolutionär noch weiter stabilisiert.

Helfen und Teilen bei Menschenaffen

Wie in Kapitel 7 erwähnt, konkurrieren Menschenaffen tagtäglich um Ressourcen miteinander. Beispielsweise besteht im Fall der Nahrungssuche von Schimpansen die typische Situation darin, dass eine Handvoll Individuen umherzieht, bis sie einen Baum mit reifen Früchten finden. Jedes Individuum klettert dann für sich auf den Baum, holt sich ein paar Früchte und frisst sie dann in möglichst großem Abstand von den anderen. Ein solcher Kletterwettbewerb, bei dem der Gewinner derjenige ist, der zuerst ankommt, wird häufig ergänzt durch einen Wettbewerb, bei dem siegt, wer den Kampf- oder Dominanzwettbewerb gewinnt, etwa wenn ein dominanter Affe sich auf dem Baum nimmt, was er will, während die Untergeordneten in der Nähe nur zuschauen.

Aber in manchen Kontexten helfen Menschenaffen sich auch und teilen miteinander. Wie in Kapitel 7 erwähnt, ist der hauptsächliche Kontext die Unterstützung bei Dominanzwettkämpfen. Menschenaffen verlassen sich häufig darauf, dass ihre Verwandten sich bei Kämpfen auf ihre Seite stellen; darüber hinaus kultivieren sie »Freunde«, und zwar oft durch die Unterstützung in einer Koalition, aber auch durch andere Anschlussverhaltensweisen, wie beispielsweise das Lausen oder das Teilen von Nahrung. Das Lausen ist bei Schimpansen vorzugsweise auf Koalitionspartner gerichtet, und Individuen, die bevorzugt von einem Partner gelaust wurden, lausen diesen Partner auch bevorzugt (Gomes et al., 2009). Außerdem »teilen« männliche Schimpansen vorzugsweise Nahrung mit ihren Koalitionspartnern (das heißt, sie dulden, dass die anderen sich Nahrung nehmen). Wenn man dazu den Befund hinzufügt, dass Individuen, die einander lausen, auch Nahrung miteinander teilen, ist das Ergebnis eine relativ dichte Menge wechselseitiger Beziehungen des Lausens, Nahrungteilens und Unterstützens in Koalitionen. Aber die evolutionäre Logik ist immer noch Konkurrenz: In einer Welt ständiger Konkurrenz zahlt es sich aus, gute und mächtige Freunde zu haben. Mueller und Mitani (2005) fassen die Situation für die Schimpansen zusammen:

> Die vorherrschendsten Formen der Kooperation zwischen Schimpansen wurzeln jedoch in den Kampfwettbewerben der Männchen. Männliche Schimpansen unerhalten kurzfristige Koalitionen und langfristige Allianzen, um ihren Dominanzstatus innerhalb der Gemeinschaften zu verbessern, und sie verteidigen ihr Territorium kooperativ gegen fremde Männchen. Andere hervorstechende kooperative Tätigkeiten, wie beispielsweise Lausen und das Teilen von Fleisch, beziehen sich strategisch auf diese Ziele. Die Weibchen sind weitaus weniger sozial als die Männchen, und sie kooperieren auch nicht so ausgiebig miteinander. Trotzdem beinhalten die augenfälligsten Beispiele für weibliche Kooperation ebenfalls Kampfwettbewerbe, insofern die Weibchen manchmal miteinander kooperieren, um die Säuglinge von Rivalinnen zu töten (S. 317).

Eine Reihe vor kurzem durchgeführter experimenteller Untersuchungen hat die Tendenz der Schimpansen dokumentiert, anderen in instrumentellen Kontexten zu helfen. Beispielsweise stellten Warneken und Tomasello (2006) fest, dass drei von Menschen aufgezogene Schimpansen einen Gegenstand holten, der für einen menschlichen Betreuer, der versuchte, nach ihm zu greifen, außer Reichweite war. Aber sie holten keine Gegenstände, für die der Mensch keine Verwendung hatte (siehe auch Yamamoto und Tanaka, 2009). Da es ein Sonderfall sein könnte, dass von Menschen aufgezogene Schimpansen ihren menschlichen Betreuern helfen, boten Warneken et al. (2007) Schimpansen, die in einer halbnatürlichen Umwelt lebten, Gelegenheiten, einem unvertrauten Menschen zu helfen. Die Schimpansen halfen ihm ebenfalls und betrieben sogar Aufwand dafür (indem sie ein paar Meter hochkletterten, um das erwünschte Objekt zu holen). Darüber hinaus stellten Warneken et al. (2007, Studie 2) fest, dass Schimpansen auch einem Artgenossen halfen, indem sie eine Tür öffneten, um ihm Zugang zu Nahrung zu verschaffen (und zwar öfter, als sie die Tür unter zwei Kontrollbedingungen öffneten; siehe auch Melis et al., 2011; Greenberg et al., 2010). Ein entscheidender Punkt bei all diesen Untersuchungen bestand darin, dass die helfenden Schimpansen verstanden, dass sie die Nahrung nicht selbst bekommen konnten; ihre Hilfe kostete sie keine Ressourcen.

Wenn Schimpansen beobachteten, wie ein Artgenosse ein Risiko einging, um ihnen Zugang zu Nahrung zu verschaffen, dann belohnten sie dieses Individuum später dadurch, dass sie ihm gegenüber prosozial handelten (Schmelz et al., 2017). Das ist der einzige zuverlässige experimentelle Nachweis des wechselseitigen Teilens bei Menschenaffen. Trotzdem machte Tomasello (2016) geltend, dass solche Verhaltensmuster der Reziprozität bei Affen – einschließlich derer, die beim Lausen, bei der Unterstützung durch Koalitionen und beim Teilen von Nahrung unter wild lebenden Affen vorkommen – nicht auf irgendeiner Art von »Vereinbarung« nach dem Motto Wie-du-mir-so-ich-dir beruhen (so genannte kalkulierte Reziprozität). Vielmehr beruhen sie auf der Tatsache, dass die Individuen Mitgefühl haben und eine emotionale Bindung zu denen entwickeln, die ihnen helfen – das heißt zu denen, von denen sie abhängen; jeder hilft dem anderen aus individuellem Mitgefühl. Es gibt keine Vereinbarung – die einen normativen Sinn von »wir« implizieren könnte –, sondern nur Mitgefühl in beiden Richtungen.

Menschenaffen sind nicht besonders gut im Teilen von Nahrung. Wie zuvor schon bemerkt, konkurrieren sie stark um Nahrung, und wie viele andere Säugetiere haben sie ein Dominanzsystem entwickelt, um die Nahrungskonkurrenz zu entscheiden. In Situationen, in denen die Konkurrenz minimiert ist – eine Gruppe von Affen wird mit belaubten Baumästen (ein weniger beliebtes Nahrungsmittel) versorgt, die zusammengebunden sind, sodass sie nahe beieinander fressen müssen –, kann es ein relativ friedliches »passives Teilen« geben, bei dem ein Individuum es anderen gestattet, sich einige Blätter von ihm zu nehmen (de Waal, 1989). Nach einer erfolgreichen Gruppenjagd nach dem beliebteren Nahrungsmittel Fleisch erlaubt zwar der Fänger den anderen, sich Stücke des Kadavers zu nehmen, aber nur weil sie ihn drangsalieren, wobei diejenigen, die am meisten drangsalieren, auch das meiste Fleisch bekommen (Gilby, 2006). Das wird als toleriertes Nehmen oder Teilen unter Druck bezeichnet, weil der Fänger das Fleisch nicht freiwillig anbietet; wenn er kämpfen würde, um die Wegnahme der Nahrung zu verhindern, würde er am Ende bei der Auseinandersetzung alles Fleisch an die anderen verlieren.

In einem experimentellen Paradigma gaben Silk et al. (2005) und Jensen et al. (2006) Schimpansen die Möglichkeit, an einem Seil zu ziehen, das nur für sie selbst Futter auf einem Brett lieferte, oder an einem anderen Seil zu ziehen, das dieselbe Menge Futter sowohl für sie selbst als auch für einen Artgenossen lieferte (das heißt, zur Wahl standen 1-0 und 1-1). Obwohl es keine Kosten dafür gab, großzügig zu sein, zogen die Schimpansen wahllos an den beiden Seilen und schienen sich nicht darum zu kümmern, was ihr Partner bekam; sie konzentrierten sich nur darauf, für sich selbst Nahrung zu bekommen. Hare und Kwetuenda (2010) stellten fest, dass ein Bonobo, der in einem Zimmer mit Nahrung versorgt wurde, freiwillig eine Tür öffnete und einem anderen erlaubte, hereinzukommen und mit ihm zusammen zu fressen. Aber Bullinger et al. (2013) stellten fest, dass Bonobos (ebenso wie Schimpansen) die Tür auch ziemlich häufig öffneten, wenn kein Futter vorhanden war, was darauf hindeutet, dass die Motivation nicht so sehr darin bestand, Nahrung zu teilen, als darin, Gesellschaft zu haben.

Eine andere interessante und bezeichnende Situation ist das Teilen von Nahrung zwischen Müttern und ihren Jungtieren. Wenn eine Schimpansenmutter Nahrung hat, bietet sie sie selten ihren Nachkommen an. Wenn diese betteln und sie drangsalieren, gibt sie im Wesentlichen nur den schlechtesten Teil der Nahrung ab. Ueno und Matsuzawa (2004) stellten fest, dass Schimpansenmütter etwa die Hälfte der bettelnden Bitten ihrer Säuglinge rundweg ablehnten; bei der anderen Hälfte erlaubten sie ihnen auch nur, größtenteils die Haut, die Schale oder den Spelz zu nehmen. Völter et al. (2015) stellten fest, dass in Situationen, in denen nur das Kind eine gewisse Nahrungsmenge erreichen konnte, Orang-Utan-Mütter systematisch warteten, bis das Kind die Nahrung geholt hatte (wobei sie häufig Einfluss auf ihren Körper nahmen, um das Einholen der Nahrung zu erleichtern), um sie ihm dann wegzunehmen. Das steht in scharfem Gegensatz zu menschlichen Eltern, die in allen Gesellschaften ihre Nachkommen bis zum Ende der Adoleszenz aktiv mit Nahrung versorgen (Gurven, 2004).

Insgesamt ist zu konstatieren, dass Menschenaffen das Teilen von Nahrung nicht leichtfällt. Trotzdem tun sie zumindest etwas Prosoziales gegenüber ihren Verwandten und Freunden, wenn die Kosten nicht zu hoch sind. Und es gibt Belege dafür, dass diesem prosozialen Verhalten die Emotion des Mitgefühls zugrunde liegt. So stellten beispielsweise Crockford et al. (2013) in Untersuchungen wild lebender Schimpansen einen Anstieg des bei Säugetieren vorkommenden Bindungshormons Oxytocin bei lausenden Schimpansen (sowie auch bei denjenigen, die gelaust wurden) fest, und Wittig et al. (2014) stellten auf ähnliche Weise fest, dass ein Schimpanse, der während einer Episode des Nahrungsteilens einen Teil der Nahrung abgibt (toleriertes Nehmen), ebenfalls einen Anstieg von Oxytocin zeigt. Das scheint zumindest ein indirekter Beleg dafür zu sein, dass Schimpansen und andere Menschenaffen Mitgefühl für diejenigen empfinden, denen sie helfen.

Das Alter, in dem Menschenaffen erstmals helfen und teilen, ist unbekannt, weil weder Säuglinge noch Jungtiere jemals systematisch untersucht wurden. Aber in einigen Experimenten waren diejenigen, die den anderen halfen, erst drei bis vier Jahre alt (siehe insbesondere Warneken und Tomasello, 2006).

Menschenkinder

Menschliche Säuglinge und Kleinkinder beteiligen sich nicht an den konkurrenzbezogenen Interaktionen, die für Menschenaffen charakteristisch sind, und sie kultivieren auch nicht aktiv Freunde. Aber im Verlauf der Evolution entwickelte sich das Mitgefühl der Menschenaffen für Verwandte und Freunde zum Mitgefühl der Menschen für eine Vielzahl von anderen, anfänglich für Kooperationspartner und danach für jedes Mitglied der sozialen Gruppe. Moderne Babys haben beide Varianten geerbt. Der vielleicht reinste Fall von Mitgefühl bei heutigen menschlichen Babys liegt vor, wenn sie andere, die in Not sind, trösten, indem sie sich typischerweise einer bekümmerten Person nähern, ihr besondere Aufmerksamkeit schenken und sie manchmal sogar berühren. Eine Fülle von experimentellen und Beobachtungsstudien hat festgestellt, dass schon einjährige Säuglinge sich anderen weinenden Säuglinge nähern und sie trösten sowie auch Erwachsenen, die irgendeine Art von emotionaler Verstimmung zeigen (Nichols et al., 2009; zu einer Übersicht siehe Eisenberg et al., 2006). Und wie wir bald sehen werden, manifestiert sich Mitgefühl auch in Form der instrumentellen Hilfe und des aktiven Teilens von Ressourcen bei menschlichen Babys ebenfalls im Alter zwischen ein und zwei Jahren.

Systematische Altersvergleiche zwischen Affen und Säuglingen sind daher in diesem Bereich nicht möglich, da die sozialen Kontexte, in denen die beiden Spezies ihr speziesadäquates Mitgefühl ausdrücken, verschieden sind und Menschenaffenjungtiere in den meisten Paradigmen, mit denen menschliche Babys untersucht werden, nicht getestet wurden. Trotzdem ist es beachtenswert, dass das Tröstungsverhalten menschlicher Babys recht früh erscheint, nämlich schon bald nach dem ersten Geburtstag. Informelle Beobachtungen an Menschenaffen deuten darauf hin, dass sie in diesem überaus jungen Alter wahrscheinlich noch nicht trösten, helfen oder teilen.

Smithsches Helfen und Teilen

Menschliche Babys sind keine unabhängigen Akteure. Der größte Teil ihrer Interaktionen mit der Welt ist durch ihre Mütter und andere Erwachsene vermittelt. Deshalb ist es aus einer evolutionären Perspektive überraschend, dass sie eine so starke Tendenz zu prosozialem Verhalten haben. Wenn sie weder Freunde noch Reziprozität noch ihren Ruf pflegen, was tun sie dann (evolutionär gesehen)? Vermutlich liegt die Antwort aus evolutionärer Perspektive in ihrem Bedürfnis, kooperative soziale Beziehungen zu Erwachsenen herzustellen, die sich um sie kümmern, obwohl das natürlich nicht ihre unmittelbare Motivation ist. Ihre unmittelbare Motivation ist vermutlich das Mitgefühl mit der Person, die Hilfe braucht.

Helfen

Menschliche Babys beginnen spätestens ab vierzehn Monaten aktiv, anderen bei ihren instrumentellen Problemen zu helfen (Warneken und Tomasello, 2007). In Wahrnehmungsdisplays unterscheiden sie in noch jüngerem Alter Helfer von Personen, die behindern (zum Beispiel Kuhlmeier et al., 2003; Hamlin et al., 2007). In einem direkten Vergleich zwischen von Menschen aufgezogenen jungen Schimpansen und achtzehn Monate alten menschlichen Babys fanden Warneken und Tomasello (2006) große Ähnlichkeiten. Beide Spezies halfen einem erwachsenen Menschen dabei, an Gegenstände zu kommen, die außer Reichweite lagen (obwohl nur die Babys dem Erwachsenen bei komplexeren Problemen halfen, wie beispielsweise beim Aufstapeln von Büchern oder beim Öffnen eines Schranks). Bei einem anderen direkten Vergleich stellten Warneken et al. (2007) fest, dass sowohl Schimpansen als auch achtzehn Monate alte Kinder unempfänglich für potenzielle Belohnungen seitens der Person waren, der sie geholfen hatten, und dass beide sogar einige Mühe auf das Helfen verwandten.

Über diese allgemeinen Ähnlichkeiten mit dem instrumentellen Helfen von Menschenaffen hinaus helfen menschliche Babys auch auf bestimmte Weisen, die man bei Affen nicht findet. Ein Unterschied ist, dass schon zwölf Monate alte Babys Erwachsenen und Gleichaltrigen dabei helfen, ihre Ziele zu erreichen, indem sie sie mit nützlichen Informationen durch die Zeigegeste versorgen, was Menschenaffen nicht tun (siehe Kapitel 4). Ein anderer Unterschied ist, dass zwei- bis dreijährige Kinder einem Gleichaltrigen im Verlauf einer kooperativen Tätigkeit mehr helfen als bei anderen Tätigkeiten (Hamann et al., 2012), während der Tätigkeitskontext für Menschenaffen keinen Unterschied macht (Greenberg et al., 2010). Menschliche Kleinkinder im Alter von etwa dreißig Monaten sind auch bereit, einen sehr hohen Preis zu zahlen, um anderen zu helfen (indem sie eines ihrer Lieblingsbesitztümer teilen; Svetlova et al., 2010), wohingegen diese Art von kostspieligem Teilen bei anderen Menschenaffen unwahrscheinlich ist. Kleinkinder helfen anderen Kleinkindern auch bei ihren instrumentellen Problemen (Hepach et al., 2017a) und unterscheiden bezeichnenderweise eine Person, die in echter Not ist, von anderen Personen, mit denen sie auf andere Weise positiv interagieren könnten (Köster et al., 2016).

Zusätzlich zu diesen hauptsächlich quantitativen Unterschieden gibt es drei andere wohlbekannte Phänomene, die mit dem Hilfeverhalten von Kindern zu tun haben und auf einen qualitativen Prozessunterschied hindeuten. Erstens ist das Hilfeverhalten menschlicher Babys intrinsisch motiviert. So helfen Babys anderen ebenso spontan, wenn sie mit der hilfsbedürftigen Person allein sind, wie wenn ihre Mutter ihnen beim Helfen zuschaut oder sie gar dazu ermuntert (Warneken und Tomasello, 2013a). Noch stärker in diese Richtung weist die Tatsache, dass Babys außerdem jemandem helfen, der nicht einmal weiß, dass ihm geholfen wird (wobei auch hier niemand sonst zuschaut, Warneken, 2013; Hepach et al., 2017b). Unter Verwendung des berühmten Paradigmas der Überrechtfertigung konnte ferner gezeigt werden: Wenn man zwanzig Monate alten Kindern externe Belohnungen für ihre Hilfe gibt und die Belohnungen dann ausgesetzt werden, dann lässt ihre Hilfe tatsächlich gegenüber Kindern nach, die nie belohnt wurden, was darauf hindeutet, dass externe Belohnungen ihre intrinsische Motivation untergraben (Warneken und Tomasello, 2008; siehe aber Dahl et al., 2017 zu einer Untersuchung mit etwas anderen Ergebnissen für jüngere Babys im Alter von dreizehn bis fünfzehn Monaten). Soziales Lob verringerte in dieser Untersuchung die Motivation der Kinder nicht, aber erhöhte sie auch nicht. Schließlich – und am aussagekräftigsten – stellten Hepach et al. (2012, 2017b) unter Verwendung direkter physiologischer Anzeichen für emotionale Erregung – Pupillenerweiterung und Körperhaltung – fest, dass kleine Kinder gleichermaßen zufrieden sind, wenn sie jemandem in Not helfen und wenn sie sehen, dass dieser Person von einem Dritten geholfen wird (in beiden Fällen sind sie außerdem zufriedener, als wenn der Person überhaupt nicht geholfen wird), was darauf hindeutet, dass ihre Motivation nicht darin besteht, selbst für Hilfe zu sorgen (zur Steigerung der Reputation), sondern nur darin, dass der anderen Person geholfen wird. Obwohl Menschenaffen in keinem der hier zitierten Paradigmen untersucht wurden, zeigen diese Studien doch, dass das Hilfeverhalten menschlicher Babys intrinsisch motiviert ist und nicht groß von extern verabreichten Belohnungen und Strafen beeinflusst wird.

Das zweite wichtige Phänomen ist das paternalistische Helfen. Erwachsene Menschen sind besonders motiviert, anderen zu helfen, die sich in ernsten physischen Notlagen befinden. Nehmen wir beispielsweise den sprichwörtlichen Fremden, der verletzt auf der Straße liegt. Menschen werden sich vordringlich um sein körperliches Wohlergehen kümmern – und zwar so sehr, dass, auch wenn er flehentlich darum bittet, zuerst sein Fahrrad von der Straße zu holen, wir den Wunsch ignorieren und uns darauf konzentrieren, seine Blutung zu stillen. Wir wollen weniger seine Wünsche erfüllen als ihm vielmehr physisch helfen (siehe Nagel, 1986). Mehrere Untersuchungen an kleinen Kindern haben festgestellt, dass eine solche paternalistische Hilfe schon in einem recht frühen Alter in Erscheinung tritt (zum Beispiel Martin und Olson, 2013). In einer Vergleichsuntersuchung mit Schimpansen und menschlichen Kleinkindern ließen Hepach et al. (im Erscheinen) einen trainierten Artgenossen nach einem von zwei Werkzeugen greifen. In der entscheidenden Bedingung griff er nach einem Werkzeug, von dem der Proband wusste, dass es nicht dasjenige war, das er wirklich brauchte. Die Schimpansen verfolgten die Greifhandlung des Greifenden und holten ihm dieses Werkzeug; im Gegensatz dazu ignorierten menschliche Kleinkinder die Greifhandlung des Erwachsenen und holten ihm das Werkzeug, das er tatsächlich brauchte. Weitere Belege in derselben Richtung liefern Hepach et al. (2013), die einen Erwachsenen Kummer über etwas zum Ausdruck bringen ließen, das gerade geschehen war. Kleine Kinder halfen dem Erwachsenen nicht, wenn sein Kummer durch die Umstände nicht gerechtfertigt war (wenn er beispielsweise wegen etwas Trivialem weinte), sondern nur dann, wenn sein Kummer durch eine eindeutige Ursache gerechtfertigt zu sein schien. Dieser Befund deutet abermals darauf hin, dass es nicht die persönlichen Wünsche der anderen sind, denen Kinder und Erwachsene zu entsprechen versuchen – obwohl sie das in manchen Fällen tun mögen –, sondern vielmehr das Wohlergehen der hilfsbedürftigen Person.

Ein drittes wichtiges Phänomen ist das Mitgefühl für eine Person, das sich über den unmittelbaren Bedürfniskontext hinaus erstreckt. So ließen Vaish et al. (2009) achtzehn Monate alte Babys zuschauen, während eine Puppe eine andere »schädigte« (indem sie beispielsweise ihr Foto zerriss). Die Babys empfanden Mitgefühl für das Opfer (was ihr Gesichtsausdruck anzeigte) und bezeichnenderweise erstreckte sich dieses Mitgefühl auf eine spätere, davon unabhängige Situation, in der das Opfer Hilfe brauchte: Sie halfen dem früheren Opfer mehr als einer neutralen Person. In einem ähnlichen Experiment mit Schimpansen stellten Liebal et al. (2014) kein solches »erweitertes Mitgefühl« fest. Dieser Speziesunterschied deutet auf die Möglichkeit einer qualitativ anderen Form von Mitgefühl bei Menschen hin, die darüber hinausgeht, einem Akteur bloß bei seinem instrumentellen Problem zu helfen, und sich auf eine wirkliche Empathie mit ihm in dem Sinne erstreckt, seine affektive Perspektive einzunehmen und sich »an seine Stelle« zu versetzen. Roughley bezeichnet das als »smithsche Empathie« und gibt (Smith, 1759 folgend) als Beispiele die Art und Weise an, wie wir uns im Hinblick auf einen toten oder geistig behinderten Menschen schlecht fühlen – auch wenn sie selbst sich nicht schlecht fühlen; vermutlich beruht dieses Gefühl darauf, wie wir uns fühlen würden, wenn wir (in unserem gegenwärtigen bewussten Zustand) in ihrer Situation wären. Die paternalistischen Untersuchungen zum Hilfeverhalten, die wir besprochen haben, können auf ähnliche Weise interpretiert werden: Ich hole ihm nicht, was er will, sondern was ich wollen würde, wenn ich vor dem Hintergrund meines gegenwärtigen Wissens in seiner Lage wäre. Perspektivenübernahme und Selbstprojektion sind Dinge, die Menschenaffen nicht tun, weil sie vermutlich nicht die notwendigen kognitiven Fertigkeiten der gemeinsamen Aufmerksamkeit und der Perspektivenübernahme besitzen.

Die Hypothese lautet also, dass das instrumentelle Hilfeverhalten von Kindern dem von Menschenaffen zwar in vielen Hinsichten ähnelt, es aber auch einige einzigartige Merkmale aufweist, die hauptsächlich auf einzigartige menschliche Anpassungen an Kooperation und geteilte Intentionalität zurückgehen. Aus vielen der von Baumard et al. (2013) skizzierten Gründe könnte daher eine intrinsische Motivation, zu helfen und zu kooperieren, ein evolutionärer Vorteil sein (beispielsweise würde sie nicht die Art von Zögern bei einer Entscheidung aufweisen, die eine eher strategisch motivierte Variante aufweisen könnte). Anderen paternalistisch nicht mit dem zu helfen, was sie wollen, sondern mit dem, was sie brauchen, und zwar insbesondere im Hinblick auf ihr physisches Wohlergehen, stimmt mit einer evolutionären Analyse im Sinne der Interdependenz überein, bei der das Wichtigste ist, dass die Individuen, von denen man abhängt, in guter Verfassung bleiben. Und die Art von perspektivisch begründeter smithscher Empathie, die kleine Kinder zeigen (und Affen nicht), spiegelt vermutlich eine ontogenetische Interaktion zwischen dem Mitgefühl der Kinder für jene, die in Not sind, und ihren entstehenden Fähigkeiten zur Perspektivenübernahme wider.

Die sich anschließende Entwicklung des Hilfeverhaltens der Kinder nach dem Alter von drei Jahren ist durch zwei Hauptmerkmale gekennzeichnet. Erstens wird es selektiver. Zum Beispiel stellten Vaish et al. (2010) fest, dass dreijährige Kinder (vor die Wahl gestellt, einem von zwei Akteuren zu helfen) es selektiv vermieden, demjenigen zu helfen, dessen antisoziales Verhalten (im Vergleich zu einem neutralen Akteur) sie zuvor schon beobachtet hatten; einem prosozialen Akteur halfen sie allerdings auch nicht bevorzugt. Vorschulkinder bewegen sich also über das mehr oder weniger unterschiedslose Hilfeverhalten von Babys hinaus und beginnen zu berücksichtigen, ob es klug wäre, diesem bestimmten Individuum zu helfen. In derselben Richtung stellten Plötner et al. (2015b) fest, dass fünfjährige Kinder jemandem in Not viel bereitwilliger halfen, wenn sie die einzige anwesende Person waren, als wenn es noch andere gab, die möglicherweise helfen konnten (das heißt, sie zeigten einen erwachsenenartigen Zuschauereffekt). Auch hier bewegen sich die Vorschulkinder über das unterschiedslose Hilfeverhalten der Babys hinaus und beginnen zu berücksichtigen, ob es vielleicht sicherer ist, jemand anderen das Risiko tragen zu lassen. Für Vorschulkinder würde es auch Sinn ergeben, dass sie beginnen, jenen zu helfen, die ihnen zuerst geholfen haben (wie sie es beim Teilen tun, siehe den nächsten Unterabschnitt), aber Warneken und Tomasello (2013b) stellten diesen Effekt nicht fest (obwohl das analytische Problem darin bestand, dass sie sehr oft halfen, fast schon mit maximaler Häufigkeit, auch wenn ihnen niemand zuerst half).

Das zweite Merkmal des Hilfeverhaltens bei Kindern über drei Jahren ist die Rolle sozialer Normen. Babys helfen aus Mitgefühl, und das gilt auch für ältere Kinder und Erwachsene. Aber jeder Hilfeakt birgt auch Kosten und Risiken. Anhand verschiedener Erwägungen haben verschiedene Kulturen verschiedene Gesamtheiten sozialer Normen entwickelt, die angeben, wann und unter welchen Umständen eine Person einer anderen helfen sollte (und wann nicht). Wenn ich Sie beispielsweise in westlichen Kulturen bitte, mir das Salz am Esstisch zu reichen, bleibt Ihnen fast nichts anderes übrig; bitte ich Sie jedoch, zum Laden zu fahren und Salz für mich zu kaufen, können Sie Einspruch erheben, und niemand wird schlechter von Ihnen denken. Der entscheidende Punkt ist, dass Säuglinge und Kleinkinder in so gut wie jeder Situation helfen, in der sie dazu in der Lage sind, wenn es nicht übermäßig viel kostet. Ältere Kinder beginnen zu berücksichtigen, was andere von ihnen erwarten, bevor sie sich zur Hilfe entscheiden.

Teilen

Helfen kostet nur ein paar Erg Energie, aber Teilen kostet Ressourcen. In Situationen des Teilens ist daher die natürliche, intern motivierte Tendenz, anderen zu helfen, abgeschwächt durch ihren eigensüchtigen Wunsch nach diesen Ressourcen. Wir betrachten hier also die Großzügigkeit der Säuglinge und Kleinkinder mit Bezug auf Ressourcen (im nächsten Abschnitt sehen wir uns die Aufteilung von Ressourcen bei älteren Kindern an, die durch einen Sinn für Fairness bestimmt werden). Die Hypothese lautet: Obwohl das Teilen der Kinder einige Merkmale mit dem von Affen gemein hat, weist es viele einzigartige Merkmale auf, und diese gehen wie im Fall des Hilfeverhaltens hauptsächlich auf einzigartig menschliche psychologische Mechanismen für die Einnahme der affektiven Perspektive des anderen zurück (smithsche Empathie).

Menschliche Babys geben ziemlich großzügig Gegenstände und Nahrung her, aber das könnte daher rühren, dass sie sie nicht wirklich wertschätzen. Klein- und Vorschulkinder, die Spielzeuge und Essen tatsächlich wertschätzen, gehen häufig ziemlich egoistisch damit um. Aber das geschieht hauptsächlich dann, wenn sie das eine oder andere bereits besitzen (das heißt, sie zeigen einen »Besitztumseffekt«). So fanden Brownell et al. (2013a) in einer Situation, in der das Kind schon einige Spielzeuge oder Essen besaß und ein Erwachsener nichts hatte, dass achtzehn Monate alte Kleinkinder nur einige ihrer Dinge teilten und dann auch nur mit einer gewissen Häufigkeit und größtenteils als Reaktion auf eine verbale Aufforderung. Mit vierundzwanzig Monaten teilten Kinder häufiger und großzügiger (indem sie sowohl Essen als auch Spielzeuge gleich häufig teilten und auch weniger dazu aufgefordert werden mussten; siehe auch Dunfield et al., 2011). Bei einer Reihe von Aufgaben, bei denen etwas älteren Kindern Gelegenheit geboten wurde, eine Menge von Ressourcen zwischen sich und einem erwachsenen Partner aufzuteilen, beobachteten Rochat et al. (2009), dass Dreijährige etwa ein Drittel der Dinge hergaben, während Fünfjährige fast die Hälfte abtraten.

In Situationen, in denen sie die Spielzeuge oder das Essen nicht schon im Voraus besitzen, teilen Säuglinge und Kleinkinder mit anderen relativ großzügig. So ließen beispielsweise Ulber et al. (2015) Paare von achtzehn und vierundzwanzig Monate alten Kindern gemeinsam einen Raum betreten und auf eine Schale mit kleinen, attraktiven Spielzeugen stoßen (eine Situation, die etwas an die Nahrungssuche von Schimpansen erinnert). In dieser Situation teilten sie die Spielzeuge fast immer relativ friedlich auf, ohne dass eines der beiden Kinder sich mit dem anderen zankte oder alles für sich beanspruchte; und in etwa der Hälfte der Fälle teilten sie sie gleich auf. Teilen im Sinne von nicht versuchen, alle Ressourcen zu dominieren, ist für Kleinkinder ganz natürlich. Interessanterweise stellten Ulber et al. (2016) fest, dass die Motivation zu teilen bei dreijährigen Kindern nicht empfänglich ist für konkrete Belohnungen – sondern durch sie verringert wird –, was darauf hindeutet, dass es ebenso wie das Helfen intrinsisch motiviert ist. Wie in der ähnlichen Untersuchung von Warneken und Tomasello (2008) zum Hilfeverhalten verringerte soziales Lob die interne Motivation der Kinder nicht, aber steigerte sie auch nicht. Ein anderer interessanter Befund ist der von Brownell et al. (2013a), dass individuelle Unterschiede der Kinder beim Teilen mit individuellen Unterschieden in ihrem Verständnis der Eigentümerschaft verknüpft sind: Man kann etwas nicht wirklich teilen, wenn man nicht ein Gefühl dafür hat, dass es das Eigene ist, das man nach eigenem Belieben teilt.

Brownell et al. (2009) entwarfen eine Aufgabe, die den Aufgaben so ähnlich wie möglich sein sollte, die Silk et al. (2005) und Jensen et al. (2006) Schimpansen gestellt hatten: Ein Kind musste zwischen einer Ressource nur für sich selbst gegenüber einer Ressource für sich und einer für einen Partner wählen (1-0 versus 1-1). Sie fanden heraus, dass achtzehn Monate alte Kinder – wie die Schimpansen – unterschiedslos wählten. Aber fünfundzwanzig Monate alte Kinder entschieden sich häufiger so, dass sowohl sie selbst als auch der Partner davon profitierten (insbesondere dann, wenn dieser Partner einen Wunsch nach dieser Ressource zum Ausdruck brachte). House et al. (2012) führten einen ähnlichen Test mit Kindern von drei bis acht Jahren durch und verglichen die Ergebnisse mit den Schimpansendaten von Silk et al. (2005), wobei sie feststellten, dass die Kinder viel prosozialer als die Schimpansen waren.

Wie im Falle des Helfens ist auch die Entwicklung des Teilens nach dem Alter von drei Jahren durch zwei Hauptmerkmale gekennzeichnet. Erstens wird es selektiver. Beispielsweise stellten Warneken und Tomasello (2013) fest, dass dreijährige, aber nicht zweijährige Kinder, mehr Ressourcen mit einer Person teilen, die zuvor mit ihnen geteilt hat, als mit jemand, der nicht geteilt hat. Außerdem fanden Olson und Spelke (2008), dass Dreijährige häufiger Ressourcen aufteilen, um insbesondere Freunde, Menschen, die mit ihnen zuvor geteilt haben, und Menschen, die zuvor mit anderen geteilt haben, profitieren zu lassen. Moore (2009) untersuchte eingehender, wie die Eigenart des Empfängers das Teilen von fünf- bis sechsjährigen Kindern beeinflusst, und stellte fest, dass »kleine Kinder eine gleiche Aufteilung von Ressourcen gegenüber Freunden bevorzugen, Nicht-Freunde weniger gut behandeln und sich Fremden gegenüber prosozial verhalten, wenn die Kosten für sie selbst nicht hoch sind« (S. 944). Svetlova und Brownell (im Erscheinen) stellten fest, dass drei- und fünfjährige Kinder sich für eine bedürftige Puppe entschieden, wenn sie die Wahl zwischen dieser oder einer neutralen Puppe hatten. Im Unterschied zu den Menschenaffen beruht auch das Teilen von kleinen Kindern (ebenso wie ihre Hilfe) auf einer affektiven Perspektivenübernahme mit Bezug auf die Bedürfnisse des Empfängers.

Das zweite Merkmal des Teilens von Kindern über drei Jahren besteht darin, dass es für soziale Normen empfänglich wird. So ist beispielsweise das Teilverhalten von Vorschulkindern in interkulturellen Untersuchungen über die Kulturen hinweg zwar ziemlich ähnlich, aber irgendwann während der mittleren Kindheit beginnen die Kinder, in der Richtung der sozialen Normen ihrer jeweiligen Kultur auseinanderzustreben. Experimentell bestätigt werden konnten dieses Alter und dieser Prozess in einer kürzlich von House und Tomasello (2018) durchgeführten Untersuchung, in der westlichen Kindern über einen breiten Altersbereich hinweg eine prosoziale Aufgabe gestellt wurde (das heißt eine Entscheidung zwischen 1-0 und 1-1, bei der ein Partner auch etwas bekommt). Sie fanden heraus, dass die Kinder mit fortschreitendem Alter in den Schuljahren allmählich prosozialer wurden, aber vor allem, dass die Schulkinder viel empfänglicher als Vorschulkinder für Informationen bezüglich sozialer Normen waren. Wenn sie beispielsweise vor ihrer Entscheidung andere Kinder (auf einem Video) sahen, die so etwas sagten wie »Das ist die richtige Entscheidung« oder »Dafür entscheiden sich die meisten Kinder«, verhielten sich ältere, aber nicht jüngere Kinder im Sinne der Norm. Im Zusammenhang mit diesem Befund steht die Tatsache, dass Schulkinder dazu neigen, mehr mit gleichaltrigen Gruppenmitgliedern als mit Nicht-Mitgliedern zu teilen (Fehr et al., 2008), was auf eine Sensibilität gegenüber sozialen Normen hindeutet, die typischerweise nur für Gruppenmitglieder gelten. (Siehe auch McAuliffe et al. [im Druck] zum Einfluss sozialer Normen auf das Teilen bei vier- bis neunjährigen Kindern.)

Individuelle und kulturelle Variation

Kinder mit einer Autismus-Spektrum-Störung helfen anderen bei ihren instrumentellen Problemen (Liebal et al., 2008), und es gibt keine Berichte darüber, dass sich ihr Teilen von Spielzeugen und Ressourcen deutlich unterscheidet. Aber von zentraler Bedeutung sind hier diejenigen Aspekte des Helfens und Teilens, die einzigartig menschlich sind. Unseres Wissens gibt es keine Untersuchungen der intrinsischen Hilfemotivation autistischer Kinder oder ihrer Neigung zur paternalistischen Hilfe. Die einzige in diese Richtung weisende Untersuchung ist die von Hobson et al. (2009; auf der die Studie von Vaish et al. gründete), bei der autistische Kinder nicht ebenso gut wie eine Kontrollgruppe von lernbehinderten Kindern bei der »affektiven Perspektivenübernahme« in einer Situation waren, in der ein Opfer geschädigt wurde, aber keine äußerlichen Anzeichen von Kummer gezeigt hatte. Das liefert zumindest einen Hauch Unterstützung für die These der biologischen Grundlagen des einzigartig menschlichen Hilfeverhaltens.

Im Hinblick auf die kulturelle Variation oder deren Abwesenheit stellten Callaghan et al. (2011) fest, dass menschliche Babys in drei ganz unterschiedlichen kulturellen Kontexten (zwei davon waren traditionelle, kleingesellschaftliche, analphabetische Kulturen) anderen in fast genau demselben Alter zu helfen begannen, und zwar mit ungefähr achtzehn Monaten – trotz der Tatsache, dass Mütter in diesen verschiedenen Kulturen sehr unterschiedliche Einstellungen mit Bezug darauf haben, wie wünschenswert es ist oder wie stark erwartet wird, dass so junge Kinder anderen helfen. Aber wenn sie älter sind, beginnen kulturelle Unterschiede aufzutauchen. So stellten beispielsweise Rochat et al. (2009) kulturelle Unterschiede in der Neigung drei- bis fünfjähriger Kinder fest, Ressourcen zwischen sich selbst und einem Partner aufzuteilen, wobei Kinder aus eher kollektivistischen Kulturen großzügiger teilten als jene aus eher individualistischen Kulturen. House et al. (2013) untersuchten Kinder von drei bis vierzehn Jahren in sechs verschiedenen kulturellen Kontexten und stellten fest, dass Kinder in allen Gesellschaften mit zunehmendem Alter großzügiger wurden, wenn das Teilen mit anderen nicht kostspielig war, dass sie aber mit zunehmendem Alter weniger großzügig wurden, wenn das Teilen mit anderen kostspielig war, wobei kulturelle Unterschiede (die auf Unterschieden kultureller Normen beruhten) später im Schulalter auftauchen.

Im Hinblick auf individuelle Unterschiede innerhalb westlicher Industriekulturen dokumentierten Brownell et al. (2013b), dass eine Reihe von Variablen im sozialen Umfeld der Kinder mit individuellen Unterschieden in ihrem Teilverhalten verknüpft sind. Aber natürlich könnten solche Korrelationen auch auf gegenläufige Beziehungen hindeuten – wenn die Kinder beginnen, eine Hilfetendenz zu zeigen, werden sie von ihren Eltern anders behandelt – oder die Wirkung eines dritten Faktors widerspiegeln.

Fairness

Fair zu sein ist nicht dasselbe, wie nett zu sein. Wenn ich zu einer Person besonders nett bin, indem ich ihr zusätzliche Ressourcen abgebe, könnte das trotzdem anderen gegenüber unfair sein. Aber wenn der Empfänger die Ressourcen dringender braucht oder irgendwie dafür verantwortlich ist, dass mehr Ressourcen verfügbar sind (weil er beispielsweise mehr Arbeit geleistet hat), dann könnte es vielleicht doch fair sein. Die Beurteilung der Fairness gründet also immer in einem Urteil, das sich auf Gleichheit bezieht – gleiche Ressourcen pro Person oder pro Bedürfniseinheit oder pro Einheit des Arbeitsaufwands oder was auch immer –, wobei das Selbst unparteiisch als äquivalent zu anderen (im Sinne dessen, was jemand zusteht) betrachtet wird. Ein Sinn für Fairness geht auf natürliche Weise mit einem Sinn für Verpflichtung einher: Jeder, einschließlich man selbst, sollte das bekommen, was er verdient. Ein Sinn für Fairness konkurriert daher unter manchen Umständen sowohl mit egoistischen als auch mit großzügigen Motiven.

Menschenaffen haben keinen Sinn für Fairness

Menschenaffen teilen manchmal, wie schon erwähnt, Ressourcen mit anderen, und Freunde teilen bevorzugt miteinander. Aber sie teilen mit den anderen nicht aufgrund eines Sinns für Fairness, wie zwei wichtige Gruppen experimenteller Ergebnisse nachgewiesen haben. Die erste Gruppe von Ergebnissen stammt aus dem Ultimatumspiel, bei dem eine Person eine Aufteilung von Ressourcen gegenüber einer antwortenden Person vorschlägt. Die antwortende Person kann den Vorschlag akzeptieren, in welchem Fall sie beide ihre Zuteilung behalten, oder ihn ablehnen, woraufhin keiner von beiden etwas erhält. Menschliche Erwachsene lehnen niedrige Angebote – etwa zwei oder drei von einer Gesamtmenge von zehn – in der Regel ab, auch wenn das bedeutet, dass sie gar nichts bekommen. Die wahrscheinlichste Erklärung für dieses »irrationale« Verhalten ist, dass die antwortende Person das Angebot für unfair hält. Sie wird sich nicht darauf einlassen – sie wird sich nicht auf diese Weise übervorteilen lassen –, auch wenn die Ablehnung sie Ressourcen kostet. Modifizierte, nichtverbale Ultimatumspiele wurden mit Schimpansen in zwei Untersuchungen (Jensen et al., 2007; Proctor et al., 2013) und mit Bonobos in einer Untersuchung (Kaiser et al., 2012) gespielt. In allen drei Untersuchungen war das entscheidende Ergebnis dasselbe: Die Versuchstiere lehnten so gut wie nie irgendwelche Angebote ab, die nicht gleich null waren. Vermutlich akzeptierten sie alles, weil sie sich nicht auf die Fairness des Angebots konzentrierten, sondern nur darauf, ob es ihnen Nahrung einbringen würde. Wittig et al. (2013) veranstalteten ein ganz ähnliches, nichtverbales Mini-Ultimatumspiel mit Paaren fünf Jahre alter Menschenkinder, die im Unterschied zu den Schimpansen unfaire Angebote häufig ablehnten (wenn die Person, die den Vorschlag machte, die Möglichkeit hatte, fair zu sein).

Bei der anderen Gruppe von Untersuchungen ging es um soziale Vergleiche. Das Phänomen besteht darin, dass Menschen damit zufrieden sind, eine Quantität X von Ressourcen zu erhalten, wenn sie nicht sehen, dass andere mehr bekommen, woraufhin sie dann unzufrieden sind. Vermutlich ist die Erklärung für ihre Unzufriedenheit auch hier wieder das Gefühl, unfair behandelt worden zu sein. Brosnan et al. (2005, 2010) berichteten über zwei Untersuchungen, die behaupteten, dass Schimpansen Nahrung ablehnen, die ihnen von Menschen gegeben wird (und die sie ansonsten akzeptieren würden), wenn sie sehen, dass ein anderer Schimpanse ein besseres Futter für dieselbe oder eine geringere Anstrengung bekommt. Aber wenn angemessene Kontrollbedingungen eingerichtet werden, verschwindet dieser Effekt. Die notwendigen Kontrollbedingungen sind diejenigen, unter denen der Schimpanse im selben Kontext einfach ein besseres Futter erwartet, was das angebotene Futter weniger attraktiv macht (Bräuer et al., 2006, 2009). Dieses experimentelle Paradigma zeigt daher keine sozialen Vergleiche bei Schimpansen, sondern nur Futtervergleiche. Gestützt wird diese Interpretation auch von einer Untersuchung von Brosnan et al. (2015), die eine Bedingung, unter der Schimpansen weniger wünschenswertes Futter bekamen, als sie erwarteten (die Bedingung des Futtervergleichs), mit einer Bedingung verglichen, unter der sie weniger wünschenswertes Futter als ein Gruppengenosse erhielten (Unfairness-Bedingung). Die Schimpansen verhielten sich unter beiden Bedingungen identisch (zu ähnlichen negativen Ergebnissen siehe Hopper et al., 2013). Und in jüngerer Vergangenheit stellten Engelmann et al. (2017) anhand eines Verfahrens, bei dem an zwei Schimpansen Futter entweder durch einen Versuchsleiter oder durch eine Maschine verteilt wurde, fest, dass der »Ärger« der Schimpansen in dieser Situation sich nicht auf eine Unfairness im Sinne dessen bezieht, was sie bekommen; vielmehr ärgern sie sich über den Versuchsleiter (aber nicht über die Maschine), weil er ihnen nicht das Futter gegeben hat, das sie in der Situation erwarteten. Insgesamt gibt es also keine zuverlässigen Belege dafür, dass Menschenaffen irgendwelche soziale Vergleiche dabei anstellen, wie Ressourcen aufgeteilt werden. (Dasselbe gilt auch für den besser bekannten Fall der Kapuzineraffen; zu einer Besprechung siehe Tomasello, 2016.)

Melis et al. (2016) beobachteten außerdem einen deutlichen Unterschied zwischen Menschen und Affen bei so etwas wie Fairness in einer Situation, in der gleichzeitiges Teilen nicht möglich war. In dieser Untersuchung wurden Paare von Schimpansen und drei- bis fünfjährige Kinder mit einer Apparatur konfrontiert, bei der sie für eine einzige Belohnung beide an einem Seil ziehen mussten (gemeinsam entweder rechts oder links). Die Pointe war aber die folgende: Obwohl potenziell jeder von beiden bei einem gegebenen Versuch profitieren konnte, erhielt nur einer auch tatsächlich die Belohnung, und zwar je nachdem, in welche Richtung das Seil gezogen wurde (wenn nach links, dann profitierte der eine, wenn nach rechts, der andere). Die Lösung bestand natürlich darin, abwechselnd nach links und nach rechts zu ziehen. Die Mehrheit der Kinder in beiden Altersgruppen landete relativ schnell bei dieser Abwechslungslösung (und wenn sie sie einmal entdeckt hatten, gaben sie sie nie wieder auf), während die Schimpansen diese Abwechslung überhaupt nie zuverlässig durchführten (in zwei experimentellen Anordnungen).

Auf der Grundlage solcher Belege ist der einzig sinnvolle Schluss (Tomasello, 2016 folgend), dass die Aufteilung von Ressourcen mit einem Sinn für Fairness einfach nichts ist, was Menschenaffen tun.

Dreijährige Kinder teilen den Ertrag einer Zusammenarbeit auf faire Weise

Wenn man Kindern dieselben Ressourcen gibt und ihnen sagt, dass sie sie mit anderen auf beliebige Weise aufteilen können (Diktatorspiel), dann tun sie das bis weit ins Schulalter hinein nicht auf faire Weise, und auch dann nicht immer (zu einer Übersicht siehe Ibbotson, 2014). Aber das Diktatorspiel ist ein schlechter Test zur Messung des Sinnes für Fairness (siehe Kurzban et al., 2015). Indem er dem Kind sagt, dass es mit den Ressourcen tun kann, was es will, sanktioniert der Erwachsene implizit den Egoismus. Außerdem ist wohlbekannt, dass alle Menschen einem Besitztumseffekt unterliegen, sodass Gegenstände, die sich bereits in ihrem Besitz befinden, als wertvoller als andere betrachtet werden (zum Beispiel Kahneman et al., 1991), wodurch jegliches Teilen besonders kostspielig wird.

McAuliffe et al. (2017) sahen sich Studien an, die eine andere Aufgabe verwendeten, um den Sinn für Fairness von kleinen Kindern bei der Verteilung von Ressourcen zu untersuchen. Die grundsätzliche Aufgabe (die beispielsweise von Blake und McAuliffe, 2011, und McAuliffe et al., 2015, verwendet wurde), besteht darin, dass ein Erwachsener eine potenzielle Verteilung zwischen dem Kind und einem anderen Kind im Zusammenhang mit einer Apparatur festlegt. Das Kind kann die Verteilung entweder akzeptieren oder sie ablehnen (worauf die Belohnung in einen unzugänglichen Mülleimer wandert), sodass niemand etwas bekommt. Der grundsätzliche Befund ist, dass Kinder normalerweise ungleiche Verteilungen bis weit ins Schulalter hinein akzeptieren – insbesondere dann, wenn sie mehr als der Partner bekommen. Aber das Problem ist hier, dass die Kosten für die Ablehnung unfairer Verteilungen extrem hoch sind: Eine Ablehnung bedeutet, dass keines der beiden Kinder etwas bekommt und die Ressourcen völlig vergeudet werden. Daher ist das vielleicht nicht die beste Art und Weise, den sich entwickelnden Sinn der Kinder für Fairness zu messen.

Wir benötigen eine Situation, in der 1. das Kind keine Ressourcen aufgeben muss, die schon in seinem Besitz sind, und 2. das Kind eine ungleiche Verteilung korrigieren kann, um sie in eine gleiche zu verwandeln, anstatt einfach nur alles wegzuwerfen. Eine besonders gute Situation – die aus evolutionärer Perspektive auch ganz natürlich zu sein scheint – ist die Zusammenarbeit mit dem Ziel, Ressourcen zu produzieren, die dann unter den Zusammenarbeitenden verteilt werden müssen. Die Zusammenarbeit könnte einen Sinn für Fairness ansprechen, weil, wie in Kapitel 7 dargelegt, sie einen Sinn für gegenseitigen Respekt zwischen Partnern anspricht und in manchen Fällen auch durch eine gemeinsame Verpflichtung und ihre normative Kraft strukturiert wird. Außerdem »besitzt« zumindest anfänglich keiner der Partner die Ressourcen.

In mehreren Untersuchungen wurde Paaren von Schimpansen und Menschenkindern eine einfache gemeinsame Aufgabe gestellt, bei der die Partner gleichzeitig an beiden Enden eines mit einer Plattform verbundenen Seils ziehen müssen, um Ressourcen zu erhalten. In einer Untersuchung an Schimpansenpaaren stellten Melis et al. (2006b) fest, dass die Paare häufig erfolgreich waren, wenn es zwei Essensstapel gab, einer auf jeder Seite der Plattform. Wenn es jedoch nur einen Stapel in der Mitte der Plattform gab, nahm das dominante Individuum in der ersten Runde einfach die ganze Nahrung. Das demotivierte den Untergeordneten natürlich, sodass die Kooperation im Verlauf weiterer Versuche in die Binsen ging. In deutlichem Gegensatz dazu störte es (in einer Studie, die von Warneken et al. [2011] entworfen wurde, um mit der vorliegenden so vergleichbar wie möglich zu sein) dreijährige Kinder nicht, dass das Essen sich auf einem einzigen Stapel in der Mitte des Brettes befand; sie kooperierten über viele Versuchsrunden hinweg erfolgreich miteinander, und zwar unabhängig davon, wo das Essen platziert war. Die Kinder wussten, dass sie in jedem Fall am Ende immer eine wechselseitig zufriedenstellende Aufteilung der Ressourcen entwickeln konnten – was sie auch fast immer taten, und zwar am häufigsten dadurch, dass sie sie gleich aufteilten. Bezeichnender protestierte ein Kind häufig, wenn sein Partner mehr als die Hälfte der vier Bonbons nahm (wie in Kapitel 7 erwähnt), wohingegen es fast nie Protest gab, wenn der Partner nur seinen Anteil nahm. Der Protest bezog sich daher nicht darauf, mehr zu bekommen, sondern darauf, einen fairen Anteil zu bekommen. Und bezeichnenderweise gab das habgierige Kind fast immer nach, wenn protestiert wurde; es wusste, dass es sich nicht fair verhalten hatte.

Waren kleine Kinder hier aber vielleicht nur deshalb mehr oder weniger egalitär, weil sie nichts in ihrem Besitz aufgeben, sondern nur davon Abstand nehmen mussten, sich fremde Ressourcen anzueignen? Geschah es möglicherweise einfach nur aus Angst vor dem

Konflikt mit dem Partner? Hamann et al. (2011) machten die Aufgabe für die Kinder interessanter. In ihrer Untersuchung landeten Paare von Zwei- und Dreijährigen immer in einer Situation, in der einer von ihnen drei Belohnungen bekam (das glückliche Kind) und der andere nur eine (das unglückliche Kind): Um eine faire Verteilung zu schaffen, musste das glückliche Kind ein Opfer bringen. Das, was über die drei Experimentalbedingungen hinweg variiert wurde, war die Ursache der asymmetrischen Verteilung. Im ersten Fall ergab sich die ungleiche Verteilung daraus, dass die eintretenden Versuchsteilnehmer auf einer Seite der Plattform drei Belohnungen fanden, auf der anderen aber nur eine – hier teilte das glückliche Kind fast nie mit dem Partner. Unter der zweiten Bedingung zog jedes Kind an seinem Seilende, was dieselben asymmetrischen Belohnungen zur Folge hatte – das glückliche Kind teilte hier manchmal. Im letzten Fall jedoch ergaben sich die asymmetrischen Belohnungen aus einer gleichen gemeinsamen Anstrengung, nämlich dass die Kinder gemeinsam an einem Strang zogen. In diesem Fall teilten die glücklichen Dreijährigen (aber nicht die Zweijährigen) mit dem unglücklichen Kind in fast 80 Prozent der Fälle! Vermutlich hatten sie das Gefühl, dass die anderen für die gleiche Arbeit auch die gleiche Belohnung verdienten. Als dasselbe Experiment mit Schimpansen durchgeführt wurde, teilten diese kaum miteinander, auch wenn sie dem anderen dazu lediglich den Zugang zu der zusätzlichen Belohnung nicht versperren mussten; es machte keinen Unterschied, ob es Zusammenarbeit gab oder nicht. Das wichtige Ergebnis ist, dass Dreijährige (aber nicht die Zweijährigen oder die Affen) tatsächlich Ressourcen opfern, um einen Ausgleich mit einem Kooperationspartner zu finden; im Fachjargon sind sie in dieser Situation sogar gegenüber vorteilhafter Unrechtmäßigkeit abgeneigt. (Zu einem ähnlichen Befund, wenn Kinder Urteile über Dritte abgeben, siehe Ng et al., 2011.)

Die offensichtliche Interpretation lautet, dass im Zusammenhang einer gemeinsamen intentionalen Tätigkeit kleine Kinder das Gefühl haben, dass sie und ihre Partner beide einen gleichen Anteil an der Beute verdienen: Wir haben sie gemeinsam errungen, also teilen wir sie auch gemeinsam. Man könnte einwenden, dass diese

Kinder nur blind einer Regel für das Teilen folgten, die sie von ihren Eltern gelernt hatten. Aber wenn das der Fall wäre, dann hätten sie die Belohnungen mit den anderen unter allen drei Bedingungen gleich aufteilen müssen – es sei denn, die Regel, die man ihnen beigebracht hat, hätte unplausiblerweise gelautet, die Ressourcen erst nach einer Zusammenarbeit zu teilen. Plausibler ist, dass der Akt der Zusammenarbeit ein »Wir«-Gefühl erzeugt hat, das die Kinder dazu führte, ihren Partner so zu betrachten, dass er die Beute gleichermaßen verdient. Es war dieser Sinn für gleichen Verdienst, der den Dreijährigen – aber nicht den Zweijährigen – das Gefühl gab, dass sie eine Ressource, die sich bereits in ihrem Besitz befand, abgeben sollten, was sie sonst nicht getan hätten.

Diese Ansicht wird sozusagen aus der anderen Richtung durch Untersuchungen mit Trittbrettfahrern gestützt. Wenn Schimpansen sich anstrengen, um eine Belohnung zu erhalten, und dann entweder ein Trittbrettfahrer oder ein Kooperationspartner einen Anteil der Beute fordert, machen sie zwischen diesen keinen Unterschied (Melis et al., 2011). In scharfem Gegensatz dazu teilen fünfjährige Kinder systematisch mit dem Kooperationspartner, aber schließen den Trittbrettfahrer aus (Melis et al., 2015). Dieser Befund stützt die Interpretation des Verhaltens der Kinder im Sinne eines »Wir«-Gefühls: Wir Kooperationspartner verdienen die Beute (gleichermaßen), aber die (die keine Kooperationspartner sind) nicht.

Ein gewisser Sinn dafür, dass jemandem etwas zusteht – im Gegensatz zu etwa einer einfachen Erwartung oder Präferenz (wie bei den Säuglingsstudien von Geraci und Surian, 2011, und Schmidt und Sommerville, 2011) –, ist entscheidend für die Entwicklung eines moralisch begründeten Sinnes für Fairness. Der Grund ist, dass die faire Aufteilung der Beute sich nur zum Teil auf die Ressourcen selbst bezieht; unmittelbarer bezieht sie sich auf die Ressourcen, die man bekommt, im Vergleich zu denen, die andere bekommen. Wieder geht es im Grunde um einen sozialen Vergleich. In den Kooperationsuntersuchungen sowohl von Warneken et al. (2011) als auch von Hamann et al. (2011) erzeugte nicht die erhaltene Menge die Unzufriedenheit, sondern die erhaltene Menge im Verhältnis zu dem, was der andere bekam. Bei einer noch direkteren Überprüfung dieser Hypothese des sozialen Vergleichs ließen Ulber und Tomasello (2017) Paare von drei- und vierjährigen Kindern bzw. Paare von Schimpansen zusammenarbeiten (oder nicht zusammenarbeiten); der eine Partner bekam dann mehr als, weniger als oder genauso viel wie der andere. Das Ergebnis war, dass im Kontext der Zusammenarbeit die Kinder, aber nicht die Schimpansen motiviert waren, die Ungleichheit zu korrigieren, und zwar unabhängig davon, ob sie oder ihr Partner einen Vorteil aus ihr zogen. Unter einer Kontrollbedingung (wo ihnen entweder ein Partner oder die Zusammenarbeit fehlte), unter der die Belohnungen einfach vor dem Kind sowie auf der anderen Seite der Apparatur erschienen, verhielten sie sich nicht so.

Der kindliche Sinn für Fairness bezieht sich also nicht auf die absolute Menge von erhaltenen Ressourcen; er bezieht sich darauf, dass jeder, einschließlich des Selbst, mit dem Respekt behandelt wird, den er verdient (Honneth, 1995). Im Kontext mutualistischer Zusammenarbeit steht uns beiden dieselbe Menge zu, weshalb eine ungleiche Verteilung einen Mangel an Respekt gegenüber demjenigen anzeigt, der weniger erhält. Daher sind miteinander kooperierende Kinder nicht nur enttäuscht darüber, dass sie weniger als die anderen bekommen, sondern regelrecht verärgert, und das zeigt sich deutlich in ihrem zweitpersonalen (verärgerten) Protest. Und es ist auch nicht fair, wenn ich mehr als du bekomme, weil ich dir den Respekt erweisen sollte, den du ebenfalls verdienst; ich fühle mich verpflichtet, fair zu teilen (auch wenn ich dazu Ressourcen aufgeben muss), weil ich dich wirklich als einen gleichermaßen verdienstvollen Partner betrachte. Personen, die miteinander kooperieren, bevorzugen nicht nur, dass wir die Beute gleich aufteilen, sondern haben das Gefühl, dass wir es – als gegenseitig respektvolle zweitpersonale Akteure – einander schuldig sind, gleich zu teilen.

Im Hinblick auf das Alter kam die Untersuchung von Hamann et al. (2011) zu einem eindeutigen Ergebnis: Die Dreijährigen, aber nicht die Zweijährigen gaben Ressourcen auf, um auf faire Weise Gleichheit mit ihrem Kooperationspartner herzustellen. Dieses Alter, in dem eine normative Wende bei der Aufteilung von Ressourcen stattfindet, stimmt insofern mit der normativen Wende überein, die im vorangehenden Kapitel im Hinblick darauf festgestellt wurde, dass Kinder gemeinsame Verpflichtungen eingehen und respektieren. Aber es muss betont werden, dass die normative Wende in diesem frühen Alter auf den Kontext der Zusammenarbeit beschränkt ist, in dem kein Individuum die Ressourcen schon im Voraus besitzt und wo jegliche Kosten, die mit der Opferung von Ressourcen verbunden sind, durch den offenbaren Vorteil kompensiert werden, dass man sieht, wie der gleichermaßen verdienstvolle Partner das bekommt, was ihm gerechterweise zusteht. Der kooperative Kontext scheint daher eine besonders mäßigende Wirkung auf die egoistischen Impulse der Kinder zu haben. Insgesamt können wir sagen, dass für dreijährige und ältere Kinder Fairness die respektvolle Art und Weise ist, wie zweitpersonale Akteure ihre (potenziellen) Kooperationspartner behandeln. Erneut können wir diese Art der Behandlung von Kooperationspartnern als eine Art von zweitpersonaler Normativität kategorisieren.

Distributive und prozedurale Fairness

Fairness bei der Aufteilung von Ressourcen mit einem Kooperationspartner unterscheidet schon dreijährige Kinder von Affen. Aber dies ist natürlich ein ziemlich begrenzter Sinn von Fairness. Tomasello (2016) schlug vor, dass die kollektive Intentionalität in der Evolution des Menschen als eine Art von geistiger Orientierung an der Gruppe entstand, bei der alle Mitglieder der eigenen Kulturgruppe im Grunde als Partner bei der kooperativen Tätigkeit des Gruppenlebens verstanden wurden. Und daher ist auch zu erwarten, dass Kinder damit beginnen, Ressourcen im Allgemeinen in vielen verschiedenen Situationen fair unter den Gruppenmitgliedern zu verteilen, da sie sich nach dem Alter von drei Jahren geistig mehr an der Gruppe orientieren.

Belege für diesen Vorschlag liefern eine Reihe unterschiedlicher Studien. Olson und Spelke (2008) stellten fest, dass sogar schon Dreijährige eine Tendenz zur Gleichheit bei der Verteilung von Ressourcen unter Dritten zeigen. Aber wenn das Selbst nicht betroffen ist, ist Gleichheit etwas Leichtes; der Testfall besteht darin, dass das Kind selbst beteiligt ist. In diesem Fall scheint es, dass erst Schulkinder regelmäßig ein Opfer bringen, um außerhalb eines kooperativen Kontexts Gleichheit herzustellen. Fehr et al. (2008) stellten fest, dass Kinder ab dem Alter von sieben oder acht Jahren einen gleichen Anteil von unerwarteten Ressourcen zwischen sich und einem anderen Kind bevorzugten, und tatsächlich opferten sie sogar selbst Ressourcen, um sicherzustellen, dass es eine gleiche Aufteilung gab. *Bezeichnenderweise war das nur der Fall, wenn der Partner ein Mitglied der Eigengruppe war.* Untersuchungen von Blake und McAuliffe (2011), Smith et al. (2013) und McAuliffe et al. (2015) haben außerdem festgestellt, dass Schulkinder meinen, dass jeder in der Gruppe einen gleichen Anteil verdient, auch wenn das bedeutet, dass sie selbst Ressourcen opfern müssen. Shaw und Olson (2012) nahmen einen besonders strengen Test vor. Sie gaben den Kindern Ressourcen, die sie unter Dritten verteilen sollten, sodass nach gleicher Verteilung eine Ressource übrig blieb. In vielen Fällen waren die Kinder, die gerade in die Schule gekommen waren, von der Möglichkeit einer ungleichen Verteilung so bestürzt, dass sie die übrig gebliebene Ressource wegwarfen, anstatt Günstlingswirtschaft zu betreiben. In einer der ganz wenigen Untersuchungen zum Teilen, bei der mehrere Kinder beteiligt waren, stellten Paulus et al. (2013) fest, dass Fünfjährige ein »wohlhabendes« Mitglied aus einer Dreiergruppe ermunterten, mit einem »armen« Mitglied der Gruppe zu teilen; wenn das Kind selbst das »wohlhabende« Mitglied war, brachte es selbst ein Opfer, um einen annähernden Gleichheitszustand zwischen den dreien herzustellen.

Der Befund ist also, dass Kinder beim Übergang zum Schulalter (unter ansonsten gleichen Bedingungen) der Meinung sind, dass jeder in der Gruppe einen gleichen Anteil an den Ressourcen verdient. Aber manchmal ist das nicht möglich. In solchen Fällen besteht eine Lösung darin, ein faires Verfahren zur Zuteilung von Ressourcen zu finden, indem man beispielsweise lost, Streichhölzer zieht, würfelt oder Schere-Stein-Papier spielt. Grocke et al. (2015) boten Dreiergruppen von Fünfjährigen drei ungleiche Belohnungspackungen dar und ließen sie sich anschließend auf ein Verfahren einigen, um sie untereinander zu verteilen. Um die Belohnungen zu verteilen, mussten sie ein »Glücksrad« benutzen. Kinder, die mit einem ungezinkten Rad spielten (bei dem jedes Kind die gleiche Chance hatte, eine der drei Belohnungspackungen zu erhalten), akzeptierten zum größten Teil sowohl das Ergebnis als auch das Verfahren, gleichgültig, wie viel sie selbst erhielten. Im Gegensatz dazu änderten Kinder, die mit einem (von Anfang an) unfairen Rad spielten, häufig mitten im Spiel die Regeln und sagten bei einer späteren Befragung, dass das Verfahren unfair gewesen sei. (Zu einer ähnlichen Untersuchung mit ähnlichen Ergebnissen bei sechs- bis achtjährigen Kindern mit einem Paradigma, an dem Dritte beteiligt waren, siehe Shaw und Olson, 2014.) Die Schlussfolgerung war, dass selbst Vorschulkinder schon eine gewisse Sensibilität nicht nur für distributive Fairness, sondern auch für prozedurale Fairness haben.

Die Grundidee der prozeduralen Fairness besteht darin, dass die Regeln oder Verfahren unparteiisch formuliert sein sollten – das heißt, ohne im Voraus zu wissen, wie sie sich auf bestimmte Individuen auswirken werden (unter einem »Schleier des Nichtwissens«; Rawls, 1971). Solange die Beteiligten wissen, dass das Verfahren sie fair behandelt, sind sie mit jedem Ergebnis zufrieden. Zum Zweck einer weiteren Unterstützung dieser Ansicht versetzten Grocke et al. (2018) kleine Kinder in eine Situation, in der sie ein unfaires Ergebnis erhielten, aber entweder am Entscheidungsprozess, der das Verteilungsverfahren bestimmte, beteiligt oder nicht beteiligt waren. Unabhängig davon, welche Ressourcen sie tatsächlich erhielten, beurteilten sie den Prozess als fair, solange sie sich am Entscheidungsprozess beteiligen konnten. Die sozusagen negative Seite dieses Phänomens wird von der Untersuchung von Vogelsang und Tomasello repräsentiert (2016). Nachdem eine Puppe drei- und fünfjährigen Kindern fünf Bonbons aus einem Haufen von zehn gegeben hatte, revanchierten sich die Kinder, als sie an der Reihe waren, in den meisten Fällen mit einer Anzahl, die nahe bei fünf lag. Aber wenn die Puppe fünf aus einem gemeinsamen Haufen nahm und dem Kind die restlichen fünf überließ, revanchierten sich die Kinder nicht im selben Maß, obwohl die Aufteilung in den beiden Fällen dieselbe war. Eine Interpretation dieses Sachverhalts ist, dass Geben einen Akt des Respekts vor der anderen Person als einen gleichermaßen verdienstvollen Partner darstellt, während Nehmen eine aktive Respektlosigkeit dem Partner gegenüber bedeutet.

Auch hier ist die natürlichste Interpretation, dass die Einstellungen und Bewertungen der Kinder in solchen Situationen nicht von den Ressourcen selbst abhängen. Der entscheidende Punkt ist, dass sie nicht weniger als andere bekommen wollen, weil das von Respektlosigkeit zeugt – sie werden als weniger denn gleich behandelt –, während sie nichts dagegen haben, weniger als andere zu bekommen, wenn sie den Eindruck haben, dass sie respektvoll und auf derselben Stufe mit den anderen behandelt wurden. Es geht nicht um die Ressourcen selbst; es geht darum, so behandelt zu werden, wie man behandelt zu werden verdient: nämlich mit gleichem Respekt.

Individuelle und kulturelle Variation

Eine Reihe experimenteller Studien hat kulturelle Unterschiede in der Art und Weise festgestellt, wie Kinder Ressourcen verteilen. Wie bereits bei unserer Besprechung der Prosozialität erwähnt, stellten Rochat et al. (2009) und House et al. (2013) kulturelle Unterschiede mit Bezug darauf fest, wie Kinder eine Menge von unerwarteten Ressourcen zwischen sich und verschiedenen anderen Individuen aufteilen.

Blake et al. (2015) beschlossen, den Sinn für Fairness oder Billigkeit direkter zu untersuchen. Sie verwendeten eine sehr anspruchsvolle Aufgabe – die zuvor von Blake und McAuliffe (2011) und McAuliffe et al. (2015) verwendet wurde –, bei der die Kinder vom Versuchsleiter vorgeschlagene Aufteilungen zwischen ihnen und einem anderen Kind entweder akzeptieren oder ablehnen mussten. Ablehnung bedeutete, dass niemand etwas bekam und die Ressourcen in den Mülleimer wanderten. Anhand dieser Aufgabe stellten sie fest, dass kleine Kinder in allen Kulturen bis weit in die Mitte der Kindheit hinein nachteilige Aufteilungen, die das andere Kind begünstigten, ähnlich stark ablehnten. Doch mit etwa acht Jahren begannen Kinder aus den westlichen Industriekulturen, aber nicht Kinder aus den anderen Kulturen, sogar vorteilhafte Aufteilungen abzulehnen, die sie selbst begünstigten. Corbit et al. (2017) erweiterten jedoch die Ergebnisse von Hamann et al. (2011), dass die Zusammenarbeit bei kleinen Kindern – in diesem Fall aus einer westlichen Industriekultur und einer kleingesellschaftlichen, ländlichen Kultur – eine fairere Aufteilung von Ressourcen zur Folge hat, auch wenn die Kinder Ressourcen aufgeben müssen, die sich bereits in ihrem Besitz befinden. Zeidler et al. (2016) stellten bedeutende interkulturelle Unterschiede mit Bezug auf die Bereitschaft von Schulkindern fest, sich beim Zugang zu einer monopolisierbaren Ressource abzuwechseln, wobei Kinder aus zwei kleingesellschaftlichen Kulturen fast nie ein klares System des Sich-Abwechselns etablierten, während Kinder aus einer westlichen Industriekultur das mit Leichtigkeit taten.

Der Schlüssel zum Verständnis dieser kulturellen Unterschiede bei der Verteilung von Ressourcen ist das ontogenetische Muster. Jüngere Vorschulkinder aus unterschiedlichen Kulturen (die eigentlich in keiner Untersuchung gut repräsentiert sind) unterscheiden sich nur wenig in ihrem Sinn für Fairness – der sich vermutlich auf kooperative Kontexte im weiteren Sinne beschränkt –, weil sie alle mit einer natürlichen, zweitpersonalen Moral operieren, bei der es um Respekt für zweitpersonale Akteure geht. Aber später, besonders im Schulalter, beginnen die Kinder, den sozialen Normen zu folgen, die ihre Kultur für die faire Verteilung von Ressourcen unter allen Personen entworfen hat (siehe Kapitel 9).

Kooperativ werden

Soziale Tiere sind – fast schon per definitionem – kooperativ: Individuen derselben Spezies sind in der Lage, friedlich zusammenzuleben. Aber darüber hinaus helfen Menschenaffen einander aktiv und teilen manchmal auch Ressourcen miteinander, wenn die Kosten nicht zu hoch sind. Auf diese Weise entwickeln sie so etwas wie »Freundschaften«. Das frühe Helfen und Teilen von Menschenkindern ist sehr ähnlich, außer dass die Kinder ein Element der Perspektivenübernahme hinzufügen. Aber dann entwickeln die Kinder im Alter von etwa drei Jahren darüber hinaus und auf der Grundlage dessen, dass sie die anderen in vielen Hinsichten als äquivalent zu sich selbst verstehen, einen normativen Sinn für Fairness in ihrem Umgang mit diesen anderen, aufgrund dessen sie sie als genauso wichtig wie sich selbst behandeln. Willkommen in der sozialen Welt der Menschen – und definitiv nicht in der der Menschenaffen.

Theoretische Erklärungen

Die zentrale theoretische Frage bei der Untersuchung des prosozialen Verhaltens von Kindern ist die Rolle der Sozialisierung und des Unterrichts durch die Erwachsenen. In zwei Punkten stimmen fast alle überein. Erstens stimmt jeder damit überein, dass Sozialisierung und Unterricht kooperative Individuen nicht aus dem Nichts schaffen können. Der Versuch, eine Eidechse zur Kooperativität zu sozialisieren, wird nicht von Erfolg gekrönt sein; tatsächlich besteht die Methode, eine Tierspezies kooperativer zu machen, darin, die kooperativsten Individuen selektiv zu züchten, um genetische Veränderungen zu beeinflussen (was auch als Domestizierung bekannt ist; Hare und Tomasello, 2005). Es ist unbestreitbar, dass menschliche Babys auf natürliche Weise zumindest gewisse kooperative Tendenzen entwickeln. Zweitens stimmt jeder darin überein, dass das prosoziale Verhalten von Kindern, die sich dem Schulalter nähern, sowie das von Schulkindern selbst stark von der Sozialisierung durch Erwachsene, Unterricht und soziale Normen beeinflusst wird. Ältere Kinder müssen eine Menge lernen, um zu guten kooperierenden Mitgliedern der Gesellschaft zu werden, und das meiste stammt von Erwachsenen.

Die zentrale Frage bezieht sich daher auf die Rolle der Sozialisierung durch Erwachsene und durch Unterricht bei der Entwicklung prosozialen Verhaltens während der Kindheit und der frühen Vorschuljahre. Warneken und Tomasello (2009a, 2009b) machen insbesondere im Hinblick auf Helfen und Teilen geltend, dass die Sozialisation in dieser frühen Periode nur eine geringe Rolle spielt; kleine Kinder werden hauptsächlich auf natürliche Weise prosozial, auf der Grundlage von Reifung und ihrem eigenen individuellen Lernen. Die Autoren zitieren drei Hauptlinien von Belegen (die alle zuvor schon mit Hinweisen auf die Literatur besprochen wurden): 1. Menschenaffen vollziehen instrumentelle Hilfe und teilen auch ein bisschen, und zwar ohne irgendwelche Sozialisierung oder Unterricht durch Erwachsene; 2. in Kulturen, in denen die Eltern prosoziales Verhalten bei Säuglingen und Kleinkindern nicht zu sozialisieren oder zu fördern scheinen (sie warten, bis das Kind bereit ist), vollziehen Säuglinge und Kleinkinder trotzdem bereits prosoziales Verhalten; und 3. einige Experimente scheinen zu zeigen, dass kleine Kinder prosoziales Verhalten zeigen, unabhängig davon, ob Eltern oder andere Erwachsene sie dazu ermuntern oder dafür belohnen, und tatsächlich scheinen materielle Belohnungen die Prosozialität sogar zu verhindern. Im Sinne eines Fingerzeigs könnten wir hinzufügen, dass die paternalistische Hilfe, bei der Kinder anderen nicht dabei helfen, zu bekommen, was sie wollen, sondern zu dem, was sie benötigen (was Schimpansen nicht tun), sowie die besondere Begeisterung, mit der Kinder ihren Kooperationspartnern helfen (was Schimpansen ebenfalls nicht tun), generell mit einer evolutionären Erklärung verträglich sind, der zufolge es eine natürliche Selektion für menschliches prosoziales Verhalten im Kontext der interdependenten Zusammenarbeit und Partnerwahl gegeben hat. (Außerdem scheinen paternalistische Hilfe und begeisterte Hilfe während einer Zusammenarbeit nicht das zu sein, was Erwachsene aktiv lehren.)

Brownell (2016) vertritt eine etwas andere Ansicht. Auf der Grundlage von Korrelationsstudien und zwei experimentellen Untersuchungen macht sie geltend, dass die Sozialisierung von Anfang an eine wichtige Rolle für die Entwicklung des prosozialen Verhaltens von Kindern spielt. Aber eine Korrelation zwischen dem prosozialen Verhalten von Kindern und der elterlichen Förderung des Hilfeverhaltens der Kinder könnte auf eine Reihe unterschiedlicher Kausalbeziehungen hinweisen. Insbesondere beginnen die Eltern in vielen Bereichen nicht mit der Förderung des Verhaltens, bis das Kind bestimmte Anzeichen dieses Verhaltens zeigt. Der kausale Pfeil könnte daher in Wirklichkeit vom prosozialen Verhalten der Kinder zur

Förderung durch die Eltern weisen. Anhand von Experimenten stellten Dahl et al. (2017) fest, dass Babys, deren Eltern sie dazu ermunterten, während einer Experimentalsitzung zu helfen, mehr halfen. Aber das galt nur für die Hälfte der Stichprobe. In einer kontinuierlichen Stichprobe von dreizehn bis achtzehn Monaten zeigte nur die jüngere Hälfte den Effekt (und ältere Kleinkinder in den beiden Studien von Warneken und Tomasello [2008, 2013a] zeigten keinen Effekt). Barragan und Dweck (2014) konnten ebenfalls ein größeres Maß an Hilfe bei Zweijährigen hervorrufen, wenn sie sie bei reziproken prosozialen Spielen mitwirken ließen. Aber das, was wir in dieser Untersuchung sowie in der Untersuchung von Dahl et al. sehen, ist ein Anstieg der Häufigkeit eines bereits etablierten Verhaltens; tatsächlich halfen auch Kinder in den Kontrollgruppen beider Studien ebenfalls recht häufig. Die Sozialisierung mag das frühe prosoziale Verhalten bis zu einem gewissen Grad beeinflussen, aber sie erzeugt es nicht.

In dieser Hinsicht ist es vielleicht relevant, dass die Forscher keine starke Korrelation zwischen individuellen Unterschieden beim Helfen und Teilen gefunden haben (Dunfield et al., 2011). Das würde von den Sozialisationstheoretikern verlangen zu vermuten, dass Eltern unterschiedliche Formen prosozialen Verhaltens nicht konsistent über die verschiedenen Arten hinweg belohnen oder unterstützen. Es ist nicht bekannt, ob andere Arten der Messung trotzdem eine Beziehung finden könnten oder ob diese beiden Verhaltensweisen unabhängige evolutionäre Grundlagen besitzen, die zwar beide auf Mitgefühl gründen, aber irgendwie auf unterschiedliche Weisen (siehe Warneken und Tomasello, 2009a, 2009b). Paulus (2014) erwog unterschiedliche Erklärungen des frühen Helfens und Teilens und des Fehlens einer Korrelation zwischen beiden und stellte fest, dass keine davon völlig angemessen ist, um alle Daten zu erklären. Aber interessanterweise können die verschiedenen Mechanismen, die er berücksichtigt – Teilen von Gefühlen, Angleichung von Zielen, soziale Interaktion, soziale Normativität –, alle so verstanden werden, dass sie auf die eine oder andere Weise aus den frühen Fertigkeiten und Motivationen geteilter Intentionalität seitens der Kinder hervorgehen.

Um es zu wiederholen: Nichts davon soll den tiefgreifenden Einfluss von Kultur- und Sozialisationsprozessen auf das Helfen und Teilen älterer Kinder schmälern; es geht nur darum, diesen Prozessen eine evolutionäre Grundlage und einen ontogenetischen Ausgangspunkt zu geben. Ich habe hier bedeutende kulturelle Unterschiede beim Teilen der Kinder aufgezählt, die bis zu einem gewissen Grad schon im späten Vorschulalter, aber vor allem dann in der mittleren Kindheit auftreten. Und ich habe Studien zitiert, die spezifische Sozialisationsprozesse identifizieren, die einen Effekt auf das Helfen und Teilen der Kinder haben können, auch wieder bis zu einem gewissen Grad schon im Vorschulalter, aber besonders dann in der mittleren Kindheit. Ich habe auch schon Dinge angesprochen, die wir ausführlicher im nächsten Kapitel erörtern werden, unter anderem das Lernen sozialer Normen, die die richtigen und falschen Weisen des Helfens und Teilens in verschiedenen Kulturen unterschiedlich bestimmen. Mein Vorschlag lautet also, dass Helfen und Teilen kleiner Kinder im Alter zwischen einem und drei Jahren beträchtliche Reifungsgrundlagen haben – auf der Grundlage von Fertigkeiten und Motivationen gemeinsamer Intentionalität – und dann im weiteren Verlauf der Ontogenese viel empfänglicher werden für kulturelle und sozialisierende Einflüsse. Das wird durch die relativ helle Schattierung des ersten Kastens in Abbildung 8.1 widergespiegelt, was im Grunde die Umwandlung des Mitgefühls und des Helfens bei Menschenaffen in die smithsche Variante beim Menschen anzeigt, und zwar auf der Grundlage einzigartiger menschlicher Fähigkeiten zur Einnahme der Perspektiven des anderen.

Wenn wir uns nun dem entstehenden Sinn der Kinder für Fairness zuwenden (Abbildung 8.1, zweiter Kasten), so gibt es in diesem Fall bereits eine theoretische Kontroverse über die bloße Beschreibung des Entwicklungspfads. Blake, McAuliffe und Kollegen haben behauptet, dass Kinder bis zum Alter von ungefähr acht Jahren keinen vollständigen Sinn für Fairness zeigen – unter anderem beim Opfern von Ressourcen, um Gleichheit zu anderen herzustellen. Aber wie schon gesagt, beruht dies auf dem Verhalten der Kinder in einem ganz bestimmten experimentellen Paradigma, bei dem

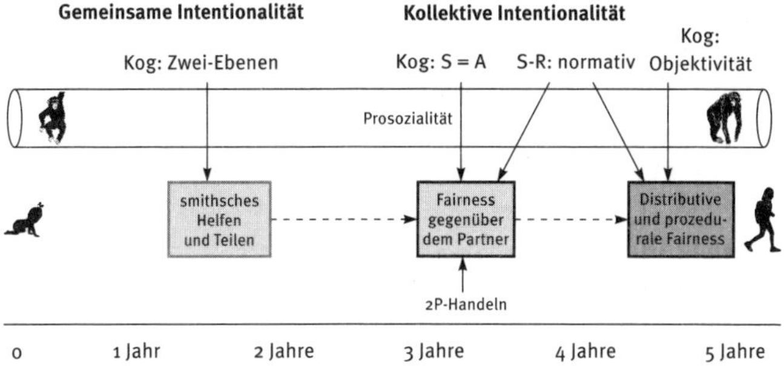

Abbildung 8.1: Die ontogenetische Entstehung der einzigartig menschlichen Prosozialität. Abkürzungen: Kog = kognitiv; S = A = Äquivalenz von Selbst und Anderem; S-R = exekutive Selbstregulation; 2P = zweitpersonal.

die Ablehnung von Unfairness extrem kostspielig und in einem gewissen Sinne irrational ist (weil das Kind Ressourcen zerstören muss, um Unfairness zu verhindern). Im Gegensatz dazu haben Tomasello und Kollegen festgestellt, dass Dreijährige protestieren, wenn sie weniger als ihr Partner von der Belohnung aus einer Zusammenarbeit bekommen (Abneigung gegenüber benachteiligter Unbilligkeit). Außerdem – und das ist entscheidend –, wenn sie mehr bekommen, teilen Kinder desselben Alters den Überschuss, um Gleichheit herzustellen (Abneigung gegen vorteilhafte Unbilligkeit). Und viele Untersuchungen haben festgestellt, dass Dreijährige eine starke Tendenz zeigen, unerwartete Ressourcen unter Dritten ausgeglichen zu verteilen, wenn ihre eigenen egoistischen Motive nicht dazwischenfunken (Gleichheitstendenz). Es ist durchaus möglich, dass es überhaupt keinen Konflikt zwischen diesen verschiedenen Befunden gibt: Kinder verhalten sich einfach unterschiedlich, wenn die Kontingenzen der sozialen Situation unterschiedlich sind, wobei solche Dinge wie die Stärke egoistischer Motive, die Abneigung gegen die Verschwendung von Ressourcen und die Zusammenarbeit eine Rolle spielen. Daher sind weitere Forschungen nötig, um die verschiedenen Faktoren und ihre Stärke in verschiedenen Lebensaltern zu klären. Aber meine Minimalbehauptung lautet, dass die Kooperation die natürliche Heimat für einen Fairnesssinn – zweitpersonale Fairness (als Vorläufer für an der Gruppe orientierte Fairness und Gerechtigkeit) – ist und dass Kinder schon mit drei Jahren in diesem Kontext fair sind.

Insbesondere im Hinblick auf die Sozialisation gibt es die weit verbreitete Annahme, dass der Fairnesssinn den Kindern irgendwie gelehrt oder einsozialisiert wird. Häufig werden in diesem Zusammenhang soziale Normen als entscheidend für den Prozess geltend gemacht. Auch hier behaupte ich nicht, dass dieser Prozess nicht stattfindet – das tut er ganz eindeutig –, sondern vielmehr, dass er nicht bei Dreijährigen stattfindet. Erinnern wir uns, dass in der Untersuchung von Hamann et al. (2011), als Paare von Dreijährigen einfach zwei Stapel von Ressourcen fanden, das glückliche Kind fast nie fair teilte; wenn jedoch die Kinder die Ressourcen kooperativ generierten, teilte das glückliche Kind sie in den meisten Fällen fair und gab zu diesem Zweck Ressourcen auf, die sich bereits in seinem Besitz befanden. Noch einmal: Es scheint äußerst unwahrscheinlich zu sein, dass Erwachsene ihre Kinder so sozialisieren, dass sie teilen oder nicht, je nachdem, ob die Ressourcen kooperativ generiert werden oder nicht. Das bedeutet nicht, dass ich »reine« Reifungsprozesse als Erklärung postuliere (was auch immer damit gemeint sein mag); ich sage vielmehr, dass der früheste Sinn für Fairness der Kinder sich aus der Reifung ihrer Fähigkeiten zu gemeinsamer Intentionalität ergibt, insofern sie in kooperativen Tätigkeiten mit anderen ausgeübt werden. Durch ihre kooperativen Erfahrungen gelangen sie dazu, ihre Partner als gleichermaßen verdienstvolle zweitpersonale Akteure aufzufassen. In kognitiver Hinsicht beruht das auf einem Sinn für die Äquivalenz von Selbst und Anderem (S = A in Abbildung 8.1) und in motivationaler Hinsicht auf einem normativen Sinn für Verpflichtungen, der als selbstregulierender Maßstab fungiert, andere so zu behandeln, wie sie es verdienen (S-R: normativ in Abbildung 8.1). Diese Dinge werden nicht sozialisiert, sondern innerhalb des Kontexts der einzigartigen Formen gemeinsamer intentionaler Tätigkeit des Menschen individuell gelernt oder konstruiert.

Der Prozess der Konstruktion oder sozialen Ko-Konstruktion ist in diesem Fall einer, der darauf abzielt, die Spannung miteinander konkurrierender Werte auf der Exekutivebene aufzulösen. Konkreter könnten wir das folgendermaßen formulieren: Säuglinge und Kleinkinder wollen auf natürliche Weise Dinge für sich selbst, aber gleichzeitig wollen sie anderen gegenüber auch großzügig sein. Wenn sie bereits etwas besitzen, gewinnen ihre egoistischen Impulse in der Regel die Oberhand. Wenn sie sehen, dass ein Gleichaltriger etwas will, sind sie hilfsbereiter und großzügiger, falls sie es nicht selbst wollen. Kleine Kinder schwanken je nach Situation und haben es oft mit einem Gleichaltrigen zu tun, der ebenfalls je nach Situation schwankt. Ihr Sinn für Fairness – dem zufolge sie sich verpflichtet fühlen, Ressourcen, die in ihrem Besitz sind, einem Gleichaltrigen zu übertragen, damit Gleichheit hergestellt wird – tritt zuerst in Kontexten der Kooperation auf, in denen sie und ihr Partner gemeinsam Ressourcen generiert haben – vielleicht deshalb, weil der kooperative Kontext die Kinder dazu bringt, ihren Partner als gleichermaßen verdienstvoll zu betrachten und zu verstehen, dass er gleichberechtigte Ansprüche auf die Belohnung hat (Äquivalenz zwischen Selbst und Anderem). Zusammen erzeugt das alles einen Konflikt. In Analogie zum Bereich der Kognition schlagen wir vor, dass das Kind einen Sinn für Fairness hervorbringt, wenn seine widersprüchlichen Impulse im Hinblick auf Egoismus und Großzügigkeit mit Bezug auf dieselbe Menge von Gütern entstehen, während ihm gleichzeitig bewusst wird, dass sein Partner denselben Konflikt erlebt. Die Koordination von Werten und die schließlich ko-konstruierte Auflösung können nur auf der exekutiven Ebene stattfinden und scheinen sich ursprünglich und am natürlichsten in einem Kontext zu vollziehen, in dem die Gleichheit der Partner besonders auffällig ist.

Insgesamt lautet mein Vorschlag also, dass das früheste Mitgefühl und das prosoziale Verhalten von Kindern sich relativ natürlich entwickeln und dass ihr späterer Sinn für Fairness im Alter von drei Jahren in ihren gemeinsamen Interaktionen mit anderen konstruiert oder ko-konstruiert wird. Wir sehen also einen Entwicklungspfad mit einer anfänglich ziemlich starken Reifungskomponente für Prosozialität, die sich dann zu einer solchen entwickelt, die durch die Reifung elementarer Fähigkeiten zur geteilten Intentionalität strukturiert und belebt wird. Wesentlich für den späteren Entwicklungspfad sind soziale, insbesondere kooperative Erfahrungen, die dazu dienen, die Äquivalenz zwischen Selbst und Anderem und gegenseitigen Respekt (zwischen zweitpersonalen Akteuren) zu begründen, auf welchen die Vorstellung von Fairness beruht.

Soziale und moralische Implikationen

Mitgefühl für andere ist das *sine qua non* der menschlichen Moral. Menschen, die anderen gleichgültig gegenüberstehen – die bloß strategisch mit anderen interagieren und sie als soziale Werkzeuge benutzen –, werden gemeinhin als Soziopathen bezeichnet, sind in der menschlichen Gesellschaft unerwünscht und kommen in nur sehr geringer Zahl vor. Schon im Säuglings- und Kleinkindalter haben kleine Kinder bereits Mitgefühl mit anderen, die in Not sind, und allmählich lernen sie, dies auf Weisen auszudrücken, die den sozialen und kulturellen Kontexten, in die sie geboren werden, angemessen sind. Natürlich müssen die prosozialen Motive der Kinder mit ihren eigennützigen Motiven konkurrieren, und dieser Konflikt ist die Grundlage vieler moralischer Konflikte. Aber die Tatsache, dass Kinder solche Konflikte erleben, bedeutet gerade, dass sie zu moralischen Wesen werden.

Zentral für jeglichen Sinn für Moral ist auch ein Sinn für Fairness. Im Erwachsenenleben ist Fairness, die in gegenseitigem Respekt gründet, für die meisten Grundaspekte einer offenen Gesellschaft grundlegend. Tatsächlich wird John Rawls' (1971) einflussreiche normative Theorie der idealen Gesellschaft als »Gerechtigkeit als Fairness« bezeichnet. Und in der Tat definiert Rawls – auch in Übereinstimmung mit unseren entwicklungspsychologischen Befunden, dass der früheste Sinn der Kinder für Fairness innerhalb ihrer kooperativen Tätigkeiten entsteht – die Gesellschaft selbst als »ein kooperatives Unternehmen zum gegenseitigen Nutzen«. Um von der Fairness bei kooperativen Tätigkeiten zur Gerechtigkeit in der Gesellschaft im Großen überzugehen, müssen die Kinder beginnen, ihr Denken mehr an der Gruppe auszurichten, nicht nur im Sinne gemeinsamer Verpflichtungen gegenüber Einzelpersonen, sondern auch im Sinne kollektiver Verpflichtungen gegenüber den sozialen Normen der Gesellschaft.

9
SOZIALE NORMEN

Die Zusammenarbeit mit einem Partner und das prosoziale Verhalten ihm gegenüber vergrößerten sich in der Evolution des Menschen schließlich zur Teilnahme an der größeren kooperativen Unternehmung, die Kultur genannt wird. Obwohl die meisten Primaten in sozialen Gruppen leben und manchmal Außenseitern gegenüber feindlich gesinnt sind, hat die entsprechende Psychologie hauptsächlich mit der Vertrautheit mit anderen Individuen – oder mit deren Fehlen – zu tun. Als die modernen Menschen erstmals erschienen, entstand im Gegensatz dazu ein charakteristischer Sinn für die Eigengruppe gegenüber der Fremdgruppe als solcher – und zwar auf der Grundlage von Ähnlichkeit. Mitglieder der Eigengruppe sind diejenigen, die so aussehen, so handeln und so sprechen wie ich, auch wenn ich sie persönlich nicht kenne, während Mitglieder der Fremdgruppe Individuen aus einer anderen Gruppe sind, die anders aussehen, handeln und sprechen als »wir«. Und die frühen modernen Menschen bevorzugten Mitglieder der Eigengruppe gegenüber Mitgliedern fremder Gruppen in vielerlei Hinsichten: Sie mochten sie mehr, sie halfen ihnen mehr und sie vertrauten ihnen mehr.

Um die Kooperation innerhalb ihrer unterschiedlichen Kulturgruppen aufrechtzuerhalten, haben Menschen eine einzigartige Form sozialer Kontrolle entwickelt, bei der die Gruppe als ganze ihre kollektiven Erwartungen an das individuelle Verhalten zum Ausdruck bringt. Diese kollektiven Erwartungen werden als soziale Normen bezeichnet, und von den Individuen wird normativ erwartet, sie sowohl zu befolgen als auch deren Befolgung bei anderen durchzusetzen. Die Durchsetzung von Normen beruht daher auf einem an der Gruppe orientierten Sinn dafür, wie die Gruppe am besten funktioniert: Wir in der Gruppe handeln »so«, und Individuen, die nicht mit den Normen übereinstimmen, sind eine

Bedrohung des Zusammenhalts der Gruppe und ihres reibungslosen Funktionierens. Während die Normativität gemeinsamer Verpflichtungen durch Individuen vor Ort erzeugt wird und ebenso leicht aufgelöst werden kann, leitet sich die Normativität sozialer Normen aus der kollektiven Verpflichtung der Individuen gegenüber der Gruppe ab. Diese sozialen Normen – die die Art und Weise repräsentieren, wie »wir« handeln – existieren, bevor das Individuum geboren wird, und unter normalen Umständen hat das Individuum auch keine Macht, sie aufzulösen oder zu verändern.

Menschliche Säuglinge und Kleinkinder wissen nichts von der Kulturgruppe oder ihren sozialen Normen. Sie leben in einer Welt sozialer Interaktionen und Beziehungen zu anderen Individuen. Wenn ein Erwachsener eine soziale Norm gegenüber einem Säugling oder einem Kleinkind durchsetzt, versteht sie der Säugling oder das Kleinkind als eine Direktive, die von einem Individuum kommt. Typischerweise befolgen sie solche Direktiven aus Klugheit, Konformität und Respekt gegenüber dem Erwachsenen. Sie verstehen diese Direktiven erst allmählich im Laufe der ersten drei bis fünf Lebensjahre als etwas Größeres – das von der Gruppe oder gar von einer objektiven Quelle herstammt –, wenn sich ihre Fertigkeiten und Motivationen kollektiver Intentionalität entwickeln. Die ersten handfesten Belege für ein solches an der Gruppe orientiertes Verständnis entstehen um den dritten Geburtstag herum, wenn kleine Kinder beginnen, soziale Normen gegenüber anderen durchzusetzen. Bei der Durchsetzung sozialer Normen gegenüber anderen – häufig mit einer generischen normativen Sprache wie »Das muss man so machen« oder »Das ist nicht richtig« – zeigen Dreijährige ein Verständnis davon, dass diese Normen objektive Standards dafür darstellen, wie man (»wir«) etwas tun sollte(n). Dieses Verständnis manifestiert sich noch deutlicher, wenn Kinder mit etwa fünf Jahren ihre eigenen sozialen Normen mit Gleichaltrigen im Kontext von Spielen zu schaffen beginnen.

Mit dieser neuen geistigen Orientierung an der Gruppe beginnen Kinder, die sich dem Schulalter nähern, einen Sinn für Gerechtigkeit zu entwickeln: die »gerechte« Art und Weise, wie die soziale Gruppe Individuen behandeln sollte, einschließlich der Art und

Weise, wie Individuen als Mitglieder der Gruppe einander behandeln sollten. Somit zeigen die Kinder einen Sinn für vergeltende (oder kommutative) Gerechtigkeit in ihrem Verständnis der angemessenen Bestrafung für die Übertretung bestimmter Normen (Anpassung der Strafe an das Verbrechen). Sie zeigen einen Sinn für Verteilungsgerechtigkeit in ihrem Verständnis der angemessenen Art und Weise, wie Ressourcen unter Individuen in einer Gruppe aufgeteilt werden sollten, vor dem Hintergrund der vorherrschenden sozialen Normen persönlichen Eigentums und der Eigentümerschaft. Ab diesem Alter sind die Sensibilitäten der Kinder im Hinblick auf diese und viele andere Fragen der Gerechtigkeit – zum Guten wie zum Schlechten – durch einen starken Sinn für den Status der Eigengruppe gegenüber Fremdgruppen strukturiert.

Das Ergebnis ist, dass kleine Kinder zwischen drei und fünf Jahren einen zweiten Sinn von »wir« entwickeln. Zusätzlich dazu, Solidarität mit einem interdependenten Kooperationspartner zu empfinden, beginnen sie auch, Solidarität mit Mitgliedern der Eigengruppe zu empfinden, die typischerweise als diejenigen identifiziert werden, die ihnen in Verhalten und Erscheinung ähnlich sind. »Wir« sind diejenigen in unserer Kulturgruppe, die so beschaffen sind. Interessanterweise wurden diese beiden Typen sozialer Solidarität schon von Durkheim (1893) in seiner berühmten Unterscheidung zwischen organischer Solidarität (beruhend auf kooperativer Interdependenz) und mechanischer Solidarität (beruhend auf Ähnlichkeit) erkannt, und sie lassen sich auch in den beiden Grundprinzipien der Gruppenbildung in der modernen Sozialpsychologie finden: zwischenmenschliche Interdependenz (beruhend auf gemeinsamer Arbeit) und geteilte Identität (beruhend auf Ähnlichkeit und Gruppenmitgliedschaft; zum Beispiel Lickel et al., 2007). Die Durchsetzung und die Schaffung sozialer Normen – einschließlich der gerechten Art und Weise der Verteilung von Strafen und Ressourcen – ergeben sich beide aus dem Wunsch, andere Individuen fair zu behandeln, und aus dem Wunsch, das reibungslose Funktionieren der Gruppe zu erleichtern.

In diesem Kapitel schauen wir uns also die Entstehung der geistigen Orientierung der Kinder an der Gruppe an. Sie beginnt mit etwa drei Jahren und verwandelt gemeinsame in kollektive Verpflichtungen, zweitpersonalen Protest in die Durchsetzung sozialer Normen und einen Sinn für Fairness gegenüber Individuen in einen Sinn für Gerechtigkeit gegenüber allen in der Gruppe.

Im Ausgang von Menschenaffen: Leben in Gruppen

Die meisten Säugetiere und fast alle Primaten leben in sozialen Gruppen. Viele dieser sozialen Gruppen sind auf die eine oder andere Art territorial: Individuen schützen die Mitglieder ihrer Gruppe und die Ressourcen, von denen sie alle abhängen. Das ist ein elementarer Prozess des Soziallebens für die Individuen solcher sozialer Spezies. Aber Menschen haben einige weitere Motive und Einstellungen gegenüber ihrer sozialen Gruppe entwickelt, und zwar sowohl gegenüber den Individuen innerhalb ihrer Gruppe als auch gegenüber der Gruppe als solcher.

Soziale Gruppen von Menschenaffen

Menschenaffen leben zwar in sozialen Gruppen verschiedener Art, aber die nächsten Verwandten der Menschen, Schimpansen und Bonobos, leben in hoch komplexen sozialen Gruppen, die typischerweise mehrere Dutzend Individuen beider Geschlechter umfassen. Interaktionen zwischen benachbarten Gruppen sind bei Schimpansen fast immer äußerst feindlich, während bei Bonobos Interaktionen mit Fremden friedfertiger ablaufen. Schimpansen (größtenteils Männchen) »patrouillieren« aktiv an den Grenzen ihres Territoriums und greifen unbekannte Individuen (hauptsächlich Männchen) an, denen sie dort begegnen, wobei sie sie in manchen Fällen töten (Goodall, 1986). Wrangham und Glowacki (2012) stellen sogar einen expliziten Vergleich zwischen der Aggression zwischen Gruppen bei Schimpansen und der Aggression – oder dem Krieg – zwischen Gruppen bei Menschen an.

Es ist klar, dass Schimpansen und sehr wahrscheinlich auch Bonobos einen Sinn dafür haben, wer zu ihrer Gruppe gehört und wer nicht. Aber das beruht höchstwahrscheinlich auf der einfachen Vertrautheit mit den Gruppenmitgliedern, die durch die Furcht vor Fremden ergänzt wird. Meines Wissens gibt es keine Daten mit Bezug auf das Alter, in dem Schimpansen- und Bonobojungtiere Gruppenmitglieder von Nicht-Mitgliedern unterscheiden können. Vermutlich brauchen sie einige Jahre, um sich jedes individuelle Gruppenmitglied zu merken (insbesondere in sozialen Fission-Fusion-Systemen wie denen von Schimpansen und Bonobos).

Die Entwicklung der geistigen Orientierung an der Gruppe bei Kindern

Trotz der vielen Ähnlichkeiten zwischen dem Gruppenleben von Schimpansen und Bonobos einerseits und dem Gruppenleben von Menschen andererseits zeigen Menschen zusätzlich einen anscheinend einzigartigen Satz von Emotionen und Einstellungen, die am häufigsten als Eigengruppe/Fremdgruppe-Psychologie charakterisiert wird. Günstlingswirtschaft innerhalb der Eigengruppe, begleitet von Vorurteilen gegenüber der Fremdgruppe ist eines der am besten dokumentierten Phänomene in der gesamten zeitgenössischen Sozialpsychologie (zum Beispiel Fiske, 2010). Die an der Gruppe orientierten Einstellungen der Menschen gelten für Gruppen als solche, und sie sind gegenüber ihrer Gruppe als solcher loyal, nicht nur aufgrund von Vertrautheit oder Unvertrautheit, sondern aufgrund der Zugehörigkeit zur Gruppe, insofern sie durch die Konformität von Verhaltenspraktiken und physischer Erscheinung bestimmt wird. Das stellt eine neue Art von geistiger Orientierung an der Gruppe dar, und tatsächlich ist die Tendenz von Menschen, denjenigen selektiv zu helfen, mit ihnen zu kooperieren und ihnen zu vertrauen, die sich wie sie selbst verhalten und wie sie selbst aussehen, so stark, dass sie manche Theoretiker veranlasst hat, die Homophilie – die Tendenz, sich ähnlichen anderen anzuschließen, sie zu bevorzugen und Bindungen mit ihnen einzugehen – als psychologische Basis der menschlichen Kultur zu postulieren (Haun und Over, 2014).

Spät in ihrem ersten Lebensjahr sind viele menschliche Babys misstrauisch gegenüber Fremden und sie ahmen eher jemanden nach, der ihre Sprache spricht, möglicherweise aufgrund von Vertrautheit (Buttelmann et al., 2013). Vorschulkinder ziehen Personen vor, die ihre Sprache sprechen (und zwar mit demselben Akzent; Kinzler et al., 2009), und sie vertrauen diesen Personen auch eher (Kinzler et al., 2011). Wenn Vorschulkinder gemeinsam zu derselben Musik in einer Gruppe tanzen, helfen sie einander anschließend mehr und kooperieren mehr miteinander als mit anderen Kindern (Kirschner und Tomasello, 2010).

Aber über Vertrautheit und gemeinsames Handeln hinaus reicht kleinen Kindern gegen Ende der Vorschulzeit schon der geringste Anlass, um zwischen Eigengruppe und Fremdgruppe zu unterscheiden. Im so genannten Minimalgruppenparadigma werden kleine Kinder zufällig Gruppen zugeordnet, und sie erhalten zum Beispiel ähnlich gefärbte T-Shirts zusammen mit einer kollektiven Bezeichnung wie beispielsweise *die grüne Gruppe*. Der entscheidende Punkt besteht darin, die Kinder den Gruppenstatus ausschließlich auf der Grundlage von oberflächlicher Erscheinung beurteilen zu lassen (wobei die Vertrautheit konstant gehalten wird). In diesem Paradigma werden Schulkinder durch ihren minimalen Gruppenstatus auf verschiedene Weise beeinflusst; beispielsweise zeigen sie mehr Mitgefühl und Hilfe gegenüber Individuen, die als Mitglieder der Eigengruppe gekennzeichnet werden, als gegenüber solchen, die als Angehörige von Fremdgruppen gekennzeichnet werden (Rhodes und Chalik, 2013), und sie erwarten von ihren Eigengruppengenossen Loyalität gegenüber der Gruppe und bevorzugen diese auch, während sie Illoyalität gegenüber der Gruppe bei Individuen der Fremdgruppe erwarten und bevorzugen (Killen et al., 2013; zu einer Besprechung siehe Dunham et al., 2008). Für unsere gegenwärtige Perspektive ist wichtig, dass Kinder in der späten Vorschulzeit und in der Schulzeit verstehen, dass Menschen absichtlich eine Gruppe bilden können, solange sie entsprechende geteilte Intentionen haben (und in ihrem gemeinsamen Hintergrund wissen, dass sie geteilte Intentionen haben; Noyes und Dunham, 2017).[6]

6 Es sollte erwähnt werden, dass Powell und Spelke (2013) feststellten, dass sieben

Mit Vorschulkindern gibt es nur wenige Untersuchungen im Hinblick auf Minimalgruppen. Engelmann et al. (2013) stellten fest, dass Vorschulkindern mehr daran liegt, wie sie von Mitgliedern ihrer minimal begründeten Eigengruppe, als daran, wie sie von Mitgliedern einer Fremdgruppe beurteilt werden. Misch et al. (2014) stellten fest, dass Fünfjährige verstehen, dass Mitglieder einer minimal begründeten Eigengruppe loyal zueinander sein sollten. In einem besonders aufschlussreichen Experiment beobachteten Over et al. (2016), dass fünfjährige Kinder, die zu einer minimal begründeten Gruppe gehörten, das Bedürfnis empfanden, Übertretungen durch ein Mitglied der Eigengruppe (aber nicht durch ein Mitglied einer Fremdgruppe) wiedergutzumachen und sich dafür zu entschuldigen. Schließlich stellten Plötner et al. (2015a) in einer großangelegten Untersuchung fest, dass das Verhalten von Fünfjährigen (aber nicht von Dreijährigen) durch die Mitgliedschaft in einer Minimalgruppe auf ähnliche Weise beeinflusst wurde, sodass sie gegenüber Mitgliedern der Eigengruppe mehr Hilfe, Zuteilung von Ressourcen, Vorliebe, Anschlussverhalten und Vertrauen zeigten als gegenüber Mitgliedern einer Fremdgruppe. Diese Untersuchung deutet darauf hin, dass Kinder erst eine gewisse Zeit nach ihrem dritten Geburtstag minimal begründete Gruppen verstehen, deren Mitglieder nur durch ähnliche Kleidung oder Bezeichnungen identifiziert werden, obwohl das die Möglichkeit offen lässt, dass jüngere Kinder Unterscheidungen mit Bezug auf die Eigen- und Fremdgruppe anhand solcher Dinge wie der Ähnlichkeit neuer Verhaltenspraktiken treffen. Schließlich stellten Engelmann et al. (2018) fest, dass Fünfjährige aktiv versuchen, Einfluss darauf zu nehmen, wie Zuschauer ihre minimal begründete Gruppe beurteilen, und zwar unabhängig von allen Versuchen zu beeinflussen, wie diese Zuschauer sie als Individuen beurteilen.

Für unseren gegenwärtigen Zweck ist Folgendes der entscheiden-

Monate alte Säuglinge länger auf ein Computerdisplay schauten, bei dem sich ähnliche Formen mit Gesichtern (die räumlich zusammengruppiert waren) – wie erwartet – nicht gleich verhielten (was die Kinder bei ähnlichen Formen ohne Gesichter nicht taten). Für die geistige Orientierung an der Gruppe könnte es also im Säuglingsalter gewisse Vorläufer in der Wahrnehmung geben.

de Punkt: Zwischen drei und fünf Jahren orientieren sich kleine Kinder geistig immer stärker an der Gruppe, je mehr ihre Fähigkeiten zur kollektiven Intentionalität heranreifen. Zu Beginn dieser Periode mögen sich die Kleinkinder zwar physisch in Gesellschaft anderer Kleinkinder befinden, aber sie verstehen die soziale Gruppe nicht als solche. Zweijährige organisieren nicht spontan irgendwelche Gruppentätigkeiten, und sie wenden sich auch nicht an die Gruppe als Gruppe. Ebenso mögen Kleinkinder zwar auf Konventionen, Normen oder Institutionen auf der Gruppenebene stoßen, aber sie verstehen sie nicht als solche. Der wichtigste Fall im vorliegenden Kontext sind soziale Normen – als unmittelbare Manifestationen kollektiver Intentionalität –, weil soziale Normen so wesentlich für alles sind, was Menschen denken und tun. Das Leben kleiner Kinder wird zwar von Beginn an durch soziale Normen strukturiert, aber unsere Frage lautet, wie sie diese Normen verstehen und sich zu ihnen verhalten. Es könnte sein, dass sie sie anfangs überhaupt nicht als an der Gruppe orientierte kollektive Erwartungen verstehen.

Soziale Normen

Menschenaffen üben häufig Vergeltung an denen, die sie direkt geschädigt haben (zum Beispiel Jensen et al., 2007). Aber sie bestrafen kein Individuum oder gehen gegen es vor, wenn es einen Dritten schädigt, auch wenn es sich dabei um einen Verwandten oder Freund handelt (Riedl et al., 2012).[7] Im Gegensatz dazu nehmen soziale Normen bei Menschen eine durch und durch auf Dritte gerichtete Perspektive ein: Sie gelten für jeden in der Gruppe gleichermaßen – und sollten gegenüber allen auch gleichermaßen durchgesetzt werden –, weil sie die Erwartungen der Gruppe darüber zum Ausdruck bringen, wie jeder, der einer von »uns« sein will, handeln

7 Dominante Schimpansen unterbrechen manchmal Kämpfe zwischen Dritten, aber wahrscheinlich versuchen sie nur, die Bildung einer Koalition zu verhindern, die sie später bedrohen könnte.

sollte, und zwar unter Androhung von Ermahnungen, Strafen oder Verbannung.

Menschenkinder werden in ein Geflecht sozialer Normen hineingeboren, die sie dazu ermahnen, sich auf bestimmte Weise zu verhalten und nicht anders. Schon früh richten sich Kinder zwar nach sozialen Normen, die von Erwachsenen artikuliert und durchgesetzt werden. Aber die Frage ist, ob sie diese Direktiven so verstehen, dass eine einzelne Person ihre Wünsche zum Ausdruck bringt, oder vielmehr so, dass ein Vertreter der Gruppe kollektive Übereinkünfte der Gruppe mit Bezug auf ein erwartetes Verhalten ausdrückt. Jüngere Forschungen ermöglichen die einigermaßen genaue Angabe des Entwicklungspfads, durch den kleine Kinder zu einem erwachsenenartigeren Verständnis sozialer Normen als kollektiver Übereinkünfte gelangen, deren normative Kraft sich allein aus dem Prozess der Übereinkunft selbst ergibt. Diese Forschungen beziehen sich darauf, wie Kinder soziale Normen befolgen, durchsetzen und schaffen.

Das Befolgen sozialer Normen

Erwachsene Betreuer regulieren ständig das Verhalten kleiner Kinder in Übereinstimmung mit den sozialen Normen der Gruppe, und die Kinder leisten gewöhnlich Folge. Nach Piaget (1932) ist der Grund, warum Kinder soziale Normen respektieren und befolgen, offensichtlich: weil sie die Erwachsenen respektieren, von denen die Regeln stammen. Auf der Grundlage seiner ausdrücklichen Befragung von Kindern zu den Regeln von Kinderspielen (zum Beispiel des Murmelspiels) kam Piaget zu dem Schluss, dass Kinder bis weit in die mittlere Kindheit hinein glauben, dass Regeln Teil einer objektiven Ordnung sind, bezüglich deren die Erwachsenen über ein besonderes Wissen verfügen (diese objektive Ordnung schließt vieles andere ein, was die Erwachsenen ihnen auch durch Pädagogik beibringen).

Aber das Stellen von direkten Fragen hinsichtlich des Wesens von Regeln und ihrer normativen Kraft ist nicht die einzige Methode zur Einschätzung des Verständnisses. Turiel und Kollegen (zusammengefasst in Turiel, 2006) stellten Kindern indirektere Fragen zu verschiedenen Arten von Normen und Regeln, wie beispielsweise »Wenn der Lehrer (oder eine andere Autorität) sagt, dass es in Ordnung ist, dies zu tun, ist es dann in Ordnung?« oder »Wenn Kinder dies in einer anderen Kultur täten, wäre es dann in Ordnung?«. Die Schlussfolgerung aus ihren Untersuchungen ist, dass Vorschulkinder viel mehr über Normen und Regeln wissen, als Piaget meinte. Insbesondere kennen sie den Unterschied zwischen moralischen Normen, die unabhängig von einer Autorität und Kultur richtig oder falsch sind, und konventionellen Normen, die nur für bestimmte Kulturen oder in bestimmten Kontexten gelten.

Wenn wir nur auf die Übereinstimmung der Kinder mit sozialen Normen blicken (und darauf, wie sie ihr Verständnis verbal artikulieren), wäre es schwer zu sagen, wann sie sie als den Ausdruck von Gruppenübereinkünften verstehen. Aber es gibt mittlerweile ziemlich viele Untersuchungen, die darauf beruhen, wie Kinder sich gegenüber sozialen Normen praktisch verhalten. Das entscheidende Alter beträgt abermals drei Jahre, obwohl es bedeutende Entwicklungen und ein tieferes Verständnis gibt, die nach dieser Zeit auftreten, und zwar bis weit ins Schulalter hinein. Der entscheidende Punkt ist, dass die Kinder den kulturellen gemeinsamen Hintergrund erstmals mit etwa drei Jahren verstehen (siehe Kapitel 3). Eine Folgerung daraus ist, dass sie vor diesem Alter Individuen, die soziale Normen durchsetzen, nicht so verstehen, dass sie an der Gruppe orientierte Erwartungen oder Übereinkünfte repräsentieren, sondern nur die Direktiven von Individuen. Nach diesem Alter sind Kinder potenziell in der Lage, an der Gruppe orientierte, kollektive Phänomene zu verstehen und damit auch soziale Normen als solche. Und wir haben starke Belege dafür, dass ein solches Verständnis mit etwa drei Jahren beginnt, wenn die Kinder selbst soziale Normen gegenüber anderen durchsetzen, auch wenn sie selbst nichts davon haben.

Die Durchsetzung sozialer Normen

Man kann sich die Durchsetzung von Normen als eine Art von zweitpersonalem Protest im Großmaßstab vorstellen: Die durchsetzende Person zieht als Vertreter der Gruppe (anstatt der kooperativen Partnerschaft) den Missetäter für seine Übertretung einer sozialen Norm (anstatt einer gemeinsamen Verpflichtung) zur Rechenschaft. Von dieser Norm wird angenommen, dass sie im Interesse der Gruppe (anstatt der Partnerschaft) und im kulturellen gemeinsamen Hintergrund der Gruppe (anstatt im persönlichen gemeinsamen Hintergrund des Partners) liegt. Personen, die soziale Normen durchsetzen, tun das aus der Perspektive eines Dritten – und ziehen einen Missetäter für einen Akt zur Rechenschaft, der sie nicht notwendigerweise persönlich betrifft –, was darauf hindeutet, dass die durchsetzende Person durch etwas mehr als das unmittelbare Eigeninteresse motiviert ist.

Schon ab drei Jahren greifen Kinder ein, um andere für die Verletzung von Normen im Namen Dritter zu sanktionieren. Vaish et al. (2011b) stellten fest, dass Dreijährige eingreifen, wenn eine Puppe beginnt, das Eigentum einer anderen Person zu zerstören. Da das Kind selbst nicht betroffen ist, handelt es sich hier nicht um zweitpersonalen Protest; es protestiert nicht dagegen, wie »du« »mich« behandelst. Wogegen es protestiert, ist ein Mangel an Konformität mit der sozialen Gruppennorm dafür, wie man andere behandeln sollte. Diese Interpretation wird durch die Beobachtung gestützt, dass kleine Kinder auch bei Individuen eingreifen, die bloße Konventionen verletzen (wenn auch weniger gefühlsintensiv; Hardecker et al., 2016). Wenn Dreijährige erfahren, dass wir das Spiel auf diesem Tisch so spielen (während wir es auf einem anderen Tisch anders spielen), und dann eine Puppe das Spiel an diesem Tisch falsch spielt, dann greifen die Kinder ein und stoppen die Puppe, obwohl niemandem ein Schaden entstanden ist (Rakoczy et al., 2008, 2010). Das Kind verteidigt weder sein Eigeninteresse noch das einer anderen Person; das unmittelbare Ziel ist einfach, dass der eigenwillige Akteur die richtige Handlungsweise befolgt. Für unsere Entwicklungshypothese ist wichtig, dass Zweijährige in dieser Studie zwar manchmal negativ auf die Puppe reagierten, aber nicht normativ protestierten.

Bezeichnenderweise verwenden Dreijährige bei allen Arten des Eingreifens im Sinne Dritter ziemlich häufig eine generische normative Sprache wie beispielsweise »Man kann das nicht so machen« oder gar »Das ist falsch!« (zu weiteren Einzelheiten über die normative Sprache, die Kinder bei der Durchsetzung von Normen verwenden, siehe Köymen et al., 2014a). Eine solche generische Sprache deutet darauf hin, dass derjenige, der die Norm durchsetzt, nicht einfach nur als Individuum handelt, das eine persönliche Meinung zum Ausdruck bringt, sondern vielmehr wie im Falle der Pädagogik als eine Art von Vertreter der Kulturgruppe, der unparteiisches und objektives Wissen vermittelt (in diesem Fall bezüglich dessen, wie »wir« handeln). Im Prinzip kann jeder in der Kultur soziale Normen durchsetzen; im Prinzip kann auch jeder in der Kultur Ziel der Durchsetzung sein (möglicherweise innerhalb bestimmter demografischer oder kontextueller Besonderheiten); und im Prinzip sind die Standards selbst objektiv (nicht subjektiv). Personen, die Normen durchsetzen, verweisen daher den Übertreter auf eine objektive Welt von Werten, die er selbst konsultieren kann, um zu sehen, dass sein Verhalten falsch ist. Die Durchsetzung von Normen ist daher kein persönlicher Akt, sondern ein an der Gruppe orientierter kultureller Akt – das Ziel ist es, andere mit dem in Übereinstimmung zu bringen, wie »wir« handeln –, und dreijährige Kinder haben angefangen, das zu verstehen.

Aber manchmal übertreiben sie es auch. So konfrontierten Schmidt et al. (2011) dreijährige Kinder mit einer konventionellen Handlung an einem Artefakt unter mehreren verschiedenen experimentellen Bedingungen. Auch wenn in keiner Weise angedeutet wurde, dass die Handlung ein Beispiel für irgendeine Art des Befolgens einer Regel war – der Erwachsene nahm das Artefakt einfach selbstsicher in die Hand und vollzog die Handlung für sich (ohne Pädagogik gegenüber dem Kind) –, griffen die Kinder immer noch ein, wenn eine Puppe später eine andere Handlung an dem Artefakt vollzog, und verwendeten normative Sprache, um die Puppe zu korrigieren. Schmidt et al. (2016a) taten sogar, was sie nur konnten, um eine normative Interpretation einer im Grunde alltäglichen intentionalen Handlung zu unterbinden. Trotzdem stellten sie fest, dass dreijährige Kinder, wenn sie zusahen, wie jemand zuversichtlich für sich selbst eine Handlung an »Ramschgegenständen« (keinen Artefakten) vollzog (keine Pädagogik), auf eine normative Interpretation verfielen und bei jemandem eingriffen, der mit diesem Gegenstand anders umging, wobei sie dazu normative Sprache gebrauchten. Kleine Kinder sind also »promiskuitive Normativisten«. Darüber hinaus greifen Kinder desselben Alters auch ein, um die Ansprüche anderer zu unterstützen. Wenn beispielsweise ein Akteur von einem Erwachsenen dazu berechtigt wurde, *X* zu tun, und dann eine andere Person versucht, ihn daran zu hindern, stehen Kinder für die Rechte des Akteurs ein und vollziehen im Grunde eine Durchsetzung (zweiter Stufe) gegen die ungerechte Durchsetzung (Schmidt et al., 2013).

Die Durchsetzung von Normen dieser Art ist entschieden an der Gruppe orientiert. Schmidt et al. (2012) verwendeten das grundsätzliche experimentelle Paradigma zur Durchsetzung von Normen, aber mit einer Eigengruppe/Fremdgruppe-Bedingung sowie einer Moral/Konventions-Bedingung. Sie stellten fest, dass Dreijährige moralische Normen gleich häufig gegenüber Missetätern sowohl aus der Eigengruppe als auch aus der Fremdgruppe durchsetzten, was den Befund bekräftigt, dass Kinder in diesem Alter moralische Normen als universell anwendbar ansehen. Konventionelle Normen setzen sie jedoch selektiv gegenüber Mitgliedern der Eigengruppe durch, weil konventionelle Normen nur für »uns« gelten, die es besser wissen sollten (der »Schwarze-Schaf-Effekt«). Das zugrunde liegende Prinzip war also so etwas wie: Unsere konventionellen Normen wurden von uns für uns geschaffen, und deshalb sind sie gut für die Gruppe und ihre Funktion, und daher ist es gut und im Sinne der Gruppe legitim, dass ich sie gegenüber Mitgliedern unserer Gruppe durchsetze (wohingegen es uns egal ist, was Individuen einer Fremdgruppe tun). Aufgrund dieses Prinzips überrascht es nicht, dass Vaish et al. (2016) feststellten, dass Fünfjährige Zustimmung zu jenen Individuen, die soziale Normen in der Gruppe durchsetzten, ausdrückten (auch wenn diese sich etwas aggressiv verhielten) und lieber mit ihnen interagierten als mit denjenigen, die das nicht taten, vermutlich weil sie diese Durchsetzung als etwas Gutes betrachteten, das eine Sorge um das Wohl der Gruppe signalisierte.

Natürlich sehen kleine Kinder die ganze Zeit, dass Erwachsene Normen durchsetzen, und deshalb können wir die Frage stellen, ob Normen durchsetzende Kinder einfach nur Erwachsene imitieren. Dagegen spricht, dass in den meisten der eben zitierten Experimente die Normen, die die Kinder durchsetzen, neu sind, weshalb sie nicht die Durchsetzung dieser spezifischen Normen imitieren können. Aber dennoch mag soziales Lernen eine gewisse Rolle spielen, und es existiert auch eine relevante Studie mit Vorschulkindern dazu. Hardecker und Tomasello (2017) ließen kleine Kinder einen Erwachsenen beobachten, der Normen dafür durchsetzte, wie man ein Artefakt unter drei Bedingungen bedienen sollte. Unter der einen Bedingung bediente das Kind das Artefakt, wie es ihm beliebte, und der Erwachsene korrigierte es und zeigte ihm die richtige Art und Weise (Zweitpartei-Bedingung). Unter einer anderen Bedingung bediente ein Dritter das Artefakt, woraufhin der Erwachsene ihn korrigierte und ihm zeigte, wie es richtig ging (Drittpartei-Bedingung). Unter einer Referenzbedingung bediente der Erwachsene einfach das Artefakt ohne Normdurchsetzung. Sowohl zwei- als auch dreijährige Kinder korrigierten anschließend eine neue Puppe, die das Artefakt nicht richtig bediente, öfter, wenn sie Zeuge der Normdurchsetzung des Erwachsenen (beide Arten) gewesen waren, als wenn das nicht der Fall war. Aber darüber hinaus korrigierten Dreijährige die Puppe auch in der Referenzbedingung häufig, wenn sie zuvor überhaupt keine Durchsetzung von Normen gesehen hatten, und sie korrigierten die Puppe auch in einer anschließenden Szene, in der die Puppe mit dem Artefakt eine völlig neue Handlung vollzog. Die Schlussfolgerung ist somit, dass Zweijährige in der Lage sind, von Erwachsenen sozial zu lernen, wie man auf einem bestimmten Handlungsverlauf besteht, aber dass Dreijährige keine Erwachsenen eine Norm durchsetzen sehen müssen, um sie selbst durchzusetzen; sie haben bereits die Vorstellung, dass Menschen Normen folgen sollten, und sie verallgemeinern bereitwillig auf neue nichtkanonische Handlungen (zu einer Untersuchung des sozialen Lernens von Bestrafung siehe Salali et al., 2015).

Im Allgemeinen gehen kleine Kinder also mit sozialen Normen viel bewanderter und kompetenter um, als Piaget (1932) sich träumen ließ. Das ist seit einiger Zeit ein Thema von Turiel (2006) und anderen Sozialtheoretikern, und die Forschung, die hier besprochen wurde, hat das Bild beträchtlich verfeinert. Aber dennoch erfahren Kinder in ihren ersten drei Lebensjahren, dass Erwachsene ständig Normen durchsetzen, und daher könnte man allein auf der Grundlage ihrer Befolgung und Durchsetzung sozialer Normen (da selbst die Durchsetzung zumindest in manchen Hinsichten von den Erwachsenen herstammen könnte) etwas skeptisch im Hinblick auf die Tiefe des Normverständnisses Dreijähriger bleiben. Aber wenn sie einmal fünf Jahre alt geworden sind, ist eine solche Skepsis nicht mehr am Platz, weil die Kinder jetzt ihre eigenen sozialen Normen in neuen (spielerischen) Kontexten mit Gleichaltrigen durchsetzen können, und zwar ohne jegliche Form der Anleitung durch Erwachsene.

Die Schaffung sozialer Normen

Die große Mehrheit sozialer Normen, mit denen kleine Kinder konfrontiert sind, wird ihnen von den Erwachsenen nahegebracht. Aber wie kamen die Erwachsenen dazu? An welchem Punkt verstehen Kinder, dass soziale Normen tatsächlich dauernde kollektive Übereinkünfte widerspiegeln? Um diese Frage zu beantworten, ist es hilfreich zu untersuchen, wie Kinder soziale Normen für sich selbst schaffen. Piaget (1932) erkannte die Bedeutung der von Kindern geschaffenen Regeln (deshalb untersuchte er von Kindern geschaffene Spiele wie das Murmel- und das Hüpfspiel), aber diese Untersuchungen konzentrierten sich eigentlich auf Situationen, in denen kleinere Kinder die Regeln von älteren, erfahrenen Kindern lernten.

Mehrere kürzlich durchgeführte Experimente haben Kinder in Situationen beobachtet, in denen es keine etablierten Normen oder

Regeln gibt, weder von Erwachsenen noch aus einer anderen Quelle, und wo diese daher zum Zweck der sozialen Steuerung Regeln für sich selbst erfinden. Beispielsweise boten in einem Experiment aus jüngerer Zeit Göckeritz et al. (2014) Dreiergruppen von fünfjährigen Kindern eine komplexe Spielapparatur dar und sagten den Kindern nur, das Ziel sei, dass die Kugeln aus dem Ende des Apparats in einen Eimer herausfallen. Wenn die Kinder irgendwelche Fragen dazu stellten, wie das Spiel gespielt wurde oder werden sollte, schützte der Versuchsleiter Unwissenheit vor. Beim wiederholten Spiel gab es bestimmte wiederkehrende Hindernisse, die die Kinder überwinden mussten (zum Beispiel fielen die Kugeln unterwegs aus einer Röhre heraus). Die Reaktion der Kinder auf diese Hindernisse war nicht nur, dass sie sie zu überwinden versuchten; sie schufen explizite Regeln dafür, wie diese Überwindung zu bewerkstelligen sei. Wenn später dann die Zeit kam, ahnungslosen Kindern zu zeigen, wie man das Spiel spielt, taten die Kinder das, indem sie generische normative Sprache benutzten, wie beispielsweise »Du musst das so machen« oder »Es funktioniert so«. Sie erfanden ihre eigenen Regeln und setzten sie dann als Autoritäten durch, was ein Verständnis dafür nahelegt, dass selbstgeschaffene Regeln so viel Autorität haben wie alle anderen auch.

Es ist jedoch möglich, dass die Kinder in diesem Experiment tatsächlich etwas anders dachten. Da die Apparatur von den Erwachsenen im Voraus eingerichtet wurde, könnten die Kinder gedacht haben, dass es tatsächlich einschlägige Regeln dafür gäbe, wie man mit ihr zu spielen habe, auch wenn der Erwachsene im Zimmer diese Regeln nicht kannte. Hardecker et al. (2017) gaben daher Gruppen von drei Fünfjährigen einfach eine Menge »ramschartiger« Gegenstände (zum Beispiel Stöcke und eine Kiste) und sagten ihnen ausdrücklich, dass es keine Ziele und Regeln gäbe; sie sollten einfach so spielen, wie es ihnen beliebte. Wenn die Kinder fragten, wie sie spielen sollten, sagte der Versuchsleiter, dass es keine Regeln gäbe. Aber selbst in dieser Situation erfanden die Kinder ihre eigenen Regeln (beispielsweise eine Regel, die sich darauf bezog, wo man bei einem Spiel stehen musste, bei dem man Stöcke in eine Kiste warf) und gaben sie anschließend auf ausdrücklich normative Weise an ahnungslose Gleichaltrige weiter. Sie wussten ganz genau, dass sie die Regeln durch und durch erfunden hatten, und doch betrachteten sie sie als normativ und bindend für alle, die das Spiel spielen mochten. Das deutet zumindest auf ein gewisses Verständnis dafür hin, dass soziale Normen auf sozialen Übereinkünften beruhen.

Aber Fünfjährige verstehen soziale Normen nicht genauso wie Erwachsene. In diesem Experiment gab es noch eine andere Bedingung. Hardecker et al. (2017) ließen Erwachsene genau dieselben Regeln lehren, die die Gleichaltrigen eben erfunden hatten (unter einer »Yoked-Bedingung«), und die Kinder setzten sie – wie erwartet – wieder gegenüber ahnungslosen anderen explizit normativ durch. Der Unterschied zwischen dem Verhalten der Kinder unter den beiden Bedingungen, einmal mit Gleichaltrigen und einmal mit Erwachsenen, bestand in Folgendem: Als ein ahnungsloses Individuum sich (experimentell kontrolliert) gegen die Regel sträubte, waren die Fünfjährigen bei der Veränderung derjenigen Regeln, die sie selbst zusammen mit Gleichaltrigen erfunden hatten, flexibler als bei den Erwachsenenregeln, was möglicherweise darauf hindeutet, dass Kinder in diesem Alter die Autorität von Erwachsenen immer noch zumindest als eine teilweise Quelle normativer Kraft ansehen. Im Gegensatz dazu betrachteten Siebenjährige ihre eigenen, selbstgeschaffenen Regeln und die von den Erwachsenen vorgeschriebenen Regeln als gleich starr; die normative Kraft stammt nur aus der sozialen Übereinkunft, an die die Individuen sich binden, gleichgültig, wer an dieser Übereinkunft beteiligt ist. (Zu einigen ähnlichen Befunden siehe Riggs und Young, 2016.)

Eine interessante Variation dieses Themas lieferten Grüneisen und Tomasello (2017), die eine Konfliktsituation für fünfjährige Kinder einrichteten (ein »Feiglingsspiel« aus der Spieltheorie). Sie stellten fest, dass Kinder in diesem Alter sich verschiedene Arten von Regeln und Normen ausdenken konnten, von denen langfristig am Ende beide Kinder profitierten (zum Beispiel eine Abwechslungsregel) und die dazu dienten, kostspielige Verhandlungen und Auseinandersetzungen über wiederholte Spielrunden hinweg zu vermeiden. In einer Folgestudie ließen Grüneisen und Tomasello (im Erscheinen) Gruppen von vier Fünfjährigen darüber diskutieren, was zu tun sei, wenn Paare von ihnen später mit derselben Dilemma-Situation konfrontiert wären (wieder ein Feiglingsspiel). Da sie nicht wussten, welche Zweiergruppen zu einem bestimmten Zeitpunkt spielen würden, war eine Konvention zum Abwechseln nicht möglich. In dieser Situation erfanden die Kinder Regeln wie »Der Blaue kommt immer zuerst dran« oder sie spielten Schere-Stein-Papier, um bei jeder Runde zu entscheiden. Diese Situation spiegelt genauer die Situation in der Gesellschaft im Allgemeinen wider, in der Individuen anderen begegnen, mit denen sie zwar keine spezifische Übereinkunft haben, die aber vermutlich die Regeln kennen und respektieren. Selbst Vorschulkinder können sich an solche Situationen anpassen, indem sie ihre eigenen unparteiischen Regeln für den Einsatz zu einem unbestimmten Zeitpunkt in der Zukunft schaffen.

Es wurde zwar nie beobachtet, dass Dreijährige mit Gleichaltrigen eine soziale Norm oder Regel schaffen, aber es gibt zwei einschlägige Untersuchungen. Erstens stellten Wyman et al. (2009) fest, dass dreijährige Kinder beim Als-ob-Spiel protestierten, wenn jemand einen Gegenstand als etwas anderes behandelte, nachdem sie einmal den Als-ob-Status des Gegenstands gemeinsam mit einem Erwachsenen festgelegt hatten (zum Beispiel: dieser Stock ist ein Pferd). Da Kinder in diesem Alter eindeutig verstehen, dass sie mithelfen, die Als-ob-Bezeichnung zu erzeugen, deutet die Durchsetzung gegenüber Abweichungen auf ein gewisses Verständnis dessen hin, dass normative soziale Regeln das Produkt einer sozialen Übereinkunft sein können. Zweitens untersuchten Schmidt et al. (2016c), wie Dreijährige den Prozess verstehen, durch den eine soziale Norm gebildet wird. In zwei Experimenten hatten Dreijährige die Gelegenheit, mit mehreren Puppen über willkürliche Spielnormen übereinzukommen (sie wurden zur Übereinkunft ermuntert). Als eine Puppe später die Norm verletzte, setzten die Kinder sie normativ nur gegenüber einem solchen Missetäter durch, der wirklich auch die Übereinkunft getroffen hatte (und nicht gegenüber Zuschauern, die keine getroffen hatten). Interessanterweise hinderten jegliche Uneinigkeiten während des Prozesses der Normsetzung (selbst wenn es eine Mehrheit von 90 Prozent gab, die mit Bezug auf eine bestimmte Handlungsweise übereinkam) die Kinder daran, eine Norm als überhaupt für jemand geltend anzusehen. Daher scheint es, dass selbst Dreijährige etwas von der Rolle der Übereinkunft bei der Festsetzung wechselseitig bindender sozialer Normen verstehen, obwohl ihre Vorstellung der Normbildung ziemlich starr ist und völlige Einigkeit unter allen Beteiligten voraussetzt.

In diesen Untersuchungen erfinden Kinder ihre eigenen sozialen Normen aus dem Nichts. Von Beginn an setzen sie diese Normen auf fast die gleiche Weise gegenüber anderen durch, wie sie die Normen Erwachsener durchsetzen, nämlich indem sie die normative Sprache des *Sollens und Müssens* verwenden. Bis zum Schulalter haben sie sogar ein erwachsenenartiges Verständnis davon, dass soziale Normen geändert werden können, wenn jeder dem zustimmt, und zwar unabhängig davon, was ihre Quelle ist. Diese Entwicklungslinie – die durch Untersuchungen nachgewiesen wurde, welche Verhaltens- anstatt verbaler Methoden verwendeten – senkt das Alter, in dem die Kinder kompetent und flexibel mit sozialen Normen umgehen, um mehrere Jahre (siehe zum Beispiel Kalish und Sabbagh, 2007).

Individuelle und kulturelle Variation

Im Kontext des Lebens in einer Kulturgruppe befinden sich in der Entwicklung begriffene Kinder unter einem starken Druck, konformes Verhalten zu zeigen, und zwar sowohl, um sich reibungslos mit anderen Gruppenmitgliedern zu koordinieren, als auch, um ihre Gruppenidentität und -loyalität zu zeigen. Unterschiedliche Kulturgruppen haben unterschiedliche soziale Normen für ihre bestimmten lokalen Umstände geschaffen, weshalb die kleinen Kinder natürlich die bestimmten lokalen Normen ihrer Kultur individuell lernen müssen.

Aber es hat nur wenige Untersuchungen der Art und Weise gegeben, wie Kinder in verschiedenen Kulturen bestimmte Normen durchsetzen und sich zu ihnen verhalten. In einer Studie aus jüngster Zeit stellten Kanngiesser et al. (im Erscheinen) fest, dass Kinder aus drei verschiedenen kulturellen Kontexten (von denen zwei kleingesellschaftlich und im Grunde analphabetisch waren) soziale Normen, die sie eben erst von Erwachsenen gelernt hatten, in Form von Spielregeln gegenüber naiven anderen durchsetzten. Gampe und Daum (2018) fanden einige Belege für interkulturelle Variabilität hinsichtlich der Art und Weise, wie kleine Kinder die Durchsetzung von Normen angehen, die auf das Lernen von Erwachsenen hindeuten. Es gibt unseres Wissens keine Studien im Hinblick darauf, dass kleine Kinder mit Gleichaltrigen soziale Normen in verschiedenen kulturellen Kontexten schaffen, obwohl es viele ethnografische Berichte über ältere Kinder gibt, die verschiedene Arten von Spielen erfinden.

Gerechtigkeit

Wie wir in Kapitel 8 gesehen haben, beginnen kleine Kinder mit etwa drei Jahren, einen Sinn für Fairness im Umgang mit bestimmten anderen zu entwickeln, vor allem mit Kooperationspartnern. Aber bei der kollektiven Intentionalität und den sozialen Normen geht es nicht nur darum, dass Individuen sich gegenüber anderen Individuen verhalten, sondern vielmehr um die Verhaltensweisen in einer Gruppe, für die es eine kollektive Übereinkunft gibt. In diesem Zusammenhang beginnen Kinder nach drei Jahren auch das zu entwickeln, was wir als Gerechtigkeitssinn bezeichnen, der als ein Sinn für Fairness bestimmt werden kann und der sich nicht nur auf Individuen, sondern auf die Mitglieder einer Gruppe bezieht und Gruppeninteressen berücksichtigt (zum Beispiel mag es in manchen Fällen gerechtfertigt sein, Mitleid mit einem Dieb zu zeigen, aber es könnte auch ein schlechtes Vorbild für andere Gruppenmitglieder in der Zukunft sein). Wie Fairness beinhaltet auch Gerechtigkeit immer auf die eine oder andere Weise einen gewissen Sinn für Gleichheit, und das Selbst hat dabei keine besondere Priorität. Aber da wir es mit der größeren Kulturgruppe und ihren Mitgliedern zu tun haben und häufig auch mit nichtkooperativen Akten, die bereits stattgefunden haben, geht es bei der Gerechtigkeit häufig um eine besonders komplexe Bilanzierung.

Jahrtausendelang haben Gesellschaftstheoretiker zwei Hauptformen von Gerechtigkeit unterschieden: Vergeltungsgerechtigkeit (oder kommutative Gerechtigkeit) und Verteilungsgerechtigkeit. Vergeltungsgerechtigkeit bezieht sich auf Handlungen: wie Missetäter für antisoziale Handlungen bestraft werden sollten und wie Opfer entschädigt werden sollten, wobei die künftigen Bedürfnisse der größeren sozialen Gruppe berücksichtigt werden. Verteilungsgerechtigkeit bezieht sich auf Ressourcen: wie Nahrung, Geld (in manchen Kulturen) und andere elementare Ressourcen unter den Mitgliedern der sozialen Gruppe verteilt werden, und zwar auf der Grundlage aller möglichen Dinge, von der einfachen Gruppenmitgliedschaft über die relative Bedürftigkeit bis zu der einen oder anderen Form von Verdienst, was in manchen Kulturen durch Normen verkompliziert wird, die den Privatbesitz von Ressourcen begründen und regulieren. Kleine Kinder beginnen in der späten Vorschulzeit gerade erst damit, einen Sinn für Vergeltungs- und Verteilungsgerechtigkeit zu entwickeln.

Vergeltungsgerechtigkeit und Bestrafung

Die hauptsächliche Art und Weise, wie nichtmenschliche Tiere einem Missetäter Einhalt gebieten, ist Aggression: Er stiehlt meine Nahrung oder schädigt mein Kind, deshalb greife ich ihn an, damit er damit aufhört. Bestrafung erfordert außerdem einen Blick in die Zukunft: Ich möchte, dass er ganz und gar damit aufhört, meine Nahrung zu stehlen und mein Kind zu schädigen, daher füge ich ihm jetzt Schmerzen zu, damit er zweimal überlegt, bevor er es noch einmal tut: In ihrer reinsten Form beinhaltet weder die Aggression noch die Bestrafung soziale Normen oder Gerechtigkeit. Dazu brauchen wir eine Möglichkeit, um die Rechte von Individuen in der sozialen Gruppe gegeneinander abzuwägen – soziale Normen, die die »richtige« Art und Weise der Bestrafung oder Entschädigung festlegen –, sodass beispielsweise die Bestrafung eine faire Antwort auf das Verbrechen ist oder das Opfer auf faire Weise entschädigt.

Wie bereits erwähnt, üben Menschenaffen gegenüber denen Vergeltung, von denen sie geschädigt werden, aber sie bestrafen Täter nicht für ihre schädigenden Akte gegenüber Dritten (Riedl et al., 2012). Da ein uneigennütziger, unparteiischer Standpunkt Dritter für jeden Gerechtigkeitssinn entscheidend ist – alle Individuen, einschließlich des Selbst, werden als mehr oder weniger gleiche Teilnehmer am Gruppenleben konzeptualisiert –, scheint es, dass Menschenaffen keinen Sinn für Gerechtigkeit haben. Im Gegensatz dazu ist die Bestrafung durch Dritte in der einen oder anderen Form eine menschliche Universalie. Marlowe et al. (2008) führen Belege dafür an, dass manche zeitgenössischen Jäger und Sammler nur selten die Durchsetzung von Normen oder eine Bestrafung durch Dritte vollziehen; größtenteils bewegen sie sich einfach von den Normübertretern weg. Aber Tatsache ist, dass sie Missetäter bestrafen, wenn Weggehen keine Option ist, und sie bestrafen Missetäter auch regelmäßig, indem sie ihre Reputation durch Tratsch schädigen (Marlowe, persönliche Mitteilung).

Kleine Kinder ab drei Jahren greifen ein oder protestieren, wenn andere im Begriff sind, einem Dritten zu schaden, und sie protestieren gegen die Verletzung von Normen, auch wenn sie nur konventionell sind (siehe den vorangehenden Abschnitt). Aber die Vergeltungsgerechtigkeit bezieht sich darauf, den Missetäter tatsächlich so zu bestrafen, dass dadurch das Leiden der anderen, das er verursacht hat, aufgewogen wird. Piaget (1932) befragte Vorschul- und Schulkinder dazu, wie man mit Gleichaltrigen umgehen sollte, die auf verschiedene Weise ungezogen gewesen waren. Sein klassischer Befund lautet, dass Vorschulkinder glauben, dass die Bestrafung dem angerichteten Schaden entsprechen sollte (zum Beispiel der Anzahl zerbrochener Tassen), und zwar unabhängig davon, ob der Missetäter dieses Ergebnis beabsichtigte, während für Schulkinder die Absichten des Missetäters schwerer wiegen (zum Beispiel, ob das Kind beabsichtigte, die Tassen zu zerbrechen oder nicht). Cushman et al. (2013) behaupten und bringen Belege dafür bei, dass Kinder tatsächlich zwei miteinander konkurrierende Tendenzen aufweisen: moralischen Tadel auf der Grundlage von Absichten zuzuweisen, aber die Strafe auf der Grundlage des angerichteten Schadens zuzumessen. Im Alter zwischen fünf und acht Jahren stellen sie einen Wechsel der verbalen Urteile von Kindern im Hinblick auf das relative Gewicht fest, das sie diesen beiden konkurrierenden Tendenzen zuordnen.

Doch abermals sind verbale Befragungen nicht die einzige Möglichkeit, die moralischen Urteile von Kindern einzuschätzen. So ließen Kachel et al. (2017) beispielsweise einen Partner bei einer Kooperation seine Rolle stark vernachlässigen, aber mit unterschiedlichen Absichten. Wenn ein Partner es vernachlässigte, seine Rolle zu spielen, weil er egoistisch ein anderes Spiel bevorzugte, erhoben die Kinder normativen Protest. Wenn er jedoch nicht wusste, wie seine Rolle zu spielen war, tadelten ihn die Kinder nicht, sondern versuchten vielmehr, ihn zu belehren, und wenn er unabsichtlich das Misslingen der Kooperation verursachte, tadelten sie ihn überhaupt nicht. Es scheint, dass sogar Dreijährige trotz ihrer Mängel in verbalen Befragungen die Absichten eines Missetäters bei ihren moralischen Urteilen berücksichtigen, zumindest im Rahmen einer kooperativen Tätigkeit.

Aus einer evolutionären Perspektive hat eine Reihe jüngerer Studien die Möglichkeit untersucht, dass kleine Kinder eine so starke Tendenz zur ausgleichenden Gerechtigkeit haben, dass sie bereit sind, Kosten für die Bestrafung von Missetätern zu tragen. Mehrere Untersuchungen haben beispielsweise festgestellt, dass Kinder zwischen vier und sechs Jahren tatsächlich Ressourcen opfern (oder irgendwelche andere Kosten zahlen), um sicherzustellen, dass ein Missetäter für seine Handlungen bestraft wird (zum Beispiel Robbins und Rochat, 2011; Kenward und Östh, 2012; McAuliffe et al., 2015). Kenward und Östh (2015) stellten fest, dass die Kinder das nur dann taten, wenn sie dabei anonym bleiben konnten, wodurch sie zeigten, dass sie deutlich verstanden, dass die Bestrafung von anderen ein gewisses Risiko der Revanche mit sich führt. Jordan et al. (2014) berichten außerdem, dass Kinder im selben Altersbereich häufiger die Mitglieder einer Fremdgruppe als Mitglieder der Eigengruppe bestrafen. Und in einer jüngeren Untersuchung stellten Riedl et al. (2015) fest, dass sogar Dreijährige diejenigen bestrafen, die versuchen, die Sachen von anderen zu stehlen. Tatsächlich griffen sie genauso häufig gegenüber jemandem ein, der das Spielzeug einer dritten Person stahl, wie gegenüber jemandem, der ihr eigenes stahl. Sie griffen besonders häufig ein, um die gestohlenen Güter dem Opfer zurückzugeben, wodurch sie die Situation in ihrem vorherigen rechtmäßigen Status wiederherstellten (die so genannte wiederherstellende Gerechtigkeit).

Bestrafung und die Durchsetzung sozialer Normen sind offensichtlich ähnliche Prozesse. Diese Untersuchungen der Bestrafung Dritter zeigen, dass Vorschulkinder sogar Kosten auf sich nahmen, um Dritte zu bestrafen, vermutlich wie im Falle der Durchsetzung sozialer Normen aufgrund eines gewissen Sinnes für Gerechtigkeit gegenüber der Gruppe insgesamt. Entscheidend ist, dass jeder gerecht behandelt wird, und wenn es zu einer Verletzung der Ordnung kommt, muss diese wiederhergestellt werden.

Verteilungsgerechtigkeit und Eigentum

In Kapitel 8 dokumentierten wir, dass schon dreijährige Kinder systematisch die Belohnung für eine gemeinsame Anstrengung untereinander fair aufteilen – das heißt im Wesentlichen gleichmäßig. Mit etwa fünf Jahren beginnen sie, jeden in ihrer Gruppe in einem gewissen Sinne als Kooperationspartner anzusehen, weshalb sie unter ansonsten gleichen Bedingungen mehr oder weniger gleich mit allen teilen. Aber die Bedingungen sind häufig nicht gleich. Obwohl kleine Kinder eine ausgeprägte Gleichheitstendenz gegenüber Mitgliedern der Eigengruppe haben, können sie auch andere Faktoren berücksichtigen, insbesondere die Bedürftigkeit und das Verdienst (wodurch sich ihre Urteile nicht auf Gleichheit, sondern auf die so genannte Billigkeit richten). Beispielsweise stellten Svetlova und Brownell (im Erscheinen) fest, dass drei- und fünfjährige Kindern einer bedürftigen Puppe mehr gaben, wenn ihnen die Aufgabe gestellt wurde, Ressourcen zwischen dieser und einer neutralen Puppe aufzuteilen. Sie taten dies jedoch nur, wenn ihnen eine ungleiche Anzahl von Ressourcen zum Teilen gegeben wurde; bei einer gleichen Anzahl von Ressourcen teilten sie gleich. Außerdem stellten Engelmann et al. (2016b) fest, dass fünfjährige Kinder die

Bedürftigkeit eines anderen Kindes in einem solchen Maße erkannten, dass sie den von Gleichaltrigen ausgehenden Konformitätsdruck überwanden und tatsächlich mit diesem Kind teilten. Im Hinblick auf Verdienstlichkeit ließen Hamann et al. (2014) dreijährige Kinder zusammenarbeiten, um sich Ressourcen zu beschaffen, aber die Apparatur war so eingerichtet, dass das eine Kind sich viel mehr anstrengen musste. Wenn gleiche Ressourcen das Ergebnis waren, teilten sie wieder gleich. Aber wenn es ungleiche Ressourcen gab, bekam das Kind, das sich mehr anstrengte, auch systematisch mehr (siehe auch Baumard et al., 2012; Kanngiesser und Warneken, 2012).

Das allgemeine Entwicklungsmuster des Sinnes für Fairness und Gerechtigkeit von Kindern deutet also darauf hin, dass Kooperation zwar die natürliche Heimat für die Präferenz von Gleichheit ist, aber aufgrund ihres entstehenden Sinnes für die Mitgliedschaft in einer Kulturgruppe glauben die Kinder, dass jeder in der Gruppe gleiche Ressourcen verdient; und außerdem sollten in manchen Fällen auch Bedürftigkeit und Verdienst berücksichtigt werden. Aber ein gewaltiger einschränkender Faktor (möglicherweise vor allem in westlichen Industriekulturen) sind die Rechte, die Privateigentümern gewährt werden. Viele Tierarten haben einen Sinn für Besitz in dem Sinne, dass ein Individuum etwas unter seiner unmittelbaren physischen Kontrolle hat. Das besitzende Individuum gibt die Ressourcen nicht kampflos auf, und die anderen Individuen wissen das. Aber Besitz ist nicht Eigentum. Eigentum ist ein kooperatives Arrangement zwischen Individuen in einer Gesellschaft, die übereinkommen, die Habe der anderen zu respektieren; Eigentum ist nicht wie Besitz eine Beziehung zwischen einer Person und einem Ding, sondern vielmehr eine (kooperative) Beziehung *zwischen Personen mit Bezug auf ein Ding*. Als solches ist Eigentum sehr wahrscheinlich ein einzigartig menschliches Arrangement. Und obwohl sein Wesen sich über die Kulturen hinweg unterscheiden mag, wird in allen Gesellschaften die Aufteilung von Ressourcen von wenigstens einigen Normen begleitet, die Privateigentum definieren (zumindest was die eigenen unmittelbaren Besitztümer wie etwa Kleidung angeht), und dieser Respekt für Eigentum ist ein kooperatives Arrangement, das jeder aufrechterhalten will.

Eine Reihe von Untersuchungen aus der jüngeren Vergangenheit hat das früheste Verständnis von Eigentum bei kleinen Kindern untersucht. In einer Forschungslinie wurde gezeigt, dass Vorschulkinder in der Lage sind zu erschließen, wer der Eigentümer eines Gegenstands ist, indem sie sich auf solche Dinge stützen wie Erstbesitz (wer verfügt beispielsweise zu Beginn einer Geschichte über einen Gegenstand), Kontrolle von Erlaubnis (wer sagt beispielsweise, ob andere einen Gegenstand benutzen dürfen), wer hat einen Gegenstand durch kreative Arbeit hergestellt, oder allgemeiner auf die Geschichte des Gegenstands, und zwar nicht nur, wenn man persönlich deren Zeuge ist, sondern auch, wenn sie durch verbale Zeugenaussagen anderer belegt wird (zum Beispiel Friedman und Neary, 2008; Neary et al., 2009; Kanngiesser et al., 2010; Neary und Friedman, 2013). Außerdem stellten Kim und Kalish (2009) in einer Untersuchung anhand der Befragung von Kindern fest, dass Fünfjährige kohärent über die normativen Dimensionen von Eigentum sprechen können, also beispielsweise, wer (Eigentümer oder Anwesender) über bestimmte Gegenstände entscheiden darf: wer sie verwenden, verkaufen oder zerstören darf. Rossano et al. (2011) untersuchten die normativen Dimensionen von Eigentum anhand des Verhaltens. In ihrer Untersuchung wurde zwei- und dreijährigen Kindern gezeigt, dass ein bestimmter Gegenstand einem bestimmten Erwachsenen gehörte; unter einer anderen Bedingung gehörte der Gegenstand dem Kind. Eine Puppe verkündete dann, dass sie diesen Gegenstand in einer Tasche mit sich nach Hause nehmen oder ihn möglicherweise in den Mülleimer werfen würde. Zweijährige Kinder protestierten, wenn es ihr Eigentum war, das entwendet wurde, aber erst die dreijährigen Kinder zeigten ein tieferes Verständnis von Eigentum und Besitz, indem sie auch dann protestierten, wenn das Eigentum des Erwachsenen in Gefahr war. Ziemlich häufig wurden die Interventionen und Proteste der Kinder in normativer Sprache formuliert.

Diese Untersuchungen konzentrieren sich im Wesentlichen auf das Verständnis der Kinder mit Bezug auf den Eigentümer und seine Rechte. Vor kurzem haben sich mehrere andere Studien auf das Verständnis der Kinder dafür konzentriert, dass sie selbst die Eigentumsrechte anderer respektieren müssen. An einer Gruppe von Untersuchungen waren sowohl Kinder als auch Schimpansen beteiligt. So ließen beispielsweise Rossano et al. (in Vorbereitung) sowohl Kinder als auch Schimpansen zuschauen, wie ein Artgenosse Nahrung einheimste. Der Versuchsteilnehmer hatte dann Gelegenheit, sich entweder diese Nahrung oder aber andere Nahrung, die sich in der Nähe befand, zu nehmen. Die Schimpansen entschieden sich wahllos für beides. Aber Kinder ab drei Jahren mieden systematisch die Nahrung, die von dem Akteur in Beschlag genommen worden war – das heißt *seine* Nahrung. Ähnlich ließen Kanngiesser et al. (im Erscheinen) Paare von Kindern und Paare von Schimpansen mit einer Apparatur interagieren, die zwei verschiedene Seiten hatte. Jedes Mitglied eines Paares arbeitete von seiner Seite aus, um Gegenstände zu bewegen, die dann in eine Kiste zwischen den beiden fielen. Fünfjährige Kinder vermieden es systematisch, diejenigen Gegenstände zu nehmen, die von dem anderen Kind unter großen Mühen in die Kiste manövriert wurden – das heißt *seine* Gegenstände (auch wenn sie nie von irgendjemand als solche bezeichnet wurden). Sie taten das sogar unter einer Bedingung, unter der das andere Kind wegging und seine mühsam gewonnenen Gegenstände zurückließ. Im Gegensatz dazu nahmen die Schimpansen die Gegenstände unterschiedslos und unabhängig davon, wer sich bemüht hatte, sie zu bekommen, oder wer anwesend war. Schließlich stellten Rossano et al. (2015) in einer Variation dieses Themas fest, dass Fünfjährige Respekt vor den Eigentumsrechten zeigten, die andere durch solche Handlungen signalisiert hatten wie das Aufstapeln von Spielzeugen in einer Ecke des Zimmers. Tatsächlich markierten diese Kinder das Eigentum mit kreativem Geschick für sich selbst; beispielsweise legten sie ihren Pullover auf einen Stuhl, sodass das nächste Kind, das hereinkam, wusste, dass der Stuhl ihnen gehörte.

Zusammen zeigen diese verschiedenen Untersuchungen des Sinnes für Verteilungsgerechtigkeit und Eigentum bei kleinen Kindern ganz deutlich, dass in dem Maße, wie sich die Kinder dem Schulalter nähern, sie die Grundprinzipien nicht nur von Fairness gegenüber Individuen, sondern auch diejenigen von Gerechtigkeit, die in einer kooperativen Gesellschaft gelten, zu verstehen beginnen. In gewissen kontextuellen und demografischen Grenzen soll jeder als gleichermaßen verdienstvoll behandelt werden, und es gibt soziale Normen, die vorschreiben, wie die Ressourcen gerecht verteilt werden. Und wenn den Menschen von den Normen der Gesellschaft Eigentumsrechte zugestanden werden, haben diese ebenfalls eine normative Kraft und müssen respektiert werden.

Interkulturelle Variabilität

Im frühen Entwicklungsverlauf gibt es (falls überhaupt) nur wenige interkulturelle Unterschiede im elementarsten Sinn für Vergeltungs- und Verteilungsgerechtigkeit. Doch in der Untersuchung von Blake et al. (2015), die in Kapitel 8 beschrieben wurde, begannen die Unterschiede zwischen Kindern aus unterschiedlichen Kulturen in der mittleren Kindheit aufzutreten, möglicherweise deshalb, weil die Kinder in diesem Alter die spezifischen Normen für Eigentum in ihrer Kultur lernen (zu Belegen siehe House und Tomasello, 2018). Eine Studie, die diese Ansicht besonders stark stützt, ist die von House et al. (2013), die Kinder von drei bis vierzehn Jahren in sechs verschiedenen kulturellen Kontexten untersuchten. Ihr Ergebnis war, dass Kinder in allen Gesellschaften mit zunehmendem Alter großzügiger wurden, wenn das Teilen mit anderen nicht kostspielig war. Wenn aber das Teilen mit anderen kostspielig war, wurden die Kinder mit zunehmendem Alter weniger großzügig. In der mittleren Kindheit begannen die Kinder dann, die Normen für das Teilen in ihrer jeweiligen Kultur zu befolgen, und spiegelten die Unterschiede mit Bezug darauf wider, wie diese Kulturen solche Dinge wie Bedürftigkeit und Verdienst gewichteten.

Von besonderem Interesse ist in dieser Hinsicht eine Studie von Schäfer et al. (2015). Sie ließen Paare von Kindern aus drei unterschiedlichen Kulturen (einer westlichen Industriekultur, einer egalitären Jäger-Sammler-Kultur und einer gerontokratischen Ackerbaukultur) mit magnetisierten Stöcken nach Ressourcen »angeln« und die erbeuteten Ressourcen dann zusammenlegen. Die Versuchsleiter richteten es so ein, dass das eine Kind am Ende viel produktiver als das andere war. Als die Kinder dann angewiesen wurden, die Ressourcen zwischen sich so aufzuteilen, wie sie es für angemessen hielten, teilten westliche Kinder im Schulalter die Ressourcen zwischen den Kooperationspartnern proportional zur Arbeitsproduktivität jedes einzelnen auf, während die Kinder desselben Alters aus den beiden kleingesellschaftlichen Gesellschaften ihre Aufteilungen anders fokussierten: Kinder aus der egalitären Kultur konzentrierten sich mehr auf absolute Gleichheit, während Kinder aus der gerontokratischen Kultur in ihren Strategien recht variabel waren (vielleicht weil sie nur wenig Erfahrung damit hatten, solche Entscheidungen im Alltagsleben zu treffen).

Im Hinblick auf Eigentum ist aus der anthropologischen Forschung bekannt, dass der Sinn für Privateigentum in manchen Kulturen viel eingeschränkter ist als in modernen kapitalistischen Kulturen. Kanngiesser et al. (2015) beobachteten einen entsprechenden Unterschied in einer Studie, die die Tendenz von fünf- bis neunjährigen Kindern aus zwei verschiedenen kulturellen Kontexten (einer westlichen und einer kleingesellschaftlichen und analphabetischen Kultur) untersuchte, das Eigentum aus der erstmaligen Berührung zu erschließen. Sie stellten fest, dass es in der kleingesellschaftlichen Kultur eine bedeutende Verzögerung gab, die erstmalige Berührung als einen Hinweis auf Eigentum zu benutzen (zwischen fünf und neun Jahren). Der Unterschied konnte ohne weiteres der unterschiedlichen Rolle von Privateigentum im Leben kleiner Kinder zugeschrieben werden: In der kleingesellschaftlichen Kultur haben kleine Kinder weitaus weniger eigene Gegenstände, mit denen sie umgehen können. In einer Untersuchung, die im vorherigen Unterabschnitt zitiert wurde, stellten Kanngiesser et al. (im Erscheinen) fest, dass Kinder in allen drei Kulturen, die sie untersucht hatten, das Eigentum von anderen bis zu einem gewissen Grad respektierten, was darauf hindeutet, dass Eigentum als kooperative Übereinkunft zwischen den Mitgliedern einer Kulturgruppe eine menschliche Universalie ist. Sie fanden jedoch auch bestimmte quantitative Unterschiede zwischen den Kulturen im Respekt der Kinder vor Eigentum. Beim Eintritt ins Schulalter respektieren demnach zwar alle Kinder das Eigentum von anderen, aber dieser Respekt manifestiert sich je nach den kulturellen Umständen und Normen auf unterschiedliche Weise.

Einen Gruppengeist entwickeln

Die meisten Primaten, einschließlich der Menschenaffen, leben in sozialen Gruppen und sind gegenüber Außenseitern mehr oder weniger unfreundlich. Aber Menschen leben in Kulturgruppen, und ein kooperatives Mitglied einer Kulturgruppe zu sein bedeutet, die eigene Gruppe gegenüber anderen zu bevorzugen und die sozialen Normen der Gruppe als Regulatoren einer guten Funktionsweise der Gruppe hochzuschätzen. Wenn jemand eine soziale Norm auf eine Weise verletzt, die die gute Funktionsweise der Gruppe bedroht, sollte man ihn sanktionieren und versuchen, ihn wieder auf Kurs zu bringen (auch wenn man selbst nicht unmittelbar betroffen ist). Wenn es einen Interessenkonflikt zwischen einem einzelnen Gruppenmitglied und der Gruppe und ihrer Funktion als ganzer gibt, hat man die Pflicht, eine gerechte Lösung zu finden, die sowohl die Interessen des Individuums als auch die der Gruppe berücksichtigt. Auf diese Weise verwandeln sich kleine Kinder allmählich von mehr oder weniger passiven Konsumenten der Kultur in aktive, an der Gruppe orientierte Personen, die zu ihrem reibungslosen Funktionieren beitragen. Diese neue Art der geistigen Orientierung an der Gruppe stellt eine grundlegende Umwandlung der sozialen Beziehungen von Menschenaffen dar.

Theoretische Erklärungen

Ich habe den kühnen Vorschlag gemacht, dass kleine Kinder sich bis zum Alter von drei Jahren nicht als Mitglieder einer sozialen Gruppe verstehen. Vor diesem Alter interagieren sie, wenn sie in einer Gruppe sind, nur mit Individuen; sie verstehen die Gruppe nicht als kooperative Entität an sich. Mit drei Jahren beginnen die Kinder zwar, kooperative Gruppen anhand ihrer entstehenden

Fertigkeiten und Motivationen für kollektive Intentionalität zu verstehen. Aber bis zum Alter von etwa fünf Jahren erkennen sie Fremde nicht aufgrund der bloßen Ähnlichkeit der Erscheinung (zum Beispiel im Paradigma der Minimalgruppen) als Mitglieder der Eigengruppe an. Zwischen drei und fünf Jahren gelangen kleine Kinder also dazu, die Zwei-Ebenen-Struktur einer Kulturgruppe und ihrer individuellen Mitglieder immer mehr so zu verstehen, dass sie von der kollektiven Intentionalität strukturiert wird. Obwohl es sicher ist, dass später auf diesem Entwicklungspfad Sozialisierung und Pädagogik wichtige Rollen in den Einstellungen der Kinder zur Eigengruppe und zu Fremdgruppen spielen, ist es schwer vorstellbar, dass ihre Fähigkeit zur geistigen Orientierung an der Gruppe gelehrt oder sozialisiert wird.

Nicht zufällig ist das Alter von drei bis fünf Jahren auch dasjenige, in dem kleine Kinder soziale Normen und ihre Funktionsweise zu verstehen beginnen. Soziale Normen sind an der Gruppe orientierte Phänomene kollektiver Intentionalität, weshalb ihr Verständnis sozialer Normen auch in dem Maße voranschreitet, wie sich ihr Verständnis von Gruppen vertieft. Wie ich außerdem geltend gemacht habe, gehen die Durchsetzung und Schaffung sozialer Normen – insbesondere wenn sie vom Standpunkt Dritter aus angewendet werden – auf keinerlei direkte Weise aus egoistischen Motiven hervor, sondern implizieren vielmehr eine an der Gruppe orientierte Motivation, das reibungslose Funktionieren der Gruppe und ihrer Tätigkeiten zu erleichtern.

Es gibt jedoch auch den Vorschlag, dass die Durchsetzung sozialer Normen möglicherweise überhaupt nicht kooperativ ist. Gestützt auf die Tatsache, dass Tratsch bei kleinen Kindern hauptsächlich nicht von untergeordneten, sondern von dominanten Kindern betrieben wird, sehen Hawley und Geldhof (2012) moralische Normen als »Werkzeuge der sozialen Elite« an. Kurz gesagt, zwingen die Mächtigen die Schwachen dazu, ihre Regeln anzuerkennen. Wie zutreffend das auch mit Bezug auf moderne Erwachsene in manchen gesellschaftlichen Kontexten sein mag – mein Standpunkt ist, dass dies auf die Durchsetzung und Schaffung sozialer Normen bei kleinen Kindern überhaupt nicht zutrifft. Sie tun das ziemlich

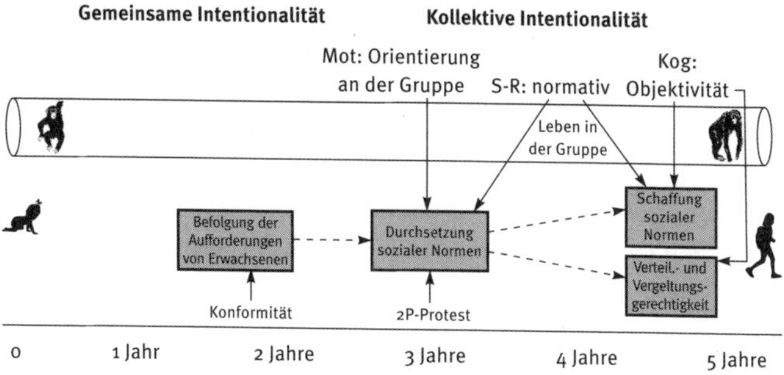

Abbildung 9.1: Die ontogenetische Entstehung des Verständnisses sozialer Normen bei kleinen Kindern. Abkürzungen: Kog = kognitiv; Mot = Motivation; S-R = Exekutive Selbstregulation; 2P = zweitpersonal.

häufig aus der Perspektive eines Dritten, wenn ihre Interessen gar nicht betroffen sind, und wie wir im nächsten Kapitel sehen werden, haben sie Schuldgefühle, wenn sie Normen verletzen.

Abbildung 9.1 beschreibt meine Darstellung des Prozesses im vorliegenden Kontext, wobei die geistige Orientierung an der Gruppe als eine motivationale Fähigkeit (oberes Ende des Diagramms) betrachtet wird, die als Dimension kollektiver Intentionalität im Alter von drei Jahren heranreift. Sie motiviert das Individuum, das Wohlergehen der Eigengruppe und ihrer Mitglieder in Betracht zu ziehen und ihre kollektiven Erwartungen, wie sie in den sozialen Normen verkörpert sind, zu respektieren und sich mit ihnen zu identifizieren – und auch Normen zu schaffen, wenn sie für die Erleichterung der Funktionsweise der Gruppe notwendig sind. Das Diagramm konzentriert sich auf das sich ändernde Verhältnis der Kinder zu sozialen Normen, insofern sie sie befolgen, durchsetzen und schaffen.

Vor dem Alter von drei Jahren unterliegen die Kleinkinder natürlich auch schon sozialen Normen, aber sie verstehen sie bloß als Direktiven, die von Individuen ausgehen, und nicht als kollektive Erwartungen der Gruppe. Das Befolgen dieser Normen – auch wenn sie nicht völlig verstanden werden – ist auf natürliche Weise in der Tendenz der Kinder verankert, die Direktiven anderer zu befolgen

(Abbildung 9.1, erster Kasten). Bestimmte soziale Normen werden kulturell gelernt, aber unser Augenmerk liegt hier auf der Fähigkeit der Kinder, soziale Normen als kollektive Erwartungen der Gruppe zu verstehen – denen alle zugestimmt und auf die sich alle verpflichtet haben –, die sie gerade wegen ihres Gruppenstatus respektieren.

Wenn Dreijährige beginnen, soziale Normen durchzusetzen, unter anderem gegenüber Dritten aus einer nichtbetroffenen Position heraus, kann dabei zwar auch ein Element sozialen Lernens und von Konformität enthalten sein: Sie tun das, was Erwachsene tun, wenn diese Normen durchsetzen. Aber im Unterschied zu Zweijährigen brauchen Dreijährige kein erwachsenes Vorbild: Sie erschließen eine generische Norm aus einer einzigen Beobachtung einer intentionalen Handlung, sie setzen diese Norm ohne Input von Erwachsenen durch und sie verwenden bei ihrer Durchsetzung eine normative Sprache. Diese Tatsachen deuten darauf hin, dass Dreijährige tatsächlich das an der Gruppe orientierte Wesen sozialer Normen und ihrer Funktionsweise verstehen. Die Tatsache, dass Kinder konventionelle Normen stärker gegenüber Mitgliedern der Eigengruppe als gegenüber Mitgliedern von Fremdgruppen durchsetzen, deutet ebenfalls auf ein an der Gruppe orientiertes Verständnis von Normen hin. Im Diagramm stellen wir die Durchsetzung sozialer Normen bei Dreijährigen so dar, dass sie nicht nur an der Gruppe orientierte und normative Inputs haben, sondern auch einen Input aus ihren zuvor entwickelten Tendenzen, sich an zweitpersonalem Protest zu beteiligen. Zweitpersonaler Protest ist ein natürlicher Vorläufer, weil das Verhalten ähnlich ist – nämlich Ärger und Empörung zu zeigen, wenn jemand sich nichtkooperativ verhält –, aber er tritt dann auf, wenn die Missachtung sich auf die eigene Person richtet. In analoger Weise ist die Durchsetzung sozialer Normen bei kleinen Kindern zwar auch ein Ausdruck von Ärger und Empörung gegenüber einem respektlosen Missetäter, aber in diesem Fall ist das Ziel der Geringschätzung ein Gruppenmitglied oder die Gruppe als solche. Der zweitpersonale Protest wird durch an der Gruppe orientierte und normative Einstellungen in die Durchsetzung sozialer Normen verwandelt.

Wenn sie in die Schule kommen, schaffen kleine Kinder zusammen mit Gleichaltrigen ihre eigenen sozialen Normen (Abbildung 9.1, dritter Kasten). Zwar findet das hauptsächlich in Spielkontexten statt; im Alltag wird ihr Leben immer noch von Erwachsenen und ihren Normen geregelt. Aber im Spiel und bei Spielen zeigen kleine Kinder mit fünf Jahren die Fähigkeit, ihre eigenen Konventionen und Normen zu erfinden, und zwar entweder zur Unterstützung ihres kollektiven instrumentellen Erfolgs oder um dazu beizutragen, dass das Spiel besser läuft und mehr Spaß macht. Wenn Neuankömmlinge diese Normen verletzen, setzen die Schöpfer sie mit normativer Sprache durch, was darauf hinweist, dass sie sie nicht einfach als irgendwie mangelhafte Erwachsenennormen ansehen, die denselben normativen Status wie die Normen Erwachsener besitzen. Fünfjährige sind zwar flexibler bei der Veränderung ihrer selbstgeschaffenen Normen als bei denen, die von Erwachsenen stammen, aber sie betrachten sie beide zumindest bis zu einem gewissen Grad als potenziell veränderbare Sozialverträge. Ab dem Alter von sieben Jahren gibt es zwischen den beiden Arten von Normen keinen Unterschied mehr.

Als Teil dieses Prozesses der geistigen Orientierung an der Gruppe beginnen schließlich die moralischen Urteile kleiner Kinder individuelle Interessen mit Gruppeninteressen zu koordinieren: Sie entwickeln einen Sinn für Gerechtigkeit (Abbildung 9.1, der andere dritte Kasten). Beispielsweise könnte ein einzelnes Kind besonders bedürftig sein, aber ihm gefällig zu sein würde ein schlechtes Beispiel abgeben, das das künftige Funktionieren der Gruppe untergraben könnte. Um in diesem Fall ein Urteil zu fällen, muss man beide Mengen von Interessen berücksichtigen und sie auf irgendeine Weise in ein Gleichgewicht bringen. Obwohl kleine Kinder die Übertreter von Normen anhand ihrer Absichten beurteilen – die Handlung ist nur dann schlecht, wenn der Handelnde die Wirkung beabsichtigte –, glauben sie daher, dass gerechte Strafen die Auswirkungen einer Handlung berücksichtigen sollten, auch wenn sie nicht beabsichtigt waren. Vermutlich spiegelt diese Konzentration auf die Auswirkungen bei der Zumessung einer Strafe eine gewisse Berücksichtigung des zukünftigen Funktionierens der Gruppe wider. Im Hinblick auf die Vergeltungsgerechtigkeit beginnen die

Kinder in der späten Vorschulphase vollständig zu verstehen, dass individuelles Eigentum ein Element des kooperativen Arrangements der Gruppe ist, das ständig vom Individuum behauptet und von der Gruppe anerkannt werden muss. Eigentum ist eine Art von kooperativer und an der Gruppe orientierter Form von Besitz. Da die Vorstellung von Eigentum zwischen den Kulturen ziemlich stark variiert, könnte man annehmen, dass die Einstellungen bestimmter Kulturen zu den Rechten des Individuums eine wichtige Lernkomponente in dieser Entwicklung sind.

Insgesamt meinen wir nicht, dass die geistige Orientierung der Kinder an der Gruppe etwas ist, das sie von den Erwachsenen lernen; sie spiegelt die Reifung von Fähigkeiten zur kollektiven Intentionalität wider. Aber die Art und Weise, wie sich diese Fähigkeit in unterschiedlichen Verhaltensbereichen manifestiert, erfordert auf jeden Fall Lernen und soziale Ko-Konstruktion. Die Kinder lernen nicht nur bestimmte soziale Normen anhand des Durchsetzungsverhaltens der Erwachsenen, sondern sie lernen durch Imitation auch zumindest einige Durchsetzungsmöglichkeiten aus diesem Erwachsenenverhalten. Aber diese Art von Lernen, so würde ich geltend machen, kann dem Kind kein Verständnis sozialer Normen als kollektiver Übereinkünfte der Gruppe an die Hand geben. Wenn Kinder soziale Normen für sich selbst schaffen, verleihen sie ihnen denselben normativen Status, wie ihn diejenigen Normen haben, die die Erwachsenen den Kindern gegenüber durchsetzen. Die Kinder bilden ihr Verständnis sozialer Normen in dem Maße aus, wie ihre an der Gruppe orientierten und normativen Fähigkeiten heranreifen, und sie strukturieren ihre sozialen Interaktionen mit Erwachsenen und Gleichaltrigen sowie ihr Lernen von beiden Personengruppen. Bei der Interaktion mit anderen in Gruppenkontexten konstruieren Kinder (oder ko-konstruieren sie mit anderen) neue Möglichkeiten der Beziehung zu anderen als Gruppenkollegen, die außerdem durch einen an der Gruppe orientierten Sinn für Gerechtigkeit strukturiert werden.

Mit drei Jahren verstehen kleine Kinder die anderen nicht nur als zweitpersonale Akteure, die Respekt und Fairness verdienen, sondern sie beginnen auch, sie als gleichgestellte Mitglieder einer Kulturgruppe zu verstehen, die denselben wechselseitig akzeptierten sozialen Normen unterliegen (während das für die Mitglieder von Fremdgruppen nicht gilt). Mit fünf oder sechs Jahren verstehen Kinder die anderen als Mitglieder einer Kulturgruppe, die allein auf der Ähnlichkeit der Erscheinung beruht, und sie behandeln jede Person in ihrer Gruppe so, dass sie eine gerechte Behandlung von ihnen und der Gruppe verdient. Vorschulkinder bevorzugen bereits diejenigen, die zu ihrer Kulturgruppe gehören, und sie erwarten von ihnen auch, dass sie diejenigen aus ihrer Kulturgruppe bevorzugen sowie die sozialen Normen der Gruppe respektieren. All dies spiegelt das zunehmende Verständnis kollektiver sozialer Produkte wie sozialer Normen und Konventionen und ihrer Funktionsweise seitens der Kinder wider, und zwar auf der Grundlage heranreifender Fähigkeiten kollektiver Intentionalität und Orientierung an der Gruppe.

Während die Fertigkeiten und Motivationen der Kinder zur kollektiven Intentionalität zur Entfaltung kommen, regulieren sie sich nicht nur gemeinsam mit denjenigen, mit denen sie bei gemeinsamen intentionalen Tätigkeiten kooperieren, sondern auch durch die sozialen Normen der Gruppe. Diese sozialen Normen widersprechen sich jedoch häufig – moralische Dilemmata sind eine Grundtatsache des menschlichen Soziallebens –, und die Kinder müssen Möglichkeiten finden, mit dieser Tatsache umzugehen. Daher beginnen sie, ihre eigenen normativen Maßstäbe zu schaffen, die zwar in denen der Kultur gründen, aber manchmal auch über diese hinaus zu allgemeineren Prinzipien übergehen, die in ihrem Leben am Werk sind. Dieser Prozess verlangt von den Kindern oft, anderen Gründe zu geben, die ihre nichtnormativen Handlungen rechtfertigen, und diese rechtfertigenden Gründe werden zu einem entscheidenden Teil ihrer moralischen Identität.

10

MORALISCHE IDENTITÄT

Viele Primaten bewerten einander nach ihrer Eignung als Sozialpartner. Vor mehreren hunderttausend Jahren, als die Menschen begannen, sich auf einen kooperativeren und interdependenteren Lebensstil hinzubewegen, gewann der Bewertungsprozess an Intensität (siehe Kapitel 2). Um zu überleben und zu gedeihen, mussten die Menschen gute Kooperationspartner auswählen und, was entscheidend war, von anderen selbst als gute Kooperationspartner ausgewählt werden.

Aber der Prozess gewann nicht nur an Intensität, er veränderte sich auch. Im Gegensatz zu den anderen Menschenaffen begannen die Frühmenschen zu verstehen, wie der Prozess der Partnerbewertung und -auswahl funktionierte: Sie wussten jetzt, dass die anderen sie ebenfalls bewerteten und auswählten. An diesem Punkt wurde es für die Individuen wichtig, aktiv den Eindruck zu beeinflussen, den sie auf andere machten; sie mussten den anderen in der Gruppe als jemand erscheinen, der in kooperativer Hinsicht kompetent und vertrauenswürdig war. Und da die Individuen sowohl die Rolle des Beurteilenden als auch die des Beurteilten spielten – wobei »unsere« geteilten Standards in der Gruppe für beide Fälle galten –, begannen sie sich auf dieselbe Weise zu bewerten, wie sie andere bewerteten, und schufen so eine verinnerlichte moralische Identität. Und so entstand eine Spezies, die ihre eigenen Überzeugungen und Handlungen normativ – das heißt moralisch – selbst regulierte.

Schon sehr früh, sogar bereits vor ihrem ersten Geburtstag, beteiligen sich Babys an Prozessen der sozialen Bewertung, und mit drei Jahren fällen Kinder moralische Urteile: Urteile, die nicht nur ihre persönlichen Präferenzen ausdrücken, sondern beurteilen, wie die anderen die objektiven normativen Standards erfüllen, die »wir« alle teilen. Aber mit vier oder fünf Jahren entdecken Kinder, dass andere sie auf dieselbe Weise beurteilen, indem sie dieselben normativen Standards verwenden, sodass sie aktiv versuchen, sich selbst zu präsentieren, um diese Urteile zu beeinflussen. Aber man kann dem eigenen wachsamen Blick nicht entgehen, weshalb Kinder in diesem Alter auch die Rollen vertauschen und sich selbst genauso zu bewerten beginnen, wie sie andere bewerten, was manchmal zu Schuldgefühlen führt, weil man nicht in Übereinstimmung mit den geteilten Standards gehandelt hat.

Sechs- und siebenjährige Kinder haben begonnen zu verstehen, dass sie ihre eigenen moralischen Entscheidungen treffen müssen – wobei sie sich zwischen egoistischen Motiven, Mitgefühlsmotiven, Fairnessmotiven und der Konformität mit verschiedenen Normen entscheiden müssen –, und dabei beginnen sie ihre eigenen sozialen und moralischen Identitäten zu bilden. Sie treffen diese moralischen Entscheidungen so, dass sie sie gegenüber anderen in der Gemeinschaft und gegenüber sich selbst rechtfertigen können, indem sie Gründe angeben. Diese Rechtfertigungen bringen den anderen gegenüber zum Ausdruck: »Auch wenn ich fragwürdig gehandelt habe, habe ich es aus einem guten Grund getan. Also teile ich die normativen Standards und Werte der Gruppe immer noch.« Die Verinnerlichung des Prozesses der Angabe von Gründen verwandelt die soziale Selbstregulation in eine normative Selbststeuerung mittels der eigenen kooperativen Identität: »Ich habe jetzt das Gefühl, dass ich einfach bestimmte Dinge tun muss, um auch weiterhin die Person zu sein, die ich bin.« Wir alle in der Gemeinschaft teilen eine Wertehierarchie, die den Prüfstein dafür abgibt, wie wir einander und uns selbst als moralische Wesen verstehen.

Am Ende der Vorschulzeit beginnen die Kinder, eine *Persona* zu haben, eine soziale und moralische Identität, sowohl in der Gemeinschaft als auch für sich selbst. Das ist das natürliche Ergebnis, wenn Individuen in einer kooperativen sozialen Gruppe leben, in der sie – in manchen Fällen mit Bezug auf ein und dieselbe Handlung – als Beurteilender und als Beurteilter fungieren. Das ist das natürliche Ergebnis, wenn die Einzelnen in einer kooperativen sozialen Gruppe leben, in der sie völlig von ihren sozialen Beziehungen zu anderen abhängen, und jede Veränderung ihrer sozialen oder moralischen Identität ihr Ansehen in diesen überaus wichtigen

Beziehungen beeinflussen kann. Um ein angesehenes Mitglied der Kultur zu werden, müssen die Kinder lernen, verantwortungsvoll im Hinblick auf »uns« und unsere Normen zu handeln.

Unser Augenmerk liegt in diesem Kapitel folglich auf dem Sinn der Kinder dafür, wer sie als kooperative und moralische Wesen sind: Ihre Selbstpräsentation gegenüber anderen, ihre Selbstbewertung, ihr Sinn für moralische Identität und Verantwortung in der moralischen Gemeinschaft und ihre Fähigkeit zu einem Diskurs, in dem sie Gründe angeben müssen, um ihre kooperative und moralische Identität zu bewahren und zu stärken.

Im Ausgang von Menschenaffen: Soziale Bewertung

In allen sozialen Spezies schneiden Individuen am besten ab, wenn sie ihre sozialen Interaktionen auf diejenigen beschränken können, die ihnen Vorteile verschaffen, anstatt ihnen Schaden zuzufügen. Elementare Formen sozialer Bewertung sind somit im Leben vieler sozialer Spezies wichtig.

Soziale Bewertung bei Menschenaffen

Menschenaffen treffen eine Partnerwahl, wenn sie Koalitionspartner für den Wettkampf um Dominanz auswählen. In diesem Fall ist die Wahl relativ unkompliziert: Man finde das dominanteste Individuum, das man zum eigenen Partner machen wird. Es gibt also eine soziale Selektion für Dominanz. Bei ihrer Gruppenjagd nach kleinen Affen treffen Schimpansen nicht wirklich eine aktive Partnerwahl, soweit wir wissen, weil die Situation das nicht erlaubt (die Jagd beginnt mit zufälligen Begegnungen mit einer Beute). Es gibt also keine soziale Selektion für die Kooperation. Trotzdem haben Schimpansen in einer experimentellen Situation immerhin einen kleinen Betrag an sozialer Erfahrung verwendet, um zu bestimmen, wer der beste Partner bei einer kooperativen Tätigkeit mit dem Ziel der Ressourcengewinnung sein würde – meistens derjenige, mit dem sie in der Vergangenheit Erfolg hatten (Melis et al., 2006c).

In einer anderen experimentellen Situation beobachteten Schimpansen und Orang-Utans einen »netten« Menschen, der prosoziale Akte vollzogen hatte, und einen »gemeinen« Menschen, der antisoziale Akte vollzogen hatte. In der ersten Studie war der Mensch zu dem Affen selbst nett oder gemein, in der zweiten Studie war er es zu einem anderen Menschen. In beiden Studien entschieden sich beide Tierarten später dafür, sich dem netten (und nicht dem gemeinen) Menschen zu nähern und Futter von ihm zu erbetteln (Herrmann et al., 2013). Diese Ergebnisse ergeben deshalb einen Sinn, weil auch hier die Kooperatoren alles tun sollten, was sie können, um sich nur mit anderen Kooperatoren zu assoziieren. Schließlich stellten Schmelz et al. (2017) fest, dass Schimpansen sich gegenüber Individuen prosozial verhielten, die ein Risiko eingegangen waren, um mit ihnen zu kooperieren – das heißt gegenüber Individuen, die ihre Kooperation wertschätzten.

Wir haben keine Informationen über das Alter, in dem Menschenaffen beginnen, beim Prozess der Partnerwahl soziale Bewertungen zu treffen. Alle einschlägigen experimentellen Untersuchungen fanden an Erwachsenen oder älteren Jungtieren statt.

Menschenkinder

Von einem überraschend frühen Alter an beteiligen sich menschliche Babys ebenfalls an sozialen Bewertungsprozessen. Beispielsweise bevorzugen einjährige und jüngere Säuglinge bereits die Interaktion mit Individuen (eigentlich Puppen), die »Helfer« sind, gegenüber »Behinderern« (zum Beispiel Kuhlmeier et al., 2003; Hamlin et al., 2007). Es wurde nachgewiesen, dass Babys solche sozialen Bewertungen in einer Fülle komplexer Situationen machen, in denen Menschenaffen nie getestet wurden, mit Ausnahme der Untersuchung von Krupenye und Hare (2018) mit Bonobos, die den Behinderer bevorzugten! Drei- und vierjährige Kinder verteilen mehr Ressourcen an einen Helfer gegenüber einem Behinderer (Kenward und Dahl, 2011). Die negative Variante desselben Prozesses besteht darin, schlechte Partner zu vermeiden. Menschenkinder im selben Altersbereich halten sich selektiv mit Hilfe und Ressourcen gegenüber einem Individuum zurück, das sie als irgendwie »gemeiner« als ein anderes wahrnehmen (Vaish et al., 2010).

Aber mehr noch als einfach nur einen Partner gegenüber einem anderen auszuwählen oder zu bevorzugen, beginnen kleine Kinder während der Vorschulzeit auch damit, potenzielle Partner moralisch zu beurteilen, indem sie unparteiische normative Standards anlegen. Das war natürlich der Schwerpunkt von Piagets bahnbrechender Monografie (1932), für die er Vorschul- und Schulkinder zu hypothetischen Szenarios befragte, die mit moralischen Verstößen verschiedener Art zu tun hatten. Kohlbergs Arbeit (1969) über Stufen moralischer Entwicklung lag in derselben theoretischen und methodologischen Richtung. Forscher innerhalb des Paradigmas sozialer Bereiche haben etwas andere verbale Methoden verwendet, um zu bestimmen, dass das Verständnis der Grundlagen moralischer Urteile bei kleinen Kindern viel erwachsenenartiger ist, als Piaget oder Kohlberg glaubten (zu einer Übersicht siehe Turiel, 2006).

Die verbalen moralischen Urteile der Kinder gehen eindeutig über das hinaus, was Menschenaffen tun könnten. Aber in der vorliegenden Darstellung wollen wir uns auf die (möglicherweise impliziten) moralischen Urteile der Kinder konzentrieren, die ihren Verhaltensentscheidungen zugrunde liegen. Und hier wollen wir uns darauf konzentrieren, welche Rolle diese Urteile im Kontext der Partnerwahl spielen, und insbesondere darauf, wie das Verhalten der Kinder von dem Wissen beeinflusst wird, dass sie selbst beurteilt werden.

Selbstpräsentation und Befangenheitsgefühle

Beim Vergleich des Soziallebens von Menschenaffen und Menschenkindern ist ein besonders hervorstechender Unterschied der Sinn der Kinder für das Selbst, wie es die anderen sehen. Kleine Kinder beurteilen die anderen nicht nur nach ihrer Kooperativität, sondern sorgen sich auch darum, wie die anderen sie im Hinblick auf ihre Kooperativität beurteilen. Die Dominanzdisplays von

Menschenaffen – zum Beispiel ein männlicher Schimpanse, der sich aufplustert und vor den anderen mit den Füßen auf den Boden stampft – zielen darauf ab, andere zu beeinflussen. Aber der Prozess besteht unmittelbar aus Drohungen und Einschüchterungen und insofern in dem Versuch, auf die unmittelbaren Reaktionen der anderen einzuwirken; er zielt nicht darauf ab, die Urteile und Bewertungen anderer zu beeinflussen. Und natürlich geht es bei solchen Dominanzdisplays auch überhaupt nicht um Kooperation.

Menschenkinder tun in manchen Fällen möglicherweise ähnliche Dinge, die darauf abzielen, Macht und Status und dergleichen zu gewinnen, aber vor allem sorgen sie sich in vielen Fällen darum, als kooperativer Partner wahrgenommen zu werden. Damit das geschieht, tun sie alle möglichen strategischen Dinge. Aber in jenem eigentümlich menschlichen reflexiven Schritt, der für so viele Bereiche menschlicher Tätigkeit charakteristisch ist, beginnen die Kinder, sich anschließend selbst so zu beurteilen, wie andere sie beurteilen würden, indem sie dieselben Standards verwenden und versuchen, ihren eigenen Urteilen gerecht zu werden.

Selbstpräsentation

Irgendwann zwischen ein und zwei Jahren beginnen menschliche Babys, Anzeichen dafür zu zeigen, dass sie wissen, wann andere sie beobachten (zu einer Übersicht siehe Rochat, 2009). Mit drei Jahren verbergen Kinder aktiv verbotene Handlungen vor einem Erwachsenen (Melis et al., 2010), ebenso wie Menschenaffen das tun (Melis et al., 2006a). Aber die entscheidende Frage ist, ob und wann sie wissen, dass sie von anderen bewertet werden.

Ein interessanter Kontext sind die Reaktionen darauf, sich selbst im Spiegel zu sehen. Ab dem Alter von etwa achtzehn Monaten zeigen menschliche Babys, die sich in einem Spiegel anschauen, ganz häufig Anzeichen von Verschämtheit oder Schüchternheit, wobei sie manchmal sogar ihren Kopf im Schoß ihrer Mutter vergraben (Lewis, 2000). Menschenaffen erkennen sich ebenfalls selbst im Spiegel und demonstrieren diese Erkenntnis durch verschiedene Arten auf sich selbst gerichteter Untersuchungen des Körpers und so weiter. Aber sie zeigen keine Zeichen von Verschämtheit oder Schüchternheit. Die naheliegendste Interpretation dieses Unterschieds ist, dass menschliche Babys sich beim Blick in den Spiegel vorstellen, dass die anderen sie auf diese Weise sehen, was ihre natürliche Schüchternheit mit Bezug darauf hervorruft, bewertet zu werden, während Menschenaffen den Spiegel als eine Art Werkzeug für die Untersuchung ihres Körpers verwenden, ohne dass es dabei irgendwie um eine Bewertung ginge.

Während die Kinder sich durch das Kleinkindalter hindurch zum Vorschulalter entwickeln, beginnen sie, sich viel direkter um die Bewertungen anderer zu sorgen. So gaben in dem in Kapitel 5 zitierten Experiment von Haun und Tomasello (2011) zur Konformität von Kindern Vierjährige einfache Urteile zu solchen Fragen wie der ab, welches auf einer Seite dargestellte Tier größer war. Wenn andere Kinder (die in Wirklichkeit Komplizen waren) davor Urteile abgaben, die eindeutig falsch waren, schlossen sich vierjährige Kinder der Menge an, wenn sie ihr Urteil öffentlich abgeben mussten. Die Tatsache, dass sie ihre Meinung eigentlich nicht geändert hatten, sondern nur den Eindruck beeinflussen wollten, den sie auf die anderen Kinder machten, ist deutlich: Wenn sie privatim urteilten, ignorierten sie größtenteils die Urteile der Gruppe.

Worauf es uns hier ankommt, ist jedoch die Sorge der Kinder darum, wie andere ihre Kooperativität beurteilen. In einem vergleichenden Experiment gaben Engelmann et al. (2012) fünfjährigen Kindern und Schimpansen Gelegenheit, einem anderen Kind bzw. Schimpansen entweder zu helfen oder von ihm zu stehlen. In einigen Fällen taten sie das, während sie von einem Gleichaltrigen oder Artgenossen beobachtet wurden; in anderen Fällen taten sie es, als sie alleine im Zimmer waren. Wie zu erwarten, halfen die Kinder dem anderen Kind mehr und stahlen ihm weniger, wenn sie von einem Gleichaltrigen beobachtet wurden, als wenn sie alleine waren. Im Gegensatz dazu kümmerten sich die Schimpansen weder in der einen noch in der anderen Richtung darum, dass sie beobachtet wurden (zu einem ähnlichen Ergebnis siehe auch Engelmann et al., 2016a).

Weiter in diesem Sinne untersuchten Rapp et al. (im Druck) vier-

und fünfjährige Kinder und stellten fest, dass sie Ressourcen großzügiger teilten, wenn sie wussten, dass ihre Beiträge (und die anderer Kinder) später »öffentlich bekanntgegeben« werden könnten. Die Fünfjährigen waren stärker motiviert, bei den anderen einen positiven Eindruck zu erzeugen, als einen negativen zu vermeiden. Schon vierjährige Kinder beeinflussen also aktiv den Eindruck, den sie auf andere machen. In einem komplexeren Versuchsaufbau ließen Herrmann et al. (im Erscheinen) fünfjährige Kinder ein Spiel in Paaren spielen, wobei sie gegenüber ihrem Partner entweder geizig oder großzügig sein konnten. Auch hier wurden sie manchmal von einem Gleichaltrigen beobachtet, und manchmal nicht, und es wurde ihnen gesagt, dass der Gleichaltrige eine Wahl zwischen ihnen treffen würde, um ein Spiel mit hohen Belohnungen zu spielen. Wenn sie beobachtet wurden (aber nicht, wenn sie nicht beobachtet wurden), konkurrierten die Kinder tatsächlich miteinander darum, hilfreicher und großzügiger zu sein, sodass der Beobachter sie als bessere Kooperatoren sehen und sie als Partner für das Spiel mit den hohen Belohnungen auswählen würde. Dieses Phänomen ist als »kompetitiver Altruismus« bezeichnet worden.

Schließlich richteten Engelmann et al. (2018) eine Situation ein, in der Fünfjährige unter der einen Bedingung aktiv beeinflussen konnten, wie Zuschauer sie beurteilten, oder wie die Zuschauer unter einer anderen Bedingung ihre minimal konstituierte Eigengruppe beurteilten. Das heißt, die Beobachter sahen entweder, wie viel das Kind bedürftigen anderen spendete oder wie viel seine Gruppe als ganze spendete, wobei es dann keine Möglichkeit gab, die individuelle Spende des Kindes zu identifizieren. Das Ergebnis war, dass die Kinder aktiv versuchten zu beeinflussen, wie die Zuschauer ihre minimal konstituierte Gruppe beurteilten, und zwar unabhängig von jeglichem Versuch zu beeinflussen, wie diese Zuschauer sie als Individuen beurteilten (was ihnen unabhängig davon auch am Herzen lag). Fünfjährige sorgen sich nicht nur um ihren eigenen Ruf, sondern auch um den Ruf ihrer Gruppe.

Menschenaffen führen ein komplexes Sozialleben, in dem es hauptsächlich um soziale Konkurrenz geht. Das hat manche Theoretiker dazu geführt, von den Affen als »machiavellistisch« zu sprechen: Sie verfolgen auf intelligente und strategische Weise ihr Eigeninteresse, indem sie die anderen beeinflussen. Aber das geht genau an der Sache vorbei. Die Lektion von Machiavelli (1513) ist, dass der Fürst zwar sein Eigeninteresse auf intelligente und strategische Weise verfolgen sollte, indem er andere beeinflusst, dies aber so tun sollte, dass die anderen nicht merken (das heißt, er sollte es vor ihnen verbergen), dass er sie beeinflusst. Daher können nur Menschen wirklich machiavellistisch sein, weil nur Menschen die Perspektiven und Bewertungen anderer zum Zweck der aktiven Beeinflussung des Eindrucks, den sie auf sie machen, simulieren können. Da sie für uns so natürlich ist, ist es manchmal schwer, die Bedeutung dieser Dimension menschlicher Sozialkompetenz umfassend zu würdigen. (Vielleicht ist das einer der Gründe dafür, dass so viele Primatologen kein Problem darin sehen, die Sozialität von Menschenaffen mit der Sozialität von Menschen gleichzusetzen.)

Schuld und Scham

Das strategische »Eindrucks-Management« von Kindern ist eindeutig nicht moralisch; es geht dabei um persönliche Vorteile. Fähig zu sein, die Urteile zu simulieren, die andere über einen fällen – sich sozusagen von außen zu sehen –, ist jedoch die kognitive Grundlage der moralischen Fähigkeit, ein Gewissen zu haben, sich für Übertretungen schuldig zu fühlen und dafür, dass man sich im Hinblick auf bestimmte Standards zur Rechenschaft zieht.

Wie überschreiten wir also den Rubikon vom strategischen Eindrucks-Management zum moralischen Gewissen, das von Schuldgefühlen animiert wird? Dafür gibt es zwei Schlüssel. Der erste Schlüssel ist das, was ich als Bewertung durch Rollentausch bezeichnet habe: Aufgrund der Äquivalenz zwischen dem Selbst und dem Anderen kann ich nicht anders, als mich selbst genauso zu beurteilen, wie ich andere beurteile (und/oder wie andere mich wahrscheinlich beurteilen würden; Tomasello, 2016). Das sind moralische Bewertungen, weshalb sich die Frage nach der strategischen Einflussnahme auf den Eindruck, den ich auf andere mache, gar nicht stellt; ich kann einfach nicht anders, als mich so zu bewerten, wie ich andere bewerte, nämlich im Hinblick auf bestimmte unparteiische Standards für menschliches Verhalten.

Der zweite Schlüssel besteht darin, dass diese moralischen Urteile nicht von mir selbst als Individuum stammen, sondern vielmehr von etwas, das größer ist als ich selbst. So ist es im Kontext einer gemeinsamen Verpflichtung gegenüber einem Partner unser gemeinsames intentionales »wir«, um dessentwillen ich ein Urteil fälle. Und im Kontext einer kollektiven Verpflichtung auf soziale Normen ist es unser kollektives intentionales »wir«, um dessentwillen ich ein Urteil abgebe. Wenn ich also etwas stehle und dann über diesen Akt nachdenke und ihn durch Schuldgefühle streng beurteile, handelt es sich nicht einfach um eine Pattsituation zwischen dem Selbst, das stehlen wollte, und dem Selbst, das dies jetzt in Frage stellt – wenn das der Fall wäre, welchen Grund gäbe es dafür, dass das eine oder das andere Selbst gewinnt? Nein, es ist ein unfairer Kampf, weil das Ich, das das Urteil fällt, als Ich Teil eines größeren »wir« ist, mit dem ich mich identifiziere. Das moralische Urteil, das vom »wir« ausgeht, hat somit eine durch sich selbst bekräftigte Legitimität: Wir glauben, dass jeder, der stiehlt, Tadel verdient. Dieses Urteil zu ignorieren bedeutet, sich von einem Teil der eigenen Identifikation mit dem »wir« loszusagen.

Wenn man sich für die eigene Handlung schuldig fühlt, ist die natürliche Reaktion der Versuch, den Schaden wiedergutzumachen und so die eigene moralische Identität wiederherzustellen. Beobachtungsstudien haben nachgewiesen, dass Vorschulkinder häufig Mitgefühl für ein Opfer zeigen, nachdem sie ihm gegenüber etwas Antisoziales getan haben (zum Beispiel Zahn-Waxler und Kochanska, 1990). Aber diese Studien haben nicht deutlich zwischen dem Mitgefühl für die geschädigte Person und echtem Schuldgefühl unterschieden. Schuld ist eine gemeinsame Funktion des Mitgefühls für die geschädigte Person und der Reue, dass ich den Schaden verursacht habe. In einer experimentellen Untersuchung aus der jüngeren Vergangenheit versuchten Vaish et al. (2016; siehe auch Hepach et al., 2017d) Schuld vom Mitgefühl zu trennen. In einem 2×2-Design variierten sie, ob das Zerbrechen eines Spielzeugs von dem Kind als Ergebnis seiner eigenen Handlungen oder der Handlungen anderer wahrgenommen wurde und ob es der Person, der das Spielzeug gehörte, etwas ausmachte, ob es kaputt war oder nicht (das heißt ob ein Schaden verursacht wurde oder nicht). Das Ergebnis war, dass dreijährige – aber nicht zweijährige – Kinder sich intensiv bemühten, den Schaden wiedergutzumachen, wenn sie dachten, dass sie ihn verursacht hatten – und zwar viel mehr, als wenn sie das Spielzeug kaputtgemacht hatten und diese Tatsache niemandem zum Schaden gereichte oder wenn jemand anders den Schaden verursacht hatte. Die Dreijährigen hatten also nicht nur Mitgefühl mit einem Opfer und empfanden nicht nur das Bedürfnis, den Schaden wiedergutzumachen, den sie verursacht hatten, sie fühlten sich schuldig für die Verursachung des Schadens und wollten den Schaden ausgleichen, den sie verursacht hatten. Im Gegensatz dazu machten Zweijährige den Schaden immer dann wieder gut, wenn ein Schaden verursacht wurde, gleichgültig von wem, und zeigten dadurch nur Mitgefühl. Schuld als eigenständiger Antrieb für prosoziales Verhalten scheint also im Alter von etwa drei Jahren zu entstehen. Es ist möglich, dass es sich in diesem Alter immer noch um eine Art von zweitpersonaler Schuld handelt (eine Form von zweitpersonaler Normativität), die sich nur auf das Opfer bezieht, während die Kinder später eine »objektivere« Schuld erleben, wenn sie den moralischen Normen der umfassenden moralischen Gemeinschaft nicht entsprechen.

Menschen empfinden recht häufig das Bedürfnis, ihre Schuldgefühle offen zu zeigen, und zwar durch alle möglichen Verhaltensweisen, von der Körperhaltung bis zu verbalen Entschuldigungen. Diese Zurschaustellung kann der Bestrafung durch andere zuvorkommen – ich bestrafe mich bereits selbst (und mein Leiden ruft bei dir Mitgefühl hervor), also brauchst du es nicht zu tun –, und dieser Aspekt könnte als strategisch betrachtet werden. Wenn sie sehen, wie verschiedene Individuen dieselbe Norm verletzen, haben sogar kleine Kinder eine positivere Meinung gegenüber demjenigen, der Schuldgefühle zeigt, weil er sie verletzt hat, als gegenüber jemandem, der sie verletzt und dem das anscheinend gleichgültig ist (Vaish et al., 2011a). Aber die Zurschaustellung von

Schuldgefühlen hat außerdem die noch entscheidendere Funktion, jedem mitzuteilen (einschließlich mir selbst), dass ich jetzt öffentlich anerkenne, dass ich schlecht geurteilt habe, und das bereue. Somit zeige ich Solidarität mit denjenigen, die mich streng beurteilen, und tatsächlich bin ich damit einverstanden, dass diese negative Beurteilung meines früheren Urteils und der daraus resultierenden Handlung verdient und legitim ist. Sich für die Verletzung einer moralischen Norm schuldig zu fühlen geht somit über eine bloß strategische Sorge um den eigenen Ruf hinaus und auch über die einfache Reue darüber, was geschehen ist; es handelt sich um ein negatives Urteil anhand »unserer« geteilten Standards über mein vorheriges mangelhaftes Urteil. Die Zurschaustellung meiner Schuldgefühle ist folglich ein Versuch, meine kooperativen und moralischen Identitäten wiederherzustellen.

Menschen, kleine Kinder eingeschlossen, verstehen diesen Prozess bis zu einem gewissen Grad und denken daher über mögliche Handlungen und ihre Folgen nach, bevor sie sie ausführen. Zumindest in manchen Fällen stellen sie sich vor der Handlung die Frage: Ist es gut, das zu tun? Urteile ich richtig? Die Philosophin Korsgaard (1996) bezeichnet diesen Prozess als »reflexive Billigung«; er ist der grundlegende Entscheidungsprozess einer sozial verantwortlichen Person. Schuldgefühle und reflexive Billigung dieser Art stellen also eine neue Art sozialer Selbstregulation dar: eine verinnerlichte und reflexive Selbstregulation, die mehrere Ebenen moralischer Urteile umfasst, was Korsgaard »normative Selbststeuerung« nennt. Schuldgefühle sind retrospektiv: Ich fühle mich schuldig für das, was ich getan habe, und ich urteile jetzt, dass mein vorheriges Urteil, dass meine Handlung richtig wäre, fehlerhaft war. Ich verdiene Tadel. Die reflexive Billigung ist prospektiv: Sie hilft dem Einzelnen zu entscheiden, was er tun soll, um in negativer Hinsicht Tadel und/oder Schuldgefühle zu vermeiden und in positiver Hinsicht Lob oder dergleichen zu verdienen. Die offensichtliche Reaktion auf Schuldgefühle besteht also darin, Wiedergutmachung für den verursachten Schaden zu leisten, den bereuten Akt so weit wie möglich ungeschehen zu machen und auf die eigenen Handlungen zu reflektieren, damit man es vermeidet, denselben

Fehler in der Zukunft noch einmal zu machen. Das ist im Wesentlichen das, was wir als verantwortliches Handeln ansehen.

Schuldgefühle stehen im Kontrast zu Gefühlen der Scham, bei denen es hauptsächlich darum geht, ob eine Handlung die Einschätzung meines Rufs durch einen Gruppengenossen beeinflusst. Ein Nachbar könnte mich beispielsweise vor anderen beschämen, wenn ich meinen wiederverwertbaren Müll nicht trenne. Die normale Reaktion auf Situationen der Scham besteht darin, sich zurückzuziehen und zu hoffen, dass die anderen vergessen werden (Tangney und Dearing, 2004). Auch wenn ich meinen Mülltrennfehler nicht wiederhole, kann ich nicht ungeschehen machen, dass die anderen von meinem Fehler wissen, was ihre Urteile über meinen Ruf beeinflusst – ich habe das Gesicht verloren (Brown und Levinson, 1987). Es könnte auch sein, dass es in unserer Gruppe einige Mitglieder gibt, die unsere Konventionen, Normen und Institutionen strategisch verfolgen, aber immer mit dem Blick auf das Eigeninteresse, und weder Schuld noch Scham empfinden. Aber diese Soziopathen sind keine moralischen Personen, weshalb man ihnen nicht völlig trauen kann. »Wir« sind diejenigen, die aufrichtig glauben – kraft unserer moralischen Identität –, dass es gewisse Dinge gibt, die Personen in unserer moralischen Gemeinschaft einander schulden, und dass sich das in unseren Handlungen widerspiegeln sollte.

Schließlich ist ein besonders interessantes Phänomen im Zusammenhang kollektiver Intentionalität und Moral das Phänomen der kollektiven Schuld (oder des kollektiven Stolzes). Menschen empfinden häufig kollektive Schuld (oder Stolz), wenn jemand aus ihrer Gruppe etwas besonders Abscheuliches (oder Lobenswertes) tut, auch wenn sie selbst nichts getan haben. In einer kürzlich durchgeführten experimentellen Untersuchung arrangierten Over et al. (2016) die Situation so, dass fünfjährige Kinder sich selbst als Teil einer Gruppe (das heißt einer Minimalgruppe) empfanden. Anschließend verursachte entweder einer ihrer Eigengruppengenossen oder ein Mitglied einer Fremdgruppe einen Schaden, indem er zufällig ein verbotenes Spielzeug zerbrach. Die Kinder empfanden das Bedürfnis, sich zu entschuldigen und Wiedergutmachung für den Schaden zu leisten, wenn er durch ein Mitglied der Eigengruppe (aber nicht, wenn er durch ein Mitglied der Fremdgruppe) verursacht wurde. Diese Art von kollektiver Schuld illustriert mit besonderer Deutlichkeit die entscheidende Rolle, die bei alledem die Identifikation der Kinder mit einer Kulturgruppe spielt.

Individuelle und kulturelle Variation

Mir sind keine experimentellen Studien bekannt, die Eindrucks-Management, Schuld- oder Schamgefühle bei kleinen Kindern in verschiedenen Kulturen untersuchen. Es gibt jedoch eine recht umfangreiche Literatur zu interkulturellen Unterschieden im Hinblick auf Scham und verwandte Gefühle bei Erwachsenen. Auf dieser Grundlage hat Fessler (2004) geltend gemacht, dass Scham, aber nicht Schuld, eine kulturelle Universalie ist. Der vorliegenden Konzeption zufolge würde das hauptsächlich bedeuten, dass es zwischen den Kulturen einen Unterschied im Prozess der Verinnerlichung moralischer Urteile gibt. Das ist eine vollkommen plausible Hypothese, weil bekannt ist, dass unterschiedliche Stile der elterlichen Betreuung und Sozialisierung den Prozess der Verinnerlichung bei Kindern beträchtlich beeinflussen (zum Beispiel Hoffman, 2000). Das scheint eine wichtige Frage für die künftige empirische Forschung zu sein.

Moralische Rechtfertigung und Identität

An mehreren Stellen habe ich von der moralischen Identität der Kinder gesprochen, und ich kann jetzt ausführlicher erörtern, worin diese besteht, nämlich in einer Art von Höhepunkt der moralischen Entwicklung der Kinder in den ersten sechs Lebensjahren. Aber zuerst müssen wir die Grundlagen legen, indem wir charakterisieren, wie kleine Kinder mit anderen über die Moral räsonieren, weil die Verinnerlichung dieses Prozesses ein Schlüsselbestandteil der moralischen Identität der Kinder ist. Kinder schaffen und erhalten ihre moralische Identität aufgrund ihrer Fähigkeit aufrecht, anderen gegenüber in ihrer moralischen Gemeinschaft, einschließlich sich selbst gegenüber, wechselseitig akzeptierbare Gründe und Rechtfertigungen für ihre moralisch einschlägigen Akte zu liefern. Ein moralisch lobenswerter Akt ist nicht einfach ein Akt mit guten Konsequenzen, sondern ein Akt, der aus den richtigen Gründen getan wurde.

Moralische Argumentation und Rechtfertigung

Für viele Moralphilosophen (zum Beispiel Scanlon, 1998) besteht die rationale Grundlage der Moral in den geteilten Rechtfertigungsstrukturen einer moralischen Gemeinschaft, weil diese in der geteilten Wertordnung der Gemeinschaft gründen. Beim Argumentieren über eine moralische Situation muss der Einzelne immer darauf gefasst sein, seine Entscheidungen sowohl anderen als auch sich selbst gegenüber zu rechtfertigen – Gründe dafür anzugeben –, und zwar so, dass seine Urteile im geteilten Wertesystem der Gemeinschaft verankert sind. Rechtfertigungen demonstrieren die fortgesetzte Identifikation der eigenen Person mit der Gruppe und ihrem Wertesystem. Wenn beispielsweise ein Kind seine Spielsachen nicht wie aufgefordert aufgeräumt hat, könnte es erwidern, dass es nicht dazu in der Lage war, weil es seinem kleinen Geschwisterchen, das in Not war, helfen musste. Diese Rechtfertigung wird wahrscheinlich akzeptiert werden, weil wir gemeinsam akzeptieren, dass es wichtiger ist, einem Baby in Not zu helfen, als die Anweisung zum Aufräumen zu befolgen. Aber wenn das Kind versucht, seine Nachlässigkeit dadurch zu rechtfertigen, dass es zu müde war, wird das wahrscheinlich nicht akzeptiert werden, weil auszuruhen nicht so wichtig ist, wie das zu tun, was einem gesagt wird. Manchmal sind solche Rechtfertigungen und Entschuldigungen strategisch, einfach um sich aus der misslichen Lage zu befreien, aber oft sind sie echt in dem Sinne, dass das Kind als Teil des »wir«, das seine Gemeinschaft ist, seine eigenen Gründe und Entschuldigungen als gültig oder ungültig betrachtet. Es beurteilt seine eigenen Gründe ebenso, wie es seine eigenen Akte beurteilt, nämlich durch die verinnerlichten Urteile des »wir«, der moralischen Gemeinschaft.

In einer kürzlich durchgeführten Studie ließen Kanngiesser et al. (in Vorbereitung) fünfjährige Kinder einer Erwachsenen versprechen, ein paar Spielsachen aufzuräumen. Anschließend ging die Erwachsene weg. Die Kinder wurden dann von ihrem Versprechen weggelockt, entweder aus einem guten Grund (um jemandem zu helfen, der in Schwierigkeiten war) oder aus einem schwachen Grund (ein aufregendes Spiel zu spielen). Als die Erwachsene zurückkam, näherte sie sich zunächst dem Kind, ohne etwas zu sagen. Wenn das Kind ebenfalls nichts sagte, fragte sie etwas Neutrales wie »Was gibt's?« oder »Was machst du?«. Schließlich fragte sie: »Warum räumst du die Spielsachen nicht auf?« Die Entschuldigungen der Kinder – ihre Rechtfertigungen – unterschieden sich merklich: Wenn sie ihre Aufgabe aus einem guten Grund nicht erledigt hatten, gaben sie gewöhnlich einfach diesen Grund direkt an, in der Annahme, dass er akzeptiert werden würde. Wenn sie ihre Aufgabe aus einem schlechten Grund nicht erledigt hatten, drucksten sie herum, leugneten und zeigten im Allgemeinen, dass sie wussten, dass sie keine gute Entschuldigung hatten. Fünfjährige wussten in diesem Zusammenhang, in welche Reihenfolge die relevanten Werte von der erwachsenen Person gebracht werden würden.

In Experimenten, die sich auf das Verständnis beziehen, unterscheiden Kinder moralisch gültige von ungültigen Entschuldigungen in einem etwas späteren Alter. So ließen beispielsweise Schmidt et al. (2016d) eine Puppe sich nähern und Kinder im Alter von drei, fünf und acht Jahren um Ressourcen bitten, wobei sie einen von vier verschiedenen Gründen für ihre Bitte angab: Ich bin besonders bedürftig; ich bin besonders verdienstvoll; die Regel besagt, dass ich sie bekommen sollte; oder einfach, ich will sie haben. Die jüngeren Kinder differenzierten nicht zwischen den verschiedenen Arten von Gründen. Aber die Achtjährigen taten das eindeutig und sahen Bedürftigkeit, Verdienst und Regel, aber nicht den bloßen Wunsch (ich will sie haben) als gültige Gründe an. Irgendwann nach dem Alter von fünf Jahren haben die kleinen Kinder also in ihrem kollektiven gemeinsamen Hintergrund mit ihrer Kulturgruppe eine Wertehierarchie konstruiert – die natürlich nicht in allen, aber in vielen Hinsichten der der Erwachsenen gleicht –, der zufolge sie wissen, welche Arten von Gründen rechtfertigen, dass man von den Normen der Gruppe abweicht. Diese geteilte Wertehierarchie ermöglicht es dem Kind, sich jetzt an neuen Formen des moralischen Diskurses zu beteiligen. Tatsächlich können wir ohne zugrunde liegende Werte, von denen angenommen wird, dass sie kooperativ geteilt werden, überhaupt nicht produktiv argumentieren. Wenn ich zum Beispiel mein Vernachlässigen des Zusammenrechens von Blättern damit rechtfertige, dass ich sage »Ich konnte dieses Kind doch nicht einfach ertrinken lassen« und du erwiderst »Warum nicht?«, dann können wir keine produktive moralische Diskussion führen. Wir müssen eine gewisse zugrunde liegende Hierarchie gemeinsamer Werte teilen, auf die wir uns beziehen können, wenn wir eine sinnvolle Diskussion darüber führen wollen, ob irgendein bestimmter Akt gerechtfertigt ist.

Eine weitere Voraussetzung ist, dass wir die Dinge mehr oder weniger ebenbürtig diskutieren müssen. So behauptete Piaget (1932) zum Beispiel, dass kleine Kinder über moralische Fragen nicht wirklich mit Erwachsenen argumentieren können, da die Erwachsenen die »richtige« Antwort schon im Voraus kennen. Wenn das Kind ein anderes im Kindergarten geschlagen hat und dies zuhause bespricht, weiß das Kind, dass seine Eltern sicherstellen werden, dass das Gespräch bei dem Urteil endet, das ihres Erachtens das richtige ist. Schließlich sozialisieren sie ihr Kind so, dass es zu einem moralischen Wesen wird. Aber wenn das Kind dieselbe Handlung mit einem Gleichaltrigen bespricht, steht das Ergebnis dieses Gesprächs nicht schon im Voraus fest; das Kind könnte tatsächlich als Sieger aus der Diskussion darüber hervorgehen, ob das Schlagen seines Spielkameraden unter den gegebenen Umständen richtig war. Diese Freiheit und Unabhängigkeit im Prozess des Überlegens soll verantwortlich dafür sein, dass der Dialog mit Gleichaltrigen für die Moralentwicklung so entscheidend ist.

Kruger und Tomasello (1986) und Kruger (1992) unterzogen Piagets Behauptungen einem Test. Zunächst bewerteten sie die Fähigkeiten siebenjähriger Kinder zu moralischen Überlegungen anhand einer halbstandardisierten Aufgabe, dann wurden zwei Gruppen von Versuchspersonen gebildet. Die Kinder der einen Gruppe diskutierten moralische Dilemmata mit ihren Müttern, die der anderen Gruppe diskutierten mit einem Gleichaltrigen. Die Diskussionen wurden unter anderem im Hinblick darauf analysiert, wie gut die Kinder für ihre Urteile argumentierten. Wie vermutet, waren die Diskussionen der Kinder mit Gleichaltrigen durch relativ differenzierte Gründe gekennzeichnet, während die Diskussionen mit den Müttern einseitiger waren und eine Menge Anweisungen durch die Mütter beinhalteten. Als anschließend das Niveau der moralischen Überlegungen der Kinder bestimmt wurde, hatten diejenigen Kinder, die die differenziertesten Gründe angaben, die größten Zuwächse gegenüber ihrer Einschätzung im Vortest zu verzeichnen. Genauer gesagt: Die Anzahl von Runden bei der Angabe von Gründen entsprach Zuwächsen beim moralischen Überlegen, und in Diskussionen mit Gleichaltrigen gab es mehr davon. In einer anderen jüngeren Untersuchung teilten Paare von Fünfjährigen zu gleichen Teilen mit einem Dritten, entweder weil sie von einem Erwachsenen dazu angewiesen wurden oder weil sie selbständig darüber entschieden (als Individuen oder als Paar). Wenn sich anschließend eine neue Situation darbot – die Gelegenheit, mit einem besonders bedürftigen oder verdienstvollen Dritten zu teilen –, berücksichtigten Kinder, die zuvor selbständige Entscheidungen trafen und nicht von Erwachsenen angewiesen wurden, häufiger die neuen Umstände (Hardecker et al., im Erscheinen).

Der entscheidende Punkt ist, dass Gründe, Rechtfertigungen und Entschuldigungen sowohl an andere als auch an das Selbst als Mitglieder derselben moralischen Gemeinschaft gerichtet sind, und wenn sie akzeptiert werden sollen, müssen sie in dem Wertesystem verankert sein, das wir alle teilen. Dieser Prozess ist für die eigene moralische Identität wesentlich. Wenn es beispielsweise zu meiner moralischen Identität gehört, dass ich ein loyaler Freund bin, und dann etwas scheinbar Unloyales tue, muss ich zur Aufrechterhaltung meiner moralischen Identität einen Grund für mein Handeln liefern, der zeigt, dass Loyalität immer noch zu meiner moralischen Identität gehört – dass es mildernde Umstände gab. Wenn ich das nicht kann, muss meine moralische Identität modifiziert werden. Die negative Seite des Identitätsprozesses wird informell durch oft gehörte Redewendungen erfasst: »Ich könnte nicht mit mir selbst leben, wenn ich das täte«, »Das bin einfach nicht ich« und so weiter. Die positive Seite des Identitätsprozesses wird durch Adam Smith' Behauptung (1759) erfasst, dass wir nicht prosozial handeln, um gelobt zu werden, sondern vielmehr, um *eine lobenswerte Person* – eine verantwortliche Person – in den Augen der Gemeinschaft zu sein, uns selbst eingeschlossen.

Moralische Identität

Sobald die Kinder damit beginnen, sich selbst vom Standpunkt des »wir« in der Gemeinschaft zu bewerten, kann man sagen, dass sie einen Sinn für ihre Identität haben. Wenn diese Bewertungen moralisch zu werden beginnen, ist es angemessen, von einem moralischen Selbst oder moralischer Identität zu sprechen. Den Theoretikern moralischer Identität zufolge beinhalten die unmittelbaren psychologischen Mechanismen, die für das moralische Handeln des Menschen verantwortlich sind, wesentlich moralische Urteile, die von einem moralischen Selbst (mit der stellvertretenden Autorität der moralischen Gemeinschaft) gefällt werden, das über die Zeit hinweg fortdauert und das Selbst unparteiisch genauso bewertet, wie es andere bewertet (Blasi, 1984; Hardy und Carlo, 2005).

Moralische Identität weist nach unserer Konzeption im Kern vier Gruppen von Werten auf, die die Handlungen der Kinder bestimmen und die am Ende der Vorschulzeit so verstanden werden, dass sie in ihrer moralischen Gemeinschaft geteilt werden. Die Einzelheiten mögen zwar je nach Kultur variieren, aber im Allgemeinen gibt es in allen Kulturen vier grundlegende Gruppen moralischer Anliegen (siehe den inneren Kreis von Abbildung 10.1). Erstens gibt es *Ich-Anliegen*: meine eigennützigen Motive, die das Ziel haben, mein Überleben und Gedeihen zu fördern. Zweitens gibt es *Du-Anliegen*, die sich in Mitgefühl und Hilfe gegenüber anderen in der Gruppe ausdrücken. Drittens gibt es *Gleichheitsanliegen*, bei denen die anderen und das Selbst als gleichermaßen verdienstvolle Individuen betrachtet werden, die fair behandelt werden sollten. Und schließlich gibt es *Wir-Anliegen*, sowohl jene, die

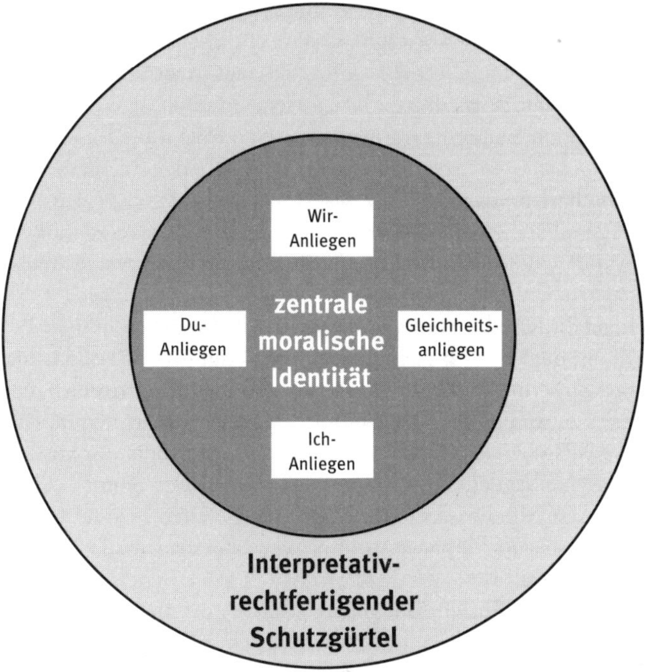

Abbildung 10.1: Ein Modell moralischer Identität für moralische Entscheidungen von Menschen (aus Tomasello, 2016).

aus einem dyadischen »wir« hervorgehen, das in der Interaktion von Angesicht zu Angesicht mit einem zweitpersonalen Akteur gebildet wird, als auch jene, die aus dem Bedürfnis hervorgehen, an der Gruppe orientierte soziale Normen zu befolgen, die von »uns« für »uns« geschaffen wurden.

Viele moralische Situationen in der wirklichen Welt beinhalten komplexe Kombinationen vieler oder aller dieser Anliegen und erzeugen manchmal moralische Dilemmata. Aber in ihren idealisierten, »reinen« Formen ist jede Gruppe der auf andere bezogenen Anliegen mit charakteristischen Gefühlen verbunden. Prototypischerweise wird Verletzungen der Gleichheit und des Respekts mit

Verärgerung begegnet (Strawson, 1962; Darwall, 2006): Die missachtete Person hat das Gefühl, dass sie es nicht verdient, auf diese Weise behandelt zu werden, und grollt dem Missetäter. (Manche Theoretiker meinen, dass die drittpersonale, kulturelle Variante dieser Emotion Empörung im Namen von anderen oder der Gruppe ist.)

Wenn man hingegen nicht das Mitgefühl bekommt, das man – insbesondere von einem Freund oder einem nahen Verwandten – erwartet, empfindet man keine Verärgerung, sondern hat vielmehr »verletzte Gefühle«: Man hat das Gefühl, dass der Missetäter das Mitgefühl und das Vertrauen vernachlässigt hat, auf denen die Beziehung aufgebaut ist. Verletzungen von Normen oder Regeln fallen zwar häufig mit anderen moralischen Verletzungen zusammen, bei denen jemand verletzt oder missachtet wird, aber im reinen Fall würde man einfach ein Gefühl der Missbilligung oder des Missfallens gegenüber der Person empfinden, die die Regel gebrochen hat: Sie ist kein Mitglied der moralischen Gemeinschaft, weil sie die Regeln für soziales Verhalten nicht befolgt, über die wir alle übereingekommen sind.

Moralische Entscheidungen sind solche, die mindestens eines der Anliegen berücksichtigen, die vom Ich-Anliegen verschieden sind, auch wenn man sich am Ende entscheidet, dass das Ich-Anliegen die Oberhand gewinnen sollte. Daher gibt es bei moralischen Entscheidungen von Menschen immer eine mehr oder weniger große Komplexität. Dennoch lautet die Behauptung, dass Menschen stark motiviert sind, ihre zentrale moralische Identität, wie sie von ihren vergangenen moralischen Entscheidungen und Urteilen begründet wurde, aufrechtzuerhalten. Und sie erhalten sie vor allem dadurch aufrecht, dass ihre Handlungen mit ihr übereinstimmen. Aber jede Situation ist zu einem gewissen Grad einzigartig; wenn eine gegebene Situation an vergangenen Erfahrungen gemessen wird, muss man ihren Besonderheiten irgendwie Rechnung tragen. Das Tragen eines karierten Mantels bei einer Beerdigung kann entweder bloß als Verletzung der Etikette oder als Missachtung der Trauernden interpretiert werden. Man kann Nahrungsressourcen so aufteilen, dass Menschen, die weniger wiegen, auch weniger bekommen (was beispielsweise bedeutet, dass Frauen und Kinder weniger bekommen), und das so interpretieren, dass dadurch die Gleichheit auf der Ebene des »Auge um Auge« aufrechterhalten wird, oder man kann dies als eine Verletzung der Gleichheit von Personen auffassen. Und so weiter. Ebenso wie Wissenschaftler an ihren zentralen theoretischen Überzeugungen festhalten, indem sie die empirischen Belege auf bestimmte Weisen interpretieren und konstruieren (Lakatos, 1970), können Individuen auch ein Gefühl der zentralen moralischen Identität aufrechterhalten, obwohl sie Akte begehen, die andere für unmoralisch halten, indem sie die Situation auf kreative Weise interpretieren.

Aber die Kreativität der Interpretation hat auch ihre Grenzen. Da die eigene moralische Identität sozial konstruiert ist, muss man immer bereit sein zu rechtfertigen – sowohl gegenüber den anderen als auch gegenüber sich selbst –, warum man die eine Handlung gegenüber einer anderen bevorzugt hat. Wie zuvor dargelegt, bedeutet Rechtfertigung, dass man zeigt, dass die eigenen Handlungen tatsächlich aus Werten hervorgingen, die »wir« alle teilen. Die eigene zentrale moralische Identität wird also sozusagen allmählich von einem Schutzgürtel aus Interpretationen und Rechtfertigungen umgeben (siehe den äußeren Kreis in Abbildung 10.1). Vielleicht habe ich meine Kekse nicht mit anderen geteilt, wie ich es hätte tun können, aber ich bin krank und brauche im Augenblick mehr Nahrung als sie. Rechtfertigt das mein Verhalten vor anderen und vor mir selbst? Vielleicht habe ich ein anderes Kind geschlagen, aber das habe ich deshalb getan, weil es einen Gleichaltrigen drangsalierte. Rechtfertigt das mein Verhalten vor anderen und vor mir selbst? Wenn die Antwort auf diese Fragen Ja lautet, dann fahre ich mit dem Status quo fort. Aber wenn die Antworten negativ ausfallen, dann steht meine zentrale moralische Identität in Frage; wenn ich sie unbeschadet erhalten will, dann muss ich etwas tun, um sie wiederherzustellen, wie beispielsweise Schuldgefühle zeigen, mich entschuldigen oder Wiedergutmachung leisten. Für den Prozess ist natürlich außerdem entscheidend, ob eine betroffene Person Mitglied der eigenen moralischen Gemeinschaft ist oder nicht und wer die Bezugsgruppe für die eigenen Rechtfertigungen ist. Wir könnten feststellen, dass manche Handlungen, die inakzeptabel sind, wenn sie sich auf ein ehrenwertes Mitglied der Eigengruppe richten, akzeptabel sind, wenn sie einem Mitglied der Fremdgruppe oder einem Bösewicht der Eigengruppe gelten.

Schließlich ist für den gesamten Prozess moralischer Selbststeuerung durch die moralische Identität die Erkenntnis entscheidend, dass das Individuum immer die Freiheit besitzt, über die sozialen Normen der Kultur, wenn nötig, hinauszugehen – und tatsächlich macht diese Freiheit die Kraft der Verpflichtung noch umso bindender, weil man sich sozusagen die eigenen Entscheidungen zueigen macht. So konfrontierten in einer vor kurzem durchgeführten Studie Rapp et al. (2017) drei- und fünfjährige Kinder mit einem Gleichaltrigen, der Hilfe brauchte. Einigen Kindern wurde von einem Erwachsenen befohlen zu helfen, anderen wurde die Entscheidung selbst überlassen (fast alle halfen). Als ihnen später die Möglichkeit gegeben wurde, noch einer weiteren Person zu helfen, halfen die Fünfjährigen (aber nicht die Dreijährigen), die sich in der ursprünglichen Situation freiwillig entschieden hatten zu helfen, in dieser anschließenden Situation mehr (besonders die Mädchen). Dieses Ergebnis könnte man im Sinne der Attributionstheorie interpretieren: Wenn Kinder ihre eigenen freien Entscheidungen beobachten, beurteilen sie sie und konstruieren eine moralische Identität, die mit ihnen übereinstimmt und die dann ihre zukünftigen moralischen Entscheidungen bestimmt. Es handelt sich um einen Prozess der individuellen Konstruktion anhand einzigartig menschlicher moralischer Handlungen und Einstellungen.

Wie auch immer die Interpretation ausfallen mag – das Treffen moralischer Entscheidungen, bei denen es um einander widersprechende Normen oder Werte geht, erfordert eine persönliche Gewichtung von Werten – auf einer exekutiven Ebene –, und zwar in einer Art und Weise, die häufig mit keinem konventionellen Muster übereinstimmt. Soll ich anderen schaden, um meinen Freund zu retten, der in Not ist? Soll ich lügen, um einen Klassenkameraden vor der Bestrafung zu retten? Auch wenn die Bestrafung gerecht ist? Von Kindheit an müssen Menschen immer in einem gewissen Sinne den moralischen Entscheidungen, die sie treffen, frei zustimmen und sich mit ihnen identifizieren, und im Lauf der Zeit führt dieser Prozess jedes Individuum zu dem Versuch, eine intern konsistente moralische Identität zu konstruieren.

Individuelle und kulturelle Variation

Aufgrund der ethnografischen Beschreibungen vieler verschiedener Völker, die in vielen verschiedenen kulturellen Zusammenhängen leben, ist es so gut wie sicher, dass Mitglieder unterschiedlicher Kulturen über moralische Fragen anders, vielleicht sogar ganz anders, urteilen und moralische Handlungen anderen gegenüber ebenso unterschiedlich rechtfertigen. Das kann auf einer anderen Hierarchie geteilter Werte in ihrer moralischen Gemeinschaft beruhen oder auf einem anderen Prozess des moralischen Diskurses und der Rechtfertigung oder auf beidem (siehe zum Beispiel Schweder, 1991 und Haidt, 2012). Aber im Sinne der Ontogenese wissen wir eigentlich wenig darüber, wie kleine Kinder – insbesondere kleine Vorschulkinder – sich an diesen dialogischen Prozessen beteiligen, und fast nichts darüber, wie sie das zusammen mit Gleichaltrigen tun. Wieder haben wir eine Menge äußerst wichtiger Forschungsfragen vor uns, die reif für empirische Untersuchungen sind.

Verantwortlich werden

In vielerlei Hinsicht können wir die Konstruktion einer moralischen Identität seitens der Kinder als Schlussstein ihrer sozialen Entwicklung in der Vorschulzeit ansehen. Sie umfasst alle ihre kooperativen und moralischen Werte, die in den gemeinsamen Werten der Kultur verankert (obgleich mit einigen individuellen Variationen) und so verinnerlicht und miteinander verknüpft sind, dass die Individuen ihre Handlungen rechtfertigen und Gründe für sie angeben, und zwar so, dass sie sowohl für die Gruppe als auch für sie selbst akzeptabel sind. Ihre soziale Selbstregulation ist jetzt zu einer normativen Selbststeuerung geworden. Sie sind im Begriff, zu verantwortlichen Personen zu werden.

Menschenaffen nehmen soziale Bewertungen potenzieller sozialer Interaktionspartner vor und bevorzugen die Interaktion mit Individuen, die nicht gemein, sondern nett sind. Menschliche Babys tun das ebenso von einem überraschend frühen Alter an. Es wurde gezeigt, dass Babys solche sozialen Bewertungen in einer Vielfalt komplexer Situationen vornehmen, in denen Affen nie getestet wurden. Daher ist es unklar, inwieweit menschliche Babys in ihren ersten beiden Lebensjahren sich an Prozessen sozialer Bewertung beteiligen, die für die Spezies einzigartig sind. Kinder begeben sich aber klarerweise auf einen neuen, einzigartig menschlichen Pfad, wenn sie zu verstehen beginnen, dass andere *sie* beobachten und bewerten.

Menschenkinder wissen schon früh in ihrer Entwicklung, dass sie beobachtet und bewertet werden (man erinnere sich an die Befangenheit von Babys vor einem Spiegel). Von da an wird ihr Sozialleben dadurch maßgeblich geformt (Rochat, 2009). In Abbildung 10.2 gestehen wir den Kindern nicht nur zu, dass sie wissen, dass sie bewertet werden, sondern auch, dass sie sich selbst bewerten, und zwar schon bald nach ihrem dritten Geburtstag, und zwar aufgrund einer einzigen Untersuchung, in der sorgfältige Kontrollbedingungen verwendet wurden und die darauf hinzuweisen scheint, dass sie sich in diesem Alter schuldig fühlen können, anderen geschadet zu haben (Vaish et al., 2016). Wie im Falle der gemeinsamen Verpflichtung und der Fairness postulieren wir, dass Kinder in dem Maße, wie ihre Fähigkeiten zur kollektiven Intentionalität mit etwa drei Jahren heranreifen, ihre Beziehung zu anderen Individuen als eine Art von kollektivem »wir« ansehen können, das anhand des Rollentauschs von Beurteilendem und Beurteiltem normative Urteile über »mich« abgeben kann. Im Lauf der nächsten Jahre wird ihr Sinn für Schuld objektiver werden, und zwar mit Bezug auf die sozialen Normen der Gruppe, wie sie sie für sich selbst verinnerlicht und möglicherweise auch modifiziert haben.

Mit etwa vier oder fünf Jahren werden Kinder fähig, die Perspektive und die potenziellen Bewertungen anderer zu simulieren und ihre Handlungen entsprechend anzupassen (zweiter Kasten in

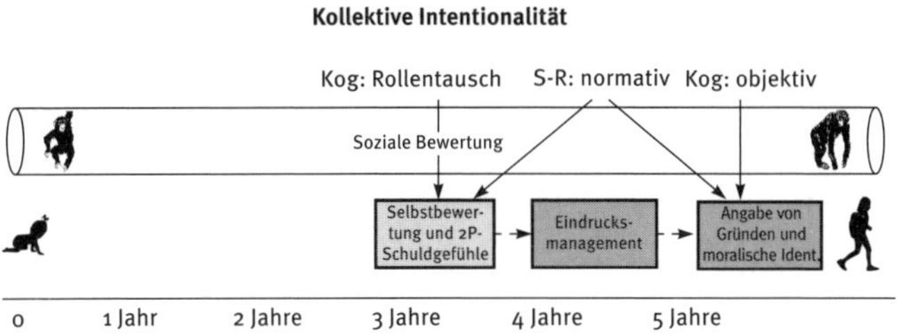

Abbildung 10.2: Die ontogenetische Entstehung des einzigartig menschlichen Sinnes für moralische Identität. Abkürzungen: Kog = kognitiv; S-R = exekutive Selbstregulation; 2P = zweitpersonal.

Abbildung 10.2). Diese Akte der Selbstpräsentation oder des Eindrucks-Managements können vollkommen strategisch sein und darauf abzielen, die Eindrücke der anderen zum eigenen Nutzen zu beeinflussen. Aber auch hier kann das Individuum seinem eigenen wachsamen Auge nicht entkommen, weshalb es in manchen Fällen versucht, den Eindruck, den es auf sich selbst macht, zu beeinflussen – das heißt auf sich selbst als Teil eines beurteilenden »wir« (desselben »wir«, das es repräsentiert, wenn es andere beurteilt). Diese externe Perspektive auf das Selbst, die vom bewertenden »wir« ausgeht, und die aktiven Versuche des Kindes, diese Perspektive und Bewertung zu beeinflussen, erzeugen den Sinn für ein soziales Selbst. Wenn die betreffenden Handlungen mehr oder weniger moralisch sind und der ganze Prozess verinnerlicht wird, haben wir die Grundlagen einer moralischen Identität. Von diesem Punkt an fühlt man sich verpflichtet, so zu handeln, dass man seiner kooperativen (für andere) und moralischen (für sich selbst) Identität Rechnung trägt.

Um ihre kooperative und moralische Identität aufrechtzuerhalten, müssen Kinder auch eine hierarchisch geordnete Menge von Werten konstruieren, die sie mit anderen in der Kulturgruppe teilen. Unter Voraussetzung von Fähigkeiten moralischer Beurteilung und eines Sinnes dafür, beurteilt zu werden, ermöglicht ihnen das, anderen und sich selbst Gründe für ihre Handlungen anzugeben, die diese Handlungen rechtfertigen, indem sie sie in der Wertehierarchie verankern, die sie alle teilen (dritter Kasten in Abbildung 10.2). Der Ausdruck »verankern« bedeutet in diesem Zusammenhang, dass das Kind in der Lage ist, Gründe, Rechtfertigungen und Entschuldigungen zu geben, um zu zeigen, dass es in Übereinstimmung mit derselben Hierarchie von Werten und Standards gehandelt hat, die für jeden in der Kulturgruppe gelten – selbst wenn es die Angabe von Gründen erfordert, um diese Tatsache zu erkennen. Das impliziert die endgültige Rechtfertigung: Wenn du in meiner Situation gewesen wärst, hättest du dasselbe getan. Der moralische Diskurs, in dem Gründe gegeben werden, ist somit ein entscheidender Bestandteil der Konstruktion eines Sinns für moralische Identität sowie seiner ständigen Aufrechterhaltung.

Entscheidend ist, dass der Prozess der Konstruktion einer moralischen Identität die individuelle Motivation – den instrumentellen Druck, das zu tun, wovon man weiß, dass es die eigenen Ziele befördern wird – in einen Sinn für Verpflichtung verwandelt. Wir haben uns zuvor schon auf die Philosophin Korsgaard (1996) bezogen, die behauptet, dass das Gefühl, dass ich etwas tun soll oder muss, letztlich das Gefühl ist, dass ich aufhören werde, die Person zu sein, die ich bin – das heißt gegenüber dem »wir« in der moralischen Gemeinschaft –, wenn ich es nicht tue. Wenn ich tue, was ich soll, hilft mir das andererseits dabei, gegenüber dem »wir« in der moralischen Gemeinschaft erneut zu bestätigen, wer ich bin. Durch das freiwillige Eingehen einer Verpflichtung – wie bei gemeinsamen Verpflichtungen oder beim Akzeptieren der kollektiven Verpflichtungen der Gruppe und der Identifikation mit diesen – setze ich meine kooperative und moralische Identität aufs Spiel. Ich muss die Verpflichtung erfüllen, um die Person zu bleiben, die ich bin.

Das Entstehen des Sinnes für moralische Identität bei Kindern wird somit erklärt durch das Zusammenkommen all ihrer verschiedenen sozialen und moralischen Fähigkeiten, während sie danach streben, in der moralischen Gemeinschaft zu verantwortungsvollen Personen zu werden.

Soziale und moralische Implikationen

Vor dem Alter von drei Jahren sind die sozialen Beziehungen kleiner Kinder zu anderen hauptsächlich durch die Eltern und andere Erwachsene vermittelt. In traditionellen Gemeinschaften werden sie dann von der Mutter abgestillt. Ab etwa drei Jahren beginnen die kleinen Kinder, sich hinauszuwagen und eigenständig Beziehungen zu knüpfen, zum Beispiel Freundschaften mit Gleichaltrigen. Jetzt müssen sie anfangen, sich darum Sorgen zu machen, ausgenutzt oder belogen zu werden, und sie müssen ebenfalls sicherstellen, dass die anderen sie in einem positiven Licht sehen – und es gibt keine Eltern, die vermitteln. Sie beurteilen die anderen nach ihrer Kooperativität, und um sicherzustellen, dass die anderen sie ebenfalls kooperativ finden, vollziehen sie vielfältige Akte des Eindrucks-Managements; ein wesentlicher Bestandteil davon ist die rationale Rechtfertigung ihrer Handlungen gegenüber anderen. Während sie diesen Prozess verinnerlichen, beginnen sie, sich selbst so zu beurteilen, wie sie andere beurteilen, wobei sie ihre Handlungen gegenüber sich selbst so rechtfertigen, wie sie es gegenüber anderen tun: Sie empfinden Gefühle der Befangenheit, Scham und Schuld und formen dadurch ihre eigene moralische Identität.

Mit etwa sechs oder sieben Jahren haben wir nun also werdende Personen, die für ihre Handlungen zur Verantwortung gezogen werden können. Sie teilen die moralischen Werte der Gemeinschaft, einschließlich ihrer hierarchischen Wechselbeziehungen, und sie wissen, welche Arten von Rechtfertigungen von Handlungen die Gemeinschaft akzeptiert. Sie regulieren jetzt ihre sozialen Interaktionen mit anderen im Sinne einer Art normativer Selbststeuerung: Bevor sie handeln, denken sie darüber nach, ob es vom Standpunkt der moralischen Gemeinschaft, deren Teil sie sind und deren Werte sie teilen, gut ist, dies zu tun oder zu wollen. Während sie sich selbst durch die Augen derjenigen sehen, denen sie gerne ähnlich sein wollen, konstruieren kleine Kinder so etwas wie ihre soziale Persona und deren internes Gegenstück, ihre moralische Identität.

IV
SCHLUSS

Die Verinnerlichung von gesellschaftlich verwurzelten und historisch entwickelten Tätigkeiten ist das unterscheidende Merkmal der menschlichen Psychologie, die Grundlage des qualitativen Sprungs von der Psychologie des Tieres zu der des Menschen. Bislang kennen wir erst die gröbsten Umrisse dieses Prozesses.

Lew Vygotskij
Mind in Society (1930)

11

EINE NEOVYGOTSKIJSCHE THEORIE

Seit den Anfängen der geistigen Tradition des Westens haben Denker die Frage gestellt, wie sich Menschen von anderen Tierarten unterscheiden. Seit Darwin lautete die zusätzliche Frage, wie sie verschieden *geworden* sind. Diese Fragen konnten gewiss nicht beantwortet werden, solange abendländische Philosophen und Wissenschaftler nichts über Menschenaffen wussten, was bis etwa zur Zeit Darwins der Fall war. Aber auch dann konnten diese Fragen nicht präzise beantwortet werden, solange es keine systematischen Vergleichsstudien gab, die darauf abzielten, subtile Verhaltensunterschiede zwischen den Arten zu enthüllen; diese Studien wurden aber erst in den letzten Jahrzehnten durchgeführt. Und wenn die wichtigsten verhaltensbezogenen und psychologischen Unterschiede in der Kooperation und Kultur liegen, konnten diese Fragen so lange nicht beantwortet werden, bis es theoretisch angemessene Konzeptualisierungen von Kooperation und Kultur in Begriffen der Evolution gab, zusammen mit einem Verständnis der zentralen Rolle der Ontogenese im Evolutionsprozess – die beide ebenfalls relativ neuen Datums sind.

All diese empirischen und theoretischen Fortschritte haben die Möglichkeit einer evolutionär fundierten Theorie des ontogenetischen Prozesses erzeugt, der die einzigartig menschliche Psychologie hervorbringt. Hier habe ich eine solche Theorie vorgeschlagen. Mein Vorschlag lautet, dass die entscheidenden Neuheiten in der Evolution des Menschen alle auf die eine oder andere Weise Anpassungen an eine besonders kooperative, geradezu hyperkooperative Lebensform waren. Ich habe diese Anpassungen als Fertigkeiten und Motivationen geteilter Intentionalität charakterisiert, und wir haben uns angesehen, wie sie in acht zentralen ontogenetischen Entwicklungspfaden zum Ausdruck kommen. Abschließend besteht unser Ziel nun darin, systematisch alle diese acht Pfade zu überblicken, um zu sehen, ob wir das große Ganze in den Blick bekommen können. In welcher Beziehung steht die psychologische Ontogenese des Menschen als ganze zur Ontogenese anderer Menschenaffen, und wie erklären wir die Unterschiede am besten?

Globale Theorien der menschlichen Ontogenese

Globale Theorien der menschlichen Ontogenese sind seit einiger Zeit aus der Mode gekommen. Die vorliegende Theorie ist in einem bestimmten Sinne nicht global, weil sie sich nur auf eine begrenzte Menge von Phänomenen konzentriert: diejenigen, die die Psychologie des Menschen von derjenigen der Menschenaffen unterscheiden. Aber in einem anderen Sinne ist die Theorie doch global, weil sie beabsichtigt, ein breites Spektrum wichtiger Phänomene in der Entwicklung des Menschen zu erklären, und zwar alles, was von der frühen Kommunikation bis zur normbasierten Moralität reicht. Insoweit die Theorie global ist, scheint es angebracht, eine systematischere Darstellung dadurch einzuleiten, dass wir uns zumindest kurz die globalen Theorien ansehen, die in der zeitgenössischen Entwicklungspsychologie im Angebot sind.

Das Problem besteht darin, dass globale Theorien in der zeitgenössischen Entwicklungspsychologie nicht eigens auf die Frage nach der Einzigartigkeit des Menschen fokussiert sind, mit der möglichen Ausnahme der klassischen vygotskijschen Theorie (die meisten modernen Vygotskijaner konzentrieren sich nicht auf die einzigartigen Merkmale der Menschen – als Spezies – im Allgemeinen, sondern vielmehr auf die interkulturellen Unterschiede innerhalb der Spezies). Daher werden wir hier bloß kurze Beschreibungen einiger vorhandener globaler Rahmenvorstellungen zur Erklärung der menschlichen Ontogenese erörtern, und dann werden wir uns ansehen, wie diese modifiziert werden könnten, um zu unserer spezifischen Frage nach der Ontogenese menschlicher Einzigartigkeit zu passen.

Individualistische Theorien

Die meisten Theorien zur Erforschung der menschlichen Ontogenese konzentrieren sich auf das individuelle Kind, auf seine Kompetenzen und Motivationen im Laufe seiner Entwicklung. Und das war natürlich auch in vielen wichtigen Hinsichten eine äußerst produktive Vorgehensweise. Aber unsere Frage lautet hier, ob das ausreicht, um die Unterschiede zwischen der Art und Weise zu erfassen, wie Menschenaffen sich zur Welt verhalten, und der Art und Weise, wie Menschenkinder sich zur Welt verhalten, während sie sich in den ersten sechs Lebensjahren entwickeln.

Individualistische Theorien der menschlichen Entwicklung beginnen mit Piaget, insbesondere mit seinen späteren Werken (im nächsten Unterabschnitt werden wir die früheren Arbeiten und Piagets Interesse an den sozialen Dimensionen der menschlichen Ontogenese behandeln). Piaget (1970) legt eine grundsätzlich individualistische Erklärung der Ontogenese logisch-mathematischer Erkenntnis dar. Er konzentriert sich auf die öffentlichen Handlungen von Babys, während sie sich in ihrer räumlichen Umgebung bewegen und Gegenstände auf unterschiedliche Weise handhaben und aufzählen, was alles durch eine Art praktischer Logik oder Rationalität strukturiert wird. Diese öffentlichen Handlungen werden zu geistigen Operationen verinnerlicht; beispielsweise wird das Gruppieren von Gegenständen zu einem Haufen zum Addieren von Zahlen, und das Wegnehmen von Gegenständen aus einem Haufen wird zur Subtraktion. Was Piaget als »figuratives Wissen« bezeichnet, betrifft spezifische Tatsachen mit Bezug auf die Welt, die die Kinder lernen, und außerdem die Symbolisierung ihrer Erfahrung in einer konventionellen Sprache, was immer innerhalb des Kontexts von operativen Strukturen stattfindet, die auf dem Handeln beruhen. Piaget macht häufigen Gebrauch vom Begriff der Äquilibration als einer Art selbstregulierender Kraft (ähnlich der Homöostase des Körpers), die dazu dient, das Wissen endogen zu organisieren und zu koordinieren. Die Theorie erkennt zwar explizit die Rolle der sozialen und kulturellen Umwelt für die Förderung der individuellen Entwicklung an, aber die Grundlagen des

Prozesses werden dennoch als wesentlich individualistisch aufgefasst: Das Kind als Wissenschaftler, der seine Umgebung erforscht und lernt, wie die Dinge funktionieren.

Piaget interessierte sich nicht in erster Linie dafür, die einzigartigen Aspekte der Ontogenese des Menschen herauszuarbeiten. Er zitiert Köhlers (1921) berühmte Untersuchungen des Problemlöseverhaltens von Schimpansen hauptsächlich als Argument gegen einen reinen Empirismus und als Möglichkeit, die sensumotorische Intelligenz im Handeln zu verankern. Er bietet keine Erklärung dafür, wie und warum Menschen über das hinausgehen, was Affen tun, die sich von allgemeinen Bezugnahmen auf die Symbolfunktion, die Sprache, die Kultur und so weiter unterschiede. Aber die jüngere Forschung hat gezeigt, dass Menschenaffen einen Teil der Grundlagen in dieser Richtung besitzen – von einer keimhaften »Theorie des Geistes« bis zu Fertigkeiten mit menschenartigen Symbolen und der sozialen Weitergabe in der Natur –, weswegen wir eine spezifischere Erklärung benötigen. Ein möglicher Weg wäre so etwas wie Spelkes Erklärung (2009): Menschen und Menschenaffen teilen zwar ein elementares »Kernwissen« über die Welt im Hinblick auf Raum, Gegenstände, Kausalität, Handeln und Quantitäten, aber im Lauf der Entwicklung liefert dann der Spracherwerb den Menschen ein gemeinsames Repräsentationsmedium und einen gemeinsamen Satz komputationaler/kombinatorischer Mechanismen zur geistigen Verarbeitung dieser Repräsentationen. Aber wie ich schon zuvor dargelegt habe (siehe Tomasello, 2008, 2014), reicht die Berufung auf die Sprache als bloßes Repräsentations- und Komputationsmedium nicht aus, um die einzigartig menschliche Kognition und Sozialität zu erklären. Ohne eine tiefere Analyse der menschlichen Sprachkompetenz, die in elementareren Fähigkeiten wie gemeinsamer Aufmerksamkeit, der Einbettung von Perspektiven und der sozialen Selbstbeobachtung gründet – das heißt elementaren Prozessen geteilter Intentionalität –, ist es unmöglich, die vielen und vielfältigen Weisen zu erklären, wie Menschen Sprache zur Kommunikation verwenden. Entscheidend ist, dass diese tieferen Prozesse geteilter Intentionalität – und nicht sprachliche Repräsentation und Komputation – das sind, was erforderlich ist, um die vielen und vielfältigen anderen Formen der einzigartig menschlichen Kognition und Sozialität zu erklären, angefangen von dem entstehenden Sinn der Kinder für Fairness und Verpflichtung bis zu ihrem kooperativen Denken mit Gleichaltrigen.[8]

Eine ähnliche Einschätzung gilt für die so genannte Theorie-Theorie. Auch dieser Ansatz zur Erklärung der menschlichen Entwicklung – der seinen Ursprung in dem berühmten Aufsatz von Karmiloff-Smith und Inhelder (1975) mit dem Titel »If You Want to Get Ahead, Get a Theory« (Wenn du vorwärtskommen willst, nimm dir eine Theorie) hat – konzentriert sich auf das Kind als individuellen Wissenschaftler, der Daten sammelt und Hypothesen zu deren Erklärung vorschlägt. In moderneren Formulierungen (zum Beispiel Gopnik und Wellman, 2012; siehe auch Xu und Kushnir, 2013) übernimmt der Ansatz die Rahmenvorstellung des bayesschen Lernens, der zufolge das Individuum immer von einer bestimmten Art vorhandener Annahmen oder einer Theorie ausgeht (bis ganz zurück zu einer Art von »Ausgangszustands-Nativismus«), aber dann die neuen Daten durch die Revision seiner Annahmen oder Theorien einbaut. Die Theorie wurde am direktesten auf die Entwicklung des Verstehens falscher Überzeugungen und anderer Aspekte der »Theorie des Geistes« der Kinder und auf die Entwicklung des kausalen Verständnisses der Kinder angesichts mysteriöser Blicket-Maschinen[9] und dergleichen angewendet. Obwohl sich verschiedene Bereiche auf unterschiedliche Inhalte konzentrieren, gibt es nach der Theorie-Theorie keinen grundlegenden Unterschied mit Bezug darauf, wie die elementaren Mechanismen

8 In Vorträgen aus jüngerer Zeit (zum Beispiel 2015) hat Spelke dargelegt, dass menschliche Säuglinge zusätzlich dazu, andere als Handelnde zu verstehen, gegen Ende ihres ersten Lebensjahrs auch damit beginnen, andere als potenzielle Sozialpartner zu verstehen. Das ist sicherlich ein Schritt auf dem Weg zur Anerkennung dessen, dass wir zur Erklärung der Ontogenese der einzigartig menschlichen Psychologie etwas mehr als »Kernwissen« brauchen.

9 Ein Blicket ist eine Vorrichtung, die aufleuchtet und Musik spielt, wenn bestimmte Dinge auf sie gelegt werden. Blickets werden in der Entwicklungspsychologie zur Untersuchung der Wahrnehmung und des Kausalverständnisses von Kindern verwendet (A. d. Ü.).

des Hypothesentestens angewendet werden. Die Theorie-Theorie leistet gute Arbeit bei dem, worauf sie abzielt, aber auch in diesem Fall wurde wie schon bei Piaget die Theorie nicht entworfen, um die für die Spezies einzigartigen Aspekte der Ontogenese im Besonderen zu erklären. Da Menschenaffen einige, aber nicht alle Arten geistiger Zustände verstehen, die Menschen verstehen, und auch ein gewisses Kausalverständnis haben, ist es unklar, wie die Theorie verändert und/oder angereichert werden könnte, um den Unterschied zu erklären. Man müsste eine Art von prinzipieller Unterscheidung zwischen dem machen, wie die ursprünglichen Theorien oder aber die weiteren Theorikonstruktionen menschlicher Babys sich von denen anderer Menschenaffen unterscheiden. Höchstwahrscheinlich müsste man sich dazu auf viele derselben kognitiven und sozialen Prozesse berufen, auf die ich mich bei meiner Erklärung anhand geteilter Intentionalität berufen habe.

Es ist allzu leicht – und auch etwas unfair –, wissenschaftliche Theorien dafür zu kritisieren, dass sie nicht leisten, wozu sie nicht entworfen wurden. Aber ich habe diese Untersuchung mit einer spezifischen Frage zur Ontogenese der einzigartig menschlichen Psychologie begonnen und habe meine eigene Theorie, die diese Frage zu beantworten sucht. Jene individualistischeren Theorien wurden nicht geschaffen, um diese Frage zu beantworten, und der entscheidende Punkt dieser sehr kurzen Übersicht besteht nur darin, zu zeigen, dass sie sich auch nicht leicht erweitern lassen, ohne viele derselben psychologischen Prozesse einzubeziehen, auf die wir uns in unserer Erklärung anhand geteilter Intentionalität berufen haben, Prozesse wie gemeinsame Aufmerksamkeit, Perspektivenübernahme, Zusammenarbeit auf zwei Ebenen, kooperative Kommunikation, Durchsetzung und Schaffung sozialer Normen und ein Sinn für moralische Verpflichtung. Um diese Prozesse zu erklären, müssen wir uns nicht einfach nur auf eine allgemeine biologische Bereitschaft zum Lernen und Schlussfolgern berufen, sondern auch auf eine spezifische biologische Bereitschaft zur einzigartig menschlichen kooperativen Interaktion und zur geistigen Koordination mit anderen.

Soziokulturelle Theorien

Soziokulturelle Theorien der menschlichen Entwicklung fangen mit Vygotskij an (zum Beispiel 1930/1978; obwohl sich auch historische Wurzeln bei früheren Gelehrten wie beispielsweise Baldwin, 1896, finden lassen). Vygotskijs Hauptanliegen bestand darin, zu zeigen, dass die »höheren kognitiven Funktionen« – die er ausdrücklich als einzigartig menschlich bezeichnete (zum Beispiel Vygotskij und Luria 1930/1993) – nicht das Ergebnis von so etwas wie individuellem Lernen und Hypothesentesten sind. Vielmehr ergeben sie sich aus der Fähigkeit der Menschen, soziale Praktiken zu schaffen und zu verinnerlichen, insbesondere diejenigen, die mit dem Gebrauch kultureller Artefakte und Symbole als kognitiver Prothesen zu tun haben. Wenn Kinder sich an den Kulturpraktiken beteiligen, die durch die Symbole und Konstruktionen ihrer Muttersprache strukturiert werden, profitieren sie daher von dem historischen Prozess, durch den frühere Mitglieder der Sprachgemeinschaft die Welt in diskrete Begriffe aufteilten, die durch bestimmte sprachliche Einheiten und Strukturen symbolisiert werden konnten. Und wenn Kinder sich mit Erwachsenen in einer konventionellen Sprache unterhalten, erfahren sie, wie die Erwachsenen andere in Diskursinteraktionen einbeziehen und Gründe und Rechtfertigungen für ihre vielfältigen Aussagen und Argumente liefern. Dabei erben die Kinder sozusagen Möglichkeiten der Kategorisierung, des Denkens und der Rationalisierung der Welt.

Vygotskij starb bereits mit 37 Jahren, daher gibt es vieles, dem er sich mangels Zeit einfach nicht zuwenden konnte. Im gegenwärtigen Zusammenhang lautet die Hauptfrage: Was sind die elementaren kognitiven und sozialen Fertigkeiten, die Menschen im Gegensatz zu anderen Menschenaffen besitzen und die es ihnen ermöglichen, Kulturpraktiken und Artefakte überhaupt erst zu schaffen und zu verinnerlichen? Vygotskij und Luria (1930/1993) erörtern zwar insbesondere Köhlers Untersuchung an Menschenaffen (1921), aber ihr Hauptaugenmerk lag darauf, wie Menschenkinder nicht nur mit physischen Werkzeugen, sondern auch mit kulturellen Artefakten aufwachsen und wie diese alles ermöglichen. Aber wie gelangten die Menschen dazu, kulturelle Artefakte zu erfinden, und welche Eigenschaften der Kinder ermöglichen es ihnen, etwas über und durch diese Artefakte zu lernen? Wie ich bereits früher dargelegt habe (zum Beispiel Tomasello, 1999), fehlt hier eine Erklärung der einzigartigen Anpassungen der Menschen an die Kultur und an kulturelles Lernen – für solche Dinge wie gemeinsame Aufmerksamkeit und Lernen durch Anweisung –, die es ihnen, aber nicht den Menschenaffen, ermöglichen, sich zu vollständigen Kulturwesen zu entwickeln. Im Allgemeinen sorgte sich Vygotskij so sehr darum, die entscheidend wichtige Rolle der Kultur und ihrer Artefakte für die kognitive Ontogenese des Menschen aufzuzeigen, dass er die besonderen Fertigkeiten vernachlässigte, die erforderlich sind, um an Kulturprozessen überhaupt teilzuhaben, Fertigkeiten, die bereits im Säuglings- und Kleinkindalter (das er nie systematisch untersuchte) auftauchen. Außerdem konzentrierte er sich, wie bereits erwähnt, fast ausschließlich auf die Weitergabedimension der menschlichen Kultur und des kulturellen Lernens im Gegensatz zu ihren Koordinationsdimensionen, die sich in solchen Tätigkeiten wie Zusammenarbeit, kooperativer Kommunikation und Perspektivenübernahme manifestieren. Und natürlich konzentrierte sich Vygotskij überhaupt nicht auf die sozialen Beziehungen der Kinder und auf all die vielen einzigartigen Hinsichten, in denen Kinder sich sozial und moralisch zu anderen verhalten.

In der Gegenwart hat eine Reihe von anthropologisch ausgerichteten Entwicklungspsychologen – die prominentesten davon sind Cole (1998) und Rogoff (1990, 2003) – eine allgemein vygotskijsche Perspektive eingenommen, um die kulturellen Dimensionen der menschlichen Entwicklung zu untersuchen. Der Schwerpunkt der Kulturpsychologen lag fast ausschließlich auf der Art und Weise, wie Variationen in der kulturellen Erfahrung der Kinder zu Variationen in der Art und Weise führen, wie sie sich kognitiv und sozial zur Welt verhalten. Obwohl wir uns abermals davor hüten sollten, andere Theorien dafür zu kritisieren, dass sie nicht unsere Frage beantworten, hat Rogoff doch in ihrer gesamten Arbeit Prozesse wie das Beobachtungslernen und die angeleitete Teilnahme an demjenigen Prozess hervorgehoben, durch den die Kinder zu kompetenten Mitgliedern einer Kultur werden. Sie hat sich nicht auf die zugrunde liegenden psychologischen Prozesse konzentriert, die es Menschenkindern – aber nicht Menschenaffen, nicht einmal denen, die in einer menschlichen Kultur aufgezogen werden – ermöglichen, sich auf ihre einzigartigen Weisen zu entwickeln. Moderne Kulturpsychologen haben Vygotskijs Begriff der Verinnerlichung als zu individualistisch kritisiert – da sie es bevorzugen, sich auf Prozesse des verteilten Lernens zu konzentrieren, bei denen sowohl der Prozess als auch das Ergebnis unteilbar sozial sind. Sie haben jedoch nicht die Phänomene erklärt, die die Verinnerlichung erklären sollte: die Fertigkeiten der Kinder zu exekutiver Selbstregulation.

Interessanterweise ist eine klassische Quelle, die viele der Teile liefert, die in rein soziokulturellen Theorien fehlen, das Frühwerk Piagets. Die bekannteste Quelle ist Piagets Arbeit über die Entwicklung des moralischen Urteils (1932). Am wichtigsten für unsere gegenwärtigen Anliegen ist die Tatsache, dass Piaget zufolge der Schlüssel für die Moralentwicklung der Kinder nicht individuelles Lernen und das Befolgen der Regeln Erwachsener ist – die nur Klugheit und Konformität erfordern –, sondern vielmehr die Kooperation und das Aushandeln mit Gleichaltrigen auf der Basis von Reziprozität und wechselseitigem Respekt. Unsere Erklärung der Moralentwicklung der Kinder stützt sich stark auf viele seiner wegweisenden Ideen. Aber in anderen theoretischen Arbeiten von den 1930er bis zu den 1960er Jahren erweiterte Piaget diesen allgemeinen Ansatz auch auf die kognitive Entwicklung (siehe die Aufsätze, die in dem Band von 1965/1995 gesammelt sind). Er machte geltend, dass das Lernen unter Anleitung Erwachsener zwar nützlich und notwendig ist, aber – da es im Grunde in Konformität besteht – nicht für das Schlussfolgern der Kinder verantwortlich sein kann, das in Interaktionen mit Gleichaltrigen ihren Ursprung hat. In diesen Interaktionen muss das Kind mit einem Gleichgestellten kooperieren und verhandeln, um zu einem wechselseitig akzeptablen Ergebnis zu kommen. Diese frühe Arbeit Piagets ist keine soziokulturelle Theorie, da sie die Bedeutung des kulturellen Lernens und der Sozialisierung durch Erwachsene an sich herunterspielt, aber sie ist sicherlich auch keine individualistische Theorie, da die Schlüsselmechanismen soziale Interaktionen sind, die Kooperation, Diskurs und Perspektivenübernahme beinhalten. Ein Begriff, der von einer Reihe moderner Wissenschaftler verwendet wird, ist »soziale Ko-Konstruktion«, und das scheint auch ganz gut zu der Situation zu passen, die sich Piaget vorstellte. Trotzdem sollten wir festhalten, dass Piaget (ebenso wie die modernen Gelehrten der Ko-Konstruktion) diese Sichtweise fast ausschließlich auf Kinder in der mittleren Kindheit – während der Schuljahre – anwandte, wohingegen unsere Analysen darauf hindeuten, dass etwas Ähnliches auch in früheren Lebensabschnitten vor sich geht – wenn auch in einer elementareren Form.

Daher können wir auch in diesem Fall sagen, dass soziokulturelle Theorien der menschlichen Ontogenese nicht entworfen wurden, um unsere Frage zu beantworten, und sie lassen sich auch nicht leicht zu diesem Zweck erweitern, ohne viele derselben psychologischen Prozesse zu beanspruchen, die in unserer Erklärung der geteilten Intentionalität namhaft gemacht wurden.

Was brauchen wir noch?

Weder rein individualistische noch rein soziokulturelle Theorien können das leisten, was wir von ihnen verlangen. Piagetsche und andere individualistische Theorien erkennen an, dass Erfahrung und Lernen im Kontext eines biologisch darauf vorbereiteten Organismus stattfinden. Aber sie erkennen mit Bezug auf die biologische Bereitschaft der Menschen nichts Besonderes ganz speziell für Kooperation und Kultur an, was, wie ich geltend machen würde, notwendig ist, um die Ontogenese der einzigartig menschlichen Psychologie zu erklären. Vygotskijsche und andere soziokulturelle Theorien erkennen an, dass ein Großteil von dem, was die Menschen einzigartig macht, ihre soziokulturellen Erfahrungen sind. Aber es mangelt ihnen völlig an der Anerkennung der biologischen Bereitschaft, und zwar wieder einer Bereitschaft von dem Typ, der die Menschen befähigt, überhaupt soziokulturelle Erfahrungen zu machen.

Im Lichte der verschiedenen Grenzen dieser Theorien – und zwar wieder im Hinblick auf unsere spezifische Frage – beruft sich die Theorie der geteilten Intentionalität 1. auf die einzigartig menschliche biologische Bereitschaft für geteilte Intentionalität als *ermöglichende Ursache* und 2. auf die individuelle soziokulturelle Erfahrung (die durch die einzigartig menschliche biologische Bereitschaft für geteilte Intentionalität ermöglicht wird) als *proximaler (Wirk-)Ursache*. Beide sind (zusammen mit einigen einzigartig sozialen Prozessen der exekutiven Regulation) nötig, um die Ontogenese der menschlichen Einzigartigkeit zu erklären.

Die Theorie der geteilten Intentionalität

Die Theorie geteilter Intentionalität ist eine vygotskijsche Theorie, weil sie sich nicht auf die gesamte Psychologie des Menschen konzentriert, sondern nur auf die einzigartig menschliche Psychologie, und sie erklärt diese hauptsächlich in Begriffen der einzigartigen Formen soziokultureller Tätigkeit, an denen sich Menschen im Laufe ihres Lebens beteiligen. Aber wir haben versucht, eine modernisierte *neo*-vygotskijsche Theorie zu entwerfen, indem wir uns auf einen evolutionären Ansatz für die Ontogenese des Menschen beriefen, dem zufolge Menschen auf spezifische Weise biologisch angepasst sind, um sich an ihren für die Spezies einzigartigen Formen soziokultureller Tätigkeit zu beteiligen. Ferner haben wir uns viel mehr darauf konzentriert, wie diese Anpassungen die soziale und geistige Koordination erleichtern – bei solchen Tätigkeiten wie gemeinsamer Aufmerksamkeit, Zusammenarbeit und kooperativer Kommunikation –, als es Vygotskij tat, dessen Hauptaugenmerk auf dem Prozess der kulturellen Weitergabe und seiner Auswirkungen auf die Psychologie des Menschen lag.

In zusammengefasster Form lautet die Theorie, dass die Ontogenese des Menschen ein konstruktiver Prozess ist, der Reifung, Erfahrung und exekutive Selbstregulation erfordert. Der Rahmen für die Reifung beginnt mit der allgemeinen kognitiven und sozialen Ontogenese von Menschenaffen, aber fügt dann auch evolutionär neue und spezifisch menschliche Fähigkeiten hinzu, die den Prozess umwandeln. Es gibt zwei Mengen spezifisch menschlicher Fähigkeiten.

Gemeinsame Intentionalität
Motivation: die Motivation, sich anderen Individuen (insbesondere Erwachsenen) sozial anzuschließen und Bindungen mit ihnen einzugehen, indem man mit ihnen psychische Zustände (Gefühle, Ziele, Aufmerksamkeit, Wissen) teilt und den ihren angleicht.
Kognition: die kognitive Fähigkeit, mit anderen Individuen einen gemeinsamen Akteur »wir« zu erzeugen, was die Möglichkeit der – unter anderem rekursiven (das heißt die Zwei-Ebenen-Struktur) – Übernahme der Perspektive von anderen schafft, und sich zu anderen zweitpersonal als Gleiche zu verhalten.

Kollektive Intentionalität
Motivation: die an der Gruppe orientierte Motivation, sich der sozialen Gruppe anzuschließen und für sie zu sorgen, indem man ihre Konventionen und Normen respektiert (das heißt unter dem Druck der Verpflichtung) und mit ihnen übereinstimmt (sich an ihnen ausrichtet).
Kognition: die kognitive Fähigkeit, ein an der Gruppe orientiertes »wir« zu bilden und dadurch an Konventionen, Normen und Institutionen teilzuhaben und Dinge aus »objektiven« und normativen Perspektiven zu sehen.

In dem Maße, wie diese neuen Fähigkeiten in ontogenetische Pfade eingehen, ermöglichen sie neue Formen der soziokulturellen Interaktion und Erfahrung – wie beispielsweise gemeinsame Aufmerksamkeit und Zusammenarbeit auf zwei Ebenen, zusammen mit ihren verknüpften Perspektiven und Rollen –, was zu neuen Arten psychologischer Einstellungen führt, etwa dem Sinn für Fairness und Schuld. Diese Fähigkeiten und Erfahrungen verwandeln auch den Prozess der exekutiven Regulation von der individuellen Selbstregulation, die für Menschenaffen charakteristisch ist, zur sozialen Selbstregulation und normativen Selbststeuerung, die Menschen-

Teilen von Gefühlen bei Säuglingen	**Neunmonats-revolution**	**Objektive/ normative Wende**	**Vernunft & Verantwortlichkeit**
Motivation: Teilen/ Angleichen von Gefühlszuständen	*Kognition: perspektivisch; rekursiv Motivation; Teilen/ Angleichen intentionaler Zustände*	*Kognition: objektiv Motivation: an der Gruppe orientiert, normativ Exekutive: soziale Selbstregulation*	*Exekutive: normative Selbststeuerung*
	Gemeinsame Aufmerksamkeit	*Koordination von Perspektiven*	
	kooperative Kommunikation	*konventionelle Kommunikation*	*kooperatives Denken*
Teilen von Gefühlen in Protokonversationen	*Imitationslernen*	*Lernen durch Anweisung*	
	Zusammenarbeit auf zwei Ebenen	*gemeinsame Verpflichtung*	*moralische Identität*
	Helfen/Teilen	*Fairness*	
		Soziale Normen	

0 — 1 Jahr — 2 Jahre — 3 Jahre — 4 Jahre — 5 Jahre — 6 Jahre

Abbildung 11.1: Ontogenetischer Gesamtverlauf der einzigartig menschlichen Psychologie

kindern ermöglicht, die Perspektiven und Bewertungen anderer sowie der Gruppe zu verinnerlichen und auf diese Weise ihre eigenen rationalen und moralischen Identitäten zu schaffen. So wird aus der Psychologie der Menschenaffen die einzigartige Psychologie des Menschen.

In methodologischer Hinsicht umfasst unsere ontogenetische Erklärung der einzigartig menschlichen Kognition und Sozialität – wie alle ontogenetischen Erklärungen – zwei grundsätzliche Schritte: erstens eine altersspezifische Beschreibung der jeweiligen Entwicklungspfade; und zweitens eine Erklärung der Faktoren, die diese Entwicklungspfade beeinflussen. In jedem der acht Kapitel im Hauptteil dieses Buches haben wir einen einzelnen, relativ spezifischen Entwicklungspfad beschrieben. Unsere Absicht ist es jetzt, über diese verschiedenen Pfade hinweg zu bestimmten Zeitabschnitten auf das »ganze Kind« zu blicken. Wir konzentrieren uns auf vier solche Zeitabschnitte: 1. Das Teilen von Gefühlen bei Säuglingen, 2. die Neunmonatsrevolution und zweitpersonale Beziehungen (geteilte Intentionalität), 3. die objektive/normative Wende (kollektive Intentionalität) und 4. Vernunft und Verantwortlichkeit. Abbildung 11.1 liefert einen Überblick über unsere Vorgehensweise: Wir gehen nacheinander jede der vier Spalten nach unten durch. Am oberen Ende der Abbildung stehen (kursiv) die Angaben der soeben skizzierten vier neuen und einzigartigen kognitiven und motivationalen Elemente, wie sie in den Prozess eingehen. Die sechs Zeilen stellen die sechs Kapitel dar, anhand deren die einzigartige Entwicklung des Menschen im Säuglingsalter oder der frühen Kindheit dargestellt wird: soziale Kognition, Kommunikation, kulturelles Lernen, Zusammenarbeit, Prosozialität und soziale Normen (die anderen beiden sind die später erscheinenden Schlusssteine). Jeder dieser Pfade hat seine Grundlagen in der Funktionsweise von Menschenaffen, weshalb wir das Vorhandensein dieser funktionalen Bereiche nicht erklären müssen; erklären müssen wir nur ihre Umwandlung von einer Menschenaffenform in eine einzigartig menschliche Form.

Das Teilen von Gefühlen bei Säuglingen

Menschliche Säuglinge sind von Beginn an ein besonderes Sozialleben angepasst. Schon mit zwei Monaten beteiligen sie sich gemeinsam mit Erwachsenen in einzigartigen Weisen an Prozessen des Teilens von Gefühlen in Protokonversationen, die bereits eine Rollenwechsel-Struktur aufweisen und in Richtung emotionaler Abstimmung getrieben werden. Die Motivation der Säuglinge für die Angleichung ihres Gefühlszustands an den ihrer Betreuer stellt das erste Beispiel für die grundlegendste motivationale Kraft der geteilten Intentionalität dar: das Teilen oder Angleichen von psychischen Zuständen mit anderen und an andere.

Da Menschenaffenmütter und -säuglinge viele Aufgaben und Herausforderungen mit menschlichen Müttern und Säuglingen teilen – und beide Spezies ähnliche Muster der Mutter-Kind-Bindung aufweisen –, dürfen wir fragen, warum menschliche Säuglinge in sozialer Hinsicht so anders sind. Die überzeugende Antwort, die von Hrdy (2009, 2016) und Hawkes (2014) vorgeschlagen (und von Tomasello und Gonzalez-Cabrera, 2017 weiter entwickelt) wurde, lautet, dass Menschen im Gegensatz zu den anderen Menschenaffen an einem bestimmten Punkt in der Evolution zu einem System der kooperativen Kinderbetreuung übergingen, bei dem die Beziehung der Säuglinge zu vielen Erwachsenen, die nicht ihre Mütter waren, ebenfalls entscheidende Bedeutung erlangte. Da dieses System außerdem zu größerer Fertilität führte, mussten menschliche Säuglinge mit einer größeren Anzahl von Geschwistern und Gleichaltrigen um die Fürsorge und Aufmerksamkeit einer größeren Anzahl Erwachsener konkurrieren, unter anderem auch aus der Ferne. Dieser Ansicht zufolge erscheinen das Teilen von Gefühlen und andere Formen geteilter Intentionalität heute schon früh in der Ontogenese, weil dazu fähige Säuglinge im Lauf der Evolution besser Bindungen mit mehr Erwachsenen und aus der Ferne eingehen konnten (und daher auch mehr Fürsorge und Aufmerksamkeit von ihnen erhielten).

Säuglinge stellen starke affiliative und emotionale Bindungen zu Erwachsenen her, indem sie ihre positiven psychischen Zustände angleichen, wie etwa in Protokonversationen, die sich vermutlich als Motivationsbasis der sozialen Koordination im Allgemeinen entwickelten. Säuglinge zeigen zwei für die Spezies einzigartige und schon früh auftauchende soziale Verhaltensweisen zu diesem Zweck: Lächeln und Lachen. Beide bleiben während des gesamten Lebens ein wichtiger sozialer Bindungsmechanismus. In vielen sozialpsychologischen Experimenten mit Erwachsenen wurde festgestellt, dass die Angleichung psychischer Zustände an andere – zum Beispiel bei der Abstimmung von Gefühlen, bei gemeinsamer Aufmerksamkeit, bei Imitation und Konformität und bei gemeinsamen Zielen für die Zusammenarbeit – affiliative soziale Beziehungen erzeugt und verstärkt (zum Beispiel Wolf et al., 2016). Wenn der Prozess auch zwischen Säuglingen und Erwachsenen stattfindet (wozu es laufende Forschungen gibt), würde das die Hypothese von Hrdy und Kollegen stark stützen. Außerdem ist es in dieser Hinsicht bezeichnend, dass Säuglinge ihre einzigartig menschlichen Formen sozialer Beteiligung mit anderen fast ausschließlich mit Erwachsenen vollziehen und nicht mit Gleichaltrigen, was ebenfalls mit der Hypothese kompatibel ist. Schließlich passt dazu auch die Tatsache, dass viele der sozialen und sozial-kognitiven Fertigkeiten, die sowohl Jungtiere von Menschenaffen als auch Kleinkinder besitzen (zum Beispiel Blickverfolgung, Kooperation), in der Ontogenese von Kleinkindern ein bis drei Jahre früher auftreten, vermutlich, weil sie für menschliche Säuglinge einen sozialen Anpassungsvorteil besitzen.

Insgesamt dauert die menschliche Ontogenese im Vergleich zu anderen Menschenaffen sehr lange und hängt viel stärker vom Einsatz und von der sozialen Unterstützung Erwachsener ab. Diese lebensgeschichtliche Strategie ist eindeutig auf eine kulturelle Lebensweise ausgerichtet, bei der die Individuen in jeder Phase der Ontogenese voneinander abhängen, und zwar im Hinblick auf alles Mögliche, von der Nahrungsbeschaffung bis zum Erlangen lebenswichtiger Informationen. Dies alles beginnt in der frühen Kindheit. Während sie heranreifen, müssen die Kinder auch weiterhin gute Verbindungen zu den Erwachsenen aufrechterhalten, die ihnen zu essen geben und sie die ganze Zeit bis zur Adoleszenz unterrichten. Daher ist eine funktionale Unterstützung dieser Verbindungen die gesamte Ontogenese über bis zum Erwachsenenalter vorhanden, wo diese Verbindungen dann einem breiten Spektrum kulturell signifikanter sozialer Interaktionen zugrunde liegen. Die starke Motivation menschlicher Säuglinge zur Abstimmung von Gefühlen und zur Angleichung an andere liefert den emotional-motivationalen Ausgangspunkt für die gesamte einzigartig menschliche Psychologie.

Die Neunmonatsrevolution und zweitpersonale Beziehungen (gemeinsame Intentionalität)

Von der Geburt bis zum Alter von zwei bis drei Jahren sind die kognitiven Fähigkeiten von Säuglingen für den Umgang mit der physischen Welt – ihre kognitiven »Kernfähigkeiten« für solche Dinge wie Objektpermanenz und Kategorisierung, räumliche Beziehungen und Navigation, Werkzeuggebrauch und Kompetenz mit kleinen Anzahlen – einfach nur die kognitiven Fertigkeiten von Menschenaffen. Diese Fertigkeiten entstehen bei Menschenaffen und menschlichen Säuglingen auf sehr ähnliche Weise und zeigen in den ersten Lebensjahren einen ähnlichen zeitlichen Verlauf.

Eine ganz andere Geschichte sind die Fertigkeiten und Motivationen der Kinder für ihr Verhalten zu ihrer sozialen Welt. Schon in der frühen Kindheit interagieren Säuglinge mit Erwachsenen in für die Spezies einzigartigen Formen des Teilens von Gefühlen, wie wir gerade gesehen haben. Wenn dann die allgemeine Menschenaffenfähigkeit zum Verstehen anderer als intentionale Akteure mit etwa neun Monaten heranreift, verbindet sie sich synergetisch mit diesem Teilen von Gefühlen, um die frühesten Fertigkeiten und Motivationen gemeinsamer Intentionalität zu erzeugen. Anstatt mit anderen einfach nur Gefühlszustände zu teilen, teilen die Säuglinge mit ihnen jetzt intentionale Zustände – Ziele, Aufmerksamkeit, Wissen –, die sich auf äußere Bezugsgegenstände richten. Dadurch wird eine Zwei-Ebenen-Struktur aus Geteiltheit und Individualität konstituiert, was außerdem die Möglichkeit schafft, sich zu anderen zweitpersonal als ebenbürtige Partner zu verhalten.

EINZIGARTIGE ONTOGENETISCHE PFADE. Diese neue Zwei-Ebenen-Struktur der gemeinsamen Intentionalität verändert alles. Sie verändert die kognitiven Fertigkeiten der Repräsentation und des Schließens sowie ihre sozialen Interaktionen und Beziehungen zu anderen. Das ist bei allen fünf ontogenetischen Pfaden, die wir als einzigartig menschlich charakterisiert haben, bereits im Säuglings- und Kleinkindalter offenkundig: Gemeinsame Aufmerksamkeit, Kommunikation, kulturelles Lernen, Zusammenarbeit und Prosozialität (zweite Spalte von Abbildung 11.1). Insbesondere werden bei all diesen Pfaden die Fertigkeiten und Motivationen der individuellen Intentionalität von Menschenaffen in die einzigartig menschlichen Fertigkeiten und Motivationen gemeinsamer Intentionalität umgewandelt. Drei dieser Pfade betreffen unmittelbar die soziale und/oder geistige Koordination.

- Die Fähigkeit von Menschenaffen, sich vorzustellen, was andere wahrnehmen und wissen, wird in die Fähigkeit menschlicher Säuglinge umgewandelt, Aufmerksamkeit (gemeinsame Aufmerksamkeit) und Wissen (gemeinsamer Hintergrund) mit anderen zu teilen, wobei »wir« Dinge zusammen wahrnehmen und wissen. In motivationaler Hinsicht versuchen Säuglinge und Kleinkinder, Aufmerksamkeit und Wissen mit anderen zu teilen, weil das ihre sozial-emotionalen Bindungen erleichtert (das heißt als Fortsetzung des Teilens von Gefühlen, durch das die Säuglinge für die Spezies einzigartige soziale Bindungen schaffen). In kognitiver Hinsicht erzeugt die gemeinsame Aufmerksamkeit als eine Instanziierung der Zwei-Ebenen-Struktur die Möglichkeit unterschiedlicher Perspektiven auf ein und denselben Gegenstand. Die Entstehung dieser Zwei-Ebenen-Struktur gemeinsamer Aufmerksamkeit und individueller Perspektiven ist grundlegend für das spätere Erscheinen der Unterscheidung zwischen subjektiven Einstellungen (individuellen Perspektiven, Überzeugungen) und objektiven Tatsachen (die von keiner Perspektive oder Überzeugung eines einzelnen Individuums abhängen).
- Das Gruppenhandeln von Menschenaffen wird bei menschlichen Säuglingen in die Zusammenarbeit auf zwei Ebenen umgewandelt, bei der »wir« ein gemeinsames Ziel bilden und unsere individuellen, häufig komplementären Rollen bestimmen. In motivationaler Hinsicht ist das Teilen von Zielen ein weiteres Beispiel für das intrinsisch befriedigende Teilen intentionaler Zustände. In kognitiver Hinsicht spiegelt die Zusammenarbeit auf zwei Ebenen mehr oder weniger direkt die Zwei-Ebenen-Struktur der gemeinsamen Intentionalität wider. Von entscheidender Bedeutung ist die Tatsache, dass die Zusammenarbeit auf zwei Ebenen einen neuen Typ sozialer Beziehung erzeugt: »Ich« und »du« als Teil eines interdependenten »wir«. Die Interaktion im Kontext dieser interdependenten sozialen Beziehung – in der wir beide gleichwertige kausale Kräfte bei der Verfolgung des gemeinsamen Ziels sind und die Rollen unparteiische Standards idealer Leistung aufweisen – erzeugt einen Sinn für die Gleichwertigkeit der Partner (Äquivalenz von Selbst und Ande-

rem), woraus sich ein Gefühl gegenseitigen Vertrauens und Respekts zwischen den Partnern ergibt, wobei jeder von ihnen Verantwortung für das Schicksal des anderen übernimmt. Das Ergebnis ist, dass die Säuglinge bis zum Kleinkindalter sowohl sich selbst als auch andere als die neuen und einzigartigen sozialen Wesen erkennen, die als zweitpersonale Akteure bezeichnet werden, was grundlegend für das Eingehen normativ bindender Verpflichtungen ist.

– Die Fähigkeit der Menschenaffen, intentional mit anderen für selbstdienliche Zwecke zu kommunizieren, wird in die menschliche referentielle Kommunikation zu Kooperationszwecken umgewandelt. Als Kommunizierender fordert der Säugling (anfänglich durch Zeigegesten) den Empfänger auf, dessen Perspektive auf seine eigene auszurichten, sodass sie gemeinsam auf einen äußeren Gegenstand achten und sich dabei intensiv auf ihren gemeinsamen Hintergrund stützen. Als Empfänger versteht der Säugling die ähnlichen Versuche des Kommunizierenden, wobei er sich auch wieder auf ihren gemeinsamen Hintergrund stützt, aber auch auf die Fähigkeit, rekursiv Perspektiven einzunehmen, beispielsweise wenn er erkennt, dass »er« beabsichtigt, dass »ich« etwas zur Kenntnis nehme. Die Herstellung gemeinsamer Aufmerksamkeit ist intrinsisch motivierend, weil sie sozial-emotionale Bindungen erleichtert, aber darüber hinaus werden Akte der Bezugnahme hervorgebracht, um kooperative soziale Ziele zu erreichen. Die Säuglinge finden es daher befriedigend, psychische Einstellungen (zum Beispiel Aufregung oder Neugier) mit anderen im Hinblick auf geteilte Bezugsgegenstände zu teilen, was ein expressives Kommunikationsmotiv darstellt. Die pragmatische Infrastruktur früher Formen einzigartig menschlicher Kommunikation – Kooperationsmotive, gemeinsamer Hintergrund, gemeinsame Aufmerksamkeit, rekursive Schlüsse – ermöglicht nach einer gewissen Zeit den Erwerb kommunikativer (sprachlicher) Konventionen, die auch als solche verstanden werden.

Zwei weitere schon früh erscheinende ontogenetische Pfade einzigartig menschlicher Psychologie haben mehr Ähnlichkeit mit ihren Ausgangspunkten bei Menschenaffen. Sie betreffen nicht völlig neue Formen der sozialen Koordination, sondern einfach modifizierte Formen der allgemeinen sozialen Interaktion von Menschenaffen, was wieder auf den entstehenden Fertigkeiten und Motivationen gemeinsamer Intentionalität in den ersten Lebensjahren beruht.

- Die Fähigkeit von Menschenaffen, sozial von anderen zu lernen, wird in menschliche Fertigkeiten des Imitationslernens verwandelt, die stärker auf die vollzogenen Handlungen (als auf die erzielten Ergebnisse) fokussiert sind. In motivationaler Hinsicht erleichtert insbesondere die Handlungsimitation von Säuglingen (zum Beispiel bei der sozialen Imitation und Konformität) die soziale Bindung mit Erwachsenen und daher scheint auch hier der kooperative Kontext der Aufzucht eine Schlüsselrolle zu spielen. In kognitiver Hinsicht sind menschliche Säuglinge außerdem fähig, sich an der Imitation durch Rollentausch zu beteiligen, wobei sie sich ganz unmittelbar auf ihre allgemeine Fähigkeit stützen, Rollen zu vertauschen und die Perspektive eines Partners einzunehmen.
- Das instrumentelle Helfen und das (widerwillige) Teilen von Menschenaffen, die von Mitgefühl motiviert werden, werden in das »smithsche« menschliche Helfen und Teilen umgewandelt. Die entscheidende Tatsache ist hier, dass helfende Kleinkinder sich gedanklich in die Lage des Empfängers versetzen und nur dann Hilfe leisten, wenn sie auch verdient ist (wenn es einen guten Grund für den Hilfeakt gibt), wobei sie die wirklichen Bedürfnisse des Empfängers (und nicht seine subjektiven, unter Umständen ungerechtfertigten Wünsche) vor Augen haben. Das heißt, sie leisten paternalistische Hilfe. Diese Form des Helfens schließt wieder die Fähigkeit ein, Rollen zu tauschen und die Dinge aus der Perspektive des anderen zu sehen.

Vorausblickend können wir sagen, dass die Zwei-Ebenen-Struktur gleichzeitiger Geteiltheit (die sozial geteilte Wirklichkeiten erzeugt) und Individualität (die Perspektiven von Individuen innerhalb dieser geteilten Wirklichkeiten) alles Mögliche charakterisiert, vom Als-ob-Spiel der Kinder bis zu den kulturellen Institutionen der Erwachsenen – das heißt genau diejenigen soziokulturellen Tätigkeiten, die andere Menschenaffen weder vollziehen noch verstehen können. Aus einer soziomoralischen Perspektive ermöglicht die Entstehung der Zwei-Ebenen-Struktur gemeinsamer Intentionalität menschlichen Säuglingen und Kleinkindern für die Spezies einzigartige Typen soziokultureller Erfahrung (beispielsweise bei Akten der Kooperation oder des Helfens), die die Grundlage all ihrer nachfolgenden für die Spezies einzigartigen soziomoralischen Interaktionen und Beziehungen bilden. Die Auffassung von »ich« und »du« als äquivalente Partner innerhalb unseres kooperativen »wir« – das heißt die gegenseitige Auffassung als kooperative, zweitpersonale Akteure – charakterisiert alles Mögliche, von der fairen Aufteilung der Beute einer gemeinsamen Anstrengung zwischen den Beteiligten bis hin zu Bürgern, die miteinander in einer modernen bürgerlichen Gesellschaft Debatten führen. Wieder sind dies genau diejenigen soziokulturellen Tätigkeiten, die andere Menschenaffen weder vollziehen noch verstehen können.

DER BEITRAG VON REIFUNG UND ERFAHRUNG. Von einem Großteil der modernen Psychologie werden Reifung und Erfahrung (oder Gene und Umwelt oder Natur und Kultur oder angeboren und erlernt) häufig als sich wechselseitig ausschließende Alternativen behandelt. Aber in Wirklichkeit sind Reifung und Erfahrung komplementäre Teile eines einzigen Prozesses. Im Sinne der Hausbaumetapher lässt sich ein Haus nicht bauen, wenn es nicht sowohl Rohmaterialien (wie Ziegelsteine und Mörtel) als auch irgendeine Art von Plan oder Blaupause dafür gibt, wie diese Rohmaterialien zusammengefügt werden sollen. In einzelnen Fällen kann man durchaus fragen, ob der Plan oder die (genetische) Blaupause so wirkmächtig ist, dass man fast alle Rohmaterialien (Erfahrungen) verwenden kann, oder ob die Rohmaterialien so nahe am Endprodukt liegen, dass der Plan oder die Blaupause nur ganz generisch zu sein braucht. Beide sind jedoch – besonders bei komplexen psychologischen Phänomenen wie denjenigen, die wir hier untersuchen – immer unverzichtbare Bestandteile des Prozesses.

Die fünf oben besprochenen Kompetenzen gemeinsamer Aufmerksamkeit (die den ersten Unterabschnitten von fünf der entsprechenden Kapitel unserer Hauptdarstellung entsprechen) erscheinen in der normalen Ontogenese alle innerhalb eines recht engen Altersbereichs. Das genaue Alter hängt zwar von den angelegten methodologischen Kriterien ab, aber wenn wir uns nur auf experimentelle Nachweise konzentrieren (und nicht auf natürliche Beobachtungen, die mit dem Erscheinen der Fähigkeit konsistent sind), erhalten wir die folgenden Altersstufen (mit einer »besten« Literaturangabe für jede; siehe die Hauptkapitel für andere stützende Literaturangaben).

- Gemeinsame Aufmerksamkeit/gemeinsamer Hintergrund, Alter: zwölf bis vierzehn Monate (Moll et al., 2008)
- Kooperative/referentielle Kommunikation, Alter: zwölf Monate (Behne et al., 2012)
- Imitation durch Rollentausch, Alter: zwölf bis achtzehn Monate (Carpenter et al., 2005)
- Zwei-Ebenen-Kooperation, Alter: vierzehn Monate (Warneken und Tomasello, 2007)
- Elementares Helfen, Alter: vierzehn Monate (Warneken und Tomasello, 2007)

Bei einer einzelnen Stichprobe von Säuglingen, die längsschnittlich untersucht wurde, beobachteten Carpenter et al. (1998b) 24 Säuglinge von neun bis fünfzehn Monaten anhand einer Mischung aus naturalistischen und experimentellen Beobachtungen. Das Alter, in dem die ersten drei dieser Kompetenzen bei allen 24 Säuglingen erschienen (Kooperation und Helfen wurden nicht getestet), war neun bis vierzehn Monate. Als neun und zehn Monate alte Säuglinge in einer Trainingsuntersuchung vier Wochen lang von ihren

Müttern bei Zeigegesten trainiert wurden, gab es keinen Effekt mit Bezug auf das Erscheinungsalter (Matthews et al., 2012), und das Hilfeverhalten nimmt nicht an Häufigkeit zu, wenn es extern belohnt wird (Warneken und Tomasello, 2008, 2013b). Diese Alterstrends und experimentellen Ergebnisse deuten somit darauf hin, dass diese fünf Entwicklungspfade ziemlich deutlich durch eine starke Reifungskomponente kanalisiert werden.

Diese Schlussfolgerung wird sowohl von der Forschung an Kindern mit Autismus als auch durch die interkulturelle Entwicklungsforschung bekräftigt. Es hat viele Untersuchungen gegeben, die gezeigt haben, dass Kinder, die auf dem Autismus-Spektrum liegen, große Probleme mit gemeinsamer Aufmerksamkeit haben, und tatsächlich gibt es auch Theorien, denen zufolge genau das ihr primäres Defizit ist. Darüber hinaus ist es bekannt, dass autistische Kinder Schwierigkeiten mit der Imitation haben und insbesondere mit der Imitation durch Rollentausch. Kinder mit Autismus gestikulieren befehlend, aber sie gestikulieren nicht, weil sie sich darüber freuen, dass sie die Aufmerksamkeit oder Einstellungen mit anderen teilen. Und diese Kinder haben ein eindeutiges Defizit bei der Zusammenarbeit mit Partnern, insbesondere bei der Bildung eines gemeinsamen Ziels. (Ihr Hilfeverhalten scheint davon unberührt zu sein, aber sie wurden nie mit Bezug auf paternalistische Hilfe untersucht, die die Übernahme von Perspektiven erfordert.) In interkultureller Hinsicht untersuchten Callaghan et al. (2011) in einer häufig zitierten Studie alle fünf Kompetenzen gemeinsamer Aufmerksamkeit in drei sehr unterschiedlichen kulturellen Umgebungen (eine westliche Industriekultur und zwei traditionelle kleingesellschaftliche, analphabetische Kulturen). Sie stellten fast identische Altersstufen für das Auftreten aller fünf Kompetenzen in den verschiedenen Kulturen fest (obwohl die Imitation keinen Rollentausch umfasste und das Hilfeverhalten nicht paternalistisch war). Andere Studien, unter anderem zu expressiven Zeigegesten, fanden ebenfalls interkulturelle Gleichförmigkeiten.

In Kombination mit der Gleichförmigkeit von Alterstrends über Individuen hinweg bei gutuntersuchten Populationen bestärken diese Befunde von Kindern mit Autismus und aus der interkulturellen Entwicklungsforschung die Schlussfolgerung, dass alle diese Schlüsselkompetenzen in der frühen Ontogenese des Menschen in Erscheinung treten und durch eine starke Reifungskomponente strukturiert werden. Das soll nicht heißen, dass ein Kind, das sozial isoliert großgezogen wird, diese Kompetenzen auch in normalem Umfang oder zu den normalen Zeiten entwickeln würde. Es ist so gut wie sicher, dass eine speziestypische soziale Umgebung – insbesondere die Interaktion mit erziehenden Erwachsenen – ein unverzichtbarer Bestandteil des Entwicklungsprozesses ist. Die Behauptung ist einfach, dass auf der Grundlage einer speziestypischen sozialen Umgebung mit fürsorglichen Erwachsenen die Entwicklungspfade für diese frühen Kompetenzen gemeinsamer Aufmerksamkeit auf robuste Weise durch Reifungsprozesse strukturiert werden, ohne dass die Erwachsenen aktiv durch pädagogische Handlungen oder andere Formen intentionaler Sozialisation eingreifen müssten.

Die andere bemerkenswerte Tatsache ist, dass all diese Kompetenzen nicht mit Gleichaltrigen, sondern hauptsächlich in der sozialen Interaktion mit Erwachsenen ausgeübt werden (und die meisten Studien zu Fertigkeiten gemeinsamer Intentionalität von Säuglingen und Kleinkindern beobachten sie bei der Interaktion mit Erwachsenen). Es braucht nur wenige Minuten in einer Kindergartenumgebung, um zu sehen, dass Säuglinge und Kleinkinder unter drei Jahren zwar gut auf die Erwachsenen im Zimmer abgestimmt sind, aber im Grunde nicht mit, sondern neben ihren Gleichaltrigen spielen und sie quasi ignorieren. In unseren detaillierten Analysen in den Hauptkapiteln des Buchs haben wir dokumentiert, dass Säuglinge und Kleinkinder selbst unter idealen Umständen:

- sich nicht ebenso häufig an gemeinsamer Aufmerksamkeit mit Gleichaltrigen beteiligen wie an solcher mit Erwachsenen (Bakeman und Adamson, 1984);
- nicht ebenso häufig zur kommunikativen Interaktion mit Gleichaltrigen wie mit Erwachsenen auffordern (Ninio, 2016);

- gegenüber Gleichaltrigen nicht so bereitwillig wie gegenüber Erwachsenen auf etwas zeigen und auch die Zeigegesten von Erwachsenen besser verstehen (Kachel et al., im Druck);
- nicht so leicht Gleichaltrige imitieren / sich nach ihnen richten, wie sie Erwachsene imitieren / sich nach ihnen richten (Zmyj et al., 2010; siehe auch McGuigan und Stevenson, 2016);
- mit Gleichaltrigen nicht so bereitwillig oder geschickt kooperieren, wie sie mit Erwachsenen kooperieren (vergleiche Warneken et al., 2006; Brownell und Carriger, 1990; siehe auch Endedijk et al., 2015);
- Gleichaltrigen nicht so leicht helfen wie Erwachsenen (vergleiche Warneken und Tomasello, 2006; Hepach et al., 2017a).

Kinder in diesem zarten Alter sind eindeutig an die sinnvolle Interaktion mit hauptsächlich, wenn nicht gar ausschließlich Erwachsenen angepasst. Es gibt interessante kulturelle Unterschiede im Ausmaß, in dem Erwachsene mit Säuglingen und Kleinkindern auf gleicher Ebene (einen Altersgenossen simulierend) zu interagieren versuchen, indem sie sich beispielsweise auf den Fußboden begeben und mit ihnen spielen. Obwohl die Erwachsenen nie völlig zu Gleichaltrigen werden können, könnte diese Strategie potenziell den Übergang zu Interaktionen mit Gleichaltrigen erleichtern, weil sie egalitäre Interaktionen simuliert; alternativ dazu könnte sie sie aber auch hemmen, indem sie die Kinder dazu ermuntert, immer und unter allen Umständen auf die Erwachsenen zu bauen. Wir kennen die Antwort auf diese Frage nicht, da sie nicht direkt erforscht wurde.

DIE ROLLE DER EXEKUTIVEN REGULATION. Die exekutive Regulation als Kausalfaktor in der Ontogenese des Menschen zu verstehen ergibt sich aus einer grundsätzlichen metatheoretischen Entscheidung: Die Entscheidung besteht darin, den »aktiven Organismus« als einen autonomen Entscheidungsträger zu sehen, der zumindest teilweise für sein eigenes Entwicklungsschicksal verantwortlich ist. Die Natur verdrahtet in vielen Fällen (zum Beispiel bei vielen Insekten) vieles so, dass das Individuum nur wenige oder gar keine autonomen Entscheidungen trifft und daher auch nichts verursacht. Aber bei komplexeren Organismen, die Verhaltensentscheidungen auf der Grundlage ihrer kognitiven Einschätzung der Situation und ihrer Kompetenzen für den Umgang mit dieser Situation treffen, können wir sagen, dass das Individuum bis zu einem gewissen Grad seine eigenen Erfahrungen auswählt und auf diese Weise seine eigene Entwicklung indirekt und teilweise selbst steuert. Es ist diese Auffassung des autonomen, selbstregulierenden Akteurs, die uns dazu führt, Prozesse der Selbstregulation nicht bloß als eine separate Gruppe von Fertigkeiten anzusehen, sondern als einen Kausalfaktor, der – auf der einen oder anderen Ebene – wesentlich zur Ontogenese aller kognitiv komplexen Organismen gehört.

Säuglinge und Kleinkinder vollziehen exekutive Selbstregulation auf dieselbe allgemeine Weise wie alle Menschenaffen. Wenn sie anhand traditioneller Testverfahren für solche Dinge wie Belohnungsaufschub, Ablenkbarkeit, Beharrlichkeit bei Aufgaben, Hemmung übermächtiger Reaktionen und die mit Anstrengung verbundene Kontrolle von Gefühlen getestet werden, schneiden dreijährige Kinder wie Menschenaffen ab. In einigen Fällen sind jedoch das, was die Ein- bis Dreijährigen selbst regulieren, einzigartig menschliche kognitive Fertigkeiten und Motivationen. Und daher müssen sie beispielsweise bei ihrer frühen Kommunikation die exekutive Ebene nutzen, um die Perspektive von anderen mit ihrer eigenen Perspektive (im selben Repräsentationsformat) in Übereinstimmung zu bringen und rekursiv Perspektiven ineinander zu verschachteln. Um die Rollen bei einer Zusammenarbeit zu tauschen, müssen sie im Wesentlichen dasselbe tun: eine (repräsentational neutrale) Vogelperspektive von der exekutiven Ebene aus einnehmen, um die Rollen zu tauschen und Äquivalenz zwischen sich selbst und dem anderen und Gleichheit zwischen den Partnern herzustellen. Wenn Säuglinge bei der Imitation die Rollen tauschen, brauchen sie ebenfalls eine exekutive Ebene. Das ist alles, was wir als »individuelle Selbstregulation mit einzigartigem psychologischen Inhalt« bezeichnet haben.

Doch an dem, was wir als die wichtigste einzigartig menschliche

Form der exekutiven Selbstregulation postuliert haben, nämlich die soziale Selbstregulation, beteiligen sich Säuglinge und Kleinkinder nicht regelmäßig. Natürlich reagieren Säuglinge und Kleinkinder auf Befehle von Erwachsenen und können auch lernen, sich in der geeigneten Situation im Einklang mit wiederkehrenden Befehlen zu verhalten – wie es viele Haustiere tun –, aber es gibt keine Belege dafür, dass sie diese soziale Regulation als eine Möglichkeit der Kontrolle oder der Gegensteuerung gegen ihre natürlichen Tendenzen und übermächtigen Impulse auf der Verhaltensebene verinnerlicht haben. Die Art und Weise, wie sich Säuglinge vor einem Spiegel verhalten, deutet darauf hin, dass sie wohl verstehen, wenn andere sie beobachten, was sie dann einschüchtert, aber wir haben keine Belege für irgendwelche aktiven Bemühungen, den Eindruck zu beeinflussen, den sie auf andere machen, was die Schlüsselfähigkeit demonstrieren würde, ihr eigenes Verhalten aus der Perspektive der anderen zu regulieren. Doch die soziale Selbstregulation wird schon bald zu einem wichtigen Teil der einzigartig menschlichen Ontogenese werden.

DAS GANZE KLEINKIND. Der Vorschlag lautet also, dass zwischen neun Monaten und drei Jahren die einzigartig menschlichen Anpassungen für gemeinsame Intentionalität sich mit den Entwicklungspfaden verbinden, die für alle Menschenaffen charakteristisch sind, um einzigartig menschliche Weisen des Verstehens, der Kommunikation und des Lernens von anderen zu erzeugen, sowie einzigartige Weisen des Verhaltens zu anderen als verständnisvollen Kooperationspartnern, die des Vertrauens und der Unterstützung würdig sind. Auf die Gefahr der Übervereinfachung hin schlagen wir Abbildung 11.2 als eine hochgradig schematische Darstellung der neuen Art und Weise (das heißt neu relativ zu anderen Menschenaffen und zu jüngeren Säuglingen) vor, wie Kleinkinder mit anderen kognitiv und sozial interagieren.

In diesem Schaubild (Abbildung 11.2) gibt es eine obere Ebene, auf der »wir« psychische Zustände teilen oder in Übereinstimmung miteinander bringen – Ziele, Aufmerksamkeit und Einstellungen –, etwas, das Säuglinge und Kleinkinder intrinsisch motiviert. Auf der

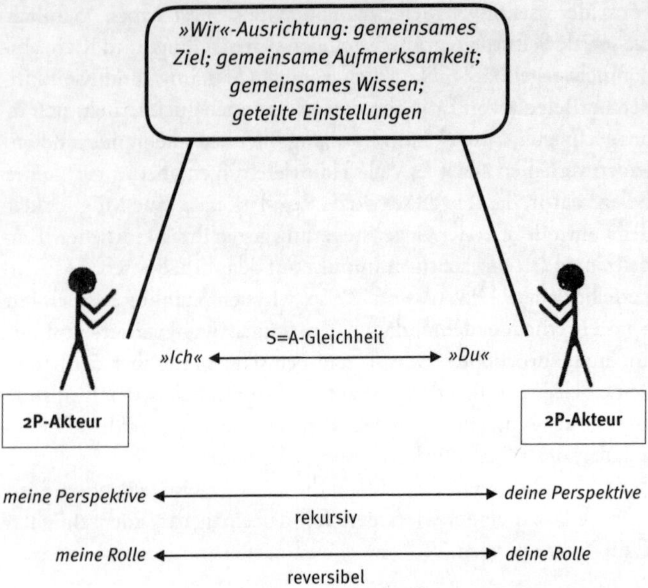

Abbildung 11.2: Die Zwei-Ebenen-Struktur von Kompetenzen und Motivationen gemeinsamer Aufmerksamkeit, wenn Kinder sich ihrem dritten Geburtstag nähern. Abkürzungen: S=A = Äquivalenz von Selbst und Anderem; 2P = zweitpersonal.

unteren Ebene haben wir die neue Form der sozialen Beteiligung, die diese gemeinsame Intentionalität hervorbringt: die gleichwertigen Partner »ich« und »du« (als Teil eines »wir«), jeder mit seiner eigenen Rolle (und der Möglichkeit des Rollentauschs) und seiner eigenen Perspektive (ebenfalls mit der Möglichkeit des Tauschs bei Akten der Perspektivenübernahme und zusätzlich mit rekursiver Einbettung). Mit drei Jahren sehen die Kinder die anderen und sich selbst (Äquivalenz zwischen Selbst und Anderem) als kompetente und kooperative zweitpersonale Akteure an, die mit gegenseitigem Respekt interagieren. Auf sehr schematische Weise stellt dieses Schaubild daher das dar, was menschliche Säuglinge und Kleinkinder so sehr von anderen Menschenaffen unterscheidet und wie sie für spätere kognitive und soziomoralische Entwicklungen vorbereitet werden, die »objektivere« und normativere Weisen des Umgangs mit der Welt beinhalten.

Aber Säuglinge und Kleinkinder sind keine unabhängigen Akteure. Ihre Kompetenzen zeigen sich fast ausschließlich im Umgang mit Erwachsenen, die ihnen ihren Willen lassen und sie auf alle möglichen Arten unterstützen, wohingegen sie zum Umgang mit Gleichaltrigen fast völlig unfähig sind. Das Gesamtbild ist das eines Windeln tragenden Kleinkinds, das hinter einem Erwachsenen herwatschelt, der seine Erfahrung filtert und vermittelt – und in manchen Kulturen sogar seine Nahrung vorkaut –, um seine Interaktionen mit anderen und der Welt zu unterstützen.

Die objektive/normative Wende im Alter von drei Jahren (kollektive Intentionalität)

Während die gemeinsame Intentionalität in der Evolution des Menschen entstand, um die Koordination zwischen Individuen zu erleichtern, entstand die kollektive Intentionalität, um die Koordination zwischen den Mitgliedern einer Kulturgruppe zu erleichtern, auch wenn diese sich nicht persönlich kannten. Fremde aus der gleichen Gruppe koordinierten sich mit Hilfe überindividueller sozialer Strukturen wie Konventionen, Normen und Institutionen. Die Individuen, die in den Kulturgruppen am besten funktionierten, waren jene, deren Denken und Handeln sich an der Gruppe orientierte: So stellen »wir« in dieser Kulturgruppe uns die Dinge vor und so handeln »wir« in dieser Kulturgruppe. Das an der Gruppe orientierte Denken und Handeln ist nicht nur eine Hochskalierung vom Zweitpersonalen zum Mehrpersonalen, sondern vielmehr eine Hochskalierung zur Selbstidentität der Gruppe. Es ist die Einsicht, dass »wir« und jeder, der mutmaßlich einer von uns ist, uns die Dinge so vorstellen und handeln; das ist es, was wir sind. In kognitiver Hinsicht konstruieren Individuen, die Perspektiven mit »jedem, der mutmaßlich einer von uns ist«, koordinieren, eine Art von perspektivenloser »objektiver« Perspektive auf die Dinge. In motivationaler Hinsicht erzeugen Individuen, die kollektive Verpflichtungen eingehen, überindividuelle soziale Strukturen (Normen), die alle Gruppenmitglieder normativ in dem Sinne regulieren, dass Personen, die die Normen verletzen, ihre kooperative Identität in der Gruppe verlieren.

EINZIGARTIGE ONTOGENETISCHE PFADE. Im Verlauf der heutigen Ontogenese des Menschen beginnen kleine Kinder mit etwa drei Jahren, sich geistig an der Gruppe zu orientieren, und zwischen drei und sechs Jahren tun sie das auf unterschiedliche Weisen allmählich immer mehr. In traditionellen kulturellen Umgebungen hat das Alter von drei Jahren eine besondere Bedeutung, da es das Alter ist, in dem die Kleinkinder abgestillt werden und somit beginnen, zu mehr oder weniger unabhängigen Individuen zu werden, von denen man erwartet, dass sie von sich aus ihre eigenen gemeinsamen Verpflichtungen eingehen und die kollektiven Verpflichtungen (sozialen Normen) respektieren, in die sie hineingeboren wurden. Es ist auch das Alter, in dem die Kinder anfangen, mit Gleichaltrigen zu interagieren und sich damit »die beiden sozialen Welten der Kindheit« (Erwachsene und Gleichaltrige) zu eröffnen. Im Allgemeinen können wir sagen, dass das Kind sich während dieser Vorschuljahre aus seiner fast völligen Abhängigkeit von Erwachsenen befreit, um gleichzeitig als Individuum, insbesondere unter anderem gegenüber Gleichaltrigen, unabhängiger zu werden und sich als Individuum stärker in die Kulturgruppe zu integrieren. Die heranreifenden Fertigkeiten und Motivationen kollektiver Intentionalität bei Drei- bis Sechsjährigen gehen in Entwicklungspfade ein, die bereits durch gemeinsame Intentionalität strukturiert sind, und erzeugen dabei neue, an der Gruppe orientierte Weisen der Interaktion, Kommunikation und des Lernens von anderen in der Kulturgruppe sowie einzigartige Weisen des Verhaltens zu ihnen als moralischen Wesen.

Der Umwandlungsprozess lässt sich bei jedem der sechs ontogenetischen Pfade erkennen, die wir besprochen haben und die einen Übergang zwischen der früheren gemeinsamen Intentionalität und der späteren kollektiven Intentionalität aufweisen: die Koordination von Perspektiven, konventionelle Kommunikation, Lernen durch Anweisung, gemeinsame Verpflichtungen, Fairness und soziale Normen (die dritte Spalte von Abbildung 11.1). Die neue kognitive Fähigkeit, die zu dieser Zeit durch Reifung entsteht, ist die Fähigkeit, nicht nur perspektivisch, sondern auch »objektiv« im Sinne dessen zu denken, wie jedes rationale Wesen, unabhängig von individuellen Perspektiven, sich die Dinge vorstellen sollte. Die neue Motivation, die zu dieser Zeit durch Reifung entsteht, ist eine normative Verpflichtung, in Übereinstimmung mit den normativen Standards der Gruppe zu denken und zu handeln. Diese evolutionär neuen Funktionsweisen verwandeln alle unsere drei kognitiven Pfade.

- Die Fähigkeit der Kleinkinder, andere an Runden gemeinsamer Aufmerksamkeit zu beteiligen, bei denen die Partner jeweils die Perspektive des anderen einnehmen (oder versuchen, sie in der Kommunikation in Einklang zu bringen), wird in die Fähigkeit junger Kinder umgewandelt, aus diesem Prozess die Vorstellung einer »objektiven« Perspektive (einer Art von perspektivenlosem Blick von nirgendwo) zu erzeugen. Die Leichtigkeit im Umgang mit einer objektiven Perspektive ermöglicht es den kleinen Kindern, die grundlegende Vorstellung einer Überzeugung als einer potenziellen (und korrigierbaren) Perspektive auf eine objektive Situation zu konstruieren, sowie die Unterscheidung zwischen Erscheinung und Wirklichkeit und die Aspekthaftigkeit sprachlicher Symbole (das heißt, dass sie es uns ermöglichen, dieselbe objektive Entität auf viele unterschiedliche Weisen symbolisch aufzufassen, in Abhängigkeit von unseren Kommunikationszwecken).
- Die Fertigkeiten und Motivationen von Kleinkindern im Hinblick auf kooperative Kommunikation, bei der sie gestische Handlungen benutzen, um ihre Perspektiven mit denen anderer in Einklang zu bringen, werden in die Fertigkeiten konventioneller Kommunikation junger Kinder unter Benutzung einer natürlichen Sprache umgewandelt. Die Aneignung sprachlicher Konventionen, einschließlich konventioneller Sprachkonstruktionen, wird vor dem Alter von drei Jahren durch die Beteiligung

der Kinder an gemeinsamer Aufmerksamkeit mit reifen Sprechern und ihrer Fähigkeit ermöglicht, instrumentelle Handlungen durch Imitation von anderen zu lernen. Nach dem Alter von drei Jahren verstehen sie das, was sie tun, als Befolgung von Konventionen (als überindividuelle soziale Strukturen, die von der Gruppe geschaffen wurden). Die Struktur konventioneller Sprachen ist derart, dass Kinder dazu geführt werden, eine Unterscheidung zwischen der propositionalen Einstellung und dem propositionalen Inhalt vorzunehmen, eine Unterscheidung, die sowohl von einer objektiven Denkweise abhängt als auch zu ihr beiträgt. Die Überwachung des eigenen Diskurses mit anderen – darunter von Diskursen, in denen die Perspektive gewechselt wird – trägt auf alle erdenklichen Weisen zum gesamten Verständnis junger Kinder im Hinblick auf ihr soziales und geistiges Leben bei.

– Die Fähigkeit der Kleinkinder, Dinge von anderen durch Imitation zu lernen, wird durch eine neue Form des kulturellen Lernens ergänzt: Lernen durch Anweisung. Wenn Kinder die Welt eigenständig erkunden oder auch andere nachahmen, lernen sie hauptsächlich etwas über einzelne Gegenstände und Prozesse. Sie mögen zwar auch Verallgemeinerungen vornehmen, aber jeder Akt des Lernens ist mehr oder weniger besonders. Mit dem Lernen durch Anweisung verwandeln die entstehende geistige Orientierung der Kinder an der Gruppe und der Sinn für Objektivität den Lernprozess. Die Kinder betrachten den erwachsenen Pädagogen als eine repräsentative Stimme, die von der Kultur im Ganzen kommt und die versucht, objektives kulturelles Wissen über die Welt zu vermitteln. Induktive Generalisierungen im Ausgang von Einzeldingen sind gar nicht notwendig; die Kinder erwerben verallgemeinertes, objektives, kulturelles Wissen direkt von der Quelle. Im Vergleich zu der Art des partikulären sozialen Lernens, das andere Spezies vollziehen, stellt dieser Lernmodus einen Quantensprung dar.

Aus einer soziomoralischen Perspektive können wir erneut die umgestaltende Wirkung von Fertigkeiten und Motivationen kollektiver Intentionalität erkennen, wie sie in den ontogenetischen Prozess eingehen. Kleinkinder kooperieren mit anderen, helfen ihnen und kommen ihnen entgegen, aber junge Kinder ab drei Jahren fügen ein Element von Normativität in diese und alle anderen sozialen Aktivitäten ein, an denen sie sich beteiligen. Es geht jetzt nicht mehr nur darum, was man tun will, sondern darum, was man tun sollte.

– Die Motivationen der Kleinkinder für ihre Interaktion mit Erwachsenen bei der Zusammenarbeit auf zwei Ebenen werden von persönlichen in normative umgewandelt. Dreijährige Kinder beginnen zu verstehen, dass Individuen eine normative Verantwortung für das Schicksal des anderen übernehmen, wenn sie sich bei kooperativen Tätigkeiten freiwillig voneinander abhängig machen. Wenn beide Individuen dem anderen versichern wollen, dass sie verantwortungsvoll handeln werden, wobei sie das Schicksal des anderen im Blick haben, können sie eine gemeinsame Verpflichtung bilden, die normativ bindend ist. Ein wichtiger Aspekt der gemeinsamen Verpflichtung besteht darin, dass, wenn die eine Partei die Verpflichtung verletzt, die andere berechtigt ist, sie wegen ihrer Abtrünnigkeit zur Rechenschaft zu ziehen, und dass der Übertreter/Abtrünnige diesen Tadel als legitim und verdient akzeptieren muss oder ansonsten seine kooperative Identität verliert. In diesem Alter beginnen die Kinder auch, Gruppen als Gruppen und die kollektiven Verpflichtungen zu verstehen, die sie normativ zusammenhalten.
– Die prosozialen Motivationen des Helfens und Teilens von Kleinkindern werden von persönlichen zu normativen umgewandelt. Insbesondere beginnen dreijährige Kinder zu verstehen, dass beide Kooperationspartner einen fairen Anteil der Ressourcen verdienen, wenn sie beide einen Beitrag zu ihrer Beschaffung geleistet haben. Dieser normative Sinn für Fairness gründet in erster Linie in dem grundsätzlicheren Sinn der Kinder für die Äquivalenz von Selbst und Anderem und ermöglicht eine unparteiische Bewertung von uns beiden. Zweitens gründet er in einem Gefühl des Respekts der Kinder gegenüber zweitpersonalen Akteuren, weil die unfaire Behandlung einer Person im Wesentlichen

ein Akt der Respektlosigkeit ist. Drittens gründet er in dem entstehenden Sinn der Kinder für soziale Fairnessnormen auf der Gruppenebene. Die normative Dimension all dieser Dinge zeigt sich besonders deutlich in der Tatsache, dass genau dieselbe Aufteilung von Ressourcen als fair oder unfair betrachtet wird, je nachdem, was die anderen bekommen (sozialer Vergleich), und in der Tatsache, dass Kinder damit zufrieden sind, weniger als andere zu bekommen, wenn ein faires Verfahren der Ressourcenzuteilung verwendet wurde (prozedurale Fairness).

– Die Konformität der Kleinkinder mit Aufforderungen und Direktiven einzelner Erwachsener wird in ein Verständnis kollektiver Gruppennormen für erwartetes Verhalten umgewandelt. Schon bald nach ihrem dritten Geburtstag beginnen junge Kinder damit, bei Interaktionen zwischen Dritten zu intervenieren, um die Konformität mit sozialen Normen als in gewissem Sinne objektiven Verhaltensstandards durchzusetzen, die zum Wohl der Gruppe befolgt werden sollten. Mit fünf Jahren schaffen die Kinder dann auch wirklich ihre eigenen sozialen Normen in Spielkontexten und zeigen ein Verständnis dafür, dass die Regeln genau dann verletzt werden dürfen, wenn die Schöpfer oder Benutzer damit einverstanden sind. Sie beginnen zu verstehen, dass scheinbar objektive soziale Normen tatsächlich von Individuen geschaffen werden, die kollektive Vereinbarungen und Verpflichtungen treffen. Der Sinn für Fairness junger Kinder wird durch das Verständnis sozialer Gerechtigkeitsnormen so umgewandelt, dass er Variationen einschließt, die auf Verdienst, Bedürftigkeit und anderen Faktoren beruhen.

Die soziomoralische Struktur kollektiver Intentionalität ist also durch und durch normativ. Die grundlegende Quelle des Sinnes für Normativität ist der Sinn des Individuums für ein »Sollen« in seinem instrumentellen Verhalten: Wenn man weiß, dass man mit dem Tun von *X* das eigene Ziel erreichen wird, entsteht auf natürliche Weise eine Art von privater psychologischer Kraft: Man sollte *X* tun. Aber die allmählich erscheinende Orientierung der Kinder an der Gruppe nach dem Alter von drei Jahren verwandelt diese eher individuelle instrumentelle Kraft in ein Gefühl dafür, was Personen, die sich angemessen um andere und das reibungslose Funktionieren der Gruppe kümmern, tun sollten.

DIE BEITRÄGE VON REIFUNG UND ERFAHRUNG. Wie wir schon mehrmals gesagt haben, sind die einzigartige menschliche Kognition und Sozialität ein gemeinsames Produkt der Reifung der Fähigkeit zu geteilter Intentionalität und der soziokulturellen Erfahrungen, die dadurch möglich werden. Doch das allgemeine Muster besteht darin, dass die Plastizität des Prozesses in dem Maße zunimmt, wie die Ontogenese voranschreitet; das bedeutet, dass die Rolle der Erfahrung zunimmt. Und genau das sehen wir hier beim Erscheinen von Fertigkeiten und Motivationen kollektiver Intentionalität zwischen drei und sechs Jahren.

Reifung spielt eindeutig eine wichtige Rolle bei der Formung aller unserer sechs Entwicklungspfade in der Zeit zwischen drei und sechs Jahren. Als besonders entscheidend haben wir die Entstehung der Tendenz der Kinder bestimmt, in kognitiver Hinsicht eine objektive Perspektive auf die Dinge einzunehmen, und ihre Tendenz, in motivationaler Hinsicht die Dinge als von an der Gruppe orientierten normativen Kräften gesteuert anzusehen. Diese beiden Tendenzen tauchen erstmals in allen unseren Entwicklungspfaden im Alter von etwa drei Jahren auf. Tabelle 11.1 listet die Hauptphänomene (mit repräsentativen Literaturangaben) bei allen sechs Pfaden (plus der moralischen Identität als siebter Pfad) auf. Entscheidend ist, dass es für die meisten dieser Phänomene gute Daten gibt, und zwar größtenteils innerhalb derselben Untersuchung, die das Fehlen derselben Fertigkeiten und Tendenzen bei zweijährigen Kindern zeigen. Die Abwesenheit dieser Fertigkeiten und Tendenzen bei Zweijährigen stimmt mit der Beobachtung überein, dass Säuglinge und Kleinkinder nur mit einzelnen Partnern geschickt interagieren und dass sie anscheinend keine Fertigkeiten für die sinnvolle Koordination auf der Ebene sozialer Gruppen besitzen.

Die naheliegende Schlussfolgerung aus der Alterskonvergenz im Hinblick auf die Entstehung des objektiven und normativen Denkens über alle diese verschiedenen Bereiche hinweg besteht darin, dass die Reifung in dem Prozess eine wichtige Rolle spielt. Möglicherweise ist es ebenfalls wichtig, dass autistische Kinder bei den meisten dieser Fertigkeiten und Motivationen kollektiver Intentionalität Defizite aufweisen, obwohl das ebenso gut auch auf Defizite zurückgehen könnte, die bereits früher für die gemeinsame Intentionalität und die Erfahrungen erwuchsen, die diese ermöglicht (und hier könnte es sogar bei Autisten an verschiedenen Stellen des Spektrums Variationen geben).

Entwicklungspfad	**Phänomen**	**Vorhanden mit 3-4 Jahren**	**Abwesend mit 2 Jahren**
Soziale Kognition	»Objektivität« bei Aufgaben zu falschen Überzeugungen, Erscheinung-Wirklichkeit	Viele Studien (kinderfreundliche Versionen)	Viele Studien (anhand von Verhaltensentscheidungen)
	Kultureller gemeinsamer Hintergrund	Liebal et al. (2013)	Liebal et al. (0213)
Kommunikation	Verstehen von Konventionen	Diesendruck et al. (2010)	–
	Normativität von Sprechakten	Rakoczy und Tomasello (2009)	Rakoczy und Tomasello (2009)
Kulturelles Lernen	Lernen generischer Informationen durch Anweisung	Butler und Tomasello (2016)	Butler und Tomasello (2009)
Zusammenarbeit	Gemeinsame Verpflichtung	Hamann et al. (2012); Gräfenhain et al. (2009)	Hamann et al. (2012); Gräfenhain et al. (2009)
	Normativer Protest	Kachel et al. (im Druck)	Kachel et al. (Pilotdaten)
Prosozialität	Fairness	Hamann et al. (2011)	Haman et al. (2011)
	Reziprozität	Warneken und Tomasello (2013a)	Warneken und Tomasello (2013a)

Entwicklungspfad	Phänomen	Vorhanden mit 3-4 Jahren	Abwesend mit 2 Jahren
Soziale Normen	Durchsetzung von Normen	Rakoczy et al. (2008)	Rakoczy et al. (2008)
	Respekt vor Eigentum	Rossano et al. (2011)	Rossano et al. (2011)
Moralische Identität	Schuldgefühle	Vaish et al. (2016)	Vaish et al. (2016)

Tabelle 11.1: Belege (nur die einschlägigsten Studien sind aufgeführt) für die Entstehung des Sinnes für Objektivität und Normativität im Alter von drei Jahren – und nicht schon im Alter von zwei Jahren

Eine Komplikation bei alledem, die sehr aufschlussreich (und sehr vygotskijsch) ist, besteht darin, dass sogar Säuglinge und Kleinkinder bereits viele erwachsene Kulturpraktiken nachahmen und/oder sich nach ihnen richten – unter anderem sprachliche Konventionen –, was darauf hindeuten könnte, dass dieses Entwicklungsmuster am Ende doch nicht so ordentlich ist. Mein Vorschlag lautet jedoch im Gefolge Vygotskijs, dass diese frühe Imitation konventioneller Kulturpraktiken eine Art von Nachäffung in dem Sinne darstellt, dass die Kinder das, was sie imitieren, nicht als Konvention oder Norm an sich verstehen, die nur von ihrer Kulturgruppe befolgt wird. Kleinkinder verstehen Bestandteile der Sprache einfach als Werkzeuge, die sie bei anderen Individuen verwenden, um zu gemeinsamer Aufmerksamkeit aufzufordern; sie beginnen erst irgendwann nach dem Alter von drei Jahren, sie als geteilte Kulturpraktiken zu verstehen (wie durch Experimente zur Gruppenspezifizität des kulturellen gemeinsamen Hintergrunds und von Konventionen nachgewiesen wurde). Ähnlich verstehen Kleinkinder die Berufung eines Erwachsenen auf soziale Normen als Direktiven, die von Individuen ausgehen; sie beginnen sie erst nach dem Alter von drei Jahren als gruppenbezogene normative Verpflichtungen zu verstehen (wie von Experimenten zur Durchsetzung sozialer Normen demonstriert wird). Wie Vygotskij vorschlug, könnte diese Art von imitiertem Verhalten trotz ihres mangelnden Verständnisses eine entscheidende Rolle für die Entwicklung der Kinder spielen, insofern es eine »Zone proximaler Entwicklung« darstellt, bei der ihr Verhalten über ihr Verständnis hinausgeht, was eine Art von Münchhausen-Effekt liefert, wenn Erwachsene auf Kinder so reagieren, als ob diese schon das volle Verständnis besäßen. Jedenfalls lautet mein Vorschlag, dass die Fähigkeiten der Kinder zu kollektiver Intentionalität – in dem Sinne, dass sie Konventionen und Normen als gruppenbezogene Phänomene verstehen – erstmals im Alter von drei bis sechs Jahren entstehen.

Trotz dieser wichtigen Rolle der Reifung haben wir in den Hauptkapiteln dieses Buchs viele Belege für bedeutende kulturelle und individuelle Unterschiede in den Fertigkeiten und Motivationen kollektiver Intentionalität bei jungen Kindern besprochen, die sich aus Erfahrungsunterschieden ergeben. Mehrere der wichtigsten Beispiele sehen folgendermaßen aus: Erstens hängt die Fähigkeit der Kinder, Perspektiven beim Verständnis falscher Überzeugungen zu koordinieren, entscheidend von der Menge und dem Typ von Diskurserfahrung ab, die sie mit anderen hatten, wobei eine äußerst reduzierte Erfahrung (wie bei tauben Kindern, die keine Erfahrung mit einer konventionellen Zeichensprache gemacht haben) zu großen Verzögerungen führt. Es gibt auch Trainingsstudien, die bedeutende individuelle Unterschiede beim Verstehen falscher Überzeugungen in Abhängigkeit von unterschiedlichen Mengen und Arten von Diskurserfahrung aufgezeigt haben. Es gibt zwar keine krassen Unterschiede zwischen den Kulturen in der Leistung der Kinder bei Aufgaben zu falschen Überzeugungen, aber das rührt daher, dass Kinder in allen normalen kulturellen Kontexten mit einer hinreichenden Quantität der entsprechenden Diskurserfahrung versorgt werden. Zweitens variiert der Erwerb konventioneller sprachlicher Fertigkeiten – der Erwerb und die Verwendung von Wörtern und grammatikalischen Konstruktionen – gewaltig in Abhängigkeit von der sprachlichen Erfahrung und Kultur. Drittens variiert die Art und Weise, wie junge Kinder mit Erwachsenen interagieren, die sie zu unterrichten versuchen, ebenfalls beträchtlich von einem kulturellen Kontext zum anderen, und dabei sind noch nicht einmal die gewaltigen Unterschiede im Inhalt des durch

Unterricht Gelernten bei verschiedenen Individuen und Kulturen berücksichtigt. Viertens haben mehrere experimentelle Studien bedeutende kulturelle Unterschiede in der Tendenz der Kinder nachgewiesen, bei der Aufteilung von Ressourcen fair vorzugehen. Fünftens gibt es auch kulturelle Unterschiede in der Art und Weise, wie Kinder soziale Normen durchsetzen (und besonders abermals kulturelle Unterschiede im Inhalt der Normen), und Trainingseffekte bei der Tendenz der Individuen, soziale Normen durchzusetzen, wurden ebenfalls experimentell nachgewiesen. Und es gibt noch weitere. Im Allgemeinen ist die Gesamttendenz deutlich, auch wenn die Daten in manchen Fällen etwas spärlich sind: Der normale Entwicklungsprozess im Falle dieser später erscheinenden Fertigkeiten und Motivationen kollektiver Intentionalität ist im Vergleich mit den früher erscheinenden Fertigkeiten und Motivationen gemeinsamer Intentionalität viel plastischer und hängt von den besonderen Erfahrungen der Individuen ab.

Bei diesen später erscheinenden Fertigkeiten und Motivationen der kollektiven Intentionalität spielt nicht nur die Erfahrung eine Rolle, sondern unterschiedliche Typen von Erfahrung spielen auch unterschiedliche Rollen. Die Zeit zwischen drei und sechs Jahren leitet die beiden sozialen Welten der Kindheit ein. Während die Fertigkeiten und Motivationen gemeinsamer Intentionalität von Säuglingen und Kleinkindern evolutionär fast ausschließlich auf die Interaktionen mit Erwachsenen zugeschnitten sind, müssen die Fertigkeiten und Motivationen gemeinsamer Intentionalität junger Kinder sowohl mit Erwachsenen als auch mit Gleichaltrigen effektiv funktionieren: manche mehr mit den einen, manche mehr mit den anderen und manche mit beiden. Die Interaktionen von Vorschulkindern mit Erwachsenen sind durch eine Asymmetrie von Wissen und Macht gekennzeichnet, weshalb ihre häufigsten Erfahrungen mit Erwachsenen in diesem Alter Verhaltensdirektiven Erwachsener und verschiedene Arten von Anweisungen sind – die Weitergabedimension der Kultur herrscht vor. Im Gegensatz dazu geht es bei ihren Interaktionen mit Gleichaltrigen darum, etwas gemeinsam mit jemandem herauszubekommen, der über das gleiche Wissen und die gleiche Macht verfügt, weshalb ihre häufigsten Erfahrungen mit Gleichaltrigen im Spielen oder in sonstiger Kooperation auf gleicher Ebene bestehen – hier herrscht die Koordinationsdimension der Kultur vor. Die Kinder treten also in ihre Interaktionen mit Erwachsenen und Gleichaltrigen mit verschiedenen Mengen von Erwartungen ein und lernen aus ihnen auf unterschiedliche Weise.

Belege für diesen Vorschlag liefern Untersuchungen, in denen junge Kinder den Aussagen oder Anweisungen Erwachsener mehr vertrauen oder sie zuverlässiger finden. Das ist vermutlich deshalb so, weil sie die Erwachsenen als maßgeblicher und erfahrener bei der Weitergabe von Wissen und Informationen anerkennen. Was die Erfahrung mit Gleichaltrigen angeht, so gibt es eine Reihe von Studien, die darauf hindeuten, dass Geschwister besonders wichtig dafür sind, dass die Kinder lernen, Perspektiven beim Verständnis falscher Überzeugungen miteinander zu koordinieren, möglicherweise weil die Interaktion mit einem mehr oder weniger gleichen Partner kooperativer ist und daher die Perspektivenübernahme fördert. Außerdem und aus demselben Grund können Geschwister und Gleichaltrige auch eine wichtige Rolle für die Kompetenz der Kinder bei Gesprächen und Diskursen spielen. Und schließlich führen im Bereich der Moral Kinder gegen Ende dieser Altersperiode raffiniertere moralische Diskussionen mit Gleichaltrigen als mit Erwachsenen, deren Ansichten sie in der Regel (vielleicht zu viel) Respekt zollen. Tatsächlich gibt es zwei Untersuchungen, denen zufolge Kinder die Anweisungen Erwachsener in der Regel ziemlich strikt befolgen – sie untersuchen ein Spielzeug nur so, wie es die Erwachsenen ihnen gezeigt haben, und befolgen die moralischen Regeln Erwachsener auch dann, wenn es besser wäre, flexibler zu sein –, wohingegen sie häufiger mit flexibleren Lösungen aufwarten, wenn sie eigenständig oder zusammen mit Gleichaltrigen handeln.

Der allgemeine Punkt besteht darin, dass die einzigartige menschliche Kognition und Sozialität im Alter von drei bis sechs Jahren weitgehend vom Kind in der Interaktion mit anderen konstruiert oder ko-konstruiert werden muss. Bei manchen Arten der Interaktion spielen Macht, Wissen und Status des Partners nur eine geringe

Rolle; wenn ich zum Beispiel frage, wo mein Spielzeug ist, oder einen Ball hin- und herrolle, spielt es keine große Rolle, ob der Interaktionspartner ein Erwachsener oder ein Gleichaltriger ist. Aber andere Arten von Interaktionen werden durch die Macht, das Wissen und den Status des Interaktionspartners grundlegend verändert. Interaktionen, bei denen die Kinder Informationen erwerben und lernen, wie sie in ihrer Kultur fungieren sollen, finden am natürlichsten mit Erwachsenen statt, die schließlich die Experten sind. Interaktionen, bei denen die Kinder Entscheidungen und Denkweisen ko-konstruieren, um ein Kooperationsproblem zu lösen, finden am natürlichsten mit Gleichaltrigen statt, weil die Notwendigkeit besteht, ein neues kognitives oder soziales Produkt oder eine ebensolche Perspektive zu schaffen, ohne von Erwachsenen und deren verankerten und mächtigen Normen und Praktiken überwältigt zu werden.

DIE ROLLE DER EXEKUTIVEN REGULATION. Alle intelligenten Wesen regulieren ihre elementaren Wahrnehmungen und Handlungen von einer exekutiven Ebene aus selbst; das ist schon fast die Definition von Intelligenz. Im Hinblick auf die verschiedenen hier untersuchten Entwicklungspfade haben wir zwei Hinsichten herausgegriffen, in denen Prozesse der exekutiven Selbstregulation eine einzigartige Rolle in der psychologischen Ontogenese des Menschen spielen. Die erste betrifft Fälle, in denen es einen für die Spezies einzigartigen psychischen Inhalt gibt, der exekutiv selbstreguliert wird – was Kleinkinder bereits in begrenztem Maße tun, indem sie Perspektiven in Einklang bringen usw. –, und die zweite betrifft Fälle, in denen der Selbstregulationsprozess selbst sozial (und/oder normativ) konstituiert ist. Beide Formen der exekutiven Regulation spielen wichtige Rollen für die einzigartig menschliche Kognition und Sozialität in der Zeit von drei bis sechs Jahren.

Erstens habe ich im Gefolge von Piaget und Karmiloff-Smith einen Mechanismus der endogenen Koordination auf der exekutiven Ebene postuliert. Am wichtigsten ist die Tatsache, dass die psychische Organisation des Menschen Widersprüche und Inkonsistenzen verabscheut. Wenn ein Kind erkennt, dass es widersprüchliche Perspektiven auf eine Situation einnimmt oder inkonsistenten Werten im Hinblick auf eine bestimmte Situation anhängt, muss etwas geschehen. Das Ergebnis ist typischerweise irgendeine Art von neuer Konzeptualisierung oder neuer Bewertung – die auf der exekutiven Ebene vollzogen wird –, die die ehemals widersprüchlichen Elemente auf neue und intern konsistentere Weise organisiert. Die hervorstechendsten Beispiele aus dem Bereich der Kognition beinhalten alle Perspektivenübernahme. Junge Kinder führen mit anderen Gespräche, und dabei entstehen unvermeidlich Widersprüche: Ich glaube, dass dies der Fall ist, aber du glaubst, dass jenes der Fall ist; oder ich sehe es zuerst als einen Stein, aber dann, nachdem du mich eines Besseren belehrt hast, sehe ich es als Schwamm; oder ich nenne es Hund, aber du nennst es Tier. In all diesen Fällen gibt es einen scheinbaren Widerspruch. Aber eben nur einen scheinbaren. Tatsache ist, dass unsere Überzeugungen einander widersprechen können, weil einer von uns oder wir beide eine falsche Überzeugung haben. Tatsache ist, dass das, was in Wirklichkeit ein Schwamm ist, die Erscheinungsform eines Steins haben kann. Und Hunde sind nichts anderes als eine bestimmte Art von Tieren. Angesichts kognitiver Inkonsistenz konzeptualisieren junge Kinder die Beziehung zwischen begrifflichen Elementen neu, was nur auf der exekutiven Ebene stattfinden kann. Ein Beleg zur Stützung dieses Vorschlags ist die Tatsache, dass es im bestuntersuchten Fall des Verstehens falscher Überzeugungen Hinweise darauf gibt, dass 1. die Konfrontation anderer mit inkompatiblen Perspektiven in einem Gespräch einen Entwicklungsfortschritt veranlasst und 2. der Entwicklungsfortschritt vom Niveau der Exekutivfunktion des Individuums abhängt.

Im sozialen Bereich können wir einen ähnlichen Prozess für die Konstruktion eines Begriffs von Fairness seitens der Kinder postulieren. Da Kinder natürlicherweise Dinge für sich selbst möchten und gleichzeitig auch anderen gegenüber großzügig sein wollen, befinden sie sich häufig in einem Konflikt, und sie verstehen, dass ihr Partner sich im selben Konflikt befindet. Im Kontext der Zusammenarbeit sehen sie sich und ihren Partner als äquivalent an (Äquivalenz zwischen Selbst und Anderem), und das verschlimmert die Situation nur noch. Parallel zum Bereich der Kognition können wir folglich vorschlagen, dass das Kind einen Sinn für Fairness konstruiert, wenn seine widersprüchlichen Impulse des Eigennutzes und der Großzügigkeit mit Bezug auf dieselben Gegenstände entstehen, während ihm gleichzeitig bewusst wird, dass sein ebenbürtiger Partner denselben Konflikt erlebt. Diese Konfrontation von Werten führt das Kind dazu, mit seinem Partner eine koordinierte Lösung zu konstruieren oder zu ko-konstruieren, die auf einem Sinn für Fairness bei der Aufteilung von Ressourcen beruht. Diese Koordination und Konstruktion kann wieder nur auf der exekutiven Ebene stattfinden.

Zweitens ist die einzigartig menschliche Form der exekutiven Regulation soziale und/oder normative Selbstregulation, bei der die Regulation aus der Perspektive der anderen stattfindet. Anfänglich geschieht das zweitpersonal, wenn das Kind die Perspektiven und Bewertungen seines Partners simuliert und beobachtet. In kognitiver Hinsicht ist die Kommunikation entscheidend, insofern das Kind die Perspektive seines Partners und das Verständnis seiner Kommunikationsakte beobachtet – indem es sowohl offene Rückmeldungen von seinem Partner als auch von seinen eigenen Simulationen verwendet – und sich entsprechend anpasst. In dem Maße, wie Kinder diesen Prozess verinnerlichen, sind sie in der Lage, ihre eigenen Kommunikationsakte selbst zu korrigieren und schließlich geeignete Kommunikationsakte auszuwählen, indem sie die Alternativen mental ausschließen, bevor sie einen davon hervorbringen. An einem bestimmten Punkt gegen Ende der Vorschulzeit beginnen die Kinder, sich auf Normen des rationalen Diskurses einzustimmen – zum Beispiel, sich nicht zu widersprechen –, und auf diese Weise beginnen sie, ihre Gedanken so wie alle rationalen Wesen in der Kulturgruppe normativ selbst zu regulieren: Wir > ich-Rationalität. Dies leitet sich vermutlich von ihrer Verinnerlichung der Anweisungen Erwachsener ab. Das Lernen durch Anweisung beginnt, wenn die Kinder den Anweisenden als einen Vertreter der Kulturgruppe verstehen, der objektives Wissen vermittelt, von dem sie annehmen, dass es legitimerweise ihr eigenes persönliches Wissen außer Kraft setzt. Danach verinnerlichen sie die Anweisung in vygotskijscher Manier, um ihre kognitiven Interaktionen mit der Welt anhand der objektiven Perspektive der Kulturgruppe selbst zu regulieren.

In sozialer Hinsicht beobachten die Kinder die Art und Weise, wie andere sie als gute Kooperatoren bewerten – indem sie wieder offene Rückmeldungen sowie ihre eigenen Simulationen verwenden – und nehmen entsprechende Anpassungen vor. In dem Maße, wie sie den Prozess verinnerlichen, beginnen sie, den Eindruck, den sie auf andere machen, aktiv zu beeinflussen, indem sie sich gegenüber bestimmten Personen in bestimmten Kontexten auf eine bestimmte Weise verhalten. Die Fähigkeit, sich anhand überindividueller sozialer Strukturen selbst zu regulieren, basiert auf dieser Fähigkeit, die Perspektiven und Werte anderer Individuen zu simulieren, geht aber auch über sie hinaus. Mit etwa drei Jahren beginnen Kinder, gemeinsame Verpflichtungen zu verstehen, was wir als eine Art von Wir > ich-Selbstregulation einer gemeinsamen Tätigkeit charakterisiert haben – das heißt als eine Art von gemeinsamer Regulation ihrer gemeinsamen Tätigkeit. Jeder empfindet eine Verpflichtung, seine Rolle entsprechend dem leitenden Rollenideal zu spielen, wie es wechselseitig mit dem Partner verstanden wird. Wenn einer von beiden diesem Ideal nicht gerecht wird, erhebt der andere normativen Protest, und beide haben das Gefühl, dass das verdient ist, weil sich beide auf das Ideal verpflichtet haben. Kinder verinnerlichen diesen Prozess normativer Selbstregulation und empfinden eine Art von zweitpersonalen Schuldgefühlen, wenn sie abtrünnig werden oder sich auf andere Weise nichtideal gegenüber ihrem Partner verhalten. Am Ende empfindet jeder Kooperationspartner eine Verantwortung gegenüber seinem interdependenten Partner, sodass er überhaupt nicht abtrünnig wird.

Parallel zu ihrem Verständnis gemeinsamer Verpflichtungen beginnen dreijährige Kinder auch, soziale Normen zu verstehen. Menschenkinder werden in eine Welt sozialer Normen hineingeboren, und sie befolgen diese von Anfang an auf der Grundlage des Respekts vor ihrer Quelle – Erwachsenen. Das ist vermutlich nicht mehr als Gehorsam oder Konformität. Aber mit etwa drei Jahren beginnen die Kinder damit, soziale Normen gegenüber anderen durchzusetzen, nachdem sie augenscheinlich zu einer Art von Anerkennung ihrer Legitimität als an der Gruppe orientierte kollektive Verpflichtungen gelangt sind, die für jeden bindend ist, der mutmaßlich einer von uns ist. In dem Maße, wie sie sich mit ihrer sozialen Gruppe identifizieren, verstehen Kinder soziale Normen so, dass sie dieselbe Art von Wir > ich-Regulation repräsentieren, die auch bei gemeinsamen Verpflichtungen wirksam ist, wobei das »wir« in diesem Fall die Kulturgruppe ist, mit der sie sich identifizieren. Mit fünf Jahren verstehen sie all dies vollkommen und schaffen ihre eigenen normativ bindenden Regeln mit Gleichaltrigen, die als wechselseitige Vereinbarungen verstanden werden. An diesem Punkt steuern die Kinder ihre Überzeugungen und Handlungen durch soziale Normen, die auch als solche verstanden werden.

Entscheidend für all dies ist der Prozess der Verinnerlichung. Das ist kein geheimnisvoller Prozess, sondern im Grunde eine Art von Imitation durch Rollentausch: Kinder nehmen die Perspektive, Einstellung oder Handlung eines Partners gegenüber sich selbst ein. Die Verinnerlichung beruht daher sowohl auf einem Sinn für die Äquivalenz von Selbst und Anderem als auch auf der Fähigkeit, Perspektiven einzunehmen, sowie auf einem gewissen Respekt vor Sozialpartnern. Die Rolle der Sozialisierung beim Prozess der Verinnerlichung ist in den Bereichen des Problemlösens und der Moralentwicklung ausführlich untersucht worden. Im Hinblick auf das Problemlösen hat Winsler (2009) gezeigt, dass Vorschulkinder in Problemlösungssituationen sich selbst Anleitungen geben, die denen ähneln, die Erwachsene ihnen zuvor gegeben haben. Im Bereich der Moral gibt es eine umfangreiche Literatur darüber, wie Kinder die moralischen Argumente und Anweisungen Erwachsener verinnerlichen, und ein Schlüsselergebnis besteht darin, dass bestimmte Erziehungsstile – insbesondere die so genannte induktive Erziehung, bei der man den Kindern Gründe für die Urteile Erwachsener gibt – die Verinnerlichung moralischer Werte in dem Sinne fördern, dass die Kinder jetzt auch bei Abwesenheit Erwachsener moralisch handeln (siehe Hoffman, 2000). Daher sind Verinnerlichung und normative Selbstregulation Prozesse, die für die Sozialisierung und für Anweisungen durch Erwachsene ganz empfänglich zu sein scheinen.

DAS GANZE KIND. Drei- bis sechsjährige Kinder werden nicht mehr gestillt und sind daher nicht mehr so wie Säuglinge und Kleinkinder an ihre Mütter gebunden. Natürlich sind so kleine Kinder auf viele grundlegende Weisen immer noch von Erwachsenen abhängig, beispielsweise im Hinblick auf Essen und elementares kulturelles Wissen. Aber gleichzeitig werden sie auch zu unabhängigeren Gruppenmitgliedern, was sich am deutlichsten an ihrem effektiveren Funktionieren in Peer-Gruppen erkennen lässt, aber auch an ihrem effektiveren Funktionieren im Zusammenhang mit überindividuellen sozialen Strukturen wie gemeinsamen Verpflichtungen und sozialen Normen. Da sie den Unterschied zwischen Überzeugungen und der objektiven Situation verstehen, sind sie in der Lage, effektiv mit Gleichaltrigen umzugehen, die versuchen, sie zu täuschen oder auszunutzen. Da sie Perspektiven miteinander koordinieren können, können sie auch eine Vielzahl von Begriffen verstehen, zu denen Säuglinge und Kleinkinder keinen Bezug haben. Da sie eine grundsätzliche Äquivalenz zwischen sich selbst und anderen wahrnehmen, haben sie auch einen Sinn für Fairness gegenüber anderen als gleichermaßen verdienstvollen Kooperationspartnern. Drei- bis Sechsjährige sind daher nicht mehr nur dafür ausgerüstet, hinter ihrer vermittelnden Mutter herzuwatscheln, sondern dafür, damit zu beginnen, sich – sozusagen ohne Netz und doppelten Boden – in die manchmal herausfordernde, manchmal beängstigende Welt der Gleichaltrigen hinauszuwagen. Da es im Erwachsenenalter hauptsächlich um das effektive Funktionieren im Umgang mit Gleichgestellten geht, können wir die Zeit zwischen drei und sechs Jahren als eine Art von Kindheit in der Welt Gleichgestellter ansehen.

Mit sechs bis sieben Jahren haben die Kinder ihre vorherigen kognitiven und sozialen Errungenschaften konsolidiert, um einen ersten großen Schritt in Richtung auf den Status als vernünftige und verantwortliche »Personen« zu unternehmen. Vernünftig sein bedeutet, in kognitiver Hinsicht mit den anderen zu kooperieren: Wenn andere einen guten Grund für die Änderung deiner Überzeugungen vorbringen, dann tust du es. Verantwortlich sein bedeutet, in sozialer oder moralischer Hinsicht mit den anderen zu kooperieren: Wenn andere einen guten Grund für die Änderung deiner Handlungen vorbringen, dann verhältst du dich entsprechend. Und wenn der Prozess des Angebens von Gründen verinnerlicht wird, erwarten andere – insbesondere jene, mit denen man die Überzeugungen, Werte und Normen der Gruppe im eigenen kulturellen gemeinsamen Hintergrund teilt – tatsächlich auch von einem, dass man die Gründe vorwegnimmt, die »wir« für bestimmte Überzeugungen oder Handlungen angeben könnten, und daher aus eigenem Antrieb das Richtige tut. Die Verinnerlichung der Angabe von Gründen bedeutet, dass man sich normativ auf eine Weise selbst steuert, die nicht nur mit den rationalen und moralischen Normen der Gruppe übereinstimmt, sondern auch mit ihrer Art und Weise, Gründe und Rechtfertigungen anzugeben (welche Art von Dingen rechtfertigt welche andere Art von Dingen), wenn es Abweichungen von diesen Normen gibt.

Sechs- und Siebenjährige demonstrieren ihre Vernünftigkeit und Verantwortlichkeit am deutlichsten, wenn sie mit Gleichaltrigen bei kooperativen Problemlösungen und im moralischen Diskurs interagieren. In solchen Situationen fühlen sie sich verpflichtet, Gründe für ihre Überzeugungen und Handlungen anzugeben, sie anderen gegenüber auf eine solche Weise zu rechtfertigen, die »wir« (das heißt jeder) als vernünftig und verantwortungsvoll empfinden sollten – ja auf eine Weise, die »objektiv« vernünftig und verantwortungsvoll ist. Die rationale und moralische Identität von Schulkindern wird durch ihre Fähigkeit konstituiert, mit anderen auf diese Weise zu interagieren, und das dient zur Umwandlung des Wesens ihrer Interaktionen, besonders mit Gleichaltrigen.

- Das individuelle Denken wird in kooperatives Denken umgewandelt, bei dem die Individuen Überzeugungen mit Bezug darauf austauschen, wie ein Problem gelöst werden soll. Die zunehmende Fähigkeit der Kinder, Perspektiven miteinander zu koordinieren, ermöglicht es ihnen, die Beiträge beider Partner gleichermaßen zu nutzen, um die Situation auf neue Weisen zu bewerten, die sie alleine nie in Betracht gezogen hätten. Außerdem rechtfertigen die miteinander zusammenarbeitenden Denker ihre Überzeugungen durch Gründe. Gründe sind typischerweise Erklärungen von Überzeugungen oder Werten, die »wir« im kulturellen gemeinsamen Hintergrund teilen und die in unseren Überlegungen irgendwie bestimmend sind. Sie rechtfertigen eine Überzeugung oder einen Wert in der Situation, indem sie ihre bzw. seine Verbindung mit geteilten Überzeugungen oder Werten aufzeigen: Es funktioniert so, weil es ein Fall von *X* ist, von dem wir beide glauben, dass es so funktioniert.
- Das individuelle oder parallele Überlegen neben einem Gleichaltrigen mit Bezug auf die richtigen Handlungen wird in einen moralischen Diskurs umgewandelt, in dem die Individuen ihre Überzeugung zum Ausdruck bringen, welcher Wert in einer Situation am besten anwendbar ist oder welchem Wert der Vorzug gegeben werden sollte. Auch hier können die Kinder aufgrund ihrer wachsenden Fähigkeit, Perspektiven miteinander zu koordinieren, nun zu Urteilen und zu Schlussfolgerungen gelangen, zu denen sie alleine nie gelangen würden. Die Diskurspartner liefern ebenfalls Gründe für ihre Urteile, und erneut sind diese genau in dem Maße wirksam, in dem sie das ausgedrückte Urteil in Werten verankern, die »wir« im kulturellen gemeinsamen Hintergrund teilen. Im Falle des moralischen Diskurses findet diese Verankerung nicht nur in Werten statt, die wir alle teilen, sondern auch in unserer geteilten Rangordnung dieser Werte, wie sie auf die gegenwärtige Situation anwendbar sind (beispielsweise ist es wichtiger, das Leben eines Kindes zu retten, als an-

dere Pflichten zu erfüllen, die man in der Situation außerdem hat).

Die Fähigkeit, auf diese Weisen mit Gleichaltrigen umzugehen, konstituiert die rationale und moralische Identität des Kindes und liefert ein besonders starkes Gefühl der Verpflichtung: Um die Person zu bleiben, die ich bin, muss ich in dieser Situation *X* tun. In den Worten von Korsgaard (1996): »Eine Verpflichtung hat immer die Form einer Reaktion auf die Bedrohung eines Identitätsverlusts« (S. 102). Unsinn zu reden oder grundlegende moralische Werte zu missachten bedeutet, zu einer anderen Person zu werden, zu jemandem, der für »uns« nicht anerkennbar oder akzeptierbar ist. Infolgedessen müssen Kinder in der Lage sein, die Gründe und Rechtfertigungen richtig vorwegzunehmen, die »wir« für verschiedene Überzeugungen oder vorgeschlagene Handlungen angeben würden und ihre Überzeugungen und Vorschläge an diese Gründe und Rechtfertigungen schon im Voraus anzupassen (reflexive Billigung). Auf diese Weise beginnen sechs- bis siebenjährige Kinder, eine normative Selbststeuerung zu vollziehen, die in ihrer rationalen und moralischen (kooperativen) Identität gründet. Sie sind werdende Personen mit einer entstehenden öffentlichen Persona, deren Ruf unter »uns« bewahrt werden muss, und mit verinnerlichten rationalen und moralischen Identitäten, die ihnen ein Gefühl dafür geben, wer sie sind. Das sind Kinder, die die Erwachsenen in den meisten Kulturen der Welt für vernünftig und bereit halten, neue und kulturell bedeutsame Verantwortungen zu übernehmen.

Die Arten des kooperativen Denkens und moralischen Diskurses, an denen sich die sechsjährigen Kinder beteiligen, haben wahrscheinlich keine unmittelbare Reifungsgrundlage, sondern nur eine indirekte im Sinne grundlegenderer Kompetenzen. Das kooperative Denken und der moralische Diskurs erfordern Beteiligte, die verstehen, dass ihr Partner tatsächlich seine Überzeugung oder Gesamtheit von Werten ausdrückt, wenn er eine Tatsache feststellt. Kooperatives Denken und moralischer Diskurs erfordern außerdem, dass die Kinder in der Lage sind, die Perspektive ihres Partners einzunehmen und ihn als zweitpersonalen Akteur anzusehen, der in der Lage ist, sie wegen unkooperativen oder irrationalen Verhaltens zur Rechenschaft zu ziehen. Und kooperatives Denken und moralischer Diskurs erfordern Kinder, die einander fair behandeln und sich darum sorgen, was die anderen von ihnen denken, was zu einem Respekt vor anderen und vor den sozialen Normen der Gruppe führt. Der wichtigste Punkt ist, dass – obwohl vorgängige Fertigkeiten mit starken Reifungsgrundlagen erforderlich sind – Sechs- bis Siebenjährige zusammen mit Gleichaltrigen Diskurspraktiken im Kontext bestimmter Arten von vernunftbasierten normativen Strukturen, die für das einzigartig menschliche Sozialleben so wichtig sind, ko-konstruieren müssen. Belege dafür, dass das tatsächlich der entscheidende Prozess ist, gehen aus den zahlreichen und manchmal auch großen Unterschieden in der Art und Weise hervor, wie Menschen aus unterschiedlichen Kulturen Kooperation und schlussfolgerndes Denken bei ihren Problemlösungen und im moralischen Diskurs mit Gruppengenossen einsetzen.

Trotz alledem sollten wir Kinder nicht zu Erwachsenen machen. In keiner Gesellschaft werden sechs- und siebenjährige Kinder als Personen im vollen Sinne betrachtet. Das ist typischerweise für die Jugendlichen reserviert, und tatsächlich haben viele Kulturen auch Rituale, die den Übergang des Jugendlichen zur vollen Personhaftigkeit (Initiationsriten usw.) markieren. Und daher können wir die Frage stellen, was unseren sechs- und siebenjährigen Kindern noch fehlt. Unsere Behauptung würde hier lauten, dass ihnen hauptsächlich kulturelles Wissen fehlt, die Art von Wissen, wie unsere Kultur Dinge tut, worin der Diskurs der Angabe von Gründen verankert ist. Sechsjährige können nicht an einer kooperativen Problemlösung mit Bezug auf die Frage teilnehmen, wie man mit der kommenden Dürreperiode umgehen soll oder wie man sich bei einem schwelenden Streit zwischen Männern um Geld verhalten soll, weil sie nicht genug darüber wissen, wie Dürren und Geld funktionieren. Auch die vollständige Hierarchie von Werten, die die sozialen und moralischen Entscheidungen von Personen in der Kultur regieren, hat sich ihnen noch nicht völlig erschlossen. Das sind alles Aufgaben für die mittlere Kindheit, die Schuljahre, in denen Kinder, die bereits bis zu einem bedeutenden Grad vernünftig und verantwort-

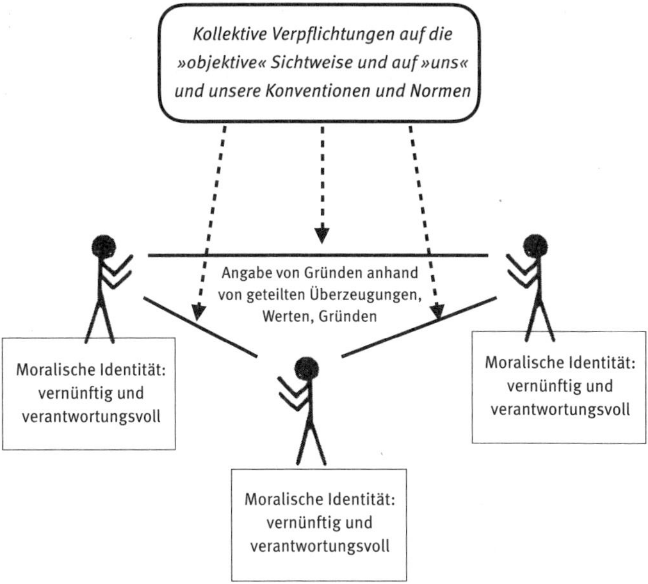

Abbildung 11.3: Schematische Zusammenfassung der Kompetenzen und Motivationen kollektiver Intentionalität, gestützt durch Praktiken der Angabe von Gründen und Rechtfertigung.

lich sind, das kulturelle Wissen erwerben, das notwendig ist, um diese Qualitäten in den vielen und vielfältigen Situationen, die sich im Alltagsleben ergeben, angemessen anzuwenden.

Wieder auf die Gefahr der Übervereinfachung hin präsentieren wir Abbildung 11.3, um in schematischer Form die grundsätzlichen Möglichkeiten zusammenzufassen, wie sechs- bis siebenjährige Kinder sich zu ihren Kulturwelten verhalten. In diesem Schaubild gibt es eine obere Ebene des Teilens von psychologischen Einstellungen – kollektive Verpflichtungen, auf »unsere« Art und Weise zu handeln –, die mit einem Sinn für Verpflichtung einhergehen. Auf der unteren Ebene angesiedelt sind die geteilten Überzeugungen, Werte und die Art der Angabe von Gründen und Rechtfertigungen, die es den Individuen ermöglichen, ihre kooperative und moralische Identität bei »uns« in der Gruppe zu wahren. Ganz schematisch stellt dieses Schaubild also dar, aufgrund welcher Eigenschaften sechs- und siebenjährige Kinder vernünftiger und verantwortungsvoller als jüngere Kinder sind und wie sie auf den Erwerb all des kulturellen Wissens vorbereitet sind, das schon bald voll entwickelte »Personen« aus ihnen machen wird.

Probleme und Aussichten

Viele, wenn nicht gar die meisten der Schlussfolgerungen, zu denen wir in diesem Buch gelangt sind, beruhen auf die eine oder andere Art auf Vergleichsstudien von Menschenaffen und Menschenkindern. Diese Studien sind in mehreren Hinsichten kritisiert worden. Bevor wir zu unseren abschließenden Folgerungen übergehen, möchte ich direkt auf diese Kritik eingehen und Vorschläge dafür anbieten, wie man die komparative Forschung in Zukunft verbessern könnte.

Forschung an Menschenaffen

Der größte Teil der Forschung, über die hier berichtet wurde, stützt eine theoretische Zwischenposition mit Bezug auf die Kognition und Sozialität von Menschenaffen. Einerseits haben »Affenspötter« wie Povinelli und Vonk (2003, 2004), Lurz (2011) und Heyes (2015) diese Forschungen im Hinblick darauf kritisiert, dass sie den Menschenaffen zu raffinierte Fertigkeiten zuschreiben. Insbesondere behaupten sie, dass die Experimente zum Gedankenlesen bei Menschenaffen nur so etwas wie »Verhaltenlesen« oder »Submentalisieren« anstatt komplexer sozial-kognitiver Fertigkeiten nachweisen. Andererseits haben »Affenenthusiasten« wie de Waal et al. (2008) und Boesch (2007) die Forschung dafür kritisiert, dass sie den kognitiven und sozialen Fertigkeiten von Menschenaffen zu wenig Raffinesse zugesteht. Insbesondere behaupten sie, dass die Experimente zum sozialen Lernen und zur Kooperation auf die eine oder andere Weise nicht an die natürlichen Fähigkeiten von Menschenaffen angepasst sind und daher ihre Fertigkeiten unterschätzen. Das ist die Art von Auseinandersetzung, die in der Wissenschaft im Lauf der Zeit gelöst werden muss, aber ich vertrete hier eine »radikale Mitte«, der zufolge Menschenaffen sehr raffinierte kognitive und soziale Fertigkeiten haben, nur eben keine menschlichen.

Ich werde unsere Ergebnisse an dieser Stelle nicht gegenüber den Spöttern verteidigen.

Meines Erachtens handelt es sich hauptsächlich um einen Fall von Theoretikern, die gegenüber kognitiven Interpretationen im Allgemeinen voreingenommen sind. Wenn sie ihre Skepsis konsistent walten ließen, würden sie sie auch auf Menschen anwenden müssen, da Menschenaffen sich bei vielen Aufgaben wie Menschenkinder unterschiedlicher Altersstufen verhalten. Und dann sind sie im Grunde beim Behaviorismus angelangt, ein theoretischer Rahmen, den die meisten für die Untersuchung der Fragen, die uns heute in den Kognitions- und Sozialwissenschaften am meisten interessieren, für zu eng halten.

Die Affenenthusiasten haben sowohl die interne als auch die externe Validität der komparativen Aspekte der Forschung bestritten. In interner Hinsicht ist die grundsätzliche Beanstandung, dass die experimentellen Situationen für Kinder und Affen nicht identisch sind. Das stimmt natürlich, aber Identität ist auch gar nicht das, was notwendig ist. In der Entwicklungspsychologie ist es sehr häufig der Fall, dass Kinder unterschiedlicher Altersstufen in leicht unterschiedlichen, ihrem Alter angemessenen Situationen beobachtet werden, um die Situationen über die Altersstufen hinweg funktional äquivalent zu gestalten, wenn man die unterschiedlichen Fertigkeiten, Motivationen und Aufmerksamkeitsspannen der Kinder in Betracht zieht. In unserer komparativen Forschung ist daher das Ziel, die Experimentalsituationen funktional äquivalent zu machen. Beispielsweise werden Menschenaffen nicht durch Spielzeug und junge Kinder nicht durch Essen besonders motiviert. Daher belohnen wir jede Spezies mit dem, was sie am meisten motiviert. Darüber hinaus räumen wir den Affen mehr Versuche und Zeit ein, um in einer gegebenen Versuchsrunde zu reagieren, und wir wiederholen die Versuchsrunden, wenn sie nicht aufmerksam waren, und zwar auf der Grundlage unserer Einschätzung, dass sie das brauchen, um ihre Kompetenz zu zeigen. Es gibt natürlich keine perfekte Lösung, aber sobald wir ein Phänomen festgestellt haben (zum Beispiel, dass Affen das Sehen verstehen), überprüfen wir es in mehreren Experimentalparadigmen, von denen jedes zwar seine eigenen Beschränkungen haben mag, die jedoch gemeinsam eine aussagekräftige Menge konvergenter Operationen liefern.

Zweitens lässt sich zu unserer Verteidigung sagen, dass sich folgenschwere Methodenunterschiede für die verschiedenen Spezies unter Kontrollbedingungen nachweisen lassen. Zum Beispiel merken sowohl de Waal et al. (2008) als auch Boesch (2007) an, dass bei vielen Untersuchungen die Affen im Unterschied zu den Kindern von einem Mitglied einer anderen Spezies getestet werden; außerdem werden die Affen im Unterschied zu den Menschen getestet, während sie auf irgendeine Weise eingesperrt sind. Aber genau deshalb haben wir Kontrollbedingungen. Dieselben Affen, die beispielsweise in einem bestimmten Paradigma falsche Überzeugungen nicht verstehen, bestehen eine Untersuchung im Hinblick auf Wissen/Unwissenheit mit genau demselben Versuchsleiter in genau derselben Wohnraumsituation. Bevor die wirklichen Tests beginnen, gibt es in den Studien typischerweise auch Trainingsdurchläufe, in denen die Versuchsteilnehmer – Kinder und Affen – ihre Eignung nachweisen müssen, bevor sie zum Test übergehen können. Dennoch ist es häufig wünschenswert, Studien durchzuführen, in denen die Affen miteinander interagieren und so wenig Vortraining wie möglich haben. Als wir Studien dieser Art durchgeführt und sie mit ähnlichen Studien verglichen haben, in denen es Vortraining und einen menschlichen Versuchsleiter gab, haben wir mit beiden Testmethoden ähnliche Ergebnisse erzielt (zum Beispiel Hare et al., 2000, und Melis et al., 2006a, 2006b).

Im Hinblick auf die externe Validität hat Boesch (2007) darauf hingewiesen, dass die getesteten Affen keine wilden Affen sind. Insbesondere glaubt er, dass gefangene Affen unter »dürftigen« Bedingungen aufwachsen und deshalb möglicherweise nicht dieselben Fertigkeiten entwickeln wie Affen, die in ihrer natürlichen Umgebung aufwachsen. Aber nur sehr wenige der Fertigkeiten, die wir bei in Gefangenschaft lebenden Affen gefunden haben, wurden auch bei wilden Affen festgestellt, weil sie nicht eigens daraufhin getestet wurden; und es gibt keine Beispiele für systematisch dokumentierte Fälle von Fertigkeiten, die bei wilden Affen, aber nicht bei in Gefangenschaft lebenden Affen gefunden wurden. Kummer (1995) macht sogar geltend, dass die Gefangenschaft die Tiere in besonders herausfordernde Problemsituationen versetzt, denen sie in der Wildnis nie begegnen würden und auf die sie mit kognitiven Fertigkeiten reagieren müssen, die wir in der Wildnis nie beobachten würden. Bekannte Fälle sind 1. Werkzeuggebrauch, den wild lebende Gorillas und Bonobos nicht systematisch vollziehen, sondern nur in Gefangenschaft (McGrew, 1989); und 2. gegenüber anderen Zeigegesten verwenden, was Affen in Gefangenschaft (gegenüber Menschen) tun, wild lebende Affen jedoch nicht (Tomasello, 2006). Ganz zu schweigen von all den kognitiven Fertigkeiten, die von Affen gezeigt werden, welche von Menschen »enkulturiert« wurden (beispielsweise »sprachliche« Fertigkeiten; Savage-Rumbaugh et al., 1993), die von wild lebenden Affen offensichtlich nicht gezeigt werden. Obwohl es also für einen Feldforscher ganz natürlich ist zu behaupten, dass Tiere in ihrer natürlichen Umgebung mehr Fertigkeiten haben als jene, die in Gefangenschaft leben, ist es überhaupt nicht klar, dass das auch wirklich der Fall ist. Außerdem sollten wir hinzufügen, dass derartige Bedenken von dem abhängen, was untersucht wird: Wild lebende Populationen sind vermutlich nicht entscheidend, wenn wir beispielsweise die Farbwahrnehmung von Schimpansen untersuchen, weil diese sich in so gut wie jeder Umgebung auf der Erde auf dieselbe Weise entwickeln sollte. Die Frage lautet daher, ob die kognitiven und sozialen Fertigkeiten, die wir untersuchen, in diesem Sinne elementar sind – und da die untersuchten Tiere unter halbnatürlichen ökologischen Bedingungen in halbnatürlichen sozialen Gruppen leben, glauben wir, dass das zum größten Teil der Fall ist.

Nichtsdestotrotz steht es außer Zweifel, dass die vergleichende Forschung in der Zukunft in einer Reihe von Hinsichten verbessert werden kann. Am wichtigsten ist es, experimentelle Paradigmen zu finden, in denen die Affen mit einem Artgenossen und Kinder mit einem Gleichaltrigen in einer Umgebung interagieren können, die so natürlich wie möglich ist, und zwar mit so wenig Vortraining wie möglich. In einigen Experimentalparadigmen haben wir selbst dieses Ziel erreicht, aber bei weitem nicht in ausreichender Zahl. Darüber hinaus sind mehr Feldexperimente mit wild lebenden Affen offensichtlich äußerst wünschenswert, obwohl in Feldexperimenten fast immer einige der Kontrollbedingungen fehlen, die bei Gefangenschaftsumgebungen obligatorisch wären. Dennoch sollte es genau wie bei der Forschung in Gefangenschaftsumgebungen das Ziel sein, die bestmöglichen Feldexperimente durchzuführen und zuzusehen, was wir herausfinden. Die Verbindung von Labor- und Feldforschung, um zu gemeinsamen Schlussfolgerungen zu gelangen, ist ein besonders erstrebenswertes Ziel.

Eine andere ernsthafte Lücke aus der Perspektive der Entwicklungspsychologie ist die Erforschung der Ontogenese von Menschenaffen. Wie man an der hier besprochenen Forschung erkennen kann, haben wir im Bereich der Kognition gute erste Schritte auf dem Weg zu einer detaillierten ontogenetischen Erklärung gemacht. Aber im sozialen Bereich, unter anderem im Hinblick auf Kooperation und Prosozialität, wissen wir bezüglich der Ontogenese fast nichts. In der Wildnis werden unreife Affen typischerweise von denjenigen Interaktionen ausgeschlossen, bei denen man unter Erwachsenen viele wichtige Verhaltensweisen beobachten kann (zum Beispiel Koalitionen und Bündnisse, Körperpflege und so weiter), aber in Gefangenschaftsumgebungen sollten diese testbar sein.

Ein Großteil unserer Zuversicht im Hinblick auf die komparative Erforschung von Affen und Kindern leitet sich von der zuvor schon erwähnten Tatsache her, dass wir in vielen verschiedenen Fällen die Fertigkeiten von Affen anhand mehrerer unterschiedlicher Experimentalparadigmen mit demselben Ergebnis überprüft haben (siehe zum Beispiel die Übersicht von Call und Tomasello, 2008). Die Kritik von Affenenthusiasten und -spöttern ist dagegen fast völlig theoretisch – sie beruht auf anderen möglichen Interpretationen –, ohne konkurrierende Experimente, die diese anderen Interpretationen stützen. Alles in allem glauben wir daher, dass die vergleichenden Experimente mit Affen und Kindern, die für die vorliegende Theorie der Ontogenese der einzigartig menschlichen Kognition und Sozialität eine große Rolle spielen, sowohl intern als auch extern valide sind, obwohl die Möglichkeit von Verbesserungen natürlich immer besteht.

Untersuchungen an Kindern

Eine damit nicht unzusammenhängende Kritik an unseren vergleichenden Experimenten mit Affen und Kindern lautet, dass die Kinder zum größten Teil für die Spezies Mensch im Allgemeinen nicht repräsentativ sind. Es soll ein Problem mit der externen Validität geben, weil die Kinder hauptsächlich aus westlichen, gebildeten, industrialisierten, reichen und demokratischen Gesellschaften stammen (im Englischen Western, Educated, Industrialized, Rich, Democratic, abgekürzt WEIRD) (siehe Bard und Leavens, 2014).

Abermals ist es wichtig zu wissen, welches Phänomen untersucht wird. Vermutlich würde jeder zustimmen, dass sechs Monate alte Babys im Hinblick auf die Arten von Dingen, die wir hier untersuchen, überall ziemlich gleich sind. Die interkulturelle Studie von Callaghan et al. (2011), die wir schon wiederholt angeführt haben, untersuchte sehr elementare sozial-kognitive Fertigkeiten – Imitation, Zeigegesten, gemeinsame Aufmerksamkeit, Hilfeverhalten und Zusammenarbeit – in drei sehr unterschiedlichen kulturellen Kontexten (zwei davon waren nicht WEIRD) und stellten nicht nur dieselben Verhaltensweisen bei Säuglingen aus den verschiedenen Kulturen fest, sondern auch ein nahezu identisches Alter der ontogenetischen Entstehung. Wenn die untersuchten Fertigkeiten sehr elementar sind, sind keine kulturellen Unterschiede zu erwarten.

Es braucht nicht eigens gesagt zu werden, dass – wie wir und andere nachgewiesen haben – die Situation sich ändert, wenn die Kinder älter werden. Nun kommen Fertigkeiten ins Spiel, die viel stärker von der Sozialisierung und dem Unterricht seitens Erwachsener beeinflusst werden, sodass die kulturelle Umgebung jetzt eine entscheidende Rolle spielt. Es gibt mehrere entwicklungspsychologische Forschungsgruppen, darunter unsere eigene, die vor kurzem mit der systematischen interkulturellen Erforschung dieser stärker kulturell strukturierten Fertigkeiten und Motivationen begonnen haben. Wir haben hier von einigen Untersuchungen berichtet, die systematische kulturelle Unterschiede – die häufig auf den verschiedenen sozialen Normen beruhen, in die die Kinder hineingeboren werden – in der Art und Weise dokumentieren, wie die Kinder mit anderen kooperieren. Abgesehen davon brauchen wir viel mehr Untersuchungen dieser Art, bevor wir solide Schlussfolgerungen mit Bezug auf die Eigenart und den Grad interkultureller Plastizität bei bestimmten ontogenetischen Pfaden in der Entwicklung der einzigartig menschlichen Psychologie ziehen können.

Wie bei der Untersuchung von Menschenaffen haben wir bei der interkulturellen Forschung das analoge Problem, die Experimentalsituationen für Kinder aus unterschiedlichen Kulturen vergleichbar zu machen. Jeder, der sich an dieser Art von Forschung beteiligt, ist intensiv bemüht sicherzustellen, dass Kinder beim Erlernen einer Aufgabe mit Erwachsenen aus ihrer eigenen Kultur interagieren, dass sie die Aufgabe verstehen und dass sie dazu motiviert sind, potenzielle Belohnungen erhalten zu wollen. Abgesehen davon, haben wir bei unserem eigenen Ansatz interkultureller Forschung die Kinder mit Gleichaltrigen getestet, wann immer es möglich war. Eine potenzielle Quelle kultureller Variabilität ist das Behaglichkeitsniveau der Kinder bei ihrer Interaktion mit Erwachsenen, auch mit Erwachsenen aus ihrer eigenen Kultur, und ihre Tendenz, sich den Erwachsenen zu fügen oder argwöhnisch im Hinblick auf Bestrafungen zu sein. Und daher ist es unserer Ansicht nach eine gute Strategie, den Kindern ein Problem zu stellen, bei dem sie mit einem oder mehreren Gleichaltrigen zusammenarbeiten müssen – mit Anweisungen von einem Erwachsenen aus derselben Kultur, der anschließend das Zimmer verlässt –, und sie dann alleine weiterarbeiten zu lassen.

Die wichtigste Lücke der interkulturellen Entwicklungsforschung liegt bei Untersuchungen von Klein- und jungen Vorschulkindern. In vielen Kulturen, die nicht WEIRD sind, ist es schwierig, Kinder zwischen einem und vier Jahren zu rekrutieren und zu testen, weil sie noch nicht in der Schule sind und weil sie gegenüber unvertrauten Erwachsenen sehr schüchtern zu sein pflegen, auch gegenüber denen aus ihrer eigenen kulturellen Umgebung. (Es gibt zwar mehr Untersuchungen mit Säuglingen, aber diese konzentrieren sich fast immer auf die Sozialisierung und Erziehung durch Erwachsene und weniger auf den Säugling und seine Fähigkeiten.) In vielen Fällen ist es auch nicht möglich, so kleine Kinder mit Gleichaltrigen alleine zu lassen, um Probleme zu lösen. Eine Reihe möglicher Lösungen wurde unter Forschern auf diesem Gebiet erörtert, und es gibt allmähliche Fortschritte, zum Beispiel dadurch, dass Eltern sowie Lehrer aus örtlichen Schulen beteiligt werden.

Neue Möglichkeiten

Zu jedem der ontogenetischen Pfade, auf die wir uns hier konzentriert haben, gibt es natürlich viele offene Fragen. Ihre Beantwortung wird nicht leicht sein, insbesondere weil es nicht so viele Gelegenheiten zur Untersuchung von Menschenaffen gibt. Auch die interkulturelle Entwicklungsforschung hält besonders bei ganz jungen Kindern ihre eigenen Herausforderungen bereit. Aber im Hinblick auf die Zukunft sind wir optimistisch, weil sich jetzt mehr Möglichkeiten für die Untersuchung von Menschenaffen in verschiedenen Schutzgebieten eröffnen (siehe https://www.pasaprimates.org). Und die interkulturelle Entwicklungsforschung erlebt gegenwärtig einen Boom, da wichtige Entwicklungsfragen mit kulturell sensiblen Methoden angegangen werden.

Wir sind auch noch aus einem anderen Grund optimistisch. In den letzten rund zehn Jahren wurden rasch neue Methoden für die nichtinvasive Untersuchung der inneren Zustände von Organismen entwickelt, und diese eröffnen neue und aufregende Wege der Forschung. Zum Beispiel haben Hepach et al. (2017c) zusätzlich zu neuen Maßen für das antizipatorische Blicken bei Affen (zum Beispiel Krupenye et al., 2016) Methoden zur Verwendung der Pupillenerweiterung als Maß für die emotionale/motivationale Erregung entwickelt, während Kinder tatsächlich interagieren (bei den meisten Untersuchungen, die Pupillenerweiterung messen, sitzen die Versuchspersonen unbeweglich vor einem Bildschirm). Es hat sich herausgestellt, dass diese Methoden trotz bedeutender Unterschiede in der Physiologie des Auges von Menschen und Menschenaffen auch zuverlässig verwendet werden können, um die emotionale/motivationale Erregung von Menschenaffen zu messen (Hepach et al., im Erscheinen). Auf ähnliche Weise können spezielle thermografische Kameras nichtinvasiv verwendet werden, um den Blutfluss unter der Hautoberfläche sowohl bei Menschenkindern als auch bei Menschenaffen (auch hier trotz physischer Unterschiede) als Maße für solche Dinge wie Ärger oder Frustration festzustellen (zum Beispiel Kano et al., 2016). Und obwohl die Arbeit immer noch im Experimentalstadium ist, gibt es mittlerweile Möglichkeiten, um automatisch verschiedene Körperhaltungsmuster als Indikatoren verschiedener Stimmungen und Motivationen bei Menschenkindern zu bestimmen (Hepach et al., 2017e), was jetzt auch auf Menschenaffen erweitert wird (wieder trotz physischer und motorischer Unterscheide).

Das Fazit ist, dass viele Fragen im Hinblick auf die Ontogenese der einzigartig menschlichen Psychologie immer noch völlig offen sind, dass es aber auch einige aufregende, neue, nichtinvasive Techniken für die Messung der inneren Zustände von Organismen gibt, die uns neue Möglichkeiten zur Beantwortung dieser und anderer Fragen an die Hand geben.

12

DIE MACHT GEMEINSAMEN HANDELNS

Ein Grundprinzip der evolutionären Psychologie lautet, dass neue Anpassungen nur als Reaktion auf spezifische ökologische Herausforderungen entstehen. Es genügt nicht zu sagen, dass so etwas wie klug oder kooperativ zu sein im Allgemeinen eine gute Sache ist und sich die Menschen daher zu klugen oder kooperativen Wesen entwickelten. So funktioniert die Evolution nicht. Die Evolution ist zum größten Teil konservativ, bis sich ein spezifisches Anpassungsproblem stellt; dann haben diejenigen Individuen einen Anpassungsvorteil, die zu seiner Lösung am besten ausgerüstet sind. Und auf diese Weise entwickelt sich die Spezies, weil Gleiches Gleiches hervorbringt (Tooby und Cosmides, 2005).

Aber die Tatsache, dass eine psychologische Anpassung auf eine spezifische ökologische Herausforderung »abzielt«, schränkt ihre spätere Anwendung nicht ein. Obwohl es manche Anpassungen geben mag, die Module mit eng umschriebenen Zielen sind – Partnerwahl oder eine Vorliebe für Süßigkeiten zum Beispiel –, funktionieren nicht alle so. Insbesondere funktioniert die geteilte Intentionalität nicht so: Sie ist nicht einfach nur eine weitere Klinge im Schweizer Taschenmesser. Obwohl sie ursprünglich selektiert wurde, um mit einer relativ spezifischen Menge sozioökologischer Herausforderungen umzugehen, die durch die Notwendigkeit der Kooperation aufgeworfen wurden, ermächtigte die geteilte Intentionalität die Individuen dazu, diese Herausforderungen zu meistern, indem sie miteinander eine gemeinsame oder kollektive Handlungsinstanz bildeten. Sie konnten jetzt in einem gewissen Sinne als eine Person gemeinsam handeln und gemeinsam denken. Wie sich herausstellte, erforderte das Operieren in einer gemeinsamen oder kollektiven Handlungsinstanz – während die individuellen Handlungsinstanzen beibehalten wurden – Anpassungen an eine Vielzahl kognitiver und sozialer Prozesse der Menschenaffen. Die Allgegenwart der Anpassungen wird deutlich, wenn wir die wichtigsten ontogenetischen Pfade durchgehen, die Menschen von ihren nächsten Primatenverwandten unterscheiden, wie wir es gerade getan haben: von der sozialen Kognition über das kulturelle Lernen bis zur moralischen Identität. Das Gesamtmuster sieht viel weniger wie eine Menge punktförmiger Anpassungen aus und viel mehr wie eine gründliche Verwandlung.

Eine unvollständige Liste der wichtigsten psychologischen Prozesse von Menschenaffen, die transformiert wurden, würde solche Dinge umfassen wie sich vorzustellen, was andere wahrnehmen und wissen, intentionale Kommunikation, soziales Lernen, individuelles Denken, parallel zu anderen handeln, Mitgefühl und Helfen, Gruppenleben und soziale Bewertung. Diese psychologischen Prozesse entstanden zwar, bevor es überhaupt Menschen gab, aber die menschliche Ontogenese hat diese Prozesse umgeformt, um neue und einzigartig menschliche Ergebnisse zu erzeugen. Eine unvollständige Liste der wichtigsten einzigartig menschlichen psychologischen Ergebnisse würde solche Dinge umfassen wie gemeinsame Aufmerksamkeit, Perspektivenübernahme, kooperative/referentielle Gesten, konventionelle sprachliche Kommunikation, Imitation durch Rollentausch, Konformität, Lernen durch Anweisung (Pädagogik), rekursives Denken, kooperatives Problemlösen, koordinierte Entscheidungsfindung, Zusammenarbeit auf zwei Ebenen, gemeinsame Verpflichtungen, paternalistische Hilfe, ein Sinn für Fairness und Gerechtigkeit, zweitpersonaler Protest, die Durchsetzung und Schaffung sozialer Normen, aktives Eindrucks-Management, ein Sinn für Scham und Schuld und ein Konzept moralischer Identität. Ein breites Spektrum unterschiedlicher Bereiche des Handelns und der Interaktion von Menschenaffen wurde auf ganz unterschiedliche Weise umgewandelt.

Aber in dieser Verschiedenheit steckt auch Einheit. Unsere Besprechung einer großen Anzahl von Vergleichs- und Entwicklungsexperimenten hat darauf hingedeutet, dass ein ontogenetischer Pfad der Menschenaffen jedes Mal durch die Reifung der für die Spezies einzigartigen Fähigkeit zur geteilten Intentionalität und die Erfahrungen, die dadurch möglich wurden, umgewandelt wurde. Die Verschiedenheit der Ergebnisse beim Menschen entsteht aus der Interaktion dieser Fähigkeit zur Umwandlung mit den bereits etablierten ontogenetischen Pfaden von Menschenaffen (und in unterschiedlichem Grad auch durch individuelle Erfahrung). So manifestiert sich beispielsweise »Objektivität« im Bereich des sozialen Lernens, wenn das Kind die pädagogische Kommunikation als Widerspiegelung von kulturell universalem und objektivem Wissen auffasst, während sie sich im Bereich der Moral als der Sinn des Kindes für Unparteilichkeit oder Fairness manifestiert. Ein weiteres Beispiel: Eine normative Einstellung im Falle der Zusammenarbeit führt das Kind zu einem Gefühl der gemeinsamen Verpflichtung zu seinem Partner, um seine Rolle ideal zu spielen; aber im Fall sozialer Normen führt die normative Einstellung des Kindes zur aktiven Durchsetzung von Konformität. Die psychologische Ontogenese des Menschen ist daher eine Umwandlung der psychologischen Ontogenese der Menschenaffen, aber einzelne Prozesse und Ergebnisse unterscheiden sich stark, je nach der Eigenart des bestehenden ontogenetischen Pfads der Menschenaffen, der umgewandelt wird, sowie je nach der Eigenart der Herausforderungen, mit denen in der Entwicklung begriffene Kinder in verschiedenen Tätigkeitsbereichen konfrontiert sind.

Als abschließenden Versuch, die gewaltige Umwandlung der menschlichen Ontogenese zu charakterisieren, die die geteilte Intentionalität bewirkt hat, wollen wir uns auf das große evolutionäre Schema von Maynard Smith und Szathmáry (1995) beziehen. Sie bestimmten acht Hauptübergänge in der Evolution der Komplexität von Lebewesen auf der Erde, darunter die Entstehung der Chromosomen, die Entstehung vielzelliger Organismen und die Entstehung der menschlichen Kultur (siehe auch Wilson, 2012). Bemerkenswerterweise war der Übergang in jedem Fall durch dieselben beiden fundamentalen Prozesse gekennzeichnet: 1. eine neue Form der Kooperation mit nahezu völliger Interdependenz zwischen den Individuen (ob es sich nun um Zellen oder Organismen handelt), die eine neue funktionale Entität erzeugt, und 2. eine damit einhergehende neue Form der Kommunikation, um diese Kooperation zu unterstützen. Innerhalb dieses ganz breit angelegten Schemas können wir sagen, dass die geteilte Intentionalität die Fähigkeit einzelner Menschen darstellt, auf interdependente Weise zusammenzukommen, um als einzelner Akteur zu handeln – entweder mit anderen Individuen oder innerhalb einer Gruppe –, wobei die ganze Zeit über die Individualität aufrechterhalten wird, und den Prozess durch neue Formen der kooperativen Kommunikation zu koordinieren, wodurch eine grundlegend neue Form der Sozialität geschaffen wird.

Dass Individuen tatsächlich als ein einzelner Akteur zusammenwirken, wird durch die Tatsache belegt, dass sie ein gemeinsames Ziel annehmen, die Realisierung ihrer Rolle anpassen, um sich mit ihrem Partner/ihren Partnern zu koordinieren, die Ausbeute ihrer Bemühungen auf wechselseitig zufriedenstellende Weise aufteilen und so weiter. Aber am wichtigsten ist vielleicht die Tatsache, dass die Individuen in einer geteilten Handlungsinstanz als ein »wir« kooperieren, um ihre gemeinsame Tätigkeit selbst zu regulieren. Wenn beispielsweise zwei Individuen eine gemeinsame Verpflichtung eingehen und eines von ihnen sein Wort bricht, wird es vom anderen zur Rechenschaft gezogen, und zwar nicht nur aufgrund einer persönlichen Vorliebe, sondern aufgrund unseres gemeinsamen Verständnisses unserer gemeinsamen Verpflichtung: Das »wir«, das durch unsere gemeinsame Verpflichtung geschaffen wurde, zieht »dich« zur Rechenschaft. Oder nehmen wir an, ein Mitglied einer Kulturgruppe bricht eine soziale Norm, im Hinblick auf welche jeder (im kulturellen gemeinsamen Hintergrund) weiß, dass wir auf sie verpflichtet sind. Dann zieht es jemand wegen dieser Verletzung zur Rechenschaft, und zwar wiederum nicht aufgrund einer persönlichen Vorliebe, sondern aufgrund unseres geteilten Verständnisses unserer kollektiven Verpflichtung auf die sozialen Normen der Gruppe: »Wir« in der Gruppe machen es so, und »du« gehst nicht damit konform. In all diesen Fällen – auf der Ebene sowohl der gemeinsamen als auch der kollektiven Intentionalität – ist die Grundstruktur ein Wir > ich-Modus, bei dem »wir« jeden von uns als Individuen selbst regulieren. Diese freiwillige Unterordnung des »ich« unter das »wir« ist mehr als alles andere ein Beleg dafür, dass die Beteiligten sich so verstehen, dass sie interdependent als ein einzelner Akteur operieren, dessen Leistungsbefugnisse und normativen Kräfte diejenigen übersteigen, die jeder Beteiligte für sich als Individuum besitzt.

Das Ergebnis dieser ontogenetischen Umwandlungen, die zu der einzigartig menschlichen Psychologie führen, ist – soweit wir ihnen hier gefolgt sind – das Kind von sechs oder sieben Jahren, das in seiner Kultur als eine werdende Person auf der Grundlage von Vernunft und Verantwortlichkeit operiert. Vernunft und Verantwortlichkeit sind normative Begriffe: Sie beinhalten Standards, die man erfüllen »soll«. Unserer Ansicht nach liegt der Ursprung der normativen Kraft in dem Gefühl des individuellen Akteurs für einen instrumentellen Druck – das Gefühl, dass ich *x* tun sollte, um *y* zu erreichen – als selbstregulativer Pozess. Anschließend verwandelt das junge Kind, indem es erstmals in eine gemeinsame Handlungsinstanz eintritt, diese individuelle Selbstregulation in eine soziale Selbstregulation, der zufolge »wir« »mich« und »dich« auf austauschbare Weise selbst regulieren. Die Frage lautet nun, was »ich« und »du« als Teil unseres »wir« tun sollten. Danach beginnt das Kind im Alter von sechs oder sieben Jahren, sich darüber hinaus mit einem kulturellen »wir« zu identifizieren, das nach der Verinnerlichung seine Überzeugungen und Handlungen und die seiner Gruppengenossen exekutiv und normativ selbst reguliert – in Richtung auf kollektiv akzeptierte Gruppenstandards von Rationalität (Vernunft) und Moral (Verantwortlichkeit). Von diesem Punkt an repräsentieren Vernunft und Verantwortlichkeit die regulativen Ideale, die so gut wie alle Verhaltensentscheidungen der Kinder leiten, während diese allmählich zu Personen im vollen Sinne werden.

LITERATUR

Acredolo, L. P. und Goodwyn, S.W. (1988). Symbolic gesturing in normal infants. *Child Development, 59*, 450-66.

Akhtar, N., Carpenter, M. und Tomasello, M. (1996). The role of discourse novelty in early word learning. *Child Development, 67*, 635-45.

Akhtar, N. und Tomasello, M., Two-year-olds learn words for absent objects and actions. *British Journal of Developmental Psychology, 14*, 79-93.

Ambridge, B., Kidd, E., Rowland, C. F. und Theakston, A. L. (2015). The ubiquity of frequency effects in first language acquisition. *Journal of Child Language, 13*, 239-73.

Anselmi, D., Tomasello, M. und Acunzo, M. (1986). Young children's responses to neutral and specific contingent queries. *Journal of Child Language, 13*, 135-44.

Apperly, I. A. und Butterfill, S. A. (2009). Do humans have two systems to track beliefs and belief-like states? *Psychological Review, 116 (4)*, 953-70.

Asch, S. E. (1956). Studies of independence and conformity: I. A minority of one against a unanimous majority. *Psychological Monographs, 70* (9), 1-70.

Ashley, J. und Tomasello, M. (1998). Cooperative problem solving and teaching in preschoolers. *Social Development, 7*, 143-63.

Avis, J. und Harris, P. L. (1991). Belief-desire reasoning among Baka children: Evidence for a universal conception of mind. *Child Development, 62* (3): 460-67.

Azmitia, M. (1988). Peer interaction and problem solving: When are two heads better than one? *Child Development, 59* (1), 87-96.

Bakeman, R. und Adamson, L. (1984). Coordinating attention to people and objects in mother-infant and peer-infant interactions. *Child Development, 55*, 1278-89.

Baldwin, D. A. 1991. Infants' contribution to the achievement of joint reference. *Child Development, 62* (5), 874-90.

– (1993a). Early referential understanding: Infants' ability to recognize referential acts for what they are. *Developmental Psychology, 29* (5), 832-43.

– (1993b). Infants' ability to consult the speaker for clues to word reference. *Journal of Child Language, 20* (2), 395-418.

Baldwin, J.M. (1896). A new factor in evolution. *American Naturalist, 30* (354), 441-51.

Bard, K.A. 2012. Emotional engagement: How chimpanzee minds develop. In: F.B.M. de Waal und P.F. Ferrari (Hg.) *The Primate Mind: Built to Engage with Other Minds,* 224-45. Cambridge, MA: Harvard University Press.

Bard, K.A. und Leavens, D.A. (2014). The importance of development for comparative primatology. *Annual Review of Anthropology*, 43, 183-200.

Baron-Cohen, S. (1989). Perceptual role taking and protodeclarative pointing in autism. *British Journal of Developmental Psychology, 7*, 113-27.

– (1995). *Mindblindness: An Essay on Autism and Theory of Mind.* Cambridge, MA: MIT Press.

– (1997). The child with autism: First lessons in mind-reading. *Psychology Review, 3*, 30-33.

Baron-Cohen, S., Allen, J. und Gillberg, C. (1992). Can autism be detected at 18 months? The needle, the haystack, and the CHAT. *British Journal of Psychiatry, 161*, 839-43.

Barragan, R.C. und Dweck, C.S. (2014). Rethinking natural altruism: Simple reciprocal interactions trigger children's benevolence. *Proceedings of the National Academy of Sciences of the United States of America, 111* (48), 17071-74.

Barrett, H.C. (2015). *The Shape of Thought: How Mental Adaptations Evolve.* New York: Oxford University Press.

Bartsch, K. und Wellman, H. (1995). *Children Talk about the Mind.* New York: Oxford University Press.

Bates, E. (1976). *Language and Context: The Aquisition of Pragmatics.* New York: Academic Press.

Baumard, N., André, J.B. und Sperber, D. (2013) A mutualistic approach to morality. *Behavioral and Brain Sciences, 36* (1): 59-122.

Baumard, N., Mascaro, O. und Chevallier, C. (2012). Preschoolers are able to take merit into account when distributing goods. *Developmental Psychology, 48*, 492-98.

Behne, T., Carpenter, M. und Tomasello, M. (2005). One-year-olds comprehend the communicative intentions behind gestures in a hiding game. *Developmental Science, 8*, 492-99.

– 2014. Young children create iconic gestures to inform others. *Developmental Psychology, 50* (8), 2049-60.

Behne, T., Liszkowski, U., Carpenter, M. und Tomasello, M. (2012). Twelve-month-olds' comprehension and production of pointing. *British Journal of Developmental Psychology, 30*, 359-75.

Bellagamba, F. und Tomasello, M. (1999). Re-enacting intended acts: Comparing 12- and 18-month-olds. *Infant Behavior and Development, 22* (2), 277-82.

Bergelson, E. und Swingley, D. (2012). At 6 to 9 months, human infants know the meanings of many common nouns. *Proceedings of the National Academy of Sciences of the United States of America, 109*, 3253-58.

Bjorklund, D. F. (2015). Developing adaptations. *Developmental Review, 38*, 13-35.

Blake, P. R. und McAuliffe, K. (2011). »I had so much it didn't seem fair«: Eight-year-olds reject two forms of inequity. *Cognition, 120* (2), 215-24.

Blake, P. R., McAuliffe, K., Corbit, J., Callaghan, T. C., Barry, O., Bowie, A., Kleutsch, L., Kramer, K. L., Ross, E., Vongsachang, H., Wrangham, R. und Wrangham, R. (2015). The ontogeny of fairness in seven societies. *Nature, 528*, 258-61.

Blasi, A. (1984). Moral identity: Its role in moral functioning. In: W. M. Kurtines und J. J. Gewirtz (Hg.), *Morality, Moral Behavior and Moral Development*, 128-39. New York: Wiley.

Bloom, P. (2000). *How Children Learn the Meanings of Words*. Cambridge, MA: MIT Press. Boesch, C. (1991). Teaching in wild chimpanzees. *Animal Behaviour, 41*, (3), 530-32.

– (2005). Joint cooperative hunting among wild chimpanzees: Taking natural observations seriously. *Behavioral and Brain Sciences, 28*, 692-93.

– (2007). What makes us human (*Homo sapiens*)? The challenge of cognitive cross-species comparison. *Journal of Comparative Psychology, 121* (3), 227-40.

Bohn, M., Call, J. und Tomasello, M. (2016). Comprehension of iconic gestures by chimpanzees and human children. *Journal of Experimental Child Psychology, 142*, 1-17.

Bonawitz, E., Shaft, P., Gweon, H., Goodman, N. D., Spelke, E. und Schulz, E. (2011). The double-edged sword of pedagogy: Instruction limits spontaneous exploration and discovery. *Cognition, 120*, 322-30.

Boyd, R. und Richerson, P. J. (1996). Why culture is common but cultural evolution is rare. *Proceedings of the British Academy, 88*, 77-93.

Bratman, M. (1992). Shared co-operative activity. *Philosophical Review, 101* (2), 327-41.

– (2014). *Shared Agency: A Planning Theory of Acting Together*. New York: Oxford University Press.

Bräuer, J., Call, J. und Tomasello, M. (2005). All great ape species follow gaze to distant locations and around barriers. *Journal of Comparative Psychology, 119* (2), 145-54.

– (2006). Are apes really inequity averse? *Proceedings of the Royal Society B, Biological Sciences, 273* (1605), 3123-28.

– (2007). Chimpanzees really know what others can see in a competitive situation. *Animal Cognition, 10* (4), 439-48.
– (2009). Are apes inequity averse? New data on the token-exchange paradigm. *American Journal of Primatology, 71* (2), 175-81.
Brooks, R. und Meltzoff, A. N. (2005). The development of gaze following and its relation to language. *Developmental Science, 8* (6), 535-43.
Brosnan, S. F., Hopper, L. M., Richey, S., Freeman, H. D., Talbot, C. F., Gosling, S. D., Lambeth, S. P. und Schapiro, S. J. (2015). Personality influences responses to inequity and contrast in chimpanzees. *Animal Behaviour, 101*, 75-87.
Brosnan, S. F., Schiff, H. C. und de Waal, F. B. M. (2005). Tolerance for inequity may increase with social closeness in chimpanzees. *Proceedings of the Royal Society B, Biological Sciences, 272* (1560), 253-85.
Brosnan, S. F., Talbot, C., Ahlgren, M., Lambeth, S. P. und Schapiro, S. J. (2010). Mechanisms underlying the response to inequity in chimpanzees, *Pan troglodytes. Animal Behaviour, 79* (6), 1229-37.
Brown, P. und Levinson, S. C. (1987) *Politeness: Some Universals in Language Usage*. Cambridge: Cambridge University Press.
Brownell, C. A. (2016). Prosocial behavior in infancy: The role of socialization. *Child Development Perspectives, 10* (4), 222-27.
Brownell, C. A. und Carriger, M. S. (1990). Changes in cooperation and self-other differentiation during the second year. *Child Development, 61*, 1164-74.
Brownell, C. A., Iesue, S. S., Nichols, S. R. und Svetlova, M. (2013a). Mine or yours? Development of sharing in toddlers in relation to ownership understanding. *Child Development, 84* (3), 906-20.
Brownell, C. A., Ramani, G. B. und Zerwas, S. (2006). Becoming a social partner with peers: Cooperation and social understanding in one- and two-year-olds. *Child Development, 77* (4), 803-21.
Brownell, C. A., Svetlova, M., Anderson, R., Nichols, S. R. und Drummond, J. (2013b). Socialization of early prosocial behavior: Parents' talk about emotions is associated with sharing and helping in toddlers. *Infancy, 18* (1), 91-19.
Brownell, C. A., Svetlova, M. und Nichols, S. (2009). To share or not to share: When do toddlers respond to another's needs? *Infancy, 14*, 117-30.
Bruner, J. S. (1972). The nature and uses of immaturity. *American Psychologist, 27*, 687-708.
– (1974). From communication to language – a psychological perspective. *Cognition, 3* (3), 255-87.
– (1983). *Child's Talk: Learning to Use Language.* New York: Norton.
Bullinger, A. F., Burkhart, J., Melis, A. P. und Tomasello, M. (2013). Bono-

bos, chimpanzees, and marmosets prefer to feed alone. *Animal Behavior*, *85*, 51-60.
Bullinger, A. F., Melis, A. P. und Tomasello, M. (2011a). Chimpanzees prefer individual over collaborative strategies toward goals. *Animal Behaviour*, *82* (5), 1135-41.
– (2014). Chimpanzees instrumentally help but do not communicate in a mutualistic cooperative task. *Journal of Comparative Psychology*, *128* (3), 251-60.
Bullinger, A. F., Wyman, E., Melis, A. P. und Tomasello, M. (2011b). Coordination of chimpanzees in a stag hunt game. *International Journal of Primatology*, *32* (6), 1296-310.
Bullinger, A. F., Zimmerman, F., Kaminski, J. und Tomasello, M. (2011c). Different social motives in the gestural communication of chimpanzees and human children. *Developmental Science*, *14* (1), 58-68.
Butler, L. P. und Markman, E. M. (2012). Preschoolers use intentional and pedagogical cues to guide inductive inferences and exploration. *Child Development*, *83*, 1416-28.
– (2014). Preschoolers use pedagogical cues to guide radical reorganization of category knowledge. *Cognition*, *130* (1), 116-27.
Butler, L. P. und Tomasello, M. (2016). Two- and 3-year-olds integrate linguistic and pedagogical cues in guiding inductive generalization and exploration. *Journal of Experimental Child Psychology*, *145*, 64-78.
Butler, L. und Walton, G. (2013). The opportunity to collaborate increases preschoolers' motivation for challenging tasks. *Journal of Experimental Child psychologygy*, *116*, 953-61.
Buttelmann, D., Buttelmann, F., Carpenter, M., Call, J. und Tomasello, M. (2017). Great apes distinguish true from false beliefs in an interactive helping task. *PloS One*, *12* (4), e0173793.
Buttelmann, D., Carpenter, M., Call, J. und Tomasello, M. (2007). Enculturated chimpanzees imitate rationally. *Developmental Science*, *10* (4): F31-38.
Buttelmann, D., Carpenter, M. und Tomasello, M. (2014). Eighteen-month-old infants show false belief understanding in an active helping paradigm. *Cognition*, *112* (2), 337-42.
Buttelmann, D., Over, H., Carpenter, M. und Tomasello, M. (2014). Eighteen-month-olds understand false beliefs in an unexpected contents task. *Journal of Experimental Child Psychology*, *119*, 120-26.
Buttelmann, D., Zmyj, N., Daum, M. und Carpenter, M. (2013). Selective imitation of in-group over out-group members in 14-month-old infants. *Child Development*, *84*, 422-28.

Call, J. (2001). Body imitation in an enculturated orangutan. *Cybernetics and Systems, 32* (1-2), 97-119.

Call, J., Carpenter, M. und Tomasello, M. (2005). Copying results and copying actions in the process of social learning: Chimpanzees and human children. *Animal Cognition, 8* (3), 151-63.

Call, J. und Tomasello, M. (1996). The effect of humans on the cognitive development of apes. In: A. Russon, K. A. Bard und S. T. Parker (Hg.), *Reaching into Thought: The Minds of the Great Apes,* 371-403. New York: Cambridge University Press.

– (Hg.). (2007). *The Gestural Communication of Apes and Monkeys.* Mahwah, NJ: Lawrence Erlbaum.

– (2008). Does the chimpanzee have a theory of mind? 30 Years later. *Trends in Cognitive Sciences, 12* (5), 187-92.

Callaghan, T. C., Moll, H., Rakoczy, H., Warneken, F., Liszkowski, U., Behne, T. und Tomasello, M. (2011). Early social cognition in three cultural contexts. *Monographs of the Society for Research in Child Development, 76* (2), 1-142.

Callaghan, T. C., Rochat, P., Lillard, A., Claux, M. L., Odden, H., Itakura, S., Tapanya, S. und Singh, S. (2005). Synchrony in the onset of mental state reasoning: Evidence from five cultures. *Psychological Science, 16,* 378-84.

Camaioni, L. (1997). The emergence of intentional communication in ontogeny, phylogeny, and pathology. *European Psychologist, 2* (3), 216-25.

Cameron-Faulkner, T., Theakston, A., Lieven, E. und Tomasello, M. (2015). The relationship between infant »hold out and gives« and pointing. *Infancy, 20,* 576-86.

Campbell, A. L., Brooks, P. und Tomasello, M. (2000). Factors affecting young children's use of pronouns as referring expressions. *Journal of Speech, Language, and Hearing Research, 43,* 1337-49.

Candland, D. K. (1995). *Feral Children and Clever Animals: Reflections on Human Nature.* Oxford: Oxford University Press.

Carlson, S. M. und Moses, L. J. (2001). Individual differences in inhibitory control and children's theory of mind. *Child Development, 72* (4), 1032-53.

Carlson, S. M., Zelazo, P. D. und Faja, S. (2013). Executive function. In: P. D. Zelazo (Hg.), *Body and Mind.* Bd. 1 von *The Oxford Handbook of Developmental Psychology,* 706-43. New York: Oxford University Press.

Caron, A. J., Kiel, E. J., Dayton, M. und Butler, S. C. (2002). Comprehension of the referential intent of looking and pointing between 12 and 15 months. *Journal of Cognition and Development, 3* (4), 445-64.

Carpendale, J. I. M., Atwood, S. und Kettner, V. (2013). Meaning and mind from the perspective of dualist versus relational constructivist worldviews:

Implications for the development of pointing gestures. *Human Development, 56* (6), 381-400.

Carpenter, M. (2006). Instrumental, social, and shared goals and intentions in imitation. In: S. J. Rogers (Hg.), *Imitation and the Social Mind: Autism and Typical Development*, 48-70. New York: Guilford Press.

Carpenter, M., Akhtar, N. und Tomasello, M. (1998a). 14- through 18-month-old infants differentially imitate intentional and accidental actions. *Infant Behavior and Development, 21*, 315-30.

Carpenter, M., Call, J. und Tomasello, M. (2002). Some 36 month-old children understand false beliefs. *British Journal of Developmental Psychology*, 20, 393-420.

Carpenter, M., Nagell, K. und Tomasello, M. (1998b). Social cognition, joint attention, and communicative competence from 9 to 15 months of age. *Monographs of the Society for Research in Child Development, 63* (4), i-174.

Carpenter, M., Pennington, B. F. und Rogers, S. J. (2001). Understanding of others' intentions in children with autism and children with developmental delays. *Journal of Autism and Developmental Disorders, 31*, 589-99.

Carpenter, M., Tomasello, M. und Savage-Rumbaugh, S. (1995). Joint attention and imitative learning in children, chimpanzees, and enculturated chimpanzees. *Social Development, 4* (3), 217-37.

Carpenter, M., Tomasello, M. und Striano, T. (2005). Role reversal imitation and language in typically-developing infants and children with autism. *Infancy, 8*, 253-78.

Chalmeau, R. (1994). Do chimpanzees cooperate in a learning task? *Primates, 35* (3), 385-92.

Clay, Z. und Tennie, C. (2017). Is overimitation a uniquely human phenomenon? Insights from human children as compared to bonobos. *Child Development*, DOI:10.1111/cdev.12857.

Cole, M. (1998). *Cultural Psychology: A Once and Future Discipline.* Cambridge, MA: Harvard University Press.

Coqueugniot, H., Hublin, J.-J., Veillon, F., Houet, F. und Jacob, T. (2004). Early brain growth in *Homo erectus* and implications for cognitive ability. *Nature*, 231, 299-302.

Corbit, J., McAuliffe, K., Callaghan, T., Blake, P. R. und Warneken, F. (2017). Children's collaboration induces fairness rather than generosity. *Cognition, 168*: 344-56.

Correa-Chávez, M. und Rogoff, B. (2009). Children's attention to interactions directed to others: Guatemalan Mayan and European American patterns. *Developmental Psychology, 45* (3), 630-41.

Crawford, M. P. (1937). The cooperative solving of problems by young chimpanzees. *Comparative Psychology Monographs, 14*, 1-88.

– (1941). The cooperative solving by chimpanzees of problems requiring serial responses to color cues. *Journal of Social Psychology, 13*, 259-80.
Crockford, C., Wittig, R. M., Langergraber, K., Ziegler, T. E., Zuberbühler, K. und Deschner, T. (2013). Urinary oxytocin and social bonding in related and unrelated wild chimpanzees. *Proceedings of the Royal Society B, Biological Sciences, 280* (1755), 20122765.
Croft, W. (1991). *Syntactic Categories and Grammatical Relations: The Cognitive Organization of Information.* Chicago: University of Chicago Press.
– (2001). *Radical Construction Grammar: Syntactic Theory in Typological Perspective.* Oxford: Oxford University Press.
Csibra, G. (2010). Recognizing communicative intentions in infancy. *Mind and Language, 25*, 141-68.
Csibra, G. und Gergely, G. (2009). Natural pedagogy. *Trends in Cognitive Sciences, 13* (4), 148-53.
– (2011). Natural pedagogy as evolutionary adaptation. *Philosophical Transactions of the Royal Society B, Biological Sciences, 366* (1567), 1149-57.
Cushman, F. A., Sheketoff, R., Wharton, S. und Carey, S. (2013). The development of intent-based moral judgment. *Cognition, 127* (1), 6-21.
Custance, D. M., Whiten, A. und Bard, K. A. (1995). Can young chimpanzees (*Pan troglodytes*) imitate arbitrary actions? Hayes & Hayes (1952) revisited. *Behaviour, 132* (11), 837-59.

Dahl, A., Satlof-Bedrick, E. S., Hammond, S. I., Drummond, J. K., Waugh, W. E. und Brownell, C. A. (2017). Explicit scaffolding increases simple helping in younger infants. *Developmental Psychology, 53* (3), 407-16.
Darwall, S. (1977). Two kinds of respect. *Ethics*, 88 (1), 36-49.
– (2006). *The Second-Person Standpoint: Respect, Morality, and Accountability.* Cambridge, MA: Harvard University Press.
Darwin, C. (1871). *The Descent of Man*. London: John Muray, dt.: *Die Entstehung der Arten*, übers. v. E. Schönfeld, Stuttgart: Klett-Cotta, 2018.
Davidson, D. (2001). *Subjective, Intersubjective, Objective.* Oxford: Clarendon Press.
Dawson, G., Meltzoff, A. N., Osterling, J., Rinaldi, J. und Brown, E. (1998). Children with autism fail to orient to naturally occurring social stimuli. *Journal of Autism and Developmental Disorders, 28* (6), 479-85.
DeLoache, J. S. (2000). Dual representation and young children's use of scale models. *Child Development, 71*, 329-38.
Demuth, C. (2009). »Talking to infants: How Culture Is Instantiated in Early Mother-Infant Interactions; The Case of Cameroonian Farming Nso and North German Middle-Class Families.« Diss., Universität Osnabrück.

D'Entremont, B., Hains, S. M. J. und Muir, D. W. (1997). A demonstration of gaze following in 3- to 6-month-olds. *Infant Behavior and Development, 20*, 560-72.
De Villiers, J. G. und Pyers, J. E. (2002). Complements to cognition: A longitudinal study of the relationship between complex syntax and false-belief-understanding. *Cognitive Development, 17* (1), 1037-60.
Devine, R. T. und Hughes, C. (2014). Relations between false belief understanding and executive function in early childhood: A meta-analysis. *Child Development, 85* (5), 1777-94.
De Waal, F. B. M. (1989). Food sharing and reciprocal obligations among chimpanzees. *Journal of Human Evolution, 18* (5), 433-59.
De Waal, F. B., Boesch, C., Horner, V. und Whiten, A. (2008). Comparing social skills of children and apes. *Science, 319* (5863), 569-69.
Diaz, V. und Farrar, M. J. (2017). The missing explanation of bilinguals false-belief advantage: A longitudinal study. *Developmental Science*, DOI: 10.1111/desc.12594.
Diesendruck, G. (2005). The principles of conventionality and contrast in word learning: An empirical examination. *Developmental Psychology, 41* (3), 451-63.
Diesendruck, G., Carmel, N. und Markson, L. (2010). Children's sensitivity to the conventionality of sources. *Child Development, 81* (2), 652-68.
Diessel, H. und Tomasello, M. (2001). The acquisition of finite complement clauses in English: A usage based approach to the development of grammatical constructions. *Cognitive Linguistics, 12*, 97-141.
Doherty, M. J. und Perner, J. (1998). Metalinguistic awareness and theory of mind: Just two words for the same thing? *Cognitive Development, 13*, 279-305.
Doise, W., Mugny, G. und Perret-Clermont, A. N. (1976). Social interaction and cognitive development: Further evidence. *European Journal of Social Psychology, 6* (2), 245-47.
Duguid, S., Wyman, E., Bullinger, A. F., Herfurth-Majstorovic, K. und Tomasello, M. (2014). Coordination strategies of chimpanzees and human children in a Stag Hunt game. *Proceedings of the Royal Society B, Biological Sciences, 281* (1796), 20141973.
Duguid, S., Wyman, E., Grüneisen, S. und Tomasello, M. (im Erscheinen). The strategies used by chimpanzees and children to solve a simple coordination problem.
Dunbar, R. (1996). *Grooming, Gossip and the Evolution of Language.* London: Faber & Faber.
Dunfield, K., Kuhlmeier, V. A., O'Connell, L. und Kelley, E. (2011). Exam-

ining the diversity of pro-social behavior: Helping, sharing, and comforting in infancy. *Infancy, 16* (3), 227-47.

Dunham, Y., Baron, A. S. und Banaji, M. R. (2008). The development of implicit intergroup cognition. *Trends in Cognitive Sciences, 12* (7), 248-53.

Durkheim, E. (1893/2012). *Über soziale Arbeitsteilung*, übers. v. L. Schmidts, 6. Aufl., Frankfurt/M.: Suhrkamp.

Eckerman, C. O., Davis, C. C. und Didow, S. M. (1989). Toddlers' emerging ways of achieving social coordinations with a peer. *Child Development*, 60 (2), 440-53.

Egyed, K., Király, I. und Gergely, G. (2013). Communicating shared knowledge in infancy. *Psychological Science, 24* (7), 1348-53.

Eisenberg, N., Fabes, R. A. und Spinnrad, T. (2006). Prosocial development. In: N. Eisenberg (Hg.), *Social Emotional, and Personality Development*, 6. Aufl., Bd. 3, *Handbook of Child Psychology*, 646-718, Hoboken, NJ: John Wiley & Sons.

Endedijk, H., Cillessen, A., Cox, R., Bekkering, H. und Hunnius, S. (2015). The role of child characteristics and peer experience in the development of peer cooperation. *Social Development, 24*, 521-40.

Engelmann, J., Clift, J., Herrmann, E. und Tomasello, M. (2017). Social disappointment explains chimpanzees' behavior in the inequity aversion task. *Proceedings of the Royal Society B, Biological Sciences, 284* (1891), 20171502.

Engelmann, J. M., Herrmann, E. und Tomasello, M. (2012). Five-year olds, but not chimpanzees, attempt to manage their reputations. *PLoS One, 7* (10), e48433.

– (2015). Chimpanzees trust conspecifics to engage in low-cost reciprocity. *Proceedings of the Royal Society B, Biological Sciences, 282* (1801), 20142803.

– (2016a). The effects of being watched on resource acquisition in chimpanzees and human children. *Animal Cognition, 19*, 147-51.

Engelmann, J. M., Over, H., Herrmann, E. und Tomasello, M. (2013). Young children care more about their reputation with ingroup members and potential reciprocators. *Developmental Science, 16* (6), 952-58.

Engelmann, J., Rapp, D., Herrmann, E. und Tomasello, M. (2016b). Young children (sometimes) do the right thing even when their peers do not. *Cognitive Development, 39*, 86-92.

– (2018). Concern for group reputation increases prosociality in young children. *Psychological Science, 29*, 181-90.

Evans, N. und Levinson, S. (2009). The myth of language universals: Language diversity and its importance for cognitive science. *Behavioral and Brain Sciences, 32* (5), 429-92.

Fawcett, L. M. und Garton, A. F. (2005). The effect of peer collaboration on children's problem-solving ability. *British Journal of Educational Psychology, 75*, 157-69.
Fehr, E., Bernhard, H. und Rockenbach, B. (2008). Egalitarianism in young children. *Nature, 454*, 1079-83.
Fernyhough, C. und Fradley, E. (2005). Private speech on an executive task: Relations with task difficulty and task performance. *Cognitive Development, 20* (1), 103-20.
Ferrari, P. F., Visalberghi, E., Paukner, A., Fogassi, L., Ruggiero, A. und Suomi, S. J. (2006). Neonatal imitation in Rhesus macaques. *PLoS Biology, 4* (9), e302.
Fessler, D. M. T. (2004). Shame in two cultures: Implications for evolutionary approaches. *Journal of Cognition and Culture, 4* (2), 207-62.
Fiske, S. T. (2010). *Social Beings: Core Motives in Social Psychology.* 2. Aufl., Hoboken, NJ: Wiley.
Fizke, E., Barthel, D., Peters, T. und Rakoczy, H. (2014). Executive function plays a role in coordinating different perspectives, particularly when one's own perspective is involved. *Cognition, 130* (3), 315-34.
Flavell, J. H., Everett, B. A., Croft, K. und Flavell, E. R. (1981). Young children's knowledge about visual perception: Further evidence for the level 1-level 2 distinction. *Developmental Psychology, 17* (1), 99-103.
Fletcher, G., Warneken, F. und Tomasello, M. (2012). Differences in cognitive processes underlying the collaborative activities of children and chimpanzees. *Cognitive Development, 27* (2), 136-53.
Flynn, E. und Whiten, A. (2008). Cultural transmission of tool use in young children: A diffusion chain study. *Social Development, 17* (3), 699-718.
Fodor, J. A. (1983). *The Modularity of Mind: An Essay on Faculty Psychology.* Cambridge, MA: MIT Press.
Frank, M. C., Everett, D. L., Fedorenko, E. und Gibson, E. (2008). Number as cognitive technology: Evidence from Pirahã language and cognition. *Cognition, 108* (3), 819-24.
Friedman, O. und Neary, K. R. (2008). Determining who owns what: Do children infer ownership from first possession? *Cognition, 107* (3), 829-49.
Friedrich, D. und Southwood, N. (2011). Promises and trust. In: H. Sheinman (Hg.), *Promises and Agreements: Philosophical Essays*, 275-92. New York: Oxford University Press.

Gampe, A. und Daum, M. M. (2018). How preschoolers react to norm violations is associated with culture. *Journal of Experimental Child Psychology, 165*, 135-47.
Gaskins, S. (1999). Children's daily lives in a Mayan village: A case study of

culturally constructed roles and activities. In: A. Goncu, *Children's Engagement in the World*, 25-81. Cambridge: Cambridge University Press.

– (2006). Cultural perspectives on infant-caregiver interaction. In: N. J. Enfield und S. Levinson (Hg.), *The Roots of Human Sociality: Culture, Cognition, and Human Interaction*, 279-98. Oxford: Berg Press.

Gelman, S., Goetz, P., Sarnecka, B. und Flukes, J. (2008). Generic language in parent-child conversations. *Language Learning and Development, 4* (1), 1-31.

Gelman, S. und Ramann, L. (2003). Preschool children use linguistic form class and pragmatic cues to interpret generics. *Child Development, 74*, 308-25.

Gelman, S., Ware, E., Manczak, E. und Graham, S. (2013). Children's sensitivity to the knowledge expressed in pedagogical and nonpedagogical contexts. *Developmental Psychology, 49* (3), 491-504.

Geraci, A. und Surian, L. (2011). The developmental roots of fairness: Infants' reactions to equal and unequal distributions of resources. *Developmental Science, 14*, 1012-20.

Gergely, G., Bekkering, H. und Király, I. (2002). Rational imitation in preverbal infants. *Nature, 415* (6873), 755.

Gergely, G. und Csibra, G. (2006). Sylvia's recipe: The role of imitation and pedagogy in the transmission of cultural knowledge. In: N. J. Enfield und S. C. Levinson (Hg.), *Roots of Human Sociality: Culture, Cognition, and Interaction*, 229-55. Oxford: Berg Press.

Gergely G. und Watson, J. S. (1996). The social biofeedback theory of parental affect-mirroring: The development of emotional self-awareness and self-control in infancy. *International Journal of Psychoanalysis, 77* (6), 1181-212.

Gilbert, M. (1989). *On Social Facts.* Princeton, NJ: Princeton University Press.

– (2003). The structure of the social atom: Joint commitment as the foundation of human social behavior. In: F. Schmitt (Hg.), *Socializing Metaphysics*, 39-64. Lanham, MD: Rowman & Littlefield.

– (2011). Three dogmas about promising. In: H. Sheinman (Hg.) *Promises and Agreements: Philosophical Essays*, 80-109. New York: Oxford University Press.

– (2014). *Joint Commitment: How We Make the Social World.* New York: Oxford University Press.

Gilby, I. C. (2006). Meat sharing among the Gombe chimpanzees: Harassment and reciprocal exchange. *Animal Behaviour, 71* (4), 953-63.

Göckeritz, S., Schmidt, M. F. H. und Tomasello, M. (2014). Young children's creation and transmission of social norms. *Cognitive Development, 30*, 81-95.

Goldin-Meadow, S. (2003). *The Resilience of Language: What Gesture Crea-*

tion in Deaf Children Can Tell Us about How All Children Learn Language. New York: Psychology Press.

Gomes, C. M., Mundry, R. und Boesch, C. (2009). Long-term reciprocation of grooming in wild West African chimpanzees. *Proceedings of the Royal Society of London B, Biological Sciences, 276* (1657), 699-706.

Goodall, J. (1986). *The Chimpanzees of Gombe: Patterns of Behavior*, Cambridge, MA: Belknap Press.

Gopnik, A. und Meltzoff, A. N. (1997). *Words, Thoughts and Theories.* Cambridge, MA: MIT Press.

Gopnik, A. und Wellman, H. M. (2012). Reconstructing constructivism: causal models, Bayesian learning mechanisms, and the theory theory. *Psychological Bulletin, 138*, 1085-108.

Gottlieb, G. (1997). *Synthesizing Nature-Nurture: Prenatal Roots of Instinctive Behavior.* New York: Psychology Press.

Gould, S. J. (1977). *Ontogeny and Phylogenyy.* Cambridge: Cambridge University Press.

Gräfenhain, M., Behne, T., Carpenter, M. und Tomasello, M. (2009). Young children's understanding of joint commitments. *Developmental Psychology, 45* (5), 1430-43.

Gräfenhain, M., Carpenter, M. und Tomasello, M. (2013). Three-year-olds' understanding of the consequences of joint commitments. *PLoS One, 8* (9), e73039.

Graham, S., Nayer, S. und Gelman, S. (2011). Two-year olds use the generic/nongeneric distinction to guide their inferences about novel kinds. *Child Development, 82*, 493-507.

Grassmann, S., Stracke, M. und Tomasello, M. (2009). Two-year olds exclude novel objects as potential referents of novel words based on pragmatics. *Cognition, 112* (3), 488-93.

Greenberg, J. R., Hamann, K., Warneken, F. und Tomasello, M. (2010). Chimpanzee helping in collaborative and non-collaborative contexts. *Animal Behaviour, 80* (5), 873-80.

Greenfield, P. M. und Savage-Rumbaugh, E. S. (1993). Comparing communicative competence in child and chimp: The pragmatics of repetition. *Journal of Child Language, 20*, 1-26.

Grocke, P., Rossano, F. und Tomasello, M. (2015). Procedural justice in children: Preschoolers accept unequal resource distributions if the procedure provides equal opportunities. *Journal of Experimental Child Psychology, 140*, 197-210.

– (2018). Young children are more willing to accept group decisions in which they have had a voice. *Journal of Experimental Child Psychology, 166*, 67-78.

Grosse, G., Carpenter, M., Tomasello, M. und Behne, T. (2010a). Infants communicate in order to be understood. *Developmental Psychology, 46* (6), 1710-22.

Grosse, G., Moll, H. und Tomasello, M. (2010b). 21-Month-olds understand the cooperative logic of requests. *Journal of Pragmatics, 42* (12), 3377-83.

Grosse, G., Schulz, C., Tomasello, M. und Katsos, N. (im Druck). Differences and similarities in children's acquisition of different implicature types. *Glossa.*

Grosse, K., Carpenter, M., Call, J. und Tomasello, M. (2015). Differences in the ability of apes and children to instruct others using gestures. *Language Learning and Development, 11*, 310-30.

Grosse, G., Wiesmann, C., Friederici, A.D., Disla, D., Steinbeis, N. und Singer, T. (2017). Longitudinal evidence for 4-year-olds' but not 2- and 3-year-olds' false belief-related action anticipation. *Cognitive Development, 20*, e12445.

Grüneisen, S. und Tomasello, M. (2017). Children coordinate in a recurrent conflict of interest by taking turns and along dominance asymmetries. *Developmental Psychology, 53*, 265-73.

– (im Erscheinen). How children use rules to coordinate in a recurrent social dilemma.

Grüneisen, S., Wyman, E. und Tomasello, M. (2015a). Children use salience to solve coordination problems. *Developmental Science, 18* (3), 495-501.

– (2015b). Conforming to coordinate: Children use majority information for peer coordination. *British Journal of Developmental Psychology, 33* (1), 136-47.

– (2015c). »I know you don't know I know…«: Children use second-order false belief reasoning for peer coordination. *Child Development, 86* (1), 287-93.

Gurven, M. (2004). To give or not to give: An evolutionary ecology of human food transfers. *Behavioral and Brain Sciences, 27* (4): 543-83.

Haidt, J. (2012). *The Righteous Mind: Why Good People Are Divided by Politics and Religion.* New York: Pantheon.

Hale, C.M. und Tager-Flusberg, H. (2003). The influence of language on theory of mind: A training study. *Developmental Science, 6* (3), 346-59.

Halina, M., Liebal, K. und Tomasello, M. (im Druck). Do chimpanzees (*Pan troglodytes*) and bonobos (*Pan paniscus*) point in order to direct attention? *PLOS One.*

Halina, M., Rossano, F. und Tomasello, M. (2014). The ontogenetic ritualization of bonobo gestures. *Animal Cognition, 16* (4), 653-66.

Hamann, K., Bender, J. und Tomasello, M. (2014). Meritocratic sharing is based on collaboration in 3-year-olds. *Developmental Psychology, 50* (1), 121-28.

Hamann, K., Warneken, F., Greenberg, J. R. und Tomasello, M. (2011). Collaboration encourages equal sharing in children but not in chimpanzees. *Nature, 476* (7360), 328-31.

Hamann, K., Warneken, F. und Tomasello, M. (2012). Children's developing commitments to joint goals. *Child Development, 83* (1), 137-45.

Hamlin, J. K., Wynn, K. und Bloom, P. (2007). Social evaluation by preverbal infants. *Nature, 450*, 557-59.

Hardecker, S., Buryn-Weitzel, J. und Tomasello, M. (im Erscheinen). The double-edged sword of moral education: Instruction limits children's flexibility in moral situations.

Hardecker, S., Schmidt, M. F. H., Roden, M. und Tomasello, M. (2016). Young children's behavioral and emotional responses to different social norm violations. *Journal of Experimental Child Psychology, 150*, 364-79.

Hardecker, S., Schmidt, M. F. H. und Tomasello, M. (2017). Children's developing understanding of the conventionality of rules. *Journal of Cognition and Development, 18* (2), 163-88.

Hardecker, S. und Tomasello, M. (2017). From imitation to implementation: How two- and three- year-old children learn to enforce social norms. *British Journal of Developmental Psychology, 35* (2), 237-48.

Hardy, S. A. und Carlo, G. (2005). Identity as a source of moral motivation. *Human Development, 48* (4), 232-56.

Hare, B., Call, J., Agnetta, B. und Tomasello, M. (2000). Chimpanzees know what conspecifics do and do not see. *Animal Behaviour, 59*, 771-85.

Hare, B., Call, J. und Tomasello, M. (2001). Do chimpanzees know what conspecifics know and do not know? *Animal Behaviour, 61* (1), 139-51.

– (2006). Chimpanzees deceive a human competitor by hiding. *Cognition, 101* (3), 495-514.

Hare, B. und Kwetuenda, S. (2010). Bonobos voluntarily share their own food with others. *Current Biology, 20* (5), R230-31.

Hare, B. und Tomasello, M. (2004). Chimpanzees are more skillful in competitive than in co- operative cognitive tasks. *Animal Behaviour, 68* (3), 571-81.

– (2005). Human-like social skills in dogs? *Trends in Cognitive Sciences, 9* (9), 439-44.

Harris, P. L. (2005). Conversation, pretence, and theory of mind. In: J. W. Astington und J. Baird (Hg.), *Why Language Matters for Theory of Mind*, 70-83. New York: Oxford University Press.

– (2012). *Trusting What You're Told: How Children Learn from Others.* Cambridge, MA: Belknap Press.

Harris, P. L. und Corriveau, K. H. (2013). Judging for yourself versus listen-

ing to others: Conformity revisited. In: M. Banaji and S. Gelman (Hg.), *Navigating the Social World: What Infants, Children, and Other Species Can Teach Us*, 230-34. New York: Oxford University Press.
Hart, B. und Risley, T. (1995). *Meaningful Differences in the Everyday Experience of Young American Children.* Baltimore: Paul H. Brookes.
Haun, D. B. und Call, J. (2008). Imitation recognition in great apes. *Current Biology*, *18* (7), R288-90.
Haun, D. B. und Over, H. (2014). Like me: A homophily-based account of human culture. In: P. J. Richerson und M. Christiansen, *Cultural Evolution*, 75-85. Cambridge, MA: MIT Press.
Haun, D. B. und Tomasello, M. (2011). Conformity to peer pressure in preschool children. *Child Development*, *82* (6), 1759-67.
– (2014). Children conform to the behavior of peers: Great apes stick with what they know. *Psychological Science*, *25*, 2160-67.
Haux, L. M., Engelmann, J. M., Herrmann, E. und Tomasello, M. (2017). Dou young children preferentially trust gossip or firsthand observation in choosing a collaborative partner? *Social Development*, *26* (3), 466-74.
Hawkes, K. (2014). Primate sociality to human cooperation. Why us and not them? *Human Nature*, *25* (1), 28-48.
Hawley, P. H. und Geldhof, G. J. (2012). Preschoolers' social dominance, moral cognition, and moral behavior: An evolutionary perspective. *Journal of Experimental Child Psychology*, *112* (1), 18-35.
Helming, K. A., Strickland, B. und Jacob, R. (2014). Making sense of early false belief understanding. *Trends in Cognitive Sciences*, *18*, 167-70.
Henderson, A. M. und Graham, S. A. (2005). Two-year olds' appreciation of the shared nature of novel object labels. *Journal of Cognition and Development*, *6* (3), 381-402.
Henderson, A. M. und Woodward, A. L. (2011). Let's work together: what do infants understand about collaborative goals? *Cognition*, 121, 12-21.
Hepach, R., Benziad, L. und Tomasello, M. (im Erscheinen). Chimpanzees help with what you want; children help with what you need.
Hepach, R., Kante, N. und Tomasello, M. (2017a). Toddlers help a peer. *Child Development*, *88* (5), 1642-52.
Hepach, R., Lambert, S., Haberl, K. und Tomasello, M. (2017b). Toddlers help anonymously. *Infancy*, 22, 130-42.
Hepach, R., Vaish, A., Mueller, K. und Tomasello, M. (2017c). The relation between young children's physiological arousal and their motivation to help others. *Neuropsychologia*, DOI: 10.1016/j. neuropsychologia. 2017.10.010.
Hepach, R., Vaish, A. und Tomasello, M. (2012). Young children are in-

trinsically motivated to see others helped. *Psychological Science*, *23* (9), 967-72.
– (2013). Young children sympathize less in response to unjustified emotional distress. *Developmental Psychology*, *49* (6), 1132-38.
– (2017d). Children's intrinsic motivation to provide help themselves after accidentally harming others. *Child Development*, *88*, 1251-64.
– (2017e). The fulfilment of others' needs elevates children's body posture. *Developmental Psychology*, *53*, 100-13.
Herrmann, E., Call, J., Hernández-Lloreda, M.V., Hare, B. und Tomasello, M. (2007). Humans have evolved specialized skills of social cognition: The cultural intelligence hypothesis. *Science*, *317* (5843): 1360-66.
Herrmann, E., Engelmann, J. und Tomasello, M. (im Erscheinen). Young children engage in competitive altruism.
Herrmann, E., Hernández-Lloreda, M.V., Call, J., Hare, B. und Tomasello, M. (2010). The structure of individual differences in the cognitive abilities of children and chimpanzees. *Psychological Science*, *21* (1), 102-10.
Herrmann, E., Melis, A.P. und Tomasello, M. (2006). Apes' use of iconic cues in the object-choice task. *Animal Cognition*, *9* (2), 118-30.
Herrmann, E., Misch, A., Hernández-Lloreda, M.V. und M. Tomasello. (2015). Uniquely human self-control begins at school age. *Developmental Science*, *18* (6), 979-93.
Herrmann, P., Legare, C., Harris, P. und Whitehouse, H. (2013). Stick to the script: The effect of witnessing multiple actors on children's imitation. *Cognition*, *129*, 536-43.
Hewlett, B.S. und Roulette, C.J. (2016). Teaching in hunter-gatherer infancy. *Royal Society Open Science 3*, 150403.
Heyes, C.M. (2015). Animal mindreading: What's the problem? *Psychonomic Bulletin and Review*, *22*, 313-27.
Heyes, C.M. und Frith, C.D. (2014). The cultural evolution of mind reading. *Science*, *344* (6190), 1243091.
Heyman, G.D., Fu, G., Lin, J., Qian, M.K. und Lee, K. (2015). Eliciting promises from children reduces cheating. *Journal of Experimental Child Psychology*, *139*, 242-48.
Hill, K., Barton, M. und Hurtado, A.M.H. (2009). The emergence of human uniqueness: Characters underlying behavioral modernity. *Evolutionary Anthropology*, *18* (5), 187-200.
Hirata, S. (2007). Competitive and cooperative aspects of social intelligence in chimpanzees. *Japanese Journal of Animal Psychology*, *57*, 29-40.
Hobson, J.A., Harris, R., García-Pérez, R. und Hobson, R.P. (2009). Anticipatory concern: A study in autism. *Developmental Science*, 12 (2), 249-63.
Hobson, J.A. und Hobson R.P. (2007) Identification: The missing link be-

tween joint attention and imitation? *Development and Psychopathology, 19* (2), 411-31.

Hobson, P. (2002). *The Cradle of Thought: Exploring the Origins of Thinking.* London: Pan Macmillan.

Hobson, R. P. und Hobson, J. A. (2008). Dissociable aspects of imitation: A study in autism. *Journal of Experimental Child Psychology, 101* (3), 170-85.

Hobson, R. P. und Lee, A. (1999). Imitation and identification in autism. *Journal of Child Psychology and Psychiatry, 40*, 649-59.

Hoffman, M. L. (2000). *Empathy and Moral Development: Implications for Caring and Justice.* Cambridge: Cambridge University Press.

Honneth, A. (1992). *Kampf um Anerkennung.* Frankfurt/M.: Suhrkamp.

Hopper L. M., Lambeth, S. P., Schapiro, S. J. und Brosnan, S. F. (2013). When given the opportunity, chimpanzees maximize personal gain rather than »level the playing field.« *PeerJ, 1*, e165.

Horner, V. und Whiten, A. (2005). Causal knowledge and imitation/emulation switching in chimpanzees (*Pan troglodytes*) and children. *Animal Cognition, 8* (3), 164-81.

Horner, V., Whiten, A., Flynn, E. und de Waal, F. B. M. (2006). Faithful replication of foraging techniques along cultural transmission chains by chimpanzees and children. *Proceedings of the National Academy of Sciences of the United States of America, 103* (37), 13878-83.

House, B. R., Henrich, J., Brosnan, S. F. und Silk, J. B. (2012). The ontogeny of human prosociality: Behavioral experiments with children aged 3 to 8. *Evolution and Human Behavior, 33* (4), 291-308.

House, B. R., Silk, J. B., Henrich, J., Barrett, H. C., Scelza, B. A., Boyette, A. H., Hewlett, B. S. und Laurence, S. (2013). Ontogeny of prosocial behavior across diverse societies. *Proceedings of the National Academy of Sciences of the United States of America, 110* (36), 14586-91.

House, B. R. und Tomasello, M. (2018). Modeling social norms increasingly influences costly sharing in middle childhood. *Journal of Experimental Child Psychology, 171*, 84-98.

Hrdy, S. (2006). Evolutionary context of human development: The cooperative breeding model. In: C. S. Carter, L. Ahnert, K. E. Grossmann, S. B. Hrdy, M. E. Lamb, S. W. Porges, und N. Sachser (Hg.), *Attachment and Bonding: A New Synthesis*, 9-32. Cambridge, MA: MIT Press.

– (2009). *Mothers and Others: The Evolutionary Origins of Mutual Understanding.* Cambridge, MA: Belknap Press.

– (2016). Development plus social selection in the emergence of »emotionally modern« humans. In: C. L. Meehan und A. N. Crittenden (Hg.), *Childhood: Origins, Evolution, and Implications*, 11-44. Albuquerque: University of New Mexico Press.

Humle, T. und Matsusawa, T. (2002). Ant-dipping among the chimpanzees of Bossou, Guinea, and some comparisons with other sites. *American Journal of Primatology, 58*, 133-48.

Ibbotson, P. (2014). Little dictators: a developmental meta-analysis of prosocial behavior. *Current Anthropology, 55* (6), 814-21.

Iverson, J., Capirci, O. und Caselli, M.C. (1994). From communication to language in two modalities. *Cognitive Development, 9*, 23-43.

Iverson, J. und Goldin-Meadow, S. (2005). Gesture paves the way for language development. *Psychological Science, 16*, 367-73.

Jensen, K., Call, J. und Tomasello, M. (2007). Chimpanzees are rational maximizers in an ultimatum game. *Science, 318* (5847), 107-9.

Jensen, K., Hare, B., Call, J. und Tomasello, M. (2006). What's in for me? Self-regard precludes altruism and spite in chimpanzees. *Proceedings of the Royal Society B, Biological Sciences, 273* (1589), 1013-21.

Jordan, J., McAuliffe, K. und Warneken, F. (2014). Development of in-group favoritism in children's third-party punishment of selfishness. *Proceedings of the National Academy of Sciences of the United States of America, 111* (35), 12710-15.

Kachel, G., Moore, R. und Tomasello, M. (im Druck). Two year olds use adults' but not peers' points. *Developmental Science.*

Kachel, U., Svetlova, M. und Tomasello, M. (2017). Three-year-olds' reactions to a partner's failure to perform her role in a joint commitment. *Child Development* DOI: 10.1111/cdev.12816.

– (im Erscheinen). Young children's tendencies to stand by a commitment in the face of bribes.

Kahneman, D., Knetsch, J.L. und Thaler, R.H. (1991). Anomalies: The endowment effect, loss aversion, and status quo bias. *Journal of Economic Perspectives, 5* (1), 193-206.

Kaiser, I., Jensen, K., Call, J. und Tomasello, M. (2012). Theft in an ultimatum game: Chimpanzees and bonobos are insensitive to unfairness. *Biology Letters, 8* (6), 942-45.

Kalish, C.W. und Sabbagh. M.A. (2007). Conventionality and cognitive development: Learning to think the right way. *New Directions for Child and Adolescent Development, 115*, 1-9.

Kalish, C. (2005). Becoming status conscious: Children's appreciation of social reality. *Philosophical Explorations, 8* (3), 245-63.

Kaminski, J., Call, J., Tomasello, M. (2004). Body orientation and face orientation: Two factors controlling apes' begging behavior from humans. *Animal Cognition, 7* (4), 216-23.

– (2008). Chimpanzees know what others know, but not what they believe. *Cognition, 109* (2), 224-34.

Kanngiesser, P., Gjersoe, N. und Hood, B.M. (2010). The effect of creative labor on property-ownership transfer by preschool children and adults. *Psychological Science, 21* (9), 1236-41.

Kanngiesser, P., Köymen, B. und Tomasello, M. (2017). Young children mostly keep, and expect others to keep, their promises. *Journal of Experimental Child Psychology, 159*, 140-58.

Kanngiesser, P., Rossano, F., Frickel, R., Tomm, A., Haun, D., Zeidler, H. und Tomasello, M. (im Erscheinen). Respect for ownership in human children from diverse societies, but not great apes.

Kanngiesser, P., Rossano, F. und Tomasello, M. (2015). Late emergence of the first possession heuristic: Evidence from a small-scale culture. *Child Development, 86* (4), 1282-89.

Kanngiesser, P. und Warneken, F. (2012). Young children consider merit when sharing resources with others. *PLoS One, 7* (8), 1-5.

Kano, F., Hirata, S., Dreschner, T., Behringer, V. und Call, J. (2016). Nasal temperature drop in response to a playback of conspecific fights in chimpanzees: A thermo-imaging study. *Physiology and Behavior, 155*, 83-94.

Karg, K., Schmelz, M., Call, J. und Tomasello, M. (2014). All great ape species and two-and-a-half-year-old children discriminate appearance from reality. *Journal of Comparative Psychology, 128* (4), 431-39.

– (2015a). Chimpanzees strategically manipulate what others can see. *Animal Cognition, 18*, 1069-76.

– (2015b). The goggles experiment: Can chimpanzees use self-experience to infer what a competitor can see? *Animal Behavior*, 105, 211-21.

Karmiloff-Smith, A. (1992). *Beyond Modularity: A Developmental Perspective on Cognitive Science.* Cambridge, MA: MIT Press / Bradford Books.

Karmiloff-Smith, A. und Inhelder, B. (1975). If you want to get ahead, get a theory. *Cognition, 3* (3), 195-212.

Kaye, K. (1982). *The Mental and Social Life of Babies.* Chicago: University of Chicago Press.

Kenward, B. (2012). Over-imitating preschoolers believe unnecessary actions are normative and enforce their performance by a third party. *Journal of Experimental Child Psychology, 112* (2), 195-207.

Kenward, B. und Dahl, M. (2011). Preschoolers distribute ressources according to recipients' moral status. *Developmental Psychology, 47*, 1054-64.

Kenward, B. und Östh, T. (2012). Enactment of third-party punishment by 4-year-olds. *Frontiers in Psychology, 3*, 373.

Killen, M., Mulvey, K.L. und Hitti, A. (2013). Social exclusion in childhood. A developmental intergroup perspective. *Child Development, 84* (3), 772-90.

Kim, S. und Kalish, C.W. (2009). Children's ascriptions of property rights with changes of ownership. *Cognitive Development, 24*, 322-36.

Kinzler, K.D., Corriveau, K.H. und Harris, P.L. (2011). Children's selective trust in native-accented speakers. *Developmental Science, 14* (1), 106-11.

Kinzler, K.D., Shutts, K., DeJesus, J. und Spelke, E.S. (2009). Accent trumps race in guiding children's social preferences. *Social Cognition, 27* (4), 623-34.

Kirschner, S. und Tomasello, M. (2010). Joint music making promotes prosocial behavior in 4-year-old children. *Evolution and Human Behavior, 31* (5), 354-64.

Kobayashi, H. und Koshima S. (1997). Unique morphology of the human eye. *Nature, 387*, 767-68.

Kohlberg, L. (1969). Stages and sequences: The cognitive development approach to socialization. In: R. McNally and D.A. Gosin (Hg.), *Handbook of Socialization Theory of Research*, 347-480. Chicago: Rand McNally.

Köhler, W. (1921). *Intelligenzprüfungen an Menschenaffen.* Berlin: Springer.

Korsgaard, C. (1996). *The Sources of Normativity.* Cambridge: Cambridge University Press.

Köster, M., Ohmer, X., Nguyen, T.D. und Kärtner, J. (2016). Infants understand others' needs. *Psychological Science, 27* (4), 542-48.

Köymen, B., Lieven, E.V.M., Engelmann, D.A., Rakoczy, H., Warneken, F. und M. Tomasello (2014a). Children's norm enforcement in their interactions with peers. *Child Development, 85* (3), 1108-22.

Köymen, B., Mammen, M. und Tomasello, M. (2016). Preschoolers use common ground in their justificatory reasoning with peers. *Developmental Psychology, 52* (3), 423-29.

Köymen, B., Rosenbaum, L. und Tomasello, M. (2014b). Reasoning during joint decision-making by preschool peers. *Cognitive Development, 32*, 74-85.

Köymen, B., Schmidt, M., Lieven, E. und Tomasello, M. (2015). Teaching versus enforcing norms in preschoolers' peer interactions. *Journal of Experimental Child Psychology, 135*, 93-101.

Köymen, B. und Tomasello, M. (2018). Children's meta-talk in their collaborative decision-making with peers. *Journal of Experimental Child Psychology, 166*, 549-66.

Krachun, C., Carpenter, M., Call, J. und Tomasello, M. (2009). A competitive nonverbal false belief task for children and apes. *Developmental Science, 12* (4), 521-35.

Kruger, A. (1992). The effect of peer and adult-child transactive discussions on moral reasoning. *Merrill-Palmer Quarterly, 38* (2), 191-211.

– (1993). Peer collaboration: Conflict, cooperation, or both? *Social Development*, *2* (3), 165-82.
Kruger, A. und Tomasello, M. (1986). Transactive discussions with peers and adults. *Developmental Psychology*, *22*, 681-85.
– (1996). Cultural learning and learning culture. In: D.R. Olson und N. Torrance (Hg.), *Handbook of Education and Human Development: New Models of Teaching, Learning, and Schooling*, 369-87. Malden, MA: Blackwell.
Krupenye, C. und Hare, B. (2018). Bonobos prefer individuals that hinder others over those that help. *Current Biology*, *28*, 1-7.
Krupenye, C., Kano, F., Call, J., Hirata, S. und Tomasello, M. (2016). Great apes anticipate that other individuals will act according to false beliefs. *Science*, *354*, 110-14.
Kuhlmeier, V., Wynn, K. und Bloom, P. (2003). Attribution of dispositonal states by 12-month-olds. *Psychological Science*, *14* (5), 402-8.
Kuhn, D. (2015). Thinking together and alone. *Educational Researcher*, *44*, 46-53.
Kummer, H. (1995). *In Quest of the Sacred Baboon*. Princeton, NJ: Princeton University Press.
Kurzban, R., Burton-Chellew, M.N. und West, S.A. (2015). The evolution of altruism in humans. *Annual Review of Psychology*, *66*, 575-99.

Lakatos, I. (1970). Falsification and the methodology of scientific research programmes. In: I. Lakatos und A. Musgrave, *Critcism and the Growth of Knowledge*, 91-195. Cambridge, MA: Cambridge University Press.
Langacker, R. (1991). *Foundations of Cognitive Grammar*, Bd. 2, Stanford, CA: Stanford University Press.
Leavens, D.A. und Hopkins, W.D. (1998). Intentional communication by chimpanzees: A cross-sectional study of the use of referential gestures. *Developmental Psychology*, *34*, 813-22.
Lee, W.S.C. und Carlson, S.M. (2015). Knowing when to be »rational«: Economic decision-making and executive function in preschool children. *Child Development*, *86* (5), 1434-48.
Leslie, A. (1987). Pretense and representation: The origins of »theory of mind«. *Psychological Review*, *94*, 412-26.
– (1994). Pretending and believing: Issues in the theory of ToMM. *Cognition*, *50* (1-3): 211-38.
LeVine, R.A., Dixon, S., LeVine, S., Richman, A., Liederman, H.P., Keefer, C.H. und Brazelton, T.B. (1994). *Child Care and Culture: Lessons from Africa*. Cambridge: Cambridge University Press.
Lewis, M. (2000). Self-conscious emotions: Embarrassment, pride, shame,

and guilt. In: M. Lewis und J. M. Haviland-Jones (Hg.), *Handbook of emotions*, 2. Aufl., 623-36. New York: Guilford Press.

Lickel, B., Schmader, T. und Spanovic, M. (2007). Group-conscious emotions: The implications of others' wrongdoings for identity and relationships. In: J. L. Tracy, R. W. Robins und J. P. Tangney (Hg.), *The Self-Conscious Emotions: Theory and Research*, 351-69. New York: Guilford Press.

Liebal, K., Behne, T., Carpenter, M. und Tomasello, M. (2009). Infants use shared experience to interpret pointing gestures. *Developmental Science, 12* (2), 264-71.

Liebal, K., Carpenter, M. und Tomasello, M. (2011). Young children's understanding of markedness in non-verbal communication. *Journal of Child Language, 38* (4), 888-903.

– (2013). Young children's understanding of cultural common ground. *British Journal of Developmental Psychology, 31* (1), 88-96.

Liebal, K., Colombi, C., Rogers, S. J., Warneken, F. und Tomasello, M. (2008). Helping and cooperation in children with autism. *Journal of Autism and Developmental Disorders, 38* (2), 224-38.

Liebal, K., Vaish, A., Haun, D. und Tomasello, M. (2014). Does sympathy motivate prosocial behaviour in great apes? *PLoS One, 9* (1), e84299.

Lieven, E. V. M. und Stoll, S. (2013). Early communicative development in two cultures: A comparison of the communicative environments of children from two cultures. *Human Development, 56* (3), 178-206.

Lieven, E. und Tomasello, M. (2008). Children's first language acquisition from a usage-based perspective. In: P. Robinson und N. C. Ellis (Hg.), *Handbook of Cognitive Linguistics and Second Language Acquisition*, 168-96. New York: Routledge.

Liszkowski, U., Brown, P., Callaghan, T., Takada, A. und de Vos, C. (2012). A prelinguistic gestural universal of human communication. *Cognitive Science, 36*, 698-713.

Liszkowski, U., Carpenter, M., Henning, A., Striano, T. und Tomasello, M. (2004). Twelve-month-olds point to share attention and interest. *Developmental Science, 7* (3), 297-307.

Liszkowski, U., Carpenter, M., Striano, T. und Tomasello, M. (2006). Twelve- and 18-month-olds point to provide information for others. *Journal of Cognition and Development, 7* (2), 173-87.

Liszkowski, U., Carpenter, M. und Tomasello, M. (2007). Pointing out new news, old news, and absent referents at 12 months of age. *Developmental Science, 10* (2), F1-F7.

– (2008). Twelve-month-olds communicate helpfully and appropriately for knowledgeable and ignorant partners. *Cognition, 108* (3), 732-39.

Liszkowski, U. und Tomasello, M. (2011). Individual differences in social, cognitive, and morphological aspects of infant pointing. *Cognitive Development*, *26* (1), 16-29.

Lohmann, H. und Tomasello, M. (2003). The role of language in the development of false belief understanding: A training study. *Child Development*, *74* (4), 1130-44.

López, A., Correa-Chávez, M., Rogoff, B. und Gutiérrez, K. (2010). Attention to instruction directed to another by U. S. Mexican-heritage children of varying cultural backgrounds. *Developmental Psychology*, *46* (3), 593-601.

Loveland, K. A. und Landry, S. H. (1986). Joint attention and language in autism and developmental language delay. *Journal of Autism and Developmental Disorders*, *16* (3), 335-49.

Lucca, K., MacLean, E. und Hare, B. (2017). The development and flexibility of gaze alternations in bonobos and chimpanzees. *Developmental Science*. DOI: 10.1111/desc.12598.

Lurz, R.W. (2011). *Mindreading Animals: The Debate over What Animals Know about Other Minds*. Cambridge, MA: MIT Press.

Lyons, D. E., Santos, L. R. und Keil, F. C. (2006). Reflections of other minds: How primate social cognition can inform the function of mirror neurons. *Current Opinion in Neurobiology*, *16*, 230-34.

Lyons, D. E., Young, A. G. und Keil, F. C. (2007). The hidden structure of overimitation. *Proceedings of the National Academy of Sciences of the United States of America*, *104* (50), 19751-56.

Machiavelli, N. (1513/2019). *Der Fürst*. Hg. v. E. Rudolph. Hamburg: Meiner.

Mannle, S., Barton, M. und Tomasello, M. (1992). Two-year-olds conversations with their mothers and preschool-aged siblings. *First Language*, *12*, 57-71.

Markman, E. (1989). *Categorization and Naming in Children*. Cambridge, MA: MIT Press.

Marlowe, F.W., Berbesque, J. C., Barr, A., Barrett, C., Bolyanatz, A., Cardenas, J. C., Ensminger, J., Gurven, M., Gwako, E., Henrich, J., Henrich, N., Lesorogol, C., McElreath, R. und Tracer, D. (2008). More ›altruistic‹ punishment in larger societies. *Proceedings of the Royal Society B, Biological Sciences*, *275*, 587-90.

Martin, A. und Olson, K. R. (2013). When kids know better: Paternalistic helping in 3-year-old children. *Developmental Psychology*, *49* (11), 2071-81.

Masangkay, Z. S., McCluskey, K. A., McIntyre, C.W., Sims-Knight, J., Vaughn, B. E. und Flavell, J. H. (1974). The early development of in-

ferences about the visual percepts of others. *Child Development, 45*, 357-66.
Matsui, T., Rakoczy, H., Miura, Y. und Tomasello, M. (2009). Understanding of speaker certainty and false-belief reasoning: A comparison of Japanese and German preschoolers. *Developmental Science, 12* (4), 602-13.
Matthews, D., Behne, T., Lieven, E. und Tomasello, M. (2012). Origins of the human pointing gesture: A training study. *Developmental Science, 15*, 817-29.
Matthews, D., Lieven, E., Theakston, A. L. und Tomasello, M. (2006). The effect of perceptual availability and prior discourse on young children's use of referring expression. *Applied Psycholinguistics, 27* (3), 403-22.
Matthews, D., Lieven, E., und Tomasello, M. (2010). What's in a manner of speaking? Children's sensitivity to partner-specific referential precedents. *Developmental Psychology, 46* (4), 749-60.
Maynard Smith, J. und Szathmáry, M. (1995). *Major Transitions in Evolution.* New York: Oxford University Press; dt.: *Evolution: Prozesse, Mechanismen, Modelle,* übers. v. I. Raschke, Heidelberg: Spektrum-Verlag, 1996.
McAuliffe, K., Blake, P. R., Steinbeis, N. und Warneken, F. (2017). The developmental foundations of human fairness. *Nature Human Behavior*, 1: 0042; DOI: 10.1038/s41562-016-0042.
McAuliffe, K., Jordan, J. und Warneken, F. (2015). Costly third-party punishment in young children. *Cognition, 134*, 1-10.
McAuliffe, K., Raihani, N. J. und Dunham, Y. (im Druck). Children are sensitive to norms of giving. *Cognition.*
McGrew, W. C. (1989). Why is ape tool-use so confusing? In: V. Standen und R. A. Foley (Hg.) *Comparative Socioecology: The Behavioural Ecology of Humans and other Mammals*, 457-72. Oxford: Blackwell.
McGuigan, N. und Doherty, M. J. (2002). The relation between hiding skill and judgment of eye direction in preschool children. *Developmental Psychology, 38* (3), 418-27.
McGuigan, N., Makinson, J. und Whiten, A. (2011) From over-imitation to super-copying: Adults imitate causally irrelevant aspects of tool use with higher fidelity than young children. *British Journal of Psychology, 102* (1), 1-18.
McGuigan, N. und Stevenson, A. (2016). Does the age and familiarity of the informant group influence the tendency of 3- and 4-year-old children to conform? *Journal of Genetic Psychology, 177* (4), 122-30.
Mejia-Arauz, R., Rogoff, B., Dexter, A. und Najafi, B. (2007). Cultural variation in children's social organization. *Child Development, 78* (3), 1001-14.
Melis, A. P., Call, J. und Tomasello, M. (2006a). Chimpanzees (*Pan troglodytes*) conceal visual and auditory information from others. *Journal of Comparative Psychology, 120* (2), 154-62.

– (2010). 36-Month-olds conceal visual and auditory information from others. *Developmental Science, 13* (3), 479-89.

Melis, A. P., Floedl, A. und Tomasello, M. (2015). Non-egalitarian allocations among preschool peers in a face-to-face bargaining task. *PLoS One, 10* (3): e0120494.

Melis, A., Grocke, P., Kalbitz, J. und Tomasello, M. (2016). One for you, one for me: Humans' unique turn-taking skills. *Psychological Science, 27*, 987-96.

Melis, A. P., Hare, B. und Tomasello, M. (2006b). Chimpanzees recruit the best collaborators. *Science, 311* (5765), 1297-300.

– (2006c). Engineering cooperation in chimpanzees: Tolerance constraints on cooperation. *Animal Behaviour, 72* (2), 275-86.

– (2009). Chimpanzees coordinate in a negotiation game. *Evolution and Human Behavior, 30* (6), 381-92.

Melis, A. P. und Tomasello, M. (2013). Chimpanzees' (*Pan troglodytes*) strategic helping in a collaborative task. *Biology Letters, 9*: 20130009.

Melis, A. P., Warneken, F., Jensen, K., Schneider, A.-C., Call, J. und Tomasello, M. (2011). Chimpanzees help conspecifics obtain food and non-food items. *Proceedings of the Royal Society B, Biological Sciences, 278* (1710), 1405-13.

Meltzoff, A. (1995). Understanding the intentions of others: Re-enactment of intended acts by 18-month-old children. *Developmental Psychology, 31*: 1-16.

– (2007). The ›like me‹ framework for recognizing and becoming an intentional agent. *Acta Psychologica, 124*, 26-43.

Mercier, H., Bernard, S. und Clément, F. (2014). Early sensitivity to arguments: How preschoolers weight circular arguments. *Journal of Experimental Child Psychology, 125*, 102-9.

Mercier, H. und Sperber, D. (2011). Why do humans reason? Arguments for an argumentative theory. *Behavioral and Brain Science, 34* (2), 57-74.

Meyer, J. A. und Hobson, R. P. (2004). Orientation in relation to self and other: The case of autism. *Interaction Studies, 5* (2), 221-44.

Milligan, K., Astington, J. W. und Dack, L. A. (2007). Language and theory of mind: Metaanalysis of the relation between language ability and false-belief understanding. *Child Development, 78* (2), 622-46.

Misch, A., Over, H. und Carpenter, M. (2014). Stick with your group: Young children's attitudes about group loyalty. *Journal of Experimental Child Psychology, 126*, 19-36.

Moll, H., Carpenter, M. und Tomasello, M. (2007). Fourteen-month-olds know what others experience only in joint engagement. *Developmental Science, 10* (6), 826-35.

– (2014). Two- and three-year-olds know what others have and have not heard. *Journal of Cognition and Development, 15* (1), 12-21.
Moll, H. und Kadipasaoglu, D. (2013). The primacy of social over visual perspective-taking. *Frontiers in Human Neuroscience, 7*, 558.
Moll, H., Koring, C., Carpenter, M. und Tomasello, M. (2006). Infants determine others' focus of attention by pragmatics and exclusion. *Journal of Cognition and Development, 7* (3), 411-30.
Moll, H. und Meltzoff, A. N. (2011). How does it look? Level 2 perspective taking at 36 months of age. *Child Development, 82* (2), 661-73.
Moll, H., Meltzoff, A. N., Merzsch und Tomasello, M. (2013). Taking versus confronting visual perspectives in preschool children. *Developmental Psychology, 49* (4), 646-54.
Moll, H., Richter, N., Carpenter, M. und Tomasello, M. (2008). Fourteen-month-olds know what »we« have shared in a special way. *Infancy, 13* (1), 90-101.
Moll, H. und Tomasello, M. (2004). 12- and 18-month-old infants follow gaze to spaces behind barrier. *Developmental Science, 7* (1): F1–F9.
– (2006). Level 1 perspective-taking at 24 months of age. *British Journal of Developmental Psychology, 24* (3), 603-13.
– (2007a). Cooperation and human cognition: The Vygotskian intelligence hypothesis. *Philosophical Transactions of the Royal Society B, Biological Sciences, 362* (1480), 639-48.
– (2007b). How 14- and 18-month-olds know what others have experienced. *Developmental Psychology, 43* (2), 309-17.
– (2012). Three-year-olds understand appearance and reality – just not about the same object at the same time. *Developmental Psychology, 48* (4), 1124-32.
Moore, C. (2009). Fairness in children's resource allocation depends on the recipient. *Psychological Science, 20* (8), 944-48.
Mueller, M. N. und Mitani, J. C. (2005). Conflict and cooperation in wild chimpanzees. *Advances in the Study of Behavior, 35*, 275-331.
Mugny, G. und Doise, W. (1978). Socio-cognitive conflict and structure of individual and collective performances. *European Journal of Social Psychology, 8* (2), 181-92.
Mundy, P. (2003). Annotation: the neural basis of social impairments in autism: The role of the dorsal medial-frontal cortex and anterior cingulate system. *Journal of Child Psychology and Psychiatry, 44* (6), 793-809.
Mundy, P. und Newell, L. (2007). Attention, joint attention, and social cognition. *Current Directions in Psychological Science, 16* (5), 269-74.
Mundy, P., Sigman, M. und Kasari, C. (1990). A longitudinal study of joint attention and language development in autistic children. *Journal of Autism and Developmental Disorders, 20* (1), 115-28.

Murray, L. und Trevarthen, C. (1985). Emotional regulation of interactions between two-month-olds and their mothers. In: T.M. Field und N.A. Fox (Hg.) *Social Perception in Infants*, 177-97. Norwood, NJ: Ablex.
Myowa, M. (1996). Imitation of facial gestures by an infant chimpanzee. *Primates, 37*, 207-13.
Myowa-Yamakoshi, M., Tomonaga. M., Tanaka, M. und Matsuzawa, T. (2004). Imitation in neo-natal chimpanzees (*Pan troglodytes*). *Developmental Science, 7* (4), 437-42.

Nadel, J. (2002). Imitation and imitation recognition: Functional use in preverbal infants and non-verbal children with autism. In: A. Meltzoff und W. Prinz (Hg.), *The Imitative Mind: Development, Evolution, and Brain Bases*, 42-62. Cambridge: Cambridge University Press.
Nagel, T. (1970). *The Possibility of Altruism.* Princeton: Princeton University Press; dt.: *Die Möglichkeit des Altruismus*, übers. v. M. Gebauer und H.-P. Schütt, Berlin, Wien: Philo, 2005.
– (1986). *The View from Nowhere*, New York: Oxford University Press; dt.: *Der Blick von nirgendwo*, übers. v. M. Gebauer, Frankfurt: Suhrkamp, 1992.
Nagell, K., Olguin, R. und Tomasello, M. (1993). Processes of social learning in the tool use of chimpanzees (*Pan troglodytes*) and human children (*Homo sapiens*). *Journal of Comparative Psychology, 107*, 174-86.
Neary, K.R. und Friedman, O. (2013). The origin of children's appreciation of ownership rights. In: M.R. Banaji and S.A. Gelman (Hg.), *Navigating the Social World: What infants, Children, and Other Species Can Teach Us*, 356-60. Oxford: Oxford University Press.
Neary, K.R., Friedman, O. und Burnstein, C.L. (2009). Preschoolers infer ownership from »control of permission«. *Developmental Psychology, 45*, 873-76.
Nelson, P.B., Adamson, L.B. und Bakeman, R. (2008). Toddlers' joint engagement experience facilitates preschoolers' acquisition of theory of mind. *Developmental Science, 11*, (6), 847-52.
Ng, R., Heyman, G.D. und Barner, D. (2011). Collaboration promotes proportional reasoning about resource distribution in young children. *Developmental Psychology, 47* (5), 1230-38.
Nichols, S., Svetlova, M. und Brownell, C. (2009). The role of social understanding and empathic disposition in young children's responsiveness to distress in parents and peers. *Cognition, Brain, Behavior, 4*, 449-78.
Nielsen, M. (2006). Copying actions and copying outcomes: Social learning through the second year. *Developmental Psychology, 42*, 555-65.
Nielsen, M. und Hudry, K. (2010). Over-imitation in children with autism and Down syndrome. *Australian Journal of Psychology, 62*, 67-74.

Nielsen, M., Simcock, G. und Jenkins, L. (2008). The effect of social engagement on 24-month-olds' imitation from live and televised models. *Developmental Science, 11*, 722-31.
Nielsen, M. und Tomaselli, K. (2010). Overimitation in Kalahari Bushman children and the origins of human cultural cognition. *Psychological Science, 21* (5), 729-36.
Nielsen, M., Tomaselli, K., Mushin, I. und Whiten, A. (2014). Where culture takes hold: »Overimitation« and its flexible deployment in Western, Aboriginal, and Bushmen children. *Child Development, 85*, 2169-84.
Ninio, A. (2016). Bids for joint attention by parent-child dyads and by dyads of young peers in interaction. *Journal of Child Language, 43*, 135-56.
Noyes, A. und Dunham, Y. (2017). Mutual intentions as a causal framework for social groups. *Cognition, 162*, 133-42.

Okamoto, S., Tanaka, M. und Tomonaga, M. (2004). Looking back: The »representational mechanism« of joint attention in an infant chimpanzee (*Pan troglodytes*). *Japanese Psychological Research, 46* (3), 236-45.
Okamoto-Barth, S., Call, J. und Tomasello, M. (2007). Great apes' understanding of other individuals' line of sight. *Psychological Science, 18* (5), 462-68.
Oktay-Gür, N., Schulz, A. und Rakoczy, H. (2018). Children exhibit different performance patterns in explicit and implicit theory of mind tasks. *Cognition, 173*, 60-74.
Olson, K. R. und Spelke, E. S. (2008). Foundations of cooperation in young children. *Cognition, 108* (1), 222-31.
O'Madagain, C., Helming, K. und Tomasello, M. (im Erscheinen). Young children understand their own beliefs as corrigible.
O'Madagain, C. und Tomasello, M. (im Erscheinen). Joint attention to mental content.
Onishi, K. H. und Baillargeon, R. (2005). Do 15-month-old infants understand false beliefs? *Science, 308*, 255-58.
Over, H. und Carpenter, M. (2012). Putting the social into social learning: Explaining both selectivity and fidelity in children's copying behavior. *Journal of Comparative Psychology, 126* (2), 182-92.
Over, H., Vaish, A. und Tomasello, M. (2016). Do young children accept responsibility for the negative actions of ingroup members? *Cognitive Development, 40*, 24-32.
Ozcaliskan, S. und Goldin-Meadow, S. (2005). Gesture is at the cuttimg edge of language development. *Cognition, 96*, B101-13.

Paulus, M. (2014). The emergence of prosocial behavior: Why do infants and toddlers help, comfort, and share? *Child Development Perspectives*, *8*, 77-81.

Paulus, M., Gillis, S., Li, J. und Moore, C. (2013). Preschool children involve a third party in a dyadic sharing situation based on fairness. *Journal of Experimental Child Psychology*, *116* (1), 78-85.

Perner, J. und Roessler, J. (2012). From infants' to children's appreciation of belief. *Trends in Cognitive Sciences*, *16* (10), 519-25.

Perry, S., Baker, M., Fedigan, L., Gros-Louis, J., Jack, K., MacKinnon, K.C. und Rose, L. (2003). Social conventions in wild white-faced capuchin monkeys. *Current Anthropology*, *44* (2), 241-68.

Peterson, C.C. und Siegal, M. (1995). Deafness, conversation and theory of mind. *Journal of Child Psychology and Psychiatry*, *36*, 459-74.

Piaget, J. (1932/1973). *Das moralische Urteil beim Kinde*, übers. v. L. Goldmann, Frankfurt/M.: Suhrkamp.

– (1965/1995). Problems of the social psychology of childhood. In: L. Smith (Hg.), *Sociological Studies*, übers v. T. Brown et al., 287-318. London: Routledge.

– (1965/1995). *Sociological Studies.* New York: Routledge.

– (1970). Piaget's theory. In: P.H. Mussen (Hg.), *Carmichael's Handbook of Child Psychology*, 703-32. New York: Wiley.

– 1977. *Die Entwicklung des Erkennens*, übers. v. F. Kubli, Stuttgart: Klett-Cotta.

Pine, K.J. und Messer, D.J. (1998). Group collaboration effects and the explicitness of children's knowledge. *Cognitive Development*, *13* (1), 109-26.

Pinker, S. (1991). Rules of language. *Science*, *253*, 530-35.

Plötner, M., Over, H., Carpenter, M. und Tomasello, M. (2015a). The effects of collaboration and minimal-group membership on children's prosocial behavior, liking, affiliation, and trust. *Journal of Experimental Child Psychology*, *139*, 161-73.

– (2015b). Young children show the bystander effect in helping situations. *Psychological Science*, *26* (4), 499-506.

Poti, P. und Langer, J. (2001). Spontaneous spatial constructions by chimpanzees (*Pan troglodytes, Pan paniscus*). *Developmental Science*, *4* (4), 474-84.

Povinelli, D.J. und Vonk, J. (2003). Chimpanzee minds: Suspiciously human? *Trends in Cognitive Science*, *7*, 157-60.

– (2004). We don't need a microscope to explore the chimpanzee's mind. *Mind and Language*, *19*, 1-28.

Powell, L.J. und Carey, S. (2017). Executive function depletion in children and its impact on theory of mind. *Cognition*, *164*, 150-62.

Powell, L. J. und Spelke, E. S. (2013). Preverbal infants expect members of social groups to act alike. *Proceedings of the National Academy of Sciences of the United States of America, 110* (41): E3965-72.

Proctor, D., Williamson, R. A., de Waal, F. B. M. und Brosnan, S. F. (2013). Chimpanzees play the ultimatum game. *Proceedings of the National Academy of Sciences of the United States of America, 110* (6), 2070-75.

Pyers, J. E. und Senghas, A. (2009). Language promotes false-belief understanding: Evidence from learners of a new sign language. *Psychological Science, 20* (7): 805-12.

Rakoczy, H. (2015). In defense of a developmental dogma: Children acquire propositional attitude folk psychology around age 4. *Synthese, 194* (3), 689-707.

Rakoczy, H., Clüver, A., Saucke, L., Stoffregen, N., Gräbener, A., Migura, J. und Call, J. (2014). Apes are intuitive statisticians. *Cognition, 131* (1), 60-68.

Rakoczy, H., Hamann, K., Warneken, F. und Tomasello, M. (2010). Bigger knows better: Young children selectively learn rule games from adults rather than from peers. *British Journal of Developmental Psychology, 28* (4), 785-98.

Rakoczy, H., Warneken, F. und Tomasello, M. (2008). The sources of normativity: Young children's awareness of the normative structure of games. *Developmental Psychology, 44* (3), 875-81.

Rapp, D. J., Engelmann, J. M., Herrmann, E. und Tomasello, M. (2017). The impact of choice on young children's prosocial motivation. *Journal of Experimental Child Psychology, 158*, 112-21.

– (im Druck). Young children's reputation management in a peer group context. *Developmental Psychology.*

Rawls, J. (1971). *A Theory of Justice.* Cambridge, MA: Harvard University Press, dt.: *Eine Theorie der Gerechtigkeit*, 20. Aufl., übers v. H. Vetter, Frankfurt/M.: Suhrkamp, 2017.

Rekers, Y., Haun, D. B. M. und Tomasello, M. (2011). Children, but not chimpanzees, prefer to collaborate. *Current Biology, 21* (20), 1756-58.

Rendell, L. und Whitehead, H. (2001). Culture in whales and dolphins. *Behavioral and Brain Science, 24*, 309-82.

Rhodes, M. und Chalik, L. (2013). Social categories as markers of intrinsic interpersonal obligations. *Psychological Science, 24* (6), 999-1006.

Richerson, P. und Boyd, R. (2005). *Not by Genes Alone: How Culture Transformed Human Evolution.* Chicago: University of Chicago Press.

Riedl, K., Jensen, K., Call, J. und Tomasello, M. (2012). No third-party punishment in chimpanzees. *Proceedings of the National Academy of Sciences of the United States of America, 109* (37), 14824-29.

– (2015). Restorative justice in children. *Current Biology, 25* (13), 1731-35.
Riggs, A. E. und Young, A. G. (2016). Developmental changes in children's normative reasoning across learning contexts and collaborative roles. *Developmental Psychology, 52* (8), 1236-46.
Rivas, E. (2005). Recent use of signs by chimpanzees (*Pan Troglodytes*) in interactions with humans. *Journal of Comparative Psychology, 119* (4), 404-17.
Robbins, E. und Rochat, P. (2011). Emerging signs of strong reciprocity in human ontogeny. *Frontiers in Developmental Psychology, 353* (2), 1-14.
Rochat, P. 2001. *The Infant's World.* Cambridge, MA: Harvard University Press.
– (2009). *Others in Mind: Social Origins of Self-Consciousness.* Cambridge: Cambridge University Press.
Rochat, P., M. D. Dias, G., Guo, L., Broesch, T., Passos-Ferreira, C., Winning, A. und Berg, B. (2009). Fairness in distributive justice by 3- and 5-year-olds across seven cultures. *Journal of Cross-Cultural Psychology, 40* (3), 416-42.
Rochat, P., Neisser, U. und Marian, V. (1998). Are young infants sensitive to interpersonal contingency? *Infant Behavior and Development, 21* (2), 355-66.
Rogers, S. und Pennington, B. (1991). A theoretical approach to the deficits in infantile autism. *Developmental Psychology, 3*, 137-62.
Rogoff, B. (1990). *Apprenticeship in Thinking: Cognitive Development in Social Context.* New York: Oxford University Press.
– (2003). *The Cultural Nature of Human Development.* New York: Oxford University Press.
Rogoff, B., Sellers, M. J., Pirrolta, S., Fox, N. und White S. H. (1975). Age and assignment of roles and responsibilities to children: A cross cultural study. *Human Development, 18*, 353-69.
Rollins, P. R. und Snow, C. E. (1998). Shared attention and grammatical development in typical children and children with autism. *Journal of Child Language, 25* (3), 653-74.
Rosati, A. G. (2017). The evolution of primate executive function: From response control to strategic decision-making. In: J. Kaas und L. Krubitzer (Hg.), *The Nervous Systems of Non-Human Primates.* Bd. 3 von *Evolution of Nervous Systems,* 2. Aufl., 423-37. Amsterdam: Elsevier.
Rossano, F., Fiedler, L. und Tomasello, M. (2015). Preschoolers' understanding of the role of communication and cooperation in establishing property rights. *Developmental Psychology, 51* (2), 176-84.
Rossano, F., Rakoczy, H. und Tomasello, M. (2011). Young children's understanding of violations of property rights. *Cognition, 121* (2), 219-27.
Roughley, N. (2015). Resentment, empathy and moral normativity. In:

N. Roughley und T. Schramme (Hg.), *Forms of Fellow Feeling: Sympathy, Empathy, Concern and Moral Agency*, 225-47. Cambridge: Cambridge University Press.
Rubio-Fernandez, P. und Geurts, B. (2013). How to pass the false-belief task before your fourth birthday. *Psychological Science*, *24* (1), 27-33.
Ruffman T., Perner, J., Naito, M., Parkin, L. und Clements, W.A. (1998). Older (but not younger) siblings facilitate false belief understanding. *Developmental Psychology*, *34*, 161-74.

Salali, G.D., Juda, M. und Henrich, J. (2015). Transmission and development of costly punishment in children. *Evolution and Human Behavior*, *36* (2), 86-94.
Savage-Rumbaugh, S., Murphy, J., Sevcik, R., Brakke, K., Williams, S. und Rumbaugh, D. (1993). Language comprehension in ape and child. *Monographs of the Society for Research in Child Development*, *58* (3-4).
Scanlon, T. (1998). *What We Owe to Each Other.* Cambridge, MA: Belknap Press.
Schäfer, M., Haun, D.B.M. und Tomasello, M. (2015). Fair is not fair everywhere. *Psychological Science*, *26* (8), 1252-60.
Schelling, T.C. (1960). *The Strategy of Conflict.* Cambridge, MA: Harvard University Press.
Schieffelin, B.B. und Ochs, E. (1986). Language socialization. *Annual Review of Anthropology*, *15* (1), 163-91.
Schmelz, M., Call, J. und Tomasello, M. (2011). Chimpanzees know that others make inferences. *Proceedings of the National Academy of Sciences of the United States of America*, *108* (7), 3077-79.
Schmelz, M., Grüneisen, S., Kabalak, A., Jost, J. und Tomasello, M. (2017). Chimpanzees return favors at a personal cost. *Proceedings of the National Academy of Sciences of the United States of America*, *114* (28), 7462-67.
Schmerse, D., Lieven, E.V.M.und Tomasello, M. (2014). Discourse particles and belief reasoning: The case of German »doch«. *Journal of Semantics*, *31* (1), 115-33.
Schmidt, M., Butler, L., Heinz, J. und Tomasello, M. (2016a). Young children see a single action and infer a social norm. *Psychological Science*, *27*, 1360-70.
Schmidt, M., Hardecker, S. und Tomasello, M. (2016b). Young children's understanding of cooperatively structured competition. *Journal of Experimental Child Psychology*, *143*, 34-47.
Schmidt, M.F.H., Rakoczy, H. und Tomasello, M. (2011). Young children attribute normativity to novel actions without pedagogy or normative language. *Developmental Science*, *14* (3), 530-39.

– (2012). Young children enforce social norms selectively depending on the violator's group affiliation. *Cognition, 124* (3), 325-33.
– (2013). Young children understand and defend the entitlements of others. *Journal of Experimental Child Psychology, 116* (4), 930-44.
– (2016c). Young children understand the role of agreement in establishing arbitrary norms – but unanimity is key. *Child Development, 87*, 612-26.
– (im Erscheinen). Eighteen month-old infants correct non-conforming actions by others. Schmidt, M.F.H. und Somerville, J.A. (2011). Fairness expectations and altruistic sharing in 15-month-old human infants. *PLoS One, 6* (10), e23223.
Schmidt, M., Svetlova, M., Johe, J. und Tomasello, M. (2016d). Children's developing understanding of legitimate reasons for allocating resources unequally. *Journal of Experimental Child Psychology, 37*, 42-52.
Schneider, C., Call, J. und Liebal, K. (2012). Onset and early use of gestural communication in non-human great apes. *American Journal of Primatology, 74* (2), 102-13.
Schulze, C. und Tomasello, M. (2015). 18-Month-olds comprehend indirect communicative acts. *Cognition, 136*, 91-98.
Schwier, C., Van Maanen, C., Carpenter, M. und Tomasello, M. (2006). Rational imitation in 12-month-old infants. *Infancy, 10* (3), 303-11.
Searle, J.R. (1995). *The Construction of Social Reality*, New York: Free Press; dt.: *Die Konstruktion der gesellschaftlichen Wirklichkeit*, übers. v. M. Suhr, Berlin: Suhrkamp, 2013.
– (2001). *Rationality in Action*. Cambridge, MA: MIT Press.
– 2010. *Making the Social World: The Structure of Human Civilization*. Oxford University Press; dt.: *Wie wir die soziale Welt machen; die Struktur der menschlichen Zivilisation*, übers. v. J. Schulte, Berlin: Suhrkamp, 2017.
Shaw, A. und Olson, K.R. (2014). Children discard a resource to avoid inequality. *Journal of Experimental Psychology: General, 141*, 382-95.
– Fairness as an aversion to partiality: The development of procedural justice. *Journal of Experimental Child Psychology, 119*, 40-53.
Shweder, R.A. (1991). *Thinking through Cultures: Expeditions in Cultural Psychology*. Cambridge, MA: Harvard University Press.
Silk, J.B., Brosnan, S.F., Vonk, J., Henrich, J., Povinelli, D.J., Richardson, A.F., Lambeth, S.P., Mascaro, J. und Schapiro, S.J. (2005). Chimpanzees are indifferent to the welfare of other group members. *Nature, 435*, 1357-59.
Siller, M. und Sigman, M. (2008). Modeling longitudinal change in the language abilities of children with autism: Parent behaviors and child characteristics as predictors of change. *Developmental Psychology, 44* (6), 1691-704.

Silva, K. G., Correa-Chávez, M. und Rogoff, B. (2010). Mexican-heritage children's attention and learning from interactions directed to others. *Child Development*, *81* (3), 898-912.

Smith, A. 1759/1982. *The Theory of Moral Sentiments.* Indianapolis: Liberty Classics; dt.: *Theorie der ethischen Gefühle*, auf der Grundlage der Übersetzung v. W. Eckstein neu hg. v. H. D. Brandt, Hamburg: Meiner, 2010.

Smith, C., Blake, P. R. und Harris, P. L. (2013). I should but I won't: Why young children endorse norms of fair sharing but do not follow them. *PloS One*, *8* (8), e59510.

Smith, L. B., Jones, S. S. und Landau, B. (1996). Naming in young children: A dumb attentional mechanism? *Cognition*, *60* (2), 143-71.

Smith, L. B., Suanda, S. H. und Yu, C. (2014). The unrealized promise of infant statistical word-referent learning. *Trends in Cognitive Sciences*, *18*, 251-58.

Sodian, B., Licata, M., Kristen-Antonow, S., Paulus, M., Killen, M. und Woodward, A. (2016). Understanding of goals, beliefs, and desires predicts morally relevant theory of mind: A longitudinal investigation. *Child Development*, *87* (4), 1221-32.

Southgate, V., Senju, A. und Csibra, G. (2007). Action anticipation through attribution of false belief by 2-year-olds. *Psychological Science*, *18* (7), 587-92.

Spelke, E. S. (2009). Commentary. In: M. Tomasello, *Why We Cooperate*, 149-72. Cambridge, MA: MIT Press.

– (2015). Core knowledge and conceptual change: The concept ›person‹. Konferenzvortrag für *The Nature and Origins of Human Cognition.* Berlin School of Mind and Brain, Humboldt-Universität, Berlin.

Sperber, D., Clément, F., Heintz, C., Mascaro, O., Mercier, H., Origgi, G. und Wilson, D. (2010). Epistemic vigilance. *Mind and Language*, *25*, 359-93.

Sperber, D. und Wilson, D. (1986). *Relevance: Communication and Cognition.* Cambridge, MA: Harvard University Press.

Stern, D. N. (1985). *The Interpersonal World of the Infant: A View from Psychoanalysis and Developmental Psychology.* New York: Basic.

Strawson, P. F. (1962). Freedom and resentment. *Proceedings of the British Academy*, *48*, 1-25.

Striano, T., Tomasello, M. und Rochat, P. (2001). Social and object support for early symbolic play. *Developmental Science*, *4* (4), 442-55.

Svetlova, M. und Brownell, C. (im Erscheinen). Three-year-olds favor those in need.

Svetlova, M., Nichols, S. und Brownell, C. (2010). Toddlers' prosocial behavior: From instrumental to empathic to altruistic helping. *Child Development*, *81* (6), 1814-27.

Tangney, J.P. und Dearing, R.L. (2004). *Shame and Guilt.* New York: Guilford Press.

Tanner, J.E. und Byrne, R.W. (1996). Representation of action through iconic gesture in a captive lowland gorilla. *Current Anthropology, 37*, 162-69.

Tennie, C., Call, J. und Tomasello, M. (2006). Push or pull: Imitation vs. emulation in great apes and human children. *Ethology, 112* (12), 1159-69

– (2009). Ratcheting up the ratchet. On the evolution of cumulative culture. *Philosophical Transactions of the Royal Society B, Biological Sciences, 364* (1528), 2405-15.

Tennie, C., Walter, V., Gampe, A., Carpenter, M. und Tomasello, M. (2014). Limitations to the cultural ratchet effect in young children. *Journal of Experimental Child Psychology, 126*, 152-60.

Thornton, A. und Raihani, N.J. (2008). The evolution of teaching. *Animal Behaviour, 75* (6): 1823-36.

Tincoff, R. und Jusczyk, P.W. (1999). Some beginnings of word comprehension in six-month-olds. *Psychological Science, 10*, 172-75.

Tomasello, M. (1988). The role of joint attentional process in early language development. *Language Sciences, 10*, 69-88.

– (1992). *First Verbs: A Case Study of Early Grammatical Development.* Cambridge: Cambridge University Press.

– (1995). Joint attention as social cognition. In: C. Moore und P.J. Dunham (Hg.) *Joint Attention: Its Origins and Role in Development*, 103-30. Hillsdale, NJ: Lawrence Erlbaum.

– (1996). Do apes ape? In: J. Galef and C. Heyes (Hg.), *Social Learning in Animals: The Roots of Culture*. San Diego, CA: Academic Press.

– (1998). Reference: Intending that others jointly attend. *Pragmatics and Cognition, 6*, 229-44.

– (1999). *The Cultural Origins of Human Cognition.* Cambridge, MA: Harvard University Press; dt.: *Die kulturelle Entwicklung des menschlichen Denkens; zur Evolution der Kognition*, übers. v. J. Schröder, Frankfurt/M.: Suhrkamp, 2002.

– (2000). The social-pragmatic theory of word learning. *Pragmatics, 10*, 401-14.

– (2001). Perceiving intentions and learning words in the second year of life. In: M. Bowerman und S. Levinson (Hg.), *Language Acquisition and Conceptual Development*, 132-58. Cambridge: Cambridge University Press.

– (2003). *Constructing a Language: A Usage-Based Theory of Language Acquisition.* Cambridge, MA: Harvard University Press.

– (2005). Beyond formalities: The case of language acquisition. *Linguistic Review, 22* (2-4), 183-97.

– (2006). Why don't apes point? In: N. J. Enfield und S. C. Levinson (Hg.) *Roots of Human Sociality: Culture, Cognition and Interaction*, 506-30. Oxford: Berg.
– (2008). *Origins of Human Communication.* Cambridge, MA: MIT Press; dt.: *Die Ursprünge der menschlichen Kommunikation*, übers. v. J. Schröder, Frankfurt/M.: Suhrkamp, 2009.
– (2011). Human culture in evolutionary perspective. In: M. Gelfand (Hg.), *Advances in Culture and Psychology*, 5-51. Oxford: Oxford University Press.
– (2014). *A Natural History of Human Thinking.* Cambridge, MA: Harvard University Press; dt.: *Eine Naturgeschichte des menschlichen Denkens*, übers. v. J. Schröder, Berlin: Suhrkamp, 2014.
– (2016). *A Natural History of Human Morality.* Cambridge, MA: Harvard University Press; dt.: *Eine Naturgeschichte der menschlichen Moral*, übers. v. J. Schröder, Berlin: Suhrkamp, 2016.
– (2017). What did we learn from the ape language studies? In: B. Hare und S. Yamamoto (Hg.), *Bonobos: Unique in Mind, Brain, and Behaviour*, 75-104. Oxford: Oxford University Press.
– (im Druck). How children come to understand false beliefs: A shared intentionality account. *Proceedings of the National Academy of Sciences.*
Tomasello, M. und Akhtar, N. (2000). Five questions for any theory of word learning. In: R. Golinkoff und K. Hirsh-Pasek (Hg.), *Becoming a Word Learner: A Debate on Lexical Acquisition*, 115-36. Oxford: Oxford University Press.
Tomasello, M., Call, J., Nagell, K., Olguin, R. und Carpenter, M. (1994). The learning and use of gestural signals by young chimpanzees: A transgenerational study. *Primates*, *37*, 137-54.
Tomasello, M. und Carpenter, M. (2005a). The emergence of social cognition in three young chimpanzees. *Monographs of the Society for Research in Child Development*, *70* (1), vii-132.
– (2005b). Intention-reading and imitative learning. In: S. Hurley und N. Chater (Hg.), *Perspectives on Imitation*, 133-48. Oxford: Oxford University Press.
Tomasello, M., Carpenter, M., Behne, T. M. und Moll, H. (2005). Understanding and sharing intentions: The origins of cultural cognition. *Behavioral and Brain Sciences*, *28* (5), 675-91.
Tomasello, M., Carpenter, M. und Lizskowski, U. (2007a). A new look at infant pointing. *Child Development*, *78*, 705-22.
Tomasello, M. und Farrar, J. (1986). Object permanence and relational words: A lexical training study. *Journal of Child Language*, *13*, 495-506.
Tomasello, M., Farrar, J. und Dines, J. (1984). Children's speech revisions for

a familiar and an unfamiliar adult. *Journal of Speech and Hearing Research*, *27*, 359-63.

Tomasello, M., George, B., Kruger, A., Farrar, J. und Evans, A. (1985). The development of gestural communication in young chimpanzees. *Journal of Human Evolution*, *14*, 175-86.

Tomasello, M. und Gonzalez-Cabrera, I. (2017). The role of ontogeny in the evolution of human cooperation. *Human Nature*, *28*, 274-88.

Tomasello, M., Gust, D. und Frost, T. (1989). A longitudinal investigation of gestural communication in young chimpanzees. *Primates*, *30*, 35-50.

Tomasello, M. und Haberl, K. (2003). Understanding attention: 12- and 18-month-olds know what's new for other persons. *Developmental Psychology*, 39, 906-12.

Tomasello, M., Hare, B. und Fogleman, T. (2001). The ontogeny of gaze following in chimpanzees and rhesus macaques. *Animal Behaviour*, *61* (2), 335-43.

Tomasello, M., Hare, B., Lehmann, H. und Call, J. (2007b). Reliance on head versus eyes in gaze following of great apes and human infants: The cooperative eye hypothesis. *Journal of Human Evolution*, *52*, 314-20.

Tomasello, M., Kruger, A. und Ratner, H. (1993a). Cultural learning. *Behavioral and Brain Sciences*, *16*, 495-552.

Tomasello, M., Melis, A., Tennie, C., Wyman, E. und Herrmann, E. (2012). Two key steps in the evolution of human cooperation: The interdependence hypothesis. *Current Anthropology*, *53* (6): 673-92.

Tomasello, M. und Moll, H. (2013). Why don't apes understand false beliefs? In: M.R. Banaji und S.A. Gelman (Hg.), *Navigating the Social World: What Infants, Children, and Other Species Can Teach Us*, 81-88. Oxford: Oxford University Press.

Tomasello, M. und Rakoczy, H. (2003). What makes human cognition unique? From individual to shared to collective intentionality. *Mind and Language*, *18* (2), 121-47.

Tomasello, M., Savage-Rumbaugh, S. und Kruger, A. (1993b). Imitative learning of actions on objects by children, chimpanzees and enculturated chimpanzees. *Child Development*, *64*, 1688-705.

Tomasello, M., Striano, T. und Rochat, P. (1999). Do young children use objects as symbols? *British Journal of Developmental Psychology*, *17*, 563-84.

Tomasello, M., Strosberg, R. und Akhtar, N. (1996). Eighteen-month-old children learn words in non-ostensive contexts. *Journal of Child language*, *23*, 157-76.

Tomasello, M. und Todd, J. (1983). Joint attention and lexical acquisition style. *First Language*, *4*, 197-212.

Tomonoga, M., Myowa-Yamakoshi, Mizuno, Y., Yamaguchi, M., Kosugi, D., Bard, K., Tanaka, M. und Matsuzawa, T. (2004). Development of social cognition in infant chimpanzees: Face recognition, smiling, gaze and the lack of triadic interactions. *Japanese Psychological Research, 46*, 227-35.

Tooby, J. und Cosmides, L. (2005). Conceptual foundations of evolutionary psychology. In: D. Buss (Hg.), *Handbook of Evolutionary Psychology*, 5-67, Hoboken: Wiley.

Trevarthen, C. (1979). Communication and cooperation in early infancy: A description of primary intersubjectivity. In: M. Bullowa (Hg.), *Before Speech: The Beginning of Interpersonal Communication*, 321-47. Cambridge: Cambrige University Press.

Tronick, E. Z. (1989). Emotions and emotional communication in infants. *American Psychologist, 44* (2), 112-19.

Tuomela, R. (2007). *The Philosophy of Sociality: The Shared Point of View*. Oxford: Oxford University Press.

Turiel, E. (2006). The development of morality. In: N. Eisenberg (Hg.), *Social, Emotional, and Personality Development*. Bd. 3 des *Handbook of Child Psychology*, 6. Aufl., 789-857. New York: Wiley.

Ueno, A. und Matsuzawa, T. (2004). Food transfer between chimpanzee mothers and their infants. *Primates, 45*, 231-39.

Ulber, J., Hamann, K. und Tomasello, M. (2015). How 18- and 24-month-old peers divide resources among themselves. *Journal of Experimental Child Psychology, 140*, 228-44.

– (2016). Extrinsic rewards diminish costly sharing in 3-year-olds. *Child Development, 87* (4), 1192-203.

Ulber, J. und Tomasello, M. (2017). Young children, but not chimpanzees, are averse to disadvantageous and advantageous inequities. *Journal of Experimental Child Psychology, 155*, 48-66.

Vaish, A., Carpenter, M. und Tomasello, M. (2009). Sympathy through affective perspective-taking and its relation to prosocial behavior in toddlers. *Developmental Psychology, 45* (2), 534-43.

– (2010). Young children selectively avoid helping people with harmful intentions. *Child Development, 81* (6), 1661-69.

– (2011a). Young children's response to guilt displays. *Developmental Psychology, 47* (5), 1248-62.

– (2016). The early emergence of guilt-motivated prosocial behavior. *Child Development, 87* (6), 1772-82.

Vaish, A., Missana, M. und Tomasello, M. (2011b). Three-year-old children intervene in third-party moral transgressions. *British Journal of Developmental Psychology, 29* (1), 124-30.

Van der Goot, M.H., Tomasello, M. und Liszkowski, U. (2014). Differences in the nonverbal requests of great apes and human infants. *Child Development, 85* (2), 444-55.

Van Schaik, C.P., Ancrenaz, M., Borgen, G., Galdikas, B., Knott, C.D., Singleton, I., Suzuki, A., Utami, S.S. und Merrill, M.Y. (2003). Orangutan cultures and the evolution of material culture. *Science, 299*, 102-5.

Völter, C.J., Rossano, F. und Call, J. (2015). From exploitation to cooperation: Social tool use in orang-utan mother-offspring dyads. *Animal Behaviour, 100*, 126-34.

Vogelsang, M. und Tomasello, M. (2016). Giving is nicer than taking: Preschoolers reciprocate based on the social intentions of the distributor. *PLoS One, 11* (1), e0147539.

Vredenburgh, C., Kushnir, T. und Casasola, M. (2015). Pedagogical cues encourage toddlers' transmission of recently demonstrated functions to unfamiliar adults. *Developmental Science, 18* (4), 645-54.

Vygotskij, L.S. (1929). II. The problem of cultural development of the child. *Pedagogical Seminary and Journal of Genetic Psychology, 36*: 415-34.

– (1930/1978). Mind in Society: The Development of Higher Psychological Processes. Hg. v. M. Cole. Cambridge, MA: Harvard University Press; dt.: *Geschichte der höheren psychischen Funktionen*, übers. v. R. Kämper, Münster u a.: Litt, 1992.

Vygotskij, L.S. und Luria, A.R. (1930/1993). *Studies on the History of Behavior: Ape, Primitive, and Child.* Hg. und übers. von V.I. Golod und J.E. Knox. Hillsdale, NJ: Erlbaum.

Warneken, F. (2013). Young children proactively remedy unnoticed accidents. *Cognition, 126*, (1), 101-8.

Warneken, F., Chen, F. und Tomasello, M. (2006). Cooperative activities in young children and chimpanzees. *Child Development, 77* (3), 640-63.

Warneken, F., Gräfenhain, M. und Tomasello, M. (2012). Collaborative partner or social tool? New evidence for young children's understanding of joint intentions in collaborative activities. *Developmental Science, 15* (1), 54-61.

Warneken, F., Hare, B., Melis, A.P., Hanus, D. und Tomasello, M. (2007). Spontaneous altruism by chimpanzees and young children. *PLoS Biology, 5* (7), 1414-20.

Warneken, F., Lohse, K., Melis, A.P. und Tomasello, M. (2011). Young children share the spoils after collaboration. *Psychological Science, 22* (2), 267-73.

Warneken, F., Steinwender, J., Hamann, K. und Tomasello, M. (2014). Young children's planning in a collaborative problem-solving task. *Cognitive Development*, *31*, 48-58.
Warneken, F. und Tomasello, M. (2006). Altruistic helping in human infants and young chimpanzees. *Science*, *31*, 1301-03.
– (2007). Helping and cooperation at 14 months of age. *Infancy*, *11*, 271-94.
– (2008). Extrinsic rewards undermine altruistic tendencies in 20-month-olds. *Developmental Psychology*, *44*: 1785-88.
– (2009a). Roots of human altruism. *British Journal of Psychology*, *100*, 455-71.
– (2009b). Varieties of altruism in children and chimpanzees. *Trends in Cognitive Science*, *13*, 397-402.
– (2013a). The emergence of contingent reciprocity in young children. *Journal of Experimental Child Psychology*, *116*, 338-50.
– (2013b). Parental presence and encouragement do not influence helping in young children. *Infancy*, *18* (3), 345-68.
Watson-Jones, R., Legare, C., Whitehouse, H. und Clegg, J. (2014). Task-specific effects of ostracism on imitation in early childhood. *Evolution and Human Behavior*, *35*, 204-10.
Wellman, H. M., Cross, D. und Watson, J. (2001). Meta-analysis of theory-of-mind development: The truth about false belief. *Child Development*, *72*, 655-84.
Wellman, H. M., Lopez-Duran, S., LaBounty, S. und Hamilton, B. (2008). Infant attention to intentional action predicts preschool theory of mind. *Developmental Psychology*, *44* (2), 618-23.
Werner, H. und Kaplan, B. (1963). *Symbol Formation.* New York: Wiley.
West-Eberhard, M. J. (1979). Sexual selection, social competition, and evolution. *Proceedings of the American Philosophical Society*, *51* (4), 222-34.
– (2003). *Developmental Plasticity and Evolution.* Oxford: Oxford University Press.
Whiten, A., Custance, D. M., Gomez, J. C., Teixidor, P. und Bard, K. A. (1996). Imitative learning of artificial fruit processing in children and chimpanzees. *Journal of Comparative Psychology*, *110*, 3-14.
Whiten, A., Goodall, J., McGrew, W. C., Nishida, T., Reynolds, V., Sugiyama, Y., Tutin, C. E. G., Wrangham, R. und Boesch, C. (1999). Cultures in chimpanzees. *Nature*, *399*, 682-85.
Whiten, A., Horner, V. und de Waal, F. B. M. (2005). Conformity to cultural norms of tool use in chimpanzees. *Nature*, *437*, 737-40.
Whiten, A., McGuigan, N., Marshall-Pescini, S. und Hopper, L. M. (2009). Emulation, imitation, over-imitation and the scope of culture for child and chimpanzee. *Philosophical Transactions of the Royal Society B, Biological Sciences*, *364* (1528), 2417-28.

Wilson, E. O. (1998). *Consilience: The Unity of Knowledge.* New York: Random House; dt.: *Die Einheit des Wissens*, übers v. Y. Badal, Berlin: Siedler: 1998.
– (2012). *The Social Conquest of Earth.* New York: W.W. Norton; dt.: *Die soziale Eroberung der Erde*, übers. v. E. Ranke, München: Beck, 2013.
Winsler, A. (2009). Still talking to ourselves after all these years: A review of current research on private speech. In: A. Winsler, C. Fernyhough und I. Montero (Hg.), *Private Speech, Executive Functioning, and the Development of Verbal Self-regulation.* New York: Cambridge University Press.
Winsler, A., Carlton, M. P. und Barry, M. J. (2000). Age-related changes in preschool children's systematic use of private speech in a natural setting. *Journal of Child Language*, *27*, 665-87.
Wittgenstein, L. (1953/1977). *Philosophische Untersuchungen*, Frankfurt/M.: Suhrkamp.
Wittig, R. M., Crockford, C., Deschner, T., Langergraber, K. E., Ziegler, T. E. und Zuberbühler, K. (2014). Food sharing is linked to urinary oxytocin levels and bonding in related and unrelated wild chimpanzees. *Proceedings of the Royal Society of London B, Biological Sciences*, *281* (1778), 20133096.
Wittig, R. M., Jensen, K. und Tomasello, M. (2013). Five-year-olds understand fair as equal in a mini-ultimatum game. *Journal of Experimental Child Psychology*, *116* (2), 324-37.
Wobber, V., Herrmann, E., Hare, B., Wrangham, R. und Tomasello, M. (2013). Differences in the early cognitive development of children and great apes. *Developmental Psychobiology*, *56* (3), 547-73.
Wolf, W., Launay, J. und Dunbar, R. I. (2016). Joint attention, shared goals, and social bonding. *British Journal of Psychology*, *107* (2), 322-37.
Wood, D., Bruner, J. und Ross, G. (1976). The role of tutoring in problem solving. *Journal of Child Psychology and Child Psychiatry*, *17*, 89-100.
Woolfe T., Want, S. C. und Siegal, M. (2002). Signposts to development: Theory of mind in deaf children. *Child Development*, *73*, 768-78.
Wrangham, R.W. und Glowacki, L. (2012). Intergroup aggression in chimpanzees and war in nomadic hunter-gatherers: Evaluating the chimpanzee model. *Human Nature*, *23* (1), 5-29.
Wyman, E., Rakoczy, H. und Tomasello, M. (2009). Normativity and context in young children's pretend play. *Cognitive Development*, *24* (2), 146-55.
– (2013). Non-verbal communication enables children's coordination in a »Stag Hunt« game. *European Journal of Developmental Psychology*, *10* (5), 597-610.

Xu, F. und Kushnir, T. (2013). Infants are rational constructivist learners. *Current Directions in Psychological Science*, *22* (1), 28-32.

Yamamoto, S. und Tanaka, M. (2009). Do chimpanzees (*Pan troglodytes*) spontaneously take turns in a reciprocal cooperation task? *Journal of Comparative Psychology, 123* (3): 242-49.

Zahn-Waxler C. und Kochanska, G. (1990). The origins of guilt. *Socioemotional Development, 36*, 183-258.

Zeidler, H., Herrmann, E., Haun, D. B. M und Tomasello, M. (2016). Taking turns or not? Children's approach to limited resource problems in three different cultures. *Child Development, 87* (3), 677-88.

Zmyj, N., Buttelmann, D., Carpenter, M. und Daum, M. M. (2010). The reliability of a model influences 14-month-olds' imitation. *Journal of Experimental Child Psychology, 106*, 208-20.

REGISTER